改訂第十四版

愛知県内特定行政庁

建築関係条例・規則集

（解説付）

愛知県特定行政庁等連絡会　編

大成出版社

[改訂第14版]愛知県内特定行政庁　建築関係条例・規則集

（内容現在　平成19年１月１日）

（ページの記載のないものは本書には掲載していません）

目　次

【建築基準法に基づく特定行政庁の指定等】

【付録】

〔愛知県の条例・規則のように縦書きで公布される「法令」を『横書きとして表記』するため、次の凡例に示すように表記した。〕

＝凡　例＝

(1)　漢数字は、一部（号等）を除き、算用数字とし、諸数値は全て算用数字とし、諸数値等は算用数値変換後は、位取りをした。ただし、法令・告示等の番号は位取りをしないこととした。

(2)　条文中表を引用する場合、表の欄等を指示する「上欄…」「下欄…」は各々「上〔左〕欄…」、「下〔右〕欄…」と表記した。

(3)　割合は、全て分数表記とした。

例　十分の五⇨5／10

(4)　単位・記号等は、次のように表記した。

①　記号

ミリメートル	mm	グラム	g
センチメートル	cm	キログラム	kg
メートル	m	メガワット	MW
キロメートル	km	メガジュール	MJ
平方センチメートル	cm^2	キロワット	kW
平方メートル	m^2	パーセント	％
ヘクタール	ha	ニュートン	N
立方メートル	m^3	キロニュートン	kN
ミリグラム	mg		

②　単位

一平方センチメートルにつきキログラム	kg／cm^2
一平方メートルにつきキログラム	kg／m^2
一立方メートルにつきセンチメートル	cm／m^3
一時間につきキログラム	kg／時間

愛知県関係

○愛知県建築基準条例・同解説

(昭和39年4月1日
愛知県条例第49号)

改正 昭和46年3月24日条例第26号
昭和47年3月29日条例第25号
昭和53年3月29日条例第22号
昭和62年10月14日条例第45号
平成2年12月21日条例第38号
平成4年3月25日条例第7号
平成5年3月29日条例第23号
平成7年3月22日条例第20号
平成12年10月13日条例第64号
平成12年12月22日条例第66号
平成16年3月26日条例第32号

目 次

第1章 総 則

(趣旨)

第1条 この条例は、建築基準法(昭和25年法律第201号。以下「法」という。)第39条、第40条、第43条第2項及び第56条の2第1項並びに建築基準法施行令(昭和25年政令第338号。以下「令」という。)第128条の3第6項の規定に基づき、災害危険区域の指定及びその区域内における建築物の建築の制限、建築物の敷地、構造及び建築設備並びに建築物の敷地と道路との関係についての制限、日影による建築物の高さの制限等について定めるものとする。

〈解説〉

1　この条例は、建築基準法第39条、第40条、第43条第２項及び第56条の２第１項並びに建築基準法施行令第128条の３第６項の委任によって定められたものである。

2　建築基準法は、建築物の敷地、構造、建築設備及び用途に関する最低の基準を定めることによって、国民の生命、健康及び財産の保護を図ることを目的としているが、この法及び令が意図する規制の内容及び範囲は、あくまで全国一律に適用できるものに限られる。言いかえれば、人口60万足らずの小県から人口１千万のマンモス都市まで一律に適用できる規定に止まるので、その穴埋めの部分について条例を定めて、地方の実情に合うように規定を整備することを地方公共団体（県市町村）に委任したものである。

3　本条は、この主旨を明確に表示するために設けられたもので、法第39条は、津波、高潮、出水等による危険の著しい区域を災害危険区域として指定するとともにその区域内における住居の用に供する建築物の建築制限の付加、法第40条は地方の気候、風土の特殊性及び特殊建築物の用途、規模から勘案して必要と認められた敷地、構造及び建築設備に関する制限の付加、法第43条第２項は、建築物の敷地と道路との関係に関する制限の付加、法第56条の２第１項は、日影による中高層の建築物の高さの制限に係る対象区域及び規制値の指定、令第128条の３第６項は、地下街における地下道の幅員その他の構造についての例外について、それぞれ委任されたものである。

4　この条例には定めなかったが、このほか、法第43条の２（４m未満の道路にのみ接する建築物に対する制限の付加）、法第49条第１項（特別用途地区内の建築制限）、同条第２項（特別用途地区内の制限の緩和）、法第49条の２（特定用途制限地域内における建築物の用途の制限）、法第50条（用途地域等内の制限付加）、法第52条第５項（地盤面）、法第68条の９第１項（都市計画区域及び準都市計画区域以外の区域内の建築制限）、令第30条（便所の構造）、令第135条の16（敷地内の空地の規模等）、令第144条の４第２項（道に関する基準）が地方公共団体の条例規定事項として委任されている。

なお、本条例第５条ただし書、第６条第１項ただし書、第７条ただし書、第９条第３項、第19条第３項、第20条第１項ただし書、第25条ただし書、第26条ただし書、第31条ただし書、第32条、第34条、第35条及び第36条第２項の適用にあたっては、知事の認定を要することになっているが、愛知県事務処理特例条例により認定事務は各特定行政庁に委任しているため、これらの区域においては、市長が認定する（法第97条の２の市にあっては令第148条第１項第一号に掲げる建築物に係る第６条第１項ただし書及び第25条ただし書の認定に限る。）ことになる。

〈参照条文〉　法第39条、第40条、第43条第２項、第56条の２、令第128条の３第６項

（適用除外）

第２条　第５条から第７条まで、第10条、第20条及び第25条の規定は、都市計画区域外においては、適用しない。

〈解説〉

1　敷地と道路との関係、建築物と道路との関係については、法も第３章にのみ規定を置き、都市計画区域外は適用していない。

2　この条例も、第５条（大規模建築物の敷地と道路との関係）、第６条及び第７条（路地状部分の敷地と道路との関係）、第10条（長屋）、第20条（敷地と道路との関係）、第25条（敷地の自動車の出入口）の規定のように道路との関係において規制するものについては、法第43条第２項の委任によると否とにかかわらず、都市計画区域外は適用しない。

〈参照条文〉　法第41条の２

第２章　災害危険区域並びに建築物の敷地及び構造

（災害危険区域の指定等）

第３条　知事は、地すべり又は急傾斜地の崩壊による危険の著しい区域を法第39条第１項に規定する災害危険区域として指定するものとする。

2　知事は、災害危険区域を指定しようとするときは、あらかじめ関係市町村長の意見を聞かなければならない。これを廃止しようとするときも、同様とする。

3　知事は、災害危険区域を指定するときは、当該災害危険区域を公示するとともに、その旨を関係市町村長に通知しなければならない。これを廃止するときも、同様とする。

4　災害危険区域の指定又は廃止は、前項の公示によつてその効力を生ずる。

〈解説〉

1　この条は、集中豪雨、台風等によるがけ崩れによる被害を未然に防止するため、地すべり等防止法の規定により指定された地すべり防止区域内、又は、急傾斜地の崩壊による災害の防止に関する法律の規定により指定された急傾斜地崩壊危険区域内の崩壊による危険の著しい区域を建築基準法第39条第１項の規定により災害危険区域として指定し、その区域内においては次条に掲げる建築制限をかけるものである。

2　出水等の災害に対する危険区域についてはその状況が地域ごとに異なるため、規制の内容を県下一律に決められるものではないので、各市町村の条例に委ねることとした。

3　「土砂災害警戒区域等における土砂災害防止対策の推進に関する法律」が平成13年４月から施行されている。この法律に基づく「土砂災害特別警戒区域」は建築基準法施行令によりこの区域内の建築物等の構造が規制される。

〈参照条文〉　法第39条第１項

（災害危険区域内の建築物）

第４条　前条の規定により指定された災害危険区域内において居室を有する建築物を建築する場合には、当該建築物の基礎及び主要構造部を鉄筋コンクリート造又はこれに類する構造とし、かつ、当該建築物の外壁の開口部ががけ（勾配が30度を超える傾斜地をいう。第８条において同じ。）に直接面しないようにしなければならない。ただし、地すべり防止工事又は急傾斜地崩壊防止工事の施行により、当該建築物が被害を受けるおそれがない場合は、この限りでない。

〈解説〉

1　この規定は、居室を有する建築物の建築制限をすることにより、被害の未然防止あるいは軽減を図ることを目的としている。

2　本条は前条の規定により愛知県知事が災害危険区域として指定した区域のみに適用される規定である。同様に、法第39条を根拠とする「名古屋市臨海部防災区域建築条例」があるが、この条例の規定は、同条例により指定された区域のみに適用され、本条は適用されない。

〈参照条文〉　法第39条第２項

（大規模建築物の敷地と道路との関係）

第５条　延べ面積（同一敷地内に２以上の建築物がある場合においては、その延べ面積の合計）が1,000㎡を超える建築物の敷地（法第43条第１項ただし書の規定による許可を受けた建築物の敷地及び第７条の規定の適用を受ける敷地を除く。）は、道路に４ｍ以上接しなければならない。ただし、建築物の周囲の空地の状況その他建築物の敷地及び周囲の状況により知事が安全上及び防火上支障がないと認める場合は、この限りでない。

〈解説〉

1　この条は、都市計画区域内に限り適用される。

2　法第43条第１項の規定によれば、建築物の敷地は、道路に２ｍ以上接しなければならないことになっているが、本条は、この規定についての制限付加である。

3　延べ面積の合計が1,000㎡を超えるような大規模な建築物の敷地については、法による「２ｍ」だけの道路接続部分では、防火上及び避難上支障があるので「４ｍ」とした。

4　法別表第１(い)欄(1)項から(6)項までに掲げる特殊建築物の敷地で路地状部分のみによって道路に接するものについては、第７条においてこれより厳しい制限が加えられるので、この規定は適用されない。

5　ただし書の「建築物の周囲」とは、そのものの敷地でも他の敷地でもよいし、必ずしも「四方全部が」という意味ではなく、周囲の一側なり二側なりにあり、避難用出入口がそれに面している場合もよいと解する。

6　ただし書における認定基準案としては、次のいずれかに該当すること。

(1)　その敷地の周囲に公園、緑地、広場等広い空地を有すること。

(2)　建築物の用途、規模、位置及び構造に応じ、その敷地内に十分な広さの空地を有するものであって、一定の消防活動が可能であること。

なお、事例がそもそも法第43条に抵触する場合は、その許可の中で本条例の認定の考え方も合わせて考慮することになる。

7　建築物とその空地との間に柵、へい等が設けられて自由な交通のできないものは、たとえ前述の要件を満たしていても緩和の対象とはなり得ない。

8　本条の根拠は法第43条第２項である。法第43条の規定は法第86条の「特例対象規定」であるため、法第86条第１項（一団地の総合的設計）若しくは第２項（連担建築物設計）若しくは第86条の２第１項（既認定建築物の建替え）の規定による認定又は法第86条第３項（一団地型総合設計）若しくは第４項（連担建築物総合設計）若しくは第86条の２第２項（公告認定対象区域内における総合設計）若しくは第３項（既許可建築物の建替え）の規定による許可を受けた建築物に対する本条の適用については、これらの建築物は、同一敷地内にあるものとみなされる。

〈参照条文〉　法第43条第１・２項、第86条第１・２・３・４項、第86条の２第１・２・３項、条例第７条

（路地状部分の敷地と道路との関係）

第６条　建築物の敷地（法第43条第１項ただし書の規定による許可を受けた建築物の敷地並びに前条及び次条の規定の適用を受ける敷地を除く。）が路地状部分のみによつて道路に接する場合におけるその路地状部分の幅は、次の表の上〔左〕欄に掲げる区分に応じてそれぞれ当該下〔右〕欄に定めるところによらなければならない。ただし、建築物の周囲の空地の状況その他建築物の敷地及び周囲の状況により知事が安全上及び防火上支障がないと認める場合は、この限りでない。

路地状部分の長さ	路地状部分の幅
15m未満の場合	２ｍ以上
15m以上25m未満の場合	2.5m以上
25m以上の場合	３ｍ以上

2　法第86条第１項若しくは第２項又は第86条の２第１項の規定による認定を受けた建築物に対する前項の規定の適用については、これらの建築物は、同一敷地内にあるものとみなす。

〈解説〉

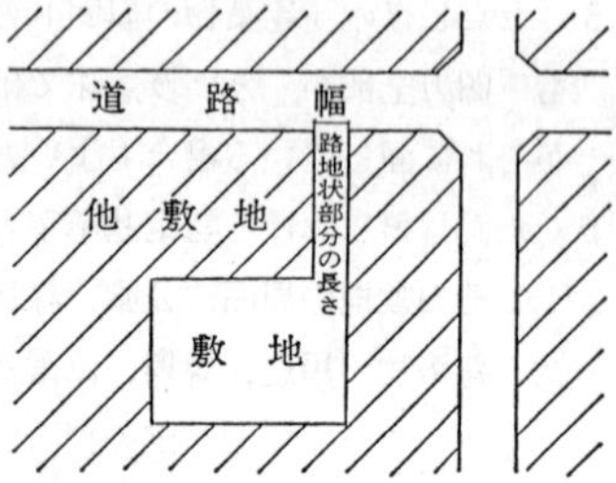

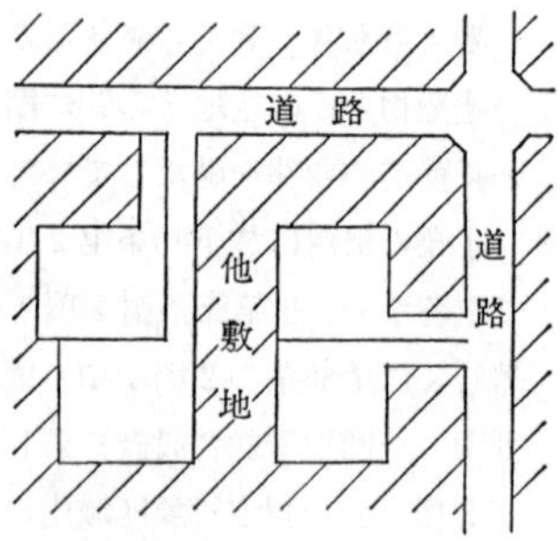

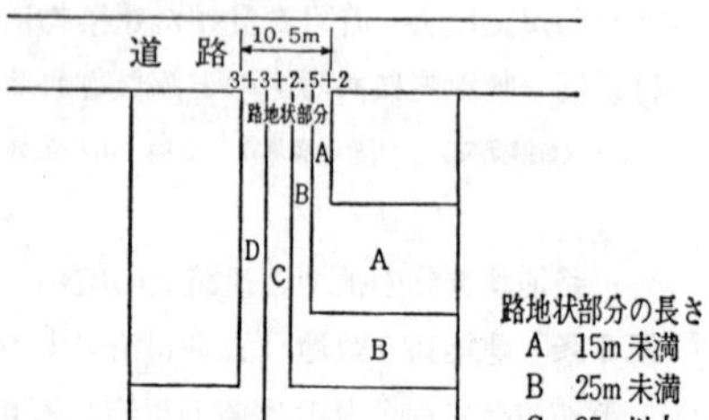

1　この条は、都市計画区域内に限り適用される。

2　一般的に敷地は、大体四角形であり、その境界が形作る四つの辺のうち一辺ないし二辺は道路に接しているのが通例であるが中には例外もある。これは、法第43条第１項により建築物の敷地は必ず道路に接していなければならないことを要求されるため、街路間隔が大きい割に宅地分割が細かい場合は、奥にある敷地は通常の四角形では建築できないこととなり、やむなく路地状部分を突き出して道路に接するような一種の奇形な敷地割りをすることになるからである。

3　この条は、このような敷地について、避難上および消防上等で支障のないよう、路地状部分の幅について制限の付加をしたものである。

4　この条でいう路地状部分は、あくまで敷地の一部であって通路ではない。従って他の建築物の敷地を使用したり、一つの路地状部分の敷地を二以上の敷地の共通部分として使用することはできない。

5　この条では、道路から奥行方向に二以上の路地敷地を並べること（三重敷地）は禁止していないので、三重、四重に奥へ並べることができるが、法第86条第１項（一団地の総合的設計）若しくは第２項（連担建築物設計）又は第86条の２第１項（既認定建築物の建替え）の規定による認定を受け、本条第２項の適用を受けるか、その他の場合でも法第42条第１項第五号による道路位置の指定を申請したほうが歩留まりがよいと考えられる。

6　この条の規定は、延べ面積1,000㎡を超える建築物の敷地（前条の敷地）及び法別表第１(い)欄(1)項から(6)項までに掲げる特殊建築物で延べ面積が200㎡を超える建築物の敷地（次条の敷地）は、適用しない。

7　ただし書における認定については第５条に同じ。

〈参照条文〉　法第40条、第42条第１項、第43条第１項、第86条第１・２項、第86条の２第１項

第７条　法別表第１(い)欄(1)項から(6)項までに掲げる用途に供する建築物で、その用途に供する部分の延べ面積（同一敷地内に２以上の建築物がある場合においては、その延べ面積の合計）が200㎡を超えるものの敷地（法第43条第１項ただし書の規定による許可を受けた建築物の敷地を除く。）が路地状部分のみによつて道路に接する場合におけるその路地状部分の幅は、次の表の上〔左〕欄に掲げる区分に応じてそれぞれ当該下〔右〕欄に定めるところによらなければならない。ただし、建築物の周囲の空地の状況その他建築物の敷地及び周囲の状況により知事が安全上、防火上及び衛生上支障がないと認める場合は、この限りでない。

路地状部分の長さ	路地状部分の幅
15m未満の場合	４m以上
15m以上25m未満の場合	4.5m以上
25m以上の場合	５m以上

〈解説〉

1　この条は、都市計画区域内に限り適用される。

2　危険度の高い特殊建築物について前条よりも制限が強化されている。

3　対象となる建築物は、次の用途部分が200㎡を超えるものである。

(1)項　劇場、映画館、演芸場、観覧場、公会堂、集会場

(2)項　病院、診療所（患者の収容施設があるものに限る。）、ホテル、旅館、下宿、共同住宅、寄宿舎、児童福祉施設等〔児童福祉施設、助産所、身体障害者社会参加支援施設（補装具製作施設及び視聴覚障害者情報提供施設を除く。）、保護施設（医療保護施設を除く。）、婦人保護施設、老人福祉施設、有料老人ホーム、母子保健施設、障害者支援施設、地域活動支援センター、福祉ホーム又は障害福祉サービス事業（生活介護、自立訓練、就労移行支援又は就労継続支援を行う事業に限る。）の用に供する施設〕

(3)項　学校、体育館、博物館、美術館、図書館、ボーリング場、スキー場、スケート場、水泳場又はスポーツの練習場

(4)項　百貨店、マーケット、展示場、キャバレー、カフェー、ナイトクラブ、バー、ダンスホール、遊技場、公衆浴場、待合、料理店、飲食店又は物品販売業を営む店舗（床面積が10㎡以内のものを除く。）

(5)項　倉庫

⑹項　自動車車庫、自動車修理工場、映画スタジオ又はテレビスタジオ

4　このうち、⑴項の劇場等のうち客席の床面積の合計が200㎡を超えるものは、条例第20条の規定により本条の規定よりも厳しい制限がある。

5　第5条の解説と同様の理由により、法第86条第1項若しくは第2項若しくは第86条の2第1項の規定による認定又は法第86条第3項若しくは第4項若しくは第86条の2第2項若しくは第3項の規定による許可を受けた建築物に対する本条文の適用については、これらの建築物は、同一敷地内にあるものとみなされる。

6　ただし書における認定については第5条に同じ。

〈参照条文〉　法第43条第1・2項、第86条第1・2項、第86条の2第1項、条例第5条

（がけ附近の建築物）

第8条　建築物の敷地が、高さ2mを超えるがけに接し、又は近接する場合は、がけの上にあつてはがけの下端から、がけの下にあつてはがけの上端から、建築物との間にそのがけの高さの2倍以上の水平距離を保たなければならない。ただし、堅固な地盤又は特殊な構造方法によるもので安全上支障がないものとして知事が定める場合に該当するときは、この限りでない。

2　高さ2mをこえるがけの上にある建築物の敷地には、地盤の保全及びがけ面への流水防止のため、適当な排水施設をしなければならない。

〈解説〉

1　この条は、がけ付近の建築物の位置について定めたものである。

2　がけの高さの算定にあたり、がけの途中に小段や通路を含んでがけが上下に分離されている場合は、下層のがけの下端から30度の勾配をもつ線を想定し、上層のがけの下端がこの線より上に出るときに限ってこれを一体のがけと考えて高さを算定する。次図において、ＡＢＣＤＥで構成されるがけは一体とみなされ、H_1とH_2を足したものがこのがけの高さとなり、ＡＢＣＦＧＥで構成されるがけはＡＢＣＦという1つのがけとF

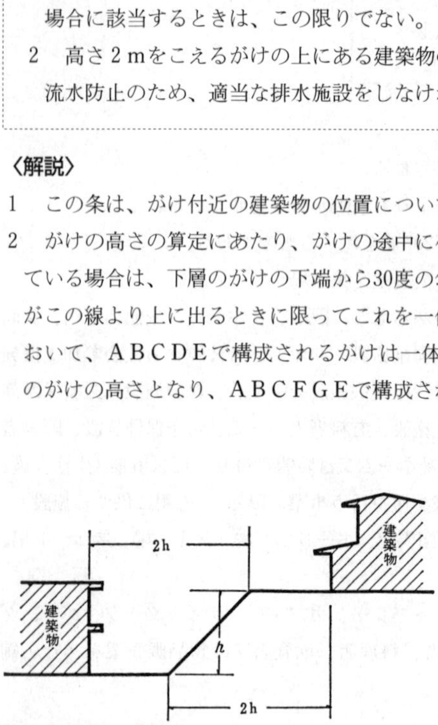

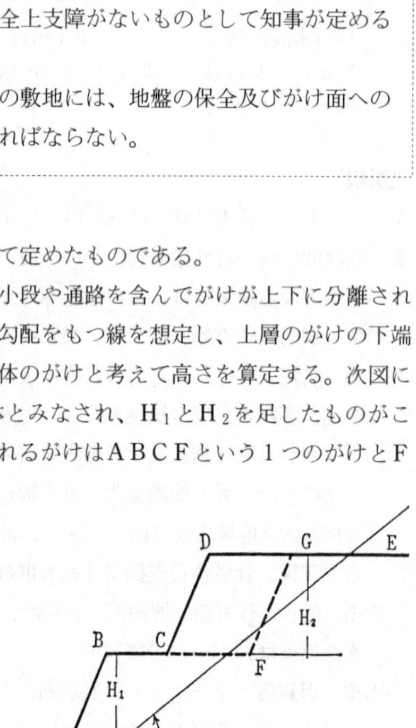

ＧＥによるもう１つのがけがあるとみなされ、がけの高さはH_1またはH_2ということになる。

3　ただし書の「安全上支障がないものとして知事が定める場合」として、以下のとおり知事が定めている。

■愛知県告示第899号（平成12年11月10日告示　平成18年３月17日改正）

愛知県建築基準条例（昭和39年愛知県条例第49号）第８条第１項ただし書の規定に基づき、堅固な地盤又は特殊な構造方法によるもので安全上支障がない場合を次のように定める。

1　堅固な地盤によるがけで安全上支障がない場合は、次の各号のいずれかに該当するものとする。

(1)　がけが硬岩盤である場合

(2)　切土をした土地の部分に生ずることとなるがけ又はがけの部分（次のいずれかに該当するものに限る。）に面する場合

ア　土質が下表左欄に掲げるものに該当し、かつ、土質に応じ勾（こう）配が同表中欄の角度以下のもの

イ　土質が下表左欄に掲げるものに該当し、かつ、土質に応じ勾（こう）配が同表中欄の角度を超え同表右欄の角度以下のもので、その上端から下方に垂直距離５ｍ以内の部分。この場合において、アに該当するがけの部分により上下に分離されたがけの部分があるときは、アに該当するがけの部分は存在せず、その上下のがけの部分は連続しているものとみなす。

風化の少ない軟岩	60度	80度
風化の著しい岩	40度	50度
硬質粘土、関東ローム、砂利	35度	45度
固い赤土又は砂、真砂土	30度	35度

(3)　土質試験等に基づいて地盤の安定計算を行うことにより、がけの安全を保つために擁壁の設置が必要でないことが確かめられた場合

2　特殊な構造方法によるもので安全上支障がない場合は、次の各号のいずれかに該当するものとする。

(1)　がけ面が、次のいずれかに該当する擁壁その他の施設により保護されている場合

ア　建築基準法施行令（昭和25年政令第338号）第142条に適合する擁壁

イ　鉄筋コンクリート造又は間知石練積み造その他これらに類する構造の擁壁

で、その高さが５ｍ以下であって、有害な沈下、はらみ出し、ひび割れ等がなく安全であることを一級建築士又はこれと同等の者が認めたもの

ウ　当該擁壁に加わる荷重及び外力に対してそれが支持する地盤が安全であることを一級建築士又はこれと同等の者が認めたもの

エ　地すべり防止施設

オ　急傾斜地崩壊防止施設

⑵　がけの上に建築物を建築する場合で、当該建築物の基礎を鉄筋コンクリート造の布基礎その他これに類するものとし、かつ、がけの下端から水平面に対し30度の角度をなす面の下方に当該基礎の底（基礎杭がある場合は杭の先端）を設けたとき

⑶　がけの下に建築物を建築する場合で、次のア及びイの場合の区分に応じ、それぞれア又はイに定めるとき。

ア　土砂災害警戒区域等における土砂災害防止対策の推進に関する法律（平成12年法律第57号）第８条第１項に規定する土砂災害特別警戒区域（当該土砂災害特別警戒区域に係る同法第２条に規定する土砂災害の発生原因となる自然現象の種類が急傾斜地の崩壊であるものに限る。）内において居室を有する建築物を建築する場合　当該建築物の外壁等について建築基準法施行令第80条の３本文の規定により国土交通大臣が定めた構造方法を用いるとき、又は門若しくは塀について同条ただし書の規定により国土交通大臣が定めた構造方法を用いる場合で同条ただし書に規定する場合に該当するとき。

イ　アの場合以外の場合　次のいずれかに該当するとき。

㋐　当該建築物の基礎及び主要構造部を鉄筋コンクリート造その他これに類する構造とし、かつ、がけ崩れの被害を受けるおそれのある部分を開口部を有しない外壁とするとき、又はがけと当該建築物との間にがけ崩れの被害を防止する施設を設けるとき。

㋑　アに定めるときの措置に準じた措置を講ずるとき。

⑷　がけに建築物を建築する場合で、次に掲げる基準に適合するとき

ア　がけに対して切土、盛土又は埋戻しを行う場合は、がけ面を芝張り又はモルタルの吹付けその他これらに類する方法により保護すること。

イ　建築物の基礎を⑵に掲げる基礎に適合させること。

⑴　第１項第⑴号における「がけが硬岩盤である場合」

「硬岩盤」とは、一般に花崗岩、閃緑岩、片麻岩、安山岩等火成岩及び堅い礫岩等の岩盤をいう。ただし、真砂土を含む花崗岩その他の著しく風化した岩盤を除く。

⑵　第１項第⑵号イにおける擁壁を要しないがけの部分

「この場合において、アに該当するがけの部分により上下に分離されたがけの部分があるときは、アに該当するがけの部分は存在せず、その上下のがけの部分は連続しているものとみなす。」とは、アの規定に該当するがけの部分があって、その上下にイの前段の規定に該当するがけの部分があるときは、その間にあるアの規定に該当するがけの部分は存在せず、その上下のがけの部分は連続しているものとみなして、そのがけの上端から下方に垂直距離5m以内の部分は擁壁の設置義務は解除される。

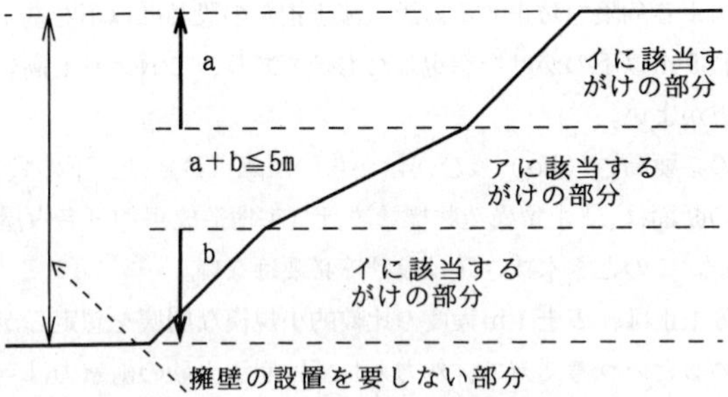

なお、表の右欄の角度を超えるがけは、擁壁の設置を要する。

(3) 第2項第(1)号について

ア 「建築基準法施行令第142条に適合する擁壁」

・建築基準法による工作物としての擁壁は、令第142条の規定に基づいて令第139条第3項が準用されるため、仕様規定のほかに構造計算が義務づけられる（平12.5.31建告1449）。この告示第3の規定により、宅地造成等規制法に適合する擁壁は令第142条に適合することになる。

・都市計画法の開発許可を受けた擁壁は、同法施行規則第27条の規定により、令第142条に適合することになる。

イ、ウ 「一級建築士又はこれと同等の者」

例として、被災宅地危険度判定士や技術士（構造等に関する分野に限る。）が考えられる。

エ 「地すべり防止施設」

地すべり等防止法第2条第3項

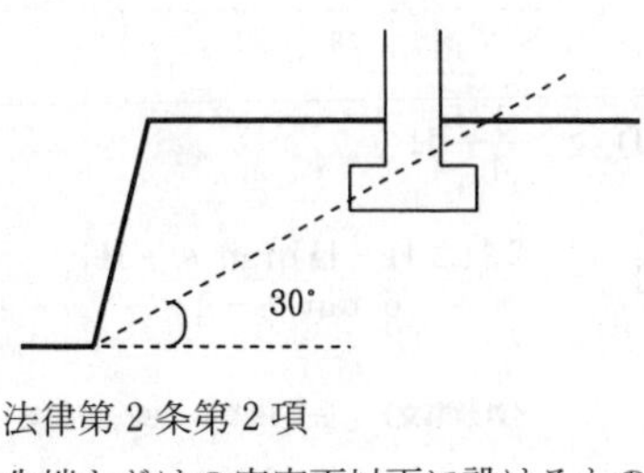

オ 「急傾斜地崩壊防止施設」

急傾斜地の崩壊による災害の防止に関する法律第2条第2項

(4) 第2項第(2)号は、建築物の基礎又は支持杭の先端をがけの安定面以下に設けるものである。

(5) 第2項第(3)号アにおける「当該建築物の外壁等について建築基準法施行令第80条の3本文の規定により国土交通大臣が定めた構造方法」又は「門若しくは塀について同

条ただし書の規定により国土交通大臣が定めた構造方法」について

土砂災害特別警戒区域内における居室を有する建築物の外壁等の構造方法並びに当該構造方法を用いる外壁等と同等以上の耐力を有する門又は塀の構造方法を定める件（平成13年３月30日国土交通省告示第383号）による。

(6) 第２項第(3)号イ(ア)における「がけ崩れによる危険を防止する施設（流土止）」について

がけ崩れによる危険を防止する施設（流土止）の設計は以下を基本とするが、これは高さが概ね５m以下のがけを想定したものであり、これよりも高いがけについては適用しない方がよい。

1　流土止の必要高さ（ho）及びがけからの距離（D）は、下の式により算出する。

2　流土止の断面は、「土留構造物標準設計（宅地造成用）」（名古屋市土木局編）を参考とする。このとき水抜き穴は設ける必要はない。

（この流土止は、表土１m程度の比較的小規模な崩壊を想定しがけとの間に崩壊土砂を溜めるという考え方で、外力としては崩壊土砂の衝撃力は考慮せず、そこに溜まった土砂の静的土圧に抵抗し得るものとする。）

3　前項において、流土止の上部1/2をロックフェンス等（落石防護柵）とする場合は、当該擁壁の許容土圧の1/4をロックフェンス等に加わる圧力として想定する。

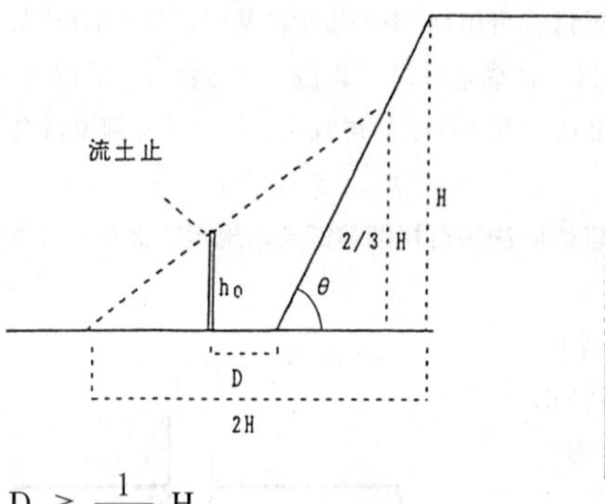

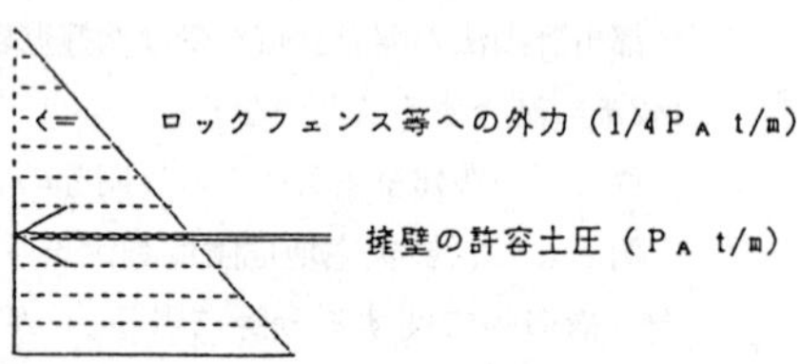

$$D \geqq \frac{1}{4} H$$

$$h_0 = \frac{2\{(2H - D)\tan\theta - H\}}{6\tan\theta - 1}$$

〈参照条文〉　法第19条第４項・第40条・第88条、令第138条第１項第五号・第142条、平12建告1449、規則第3条第２項、愛知県細則第１条

（防火壁の位置）

第９条　平面がかぎ形をなす建築物に防火壁を設ける場合は、防火壁のそでの先端を

通りかぎ形の内側の外壁にはさまれた最短直線の長さが、６ｍ以上になるようにしなければならない。

2　段状に高さの差がある建築物で、その低い部分に防火壁を設ける場合は、高い部分から段の高さの差以上の水平距離を保たなければならない。

3　外壁及び軒裏が防火構造で、かつ、防火壁から３ｍ以内の部分にある外壁の開口部に法第２条第九号の二ロに規定する防火設備を設け、知事が防火上支障がないと認める場合は、前２項の規定は、適用しない。

〈解説〉

1　法第26条によって、延べ面積が1,000㎡を超える建築物（耐火建築物・準耐火建築物、一定の基準に該当する機械製作工場・畜舎などを除く。）は、延べ面積1,000㎡以内ごとに防火壁で区画しなければならない。

2　この条は、防火壁が有効に設けられるための基準を示したものである。

3　平面がかぎ形の場合に、ある一点を通り内側の外壁の角を頂点とした二等辺三角形の底辺が６ｍとなるような線まで防火壁のそでを突出すればよい。

4　ここで注意しなければならないことは、防火壁のそで及び先端の突出部分の長さの最低限は、令第113条の規定により、50㎝（例外も認められる。）とされていることである。

5　第２項は、１棟の建築物で部分的に高さが異なる場合に設ける防火壁の位置について定めたものである。

6　第３項における認定基準としては、次のようなことが考えられる。

・第１項にあっては最短直線の長さ、第２項にあっては水平距離が各項の規定の概ね２割減までであること。

〈参照条文〉　法第26条、令第113条

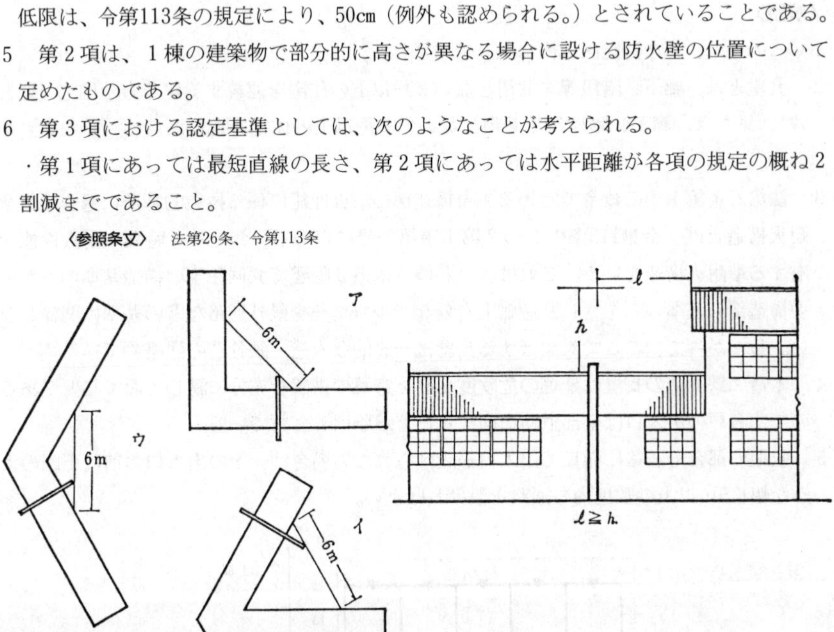

（長屋）

第10条　法第27条第１項の政令で定める主要構造部の準耐火性能に係る技術的基準に適合する準耐火構造でない外壁を有する長屋は、次に定めるところによらなければならない。

一　５戸建て以下とすること。

二　各戸の主要な出入口は、道路に面すること。ただし、次に該当するもの（壁の一部が突出して接する長屋で知事が定めるものを除く。）については、この限りでない。

イ　各戸の主要な出入口の前面に、幅1.5m以上の敷地内の通路を道路に有効に通ずるように設けること。

ロ　住戸が隣接する長屋にあつては、その接する部分の壁の幅が、各戸の当該部分を含む壁のうち広い方の壁の幅の1/2以上であること。

ハ　住戸が上下に接する長屋にあつては、その接する部分の面積が、各戸の水平投影面積のうち広い方の面積の1/2以上であること。

〈解説〉

1　この条は、都市計画区域内に限り適用される。

2　長屋とは、廊下、階段等を共用しない２戸以上の住宅を連続する建て方の住宅（連続建）、または、廊下、階段等を共用しないで２戸以上の住宅を重ねたもの（重ね建）をいう。

3　法第27条第１項の政令で定める主要構造部の耐火性能に係る技術的基準に適合する準耐火構造とは、令第115条の２の２第１項第一号に定めるいわゆる１時間の耐火性能を有する準耐火構造をいう。これは、いわゆる木造３階建て共同住宅の構造基準のうち主要構造部の基準のみをさし、避難上有効なバルコニーや屋外通路などの基準は関係しない。したがって、ここで対象とする長屋は一般的な木造・鉄骨造の建築物である。

4　木造・鉄骨造の長屋は延焼の危険度が高く避難の措置を充分に講じておく必要があるので、各戸の出入口は全部道路に面することが原則とされている。

5　敷地の都合で道路に面して出入口が設けられない場合は、その出入口の前に下図のような幅1.5m以上の敷地内の通路を設ければよい。

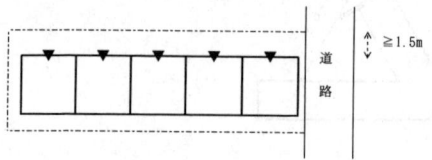

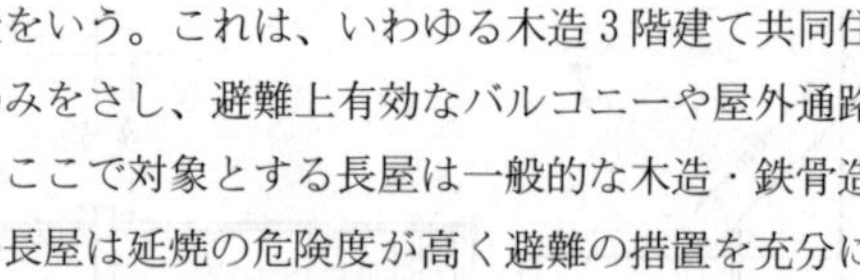

6　長屋は、1敷地に1棟しか建築できないので、もし2棟以上の長屋が道路から奥行き方向に並ぶ場合は、当然に奥の敷地は路地状部分のみによって道路に接する敷地を構成することになるが、この場合の路地状部分の長さと幅の関係は第6条による。

7　この通路は、あくまで1棟の長屋であるため、向かい合って出入口を設けた長屋が2棟並行して建てられた場合でもそれぞれの通路＝敷地を必要とし、共用することはあり得ない。

8　長屋の構造については、令第22条の3及び第114条第1項において、各戸の界壁は準耐火構造とし、かつ、遮音構造で小屋裏又は天井裏に達せしめることが定められている。

9　第二号ロ、ハは、脱法行為により1敷地に2以上の戸建て住宅を建築することを防止するための規定であり、長屋は長屋らしく連棟していることを条件としたものである。

これを詳細に定めたのが次の告示である。

■愛知県告示第900号（平成12年11月10日）

愛知県建築基準条例（昭和39年愛知県条例第49号）第10条第2号に規定する壁の一部が突出して接する長屋を次のように定める。

隣の住戸と壁が突出している部分において接するもので、その幅が突出する方向に対する住戸の見付け幅（鉛直面に投影された幅をいう。）の1/2以下であるもの

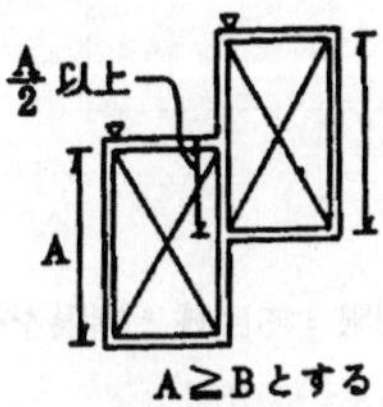

第二号ロの例

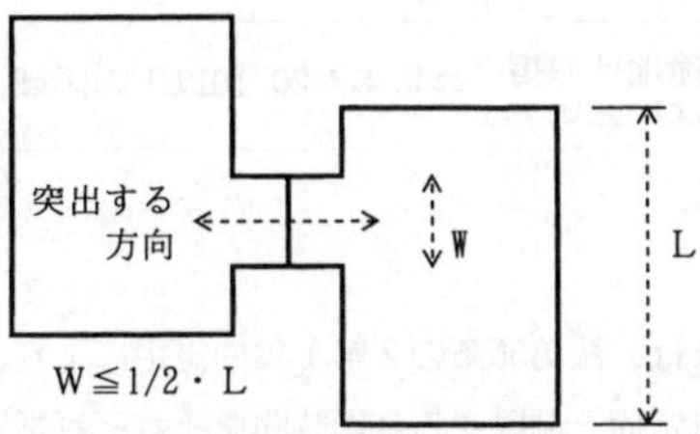

適用除外となる突出する壁

〈参照条文〉　法第27条第1項・第30条、令第22条の3・第107条・第114条第1項・第115条の2の2第1項、昭45建告1827、条例第6条・平12県告900

第3章　日影による中高層の建築物の高さの制限

（日影による中高層の建築物の高さの制限）

第11条　法第56条の2第1項の規定により、日影による中高層の建築物の高さの制限に係る対象区域として指定する区域は、次の表の第1欄に掲げる区域とし、同表の5の項に掲げる区域における制限を受ける建築物として法別表第4の4の項(ろ)欄の

イ又はロのうちから指定するものは、次の表の第2欄に掲げるものとし、同表の2の項から4の項までに掲げる区域における平均地盤面からの高さとして法別表第4の2の項又は3の項の(は)欄に掲げる高さのうちから指定するものは、次の表の第3欄に掲げるものとし、それぞれの区域について日影となる部分を生じさせてはならない時間として法別表第4(に)欄の各号のうちから指定する号は、次の表の第4欄に掲げる号とする。

<table>
<tr><th colspan="2">第1欄</th><th>第2欄</th><th>第3欄</th><th>第4欄</th></tr>
<tr><td rowspan="2">1　第一種低層住居専用地域又は第二種低層住居専用地域</td><td>容積率が8/10以下の区域</td><td></td><td rowspan="2"></td><td>㈠</td></tr>
<tr><td>容積率が10/10以上の区域</td><td></td><td>㈡</td></tr>
<tr><td rowspan="2">2　第一種中高層住居専用地域又は第二種中高層住居専用地域</td><td>容積率が15/10以下の区域</td><td></td><td rowspan="2">4 m</td><td>㈠</td></tr>
<tr><td>容積率が20/10以上の区域</td><td></td><td>㈡</td></tr>
<tr><td rowspan="2">3　第一種住居地域、第二種住居地域又は準住居地域</td><td>容積率が20/10の区域</td><td></td><td rowspan="2">4 m</td><td>㈠</td></tr>
<tr><td>容積率が30/10以上の区域</td><td></td><td>㈡</td></tr>
<tr><td>4　近隣商業地域又は準工業地域</td><td>容積率が20/10の区域</td><td></td><td>4 m</td><td>㈡</td></tr>
<tr><td>5　用途地域の指定のない区域</td><td>容積率が20/10以下の区域</td><td>ロ</td><td></td><td>㈡</td></tr>
</table>

〈解説〉

1　この条は、法第56条の2第1項の規定により、日影を制限する区域と制限を受ける建築物と測定面と制限する日影時間をそれぞれ指定しているものである。

2　日影を制限する区域は、第一種低層住居専用地域、第二種低層住居専用地域、第一種中高層住居専用地域、第二種中高層住居専用地域、第一種住居地域、第二種住居地域及び準住居地域については全域が対象となっている。近隣商業地域及び準工業地域については容積率の制限が20/10の区域のみが対象となり、それ以外の区域（30/10以上の区域）は対象となっていない。また、用途地域の指定のない区域については、容積率の制限が20/10以下の区域のみが対象となっている。

3　制限する日影時間を示す号は、容積率の区分に従い指定している。これは、都市計画による容積率の制限の内容を考慮しているものである。

4　「用途地域の指定のない区域」について

用途地域の指定のない区域のうち容積率を20/10としているのは、本県の場合、市街化調整区域であるが、市街化調整区域のうち、この容積率を40/10と指定している区域があるので注意すること。

▶平16.3.26愛知県告示297（旧告示　平6.4.1愛知県告示399、平7.12.1愛知県告示921、平8.2.2愛知県告示81、平8.5.31愛知県告示482）

5　「名古屋市中高層建築物日影規制条例」は本条よりも厳しい内容であり、本条例第42条により、同市内の建築物については同市条例が適用となる。

〈参照条文〉　法第56条の２、令第135条の12・第135条の13

第４章　特殊建築物

第１節　興行場等

（適用の範囲）

第12条　この節の規定は、劇場、映画館、演芸場、観覧場、公会堂及び集会場（不特定多数の者の集会のためのもので、客席のいすが固定されているものに限る。）（以下「興行場等」という。）の用途に供する建築物で興行場等の客席の床面積の合計が200㎡以上のものについて適用する。

〈解説〉

1　本節の対象としている興行場等は、客席が固定されたものに限定しているが、これは家具は建築基準法の対象外とする基本的な考え方と、固定席の場合は客の避難により慎重な施設計画が必要なことを踏まえたものである。

2　複数の客席が大きな台の上にあってスライドする可動式ものについては、客席をセットした状態で本節を適用すべきであろう。

（客席内の通路）

第13条　興行場等の客席内の通路を傾斜路とする場合は、その勾（こう）配は、1/10以下としなければならない。

2　興行場等の客席内の通路を階段状とする場合は、次に定めるところによらなければならない。

一　けあげは18㎝以下とし、踏面は26㎝以上とすること。

二　縦通路の高低差が３ｍを超える場合は、その高低差３ｍ以内ごとに横通路を設けること。ただし、縦通路の勾（こう）配が1/5以下の場合は、この限りでない。

〈解説〉

1　客席内の通路の配置については本条例では規定していないが、消防法に基づく火災予防条例が各市町村において定められており、これに適合させる必要がある。これらはほとんど次の指針がベースとなっているので、詳しいことはこの指針及び解説を参考にするとよい。

▶「興行場等に係る技術指針」（平成３年12月11日付け建設省住指発第559号）

2　これによれば、従来、８席又は12席ごとに縦通路を設けることになっていたが、いすの前後間隔を広くとることにより、横並びの席数を自由に増やせるいわゆるコンチネンタル形式の配置が可能となっている。

（客席の出入口）

第14条　興行場等の客席の出入口は、次に定めるところによらなければならない。

一　客席の出入口の数は、次の表の上〔左〕欄に掲げる区分に応じてそれぞれ当該下〔右〕欄に定める数とすること。

客席の定員	出入口の数
30人未満の場合	1以上
30人以上300人未満の場合	2以上
300人以上600人未満の場合	3以上
600人以上1,000人未満の場合	4以上
1,000人以上の場合	5以上

二　客席の出入口は、客席内から認識することができる位置に配置するとともに、相互にできる限り離すこと。

三　客席の出入口の幅はそれぞれ１m以上とし、かつ、その幅の合計は客席の定員１人につき0.8cmの割合で計算した数値以上とすること。

四　客席の出入口の扉は、避難の方向に開くことができるようにするとともに、廊下を避難する際に障害とならないように設け、かつ、その扉が開いた状態で次条第一号の規定による廊下の幅の1/2以上が確保されるようにすること。

2　前項の客席の定員は、次の各号に掲げる客席の区分に応じてそれぞれ当該各号に定めるところにより計算した数及び数値（１未満の端数があるときは、その端数を切り上げる。）の合計とする。

一　１人ごとに区画されたいす席	当該いす席の数
二　長いす式のいす席	当該いす席の正面の幅を40cmで除して得た数値
三　升席及び桟敷	当該升席及び桟敷の部分の床面積を0.3㎡で除して得た数値
四　立ち席	当該立ち席の部分の床面積を0.2㎡で除して得た数値

〈解説〉

1　客席の出入口が２以上ある場合は、客席内をゾーニングにより適宜区域分けし、それぞれの客席定員に対応する幅を有する出入口を配置する。

2　第１項第四号については右図のとおり。

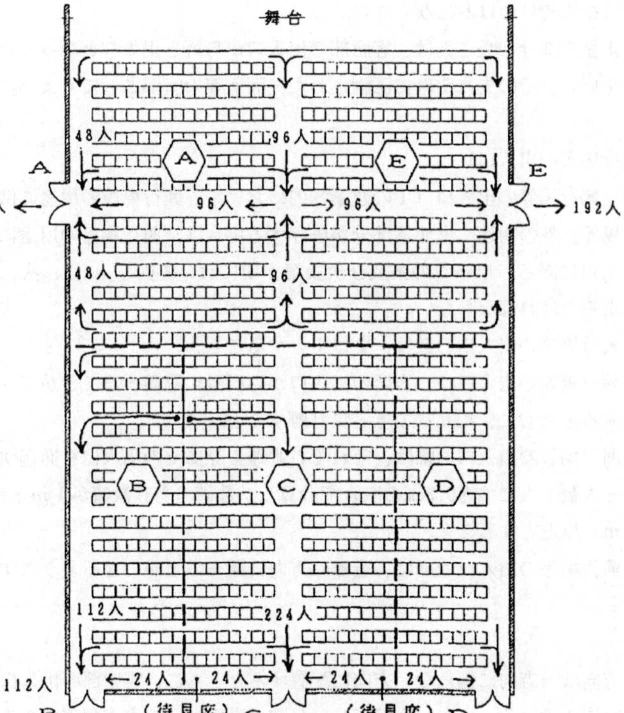

（客用の廊下）

第15条　興行場等の客用の廊下は、次に定めるところによらなければならない。

一　廊下の幅は、避難の際にその廊下を通過すると想定される人数１人につき0.6cmの割合で計算した数値（当該数値が1.2m未満のときは、1.2m）以上とし、かつ、避難の方向に向かつて狭くしないようにすること。

二　廊下に行き止まりとなる部分がある場合は、その部分の長さを10m以下とすること。

三　廊下の勾配は、1/10以下とすること。

〈解説〉

1　興行場の避難経路としての廊下を配置する場合、注意すべきことは、不慣れな客が廊下の出口のない部分に迷い込むおそれがあることから、廊下に行き止まり状の部分を作ることは極力避けなければならない。

2　行き止まり部分の長さとは、客席部の出入口から行き止まりとなっている廊下の部分の長さをいい、その先に明確に区画された洗面所等の室があってもよい。

（興行場等の出入口）

第16条　興行場等の出入口（1の建築物内において、興行場等の用途に供する部分と興行場等以外の用途に供する部分が併存する場合は、興行場等の用途に供する部分の出入口に限る。以下この条及び次条第4項において同じ。）は、次に定めるところによらなければならない。

一　興行場等の出入口の数は、2以上とすること。

二　興行場等の出入口は、客席の出入口から円滑に避難することができる位置に配置するとともに、相互にできる限り離すこと。

三　興行場等の出入口の幅は、それぞれ避難の際にその出入口を通過すると想定される人数1人につき0.8cmの割合で計算した数値（当該数値が1m未満のときは、1m）以上とすること。

四　興行場等の出入口の扉は、避難の方向に開くことができるようにすること。

〈解説〉

1　避難方向は一方向に偏らない方向に配置するとともに、客席部の出入口から自然に導かれる位置に設ける。また、避難経路は日常の動線をそのまま利用できることが理想であり、裏まわりの動線に多くを期待することは避けたい。

2　興行場等の出入口の幅は、客席の出入口の幅と同じである。

（階段）

第17条　興行場等の階段（2以上の興行場等の用途に供する部分が共用する階段及び興行場等以外の用途に供する部分と共用する階段を含む。以下この条並びに次条第1項及び第3項において同じ。）の幅は、各階ごとに、避難の際にその階段を通過すると想定される人数1人につき1cmの割合で計算した数値以上としなければならない。

2　興行場等の階段のうち、物品販売業を営む店舗の用途に供する部分（興行場等の用途に供する部分内にあるものを除く。以下この項において「物品販売店舗部分」という。）と共用する階段の幅は、前項の規定にかかわらず、各階ごとに、次に定めるところにより計算した数値を合計した数値以上としなければならない。

一　避難の際に物品販売店舗部分以外の部分からその階段を通過すると想定される人数１人につき１㎝の割合で計算した数値

二　令第124条第１項第一号の規定による数値に、避難の際に物品販売店舗部分からその階段を通過すると想定される人数を物品販売店舗部分を利用すると想定される人数で除して得た数値を乗じて得た数値

3　興行場等の階段のうち、異なる階にある２以上の興行場等の用途に供する部分が共用する階段で次の各号のいずれかに該当するものに対する前２項の規定の適用については、第１項及び前項第一号中「１㎝」とあるのは、「0.8㎝」とする。

一　特別避難階段

二　避難の際に各階においてその階段を通過すると想定される人数１人につき0.05㎡の割合で計算した数値以上の面積を有する前室又はバルコニーを備える避難階段で屋外に設けるもの

4　興行場等の出入口から興行場等の階段に至る歩行経路は、興行場等以外の用途に供する部分（興行場等の用途に供する部分と共用するロビー又は廊下その他これらに類するものを除く。次条第２項において同じ。）を経由してはならない。

〈解説〉

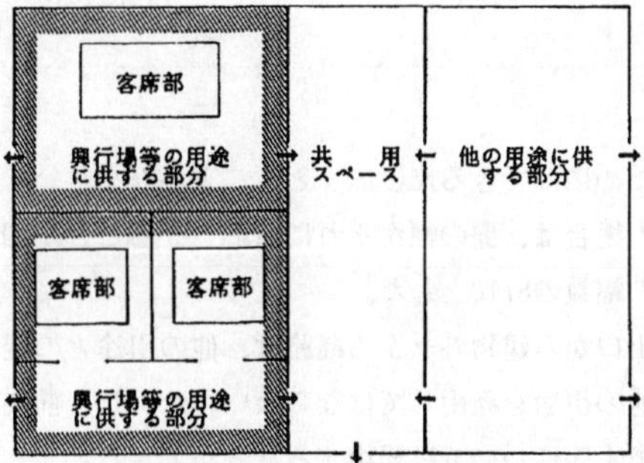

興行場等の用途に供する部分

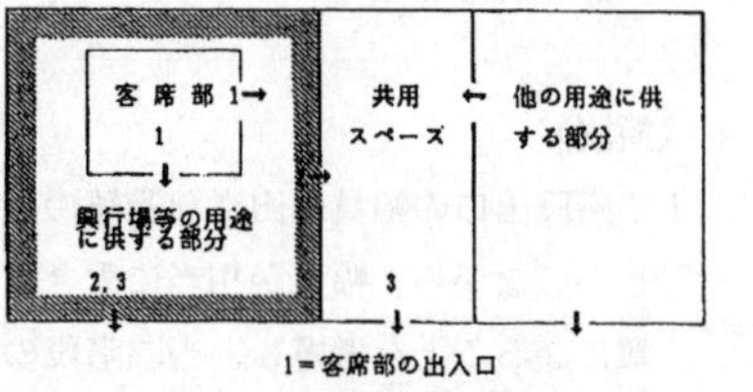

出入口

1　階段における避難者の流動係数は平坦な廊下におけるものよりも小さいため、階段に要求される幅は客席及び興行場等の各出入口の幅よりも25％増しとなっている。

2　同一建築物内に興行場等が物品販売業を営む店舗と併存し、階段を共用する場合は、当該階の直上階以上の階で物品販売業を営む店舗に存する人数のうち、避難の際に当該

階段へ逃げ込むと予想される人数を想定した上、次式で算定される幅を第１項により算定される興行場等の階段の幅に加算する。

（興行場等）　$W_a = 0.01a$

（物品販売業を営む店舗）　$W_b = \frac{0.6B}{100} \times \frac{b}{\beta}$

（共用する階段の幅）　$W = W_a + W_b$

ここで、W：階段の幅（m）

a：興行場等から避難の際に当該階段を利用して避難することが予想される人の数

B：対象階段の直上階以上の階で最大の物品販売業を営む店舗の床面積（㎡）

β：ある時においてこの店舗に存する人の数

b：βのうち、避難の際に当該階段を利用して避難することが予想される人の数

（階段からの出口等）

第18条　避難階における興行場等の階段からの出口の幅は、その階段の幅の8/10以上としなければならない。

2　前項の出口から屋外への出口に至る歩行経路は、興行場等以外の用途に供する部分を経由してはならない。

3　前項の屋外への出口及び屋外に設ける興行場等の階段からの出口は、第20条に規定する道路、広場その他これらに類するもの又はこれらに有効に通ずる通路に接しなければならない。

〈解説〉

1　階段出口の幅員は円滑な避難の確保のためにはできるだけ広くとることが好ましい。しかしながら、幅員が相当に大きな階段の場合は、扉の幅をそれに対応させることが困難になることを考慮し、当該階段の実際の幅員の8/10とした。

2　複合建築物等の避難階における階段の出口から建物外へ至る経路は、他の用途との混乱を避け、円滑な避難を確保するため、他の用途を経由してはならない。ただし、前条第４項かっこ書により、共用のロビー、廊下等については経由することができる。

3　避難は最終的には前面道路又は公園等の敷地の外へ出て完了するものであり、建物出口から敷地外に至る通路については、それぞれの出口から流出してくる人員を受け入れるだけの幅員が確保されていなければならない。したがって、当該敷地内通路には、避難者がそこへ出てくる建物出口の幅員の合計以上の通路幅員を確保する必要がある。

▶適用例

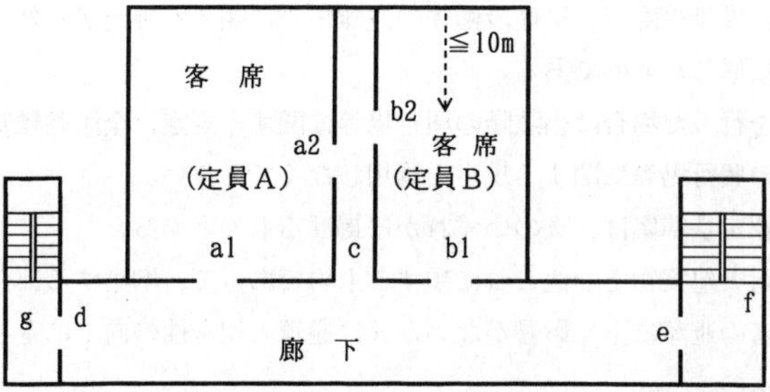

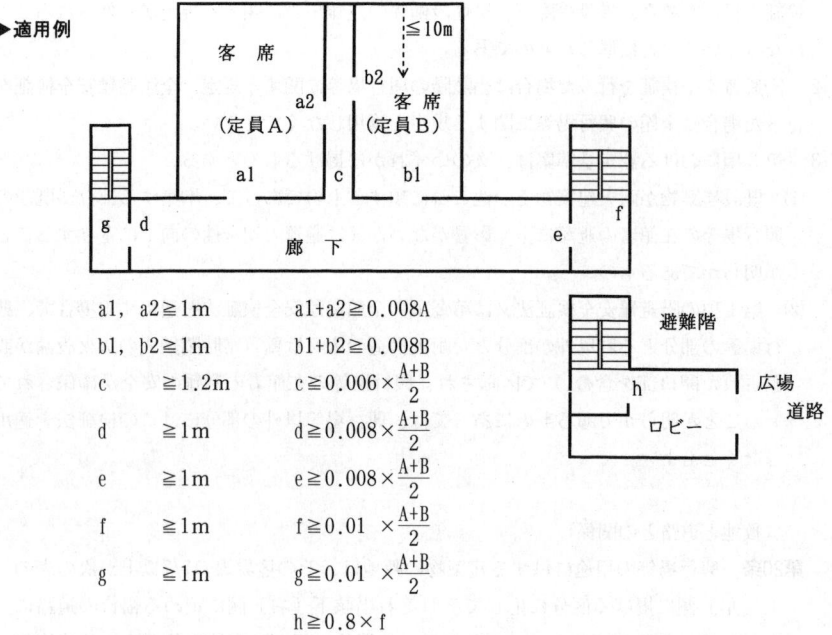

a1，a2	≧1m	$a1+a2 \geqq 0.008A$
b1，b2	≧1m	$b1+b2 \geqq 0.008B$
c	≧1.2m	$c \geqq 0.006 \times \frac{A+B}{2}$
d	≧1m	$d \geqq 0.008 \times \frac{A+B}{2}$
e	≧1m	$e \geqq 0.008 \times \frac{A+B}{2}$
f	≧1m	$f \geqq 0.01 \times \frac{A+B}{2}$
g	≧1m	$g \geqq 0.01 \times \frac{A+B}{2}$
		$h \geqq 0.8 \times f$

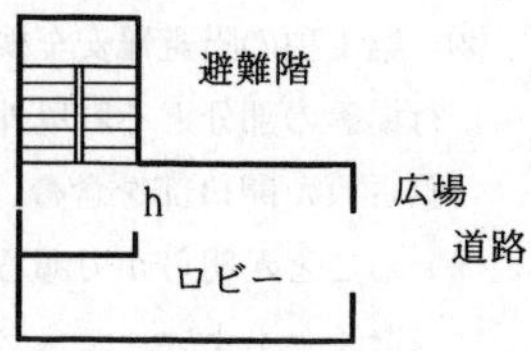

（適用除外等）

第19条　興行場等の用途に供する部分のある階のうち、令第129条の２第１項の規定により、当該階が階避難安全性能を有するものであることについて、階避難安全検証法により確かめられたもの又は国土交通大臣の認定を受けたものについては、第13条から第16条までの規定は、適用しない。

2　興行場等の用途に供する建築物で、令第129条の２の２第１項の規定により、当該建築物が全館避難安全性能を有するものであることについて、全館避難安全検証法により確かめられたもの又は国土交通大臣の認定を受けたものについては、第13条から前条までの規定は、適用しない。

3　興行場等の用途に供する建築物の構造及び周囲の状況により知事が安全上及び防火上支障がないと認める場合は、第13条から前条までの規定による制限の一部を緩和することができる。

〈解説〉

1　平成12年に施行された改正建築基準法施行令による性能規定の一つとして、避難安全検証を行った場合、階段や廊下、排煙設備等の避難施設に関する規定が除外されることになっていることに準じたものである。

2　階避難安全検証を行った場合は当該階の興行場等に関する規定、全館避難安全検証を行った場合は全館の興行場等に関する規定を適用しなくてもよい。

3　第３項における認定基準案は、次のいずれかに掲げるものとする。

⑴　既設建築物が耐火建築物その他これに類するものであって、増築する部分が既設の興行場等の在館者の避難に全く影響がないか又は避難の安全性の向上に寄与することが明らかであるもの。

⑵　第１項の階避難安全検証法又は第２項の全館避難安全検証法を適用する場合で、興行場等の部分とそれ以外の部分とが耐火構造の床又は壁（常時閉鎖式の防火設備が設置された開口部を含む。）で区画され、興行場等の在館者の避難の安全が確保されていることが明らかであるものにあっては、興行場等以外の部分にはこの検証法を適用しなくともよい。

（敷地と道路との関係）

第20条　興行場等の用途に供する建築物の敷地は、その境界線の1/7以上が次の表の上〔左〕欄に掲げる区分に応じてそれぞれ当該下〔右〕欄に定める幅員の道路に有効に接しなければならない。ただし、建築物の周囲の空地の状況その他建築物の敷地及び周囲の状況により知事が安全上及び防火上支障がないと認める場合は、この限りでない。

客席の定員	道路の幅員
150人未満の場合	５m以上
150人以上250人未満の場合	６m以上
250人以上400人未満の場合	８m以上
400人以上の場合	11m以上

2　第14条第２項の規定は、前項の客席の定員について準用する。

〈解説〉

1　この条は、都市計画区域内に限り適用される。

2　興行場等は、人の集積度が高く、火災その他の緊急時に大量の人々が避難でき、しかもその際に殺到する消防車その他の緊急自動車の行う活動を妨げることのない幅を持つ道路の確保が要求される。

3　この条は、興行場等がビルの一部に併設される場合はそのビルの敷地に適用されるが、もし、同一ビル内に２以上の興行場等がある場合は、その全部の客席を合計したものについて適用される。

4　次図の場合、接道条件は次のとおりである。

道路の幅がA、Bとも規定以上ある場合

辺a＋辺b≧（a＋b＋c＋d）×1/7

道路幅Bが規定に達しない場合

辺a　　　≧（a＋b＋c＋d）×1/7

5　第1項ただし書における認定については第5条に同じ。

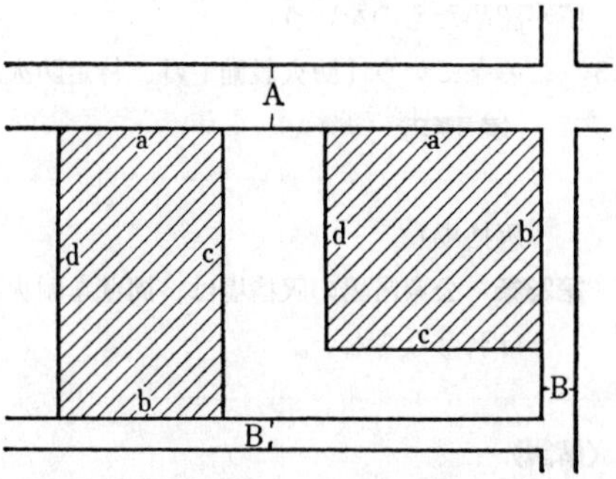

（映写室）

第21条　映写室は、準耐火構造の床若しくは壁又は法第2条第九号の二ロに規定する防火設備で区画しなければならない。ただし、令第112条第9項の規定の適用を受けない建築物の部分に面する映写のための開口部で、その面積が1㎡以下であり、かつ、不燃材料で造られたものについては、この限りでない。

〈解説〉

映写室は基本的に客席部とは異なる空間であり、互いに火災の影響（煙、火災、熱）を及ぼさないようにするため、防火区画すべきである。しかしながら、近年、映写フィルムの難燃化等により映写室の火災危険性が低減されているので、映写のために必要な開口部で面積1㎡以下の小さなものは、ガラス等の不燃材料で造られていれば、防火設備の設置は必要ない。

第2節　公衆浴場

（火たき場）

第22条　公衆浴場の火たき場で主要構造部が耐火構造でないものは、周壁を屋根裏まで防火構造とした平屋建とし、天井を設けてはならない。

2　前項の火たき場の窓及び出入口には、法第2条第九号の二ロに規定する防火設備を設けなければならない。

〈解説〉

1　防火上の見地からの規定で、火災危険度の高い火たき場の上階や小屋裏に住室、燃料倉庫等を設けることのないようにするものである。

2　「耐火構造」は、法第2条第七号により平成12年建設省告示第1399号又は国土交通大臣が認めたものをいう。

3　この条にいう「防火設備」は、特定防火設備以外でもよい。

〈参考条文〉　法第２条

（灰捨場）

第23条　公衆浴場の灰捨場は、周壁を耐火構造とし、不燃材料で造つたおおいを設けなければならない。

〈解説〉

1　防火上の見地からの規定である。

2　重油等を燃料とする場合は、燃料置場をこれと同等以上の構造とすることが望ましい。

第３節　共同住宅等

（木造床下の防湿）

第24条　共同住宅、寄宿舎、ホテル、旅館及び下宿（以下「共同住宅等」という。）の最下階の居室の床が木造である場合における共同住宅等の床下は、コンクリート、たたきその他これらに類する材料で覆わなければならない。ただし、当該最下階の居室の床の構造が令第22条ただし書の規定による国土交通大臣の認定を受けたものである場合は、この限りでない。

〈解説〉

1　令第22条による防湿措置の制限強化である。

2　令第22条では、床高が45㎝未満の場合に限り床下に一定の防湿措置を講ずることになっているが、この条は共同住宅等については、床高に関係なく一定の措置をすることとしたものである。

〈参考条文〉　令第22条

第４節　自動車車庫、自動車修理工場、倉庫及び荷さばき所

（敷地の自動車の出入口）

第25条　自動車修理工場及び自動車車庫で床面積の合計が50㎡以上のもの（自動車車庫にあつては、住宅に附属するものを除く。）並びに倉庫業を営む倉庫及び荷さばき所で床面積の合計が200㎡以上のものの敷地の自動車の出入口は、次の各号のいずれかに該当する道路に面して設けてはならない。ただし、知事が交通上及び安全

上支障がないと認める場合は、この限りでない。

一　幅６ｍ未満の道路（知事が定める空地に接する部分を除く。）

二　交差点（２以上の道路の幅が６ｍ以上のものに限る。）から５ｍ以内の道路（中央分離帯のある道路にあつては、その道路のうち丁字路の交差点において他の道路と交差しない側の部分を除く。）

三　曲がり角、横断歩道及び横断歩道橋（地下横断歩道を含む。）の昇降口から５ｍ以内の道路

四　路面電車及び乗合自動車の停留場、安全地帯並びに踏切りから10ｍ以内の道路

五　公園、小学校、盲学校、聾（ろう）学校、養護学校、幼稚園、老人ホーム、保育所、身体障害者福祉ホームその他これらに類するものの出入口（職員専用のものを除く。）から10ｍ以内の道路

〈解説〉

1　この条は、都市計画区域内に限り適用される。

2　「敷地の自動車の出入口」とは、車庫等の出入口が道路に面しない場合は、車路が道路に面する部分をいう。

3　吊上式車庫、機械式立体自動車車庫等で、床として認識することが困難な形状の場合は、１台につき15㎡として床面積を算定する。

4　「住宅」には共同住宅を含む。

5　次の用語は、道路交通法の例による。

(1)　「交差点から５ｍ以内」

　十字路、Ｔ字路その他２以上の道路が交わる部分から５ｍ以内

(2)　「曲がり角から５ｍ以内」

(3)　「横断歩道」

　道路標識又は道路標示のいずれかによって明示された部分

(4)　「路面電車の停留場から10ｍ以内」

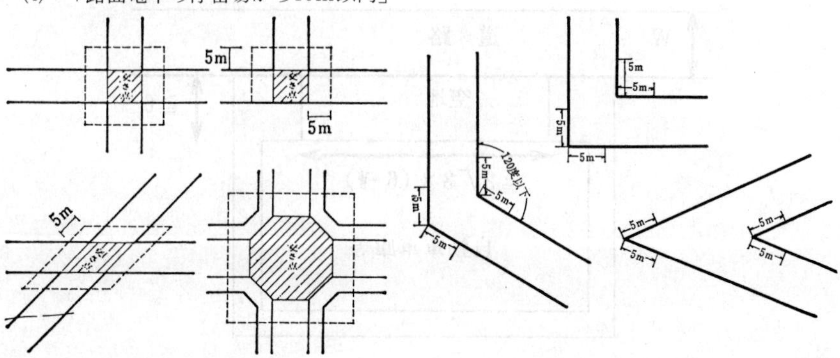

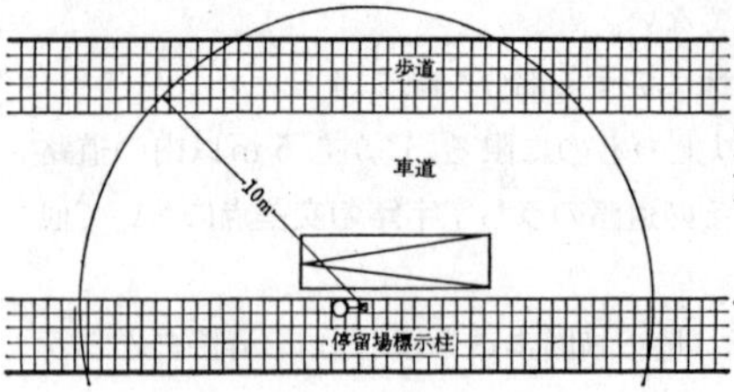

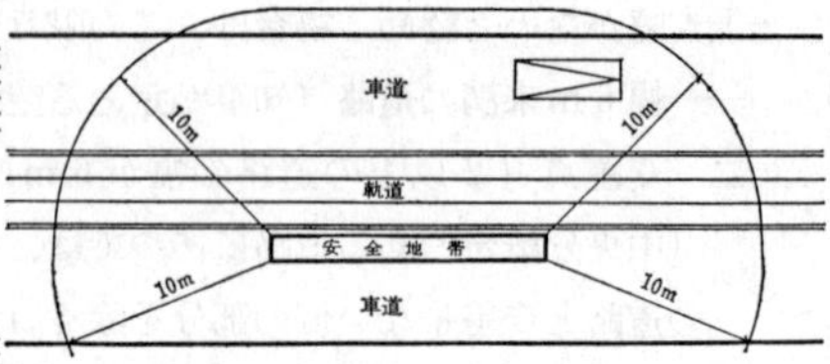

(5)　「乗合自動車の停留場から10m以内」

(6)　「安全地帯」

　ア　路面電車用又は人の横断用のために設けられた道路内の島状の施設

　イ　道路標識と道路標示の両方で安全地帯と明示された部分

6　「その他これらに類するもの」には、令第19条に定める「児童福祉施設等」が考えられる。

7　第一号の「知事が定める空地」について

■愛知県告示第901号（平成12年11月10日）

愛知県建築基準条例（昭和39年愛知県条例第49号）第25条第１号に規定する知事が定める空地を次のように定める。

当該道路と一体的で、奥行の長さが道路と合わせて６ｍ以上あり、かつ、間口が道路の反対側の境界線から６ｍ以上後退した部分まで次の式で表される長さを有する空地

$$L = 2\sqrt{3} \times (6 - W)$$

この式において、Ｌは間口（単位：ｍ）、Ｗは道路の幅員（単位：ｍ）を表すものとする。

〈解説〉

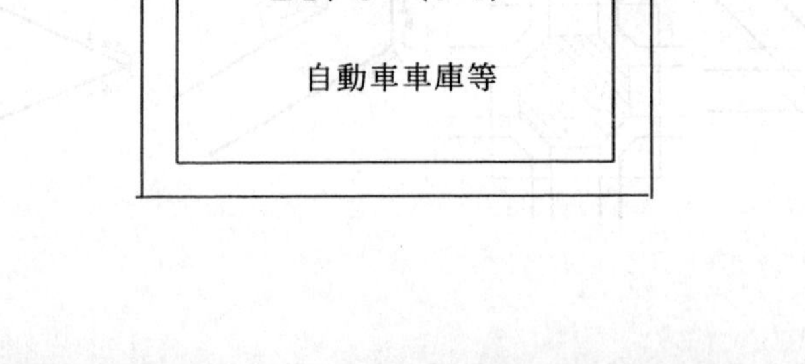

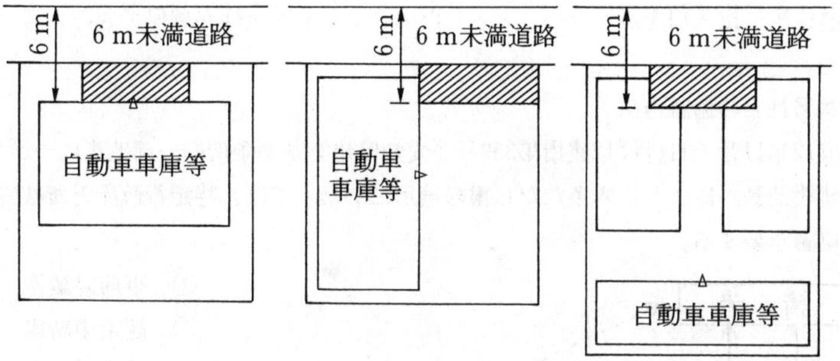

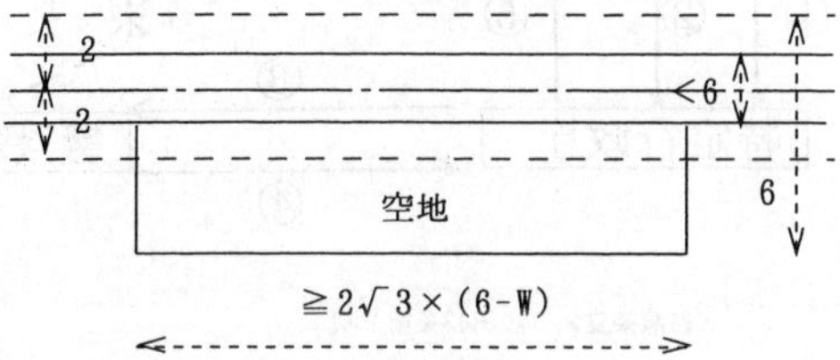

(1) この基準は、自動車から左右両方向に60°の範囲を視認できるための措置である。

(2) 2項道路に面する場合

前面道路が、幅員4m未満のいわゆる2項道路の場合、知事が定める空地の奥行き(6－W)の起点は、建築基準法上の道路境界線となる。

8 第二号の「交差点(2以上の道路の幅が6m以上のものに限る。)」について

9 第二号の「中央分離帯のある道路にあつては、その道路のうちT字路の交差点において他の道路と交差しない側の部分を除く」について、右図のような場合は適用しない。

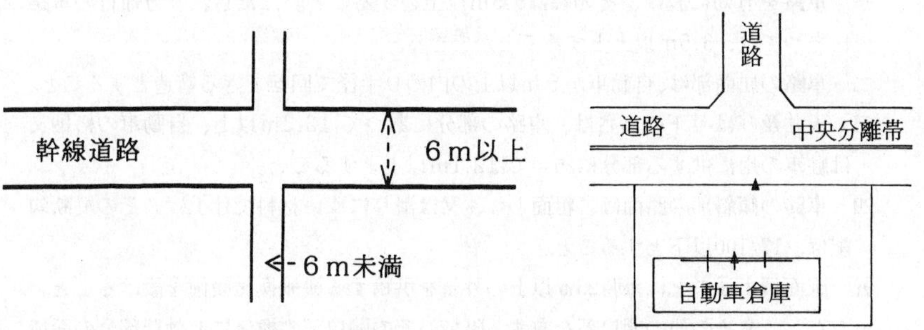

<第二号>適用除外となる交さ点

10 ただし書における「知事が交通上及び安全上支障がないと認める場合」とは、原則として、所轄の警察署長と協議が整ったものであること。

▶協議の対象となるのは、次のような例が考えられるが、いずれも敷地内の建築物等の配置がやむを得ないと考えられるものでなければならない。

(1) 当該敷地から出入りする自動車を信号機の設置により制御することにより、所定の安全性が確保されるもの。

(2) 敷地内の自動車の走行を一方通行等とすること及び交通安全施設等の設置により、

当該位置に出入口を設けないこととした場合よりも安全性が確保できると考えられるもの。

▶警察署長との協議方法

平成12年11月１日付け12建指第359号「愛知県建築基準条例の一部改正について」（愛知県建設部長）により、本条ただし書の適用にあたっては、特定行政庁と所轄警察署長との協議を要する。

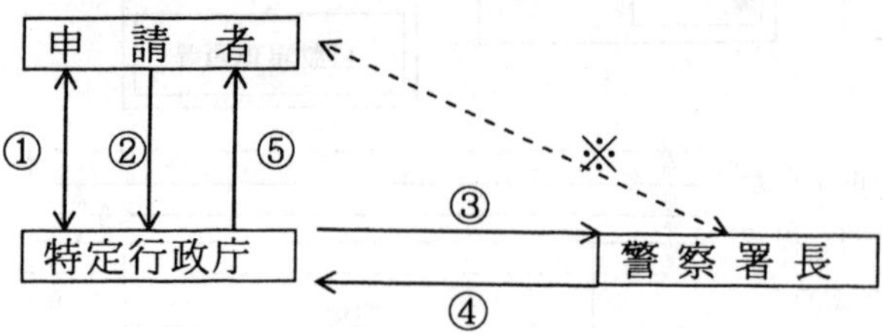

① 事前協議等
② 認定申請書・事前相談結果報告書
③ 協議書
④ 同回答
⑤ 認定通知書
※相談・教示

〈参照条文〉 法第43条第２項

（大規模な自動車車庫）

第26条 自動車車庫で格納又は駐車の用に供する部分の床面積の合計が500㎡以上のものの構造は、次に定めるところによらなければならない。ただし、知事が安全上及び衛生上支障がないと認める場合は、この限りでない。

一 車路を有効に設け、その幅は5.5m以上とすること。ただし、一方通行の車路にあつては、3.5m以上とすることができる。

二 車路の屈曲部は、自動車が５m以上の内のり半径で回転できる構造とすること。

三 天井及びはり下の高さは、車路の部分にあつては2.3m以上、自動車の格納又は駐車の用に供する部分にあつては2.1m以上とすること。

四 車路の傾斜部の路面は、粗面とし、又は滑りにくい材料で仕上げ、その縦断勾配は、17/100以下とすること。

五 床面積１㎡ごとに毎時25㎥以上の外気を供給する機械換気設備を設けること。ただし、窓その他の開口部を有する階で、その開口部の換気に有効な部分の面積がその階の床面積の1/10以上であるものについては、この限りでない。

六 自動車車庫が避難階以外の階にある場合は、その自動車車庫から避難階又は地上に通ずる避難階段を設けること。

七 自動車車庫に自動車を昇降させる設備を設ける場合は、当該設備の出入口の前面に、敷地内の奥行が６m以上（長さが5.05m以下の自動車用の設備にあつては、5.5m以上）及び幅が5.5m以上の空地又はこれに代わる車路を設けること。

〈解説〉

1　この条は、大規模な自動車車庫のみに適用される。「格納又は駐車の用に供する部分」とは、通路を除いたいわゆる車室部分であって、駐車場法施行令第6条と同じである。

2　対象となる自動車車庫は、駐車場法が路外駐車場ということで一般公共の用に供するいわゆる時間貸しの駐車場であるのに対し、全ての建築物自動車車庫である。どちらも建築物としての安全性は同じであるべきなので、駐車場法の規定と整合を図っている。

3　「避難階段」とは、建築基準法施行令第123条第1項（屋内の場合）または第2項（屋外の場合）の構造のものをいう。

4　自動車を昇降させる設備を設けた自動車車庫で駐車場法の適用を受けるものは、同法施行令第15条による特殊装置としての国土交通大臣の認定を受けることになっている。本条第七号は、この国土交通大臣による認定との整合を図るものである。

5　第七号の空地に代わる車路は建築物の屋内でもよいが、この車路の天井の高さは第三号の規定により、2.3m以上でなければならない。

6　ただし書における認定基準案は、本条の各号に対応して、次のとおりとする。

(1)　車路の幅、回転半径、天井及びはり下の高さの規定を緩和する場合は、次のいずれかとする。

ア　これを利用する自動車の大きさや重量等を制限することにより安全上支障がないと認められるもので、旧法第38条の規定に基づく大臣認定品がこれにあたる。

イ　当該部分が局所的なものでこれを利用する自動車の台数が1、2台程度に限定され、かつ、車庫全体の安全性に与える影響がきわめて低いと考えられるもの。

ウ　信号制御による交互の一方通行とするもの。

(2)　換気設備の規定を緩和する場合は、駐車場法第11条の規定に基づいて同法施行令で定められる技術的基準（機械換気設備）に適合するもの。

〈参照条文〉　令第123条、駐車場法施行令第6条

第5章　地下街

〈解説〉

1　「地下街」とは、地下建築物としての「各構え」が、「地下道」に接して形づくられるものをいう。なお、「準地下街」は、建築物の地階で連続して公共地下歩道に面して設けられたものと当該地下歩道とを合わせたもののうち、地下街同様の使用形態を有するものであって、地下街類似ではあるが、地下街ではない。

2　「構え」とは、「地下道」に面して設けられた店舗、事務所その他の室をいう。

3　「地下道」には階段部分も含まれる。

4　「地下街」の「構え」が2m以上接すべき「地下道」の構造については、令第128条の3において次のように定められている。

(1) 壁、柱、床、はり及び床板は、国土交通大臣が定める耐火に関する性能を有すること。

(2) 幅員５ｍ以上、天井までの高さ３ｍ以上で、かつ、段及び1/8を超える勾配の傾斜路を有しないこと。

(3) 天井及び壁の内面の仕上げを不燃材料でし、かつ、その下地を不燃材料で造っていること。

(4) 長さが60ｍを超える地下道にあっては、避難上安全な地上に通ずる直通階段で第23条第１項の表の(二)に適合するものを各構えの接する部分からその一に至る歩行距離が30ｍ以下となるように設けていること。

(5) 末端は、当該地下道の幅員以上の幅員の出入口で道に通ずること。ただし、その末端の出入口が２以上ある場合においては、それぞれの出入口の幅員の合計が当該地下道の幅員以上であること。

(6) 非常用の照明設備、排煙設備及び排水設備で国土交通大臣が定めた構造方法を用いるものを設けていること。

5　この章は、これらの規定の特例と、その他の制限の付加を目的として定めたもので、第１節において地下街の構造を、第２節において建築設備について規定した。

6　地下街は、大抵が県道、市道の地下を使用するので道路占用許可その他の手続きを必要とし、また、この計画の確認にあたっては、道路管理、都市計画、交通警察、消防、公衆衛生、建築指導等の各担当機関により構成される協議会において、それぞれの面から支障のないよう討議されることになっている。

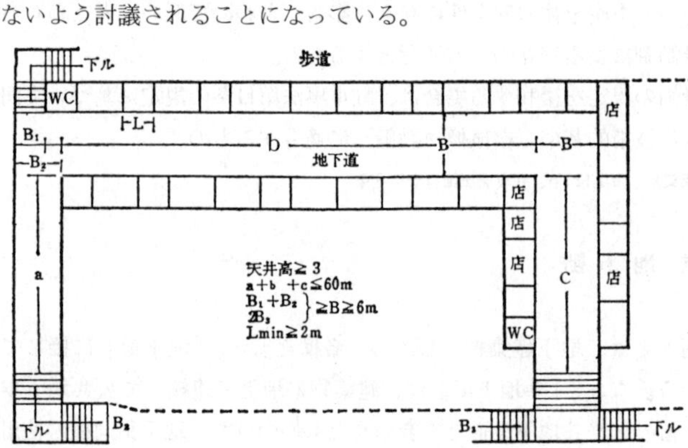

第１節　構　　造

（防湿措置）

第27条　地下街の直接土に接する部分は、防湿上有効な構造としなければならない。

〈解説〉

地下街は、その形態の特殊性から、その防湿措置には特に注意しなければならない。

（構えの出入口の位置）

第28条　地下街の構え（以下「構え」という。）の出入口は、地上に通ずる直通階段から３ｍ以内の部分に設けてはならない。

〈解説〉

1　この条は、避難上、通行上の妨げとなるような位置に構えの出入口を設けることを禁止するものである。

2　禁止の対象となるのは、構えの出入口であって、構えそのものとか、出入口以外の開口部ではない。

3　階段からの距離の起算点は、階段部分の端である。

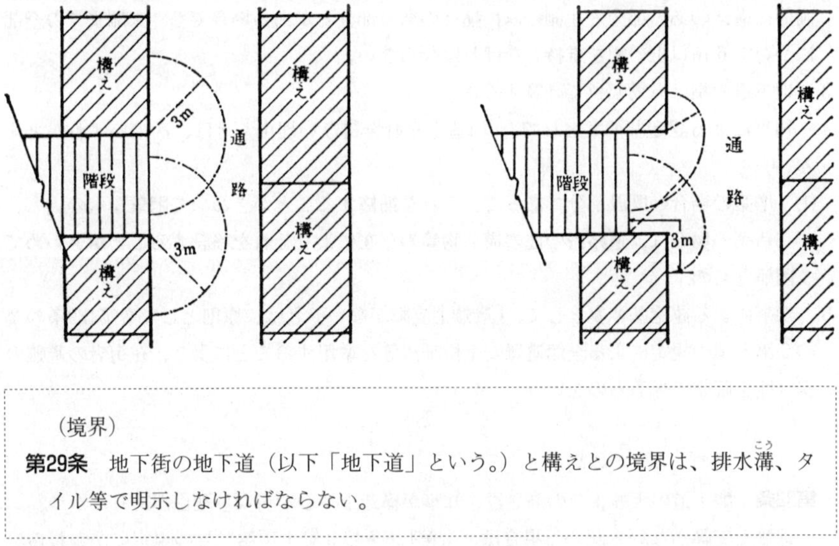

（境界）

第29条　地下街の地下道（以下「地下道」という。）と構えとの境界は、排水溝（こう）、タイル等で明示しなければならない。

〈解説〉

商品陳列台のハミ出しにより、通路部分を狭め、避難上の支障が生ずることのないようにすることを図っている。

（構えの床）

第30条　構えの床は、その接する地下道の境より低くしてはならない。

〈解説〉

法第19条に定められた敷地の衛生と同じ趣旨で、構えにおける排水の容易、湿潤の防止等を目的としている。

（地下道の幅）

第31条 両側が構えと接する地下道の幅は、6m以上としなければならない。ただし、知事が構造上やむを得ない理由があり、かつ、避難上支障がないと認める場合は、5m以上とすることができる。

〈解説〉

1 この条は、両側に構えがある地下道のみに適用される特例であり、片側のみに構えがある場合は、令第128条の3第1項の規定により5m以上でよいことになる。

2 地下道は、末端に至るまで同一の幅を維持しなければならないので、一本の地下道に両側に構えのある部分と片側のみに構えのある部分とがある場合でも、末端までの全部について6m以上の幅を維持しなければならない。

3 地下道の幅は有効幅員で計算する。

4 知事による認定基準案として、「構造上やむを得ない理由」とは、次のいずれかとする。

(1) 増築の場合の既設部分であって、それを補修することがきわめて困難なもの。

(2) 新築の場合は、道路内の他の構造物等の存在によりそれを移設することがきわめて困難なもの。

5 知事による認定基準案として、「避難上支障がない」とは、原則として令第129条の2の2第1項の規定による全館避難安全検証法等を準用することにより、在街者の避難の安全性を確認できるものをいう。

（地下道の天井までの高さ）

第32条 地下道の天井までの高さは、知事が構造上やむを得ない理由があり、かつ、避難上支障がないと認める場合は、令第128条の3第1項第二号の規定にかかわらず、2.3m以上とすることができる。

〈解説〉

1 この条は、政令において3m以上と定めているものの緩和措置である。

2 この規定が適用されるのは、既設の排水パイプその他により構造上どうしても3m以上の天井高がとれない場合に限るのであり、一般的には3m以上が原則であることはいうまでもない。

3　知事による認定基準案は、前条に同じ。

（地下道の勾配）

第33条　地下道（階段部分を除く。次条において同じ。）に勾（こう）配をつける場合は、その勾（こう）配を1/15以下とし、かつ、粗面とし、又はすべりにくい材料で仕上げなければならない。

〈解説〉

この条は、令第128条の３第１項に1/8以下とされているが、避難上及び通行上の観点から強い規制がされた。

（地下道の段）

第34条　知事が構造上やむを得ない理由があり、かつ、避難上支障がないと認める場合は、令第128条の３第１項第二号の規定にかかわらず、地下道に段を設けることができる。

〈解説〉

1　階段部分のように段があることが明白な箇所は、避難の際にも比較的危険は少ないが、平坦な部分に設けられた段については、転倒その他の事故を招きやすく非常に危険である。政令はこれを考慮して段を設けないことを定めている。

2　したがって、この条による緩和規定が適用されるのは、構造上真にやむを得ない場合に限られ、できるだけスロープにすることが望ましい。またやむなく段を設けた場合においても、照明その他の表示により段のあることを明示するような配慮が必要である。

3　知事による認定基準案は、第31条に同じ。

（直通階段への歩行距離）

第35条　構えが地下道に接する部分から地上に通ずる直通階段の一に至る歩行距離は、知事が構造上やむを得ない理由があり、かつ、避難上支障がないと認める場合は、令第128条の３第１項第四号の規定にかかわらず、50m以下とすることができる。

〈解説〉

1　この規定もあくまで例外的な緩和措置で、これが適用されるのは、100m道路の地下を地下街が横断する場合とか駅前広場に設けるような場合で地上に出口が設けられないようなときに限る。

2　歩行距離は、構えの出入口から直通階段の最下段までにより計られる。
3　知事による認定基準案は、第31条に同じ。

第2節　設　備

（換気設備）
第36条　地下街には、給気機及び排気機を有する換気設備を設けなければならない。この場合において、給気量は、排気量を超えるものでなければならない。
2　地下街の床面積（構えの床面積及び地下道の面積の合計をいう。次条及び第40条において同じ。）が1,000㎡以下の場合で、知事が衛生上支障がないと認めるときは、前項の規定にかかわらず、その換気設備を給気機又は排気機のいずれかのみによることができる。

〈解説〉
1　給気量が排気量を上回ることとした目的は地下街の室内気圧を外部気圧より高くすることによって出入口から塵埃を伴った外気を侵入させないことにある。
2　第２項でいう「床面積」は地下への直通階段のうち屋根のある位置から中は全部である。
3　第２項の知事による認定基準案として、「衛生上支障がない」とは、原則として令第20条の２第一号ニ⑴及び浮遊粉じんの量を空気１㎥につき0.15㎎以下とする性能を確保できることが理論上確認できるものをいう。

（換気量）
第37条　前条の換気設備は、地下街の床面積１㎡ごとに、毎時30㎥（空気調和設備で、地下街の床面積１㎡ごとに毎時30㎥以上の空気を供給することができるものにあつては、毎時10㎥）以上の新鮮な外気を供給するものでなければならない。

〈解説〉
1　この条は、給気機及び排気機の双方を設ける場合も、前条第２項の緩和規定によりいずれか一方のみを設ける場合も一様に適用される。
2　算定は給気機及び排気機の公称能力と床面積及び高さによってなされる。
3　新鮮な外気を取り入れるためには、空気取入口を地上の道路の路面よりもできるだけ高い場所に設ける必要がある。

（照明）

第38条　地下道には、床面において20ルックス以上の照度を有する照明設備を設けなければならない。

〈解説〉

この条は、地下道について、保安上必要な明るさを定めたものである。

（物品の搬入搬出の設備）

第39条　地下街には、物品の搬入搬出の設備を設けなければならない。

〈解説〉

「物品の搬入搬出の設備」とは、地下店舗の商品の搬入、ごみその他の搬出を地上交通の妨害や、地下街運営に支障の生じないように行うため、専用の貨物自動車進入路及び積込み積卸しターミナルを設けるとか、地下のパーキングエリア内へ通ずるリフト等を設けることをいう。

（便所）

第40条　地下街の床面積が1,000㎡を超える場合は、１以上の公衆便所を設けなければならない。

〈解説〉

1　この便所は、有料でもよい。
2　床面積の算定方法は、第36条第２項に定義されている。

第６章　工 作 物

（広告塔等の構造）

第41条　広告塔、広告板、装飾塔、記念塔、高架水槽、サイロ、物見塔その他これらに類するもので、地盤面からの高さが13ｍを超えるものは、木造としてはならない。ただし、法第２条第九号の二イに掲げる基準に適合するものは、この限りでない。

〈解説〉

1　この制限は、広告塔、広告板等自体の高さが高いときだけでなく広告塔、広告板等の取付位置が高いために全体の高さが地盤面から13ｍを超えたものも適用される。
2　防火地域内においては看板、広告塔、装飾塔等は屋上に設ける場合又は高さが３ｍを超える場合は、不燃材料で造り又は覆わなければならない。

3　広告塔、広告板、装飾塔、記念塔などで高さが４ｍを超えるもの、高架水槽、サイロ、物見塔などで高さが８ｍを超えるものは一般構造基準などの規定が適用される。

4　ただし書は、法第21条の大規模な建築物の主要構造部の制限が性能規定化されたことをうけたものである。

〈参照条文〉　法第21条・第66条・第88条第１項、令第138条第１項・第141条

第７章　雑　　則

（市町村条例との関係）

第42条　市町村が法及び令に基づく条例によつて、この条例の規定による制限をこえる制限を附加する場合は、そのこえる部分については、当該条例の定めるところによる。

〈解説〉

1　市町村は、建築基準法によりそれぞれ条例を制定し得るが、これによる制限が、この条例による制限よりも強い場合に限り効力があることを明示した。

2　なお、消防法その他により市町村がこの条例と異なる定めをした場合は、そのいずれにも適合しなければならないため結局はいずれか制限の強い方に従わなければならないことにもなる。

第８章　罰　　則

第43条　第10条、第20条第１項及び第41条の規定に違反した場合における当該建築物又は工作物の設計者（設計図書を用いないで工事を施工し、又は設計図書に従わないで工事を施工した場合においては、当該建築物又は工作物の工事施工者）は、20万円以下の罰金に処する。

第44条　第４条、第５条、第６条第１項、第７条、第８条、第９条第１項及び第２項、第13条、第14条第１項、第15条から第18条まで、第21条から第23条まで、第25条から第30条まで、第33条、第36条第１項並びに第37条から第40条までの規定に違反した場合における当該建築物の設計者（設計図書を用いないで工事を施工し、又は設計図書に従わないで工事を施工した場合においては、当該建築物の工事施工者）は、10万円以下の罰金に処する。

第45条　第24条の規定に違反した場合における当該建築物の設計者（設計図書を用いないで工事を施工し、又は設計図書に従わないで工事を施工した場合においては、当該建築物の工事施工者）は、３万円以下の罰金に処する。

第46条　前３条に規定する違反があつた場合において、その違反が建築主又は工作物の築造主の故意によるものであるときは、当該設計者又は工事施行者を罰するほか、当該建築主又は工作物の築造主に対して同条の刑を科する。

第47条　法人の代表者又は法人若しくは人の代理人、使用人その他の従業者がその法人又は人の業務に関して前４条の違反行為をした場合においては、その行為者を罰するほか、その法人又は人に対して各本条の刑を科する。

〈解説〉

1　この条例に違反した場合の罰則適用の順序は、第一に設計者、次に設計図書のない場合又は設計図書に従わない工事をした工事施工者、最後に違反承知で工事をさせた建築主又は築造主ということになっている。このことは設計者の違反は、故意の有無にかかわらず罰則を適用することができることを示している。

2　建築に関する法令は、高度に技術的な面が多いので、正確に理解できるのは建築士しかいない。このような理由により設計者のみに厳しいような罰則が置かれたのであり、建築士の方々のなお一層の努力を期待するものである。

附　則

1　この条例は、昭和39年４月１日から施行する。

2　この条例の施行前に、この条例による改正前の愛知県建築基準条例の規定に違反した行為に対する罰則の適用については、なお従前の例による。

附　則　(昭和46年３月24日条例第26号)

(施行期日)

1　この条例は、公布の日から施行する。

(罰則に関する経過措置)

2　この条例の施行前に、この条例による改正前の愛知県建築基準条例の規定に違反した行為に対する罰則の適用については、なお従前の例による。

附　則　(昭和47年３月29日条例第25号)

この条例は、公布の日から施行する。

附　則　(昭和53年３月29日条例第22号)

この条例は、公布の日から起算して３月を超えない範囲内において規則で定める日から施行する。

〔昭和53年規則第49号により、昭和53年６月１日から施行〕

附　則　(昭和62年10月14日条例第45号)

この条例は、規則で定める日から施行する。

〔昭和62年規則第86号により、昭和62年11月16日から施行〕

附　則（平成２年12月21日条例第38号）

この条例は、平成３年２月１日から施行する。

附　則（平成４年３月25日条例第７号）

この条例は、平成４年５月１日から施行する。

附　則（平成５年３月29日条例第23号）

この条例は、都市計画法及び建築基準法の一部を改正する法律（平成４年法律第82号）の施行の日から施行する。ただし、第29条、第32条及び第40条の改正規定は、平成５年５月１日から施行する。

附　則（平成７年３月22日条例第20号）

1　この条例は、公布の日から施行する。ただし、第９条の２の表に１項を加える改正規定は、平成７年７月１日から施行する。

2　この条例の施行の際現に都市計画法及び建築基準法の一部を改正する法律（平成４年法律第82号。以下「改正法」という。）第１条の規定による改正前の都市計画法（昭和43年法律第100号）第８条第１項の規定により都市計画において定められている第一種住居専用地域、第二種住居専用地域及び住居地域内の建築物については、改正法附則第２条に規定する日までの間は、改正前の愛知県建築基準条例の規定は、なおその効力を有する。

附　則（平成12年10月13日条例第64号）

（施行期日）

1　この条例は、平成12年11月１日から施行する。

（経過措置）

2　この条例の施行前にした行為に対する罰則の適用については、なお従前の例による。

（人にやさしい街づくりの推進に関する条例の一部改正）

3　（略）

附　則（平成12年12月22日条例第66号）

この条例は、平成13年１月６日から施行する。

附　則（平成16年３月26日条例第32号）

この条例は、公布の日から施行する。

○建築基準法施行細則

（昭和46年６月30日
愛知県規則第55号）

改正
昭和48年９月28日規則第 59号
昭和49年３月29日規則第 36号
昭和49年10月23日規則第 87号
昭和53年１月13日規則第 1号
昭和53年５月12日規則第 53号
昭和53年９月27日規則第 80号
昭和55年３月31日規則第 30号
昭和56年５月29日規則第 55号
昭和57年３月31日規則第 29号
昭和59年３月30日規則第 42号
昭和60年３月25日規則第 8号
昭和60年９月27日規則第 67号
昭和61年３月28日規則第 27号
昭和62年11月13日規則第 87号
平成元年５月22日規則第 45号
平成４年３月30日規則第 40号
平成５年６月18日規則第 61号
平成５年８月30日規則第 72号
平成６年11月28日規則第 99号
平成７年３月22日規則第 17号
平成７年９月20日規則第 71号
平成９年３月31日規則第 15号
平成10年３月30日規則第 60号
平成11年４月30日規則第 79号
平成12年３月28日規則第 28号
平成12年８月22日規則第130号
平成13年１月５日規則第 1号
平成13年３月27日規則第 18号
平成13年５月15日規則第 63号
平成13年７月17日規則第 69号
平成15年３月４日規則第 5号
平成15年８月19日規則第 85号
平成15年９月12日規則第 92号
平成16年３月26日規則第 6号
平成17年３月22日規則第 23号
平成17年７月５日規則第 66号
平成17年９月30日規則第104号
平成17年11月25日規則第116号
平成17年12月27日規則第124号
平成18年３月17日規則第 7号
平成18年３月22日規則第 8号
平成18年３月31日規則第 48号
平成18年12月１日規則第 91号

（確認の申請書に添える図書）

第１条　建築基準法（昭和25年法律第201号。以下「法」という。）第６条第１項の規定による確認の申請書には、その計画に係る建築物の敷地が、高さ２ｍを超えるがけに接し、又は近接する場合（がけの斜面の勾配が30度以下の場合を除く。）においては、その敷地とがけとの状況を示す断面図を添えなければならない。

（確認の申請書に添える図書等の省略）

第２条　確認の申請書に添える図書等を省略することができる場合として次の各号に掲げる建築基準法施行規則（昭和25年建設省令第40号。以下「省令」という。）の規定により知事が規則で定める場合は、それぞれ当該各号に定める場合とする。ただし、第四号に掲げる省令の規定により同号に定める場合にあつては、都市計画法（昭和43年法律第100号）第53条第１項又は流通業務市街地の整備に関する法律（昭和41年法律第110号）第５条第１項の規定に適合していることを証する書面については、この限りでない。

一　省令第１条の３第11項第三号　同項第二号に掲げる場合以外の建築物の建築の場合

二　省令第１条の３第12項第三号　同項第二号に掲げる場合以外の建築物の建築の場合

三　省令第１条の３第13項第四号　同項第二号及び第三号に掲げる場合以外の建築物の建築の場合

四　省令第１条の３第14項第二号　建築物の建築の場合

２　申請に係る建築物が法第68条の26第３項の規定による指定又は同条第６項の規定による承認を受けた者による構造に係る評価又は評定を受けた建築物であつて、その工事計画が建築士の作成した設計図書によるものである場合においては、省令第1条の3第1項の表1の(は)項に掲げる図書並びに同項の表2の(1)項及び(2)項並びに同項の表3の(1)項の構造計算の計算書は、確認の申請書に添えることを要しない。ただし、別に知事が定める場合にあつては、この限りでない。

3　申請に係る工作物が建築基準法施行令（昭和25年政令第338号。以下「令」という。）第138条第1項各号に掲げる工作物であつて、その工事計画が一級建築士又は二級建築士の作成した設計図書によるものである場合においては、省令第3条第1項の表1に掲げる構造詳細図及び構造計算書は、確認の申請書に添えることを要しない。ただし、次に掲げる工作物にあつては、この限りでない。

一　高さが15ｍを超える煙突及び鉄筋コンクリート造の柱

二　高さが10ｍを超える広告塔、記念塔及び物見塔

三　高さが3ｍを超える擁壁

（定期調査）

第3条　法第12条第1項の規定により知事が指定する建築物は、次の表の(い)欄に掲げる用途に供するもので、その規模が同表(ろ)欄の当該各号に掲げる規模のものとし、法第12条第1項の規定による報告の時期として省令第5条第1項の規定により知事が定める時期は、同表(は)欄の当該各号に掲げる期間とする。

	(い)	(ろ)	(は)
	用　途	規　模	報告する時期
(1)	劇場、映画館、演芸場、公会堂又は集会場	(い)欄の用途に供する部分（客席部分に限る。）の床面積の合計が200㎡を超え、かつ、その用途に供する部分の全部又は一部が3階以上の階又は地階にあるもの	平成3年を始期として隔年の4月1日から10月31日まで
(2)	観覧場	(い)欄の用途に供する部分の床面積の合計が1,000㎡を超えるもの	平成3年を始期として隔年の4月1日から10月31日まで
(3)	病院	(い)欄の用途に供する部分の床面積の合計が500㎡を超え、かつ、その用途に供する部分の全部又は一部が3階以上の階にあるもの	平成2年を始期として隔年の4月1日から10月31日まで
(4)	旅館又はホテル	(い)欄の用途に供する部分の床面積の合計が300㎡を超え、かつ、その用途に供する部分の全部又は一部が3階以上の階にあるもの	平成2年を始期として隔年の4月1日から10月31日まで

(5)	物品販売業を営む店舗（百貨店及びマーケットを含む。）	(い)欄の用途に供する部分の床面積の合計が500㎡を超え、かつ、その用途に供する部分の全部又は一部が3階以上の階又は地階にあるもの	平成3年を始期として隔年の4月1日から10月31日まで
(6)	展示場、キャバレー、ナイトクラブ、バー、ダンスホール、遊技場、公衆浴場、料理店又は飲食店	(い)欄の用途に供する部分の床面積の合計が1,000㎡を超え、かつ、その用途に供する部分の全部又は一部が3階以上の階又は地階にあるもの	平成3年を始期として隔年の4月1日から10月31日まで
(7)	事務所その他これに類する用途（前各項に掲げる用途を除く。）	階数が5以上で、(い)欄の用途に供する部分の床面積の合計が1,000㎡を超え、かつ、その用途に供する部分の全部又は一部が3階以上の階又は地階にあるもの	平成3年を始期として隔年の4月1日から10月31日まで
(8)	前各項に掲げる用途のうち2以上の用途に供するもの	(い)欄の用途に供する部分の床面積の合計が1,000㎡を超え、かつ、その用途のいずれかに供する部分の全部又は一部が3階以上の階又は地階にあるもの（(い)欄の用途のいずれか一の用途が前項に掲げる用途であつて階数が4以下のものを除く。）	平成3年を始期として隔年の4月1日から10月31日まで

2　省令第5条第3項の規則で定める書類は、知事が別に定める定期調査票並びに付近見取図、配置図、各階平面図及び建築設備図とする。

（定期検査）

第4条　法第12条第3項（法第88条第1項において準用する場合を含む。以下この条において同じ。）の規定により検査の結果を報告すべきものとして知事が指定する昇降機その他の建築設備及び工作物（以下「建築設備等」という。）は、次に掲げるものとする。

一　エレベーター（一般交通の用に供するもの、かごの水平投影面積が1㎡を超え、かつ、天井の高さが1.2mを超えるもので労働基準法（昭和22年法律第49号）別表第1第一号から第五号までに掲げる事業の事業場に設置され、かつ、積載量が1t以上のもの、一戸建の住宅又は共同住宅若しくは長屋の住戸に設置されるもの及び法第6条第1項第一号から第三号までに掲げる建築物以外の建築物に設置されるものを除く。）

二　エスカレーター（一般交通の用に供するもの、一戸建の住宅又は共同住宅若しくは長屋の住戸に設置されるもの及び法第６条第１項第一号から第三号までに掲げる建築物以外の建築物に設置されるものを除く。）

三　小荷物専用昇降機（出し入れ口の下端が床面より50㎝以上上がつた位置にあるもの、一戸建の住宅又は共同住宅若しくは長屋の住戸に設置されるもの及び法第６条第１項第一号から第三号までに掲げる建築物以外の建築物に設置されるものを除く。）

四　前条第１項の規定により知事が指定する建築物に法第28条第２項ただし書又は同条第３項の規定により設けた換気設備（給気機及び排気機を設けた換気設備並びに空気調和設備に限る。）並びに法第35条の規定により設けた排煙設備（自然排煙設備を除く。）及び非常用の照明装置（照明器具内に予備電源を内蔵したものを除く。）

五　ウォーターシュート、コースターその他これらに類する高架の遊戯施設

六　メリーゴーラウンド、観覧車、オクトパス、飛行塔その他これらに類する回転運動をする遊戯施設で原動機を使用するもの

2　法第12条第３項の規定による報告の時期として省令第６条第１項の規定により知事が定める時期は、毎年、次の表の(い)欄に掲げる建築設備等の区分に応じ、同表(ろ)欄に掲げる時期とする。

	(い)	(ろ)
(1)	前条第１項の表に規定する建築物に附属した前項第四号に規定する建築設備等	４月１日から10月31日まで
(2)	(1)項に規定する建築設備等以外の建築設備等	当該建築設備等の設置者又は築造主が法第７条第５項（法第87条の２又は法第88条第１項において準用する場合を含む。）及び法第７条の２第５項前段の規定による検査済証の交付を受けた日の属する月に応当する当該月の前１月間

3　省令第６条第３項の規則で定める書類は、次の各号に掲げる建築設備等の区分に応じ、当該各号に定める書類とする。

一　第１項第一号から第三号まで、第五号及び第六号に規定する建築設備等　知事が別に定める定期検査成績票及び定期検査票

二　第１項第四号に規定する建築設備等　知事が別に定める定期検査票並びに各階平面図及び建築設備図

（建築設備等の設置の報告）

第４条の２　前条第１項の知事が指定する建築設備等を設置しようとする者は、法第６条

第１項の規定による確認の申請と同時又は法第６条の２第１項の規定による確認を受けようとするときに、その概要を建築設備等設置概要書（様式第３）により知事に報告しなければならない。

（報告）

第５条　建築主又は築造主は、高さ13ｍ又は延べ面積3,000㎡を超える建築物（法第88条第１項又は第２項の工作物を含む。以下この項において同じ。）で、当該建築物に作用する荷重が最下階の床面積１㎡につき100kNを超えるものを建築しようとする場合においては、地盤の状況について地盤状況報告書（様式第４）により建築主事に報告しなければならない。

２　建築主は、法第31条第２項に規定する屎尿浄化槽又は令第32条第１項に規定する合併処理浄化槽（以下「屎尿浄化槽等」という。）を設ける場合においては、浄化槽調書（様式第５）により建築主事に報告しなければならない。

３　建築主は、前項に規定する屎尿浄化槽等の工事を完了した場合で法第７条第１項の検査の申請をしようとするときにおいては、浄化槽工事完了報告書（様式第５の２）により建築主事に報告しなければならない。

４　建築主は、第一種低層住居専用地域、第二種低層住居専用地域、第一種中高層住居専用地域、第二種中高層住居専用地域、第一種住居地域、第二種住居地域、準住居地域、近隣商業地域、商業地域又は準工業地域内において、工場を建築し、大規模の修繕をし、若しくは大規模の模様替をしようとする場合、建築物若しくは建築物の部分を工場に用途変更しようとする場合又は敷地内に工場がある場合で当該敷地内に工場の用途に供しない建築物を建築しようとするときにおいては、その旨を工場に関する報告書（様式第６）により建築主事に報告しなければならない。

５　建築主は、次に掲げる場合にあつては、その旨を不適合建築物に関する報告書（様式第７）により建築主事に報告しなければならない。

一　法第51条ただし書（法第87条第２項又は第３項において準用する場合を含む。）の規定により令第130条の２の３に規定する規模の範囲内において建築物を新築し、増築し、又は用途変更する場合

二　法第86条の７第１項の規定により令第137条の２から第137条の12までに規定する範囲内において既存の建築物を増築、改築、大規模の修繕又は大規模の模様替をしようとする場合

三　法第87条第３項の規定により同項第二号又は第三号に規定する規模の範囲内において建築物の用途を変更する場合

６　第１項、第２項、第４項及び前項の規定による報告は、法第６条第１項（法第87条第１項、法第87条の２又は法第88条第１項若しくは第２項において準用する場合を含む。）の規定による確認の申請（法第18条第２項の規定による計画の通知を含む。）と同時に

しなければならない。

7　第1項、第2項、第4項及び第5項の規定は、法第6条の2第1項の規定による確認を受けようとする場合にあつては、適用しない。

（建築物の構造計算に関する報告）

第5条の2　建築主は、法第6条第1項の規定による確認の申請書を提出する場合において、その申請に係る建築物が省令第1条の3第1項の規定により国土交通大臣の認定を受けた構造計算プログラムを用いて構造計算を行つたものであるときは、当該確認の申請書を提出する際に、当該構造計算について、当該構造計算に係る電磁的記録（電子的方式、磁気的方式その他人の知覚によつては認識することができない方式で作られる記録であつて、電子計算機による情報処理の用に供されるものをいう。）を記録した磁気ディスク（これに準ずる方法により一定の事項を確実に記録しておくことができる物を含む。以下同じ。）を提出することにより建築主事に報告しなければならない。この場合において、当該磁気ディスクには、建築主の氏名及び当該確認の申請の年月日を記載した書面をはり付けなければならない。

2　法第6条第1項第二号又は第三号に掲げる建築物の構造設計を行つた設計者は、当該建築物の建築主が当該建築物に係る同項の規定による確認の申請書を提出する際に、当該構造設計について、知事が別に定める書類により建築主事に報告しなければならない。

3　前2項の規定は、第2条第2項本文に規定する場合にあつては、適用しない。

（特定建築物に係る鉄骨の工事の報告）

第6条　建築主は、鉄骨造若しくは鉄骨鉄筋コンクリート造の建築物又はこれらの構造とその他の構造とを併用する建築物で、3階以上のもの又は床面積が500㎡を超えるもの（以下「特定建築物」という。）を建築しようとする場合において、法第6条第1項の規定による確認の申請をしようとするときは、溶接工事作業計画書（様式第7の2）により建築主事に報告しなければならない。

2　前項の場合において、特定建築物の鉄骨を製作する工場が決まつていないときは、溶接工事作業計画書に代えて鉄骨製作工場に関する報告書（様式第7の3）を提出し、当該工場が決まつたときは、直ちに溶接工事作業計画書を提出しなければならない。

3　建築主は、特定建築物の鉄骨の工事を完了した場合において、法第7条第1項又は法第7条の3第1項の検査の申請をしようとするときは、鉄骨工事施工状況報告書（様式第7の4）により建築主事に報告しなければならない。ただし、当該工事の完了後法第7条の3第5項又は法第7条の4第3項の中間検査合格証の交付を受けた場合にあつては、この限りでない。

4　前3項の規定は、財団法人日本建築センターによる工業化住宅性能評定を受けた特定建築物には、適用しない。

（特殊建築物等に関する報告書）

第7条　建築主は、次の各号に掲げる建築物を建築（増築しようとする場合においては、増築後において当該各号に掲げる建築物となる場合を含む。）し、大規模の修繕をし、若しくは大規模の模様替をしようとする場合又は建築物若しくは建築物の部分を当該各号に掲げる建築物に用途変更しようとする場合においては、法第6条第1項の規定による確認の申請と同時又は法第6条の2第1項の規定による確認を受けようとするときに、その概要を特殊建築物等に関する報告書（様式第8）により知事に報告しなければならない。

一　劇場、映画館、演芸場、公会堂、集会場、病院、旅館、ホテル、令第19条第1項に規定する児童福祉施設等、展示場、キャバレー、ナイトクラブ、バー、ダンスホール、遊技場、公衆浴場、料理店、飲食店、物品販売業を営む店舗（百貨店及びマーケットを含む。）又は事務所その他これに類するものの用途に供する部分の全部又は一部が3階以上の階又は地階にある建築物

二　観覧場の用途に供する建築物

（工事取りやめの報告）

第8条　建築主又は築造主は、法第6条第1項（法第87条第1項、法第87条の2又は法第88条第1項若しくは第2項において準用する場合を含む。）の規定による確認済証の交付を受けた建築物、建築設備又は工作物の工事を取りやめた場合においては、その旨を工事取りやめ報告書（様式第9）により建築主事に報告しなければならない。

（屎尿浄化槽又は合併処理浄化槽を設ける区域のうち衛生上特に支障がある区域の指定）

第9条　令第32条第1項第一号の表に規定する屎尿浄化槽又は合併処理浄化槽を設ける区域のうち知事が衛生上特に支障があると認めて規則で指定する区域は、愛知県全域（建築主事を置く市の区域及び下水道法（昭和33年法律第79号）第4条第1項の事業計画のある区域で特に知事が認めるものを除く。）とする。

（垂直積雪量）

第10条　令第86条第3項の規定により知事が定める垂直積雪量は、次の表の(い)欄に掲げる市町村の区域の区分に応じ、同表(ろ)欄に掲げる数値とする。ただし、多雪区域を指定する基準及び垂直積雪量を定める基準を定める件（平成12年建設省告示第1455号）第2に掲げる式又は同告示第2ただし書に規定する手法により、建築物の敷地の区域を同告示第2本文に規定する市町村の区域又は同告示第2ただし書に規定する当該区域とみなして計算することができる場合にあつては、当該式又は手法により計算した数値とする。

	(い)	(ろ)
(1)	知多郡美浜町並びに幡豆郡のうち一色町及び吉良町	25cm以上
(2)	半田市、豊川市、津島市、碧南市、刈谷市、安城市、西尾市、蒲郡市、犬山市、常滑市、江南市、小牧市、稲沢市、新城市（平成17年	30cm以上

	9月30日における新城市の区域に限る。)、東海市、大府市、知多市、知立市、高浜市、岩倉市、豊明市、田原市、愛西市、清須市、北名古屋市、弥富市、愛知郡東郷町、西春日井郡、丹羽郡、海部郡、知多郡のうち阿久比町、東浦町、南知多町及び武豊町、幡豆郡幡豆町、額田郡、西加茂郡並びに宝飯郡	
(3)	瀬戸市、新城市(平成17年9月30日における旧南設楽郡鳳来町の区域に限る。)、尾張旭市、日進市及び愛知郡長久手町	35cm以上
(4)	北設楽郡東栄町	40cm以上
(5)	北設楽郡豊根村(平成17年11月26日における旧北設楽郡富山村の区域に限る。)	45cm以上
(6)	新城市(平成17年9月30日における旧南設楽郡作手村の区域に限る。)並びに北設楽郡のうち設楽町(同日における北設楽郡設楽町の区域に限る。)及び豊根村(同年11月26日における北設楽郡豊根村の区域に限る。)	55cm以上
(7)	北設楽郡設楽町(平成17年9月30日における旧北設楽郡津具村の区域に限る。)	65cm以上

(建築物の後退距離の算定の特例に係る渡り廊下等の指定)

第10条の2　令第130条の12第五号の規定により知事が定める建築物の部分は、法第44条第1項第四号の規定により特定行政庁が許可をした渡り廊下その他の通行又は運搬の用途に供するものとする。

(保存建築物の指定)

第10条の3　法第3条第1項第三号の規定による建築物の指定を受けようとする者は、適用除外保存建築物指定申請書(様式第10)の正本及び副本に、次に掲げる図書を添えて知事に提出しなければならない。

一　省令第1条の3第1項の表1に掲げる付近見取図、配置図及び各階平面図

二　省令第1条の3第1項の表1に掲げる立面図及び断面図

三　その他知事が必要と認める図書

(道路の位置の指定)

第11条　法第42条第1項第五号に規定する道路の位置の指定を受けようとする者は、道路位置指定申請書(様式第11)の正本及び副本に、省令第9条に定める図面等のほか、次に掲げる図書又は書面を添えて知事に提出しなければならない。

一　道路平面図、土地利用計画平面図及び道路横断図

二　道路の位置の指定を受けようとする土地及び当該土地に接する建築物の敷地の求積表

三　省令第9条に規定する承諾書に押された印に係る印鑑証明書

四　その他知事が必要と認める図書

2　指定を受けた道路の位置を変更し、又は廃止しようとするときは、前項の規定を準用する。

（許可申請書の添付図書等）

第12条　省令第10条の4第1項及び第4項に規定する規則で定める図書又は書面は、次の表の(い)欄に掲げる法の規定による許可の申請の区分に応じ、同表の(ろ)欄に掲げるとおりとする。

	(い)	(ろ)
(1)	第43条第1項ただし書、第44条第1項第二号若しくは第四号、第47条ただし書、第52条第10項若しくは第14項、第53条第4項若しくは第5項第三号、第53条の2第1項第三号若しくは第四号（第57条の5第3項において準用する場合を含む。）、第59条第1項第三号若しくは第4項、第59条の2第1項、第67条の2第3項第二号、第5項第二号若しくは第9項第二号、第68条の3第4項、第68条の5の2第2項、第68条の7第5項又は第85条第3項若しくは第5項	一　省令第1条の3第1項の表1に掲げる付近見取図、配置図及び各階平面図 二　省令第1条の3第1項の表1に掲げる立面図及び断面図（法第43条第1項ただし書の規定による許可の申請にあつては、省令第1条の3第1項の表1に掲げる立面図） 三　その他知事が必要と認める図書
(2)	第48条第1項から第12項までのただし書（第87条第2項若しくは第3項又は第88条第2項において準用する場合を含む。）	一　(1)項(ろ)欄第一号及び第二号に掲げる図面 二　申請に係る建築物の敷地境界線から50m（建築物の用途、規模等により100mまで拡大することができる。）以内にある土地及び建築物の縮尺1／300から1／600までの現況図 三　前号の土地及び建築物の所有権、地上権、永小作権又は賃借権を有する者の住所及び氏名を記載した書類 四　その他知事が必要と認める図書
(3)	第51条ただし書（第87条第2項若しくは第3項又は第88条第2項において準用する場合を含む。）	一　(1)項(ろ)欄第一号及び第二号に掲げる図面 二　申請に係る建築物の敷地境界線から500m以内にある土地及び建築物の縮尺1／2,500の現況図

		三　その他知事が必要と認める図書
(4)	第52条第11項	一　(1)項(ろ)欄第一号及び第二号に掲げる図面 二　申請に係る建築物がある街区内の土地及び建築物の縮尺１／300から１／600までの現況図 三　その他知事が必要と認める図書
(5)	第55条第３項第一号若しくは第二号、第56条の２第１項ただし書又は第60条の２第１項第三号	一　(1)項(ろ)欄第一号及び第二号に掲げる図面 二　省令第１条の３第１項の表１に掲げる日影図 三　申請に係る建築物の敷地の隣地又はこれに連接する土地で日影時間が２時間以上の範囲にある土地及びその土地に附属する建築物の縮尺１／200から１／500までの現況図 四　その他知事が必要と認める図書

（認定申請書の添付図書等）

第12条の２　省令第10条の４の２第１項に規定する規則で定める図書は、次の表の(い)欄に掲げる法及び令の規定による認定の申請の区分に応じ、同表の(ろ)欄に掲げるとおりとする。

	(い)	(ろ)
(1)	法第44条第１項第三号又は令第131条の２第２項若しくは第３項	一　省令第１条の３第１項の表１に掲げる付近見取図、配置図及び各階平面図 二　省令第１条の３第１項の表１に掲げる立面図及び断面図 三　その他知事が必要と認める図書
(2)	法第55条第２項	一　(1)項(ろ)欄第一号及び第二号に掲げる図面 二　省令第１条の３第１項の表１に掲げる日影図 三　敷地断面図（平均地盤面を明示したもの） 四　その他知事が必要と認める図書
(3)	法第57条第１項	一　(1)項(ろ)欄第一号及び第二号に掲げる図面 二　(2)項(ろ)欄第二号及び第三号に掲げ

		る図面 三　申請に係る建築物の敷地の隣地又はこれに連接する土地で日影時間が2時間以上の範囲にある土地及びその土地に附属する建築物の縮尺1／200から1／500までの現況図 四　その他知事が必要と認める図書
(4)	法第68条の3第1項から第3項まで、法第68条の4第1項、法第68条の5の4第1項若しくは第2項又は法第68条の5の5	一　(1)項(ろ)欄第一号及び第二号に掲げる図面 二　(2)項(ろ)欄第二号及び第三号に掲げる図面 三　申請に係る建築物の敷地の隣地又はこれに連接する土地で日影時間が2時間以上の範囲にある土地及び当該建築物がある街区内の土地並びにそれらの土地に附属する建築物の縮尺1／200から1／500までの現況図 四　その他知事が必要と認める図書
(5)	法第86条の6第2項	一　(1)項(ろ)欄第一号及び第二号に掲げる図面 二　その他知事が必要と認める図書

2　次の表の(い)欄に掲げる法及び令の規定による認定の申請をしようとする者は、認定申請書（様式第12）の正本及び副本に、同表の(ろ)欄に掲げる図書を添えて知事に提出しなければならない。

	(い)	(ろ)
(1)	法第3条第1項第四号	一　省令第1条の3第1項の表1に掲げる付近見取図、配置図及び各階平面図 二　省令第1条の3第1項の表1に掲げる立面図及び断面図 三　その他知事が必要と認める図書
(2)	令第115条の2第1項第四号ただし書又は令第129条の2の3第1項第二号	一　(1)項(ろ)欄第一号に掲げる図面 二　省令第1条第1項の表1に掲げる断面図 三　外壁及び軒裏の構造図 四　その他知事が必要と認める図書

3　知事は、前項の表の(い)欄に掲げる法及び令の規定による認定をしたとき、又はその認

定をしないこととしたときは、その旨を記載した通知書に、同項の認定申請書の副本及びその添付図書を添えて、当該申請をした者に交付するものとする。

（認定又は許可の申請書等の添付図書等）

第12条の３　省令第10条の16第１項第三号及び同条第３項第二号に規定する書面は、様式第12の２によるものとし、同条第１項第四号、同条第２項第三号及び同条第３項第三号に規定する規則で定める図書又は書面は、地籍図、同条第１項第三号又は同条第３項第二号に規定する書面に押された印に係る印鑑証明書及びその他知事が必要と認める図書とする。

２　省令第10条の21第１項第二号に規定する書面は、様式第12の３によるものとし、同項第三号に規定する規則で定める図書又は書面は、地籍図、同項第二号に規定する書面に押された印に係る印鑑証明書及びその他知事が必要と認める図書とする。

（建築協定の認可の申請等）

第13条　法第70条第１項の認可を受けようとする者は、建築協定認可申請書（様式第13）の正本及び副本に、次に掲げる図書を添えて知事に提出しなければならない。

一　建築協定書

二　建築物に関する基準及び建築協定をしようとする理由を表示する書類

三　建築協定区域内の土地の所有権者等の全員の住所、氏名及び建築協定に関する合意を示す書類

四　方位、道路及び目標となる地物を明示した附近見取図

五　建築協定区域内及び建築協定区域隣接地内の土地の整理図

六　建築協定区域及び建築協定区域隣接地の境界を明示した現況図（縮尺１／3,000以上のもの）

七　開発計画があるときは、土地利用計画平面図（縮尺１/3,000以上のもの）

八　認可の申請人が建築協定をしようとする者の代表者であることを証する書類

九　その他知事が必要と認める図書

２　法第74条第１項（法第76条の３第６項において準用する場合を含む。）の認可を受けようとする者は、建築協定変更認可申請書（様式第14）の正本及び副本に、次に掲げる図書を添えて知事に提出しなければならない。

一　変更に係る建築協定書及び法第73条第１項の認可を受けた建築協定書（法第74条第２項又は法第76条の３第４項の規定により法第73条第１項を準用する場合のものを含む。）

二　建築物に関する基準の変更を示す書類及び建築協定の変更をしようとする理由を表示する書類

三　建築協定区域内の土地の所有権者等の全員の住所、氏名及び建築協定の変更に関する全員の合意を示す書類

四　方位、道路及び目標となる地物を明示した附近見取図
五　変更に係る建築協定区域内及び建築協定区域隣接地内の土地の整理図
六　変更に係る建築協定区域及び建築協定区域隣接地の境界を明示した現況図（縮尺1／3,000以上のもの）
七　開発計画があるときは、土地利用計画平面図（縮尺1／3,000以上のもの）
八　認可の申請人が建築協定の変更をしようとする者の代表者であることを証する書類
九　その他知事が必要と認める図書

3　法第76条第1項（法第76条の3第6項において準用する場合を含む。）の認可を受けようとする者は、建築協定廃止認可申請書（様式第14）の正本及び副本に、次に掲げる図書を添えて知事に提出しなければならない。
一　法第73条第1項の認可を受けた建築協定書（法第74条第2項又は法第76条の3第4項の規定により法第73条第1項を準用する場合のものを含む。）
二　建築協定を廃止しようとする理由書
三　建築協定区域内の土地の所有権者等の全員の住所、氏名及び建築協定の廃止に関する過半数の合意を示す書類
四　建築協定区域内の土地の整理図
五　認可の申請人が建築協定を廃止しようとする者の代表者であることを証する書類
六　その他知事が必要と認める図書

4　知事は、前3項の認可をしたとき、又はその認可をしないこととしたときは、その旨を記載した通知書に、前3項の申請書の副本及びその添付図書を添えて、当該申請をした者に交付するものとする。

（建築協定の設定の特則）

第13条の2　法第76条の3第2項の認可を受けようとする者は、前条第1項に規定する建築協定認可申請書に、同項各号（第三号及び第八号を除く。）に掲げる図書を添えて知事に提出しなければならない。

2　知事は、前項の認可をしたとき、又はその認可をしないこととしたときは、その旨を記載した通知書に、同項の建築協定認可申請書の副本及びその添付図書を添えて、当該申請をした者に交付するものとする。

3　法第76条の3第4項において準用する法第73条第1項の認可を受けた者は、法第76条の3第5項に規定する期間内に当該建築協定区域内の土地に2以上の土地の所有権者等が存することとなつた場合においては、速やかにその旨を一人建築協定効力発生届（様式第14の2）により知事に届け出なければならない。

（申請書等記載事項の変更）

第14条　法第6条第1項（法第87条第1項、法第87条の2又は法第88条第1項若しくは第2項において準用する場合を含む。）の規定による確認済証の交付を受けた者は、当該

確認済証の交付に係る工事が完了するまでの間に、次に掲げる書類の記載事項に変更があつた場合においては、その変更の日から5日以内に、申請書等記載事項変更届（様式第15）に変更後の内容を記載した当該書類を添えて建築主事に提出しなければならない。

一　省令別記第3号様式の建築計画概要書（第3面を除く。）

二　省令別記第4号様式による申請書の第2面

三　省令別記第10号様式による申請書の第2面

四　省令別記第11号様式による申請書の第2面

2　法第77条の21に規定する指定確認検査機関は、法第6条の2第1項（法第87条第1項、法第87条の2又は法第88条第1項若しくは第2項において準用する場合を含む。）の規定による確認済証の交付を受けた建築物について、当該確認済証の交付に係る工事が完了するまでの間に、省令第3条の4第1項各号に定める書類の記載事項に変更があつたことを知つたときは、報告事項変更届（様式第15の2）に変更後の内容を記載した当該書類を添えて、速やかに知事に報告しなければならない。

3　前2項の規定は、同項に規定する変更について、法第6条第1項又は法第6条の2第1項の規定による確認済証の交付を受けた場合にあつては、適用しない。

（意見の聴取の請求）

第15条　法第9条第3項（法第10条第4項、法第45条第2項又は法第90条の2第2項において準用する場合を含む。）及び法第9条第8項（法第10条第4項又は法第90条の2第2項において準用する場合を含む。）の規定による意見の聴取の請求を行おうとする者は、意見の聴取請求書（様式第16）を知事に提出しなければならない。

（意見の聴取の通知）

第16条　法第9条第5項（同条第8項、法第10条第4項、法第45条第2項又は法第90条の2第2項において準用する場合を含む。）の規定による意見の聴取の通知は、意見の聴取通知書（様式第17）によつて行うものとする。

（代理人の届出）

第17条　前条の通知を受けた者（以下「当事者」という。）又は法第46条第1項若しくは法第48条第13項に規定する利害関係を有する者が、代理人を出席させようとするときは、委任状を添えて意見の聴取の開始前までに知事にその旨を届け出なければならない。

（意見の聴取の期日及び場所の変更）

第18条　当事者又はその代理人が、やむを得ない事由により意見の聴取の期日又は場所に出席することができないときは、その期日の前日までに理由を付して知事にその旨を届け出なければならない。

2　知事は、前項の届出があつた場合において、その事由が正当であると認めるときは、意見の聴取の期日又は場所を変更することができる。

（意見の聴取の主宰）

第19条　法第９条第４項（同条第８項、法第10条第４項、法第45条第２項又は法第90条の２第２項において準用する場合を含む。）、法第46条第１項及び法第48条第13項の規定による意見の聴取は、知事が指名する職員が主宰する。

（意見の聴取の記録）

第20条　前条の規定により意見の聴取を主宰する者（以下「主宰者」という。）は、関係職員に命じ、意見の聴取を受けた者の氏名及び意見の聴取の内容の要点を記録させなければならない。

（意見の聴取の期日における陳述の制限等）

第21条　主宰者は、意見の聴取の期日に出席した者が当該意見の聴取に係る事案の範囲を超えて発言するとき、その他審理の適正な進行を図るためやむを得ないと認めるときは、その者に対し、その発言を制限することができる。

2　主宰者は、前項に規定する場合のほか、意見の聴取の期日における審理の秩序を維持するために必要があると認めるときは、意見の聴取を妨害し、又は審理の秩序を乱す者に対し、退場を命ずる等適当な措置をとることができる。

（申請の取下げ）

第22条　法、令及びこの規則の規定により申請をした者は、当該申請をした後において、その申請を取り下げようとするときは、申請取下げ届（様式第18）を当該申請に係る知事又は建築主事に提出しなければならない。

（申請書の経由）

第23条　法、令、省令及びこの規則の規定により提出する申請書は、その申請に係る道路、建築物、工作物、建築設備又は建築協定区域の所在地の市町村長を経由しなければならない。

（計画の通知への準用）

第24条　この規則の第１条、第22条及び前条の規定は、法第18条第２項（法第87条第１項、法第87条の２又は法第88条第１項若しくは第２項において準用する場合を含む。）の規定に基づく計画通知に準用する。

2　この規則の第５条第３項、第８条及び第14条の規定は、法第18条第３項（法第87条第１項、法第87条の２又は法第88条第１項若しくは第２項において準用する場合を含む。）の規定に基づき確認済証の交付があつた場合に準用する。

附　則

1　この規則は、昭和46年７月１日から施行する。

2　この規則の施行の際現に改正前の建築基準法施行細則（以下「旧規則」という。）の規定に基づいて提出されている申請書、報告書その他の書類は、この規則の相当規定に基づいて提出されたものとみなす。

3　この規則の施行の際現に存する第３条第１項に規定する建築物については、同条第２

項の規定にかかわらず、この規則施行の日以後最初に行なう報告の時期は、昭和47年3月1日から同月31日までとする。

4　この規則の施行の際現に存する第4条第1項に規定する建築設備等に対する同条第2項の適用については、同項中「当該建築設備等の設置者又は築造主が法第7条第3項（法第87条の2第1項又は法第88条第1項において準用する場合を含む。）の規定による検査済証の交付を受けた日の属する月」とあるのは、「4月」とする。

5　この規則の施行の際現に建築基準法の一部を改正する法律（昭和45年法律第109号。以下「改正法」という。）附則第13項の規定による改正前の都市計画法第2章の規定により定められている用途地域、住居専用地区又は工業専用地区に関しては、改正法附則第13項の規定による改正後の都市計画法第2章の規定による都市計画区域に係る用途地域に関する都市計画の決定の告示の日までの間は、旧規則第3条（法第26条、法第27条、法第61条及び法第62条第1項に関する部分を除く。）、第4条及び第13条（法第44条第1項ただし書、法第47条ただし書、法第54条ただし書（法第87条第2項又は第3項において準用する場合を含む。）並びに法第85条第3項及び第4項に関する部分を除く。）の規定は、なおその効力を有する。

6　この規則の施行後最初に行う法第12条第1項の規定による報告の時期として省令第5条第1項の規定により知事が定める時期は、次の表の上〔左〕欄に掲げる建築物については、第3条第1項の規定にかかわらず、当該建築物の区分に応じ、同表の下〔右〕欄に定める時期とする。

第3条第1項の表(1)の項に掲げる建築物	昭和50年4月1日から 同年12月20日まで
第3条第1項の表(2)の項に掲げる建築物	昭和49年10月1日から 昭和50年9月30日まで
第3条第1項の表(3)の項に掲げる建築物	昭和49年4月1日から 同年11月30日まで

附　則（昭和48年9月28日規則第59号）

この規則は、昭和48年12月1日から施行する。

附　則（昭和49年3月29日規則第36号）

この規則は、昭和49年4月1日から施行する。

附　則（昭和49年10月23日規則第87号）

この規則は、公布の日から施行する。

附　則（昭和53年1月13日規則第1号）

1　この規則は、公布の日から施行する。

2　この規則の施行の際現に改正前の建築基準法施行細則の規定により作成されている申

請書その他の用紙は、改正後の建築基準法施行細則の規定にかかわらず、当分の間、使用することができる。

附　則（昭和53年５月12日規則第53号）

この規則は、昭和53年６月１日から施行する。

附　則（昭和53年９月27日規則第80号）

この規則は、昭和53年10月１日から施行する。

附　則（昭和55年３月31日規則第30号）

この規則は、昭和55年４月１日から施行する。ただし、第５条の２の次に１条を加える改正規定は、同年６月１日から施行する。

附　則（昭和56年５月29日規則第55号）

この規則は、昭和56年６月１日から施行する。

附　則（昭和57年３月31日規則第29号）

この規則は、昭和57年４月１日から施行する。

附　則（昭和59年３月30日規則第42号）

この規則は、昭和59年４月１日から施行する。

附　則（昭和60年３月25日規則第８号）

この規則は、昭和60年４月１日から施行する。

附　則（昭和60年９月27日規則第67号抄）

（施行期日）

1　この規則は、昭和60年10月１日から施行する。

附　則（昭和61年３月28日規則第27号）

この規則は、昭和61年４月１日から施行する。

附　則（昭和62年11月13日規則第87号）

この規則は、昭和62年11月16日から施行する。

附　則（平成元年５月22日規則第45号）

この規則は、平成元年６月１日から施行する。ただし、第３条第１項、第４条第２項及び第５条の３の改正規定は、平成２年４月１日から施行する。

附　則（平成４年３月30日規則第40号）

この規則は、平成４年４月１日から施行する。

附　則（平成５年６月18日規則第61号）

1　この規則は、平成５年６月25日から施行する。

2　この規則の施行の際現に改正前の建築基準法施行細則の規定に基づいて提出されている申請書、報告書その他の書類は、改正後の建築基準法施行細則の相当規定に基づいて提出されたものとみなす。

附　則（平成５年８月30日規則第72号）

この規則は、公布の日から施行する。

附　則（平成６年11月28日規則第99号）

1　この規則は、公布の日から施行する。

2　この規則の施行の際現に改正前の建築基準法施行細則の規定に基づいて提出されている認定申請書は、改正後の建築基準法施行細則の規定に基づいて提出されたものとみなす。

附　則（平成７年３月22日規則第17号）

1　この規則は、公布の日から施行する。

2　この規則の施行の際現に都市計画法及び建築基準法の一部を改正する法律（平成４年法律第82号。以下「改正法」という。）第１条の規定による改正前の都市計画法（昭和43年法律第100号）第８条第１項の規定により都市計画において定められている第一種住居専用地域、第二種住居専用地域及び住居地域内の建築物については、改正法附則第３条に規定する日までの間は、改正前の建築基準法施行細則の規定は、なおその効力を有する。

附　則（平成７年９月20日規則第71号）

この規則は、公布の日から施行する。

附　則（平成９年３月31日規則第15号）

1　この規則は、平成９年４月１日から施行する。

2　この規則の施行の際現に改正前の各規則の規定に基づいて作成されている申請書その他の用紙は、改正後の各規則の規定にかかわらず、当分の間、使用することができる。

附　則（平成10年３月30日規則第60号）

1　この規則は、公布の日から施行する。

2　この規則の施行の際現に改正前の建築基準法施行細則の規定により作成されている申請書その他の用紙は、改正後の建築基準法施行細則の規定にかかわらず、当分の間、使用することができる。

附　則（平成11年４月30日規則第79号）

1　この規則は、平成11年５月１日から施行する。

2　この規則の施行の際現に建築基準法（昭和25年法律第201号）第６条第１項の規定による確認の申請がされた建築物については、改正後の建築基準法施行細則（以下「新規則」という。）第６条第４項の規定は、適用しない。

3　前項に規定する建築物については、新規則第14条の規定にかかわらず、なお従前の例による。

附　則（平成12年３月28日規則第28号）

この規則は、平成12年４月１日から施行する。

附　則（平成12年８月22日規則第130号）

1　この規則は、公布の日から施行する。

2　この規則の施行の際現に改正前の建築基準法施行細則の規定により作成されている報告書その他の用紙は、改正後の建築基準法施行細則の規定にかかわらず、当分の間、使用することができる。

附　則（平成13年1月5日規則第1号抄）

1　この規則は、平成13年1月6日から施行する。

附　則（平成13年3月27日規則第18号）

この規則は、平成13年4月1日から施行する。

附　則（平成13年5月15日規則第63号抄）

1　この規則は、平成13年5月18日から施行する。

附　則（平成13年7月17日規則第69号）

1　この規則は、公布の日から施行する。

2　この規則の施行の際現に改正前の建築基準法施行細則の規定により作成されている申請書は、改正後の建築基準法施行細則の規定にかかわらず、当分の間、使用することができる。

附　則（平成15年3月4日規則第5号）

1　この規則は、公布の日から施行する。

2　この規則の施行の際現に改正前の建築基準法施行細則の規定により作成されている報告書その他の用紙は、改正後の建築基準法施行細則の規定にかかわらず、当分の間、使用することができる。

附　則（平成15年8月19日規則第85号）

この規則は、平成15年8月20日から施行する。

附　則（平成15年9月12日規則第92号）

この規則は、平成15年10月1日から施行する。

附　則（平成16年3月26日規則第6号）

この規則は、平成16年4月1日から施行する。

附　則（平成17年3月22日規則第23号）

この規則は、公布の日から施行する。ただし、次の各号に掲げる規定は、当該各号に定める日から施行する。

一　第4条第1項及び第2項の表以外の部分、第5条第5項第二号、第12条の表⑴項、第15条、第16条並びに第19条の改正規定　建築物の安全性及び市街地の防災機能の確保等を図るための建築基準法等の一部を改正する法律（平成16年法律第67号）の施行の日〔平成17年6月1日〕

二　第10条の表の改正規定　平成17年4月1日

附　則（平成17年7月5日規則第66号抄）

1　この規則は、平成17年7月7日から施行する。

附　則（平成17年9月30日規則第104号抄）

1　この規則は、平成17年10月1日から施行する。

附　則（平成17年11月25日規則第116号）

この規則は、平成17年11月27日から施行する。

附　則（平成17年12月27日規則第124号）

この規則は、平成18年1月1日から施行する。

附　則（平成18年3月17日規則第7号抄）

1　この規則は、平成18年3月20日から施行する。

附　則（平成18年3月22日規則第8号）

この規則は、公布の日から施行する。ただし、第2条第2項の改正規定及び第5条の次に1条を加える改正規定は、平成18年4月1日から施行する。

附　則（平成18年3月31日規則第48号抄）

1　この規則は、平成18年4月1日から施行する。

附　則（平成18年12月1日規則第91号抄）

（施行期日）

1　この規則は、公布の日から施行する。

（建築基準法施行細則の一部改正に伴う経過措置）

3　第2条の規定による改正後の建築基準法施行細則（以下「新建築基準法施行細則」という。）第1条（新建築基準法施行細則第24条第1項において準用する場合を含む。）の規定は、施行日以後に提出される新建築基準法施行細則第1条に規定する確認の申請書及び施行日以後になされる新建築基準法施行細則第24条第1項に規定する計画通知について適用し、施行日前に提出された第2条の規定による改正前の建築基準法施行細則第1条に規定する確認の申請書及び施行日前になされた第2条の規定による改正前の建築基準法施行細則第24条第1項に規定する計画通知については、なお従前の例による。

様式第１及び様式第２　削除

様式第３（その１）（第４条の２関係）

建築設備等設置概要書（エレベーター／小荷物専用昇降機）

年　月　日

愛知県知事　殿

報告者　住　所

氏　名

建築基準法施行細則第４条の２の規定に基づき、下記のとおり報告します。

記

設置場所		※確認済証交付年月日及び番号		年　月　日 第　号	
建物名称		建物用途・規模			
建物の確認済証交付年月日及び番号	年　月　日 第　号	設計事務所名	（　）建築士事務所 （　）知事登録第　号		
所有者の住所及び氏名	〒　電話				
管理者の住所及び氏名	〒　電話				
製造会社名					
工事施工者名					
設置箇所		用途			
定員	人	積載量	kg		
定格速度	m／分	積載荷量	N		
かご	間口　奥行　高さ m × m × m	小荷物専用昇降機の出し入れ口の下端の床面よりの高さ	cm		
※完了検査	年　月　日	※検査済証交付年月日及び番号	年　月　日 第　号		

備考　１　用紙の大きさは、日本工業規格Ａ４とする。

２　※印欄には、記入しないこと。

様式第3（その2）（第4条の2関係）

建築設備等設置概要書（エスカレーター）

年　　月　　日

愛知県知事　殿

報告者　住　所

氏　名

建築基準法施行細則第4条の2の規定に基づき、下記のとおり報告します。

記

設　置　場　所		※確認済証交付年月日及び番号		年　月　日 第　　号	
建　物　名　称		建物用途・規模			
建物の確認済証交付年月日及び番号	年　月　日 第　　号	設計事務所名		（　）建築士事務所 （　）知事登録第　号	
所有者の住所及び氏名	〒　　電話				
管理者の住所及び氏名	〒　　電話				
製造会社名					
工事施工者名					
設　置　箇　所					
輸　送　能　力		型式			
定　格　速　度	m／分	階高	m	上下階床	階～　階
※完　了　検　査	年　月　日	※検査済証交付年月日及び番号		年　月　日 第　　号	

備考　1　用紙の大きさは、日本工業規格A4とする。
　　　2　※印欄には、記入しないこと。

様式第３（その３）（第４条の２関係）

建築設備等設置概要書（換気設備／排煙設備／非常用の照明装置）

年　月　日

愛知県知事　殿

報告者 住 所

氏 名

建築基準法施行細則第４条の２の規定に基づき、下記のとおり報告します。

記

設置場所		※確認済証交付年月日及び番号	年　月　日 第　号
建物名称		建物用途・規模	
建物の確認済証交付年月日及び番号	年　月　日 第　号	設計事務所名	（　）建築士事務所 （　）知事登録第　号
所有者の住所及び氏名	〒　電話		
管理者の住所及び氏名	〒　電話		

建築物の概要						
用途		構造		階数	地上　階 地下　階	
建築面積	㎡	延面積	㎡			

建築設備の概要

換気設備	自然換気	機械換気設備　給気機・排気機	機械換気設備　給気機・排気口	機械換気設備　給気口・排気機	空気調和設備	冷暖房設備	適用除外
居室							
火気使用室							

排煙設備	自然排煙	機械排煙	告示第1436号	適用除外
居室				
居室以外の室				
廊下等				

非常用の照明装置	電源　別置蓄電池	電源　発電機	電源　電池内蔵	電源　併用	告示第1411号	適用除外
居室						
廊下等						
階段						

※完了検査	年　月　日	※検査済証交付年月日及び番号	年　月　日 第　号

備考　１　用紙の大きさは、日本工業規格Ａ４とする。

２　※印欄には、記入しないこと。

３　換気設備のうち、空気調和設備又は冷暖房設備については、換気量等計算と機器の概要を記載した書面を添付すること。

様式第3（その4）（第4条の2関係）

建築設備等設置概要書（遊戯施設）

年　月　日

愛知県知事　殿

報告者　住　所

氏　名

建築基準法施行細則第4条の2の規定に基づき、下記のとおり報告します。

記

設置場所		※確認済証交付年月日及び番号	年　月　日 第　号
建物名称		建物用途・規模	
建物の確認済証交付年月日及び番号	年　月　日 第　号	設計事務所名	（　）建築士事務所 （　）知事登録第　号
所有者の住所及び氏名	〒　電話		
管理者の住所及び氏名	〒　電話		
製造会社名			
工事施工者名			
遊戯施設種別		名称	
定員	人×台	速度	回・m／分
遊戯施設の概略図			
※完了検査	年　月　日	※検査済証交付年月日及び番号	年　月　日 第　号

備考　1　用紙の大きさは、日本工業規格A4とする。

2　※印欄には、記入しないこと。

様式第４（第５条関係）

（表）

地盤状況報告書

年　月　日

愛知県建築主事　殿

建築主（築造主）　住所

氏名

電話〈　〉（　）　番

建築基準法施行細則第５条第１項の規定に基づき、下記のとおり地盤の状況について報告します。

記

建築物の名称		※整理番号	
建築場所		※確認済証交付年月日	年　月　日
地盤調査実施者氏名	電話〈　〉（　）　番	※確認済証番号	第　号
地質調査の方法		調査孔位置番号	
		調査深度	m

ボーリング柱状図											標準貫入試験結果						
標尺（m）	標高	深度	孔内水位	層厚	試料採取位置	土質記号	土質名	色調	記事	相対密度及び軟度	N値	10cmごとのN値			補正打撃数	許容地耐力度	N値折線（回）10 20 30 40 50
												0〜10	10〜20	20〜30			
0																	
5																	
10																	
15																	
20																	
25																	
30																	
35																	
40																	
45																	

（裏）

敷 地 案 内 図
敷地内調査位置及び番号

備考 1 用紙の大きさは、日本工業規格Ａ４とする。
　　 2 ※印欄には、記入しないこと。

様式第５（第５条関係）

浄　化　槽　調　書

年　月　日

愛知県建築主事　　　　殿

建築主　住　所

氏　名

電話〈　〉（　）　番

建築基準法施行細則第５条第２項の規定に基づき、下記のとおり報告します。

記

※	確認済証番号及び確認済証交付年月日	第　　号　　年　月　日			
1	設置場所				
2	設計者の資格、住所及び氏名建築士事務所名	（　）建築士　第　号 電話〈　〉（　）　番 （　）建築士事務所　　（　）第　号			
3	浄化槽工事業者（特例浄化槽工事業者）の住所、氏名、登録（届出受理）番号等	電話〈　〉（　）　番 愛知県知事（登・届—　）第　号 登録（届出受理）年月日　年　月　日			
4	浄化槽設備士の住所、氏名、免状交付番号等	電話〈　〉（　）　番 第　号　交付年月日　年　月　日			
5	浄化槽を設置する建物の用途等	用途　　延べ面積又は戸数　㎡ 戸			
6	浄化槽の名称				
7	構造方法の区分	□昭和55年建設省告示第1292号第　第　号 □建築基準法第68条の26に基づく構造方法等の認定 認定番号　　認定日　年　月　日			
8	処理方法	方式			
9	処理能力	人槽 日平均汚水量　m^3／日	10	水質	BOD　mg／ℓ以下
11	JIS A 3302による処理対象人員算定計算	（処理対象人員　人）			
12	放流場所	□側溝 □その他（　）	13	放流方法	□自然放流 □汲上げ放流
14	建築基準法に基づく型式適合認定等	□型式適合認定（法第68条の10） □型式部材等製造者の認証（法第68条の11） 認定（認証）番号　認定（認証）日　年　月　日			
15	浄化槽法に基づく型式認定	認定番号　　認定日　年　月　日			

備考　1　用紙の大きさは、日本工業規格Ａ４とする。

2　※印欄には、記入しないこと。

3　便所及び浄化槽の位置並びに屋外排水管径路を明示した配置図を添付すること。ただし、確認申請図書に記載されている場合は、この限りでない。

4　「14欄」又は「15欄」の認定を取得していない浄化槽の場合は、３の添付図面のほかに各室の容量及び汚水量等の計算書、浄化槽構造詳細図を３部ずつ添付すること。

様式第5の2（第5条関係）

浄化槽工事完了報告書

年　月　日

愛知県建築主事　　　　殿

建築主　住　所

氏　名　　　　　印

建築基準法施行細則第5条第3項の規定に基づき、下記の浄化槽の工事が完了したので報告します。

記

1	確認済証番号及び確認済証交付年月日	第　　号　　年　月　日
2	設置場所	
3	浄化槽の名称	
4	構造方法の区分	□昭和55年建設省告示第1292号第　第　号 □建築基準法第68条の26に基づく構造方法等の認定 認定番号　　認定日　年　月　日
5	処理方法	方式
6	処理能力	日平均汚水量　m^3／日　人槽 ｜ 7 水質 ｜ BOD　mg／ℓ以下
8	建築基準法に基づく型式適合認定等	□型式適合認定（法第68条の10） □型式部材等製造者の認証（法第68条の11） 認定番号　　認定日　年　月　日
9	浄化槽法に基づく型式認定	認定番号　　認定日　年　月　日
10	浄化槽工事業者（特例浄化槽工事業者）の住所、氏名、登録（届出受理）番号等	電話〈　〉（　）　番 愛知県知事（登・届）第　　号 登録（届出受理）年月日　年　月　日
11	浄化槽設備士の住所、氏名、完了確認済印、免状交付番号等	印 電話〈　〉（　）　番 第　　号 交付年月日　年　月　日
12	完了確認年月日	年　月　日
13	使用開始予定年月日	年　月　日

備考　1　用紙の大きさは、日本工業規格A４とする。
　　　2　建築主の押印は、氏名を自署する場合にあつては省略することができる。

様式第6（第5条関係）

工場に関する報告書

年　月　日

愛知県建築主事　殿

建築主　住所
氏名
電話

建築基準法施行細則第5条第4項の規定に基づき、下記のとおり工場に関する報告をします。

記

工場の名称				
敷地の位置	地名及び地番			
	用途地域		防火地域	
業種				
製品名			原料名	
作業の概要				

	本工事部分	既存部分	計
作業場の床面積の合計（㎡）			
アセチレンガス発生器の容量（ℓ）			
るつぼ又はかまの容量（ℓ）			

	種類	台数			原動機の出力		
		新増設	既設	計	新増設	既設	計
主要な機械		台	台	台	kW	kW	kW
工場全体の原動機							

危険物の数量	種類	新増設	既設	計

その他参考事項			
※確認済証交付年月日	年　月　日	※確認済証番号	第　号

備考　1　用紙の大きさは、日本工業規格A4とする。
2　※印欄には、記入しないこと。

様式第７（第５条関係）

不適合建築物に関する報告書

年　月　日

愛知県建築主事　殿

建築主　住　所

氏　名　　　　印

電話

建築基準法施行細則第５条第５項の規定に基づき、下記のとおり不適合建築物に関する報告をします。

記

工事の種別		増築　改築　大規模の修繕　大規模の模様替			
敷地の位置	地名及び地番				
	用途地域	高層住居誘導地区	防火地域	その他の区域・地域・地区・街区	
		地区内・地区外			
主要用途					
基準時		年　月　日	不適合条項	法第　条第　項第　号	
主要構造部			外壁又はその屋内面及び軒裏の構造		

	ア 基準時	イ ア後の増減	ウ 本工事に係る部分	エ 本工事後	オ エ／ア
敷地面積（㎡）					
建築面積（㎡）					
床面積の合計（㎡）					
不適合部分の床面積の合計（㎡）					
不適合原動機の出力（kW）					
危険物の数量					
不適合機械（台）　種類					

その他参考事項

※　確認済証交付年月日	年　月　日	※確認済証番号	第　号

備考　１　用紙の大きさは、日本工業規格Ａ４とする。

２　建築主の押印は、氏名を自署する場合にあつては省略することができる。

３　※印欄には、記入しないこと。

様式第７の２（第６条関係）

溶 接 工 事 作 業 計 画 書

年　月　日

愛知県建築主事　殿

建築主　住　所
　　　　氏　名　　　　　印
　　　　電話〈　〉（　）　番

建築基準法施行細則第６条第１項の規定に基づき、下記のとおり報告します。

記

1 建築物・溶接工事概要							
イ 建築工事の名称					ロ 主要用途		
ハ 構造種別			ニ 軒の高さ	m	ホ 最大の張り間	m	
ヘ 延べ面積	㎡	ト 建築面積	㎡	チ 階　数			
リ 架構形式		ル 主要鋼種及び重量	SS	SM			
ヌ 溶接長	m		t	t	t	t	t

2 工事関係者の住所、氏名等			
イ 設計者	住所 〒	（　）建築士第　号 （　）建築士事務所名　（　）第　号	氏名　印　電話〈　〉（　）　番
ロ 構造担当設計者	住所 〒	（　）建築士第　号 （　）建築士事務所名　（　）第　号	氏名　印　電話〈　〉（　）　番
ハ 工事監理者	住所 〒	（　）建築士第　号 （　）建築士事務所名　（　）第　号	氏名　電話〈　〉（　）　番
ニ 工事施工者	住所 〒		氏名　電話〈　〉（　）　番
ホ 鉄骨製作工場	住所 〒		代表者氏名
	名称	大臣認定年月日　年　月　日	電話〈　〉（　）　番 認定番号　発第　号　ランク
ヘ 溶接管理責任者	所属		氏名　資格
ト 溶接検査責任者	所属		氏名　資格

3 主要部材の形状	
イ 柱	
ロ はり	
ハ その他	

4 搬入される設備、人員等								
イ 溶接機器及び加工機器	自動溶接機の台数及び点数	台　点	半自動アーク溶接の台数及び点数	台　点	手動アーク溶接機の台数及び点数	台　点	イの点数の合計	点
	ガウジング機の台数及び点数	台　点	自動ガス切断機の台数及び点数	台　点	棒乾燥機の合計能力及び点数	kg／日　点		
ロ 溶接管理技術者	換算率						ロの合計　換算人員	人
	該当技術者数	人	人	人	人	人	点数	点
ハ 溶接技能者	換算率						ハの合計　換算人員	人
	該当技術者数	人	人	人	人	人	点数	点
ニ 検査	非破壊検査機器の台数及び点数	台　点	検査技術者の換算率及び該当技術者数			検査技術者の合計　換算人員　人	ニの点数の合計	点
	機械的性質の試験機の台数及び点数	台　点		人	人	点数　点		
ホ その他	上屋付作業場の面積及び点数	㎡　点	原寸場の面積及び点数　㎡　点	変電容量及び点数	KVA　点	ホの点数の合計　点	イ～ホの点数の合計	点

5 接合部の工作及び検査要領	使用部位	鋼種	溶接棒	作業場所	姿勢	検査方法	特記事項
イ 突合せ							
ロ すみ肉							
ハ その他							

6 根拠規準	検査規準	工作規準	
7 備　考			

備考　1　用紙の大きさは、日本工業規格Ａ４とする。

　　　2　建築主、設計者及び構造担当設計者の押印は、氏名を自署する場合にあつては省略することができる。

様式第７の３（第６条関係）

鉄骨製作工場に関する報告書

年　月　日

愛知県建築主事　殿

建築主　住　所

氏　名　　　　　印

下記の建築物の鉄骨を製作する工場については、現在決まっていません。
当該工場が決まったときは、直ちに溶接工事作業計画書を提出します。

記

建築物の名称				
建築場所				
建築物の用途			構　造	
建築物の規模	地上　　階／地下　　階		延べ面積	㎡
	軒の高さ	m	最大スパン	m
設計者	住　所 氏　名 資　格　（　）級建築士登録第　　号			

備考　1　用紙の大きさは、日本工業規格Ａ４とする。
　　　2　建築主の押印は、氏名を自署する場合にあつては省略することができる。

様式第７の４（第６条関係）

（表）

鉄骨工事施工状況報告書

年　月　日

愛知県建築主事　殿

建築主　住　所

氏　名　　　　　　印

電話

建築基準法施行細則第６条第３項の規定に基づき、下記のとおり報告します。

記

工事監理者	（　）建築士　第　　号 住所 〒　　　　氏名　　　印　電話 （　）建築士事務所（　　）知事登録第　　号
工事施工者	住所 〒　　　　氏名　　　電話

建築物及び鉄骨工事の概要	建築工事の名称		確認済証交付年月日及び番号	年　月　日　第　　号		
	建築場所					
	主要用途		建築面積	㎡	延べ面積	㎡
	階　数	地上　階／地下　階	軒の高さ	m	最大スパン	m
	構造種別	S造　SRC造（　　）	架構形式	ラーメン　ブレース（　　）		
	確認に要した図書と設計図書との照合結果等	照合結果（　相違あり　相違なし　） 照合結果に相違があった場合、設計図書が訂正されたことの確認（　確認済　未確認　）				
	確認済証交付後の変更事項					

主要部材の使用部位及び鋼種	部位	鋼材種別	重量	高力ボルトの種類	ＪＩＳ型（Ｆ　Ｔ、　）・径（Ｍ　） トルシア型（Ｓ　Ｔ、　）・径（Ｍ　）
				高力ボルトの接合	接合方法 摩擦、引張り　摩擦面の処理 1.母材：　2.スプライスＰＬ：

溶接継目の部位・鋼材の種類及び品質条件	工場溶接	部位	鋼材種別	品質条件等	現場溶接	部位	鋼材種別	品質条件等
				（突合せ・すみ肉）（　Ｆ） （突合せ・すみ肉）（　Ｆ） （突合せ・すみ肉）（　Ｆ） （突合せ・すみ肉）（　Ｆ）				（突合せ・すみ肉）（　Ｆ） （突合せ・すみ肉）（　Ｆ） （突合せ・すみ肉）（　Ｆ） （突合せ・すみ肉）（　Ｆ）
鉄骨製作工場の名称等の現場表示板の設置期間				年　月　日　から　年　月　日　まで				

工事関係者の住所及び氏名	設計者	（　）建築士　第　　号 住所 〒　　　氏名　　電話 （　）建築士事務所（　）知事登録第　　号
	構造設計担当者	（　）建築士　第　　号 住所 〒　　　氏名　　電話 （　）建築士事務所（　）知事登録第　　号
	検査機関（検査員）	検査機関の名称　　住所　　電話 代表者名　　（検査員氏名　　資格　　）
	鉄骨製作工場	住所 〒　　代表者名 名称　　電話 大臣認定年月日　年　月　日　認定番号　　発第　号　ランク

（裏）

鉄骨製作工場及び工事現場における試験、検査等の結果					
試験、検査等の項目		試験、検査等の方法 （記号を○で囲むこと。）	検査年月日		
			工事施工者	工事監理者	検査機関
工場製作における試験、検査等の実施状況	鉄骨製作工場の決定	a　書類審査　b　工場実地調査			
	要領書・工作図の審査	a　設計図書との照合　b　図書審査承認			
	溶接方法の承認	a　要領書審査　b　承認試験			
	溶接工の承認	a　資格証の承認　b　技量確認試験			
	使用鋼材等の品質確認	a　ミルシートの確認　b　立会い検査			
	使用材料・製品の検査（ＨＴＢ・スタッドボルト等）	a　ミルシートの確認　b　材料試験 c　立会い検査　d　（　　）			
	現寸検査等	a　立会い検査			
	切断後の鋼材材質確認	a　立合い検査　b　確認試験			
	組立検査	a　開先形状　b　ルート間隔　c　目違い d　裏当て・エンドタブ　e　仮付け溶接			
	製品の社内検査実施状況の確認	a　製品の社内検査報告書確認 b　（　　）　c　（　　）			
	鉄骨製品の受入れ検査	a　溶接部外観検査（溶接部の精度・表面欠陥） b　超音波探傷検査　c　補正措置 d　部材表面検査　e　寸法検査 f　取合部検査　g　（　　）h　（　　）			
現場製作における試験、検査等の実施状況	ＲＣ部との接合（柱脚等）	a　設計図書との照合			
	アンカーボルトの埋込み等	a　設計図書との照合			
	建て方、建て方精度	a　建て方精度　b　建て入れ直し c　倒壊防止精度　d　仮締めボルト			
	トルシア型ＨＴＢ受入れ検査	a　現場軸力導入確認試験			
	摩擦接合面の確認	a　目視　b　（　　）			
	食い違い、肌すき検査	a　目視　b　（　　）			
	高力ボルト本締め検査	a　目視　b　（　　）			
	共廻（まわ）り、締め忘れ検査	a　目視　b　（　　）			
	要領書、工作図の承認	a　設計図書との照合			
	溶接方法の承認	a　要領書　b　承認試験			
	溶接工の承認	a　資格証　b　技量確認試験			
	溶接作業条件の承認	a　要領書			
	開先形状、ルート間隔、目違い、隙（すき）間	a　目視　b　溶接ゲージ c　（　　）　d　（　　）			
	仮付け溶接、裏当て、エンドタブ	a　目視　b　溶接ゲージ c　（　　）　d　（　　）			
	溶接部の検査	a　外観検査　b　内部欠陥検査			
所見	工場製作について	現場製作について			
		内部欠陥検査の方法			
		検査率			
		その他所見			

備考　1　用紙の大きさは、日本工業規格Ａ４とする。
2　建築主及び工事監理者の押印は、氏名を自署する場合にあつては省略することができる。
3　「所見」欄は、試験、検査等の結果、不合格のあつた場合に、当該項目及びその後の措置並びに再検査年月日及び再検査の結果の合否について記入すること。
4　次に掲げる図書等を添付すること。
(1)　鋼材の品質を証明し、かつ、流通経路を示す書類
(2)　鉄骨製作に関する試験、検査等の実施状況を示す写真
(3)　鉄骨製作に関する受入れ検査を第三者に委託した場合の契約書の写し
(4)　建築現場における鉄骨製作工場の名称の現場表示板が設置されたことを確認できる写真（遠景・近景）

様式第 8（第 7 条関係）

（表）

特殊建築物等に関する報告書

年　月　日

愛知県知事　殿

建築主　住所

氏名

建築基準法施行細則第 7 条の規定に基づき、下記のとおり報告します。

記

1 建築物の所在地	〒		
2 所有者の住所及び氏名	〒　電話		
3 管理者の住所及び氏名	〒　電話		
4 建築物の概要　イ 名称		ハ 主要用途	
ロ 敷地面積		ニ 全体の棟数	

4 建築物の概要	今回確認申請部分	既存部分	合計
ホ 建築面積			
ヘ 延べ面積			

5 建築物別概要

イ 設計者の住所及び氏名	〒　電話						
ロ 施工者の住所及び氏名	〒　電話						
ハ 棟番号		ニ 工事種別		ホ 構造	造	ヘ 最高の高さ	

	今回確認申請部分	既存部分	合計
ト 建築面積			
チ 延べ面積			

リ 建築設備の概要

昇降機等	エレベーター	エスカレーター	小荷物専用昇降機	遊戯施設

換気設備	自然換気	機械換気 給気機 排気機	機械換気 給気機 排気口	機械換気 給気口 排気機	空気調和設備	適用除外
居室						
火気使用室						
上記以外						

排煙設備	自然排煙	機械排煙	告示第1436号	適用除外
居室				
居室以外の室				
廊下等				

非常用の照明装置	別置蓄電池	発電機	電源内蔵	告示第1411号	適用除外
居室					
階段					
廊下等					

ヌ 階別用途別床面積

用途＼階	階	階	階	階	階	階	階	合計
合計								

※ 確認済証交付年月日及び確認済証番号	年　月　日第　号	※ 検査済証交付年月日及び検査済証番号	年　月　日 第　号

（裏）

付近見取図

㈲　付近見取図に明示すべき事項　方位、道路及び目標となる地物

配置図

㈲　配置図に明示すべき事項

縮尺、方位、敷地の境界線、敷地内における建築物の位置及び棟番号（「５欄」に記入を要する棟ごとに番号を付すこと。）、今回の確認申請に係る建築物とその他の建築物との別並びに敷地の接する道路の位置及び幅員

備考　1　用紙の大きさは、日本工業規格Ａ４とする。
2　面積については㎡、高さについてはmを単位とし、各欄には数字のみを記入すること。
3　「５欄」については、棟ごとに記入し、今回申請に係る棟が２棟以上ある場合は、当該欄のみ別紙に記入して添付すること。
4　「５欄リ」については、該当する欄に○印を付すこと。
5　「５欄ヌ」については、「同欄ハ」に係る棟の「今回確認申請部分」及び「既存部分」の床面積の合計について用途別及び階別に区分して記入すること。
6　「３欄」及び「５欄ロ」については、未定の場合は記入を要しない。
7　※印欄には、記入しないこと。
8　各階平面図を添付すること。

様式第８　別紙

（表）

5 建築物別概要							
イ　設計者の住所及び氏名	〒 電話						
ロ　施工者の住所及び氏名	〒 電話						
ハ　棟番号		ニ　工事種別		ホ　構造	造	へ　最高の高さ	
	今回確認申請部分		既存部分		合計		
ト　建築面積							
チ　延べ面積							

リ 建築設備の概要							
昇降機等	エレベーター	エスカレーター	小荷物専用昇降機	遊戯施設			
換気設備		自然換気	機械換気 給気機 排気機	機械換気 給気機 排気口	機械換気 給気口 排気機	空気調和設備	適用除外
	居室						
	火気使用室						
	上記以外						
排煙設備		自然排煙	機械排煙	告示第1436号	適用除外		
	居室						
	居室以外の室						
	廊下等						
非常用の照明装置		別置蓄電池	発電機	電源内蔵	告示第1411号	適用除外	
	居室						
	階段						
	廊下等						

ヌ 階別用途別床面積								
用途＼階	階	階	階	階	階	階	階	合計
合計								

※　確認済証交付年月日及び確認済証番号	年　月　日第　号	※　検査済証交付年月日及び検査済証番号	年　月　日 第　号

（裏）

5　建築物別概要							
イ　設計者の住所及び氏名	〒　電話						
ロ　施工者の住所及び氏名	〒　電話						
ハ　棟　番　号		ニ　工事種別		ホ　構造	造	ヘ　最高の高さ	

	今回確認申請部分	既存部分	合計
ト　建築面積			
チ　延べ面積			

リ　建築設備の概要

昇降機等	エレベーター	エスカレーター	小荷物専用昇降機	遊戯施設

換気設備	自然換気	機械換気 給気機 排気機	機械換気 給気機 排気口	機械換気 給気口 排気機	空気調和設備	適用除外
居室						
火気使用室						
上記以外						

排煙設備	自然排煙	機械排煙	告示第1436号	適用除外
居室				
居室以外の室				
廊下等				

非常用の照明装置	別置蓄電池	発電機	電源内蔵	告示第1411号	適用除外
居室					
階段					
廊下等					

ヌ　階別用途別床面積

用途	階	階	階	階	階	階	階	階	合計
合計									

※　確認済証交付年月日及び確認済証番号	年　月　日第　号	※　検査済証交付年月日及び検査済証番号	年　月　日　第　号

備考　1　用紙の大きさは、日本工業規格Ａ４とする。
　　　2　※印欄には、記入しないこと。

様式第９（第８条関係）

工事取りやめ報告書

年　　月　　日

愛知県建築主事　殿

建築主　住　所
（築造主）
氏　名　　　　　　印

下記工事は、取りやめました。

記

確認済証交付年月日 確認済証番号	年　　月　　日 第　　　　　号
建築場所	
取りやめ理由	

※受　　付	※決　　裁　　欄

備考　１　用紙の大きさは、日本工業規格Ａ４とする。
　　　２　建築主及び築造主の押印は、氏名を自署する場合にあつては省略することができる。
　　　３　※印欄には、記入しないこと。

様式第10（第10条の３関係）

適用除外保存建築物指定申請書

年　月　日

愛知県知事　殿

申請者　住所

氏名　　印

電話〈　　〉（　　）　番

建築基準法第３条第１項第３号の規定による指定をしてください。

設計者の住所及び氏名	電話〈　　〉（　　）　番			
敷地の位置	地名及び地番			
	都市計画区域及び準都市計画区域	用途地域	防火地域	その他の区域・地域・地区・街区
	区域内（都市計画区域・準都市計画区域）・区域外			

主要用途		申請部分の用途	
工事種別	新築・増築・改築・移転・用途変更・大規模の修繕・大規模の模様替		
建築物の構造		建築物の階数	地上　階　地下　階
建築物の最高の高さ（m）		建築物の軒の高さ（m）	

	申請部分	申請以外の部分	合計	敷地面積に対する割合	敷地面積に対する割合の限度
敷地面積（㎡）					
建築面積（㎡）				／10	／10
延べ面積（㎡）				／10	／10

工事着手予定日	年　月　日	工事完了予定日	年　月　日
その他必要な事項	愛知県文化財保護条例等による指定状況 指定番号　　指定年月日　　年　月　日 名　称		
※受付欄		※備考	
※指定番号	第　号	※指定年月日	年　月　日

備考　1　用紙の大きさは、日本工業規格Ａ４とする。

2　申請者の押印は、氏名を自署する場合にあつては省略することができる。

3　※印欄には、記入しないこと。

様式第11（第11条関係）

（表）

<table>
<tr><td colspan="9">道路位置指定申請書
年　月　日
愛知県知事　殿
申請者　住所
氏名　　　　　　印
電話〈　　〉（　　）　　番

建築基準法第42条第1項第5号に規定する道路の位置を指定してください。</td></tr>
<tr><td rowspan="5">指定道路</td><td>道路番号</td><td colspan="2">幅員</td><td colspan="2">延長</td><td colspan="3">地名及び地番</td></tr>
<tr><td>号</td><td colspan="2">m</td><td colspan="2">m</td><td colspan="3"></td></tr>
<tr><td></td><td colspan="2"></td><td colspan="2"></td><td colspan="3"></td></tr>
<tr><td></td><td colspan="2"></td><td colspan="2"></td><td colspan="3"></td></tr>
<tr><td></td><td colspan="2"></td><td colspan="2"></td><td colspan="3"></td></tr>
<tr><td rowspan="9">道路位置</td><td colspan="2">地名及び地番</td><td colspan="2">面積</td><td colspan="2">所有主の氏名</td><td colspan="2">借主の氏名</td></tr>
<tr><td colspan="2"></td><td colspan="2">㎡</td><td colspan="2"></td><td colspan="2"></td></tr>
<tr><td colspan="2"></td><td colspan="2"></td><td colspan="2"></td><td colspan="2"></td></tr>
<tr><td colspan="2"></td><td colspan="2"></td><td colspan="2"></td><td colspan="2"></td></tr>
<tr><td colspan="2"></td><td colspan="2"></td><td colspan="2"></td><td colspan="2"></td></tr>
<tr><td colspan="2"></td><td colspan="2"></td><td colspan="2"></td><td colspan="2"></td></tr>
<tr><td colspan="2"></td><td colspan="2"></td><td colspan="2"></td><td colspan="2"></td></tr>
<tr><td colspan="2"></td><td colspan="2"></td><td colspan="2"></td><td colspan="2"></td></tr>
<tr><td colspan="2">合計　　　　　筆</td><td colspan="2"></td><td colspan="2"></td><td colspan="2"></td></tr>
<tr><td colspan="2">工事着手予定年月日</td><td colspan="2">年　月　日</td><td colspan="3">工事完了予定年月日</td><td colspan="2">年　月　日</td></tr>
<tr><td colspan="2">標示の方法</td><td colspan="7"></td></tr>
<tr><td colspan="9">※　市町村の意見</td></tr>
<tr><td colspan="2">※　受　付</td><td colspan="7">※　備　　　　　考</td></tr>
<tr><td colspan="2"></td><td colspan="7"></td></tr>
<tr><td colspan="2">※　指定番号</td><td colspan="2">第　―　号</td><td colspan="2">※　指定年月日</td><td colspan="3">年　月　日</td></tr>
</table>

（裏）

	道路との関係	土地、建物又は工作物の所在地	関係者	
			住所	氏名
承諾欄				印
				印
				印
				印
				印
				印
				印
				印
				印
				印
				印
				印
				印
				印
				印
				印
				印
				印
				印
				印
				印
				印
設計者の住所及び氏名	電話〈　〉（　）　番			

備考
1　用紙の大きさは、日本工業規格Ａ４とする。
2　「道路との関係」欄は、土地の所有主、土地の借主、建物の所有主、建物の借主、工作物の所有主又は工作物の借主の別を記入すること。
3　関係者欄の印は、実印とすること。
4　申請者の押印は、氏名を自署する場合にあつては省略することができる。
5　※印欄には、記入しないこと。

様式第12（第12条の２関係）

認　定　申　請　書

年　　月　　日

愛知県知事　殿

申請者　住所

氏名　　　　　　　　　　印

電話〈　　〉（　　）　　番

建　築　基　準　法
建築基準法施行令第　　　　条第　　　　項　　　　の規定による認定をしてください。

設計者の住所及び氏名	電話〈　　〉（　）　番				
敷地の位置	地名及び地番				
	都市計画区域及び準都市計画区域	用途地域	高層住居誘導地区	防火地域	その他の区域・地域・地区・街区
	区域内（都市計画区域・準都市計画区域）・区域外		地区内・地区外		
主要用途		申請部分の用途			
工事種別	新築・増築・改築・移転・用途変更・大規模の修繕・大規模の模様替				
建築物の構造		建築物の階数	地上　階　地下　階		
建築物の最高の高さ（m）		建築物の軒の高さ（m）			

	申請部分	申請以外の部分	合計	敷地面積に対する割合	敷地面積に対する割合の限度
敷地面積（㎡）					
建築面積（㎡）				／10	／10
延べ面積（㎡）				／10	／10

工事着手予定日	年　　月　　日	工事完了予定日	年　　月　　日
外壁及び軒裏の構造			
その他必要な事項			
※受付欄		※備考	
※認定番号	第　　　　号	※　認定年月日	年　　月　　日

備考　1　用紙の大きさは、日本工業規格Ａ４とする。

2　申請者の押印は、氏名を自署する場合にあつては省略することができる。

3　「外壁及び軒裏の構造」欄は、建築基準法第３条第１項第４号の規定による認定の申請にあつては、記入しないこと。

4　※印欄には、記入しないこと。

様式第12の2（第12条の3関係）

同　　　　意　　　　書

建築基準法 第86条第1項／第86条第2項／第86条第3項／第86条第4項／第86条の2第2項 の規定による下記の 認定／許可 の申請について、同条 第4項／第6項 の規定に基づき同意します。

記

1　申請者の住所及び氏名

電話〈　〉（　）　番

2　対象区域の位置

3　対象区域の面積

4　対象区域内の建築物の概要

(1)　用途

(2)　棟数

(3)　延べ床面積の合計

	対象区域との関係	土地の所在地	関係者 住所	関係者 氏名
同意欄				印
				印
				印
				印
				印
				印
				印
				印
				印
				印
				印
				印
設計者の住所及び氏名	電話〈　〉（　）　番			

備考　1　用紙の大きさは、日本工業規格Ａ４とする。

2　「対象区域との関係」欄は、土地の所有者又は借地権者の別を記入すること。

3　関係者の印は、実印とすること。

様式第12の３（第12条の３関係）

合　　　　　意　　　　　書

建築基準法第86条の５第１項の規定による下記の認定又は許可の取消しの申請について、同項の規定に基づき合意します。

記

1　申請者の住所及び氏名

電話〈　〉（　）　番

2　対象区域の位置

3　対象区域の面積

4　対象区域内の建築物の概要

(1)　用途

(2)　棟数

(3)　延べ床面積の合計

5　認定の年月日及び番号

合意欄	対象区域との関係	土地の所在地	関係者 住所	関係者 氏名
				印
				印
				印
				印
				印
				印
				印
				印
				印
				印
				印
				印
設計者の住所及び氏名		電話〈　〉（　）　番		

備考　1　用紙の大きさは、日本工業規格Ａ４とする。

2　「対象区域との関係」欄は、土地の所有者又は借地権者の別を記入すること。

3　関係者の印は、実印とすること。

様式第13（第13条、第13条の２関係）

建 築 協 定 認 可 申 請 書

年　月　日

愛知県知事　殿

申 請 者 住 所

（代表者） 氏 名　　　　印

電話〈　〉（　）　番

建築基準法第70条第１項／第76条の３第２項の規定により、建築協定の認可をしてください。

建築協定の概要	協 定 の 目 的	
	建築物に関する基準	建築物の敷地・位置・構造・用途／形態・意匠・設備に関する基準
	有 効 期 間	年　月　日から　年　月　日までの　年　月間
	違反があつた場合の措置	

建築協定区域等		建 築 協 定 区 域			建築協定区域隣接地
	地 名 及 び 地 番				
	面　積	㎡			㎡
	地 域 及 び 地 区	都市計画区域及び準都市計画区域	用途地域	防火地域	その他の区域・地域・地区・街区
		区域内（都市計画区域・準都市計画区域）・区域外			

土地の所有権者等の人数	土 地 の 所有権者	建築物の所有を目的とする		法第77条に規定する建築物の借主	合　計
		地上権者	賃借権者		
	人	人	人	人	人

開発計画に関する事項	許認可等日付・番号	工 事 完 了（予定）日付	工 事 完 了 公 告 日 付
	年　月　日　第　号	年　月　日	年　月　日

※　市町村受付欄	※　県事務所受付欄	※　本庁受付欄

※認可の日付・番号	年　月　日　第　号	※公告の日付	年　月　日

備考　1　用紙の大きさは、日本工業規格Ａ４とする。

2　申請者の押印は、氏名を自署する場合にあつては省略することができる。

3　※印欄には、記入しないこと。

様式第14（第13条関係）

建築協定変更・廃止認可申請書

年　　月　　日

愛知県知事　殿

申　請　者　住所
（代表者）　氏名　　　　　　　　　　印
電話

建築基準法第74/76条第１項の規定により、建築協定の変更/廃止の認可をしてください。

⑴		建築協定の認可の日付・番号	年　月　日　第　号				
建築協定及び建築協定区域等の変更の概要	⑵	協定の目的					
	⑶	建築物に関する基準	建築物に関する敷地・位置・構造・用途・形態・意匠・設備に関する基準				
			建築物に関する敷地・位置・構造・用途・形態・意匠・設備に関する基準				
	⑷	有効期間	年　月　日から　年　月　日までの　年　月間				
			年　月　日から　年　月　日までの　年　月間				
	⑸	違反があつた場合の措置					
			建築協定区域			建築協定区域隣接地	
	⑹	地名及び地番					
	⑺	面積	㎡			㎡	
			㎡			㎡	
	⑻	地域地区	都市計画区域及び準都市計画区域	用途地域	防火地域	その他の区域・地域・地区・街区	
			区域内（都市計画区域・準都市計画区域）・区域外				
			区域内（都市計画区域・準都市計画区域）・区域外				
⑼		土地の所有権者等の人数（上段）及び協定の廃止に合意する土地の所有権者等の人数（下段）	土地の所有権者	建築物の所有を目的とする		法第77条に規定する建築物の借主	合計
				地上権者	賃借権者		
			人	人	人	人	人
			人	人	人	人	人
⑽		⑼の合計の下段の上段に対する割合	%				
※		市町村受付欄	※　県事務所受付欄		※　本庁受付欄		
※認可の日付・番号			年　月　日　第　号		※公告の日付	年　月　日	

備考　1　用紙の大きさは、日本工業規格Ａ４とする。
2　申請者の押印は、氏名を自署する場合にあつては省略することができる。
3　⑵から⑻までの欄は、上段に変更前のもの、下段に変更後のものを記入すること。
4　⑼及び⑽は、協定を廃止する場合に記入すること。
5　※印欄には、記入しないこと。

様式第14の２（第13条の２関係）

一人建築協定効力発生届

年　月　日

愛知県知事　殿

申請者　住　所

氏　名　　　　　　印

電話〈　〉（　）　番

建築基準法施行細則第13条の２第３項の規定に基づき、下記のとおり届け出ます。

記

認可の日付	年　月　日	認可番号	第　―号
建築協定名		協定が効力を生じた日	年　月　日

番号	住所及び氏名	地名及び地番	土地に関する権利の種別	土地の所有権等の取得年月日
1	印		1所有権 2地上権 3賃借権	年　月　日
2	印		1所有権 2地上権 3賃借権	年　月　日
3	印		1所有権 2地上権 3賃借権	年　月　日
4	印		1所有権 2地上権 3賃借権	年　月　日
5	印		1所有権 2地上権 3賃借権	年　月　日

備考　１　用紙の大きさは、日本工業規格Ａ４とする。
　　　２　申請者の押印は、氏名を自署する場合にあつては省略することができる。
　　　３　建築協定書の写しを添付すること。

様式第15（第14条関係）

<table>
<tr><td colspan="5">申請書等記載事項変更届
年　月　日
愛知県建築主事　殿
申請者　住　所
氏　名　　　　印
下記に係る工事について、申請書等記載事項を変更しましたのでお届けします。
記</td></tr>
<tr><td colspan="2">確認済証番号及び確認済証交付年月日</td><td colspan="3">第　　号　　年　月　日</td></tr>
<tr><td colspan="2">建　築　場　所</td><td colspan="3"></td></tr>
<tr><td colspan="2">主　要　用　途</td><td></td><td>工事種別</td><td></td></tr>
<tr><td rowspan="8">申請書等記載事項</td><td rowspan="2">建築主の住所、氏名等</td><td>新</td><td colspan="2">氏名のフリガナ
氏名
郵便番号
住所
電話番号〈　〉（　）　番</td></tr>
<tr><td>旧</td><td colspan="2"></td></tr>
<tr><td rowspan="2">工事監理者の所在地、氏名等</td><td>新</td><td colspan="2">資格　（　）建築士（　）登録第　　号
氏名　　　　印
建築士事務所名（　）建築士事務所（　）知事登録
第　　号
郵便番号
所在地
電話番号〈　〉（　）　番</td></tr>
<tr><td>旧</td><td colspan="2"></td></tr>
<tr><td rowspan="2">工事施工者の所在地、氏名等</td><td>新</td><td colspan="2">氏名
営業所名　　建設業の許可（　）第　　号
郵便番号
所在地
電話番号〈　〉（　）　番</td></tr>
<tr><td>旧</td><td colspan="2"></td></tr>
<tr><td rowspan="2">その他</td><td>新</td><td colspan="2"></td></tr>
<tr><td>旧</td><td colspan="2"></td></tr>
<tr><td>変更事由</td><td colspan="4"></td></tr>
</table>

※受付欄	※備　考		※記簿欄	※決裁欄
	原本照合	年　月　日		

備考　1　用紙の大きさは、日本工業規格Ａ４とする。
　　　2　申請者及び工事監理者の押印は、氏名を自署する場合にあつては省略することができる。
　　　3　※印欄には、記入しないこと。

様式第15の２（第14条関係）

報告事項変更届

年　月　日

愛知県知事　様

指定確認検査機関名　　　　　印

下記に係る工事について、報告事項に変更があったことを知りましたので報告します。

記

確認済証番号及び確認済証交付年月日			第　　号　　年　　月　　日
建築場所			
主要用途			工事種別
報告事項	建築主の住所、氏名等	新	氏名のフリガナ 氏名 郵便番号 住所 電話番号〈　〉（　）　　番
		旧	
	工事監理者の所在地、氏名等	新	資格　（　）建築士（　）登録第　　号 氏名 建築士事務所名（　）建築士事務所（　）知事登録 第　　号 郵便番号 所在地 電話番号〈　〉（　）　　番
		旧	
	工事施工者の所在地、氏名等	新	氏名 営業所名　　　建設業の許可（　）第　　号 郵便番号 所在地 電話番号〈　〉（　）　　番
		旧	
	その他	新	
		旧	
変更事由			

※受付欄	※備考		※記簿欄	※決裁欄
	原本照合	年　月　日		

備考　1　用紙の大きさは、日本工業規格Ａ４とする。

　　　2　※印欄には、記入しないこと。

様式第16（第15条関係）

意　見　の　聴　取　請　求　書

年　　月　　日

愛知県知事　殿

住所

氏名　　　　　　　　　　印

年　　月　　日付けの建築基準法第　　条第　　項の規定による通知書（又は仮の命令書）を受領しましたが、意見の聴取を行うことを請求します。

備考　1　用紙の大きさは、日本工業規格Ａ４とする。
　　　2　請求者の押印は、氏名を自署する場合にあつては省略することができる。

様式第17（第16条関係）

意 見 の 聴 取 通 知 書

第　　号
年　月　日

様

愛知県知事　氏　　　　名　印

建築基準法第　　条第　　項の規定による意見の聴取を下記のとおり行いますので、出席してください。

本人が出席できない場合は、委任状を持参した代理人を出席させてください。

記

1　期　日
2　場　所
3　意見の聴取に係る事項

備考　1　用紙の大きさは、日本工業規格Ａ４とする。
　　　2　意見の聴取の期日には、この通知書を持参すること。

様式第18（第22条関係）

申　請　取　下　げ　届

年　　月　　日

愛知県知事
愛知県建築主事　殿

住所
氏名　　　　　　　印
電話〈　〉（　）　番

建　築　基　準　法
建築基準法施行令第　　　条第　　　項　の規定に基づく下記の申請
建築基準法施行細則

は、取り下げます。

記

申請年月日	年　　月　　日
建築場所	
取下げ理由	

※受　　付	※備　　　　考

備考　1　用紙の大きさは、日本工業規格Ａ４とする。
　　　2　届出者の押印は、氏名を自署する場合にあつては省略することができる。
　　　3　※印欄には、記入しないこと。

○愛知県建築基準条例の規定による認定の申請等に関する規則

（平成12年11月10日
愛知県規則第139号）

改正　平成13年３月27日規則第 20号
平成14年３月26日規則第 10号
平成15年３月25日規則第 34号
平成16年３月26日規則第 24号
平成17年３月22日規則第 13号
平成17年10月21日規則第112号

（認定の申請）

第１条　次の表の(い)欄に掲げる愛知県建築基準条例（昭和39年愛知県条例第49号。以下「条例」という。）の規定による認定の申請をしようとする者は、認定申請書（別記様式）の正本及び副本に、同表の(ろ)欄に掲げる図書を添えて知事に提出しなければならない。

	(い)	(ろ)
(1)	条例第５条ただし書、第６条第１項ただし書、第７条ただし書、第９条第３項、第20条第１項ただし書、第25条ただし書又は第26条ただし書	一　建築基準法施行規則（昭和25年建設省令第40号。以下「省令」という。）第１条の３第１項の表１に掲げる付近見取図、配置図及び各階平面図 二　省令第１条の３第１項の表１に掲げる立面図及び断面図（条例第５条ただし書、第６条第１項ただし書又は第７条ただし書の規定による認定の申請にあっては、省令第１条の３第１項の表１に掲げる立面図） 三　その他知事が必要と認める図書
(2)	条例第19条第３項	一　(1)項(ろ)欄第一号及び第二号に掲げる図面 二　申請に係る建築物について、条例第13条から第18条までの規定に適合しているかどうかを明示した図書 三　その他知事が必要と認める図書
(3)	条例第31条ただし書、第32条、第34条、第35条又は第36条第２項	一　(1)項(ろ)欄第一号及び第二号に掲げる図面 二　建築基準法施行令（昭和25年政令第338号）第129条の２の２第１項の全館避難安全検証法により検証した際の計算書 三　その他知事が必要と認める図書

２　前項の規定により知事に提出する認定申請書（愛知県事務処理特例条例（平成11年愛知県条例第55号）の規定により同条例別表第８の28の項の下欄及び29の項の下欄に掲げる市の長に提出することとなるものを除く。）は、その申請に係る敷地、建築物又は地下街の所在地の市町村長を経由しなければならない。

（認定等の通知）

第２条　知事は、前条第１項の表の(い)欄に掲げる条例の規定による認定をしたとき、又はその認定をしないこととしたときは、その旨を記載した通知書に、同項の認定申請書の副本及びその添付図書を添えて、当該申請をした者に交付するものとする。

附　則

この規則は、公布の日から施行する。

附　則（平成13年３月27日規則第20号）

この規則は、平成13年４月１日から施行する。

附　則（平成14年３月26日規則第10号）

この規則は、平成14年５月30日から施行する。（後略）

附　則（平成15年３月25日規則第34号）

この規則は、平成15年４月１日から施行する。（後略）

附　則（平成16年３月26日規則第24号）

この規則は、平成16年４月１日から施行する。

附　則（平成17年３月22日規則第13号）

この規則は、平成17年４月１日から施行する。

附　則（平成17年10月21日規則第112号）

この規則は、平成18年１月１日から施行する。

別記様式（第１条関係）

認　定　申　請　書

年　月　日

愛　知　県　知　事　殿

申請者 住所

氏名　　　　印

電話〈　〉（　）　番

愛知県建築基準条例第　条第　項　の規定による認定をしてください。

設計者の住所及び氏名	電話〈　〉（　）　番

敷地の位置	地名及び地番				
	都市計画区域	用途地域	高層住居誘導地区	防火地域	その他の区域・地域・地区・街区
	区域内・区域外		地区内・地区外		

主要用途		申請部分の用途	
工事種別	新築・増築・改築・移転・用途変更・大規模の修繕・大規模の模様替		
建築物の構造		建築物の階数	地上　階／地下　階
建築物の最高の高さ（m）		建築物の軒の高さ（m）	

	申請部分	申請以外の部分	合計	敷地面積に対する割合	敷地面積に対する割合の限度
敷地面積（㎡）					
建築面積（㎡）				／10	／10
延べ面積（㎡）				／10	／10

工事着手予定日	年　月　日		工事完了予定日		年　月　日	
前面道路又は通路等	名称		幅員（m）		敷地と接している部分の長さ（m）	
その他必要な事項						

※受付欄		※備考	
※認定番号	第　号	※認定年月日	年　月　日

備考　1　用紙の大きさは、日本工業規格Ａ４とする。

2　申請者の押印は、氏名を自署する場合にあっては省略することができる。

3　「前面道路又は通路等」欄は、愛知県建築基準条例第31条ただし書、第32条、第34条、第35条又は第36条第２項の規定による認定の申請の場合にあっては、記入しないこと。

4　※印欄には、記入しないこと。

○人にやさしい街づくりの推進に関する条例

(平成6年10月14日
愛知県条例第33号)

改正　平成12年3月28日条例第2号
平成12年10月13日条例第64号
平成16年12月21日条例第77号

第1章　総　則

（目的）

第1条　この条例は、すべての県民が個人として尊重され、あらゆる分野の活動に参加する機会を与えられることが街づくりにおいて極めて重要であることにかんがみ、高齢者、障害者等を含むすべての県民があらゆる施設を円滑に利用できる人にやさしい街づくりについて、県及び事業者の責務並びに県民の役割を明らかにするとともに、人にやさしい街づくりに関する施策の基本方針を定めること等により、人にやさしい街づくりの推進を図り、もって県民の福祉の増進に資することを目的とする。

（定義）

第1条の2　この条例において、次の各号に掲げる用語の意義は、それぞれ当該各号に定めるところによる。

一　高齢者、障害者等　高齢者、障害者、傷病者、妊産婦その他の者で日常生活又は社会生活に身体等の機能上の制限を受けるものをいう。

二　特定施設　次に掲げる施設で多数の者が利用するものとして規則で定めるものをいう。

イ　建築基準法（昭和25年法律第201号）第2条第二号に規定する特殊建築物

ロ　事務所の用に供する建築物

ハ　公衆便所の用に供する建築物

ニ　地下街その他これに類するもの

ホ　道路

ヘ　公園、緑地その他これらに類するもの

ト　公共交通機関の施設

チ　駐車場

リ　一団地の住宅施設その他これに類するもの

（県の責務）

第2条　県は、人にやさしい街づくりに関する総合的な施策を策定し、及びこれを実施する責務を有する。

（市町村に対する協力）

第3条　県は、市町村が実施する当該市町村の区域の状況に応じた人にやさしい街づくりに関する施策に協力するものとする。

（事業者の責務）

第4条　事業者は、その事業の用に供する施設を高齢者、障害者等を含むすべての県民が円滑に利用できるようにするため、その施設の構造及び設備に関し必要な措置を講じ、並びに高齢者、障害者等の施設の円滑な利用に資する情報及び役務の提供に努めるとともに、県が実施する人にやさしい街づくりに関する施策に協力する責務を有する。

（県民の役割）

第5条　県民は、人にやさしい街づくりに関する理解を深め、並びに高齢者、障害者等が施設を円滑に利用できるようにするための措置が講じられた施設の構造及び設備の機能を妨げることのないようにするとともに、県が実施する人にやさしい街づくりに関する施策に協力するよう努めるものとする。

第2章　施策の基本方針等

（施策の基本方針）

第6条　県は、次に掲げる基本方針に基づき、人にやさしい街づくりに関する施策を実施するものとする。

一　高齢者、障害者等を含むすべての県民が円滑に利用できるよう建築物等の整備を促進すること。

二　高齢者、障害者等を含むすべての県民が自らの意思で円滑に移動できるよう道路、公共交通機関の施設等の整備を推進すること。

（教育活動、広報活動等の推進）

第7条　県は、人にやさしい街づくりに関する県民及び事業者の理解を深めるよう教育活動、広報活動等を推進するものとする。

（情報の収集及び提供等）

第8条　県は、人にやさしい街づくりの推進に資する技術に関する情報の収集及び提供その他必要な措置を講ずるものとする。

（推進体制の整備）

第9条　県は、市町村、事業者及び県民と連携して、人にやさしい街づくりの推進体制を整備するものとする。

（財政上の措置）

第10条　県は、人にやさしい街づくりを推進するため必要な財政上の措置を講ずるよう努めるものとする。

第３章　特定施設に係る整備基準の遵守義務等

（整備基準の遵守義務等）

第11条　特定施設の新築若しくは新設、増築又は改築（用途の変更をして特定施設にすることを含む。以下「特定施設の新築等」という。）をしようとする者は、当該特定施設（増築、改築又は用途の変更をしようとする場合にあっては、当該増築、改築又は用途の変更に係る部分その他規則で定める部分に限る。）について、次の各号に掲げる特定施設の区分に応じ、当該各号に掲げる別表に定める高齢者、障害者等が円滑に利用できるようにするために必要な特定施設の構造及び設備に関する措置の基準（以下「整備基準」という。）を遵守しなければならない。ただし、当該特定施設について整備基準を遵守する場合と同等以上の高齢者、障害者等が円滑に利用できるようにするための構造及び設備に関する措置が講じられると認められる場合又は当該特定施設について整備基準を遵守することが著しく困難な場合として規則で定める場合は、この限りでない。

一　第１条の２第二号イからへまで、チ及びリに掲げる施設に該当する特定施設（次号に掲げる特定施設を除く。）　別表第１

二　第１条の２第二号イに掲げる施設に該当する特定施設で建築基準法第２条第二号に規定する用途に供する部分の床面積の合計が100㎡以下のもの　別表第２

三　第１条の２第二号トに掲げる施設に該当する特定施設　別表第３

2　知事は、特定施設を高齢者、障害者等がより円滑に利用できるようにするため必要があると認めるときは、特定施設の新築等の際に適合させることが望ましい特定施設の構造及び設備に関する措置の基準を定めることができる。

（高齢者、障害者等の意見の聴取）

第11条の２　特定施設の新築等（規則で定める特定施設に係るものに限る。）をしようとする者は、整備基準に適合させるための措置について、高齢者、障害者等の意見を聴くよう努めなければならない。

（整備計画の届出）

第12条　特定施設の新築等をしようとする者は、当該特定施設の新築等の工事に着手する日の30日前までに、規則で定めるところにより、整備基準に適合させるための措置に関する計画（以下「整備計画」という。）を知事に届け出なければならない。

（指導及び助言）

第13条　知事は、前条の規定による届出があった場合において、当該届出に係る整備計画が整備基準に適合しないと認めるときは、当該届出をした特定施設の新築等をしようとする者に対し、必要な指導及び助言を行うことができる。

（整備計画の変更）

第14条　第12条の規定による届出をした者は、当該届出に係る整備計画の変更（規則で定める軽微な変更を除く。）をしようとするときは、規則で定めるところにより、その旨を知事に届け出なければならない。

2　前条の規定は、前項の場合について準用する。

（指示）

第15条　知事は、特定施設の新築等をする者が第12条若しくは前条第１項の規定による届出をしないで当該特定施設の新築等の工事に着手したとき、又は当該届出に係る整備計画の内容と異なる工事を行ったと認めるときは、必要な指示をすることができる。

（報告及び調査）

第16条　知事は、前条の規定の施行に必要な限度において、特定施設の新築等をする者に対し、必要な報告を求め、又はその職員に特定施設若しくは特定施設の工事現場に立ち入り、整備基準に適合させるための措置の実施状況を調査させることができる。

2　前項の規定により立入調査をする職員は、その身分を示す証明書を携帯し、関係人に提示しなければならない。

（既存の特定施設に係る措置）

第17条　事業者は、その事業の用に供する特定施設でこの条例又はこの条例に基づく規則の規定の施行の際現に存するもの（現に工事中のものを含む。）について、整備基準に適合させるための措置を講ずるよう努めなければならない。

（適合証の交付）

第18条　事業者は、その事業の用に供する特定施設について、整備基準に適合させるための措置を講じたときは、規則で定めるところにより、知事に対し、適合証の交付を請求することができる。

2　知事は、前項の請求があった場合において、当該措置が整備基準に適合していると認めるときは、当該請求をした事業者に対し、適合証を交付するものとする。

3　知事は、前項の規定により適合証を交付したときは、その旨を公表することができる。

（維持保全）

第18条の２　事業者は、その事業の用に供する特定施設について、整備基準に適合させるための措置を講じたときは、当該措置を講じた特定施設の構造及び設備の機能を維持するよう努めなければならない。

（実施状況の報告等）

第19条　知事は、必要があると認めるときは、事業者に対し、その事業の用に供する特定施設について、整備基準に適合させるための措置の実施状況の報告を求めることができる。

2　知事は、前項の報告があったときは、当該報告をした事業者に対し、整備基準に基づき、必要な指導又は助言を行うことができる。

（国等に関する特例）

第20条　第12条から第16条までの規定は、国、県、市町村その他規則で定める者については、適用しない。

第４章　雑　則

（規則への委任）

第21条　この条例に定めるもののほか、この条例の施行に関し必要な事項は、規則で定める。

附　則

この条例は、公布の日から施行する。ただし、第３章の規定は、平成７年４月１日から施行する。

附　則（平成12年３月28日条例第２号抄）

（施行期日）

1　この条例は、平成12年４月１日から施行する。

附　則（平成12年10月13日条例第64号抄）

（施行期日）

1　この条例は、平成12年11月１日から施行する。

附　則（平成16年12月21日条例第77号）

（施行期日）

1　この条例は、平成17年７月１日から施行する。

（経過措置）

2　この条例の施行の際現に新築若しくは新設、増築又は改築（用途の変更をして特定施設（改正後の人にやさしい街づくりの推進に関する条例（以下「新条例」という。）第１条の２第二号に規定する特定施設をいう。以下この項において同じ。）にすることを含む。以下「新築等」という。）の工事中の特定施設の当該新築等については、新条例第11条から第16条までの規定は、適用しない。

3　この条例の施行の際現に新築等の工事中の特定施設（改正前の人にやさしい街づくりの推進に関する条例（以下「旧条例」という。）第11条第１項に規定する特定施設をいう。以下この項及び次項において同じ。）（旧条例第12条又は第14条第１項の規定による届出に係る整備計画の内容と異なる工事が行われた特定施設を含む。）については、旧条例第11条から第16条までの規定は、なおその効力を有する。

4　この条例の施行の際現に存する特定施設で旧条例第11条第２項の基準に適合しているもの（現に新築等の工事中のもので当該工事により旧条例第11条第２項の基準に適合することとなるものを含む。以下「旧基準適合特定施設」という。）については、この条例の施行後増築、改築又は用途の変更の工事が行われるまでの間に限り、新条例第17条の規定は、適用しない。

5　旧基準適合特定施設に係る新条例第18条第１項及び第２項並びに第18条の２の規定の適用については、この条例の施行後増築、改築又は用途の変更の工事が行われるまでの間に限り、新条例第18条第１項中「整備基準に適合させるための」とあるのは「人にやさしい街づくりの推進に関する条例の一部を改正する条例(平成16年愛知県条例第77号)による改正前の人にやさしい街づくりの推進に関する条例（以下「旧条例」という。）第11条第１項に規定する」と、新条例第18条第２項及び第18条の２中「整備基準」とあるのは「旧条例第11条第２項の基準」とする。

（愛知県事務処理特例条例の一部改正）

6　（略）

別表第１（第11条関係）

一　第１条の２第二号イからハまで及びチに掲げる施設に該当する特定施設にあっては、規則で定めるところにより、高齢者、障害者等が円滑に利用できる経路（以下「利用円滑化経路」という。）を設けること。

二　歩道及び自転車歩行者道並びに敷地内の通路、廊下その他これに類するもの及び園路（以下「通路等」という。）で利用円滑化経路を構成するものその他の規則で定める通路等は、次に定める構造その他の規則で定める構造とすること。

イ　有効幅員は、歩道にあっては２m以上、自転車歩行者道にあっては３m以上、通路等にあっては1.4m以上とすること。

ロ　段を設けないこと。

ハ　表面は、滑りにくく、平たんにすること。

ニ　歩道及び自転車歩行者道並びに通路等を横断する排水溝のふたは、つえ、車いすのキャスター等が落ち込まないものとすること。

三　利用円滑化経路を構成する出入口その他の規則で定める出入口は、次に定める構造その他の規則で定める構造とすること。

イ　有効幅員は、建築物の直接地上へ通ずる出入口のうち１以上のものは90cm以上、その他の建築物の出入口は80cm上とすること。

ロ　段を設けないこと。

四　不特定かつ多数の者が利用する階段その他の規則で定める階段は、次に定める構造その他の規則で定める構造とすること。

イ　回り階段としないこと。

ロ　手すりを設けること。

ハ　段鼻は、滑りにくくすること。

五　第１条の２第二号イからハまで及びチに掲げる施設に該当する特定施設で規則で定めるものの利用円滑化経路を構成するエレベーターは、次に定める構造その他の規則で定める構造とすること。

イ　かごの奥行きの内のり寸法は、1.35m以上とすること。

ロ　出入口の有効幅員は、80cm以上とすること。

ハ　車いす使用者及び視覚障害者の利用に配慮した操作ボタン等を設けること。

六　不特定かつ多数の者が利用する便所その他の規則で定める便所は、次に定める構造その他の規則で定める構造とすること。

イ　段を設けないこと。

ロ　床の表面は、滑りにくくすること。

ハ　次に定める構造の便房を設けること。

(1)　便器は、洋式とすること。

(2)　手すりを設けること。

ニ　出入口に近い小便器には、周囲に手すりを設けること。

七　第1条の2第二号イからハまで及びへに掲げる施設に該当する特定施設で規則で定めるものの不特定かつ多数の者が利用する便所その他の規則で定める便所については、前号に定める構造とするほか、出入口の有効幅員を80cm以上とするとともに、車いす使用者等が利用できる規則で定める構造の便房を設けること。

八　愛知県建築基準条例（昭和39年愛知県条例第49号）第12条に規定する興行場等にあっては、規則で定めるところにより、車いす使用者が利用できる客席の部分及び通路を設けること。

九　第1条の2第二号チに掲げる施設に該当する特定施設及び同号イからへまでに掲げる施設に該当する特定施設に附属する駐車場で規則で定めるものにあっては、規則で定めるところにより、車いす使用者が乗車する自動車を駐車できる部分及び車いす使用者が通行できる通路を設けること。

十　高齢者、障害者等に配慮した案内表示を規則で定めるところにより行うこと。

十一　前各号に掲げるもののほか、規則で定める基準

別表第2（第11条関係）

一　敷地内の通路及び建築物の直接地上へ通ずる出入口で規則で定める経路を構成するものは、それぞれ次に定める構造その他の規則で定める構造とすること。

イ　敷地内の通路

(1)　有効幅員は、1.4m以上とすること。

(2)　段を設けないこと。

(3)　表面は、滑りにくく、平たんにすること。

(4)　敷地内の通路を横断する排水溝のふたは、つえ、車いすのキャスター等が落ち込まないものとすること。

ロ　建築物の直接地上へ通ずる出入口

(1)　有効幅員は、90cm以上とすること。

(2)　段を設けないこと。

二　前号に掲げるもののほか、規則で定める基準

別表第3（第11条関係）

一　移動円滑化のために必要な旅客施設及び車両等の構造及び設備に関する基準（平成12年運輸省・建設省令第10号。第4条第6項第二号及び第3章を除く。以下「移動円滑化基準」という。）に定める基準

二　移動円滑化基準第4条第1項に規定する移動円滑化された経路を構成する傾斜路は、規則で定める勾（こう）配とすること。

三　不特定かつ多数の者が利用する便所は、移動円滑化基準第12条第1項に掲げる基準に適合させるほか、次に定める構造その他の規則で定める構造とすること。

イ　段を設けないこと。

ロ　次に定める構造の便房を設けること。

(1)　便器は、洋式とすること。

(2)　手すりを設けること。

四　高齢者、障害者等に配慮した案内表示を規則で定めるところにより行うこと。

五　前各号に掲げるもののほか、規則で定める基準

○人にやさしい街づくりの推進に関する条例施行規則

（平成17年３月31日
愛知県規則第58号）

改正　平成17年10月21日規則第112号

（趣旨）

第１条　この規則は、人にやさしい街づくりの推進に関する条例（平成６年愛知県条例第33号。以下「条例」という。）の施行に関し必要な事項を定めるものとする。

（用語）

第２条　この規則で使用する用語は、条例で使用する用語の例による。

（特定施設）

第３条　条例第１条の２第二号の規則で定める施設は、次に掲げるものとする。

一　次に掲げる用途に供する建築物又はその部分

　イ　学校その他これに類するもの

　ロ　博物館、美術館又は図書館

　ハ　体育館、ボウリング場、スキー場、スケート場、水泳場、スポーツの練習場又は遊技場

　ニ　病院、診療所、助産所又は施術所

　ホ　社会福祉施設その他これに類するもの

　ヘ　劇場、映画館、演芸場又は観覧場

　ト　公会堂又は集会場

　チ　展示場

　リ　百貨店、マーケットその他の物品販売業を営む店舗

　ヌ　飲食店、喫茶店その他これらに類するもの

　ル　理髪店、クリーニング取次店、貸衣装屋その他これらに類するもの

　ヲ　公衆浴場

　ワ　ホテル又は旅館

　カ　火葬場

二　共同住宅の用に供する建築物又はその部分で、床面積の合計が2,000㎡以上のもの又は50戸を超えるもの

三　工場の用に供する建築物又はその部分で、床面積の合計が2,000㎡以上のもの

四　国、県、市町村又は第13条各号に掲げる者の事務所の用に供する建築物又はその部分

五　銀行その他の金融機関の事務所の用に供する建築物又はその部分

六　事務所の用に供する建築物又はその部分で、床面積の合計が2,000㎡以上のもの

（前２号に該当するものを除く。）

七　公衆便所の用に供する建築物又はその部分（他の特定施設に附属するものを除く。）

八　地下街その他これに類するもの

九　道路法（昭和27年法律第180号）第２条第１項に規定する道路（自動車のみの一般交通の用に供する道路を除く。）

十　公園、緑地その他これらに類するもの

十一　移動円滑化基準第１条第１項第五号に規定する鉄道駅、同項第六号に規定する軌道停留場、同項第七号に規定するバスターミナル、同項第八号に規定する旅客船ターミナル又は同項第九号に規定する航空旅客ターミナル施設

十二　駐車場法（昭和32年法律第106号）第12条の規定による届出を要する路外駐車場（駐車の用に供する部分に、駐車場法施行令（昭和32年政令第340号）第15条の規定による国土交通大臣の認定を受けた特殊の装置を用いる路外駐車場を除く。）

十三　都市計画法（昭和43年法律第100号）第４条第６項に規定する都市計画施設に該当する駐車場

十四　都市計画法第11条第１項第八号に規定する一団地の住宅施設

十五　土地区画整理法（昭和29年法律第119号）第２条第１項に規定する土地区画整理事業（同条第２項の事業を含む。）、都市計画法第４条第７項に規定する市街地開発事業又は同法第29条第１項若しくは第２項の規定による許可を要する開発行為により一体として整備する施設（50戸以上の住宅の建設を予定する場合に限る。）

十六　建築基準法（昭和25年法律第201号）第86条第１項の規定による認定又は同条第３項の規定による許可を受けた総合的設計による一団地の建築物（50戸以上の住宅に限る。）

（条例第11条第１項の規則で定める部分）

第４条　条例第11条第１項の規則で定める部分は、同項第一号に掲げる特定施設の次に掲げる経路を構成する敷地内の通路、廊下その他これに類するもの（以下「廊下等」という。）、昇降機、出入口及び階段とする。

一　道又は公園、広場その他の空地（以下「道等」という。）から増築、改築又は用途の変更（以下「増築等」という。）に係る部分にある不特定かつ多数の者が利用し、若しくは主として高齢者、障害者等が利用する居室（以下「利用居室」という。）又は前条第一号ワに掲げる用途に供する特定施設の客室若しくは同条第二号に掲げる特定施設の住戸（以下「利用居室等」という。）までの１以上の経路

二　増築等に係る部分にある利用居室等（当該部分に利用居室等がないときは、道等。次号において同じ。）から増築等に係る部分にある車いす使用者等が利用できる構造の便房（第21条第１項の表(い)欄に掲げる特定施設の同表(ろ)欄に掲げる便所に設けるものに限る。以下「車いす使用者用便房」という。）までの１以上の経路

三　増築等に係る部分にある駐車場（第23条第１項に規定するものに限る。）の車いす使用者が乗車する自動車を駐車できる部分（以下「車いす使用者用駐車施設」という。）から増築等に係る部分にある利用居室等までの１以上の経路

四　第24条第２項の規定により読み替えて適用される同条第１項第四号に規定する前条第一号、第四号、第五号及び第七号に掲げる特定施設で、当該特定施設（当該特定施設が建築物の一部である場合にあっては、当該特定施設を含む建築物）の増築等に係る部分の床面積（共同住宅の用に供する部分の床面積を除く。）の合計が1,000㎡を超えるもの又は同条第三号及び第六号に掲げる特定施設で、当該特定施設の増築等に係る部分の不特定かつ多数の者の利用する部分の床面積の合計が1,000㎡を超えるものの道等から増築等に係る部分以外にある案内設備までの経路

（条例第11条第１項ただし書の規則で定める場合）

第５条　条例第11条第１項ただし書の規則で定める場合は、次に掲げる場合とする。

一　高低差の著しい敷地又は区域に特定施設の新築等をしようとする場合で、傾斜路の勾（こう）配について物理的に整備基準を遵守することができないと認められるとき。

二　用途の変更をして特定施設にしようとする場合で、廊下等、階段又はエレベーターについて構造上整備基準を遵守することができないと認められるとき。

三　文化財としての価値が高い特定施設の新築等をしようとする場合で、整備基準を遵守すると当該価値が著しく損なわれることになると認められるとき。

四　前３号に掲げる場合のほか、これらの場合に準ずる理由により整備基準を遵守することができないと認められるとき。

（条例第11条の２の規則で定める特定施設）

第６条　条例第11条の２の規則で定める特定施設は、次に掲げるものとする。

一　第３条第一号から第八号まで及び第十一号から第十六号までに掲げる特定施設のうち県が新築するもので、当該特定施設の床面積の合計が2,000㎡以上のもの

二　第３条第十号に掲げる特定施設のうち県が新設するもので、当該特定施設の区域の面積が5,000㎡を超えるもの

（整備計画の届出）

第７条　条例第12条の規定による整備計画の届出をしようとする者は、特定施設整備計画届出書（様式第１）に、次の表(い)欄に掲げる特定施設の区分に応じ、それぞれ同表(ろ)欄に掲げる図書を添えて知事に提出しなければならない。

	(い)	(ろ)
(1)	第３条第一号から第八号まで及び第十二号から第十六号までに掲げる特定施設	一　適合状況項目表（様式第２（その１）） 二　付近見取図（方位、道路及び目標となる地物を明示したもの） 三　配置図（縮尺、方位、敷地の境界線、土地の高低、敷地内における建築物等の位置及び用途、利用円滑化経路

	（条例第11条第1項第二号に掲げる特定施設（以下「小規模特定施設」という。）を除く。）	の位置、敷地内の通路及び直接地上へ通ずる出入口の位置及び有効幅員、駐車場の区域及び駐車台数並びに車いす使用者用駐車施設の位置及び有効幅員を明示したもの） 四　建築物にあっては、各階平面図（縮尺、方位、間取り、各室の用途、利用円滑化経路の位置、廊下等及び出入口の位置及び有効幅員、階段及びエレベーターの位置並びに床の高低を明示したもの） 五　その他整備基準に係る整備計画を明示した図書
(2)	第3条第九号に掲げる特定施設	一　適合状況項目表（様式第2（その2）） 二　付近見取図（方位、道路及び目標となる地物を明示したもの） 三　平面図（縮尺、方位、道路の境界線、幅員及び路面の高低を明示したもの） 四　その他整備基準に係る整備計画を明示した図書
(3)	第3条第十号に掲げる特定施設	一　適合状況項目表（様式第2（その3）） 二　付近見取図（方位、道路及び目標となる地物を明示したもの） 三　平面図（縮尺、方位、区域の境界線、土地の高低、敷地内における建築物等の位置及び用途、園路及び出入口の位置及び有効幅員、駐車場の区域及び駐車台数並びに車いす使用者用駐車施設の位置及び有効幅員を明示したもの） 四　その他整備基準に係る整備計画を明示した図書
(4)	小規模特定施設	一　適合状況項目表（様式第2（その4）） 二　付近見取図（方位、道路及び目標となる地物を明示したもの） 三　配置図（縮尺、方位、敷地の境界線、土地の高低、敷地内における建築物等の位置及び用途並びに敷地内の通路及び直接地上へ通ずる出入口の位置及び有効幅員を明示したもの） 四　各階平面図（縮尺、方位、間取り、各室の用途、廊下等及び出入口の位置及び有効幅員並びに床の高低を明示したもの） 五　その他整備基準に係る整備計画を明示した図書
(5)	第3条第十一号に掲げる特定施設	一　適合状況項目表（様式第2（その5）） 二　付近見取図（方位、道路及び目標となる地物を明示したもの） 三　配置図（縮尺、方位、敷地の境界線、土地の高低、敷地内における建築物等の位置及び用途並びに移動円滑化基準第4条第4項に規定する移動円滑化された経路と公共用通路の出入口の位置及び有効幅員を明示したもの） 四　各階平面図（縮尺、方位、間取り、各室の用途、移動円滑化基準第4条第1項に規定する移動円滑化された経路の位置、通路及び出入口の位置及び有効幅員、階段及びエレベーターの位置並びに床の高低を明示したもの） 五　その他整備基準に係る整備計画を明示した図書

（軽微な変更）

第8条　条例第14条第1項の規則で定める軽微な変更は、工事の着手又は完了の予定年月日の変更とする。

（整備計画の変更の届出）

第9条　条例第14条第1項の規定による整備計画の変更の届出をしようとする者は、特定施設整備計画変更届出書（様式第３）に、第７条の表(い)欄に掲げる特定施設の区分に応じ、それぞれ同表(ろ)欄に掲げる図書を添えて知事に提出しなければならない。

（身分証明書）

第10条　条例第16条第２項に規定する職員の身分を示す証明書の様式は、様式第４のとおりとする。

（適合証の交付の請求等）

第11条　条例第18条第１項の規定による適合証の交付の請求をしようとする者は、適合証交付請求書（様式第５）に、適合状況項目表（様式第２）を添えて知事に提出しなければならない。

2　条例第18条第１項に規定する適合証の様式は、様式第６のとおりとする。

（実施状況の報告）

第12条　条例第19条第１項の規定により整備基準に適合させるための措置の実施状況の報告を求められた事業者は、実施状況報告書（様式第７）に、適合状況項目表（様式第２）を添えて知事に提出しなければならない。

（適用の特例を受ける者）

第13条　条例第20条の規則で定める者は、次に掲げる者とする。

一　地方公共団体の組合

二　建築基準法第18条の規定の適用について、法令の規定により国、県又は市町村とみなされる法人

三　土地開発公社

四　土地区画整理法第２条第３項に規定する施行者

（利用円滑化経路の設置）

第14条　条例別表第１第一号の規定による利用円滑化経路の設置は、次に掲げるところによって行わなければならない。

一　次に掲げる場合には、それぞれに定める経路のうち１以上を利用円滑化経路とすること。

イ　建築物に利用居室等を設ける場合　道等から当該利用居室等までの経路

ロ　建築物又はその敷地に車いす使用者用便房を設ける場合　利用居室等（当該建築物に利用居室等がないときは、道等。ハにおいて同じ。）から当該車いす使用者用便房までの経路

ハ　建築物又はその敷地に不特定かつ多数の者が利用し、又は主として高齢者、障害者等が利用する駐車場を設ける場合　当該駐車場（２以上の駐車場を設ける場合にあっては、そのうち１以上の駐車場とし、車いす使用者用駐車施設を設ける場合にあっては、当該車いす使用者用駐車施設とする。）から利用居室等までの経路

二　第19条第１項各号（同条第３項の規定により読み替えて適用される場合を含む。）

に掲げる特定施設の利用円滑化経路上には、階段を設けないこと。

2　前項第一号に定める経路を構成する敷地内の通路が地形の特殊性により高齢者、障害者等が円滑に利用できる構造とすることが困難である場合における同号の規定の適用については、同号イ及びロ中「道等」とあるのは、「当該建築物の車寄せ」とする。

（通路等）

第15条　条例別表第１第二号の規則で定める通路等は、次の表(い)欄に掲げるものとし、同号の規則で定める構造は、それぞれ同表(ろ)欄に定めるとおりとする。

	(い)	(ろ)
(1)	歩道及び自転車歩行者道（以下「歩道等」という。）	一　有効幅員は、歩道にあっては２ｍ以上、自転車歩行者道にあっては３ｍ以上とすること。 二　段を設けないこと。 三　表面は、滑りにくく、平たんにすること。 四　歩道等を横断する排水溝のふたは、つえ、車いすのキャスター等が落ち込まないものとすること。 五　舗装は、水はけの良いものとすること。 六　歩道等の切下げ部等ですりつけが発生する場合の縦断勾（こう）配は、５％以下とすること。ただし、地形の状況その他の特別な理由によりやむを得ない場合には、８％以下とすることができる。 七　横断勾（こう）配は、２％以下とすること（車両乗入れ部を除く。）。 八　歩道等が交差点又は横断歩道において車道と接する部分は、車いす使用者の通行に支障のない構造とすること。 九　横断歩道に接続する歩道等の部分は、車いす使用者が円滑に転回できる平たんな部分を設けること。
(2)	不特定かつ多数の者が利用し、又は主として高齢者、障害者等が利用する敷地内の通路（(3)項に掲げるものを除く。）	一　表面は、滑りにくく、平たんにすること。 二　敷地内の通路を横断する排水溝のふたは、つえ、車いすのキャスター等が落ち込まないものとすること。 三　段を設ける場合には、第18条に定める構造に準じたものとすること。 四　傾斜路を設ける場合には、第二号に定めるもののほか、次に定める構造とすること。 イ　表面は、粗面とし、又は滑りにくい材料で仕上げること。 ロ　勾（こう）配が１/12を超え、又は高さが16cmを超え、かつ、勾（こう）配が１/20を超える傾斜がある部分には、手すりを設けること。 ハ　傾斜路とその前後の敷地内の通路との色の明度の差が大きいこと等によりその存在を容易に識別できるものとすること。 ニ　両側は、転落を防ぐ構造とすること。ただし、側面が壁面である場合は、この限りでない。
(3)	利用円滑化経路を構成する敷地内の通路及び不特定かつ多数の者が利用し、又は主として高齢者、障害者等が利用する便所と利用円滑化経路	一　(2)項(ろ)欄に定める構造とするほか、次号から第五号までに定める構造とすること。 二　有効幅員は、1.4ｍ以上とすること。 三　段を設けないこと。ただし、次号に定める構造の傾斜路又は次条に定める構造の昇降機を併設する場合は、この限りでない。 四　傾斜路を設ける場合には、次に定める構造とすること。 イ　有効幅員は、段に代わるものにあっては1.4ｍ以上、段に併設するものにあっては90cm以上とすること。

	との間の敷地内の通路	ロ　勾配は、1/15以下とすること。ただし、高さが16cm以下のものにあっては、1/8以下とすること。 ハ　高さが75cmを超えるもの（勾配が1/20を超えるものに限る。）にあっては、高さ75cm以内ごとに踏幅が1.5m以上の踊場を設けること。 ニ　始点及び終点には、それぞれ長さ1.5m以上の高低差のない部分を設けること。 五　戸を設ける場合には、自動的に開閉する構造その他の高齢者、障害者等が容易に開閉して通過できる構造とし、かつ、その前後に高低差がないこと。
(4)	不特定かつ多数の者が利用し、又は主として高齢者、障害者等が利用する廊下等（(5)項に掲げるもの及び利用居室等内の通路を除く。）	一　表面は、滑りにくく、平たんにすること。 二　廊下等を横断する排水溝のふたは、つえ、車いすのキャスター等が落ち込まないものとすること。 三　段を設ける場合には、第18条に定める構造に準じたものとすること。 四　傾斜路を設ける場合には、第二号に定めるもののほか、次に定める構造とすること。 イ　表面は、粗面とし、又は滑りにくい材料で仕上げること。 ロ　勾配が1/12を超え、又は高さが16cmを超える傾斜がある部分には、手すりを設けること。 ハ　傾斜路とその前後の廊下等との色の明度の差が大きいこと等によりその存在を容易に識別できるものとすること。 ニ　両側は、転落を防ぐ構造とすること。ただし、側面が壁面である場合は、この限りでない。
(5)	利用円滑化経路を構成する廊下等、利用居室内の主要な通路（第22条第四号に規定する通路を除く。）、不特定かつ多数の者が利用し、又は主として高齢者、障害者等が利用する便所と利用円滑化経路との間の廊下等及び第3条第八号に掲げる特定施設に設ける不特定かつ多数の者が利用する通路	一　(4)項(ろ)欄に定める構造とするほか、次号から第五号までに定める構造とすること。 二　有効幅員は、1.4m以上とすること。ただし、端から10m以内及び区間50m以内ごとに、幅及び奥行きがそれぞれ1.4m以上の部分その他の車いすの転回に支障がない部分を設ける場合は、この限りでない。 三　段を設けないこと。ただし、次号に定める構造の傾斜路又は次条に定める構造の昇降機を併設する場合は、この限りでない。 四　傾斜路を設ける場合には、次に定める構造とすること。 イ　有効幅員は、段に代わるものにあっては1.4m以上、段に併設するものにあっては90cm以上とすること。 ロ　勾配は、1/12以下とすること。ただし、高さが16cm以下のものにあっては、1/8以下とすること。 ハ　高さが75cmを超えるものにあっては、高さ75cm以内ごとに踏幅が1.5m以上の踊場を設けること。 ニ　始点及び終点には、それぞれ長さ1.5m以上の高低差のない部分を設けること。 五　戸を設ける場合には、自動的に開閉する構造その他の高齢者、障害者等が容易に開閉して通過できる構造とし、かつ、その前後に高低差がないこと。
(6)	第3条第十号に掲げる特定施設に設ける主要な園路	一　有効幅員は、1.4m以上とすること。 二　段を設けないこと。ただし、第六号に定める構造の傾斜路又は次条に定める構造の昇降機を併設する場合は、この限りでない。 三　前号ただし書の場合において、段を設けるときは、第18条に定める構造に準じたものとすること。

		四　表面は、滑りにくく、平たんにすること。 五　園路を横断する排水溝のふたは、つえ、車いすのキャスター等が落ち込まないものとすること。 六　傾斜路を設ける場合には、前号に定めるもののほか、次に定める構造とすること。 イ　有効幅員は、段に代わるものにあっては1.4m以上、段に併設するものにあっては90cm以上とすること。 ロ　勾配は、1/15以下とすること。ただし、高さが16cm以下のものにあっては、1/8以下とすること。 ハ　高さが75cmを超えるもの（勾配が1/20を超えるものに限る。）にあっては、高さ75cm以内ごとに踏幅が1.5m以上の踊場を設けること。 ニ　始点及び終点には、それぞれ長さ1.5m以上の高低差のない部分を設けること。 ホ　表面は、粗面とし、又は滑りにくい材料で仕上げること。 ヘ　勾配が1/12を超え、又は高さが16cmを超え、かつ、勾配が1/20を超える傾斜がある部分には、手すりを設けること。 ト　傾斜路とその前後の園路との色の明度の差が大きいこと等によりその存在を容易に識別できるものとすること。 チ　両側は、転落を防ぐ構造とすること。ただし、側面が壁面である場合は、この限りでない。 七　縦断勾配は、4％以下とすること。ただし、地形の状況その他の特別な理由によりやむを得ない場合には、8％以下とすることができる。 八　横断勾配は、1％以下とすること。ただし、地形の状況その他の特別な理由によりやむを得ない場合には、2％以下とすることができる。

（段に併設する昇降機の構造）

第16条　前条の表(3)項(ろ)欄第三号ただし書、(5)項(ろ)欄第三号ただし書及び(6)項(ろ)欄第二号ただし書に規定する昇降機の構造は、第19条第2項各号に定める構造又は次に定める構造とする。

一　エレベーターにあっては、次に定める構造とすること。

イ　平成12年建設省告示第1413号第1第七号に規定する構造とすること。

ロ　かごの床面積は、0.84㎡以上とすること。

ハ　車いす使用者がかご内で方向を変更する必要がある場合にあっては、かごの床面積が十分に確保されていること。

二　エスカレーターにあっては、平成12年建設省告示第1417号第1ただし書に規定する構造とすること。

（出入口）

第17条　条例別表第1第三号の規則で定める出入口は、次の表(い)欄に掲げるものとし、同号の規則で定める構造は、それぞれ同表(ろ)欄に定めるとおりとする。

	(い)	(ろ)
(1)	利用円滑化経路を構成する出入口（第３条第二号に掲げる特定施設の住戸の出入口を除く。）及び同条第八号に掲げる特定施設の不特定かつ多数の者が利用する出入口	一　有効幅員は、建築物の直接地上へ通ずる出入口のうち１以上のものは90cm以上、その他の出入口は80cm以上とすること。 二　段を設けないこと。 三　戸を設ける場合には、自動的に開閉する構造その他の高齢者、障害者等が容易に開閉して通過できる構造とし、かつ、その前後に高低差がないこと。
(2)	第３条第十号に掲げる特定施設の出入口	一　有効幅員は、１以上の出入口を1.2m以上とし、その出入口に車止めのさくを設ける場合には、さくとさくの間隔は、90cm以上とすること。 二　段を設けないこと。 三　表面は、滑りにくく、平たんにすること。 四　戸を設ける場合には、自動的に開閉する構造その他の高齢者、障害者等が容易に開閉して通過できる構造とし、かつ、その前後に高低差がないこと。

（階段）

第18条　条例別表第１第四号の規則で定める階段は、不特定かつ多数の者が利用し、又は主として高齢者、障害者等が利用する階段とし、同号の規則で定める構造は、次のとおりとする。

一　回り階段としないこと。

二　手すりを設けること。

三　段鼻は、滑りにくくすること。

四　表面は、粗面とし、又は滑りにくい材料で仕上げること。

五　踏面の端部とその周囲の部分との色の明度の差が大きいこと等により段を容易に識別できるものとすること。

六　段鼻の突き出しがないこと等によりつまずきにくい構造とすること。

（利用円滑化経路を構成するエレベーター）

第19条　条例別表第１第五号の規則で定める特定施設は、次に掲げるものとする。

一　第３条第一号に掲げる特定施設（同号イに掲げる用途に供するものを除く。）並びに同条第三号から第七号まで、第十二号及び第十三号に掲げる特定施設で、当該特定施設（当該特定施設が建築物の一部である場合にあっては、当該特定施設を含む建築物）の直接地上へ通ずる出入口のある階（以下「地上階」という。）以外の階における不特定かつ多数の者が利用し、又は主として高齢者、障害者等が利用する部分（同条第一号イに掲げる用途及び共同住宅の用に供する部分を除き、同号ワに掲げる用途に供する特定施設にあっては、その客室部分を含むものとする。）の床面積の合計が1,000㎡を超えるもの

二　第３条第一号イに掲げる用途に供する特定施設で、当該特定施設の階数が３以上で、

かつ、床面積が2,000㎡以上のもの

三　第3条第二号に掲げる特定施設で、当該特定施設の階数が3以上で、かつ、戸数が50戸を超えるもの

2　条例別表第1第五号の規則で定める構造は、第16条第一号に定める構造のエレベーターを段に併設する場合を除き、次のとおりとする。

一　かごの奥行きの内のり寸法は、1.35m以上とすること。

二　出入口の有効幅員は、80cm以上とすること。

三　かごは、利用居室等、車いす使用者用便房及び車いす使用者用駐車施設がある階並びに地上階に停止すること。

四　乗降ロビーは、高低差がないものとし、その幅及び奥行きは、1.5m以上とすること。

五　かご内及び乗降ロビーには、車いす使用者の利用に配慮した操作ボタン等を設けること。

六　かご内に、かごが停止する予定の階及びかごの現在位置を表示する装置を設けること。

七　乗降ロビーに、到着するかごの昇降方向を表示する装置を設けること。

八　不特定かつ多数の者が利用するエレベーターにあっては、前各号に定めるもののほか、次に定める構造とすること。

イ　かごの床面積は、1.83㎡以上とすること。

ロ　かごは、車いすの転回に支障がない構造とすること。ただし、かごの出入口が複数あるエレベーターであって、車いす使用者が円滑に乗降できる構造のものについては、この限りでない。

九　不特定かつ多数の者が利用し、又は主として視覚障害者が利用するエレベーターにあっては、前各号に定めるもののほか、次に定める構造とすること。ただし、エレベーターが主として自動車の駐車の用に供する施設に設けるものである場合は、この限りでない。

イ　かご内に、かごが到着する階並びにかご及び昇降路の出入口の戸の閉鎖を音声により知らせる装置を設けること。

ロ　かご内及び乗降ロビーに設ける操作ボタン等（車いす使用者が利用しやすい位置及びその他の位置に操作ボタン等を設ける場合にあっては、当該その他の位置に設けるものに限る。）は、点字により表示する等視覚障害者が円滑に操作することができる構造とすること。

ハ　かご内又は乗降ロビーに、到着するかごの昇降方向を音声により知らせる装置を設けること。

3　増築等の場合（増築等により第1項各号に掲げる特定施設となる場合であって、増築

等に係る部分に利用円滑化経路を構成するエレベーターを設けるときを除く。）における第1項の規定の適用については、同項中「床面積」とあるのは「増築等に係る部分の床面積」と、「階数」とあるのは「増築等に係る部分の階数」と、「戸数」とあるのは「増築等に係る部分の戸数」とする。

（便所）

第20条　条例別表第1第六号の規則で定める便所は、次の表(い)欄に掲げるものとし、同号の規則で定める構造は、それぞれ同表(ろ)欄に定めるとおりとする。

	(い)	(ろ)
(1)	第3条第一号から第十号まで、第十二号及び第十三号に掲げる特定施設に設ける不特定かつ多数の者が利用し、又は主として高齢者、障害者等が利用する便所（(2)項及び(3)項に掲げるものを除く。）	一　段を設けないこと。ただし、次に定める構造の傾斜路を設ける場合は、この限りでない。 イ　勾（こう）配は、1/12以下とすること。ただし、高さが16cm以下のものにあっては、1/8以下とすること。 ロ　表面は、粗面とし、又は滑りにくい材料で仕上げること。 二　床の表面は、滑りにくくすること。 三　次に定める構造の便房を1以上（男子用及び女子用の区別があるときは、それぞれ1以上）設けること。 イ　便器は、洋式とすること。 ロ　手すりを設けること。 四　出入口に近い小便器は、周囲に手すりを設け、床置式その他これに類する構造とすること。
(2)	第3条第一号ロに掲げる用途に供する特定施設、同号ニに掲げる用途（病院及び診療所の用途に限る。）に供する特定施設及び同号ヘからヌまでに掲げる用途に供する特定施設並びに同条第四号及び第七号に掲げる特定施設で、当該特定施設の床面積の合計が1,000㎡を超えるものに設ける1以上（男子用及び女子用の区別があるときは、それぞれ1以上）の不特定かつ多数の者が利用し、又は主として高齢者、障害者等が利用する便所	一　(1)項(ろ)欄に定めるもののほか、次号に定める構造とすること。 二　乳幼児用いす等乳幼児を座らせることができる設備を設けた便房及び乳幼児用ベッド等乳幼児のおむつ替えができる設備を設けること。ただし、乳幼児のおむつ替えができる設備にあっては、おむつ替えができる場所を別に設ける場合は、この限りでない。
(3)	第3条第一号ロに掲げる用途に	一　(1)項(ろ)欄に定めるもののほか、次号に定める構造とすること。

	供する特定施設、同号ニに掲げる用途（病院及び診療所の用途に限る。）に供する特定施設及び同号ヘからヌまでに掲げる用途に供する特定施設並びに同条第四号及び第七号に掲げる特定施設で、当該特定施設の床面積の合計が2，000㎡以上のものに設ける1以上（男子用及び女子用の区別があるときは、それぞれ1以上）の不特定かつ多数の者が利用し、又は主として高齢者、障害者等が利用する便所	二　人工肛門又は人工ぼうこうを使用している者がパウチを洗浄することができる水洗器具等を設けた便房を設けること。

（車いす使用者等が利用できる便所）

第21条　条例別表第1第七号の規則で定める特定施設は、次の表(い)欄に掲げるものとし、同号の規則で定める便所は、それぞれ同表(ろ)欄に掲げるものとする。

	(い)	(ろ)
(1)	第3条第一号、第四号、第五号及び第七号に掲げる特定施設で、当該特定施設（当該特定施設が建築物の一部である場合にあっては、当該特定施設を含む建築物）の床面積（共同住宅の用に供する部分の床面積を除く。）の合計が1，000㎡を超えるもの	地上階又は利用円滑化経路を構成するエレベーター（第19条第2項各号に定める構造のものに限る。）が停止する階の便所のうちの1以上（男子用及び女子用の区別があるときは、それぞれ1以上）の不特定かつ多数の者が利用し、又は主として高齢者、障害者等が利用する便所
(2)	第3条第三号及び第六号に掲げる特定施設で、当該特定施設の不特定かつ多数の者の利用する部分の床面積の	地上階又は利用円滑化経路を構成するエレベーター（第19条第2項各号に定める構造のものに限る。）が停止する階の便所のうちの1以上（男子用及び女子用の区別があるときは、それぞれ1以上）の不特定かつ多数の者が利用する便所

	合計が1,000㎡を超えるもの	
(3)	第3条第十号に掲げる特定施設で、当該特定施設の区域の面積が5,000㎡を超えるもの	1以上（男子用及び女子用の区別があるときは、それぞれ1以上）の不特定かつ多数の者が利用する便所

2　条例別表第1第七号の規則で定める構造は、次のとおりとする。

一　出入口の有効幅員は、80cm以上とすること。

二　レバー式又は光感知式等の水栓器具を備えた洗面台を設けること。ただし、当該便房のある便所内にレバー式又は光感知式等の水栓器具を備えた洗面台を設ける場合は、この限りでない。

三　前条の表(1)項(ろ)欄第三号に定める構造とすること。

四　車いす使用者等が円滑に利用できるよう十分な空間を確保すること。

（車いす使用者が利用できる客席の部分及び通路の設置）

第22条　条例別表第1第八号の規定による車いす使用者が利用できる客席の部分及び通路の設置は、次に掲げるところによって行わなければならない。

一　車いす使用者が利用できる客席の部分の数は、客席のいすの総数に1/200を乗じて得た数（当該乗じて得た数が10を超える場合にあっては、10）以上とすること。

二　車いす使用者が利用できる客席の部分は、客席の出入口（利用円滑化経路を構成するものに限る。第四号において同じ。）から容易に到達でき、かつ、観覧しやすい位置に設けること。

三　車いす使用者が利用できる客席の部分及びその接する部分の床は、水平とし、その表面は、滑りにくく、平たんにすること。

四　車いす使用者が利用できる通路は、客席の出入口から車いす使用者が利用できる客席の部分へ通ずるものとし、次に定める構造とすること。

イ　有効幅員は、90cm以上とすること。

ロ　段を設けないこと。ただし、次に定める構造の傾斜路を設ける場合は、この限りでない。

(1)　勾（こう）配は、1/12以下とすること。ただし、高さが16cm以下のものにあっては、1/8以下とすること。

(2)　始点及び終点には、それぞれ長さ1.5m以上の高低差のない部分を設けること。

ハ　表面は、滑りにくく、平たんにすること。

（車いす使用者用駐車施設及び車いす使用者が通行できる通路の設置）

第23条　条例別表第1第九号の規則で定める駐車場は、第3条第十二号及び第十三号に掲げる駐車場並びに同条第一号から第十号までに掲げる特定施設に附属する駐車場で、不特定かつ多数の者が利用し、又は主として高齢者、障害者等が利用する部分の駐車台数（駐車場法施行令第15条の規定による国土交通大臣の認定を受けた特殊の装置を用いるものの駐車台数を除く。以下この条において同じ。）が25台を超えるもの（当該特定施設に２以上の附属する駐車場がある場合にあっては、それらの不特定かつ多数の者が利用し、又は主として高齢者、障害者等が利用する部分の駐車台数の合計が25台を超えるときにおけるそれらの駐車場）とする。

2　条例別表第１第九号の規定による車いす使用者用駐車施設及び車いす使用者が通行できる通路の設置は、次に掲げるところによって行わなければならない。

一　車いす使用者用駐車施設の数は、不特定かつ多数の者が利用し、又は主として高齢者、障害者等が利用する部分の駐車台数（当該特定施設に２以上の附属する駐車場がある場合にあっては、それらの不特定かつ多数の者が利用し、又は主として高齢者、障害者等が利用する部分の駐車台数を合計した数）に１/50を乗じて得た数（当該乗じて得た数が３を超える場合にあっては、３）以上とすること。

二　車いす使用者用駐車施設は、第14条第１項第一号ハに定める経路で同号の規定により利用円滑化経路とするもの又は当該車いす使用者用駐車施設から駐車場の主要な出入口若しくは第３条第十号に掲げる特定施設の主要な出入口までの経路の長さができるだけ短くなる位置に設け、かつ、当該駐車場が建築物である場合にあっては、地上階又は利用円滑化経路を構成するエレベーター（第19条第２項各号に定める構造のものに限る。）が停止する階に設けること。

三　車いす使用者用駐車施設は、次に定める構造とすること。

イ　有効幅員は、3.5m以上とすること。

ロ　地面又は床は、水平とし、その表面は、滑りにくく、平たんにすること。

四　第二号に規定する車いす使用者用駐車施設から駐車場の主要な出入口又は第３条第十号に掲げる特定施設の主要な出入口までの経路を構成する通路は、屋外にあるものにあっては第15条の表(3)項(ろ)欄に定める構造とし、屋内にあるものにあっては同表(5)項(ろ)欄に定める構造とすること。

（案内表示）

第24条　条例別表第１第十号の規定による案内表示は、次に掲げるところによって行わなければならない。

一　第３条第一号及び第三号から第七号までに掲げる特定施設で、当該特定施設の床面積（工場又は事務所（同条第四号及び第五号に規定する事務所を除く。）の用に供する部分については、不特定かつ多数の者が利用する部分に限る。）の合計が1,000㎡を超えるものにあっては、次の部分に、点状ブロック等（視覚障害者に対し段差又は傾斜の存在の警告を行うために床面に敷設されるブロックその他これに類するものであって、点状の突起が設けられており、かつ、周囲の床面との色の明度の差が大きいこと等により容易に識別できるものをいう。以下同じ。）を敷設すること。

イ　不特定かつ多数の者が利用し、又は主として視覚障害者が利用する廊下等の段がある部分及び傾斜がある部分の上端に近接する部分。ただし、その部分が次のいずれかに該当するものである場合は、この限りでない。

(1)　勾(こう)配が１/20以下の傾斜がある部分の上端に近接するもの

(2)　高さが16cm以下で、かつ、勾(こう)配が１/12以下の傾斜がある部分の上端に近接するもの

(3)　主として自動車の駐車の用に供する施設に設けるもの

ロ　不特定かつ多数の者が利用し、又は主として視覚障害者が利用する第15条の表(4)項(ろ)欄第四号又は(5)項(ろ)欄第四号に規定する傾斜路を設ける場合には、傾斜がある部分の上端に近接する踊場の部分。ただし、その部分がイ(1)から(3)までのいずれかに該当するものである場合又はその部分に傾斜がある部分と連続して手すりを設ける場合は、この限りでない。

ハ　不特定かつ多数の者が利用し、又は主として視覚障害者が利用する階段の段がある部分の上端に近接する踊場の部分。ただし、その部分がイ(3)に該当するものである場合又はその部分に段がある部分と連続して手すりを設ける場合は、この限りでない。

二　第３条第九号に掲げる特定施設にあっては、次の部分に、線状ブロック等（視覚障害者の誘導を行うために床面に敷設されるブロックその他これに類するものであって、線状の突起が設けられており、かつ、周囲の床面との色の明度の差が大きいこと等により容易に識別できるものをいう。以下同じ。）及び点状ブロック等を適切に組み合わせて敷設すること。

イ　次の道路の歩道等の横断歩道に接する部分及び歩道巻き込み部

(1)　市街地を形成している地域及び市街地を形成する見込みの高い地域の道路

(2)　官公庁施設、社会福祉施設その他の施設で視覚障害者の利用が多いものの周辺の道路

ロ　歩道等及び交通島の立体横断施設の昇降口並びに乗合自動車停留所及び路面電車停留場の乗降口の部分

ハ　中央分離帯の人が滞留する部分

三　第３条第十号に掲げる特定施設にあっては、その出入口が直接車道に接する場合には、点状ブロック等の敷設、舗装材を変化させること等により車道との境界を認識できるようにすること。

四　第３条第一号、第四号、第五号及び第七号に掲げる特定施設で、当該特定施設（当該特定施設が建築物の一部である場合にあっては、当該特定施設を含む建築物）の床

面積（共同住宅の用に供する部分の床面積を除く。）の合計が1,000㎡を超えるもの又は同条第三号及び第六号に掲げる特定施設で、当該特定施設の不特定かつ多数の者の利用する部分の床面積の合計が1,000㎡を超えるものに案内設備を設ける場合には、道等から当該特定施設の案内設備までの経路（不特定かつ多数の者が利用し、又は主として視覚障害者が利用するものに限る。）のうち1以上を視覚障害者が円滑に利用できる経路（以下「視覚障害者利用円滑化経路」という。）とすること。ただし、次のいずれかに該当する場合は、この限りでない。

イ　道等から当該特定施設の案内設備までの経路が主として自動車の駐車の用に供する施設に設けるものである場合

ロ　当該特定施設内にある当該特定施設を管理する者等が常時勤務する案内設備から直接地上へ通ずる出入口を容易に視認でき、かつ、道等から当該出入口までの経路が次号に定める基準に適合するものである場合

五　視覚障害者利用円滑化経路は、次に掲げるものとすること。

イ　当該視覚障害者利用円滑化経路に、線状ブロック等及び点状ブロック等を適切に組み合わせて敷設し、又は音声その他の方法により視覚障害者を誘導する設備を設けること。ただし、進行方向を変更する必要がない風除室内においては、この限りでない。

ロ　当該視覚障害者利用円滑化経路を構成する敷地内の通路の次の部分には、点状ブロック等を敷設すること。

⑴　車路に近接する部分

⑵　段がある部分及び傾斜がある部分の上端に近接する部分。ただし、その部分が第一号イ⑴若しくは⑵に該当するもの又は段がある部分若しくは傾斜がある部分と連続して手すりを設ける踊場等である場合は、この限りでない。

六　前各号に掲げるもののほか、案内表示は、次に定めるところにより行うこと。

イ　第20条の表⑵項(ろ)欄第二号又は⑶項(ろ)欄第二号に規定する設備を設ける場合には、当該設備が設けられている便所の出入口又はその付近に、その旨を表示した標識を掲示すること。

ロ　車いす使用者用便房を設ける場合には、当該便房が設けられている便所の出入口又はその付近に、その旨及び高齢者、障害者等のだれもが利用できる旨を表示した標識を掲示すること。

ハ　車いす使用者用駐車施設を設ける場合には、当該施設又はその付近に、車いす使用者用駐車施設の表示をすること。

ニ　第3条第一号から第八号まで、第十号、第十二号及び第十三号に掲げる特定施設に施設の利用に関する情報を提供する案内設備を設ける場合には、案内表示の位置、表記方法、文字の大きさ等を高齢者、障害者等に配慮したものとすること。

2　増築等の場合における前項第四号の規定の適用については、同号中「に案内設備を設ける場合」とあるのは、「の増築等に係る部分に案内設備を設ける場合並びに同条第一号、第四号、第五号及び第七号に掲げる特定施設で、当該特定施設（当該特定施設が建築物の一部である場合にあっては、当該特定施設を含む建築物）の増築等に係る部分の床面積（共同住宅の用に供する部分の床面積を除く。）の合計が1,000㎡を超えるもの又は同条第三号及び第六号に掲げる特定施設で、当該特定施設の増築等に係る部分の不特定かつ多数の者の利用する部分の床面積の合計が1,000㎡を超えるものの増築等に係る部分以外に案内設備がある場合」とする。

（条例別表第1第十一号の規則で定める基準）

第25条　条例別表第1第十一号の規則で定める基準は、次条から第31条までに定めるところによる。

（駐車場）

第26条　第14条第1項第一号ハに定める経路で同号の規定により利用円滑化経路とするものに係る駐車場が建築物である場合には、当該駐車場は、地上階又は利用円滑化経路を構成するエレベーター（第19条第2項各号に定める構造のものに限る。）が停止する階に設けなければならない。

（車いす使用者用浴室等）

第27条　第3条第一号ハ、ヲ及びワに掲げる用途に供する特定施設に不特定かつ多数の者が利用し、又は主として高齢者、障害者等が利用する浴室又はシャワー室（以下「浴室等」という。）を設ける場合には、そのうち1以上（男子用及び女子用の区分があるときは、それぞれ1以上）は、次に定める構造としなければならない。

一　車いす使用者が円滑に利用できるよう浴槽、シャワー、手すり等を適切に配置し、かつ、十分な空間を確保すること。

二　床面は、粗面とし、又は滑りにくい材料で仕上げること。

三　出入口から浴槽又はシャワー設備までの床面には、段を設けないこと。

四　出入口は、次に定める構造とすること。

イ　有効幅員は、80cm以上とすること。

ロ　戸を設ける場合には、自動的に開閉する構造その他の高齢者、障害者等が容易に開閉して通過できる構造とし、かつ、その前後に高低差がないこと。

（車いす使用者用客室）

第28条　第3条第一号ワに掲げる用途に供する特定施設で、客室の総数が200以上のものには、車いす使用者が円滑に利用できる客室を1以上設けなければならない。

2　車いす使用者が円滑に利用できる客室は、次に定める構造としなければならない。

一　出入口は、次に定める構造とすること。

イ　有効幅員は、80cm以上とすること。

ロ　戸を設ける場合には、自動的に開閉する構造その他の高齢者、障害者等が容易に開閉して通過できる構造とし、かつ、その前後に高低差がないこと。

二　便所内に第21条第２項に定める構造の便房を設けること。ただし、当該客室が設けられている階に車いす使用者用便房が設けられた便所がある場合は、この限りでない。

三　浴室等は、前条に定める構造とすること。ただし、当該客室が設けられている建築物に同条に規定する浴室等（同条に定める構造のものに限る。）が設けられている場合は、この限りでない。

（カウンター等）

第29条　不特定かつ多数の者が利用し、又は主として高齢者、障害者等が利用するカウンター、記載台及び公衆電話台（以下「カウンター等」という。）を設置する場合には、高齢者、障害者等の利用に配慮したカウンター等を１以上設けなければならない。

（ベンチ等）

第30条　第３条第十号に掲げる特定施設にベンチ、水飲場等を設置する場合には、高齢者、障害者等の利用に配慮した構造としなければならない。

（特定施設の新築等をしようとする者の努力義務）

第31条　第３条第一号から第八号までに掲げる特定施設の新築等をしようとする者は、次の各号に掲げる区分に応じ、それぞれ当該各号に定める基準を遵守するよう努めなければならない。

一　第３条第一号、第四号、第五号及び第七号に掲げる特定施設で、当該特定施設（当該特定施設が建築物の一部である場合にあっては、当該特定施設を含む建築物）の床面積（共同住宅の用に供する部分の床面積を除く。）の合計が1,000㎡以下のもの又は同条第三号及び第六号に掲げる特定施設で、当該特定施設の不特定かつ多数の者の利用する部分の床面積の合計が1,000㎡以下のものに、不特定かつ多数の者が利用し、又は主として高齢者、障害者等が利用する便所を設ける場合　第20条の表⑴項㈫欄第三号に定める構造の便房のうち１以上（男子用及び女子用の区別があるときは、それぞれ１以上）を次に定める構造とすること。

イ　出入口の有効幅員は、80㎝以上とすること。

ロ　車いす使用者が利用できるよう空間を確保すること。

二　第３条第一号、第四号、第五号及び第七号に掲げる特定施設で、当該特定施設（当該特定施設が建築物の一部である場合にあっては、当該特定施設を含む建築物）の床面積（共同住宅の用に供する部分の床面積を除く。）の合計が1,000㎡以下のもの又は同条第三号及び第六号に掲げる特定施設で、当該特定施設の不特定かつ多数の者の利用する部分の床面積の合計が1,000㎡以下のものに案内設備を設ける場合　第24条第１項第四号及び第五号に掲げる措置を講ずること。ただし、同項第四号イ又はロのいずれかに該当する場合は、この限りでない。

三　第３条第一号ニに掲げる用途（病院及び診療所の用途に限る。）に供する特定施設並びに同条第四号及び第五号に掲げる特定施設に案内設備を設ける場合　文字情報表示設備を設けること。

四　誘導灯を設ける場合　点滅型誘導音装置付誘導灯その他の視覚障害者及び聴覚障害者に配慮したものとすること。

2　次の各号に掲げる特定施設の新築等をしようとする者は、それぞれ当該各号に定める基準を遵守するよう努めなければならない。

一　第３条第一号ヘ及びトに掲げる用途に供する特定施設で、条例別表第１第八号に規定する興行場等に該当するもの　客席に集団補聴設備その他の聴覚障害者の利用に配慮した設備を設けること。

二　第３条第一号及び第三号から第七号までに掲げる特定施設で、当該特定施設の床面積（工場又は事務所（同条第四号及び第五号に規定する事務所を除く。）の用に供する部分については、不特定かつ多数の者が利用する部分に限る。）の合計が1,000㎡以下のもの　第24条第１項第一号に掲げる措置を講ずること。

三　第３条第一号ロに掲げる用途に供する特定施設、同号ニに掲げる用途（病院及び診療所の用途に限る。）に供する特定施設及び同号ヘからヌまでに掲げる用途に供する特定施設並びに同条第四号及び第七号に掲げる特定施設　授乳及びおむつ替えができる場所を設けること。

四　第３条第十号に掲げる特定施設

イ　不特定かつ多数の者が利用する便所を設ける場合には、そのうち１以上（男子用及び女子用の区別があるときは、それぞれ１以上）の便所内に、乳幼児用いす等乳幼児を座らせることができる設備を設けた便房及び乳幼児用ベッド等乳幼児のおむつ替えができる設備を設けること。ただし、乳幼児のおむつ替えができる設備にあっては、おむつ替えができる場所を別に設ける場合は、この限りでない。

ロ　不特定かつ多数の者が利用する便所を設ける場合には、そのうち１以上（男子用及び女子用の区別があるときは、それぞれ１以上）の便所内に、人工肛（こう）門又は人工ぼうこうを使用している者がパウチを洗浄することができる水洗器具等を設けた便房を設けること。

（一団地の住宅施設等の整備基準）

第32条　第３条第十四号から第十六号までに掲げる特定施設の建築物、道路、駐車場及び公園、緑地その他これらに類するものの整備基準は、第14条から前条までに定めるとおりとする。

（小規模特定施設の敷地内の通路等）

第33条　条例別表第２第一号の規則で定める経路は、道等から建築物の不特定かつ多数の者が利用し、又は主として高齢者、障害者等が利用する直接地上へ通ずる出入口までの経路のうちの１以上の経路とし、同号の規則で定める構造は、次の各号に掲げる区分に応じ、それぞれ当該各号に定めるとおりとする。

一　敷地内の通路

イ　有効幅員は、1.4m以上とすること。

ロ　段を設けないこと。ただし、へに定める構造の傾斜路又は第16条に定める構造の昇降機を併設する場合は、この限りでない。

ハ　ロただし書の場合において、段を設けるときは、第18条に定める構造に準じたものとすること。

ニ　表面は、滑りにくく、平たんにすること。

ホ　敷地内の通路を横断する排水溝のふたは、つえ、車いすのキャスター等が落ち込まないものとすること。

ヘ　傾斜路を設ける場合には、ホに定めるもののほか、次に定める構造とすること。

(1)　表面は、粗面とし、又は滑りにくい材料で仕上げること。

(2)　勾(こう)配が１/12を超え、又は高さが16cmを超え、かつ、勾(こう)配が１/20を超える傾斜がある部分には、手すりを設けること。

(3)　傾斜路とその前後の敷地内の通路との色の明度の差が大きいこと等によりその存在を容易に識別できるものとすること。

(4)　両側は、転落を防ぐ構造とすること。ただし、側面が壁面である場合は、この限りでない。

(5)　有効幅員は、段に代わるものにあっては1.4m以上、段に併設するものにあっては90cm以上とすること。

(6)　勾(こう)配は、１/15以下とすること。ただし、高さが16cm以下のものにあっては、１/８以下とすること。

(7)　高さが75cmを超えるもの（勾(こう)配が１/20を超えるものに限る。）にあっては、高さ75cm以内ごとに踏幅が1.5m以上の踊場を設けること。

(8)　始点及び終点には、それぞれ長さ1.5m以上の高低差のない部分を設けること。

ト　戸を設ける場合には、自動的に開閉する構造その他の高齢者、障害者等が容易に開閉して通過できる構造とし、かつ、その前後に高低差がないこと。

二　建築物の直接地上へ通ずる出入口

イ　有効幅員は、90cm以上とすること。

ロ　段を設けないこと。

ハ　戸を設ける場合には、自動的に開閉する構造その他の高齢者、障害者等が容易に開閉して通過できる構造とし、かつ、その前後に高低差がないこと。

（小規模特定施設の新築等をしようとする者の努力義務）

第34条　不特定かつ多数の者が利用し、又は主として高齢者、障害者等が利用する便所を設ける場合には、そのうち１以上は、次のとおりとするよう努めなければならない。

一　条例別表第２第一号に規定する経路を構成する建築物の直接地上へ通ずる出入口から当該便所の次号に掲げる便房までの経路の有効幅員を90㎝以上とすること。

二　次に定める構造の便房を設けること。

イ　出入口の有効幅員は、80㎝以上とすること。

ロ　便器は、洋式とすること。

ハ　手すりを設けること。

ニ　車いす使用者が利用できるよう空間を確保すること。

（移動円滑化された経路を構成する傾斜路等）

第35条　条例別表第３第二号の規則で定める勾(こう)配は、１/12（屋外に設ける傾斜路にあっては、１/15）以下とする。ただし、高さが16㎝以下のものにあっては、１/８以下とする。

２　条例別表第３第三号の規則で定める構造は、次のとおりとする。

一　段を設けないこと。ただし、次に定める構造の傾斜路を設ける場合は、この限りでない。

イ　勾(こう)配は、１/12以下とすること。ただし、高さが16㎝以下のものにあっては、１/８以下とすること。

ロ　表面は、粗面とし、又は滑りにくい材料で仕上げること。

二　次に定める構造の便房を１以上（男子用及び女子用の区別があるときは、それぞれ１以上）設けること。

イ　便器は、洋式とすること。

ロ　手すりを設けること。

３　条例別表第３第四号の規定による案内表示は、次に掲げるところによって行わなければならない。

一　第38条に規定する設備を設ける場合には、当該設備が設けられている便所の出入口又はその付近に、その旨を表示した標識を掲示すること。

二　施設の利用に関する情報を提供する案内設備を設ける場合には、案内表示の位置、表記方法、文字の大きさ等を高齢者、障害者等に配慮したものとすること。

（条例別表第３第五号の規則で定める基準）

第36条　条例別表第３第五号の規則で定める基準は、次条から第39条までに定めるところによる。

（移動円滑化された経路と便所等との間の経路における傾斜路）

第37条　移動円滑化基準第13条第１項第一号（移動円滑化基準第14条において準用する場合を含む。）及び第15条第１項第一号（同条第２項において準用する場合を含む。）に規定する通路に設ける傾斜路並びに同条第１項第二号ニ（同条第２項において準用する場合を含む。）に規定する傾斜路の勾配は、１/12（屋外に設ける傾斜路にあっては、１/15）以下としなければならない。ただし、高さが16cm以下のものにあっては、１/８以下としなければならない。

（乳幼児用いす、乳幼児用ベッド等）

第38条　不特定かつ多数の者が利用する便所を設ける場合にあっては、そのうち１以上（男子用及び女子用の区別があるときは、それぞれ１以上）の便所内に、乳幼児用いす等乳幼児を座らせることができる設備を設けた便房及び乳幼児用ベッド等乳幼児のおむつ替えができる設備を設けなければならない。ただし、乳幼児のおむつ替えができる設備にあっては、おむつ替えができる場所を別に設ける場合は、この限りでない。

（公共交通機関の施設の新築等をしようとする者の努力義務）

第39条　不特定かつ多数の者が利用する便所を設ける場合にあっては、そのうち１以上（男子用及び女子用の区別があるときは、それぞれ１以上）の便所内に、人工肛門又は人工ぼうこうを使用している者がパウチを洗浄することができる水洗器具等を設けた便房を設けるよう努めなければならない。

（学校及び共同住宅に関する読替え）

第40条　第３条第一号イに掲げる用途に供する特定施設又は同条第二号に掲げる特定施設に対する次の表の上〔左〕欄に掲げるこの規則の規定（同号に掲げる特定施設にあっては、第21条の表(1)項(ろ)欄、第23条、第31条第１項第一号、第33条及び第34条を除く。）の適用については、これらの規定中同表の中欄に掲げる字句は、それぞれ同表の下〔右〕欄に掲げる字句に読み替えるものとする。

<table>
<tr><td>第４条第一号</td><td>不特定かつ多数の者が利用し、若しくは主として高齢者、障害者等が利用する</td><td rowspan="2">多数の者が利用する</td></tr>
<tr><td>第14条第１項第一号ハ
第15条の表(2)項(い)欄、(3)項(い)欄、(4)項(い)欄及び(5)項(い)欄
第18条
第20条の表(1)項(い)欄
第21条の表(1)項(ろ)欄
第23条
第29条
第31条第１項第一号
第33条
第34条</td><td>不特定かつ多数の者が利用し、又は主として高齢者、障害者等が利用する</td></tr>
</table>

（提出書類の経由等）

第41条　条例の規定により知事に提出する書類（愛知県事務処理特例条例（平成11年愛知県条例第55号）の規定により同条例別表第８の31の項の下欄に掲げる市の長に提出することとなる書類を除く。）は、当該特定施設の所在地の市町村長を経由しなければならない。

2　前項の書類の部数は、第７条及び第９条に規定する書類にあっては正本１部及び副本１部、その他の書類にあっては正本１部とする。

附　則

この規則は、平成17年７月１日から施行する。

附　則（平成17年10月21日規則第112号）

この規則は、平成18年１月１日から施行する。

様式第１（第７条関係）

特定施設整備計画届出書

（第１面）

年　月　日

愛　知　県　知　事　殿

（　　　　市　長）

特定施設の新築等をしようとする者

氏名

（法人にあっては、名称及び代表者の氏名）

人にやさしい街づくりの推進に関する条例第12条の規定に基づき、整備計画を届け出ます。

記

特定施設の新築等をしようとする者の概要

【１　特定施設の新築等をしようとする者】

【イ　氏名のフリガナ】

【ロ　氏名】

【ハ　郵便番号】

【ニ　住所】

【ホ　電話番号】

【２　代理者の連絡先】

【イ　氏名のフリガナ】

【ロ　氏名】

【ハ　郵便番号】

【ニ　住所】

【ホ　電話番号】

※市町村受付欄	※建設事務所受付欄	※決　裁　欄
年　月　日	年　月　日	
第　号	第　号	
係員印	係員印	

（第２面）

特定施設の概要

【３　特定施設の名称】
【イ　名称のフリガナ】
【ロ　名称】

【４　特定施設の所在地】
【イ　郵便番号】
【ロ　所在地】

【５　特定施設の種別】　　該当条項（規則第３条第　　号　　）
イ　建築基準法第２条第２号に規定する特殊建築物（具体的用途　　）
（興行場等の客席数　　席）（ホテル又は旅館の客室数　　室）
（共同住宅の戸数　　戸）
ロ　事務所の用に供する建築物
ハ　公衆便所の用に供する建築物
ニ　地下街その他これに類するもの
ホ　道路
ヘ　公園、緑地その他これらに類するもの　（具体的種別　　）
（面積　　㎡）
ト　公共交通機関の施設
チ　駐車場　（不特定多数の者等が利用する部分の駐車台数　　台）
リ　一団地の住宅施設その他これに類するもの

【６　工事種別】
１　建築物の場合　　新築　　増築　　改築　　用途変更
２　その他の場合　　新設　　その他（　　）

【７　床面積の合計（建築物の場合）】　（新築等の部分）（その他の部分）（合　計）
【イ　建築物全体】　（　　㎡）（　　㎡）（　　㎡）
【ロ　規則第19条第１項第１号に規定する床面積】
（　　㎡）（　　㎡）（　　㎡）
【ハ　規則第21条第１項の表及び第24条第１項第４号に規定する床面積】
（　　㎡）（　　㎡）（　　㎡）
【ニ　規則第24条第１項第１号に規定する床面積】
（　　㎡）（　　㎡）（　　㎡）

【８　階数（建築物の場合）】

【９　工事着手予定年月日】　　年　　月　　日

【10　工事完了予定年月日】　　年　　月　　日

（注意）１　数字は算用数字を、単位はメートル法を用いてください。
２　特定施設の新築等をしようとする者が２以上のときは、１欄は、代表となる特定施設の新築等をしようとする者について記入し、別紙に他の特定施設の新築等をしようとする者についてそれぞれ必要な事項を記入して添えてください。
３　２欄は、代理者が法人の場合は、その名称及び担当者の氏名を記入してください。
４　５欄及び６欄は、該当するものに○を付けるとともに、必要な事項を記入してください。
５　※印のある欄は、記入しないでください。

備考　用紙の大きさは、日本工業規格Ａ４とする。

様式第２（その１）（第７条、第11条、第12条関係）

（条例別表第１　道路及び公園、緑地
その他これらに類するもの以外用）

適合状況項目表
（第１面）

【１　敷地内の通路】

整備基準			整備の状況	基準に適合しない場合の措置	※備考
不特定多数の者等が利用するもの	１　表面を滑りにくく、平たんにすること。		有・無		
	２　排水溝のふたをつえ等が落ち込まないものとすること。		有・無		
	３　段がある部分は、【４　階段（不特定多数の者等が利用するもの）】に準ずる構造とすること。		有・無		
	４　傾斜路の構造	イ　表面を粗面とし、又は滑りにくい材料で仕上げること。	有・無		
		ロ　手すりの設置の有無（勾配が1/12を超え、又は高さが16cmを超え、かつ、勾配が1/20を超える場合）	有・無		
		ハ　色等により存在を容易に識別できるようにすること。	有・無		
		ニ　両側に転落を防ぐ構造を設けること（側面が壁面の場合を除く。）。	有・無		
利用円滑化経路・便所までの経路	１　有効幅員：1.4m以上		最小有効幅員（　　m）		
	２　段の有無		有・無		
	段がある場合	イ　傾斜路の併設の有無	有・無		
		ロ　昇降機の併設の有無	有・無		
	３　傾斜路の構造	イ　有効幅員 段に代わるもの：1.4m以上 段に併設するもの：90cm以上	最小有効幅員（　　cm）		
		ロ　傾斜路の勾配：1/15以下（高さ16cm以下の場合は、勾配1/8以下）	最大勾配（1／　　）		
		ハ　高さ75cm以内ごとに踏幅が1.5m以上の踊場の設置の有無（勾配が1/20を超える場合）	有・無		
		ニ　傾斜路の始点及び終点の水平な部分の長さ：1.5m以上	最小長さ（　　m）		
	４　戸の構造	イ　高齢者、障害者等が容易に開閉して通過できる構造とすること。	有・無		
		ロ　前後の高低差の有無	有・無		

【２　廊下等】

整備基準			整備の状況	基準に適合しない場合の措置	※備考
不特定多数の者等が利用するもの	１　表面を滑りにくく、平たんにすること。		有・無		
	２　排水溝のふたをつえ等が落ち込まないものとすること。		有・無		
	３　段がある部分は、【４　階段（不特定多数の者等が利用するもの）】に準ずる構造とすること。		有・無		
	４　傾斜路の構造	イ　表面を粗面とし、又は滑りにくい材料で仕上げること。	有・無		
		ロ　手すりの設置の有無（勾配が1/12を超え、又は高さが16cmを超える場合）	有・無		
		ハ　色等により存在を容易に識別できるようにすること。	有・無		
		ニ　両側に転落を防ぐ構造を設けること（側面が壁面の場合を除く。）。	有・無		

（第２面）

利用円滑化経路・利用居室内の主要な通路・便所までの経路・地下街の通路	1　有効幅員：1.4m以上		最小有効幅員（　　m）		
	2　段の有無		有・無		
	段がある場合	イ　傾斜路の併設の有無	有・無		
		ロ　昇降機の併設の有無	有・無		
	3　傾斜路の構造	イ　有効幅員 段に代わるもの：1.4m以上 段に併設するもの：90cm以上	最小有効幅員（　　cm）		
		ロ　傾斜路の勾配：1/12以下（高さ16cm以下の場合は、勾配1/8以下）	最大勾配（1／　　）		
		ハ　高さ75cm以内ごとに踏幅が1.5m以上の踊場の設置の有無	有・無		
		ニ　傾斜路の始点及び終点の水平な部分の長さ：1.5m以上	最小長さ（　　m）		
	4　戸の構造	イ　高齢者、障害者等が容易に開閉して通過できる構造とすること。	有・無		
		ロ　前後の高低差の有無	有・無		

【３　出入口（利用円滑化経路を構成するもの・地下街のもの）】

整備基準		整備の状況	基準に適合しない場合の措置	※備考
1　有効幅員	イ　直接地上へ通ずる出入口：90cm以上	最小有効幅員（　　cm）		
	ロ　その他の出入口：80cm以上	最小有効幅員（　　cm）		
2　段の有無		有・無		
3　戸の構造	イ　高齢者、障害者等が容易に開閉して通過できる構造とすること。	有・無		
	ロ　前後の高低差の有無	有・無		

【４　階段（不特定多数の者等が利用するもの）】

整備基準	整備の状況	基準に適合しない場合の措置	※備考
1　回り階段の有無	有・無		
2　手すりの設置の有無	有・無		
3　段鼻を滑りにくくすること。	有・無		
4　表面は、粗面とし、又は滑りにくい材料で仕上げること。	有・無		
5　色等により容易に識別できるようにすること。	有・無		
6　段鼻をつまずきにくい構造とすること。	有・無		

【５　エレベーター（利用円滑化経路を構成するもの）】

整備基準			整備の状況	基準に適合しない場合の措置	※備考
エレベーターの設置の有無			有・無		
エレベーターがある場合	1　かごの奥行き：1.35m以上		有効幅員（　　m）		
	2　出入口の有効幅員：80cm以上		有効幅員（　　cm）		
	3　利用居室等、車いす使用者用便房及び車いす使用者用駐車施設のある階並びに地上階に停止すること。		有・無		
	4　乗降ロビー	イ　高低差の有無	有・無		
		ロ　幅・奥行き：1.5m以上	有効幅員（　　m）		
	5　車いす使用者の利用に配慮した操作ボタン等の設置の有無		有・無		

(第3面)

エレベーターがある場合	6 停止予定階及び現在位置の表示装置の設置の有無		有・無			
	7 乗降ロビーに到着するかごの昇降方向を表示する装置の設置の有無		有・無			
	8 不特定多数の者の利用の有無		有・無			
	利用がある場合	イ 床面積：1.83㎡以上	(　　㎡)			
		ロ かごを車いすの転回に支障のない構造とすること。	有・無			
	9 不特定多数の者又は視覚障害者の利用の有無		有・無			
	利用がある場合	イ 到着階と戸の閉鎖を音声により知らせる装置の有無	有・無			
		ロ 操作ボタン等を点字等視覚障害者が円滑に操作できる構造とすること。	有・無			
		ハ かごの昇降方向を音声により知らせる装置の有無	有・無			

【6 便所(不特定多数の者等が利用するもの)】

整備基準			整備の状況	基準に適合しない場合の措置	※備考
1 段の有無			有・無		
段がある場合	傾斜路の有無		有・無		
	傾斜路がある場合	(1) 傾斜路の勾配：1/12以下(高さ16cm以下の場合は、勾配1/8以下)	最大勾配(1／　　)		
		(2) 表面を粗面とし、又は滑りにくい材料で仕上げること。	有・無		
2 床の表面を滑りにくくすること。			有・無		
3 各便所の1以上の便房の構造	イ 洋式便器の設置の有無		有・無		
	ロ 手すりの設置の有無		有・無		
4 出入口に近い小便器の周囲に手すりを設置し、床置式等とすること。			有・無		
5 附帯設備の設置	イ 乳幼児用いす等の設置の有無		有・無		
	ロ 乳幼児用ベッド等の設置の有無		有・無		
	ハ オストメイト対応設備の設置の有無		有・無		

【7 車いす使用者用便房】

整備基準			整備の状況	基準に適合しない場合の措置	※備考
車いす使用者用便房の有無			有・無		
車いす使用者用便房がある場合	イ 便房のある便所の出入口の有効幅員：80cm以上		有効幅員(　　cm)		
	ロ 便房の構造	(1) 便房の出入口の有効幅員：80cm以上	有効幅員(　　cm)		
		(2) レバー式又は光感知式等の水栓器具を備えた洗面台の設置の有無	有・無		
		(3) 洋式便器の設置の有無	有・無		
		(4) 手すりの設置の有無	有・無		
		(5) 車いす使用者等が円滑に利用できる十分な空間の有無	有・無		

【8 興行場等の客席】

整備基準		整備の状況	基準に適合しない場合の措置	※備考
1 車いす使用者が利用できる客席の部分	イ 数	(　　席)		
	ロ 出入口から容易に到達でき、かつ、観覧しやすい位置に設けること。	有・無		
	ハ 床を水平とし、その表面を滑りにくく、平たんにすること。	有・無		

（第４面）

2　車いす使用者が利用できる通路	イ　有効幅員：90cm以上			有効幅員 (　　　cm)		
	ロ　段の有無			有・無		
	段がある場合	傾斜路の有無		有・無		
		傾斜路がある場合	(1)　傾斜路の勾配：1/12以下（高さ16cm以下の場合は、勾配1/8以下）	最大勾配 （1／　　）		
			(2)　傾斜路の始点及び終点の水平な部分の長さ：1.5m以上	最小長さ (　　　m)		
	ハ　表面を滑りにくく、平たんにすること。			有・無		

【9　車いす使用者用駐車施設及び車いす使用者が通行できる通路】

整備基準		整備の状況	基準に適合しない場合の措置	※備考
1　車いす使用者用駐車施設	イ　数	(　　　台)		
	ロ　利用円滑化経路等の長さが短くなる位置に設けること。	有・無		
	ハ　駐車場が建築物である場合、地上階又は利用円滑化経路を構成するエレベーターが停止する階に設けること。	有・無		
	ニ　有効幅員：3.5m以上	最小有効幅員 (　　　m)		
	ホ　地面又は床を水平とし、滑りにくく、平たんにすること。	有・無		
2　主要な出入口までの経路を構成する通路を利用円滑化経路と同等の構造とすること。		有・無		

【10　案内表示】

整備基準		整備の状況	基準に適合しない場合の措置	※備考
1　不特定多数の者又は主として視覚障害者が利用する部分への点状ブロック等の敷設	イ　廊下等の段がある部分及び傾斜がある部分の上端に近接する部分	有・無		
	ロ　傾斜路の傾斜がある部分の上端に近接する踊場の部分	有・無		
	ハ　階段の段がある部分の上端に近接する踊場の部分	有・無		
2　視覚障害者利用円滑化経路への線状・点状ブロック等の敷設又は音声誘導設備等の設置の有無		有・無		
3　視覚障害者利用円滑化経路を構成する敷地内の通路への点状ブロック等の敷設	イ　車路に近接する部分	有・無		
	ロ　段がある部分及び傾斜がある部分の上端に近接する部分	有・無		
4　その他の案内表示	イ　乳幼児用いす等、乳幼児用ベッド等又はオストメイト対応設備が設けられている旨を表示した標識の掲示の有無	有・無		
	ロ　車いす使用者用便房が設けられている旨を表示した標識の掲示の有無	有・無		
	ハ　車いす使用者用駐車施設の表示の有無	有・無		
	ニ　情報提供のための案内設備の案内表示の位置、表記方法、文字の大きさ等についての配慮	有・無		

（第５面）

【11　その他】

整備基準			整備の状況	基準に適合しない場合の措置	※備考
1　利用円滑化経路とするものに係る駐車場が建築物である場合には、当該駐車場を地上階又は利用円滑化経路を構成するエレベーターが停止する階に設けること。			有・無		
2　車いす使用者用浴室等	イ　車いす使用者が円滑に利用できるよう浴槽、シャワー、手すり等を適切に配置し、かつ、十分な空間を確保すること。		有・無		
	ロ　床面を粗面とし、又は滑りにくい材料で仕上げること。		有・無		
	ハ　出入口から浴槽又はシャワー設備までの床面の段の有無		有・無		
	ニ　出入口	(1)　有効幅員：80cm以上	有効幅員（　　cm）		
		(2)　戸を高齢者、障害者等が容易に開閉して通過できる構造とすること。	有・無		
		(3)　前後の高低差の有無	有・無		
3　車いす使用者用客室	イ　数		（　　室）		
	ロ　出入口	(1)　有効幅員：80cm以上	有効幅員（　　cm）		
		(2)　戸を高齢者、障害者等が容易に開閉して通過できる構造とすること。	有・無		
		(3)　前後の高低差の有無	有・無		
	ハ　便所内に規則第21条第２項に定める構造の便房を設けること。		有・無		
	ニ　浴室等を規則第27条に定める構造とすること。		有・無		
4　カウンター等を設置する場合の高齢者、障害者等への配慮			有・無		

【12　努力義務】

規則第31条の特定施設の新築等をしようとする者の努力義務について措置したものを記入してください。

（注意）1　数字は算用数字を、単位はメートル法を用いてください。
2　整備の状況欄は、「有・無」のうち該当するものに○を付けるとともに、数字を記入してください。
3　基準に適合しない場合には、「基準に適合しない場合の措置」欄に措置の状況を記入してください。
4　※のある欄は、記入しないでください。
5　１欄、２欄、４欄及び６欄の「不特定多数の者等が利用する」とは、不特定かつ多数の者が利用し、又は主として高齢者、障害者等が利用することをいいます。ただし、規則第３条第１号イに掲げる用途に供する特定施設の場合は、多数の者が利用することいい、同条第２号に掲げる特定施設の場合は、６欄を除き、多数の者が利用することをいいます。

備考　用紙の大きさは、日本工業規格Ａ４とする。

様式第２（その２）（第７条、第11条、第12条関係）　　　（条例別表第１　道路用）

適合状況項目表

整　備　基　準	整備の状況	基準に適合しない場合の措置	※備考
1　有効幅員：歩道　２m以上 自転車歩行者道　３m以上	最小有効幅員 （　　m）		
2　段の有無	有・無		
3　表面を滑りにくく、平たんにすること。	有・無		
4　排水溝のふたをつえ等が落ち込まないものとすること。	有・無		
5　舗装を水はけの良いものとすること。	有・無		
6　歩道切下げ部等ですりつけが発生する場合の縦断勾配：５％以下（やむを得ない場合８％以下）	最大勾配 （　　％）		
7　横断勾配：２％以下	最大勾配 （　　％）		
8　交差点又は横断歩道において車道と接する部分は、車いす使用者の通行に支障のない構造とすること。	有・無		
9　横断歩道に接続する歩道等の部分に車いす使用者が円滑に転回できる平たんな部分を設けること。	有・無		
10　線状・点状ブロック等の敷設の有無	有・無		

（注意）１　数字は算用数字を、単位はメートル法を用いてください。
２　整備の状況欄は、「有・無」のうち該当するものに○を付けるとともに、数字を記入してください。
３　基準に適合しない場合には、「基準に適合しない場合の措置」欄に措置の状況を記入してください。
４　※のある欄は、記入しないでください。
備考　用紙の大きさは、日本工業規格Ａ４とする。

様式第2（その3）（第7条、第11条、第12条関係）
（条例別表第1　公園、緑地その他これらに類するもの用）

適合状況項目表
（第1面）

【1　主要な園路】

整備基準		整備の状況	基準に適合しない場合の措置	※備考
1　有効幅員：1.4m以上		最小有効幅員 （　　m）		
2　段の有無		有・無		
段がある場合	イ　傾斜路の併設の有無	有・無		
	ロ　昇降機の併設の有無	有・無		
3　段がある部分は、規則第18条に規定する階段の構造に準ずる構造とすること。		有・無		
4　表面を滑りにくく、平たんにすること。		有・無		
5　排水溝のふたをつえ等が落ち込まないものとすること。		有・無		
6　傾斜路の構造	イ　有効幅員 段に代わるもの：1.4m以上 段に併設するもの：90cm以上	最小有効幅員 （　　cm）		
	ロ　傾斜路の勾配：1/15以下 （高さ16cm以下の場合は、勾配1/8以下）	最大勾配 （1／　　）		
	ハ　高さ75cm以内ごとに踏幅が1.5m以上の踊場の設置の有無（勾配が1/20を超える場合）	有・無		
	ニ　傾斜路の始点及び終点の水平な部分の長さ：1.5m以上	最小長さ （　　m）		
	ホ　表面を粗面とし、又は滑りにくい材料で仕上げること。	有・無		
	ヘ　手すりの設置の有無（勾配が1/12を超え、又は高さが16cmを超え、かつ、勾配が1/20を超える場合）	有・無		
	ト　色等により存在を容易に識別できるようにすること。	有・無		
	チ　両側に転落を防ぐ構造を設けること（側面が壁面の場合を除く。）。	有・無		
7　縦断勾配：4％以下（やむを得ない場合8％以下）		最大勾配 （　　％）		
8　横断勾配：1％以下（やむを得ない場合2％以下）		最大勾配 （　　％）		

【2　出入口】

整備基準		整備の状況	基準に適合しない場合の措置	※備考
1　有効幅員：1.2m以上（車止めのさくを設ける場合、さくとさくの間隔90cm以上）		最小有効幅員 （　　cm）		
2　段の有無		有・無		
3　表面を滑りにくく、平たんにすること。		有・無		
4　戸の構造	イ　高齢者、障害者等が容易に開閉して通過できる構造とすること。	有・無		
	ロ　前後の高低差の有無	有・無		

（第２面）

【３　便所】

整備基準	整備の状況	基準に適合しない場合の措置	※備考
１　段の有無	有・無		
段がある場合　傾斜路の有無	有・無		
段がある場合　傾斜路がある場合　(1)　傾斜路の勾配：1/12以下（高さ16cm以下の場合は、勾配1/8以下）	最大勾配（１／　　）		
段がある場合　傾斜路がある場合　(2)　表面を粗面とし、又は滑りにくい材料で仕上げること。	有・無		
２　床の表面を滑りにくくすること。	有・無		
３　各便所の１以上の便房の構造　イ　洋式便器の設置の有無	有・無		
３　各便所の１以上の便房の構造　ロ　手すりの設置の有無	有・無		
４　出入口に近い小便器の周囲に手すりを設置し、床置式等とすること。	有・無		

【４　車いす使用者用便房】

整備基準	整備の状況	基準に適合しない場合の措置	※備考
車いす使用者用便房の有無	有・無		
車いす使用者用便房がある場合　イ　便房のある便所の出入口の有効幅員：80cm以上	有効幅員（　　cm）		
車いす使用者用便房がある場合　ロ　便房の構造　(1)　便房の出入口の有効幅員：80cm以上	有効幅員（　　cm）		
車いす使用者用便房がある場合　ロ　便房の構造　(2)　レバー式又は光感知式等の水栓器具を備えた洗面台の設置の有無	有・無		
車いす使用者用便房がある場合　ロ　便房の構造　(3)　洋式便器の設置の有無	有・無		
車いす使用者用便房がある場合　ロ　便房の構造　(4)　手すりの設置の有無	有・無		
車いす使用者用便房がある場合　ロ　便房の構造　(5)　車いす使用者等が円滑に利用できる十分な空間の有無	有・無		

【５　車いす使用者用駐車施設及び車いす使用者が通行できる道路】

整備基準	整備の状況	基準に適合しない場合の措置	※備考
１　車いす使用者用駐車施設　イ　数	（　　台）		
１　車いす使用者用駐車施設　ロ　主要な出入口までの経路の長さが短くなる位置に設けること。	有・無		
１　車いす使用者用駐車施設　ハ　有効幅員：3.5m以上	最小有効幅員（　　m）		
１　車いす使用者用駐車施設　ニ　地面又は床を水平とし、滑りにくく、平たんにすること。	有・無		
２　主要な出入口までの経路を構成する通路を利用円滑化経路と同等の構造とすること。	有・無		

【６　案内表示】

整備基準	整備の状況	基準に適合しない場合の措置	※備考
１　出入口が直接車道に接する場合に、点状ブロック等の敷設、舗装材の変化等により車道との境界を認識できるようにすること。	有・無		
２　車いす使用者用便房が設けられている旨を表示した標識の掲示の有無	有・無		
３　車いす使用者用駐車施設の表示の有無	有・無		
４　情報提供のための案内設備の案内表示の位置、表記方法、文字の大きさ等についての配慮	有・無		

(第3面)

【7　その他】

整　備　基　準	整備の状況	基準に適合しない場合の措置	※備考
ベンチ、水飲場等を設ける場合に高齢者、障害者等の利用に配慮した構造とすること。	有・無		

【8　努力義務】

規則第31条の特定施設の新築等をしようとする者の努力義務について措置したものを記入してください。

(注意) 1　数字は算用数字を、単位はメートル法を用いてください。
2　整備の状況欄は、「有・無」のうち該当するものに○を付けるとともに、数字を記入してください。
3　基準に適合しない場合には、「基準に適合しない場合の措置」欄に措置の状況を記入してください。
4　※のある欄は、記入しないでください。

備考　用紙の大きさは、日本工業規格A4とする。

様式第２（その４）（第７条、第11条、第12条関係）

（条例別表第２　小規模特定施設用）

適合状況項目表

（第１面）

【１　敷地内の通路】

整備基準		整備の状況	基準に適合しない場合の措置	※備考
１　有効幅員：1.4m以上		最小有効幅員（　　m）		
２　段の有無		有・無		
段がある場合	イ　傾斜路の併設の有無	有・無		
	ロ　昇降機の併設の有無	有・無		
３　段がある部分は、規則第18条に規定する階段の構造に準ずる構造とすること。		有・無		
４　表面を滑りにくく、平たんにすること。		有・無		
５　排水溝のふたをつえ等が落ち込まないものとすること。		有・無		
６　傾斜路の構造	イ　表面を粗面とし、又は滑りにくい材料で仕上げること。	有・無		
	ロ　手すりの設置の有無（勾配が1/12を超え、又は高さが16cmを超え、かつ、勾配が1/20を超える場合）	有・無		
	ハ　色等により存在を容易に識別できるようにすること。	有・無		
	ニ　両側に転落を防ぐ構造を設けること（側面が壁面の場合を除く。）。	有・無		
	ホ　有効幅員 段に代わるもの：1.4m以上 段に併設するもの：90cm以上	最小有効幅員（　　cm）		
	ヘ　傾斜路の勾配：1/15以下 （高さ16cm以下の場合は、勾配1/8以下）	最大勾配（1／　　）		
	ト　高さ75cm以内ごとに踏幅1.5m以上の踊場の設置の有無（勾配が1/20を超える場合）	有・無		
	チ　傾斜路の始点及び終点の水平な部分の長さ：1.5m以上	最小長さ（　　m）		
７　戸の構造	イ　高齢者、障害者等が容易に開閉して通過できる構造とすること。	有・無		
	ロ　前後の高低差の有無	有・無		

【２　直接地上へ通ずる出入口】

整備基準		整備の状況	基準に適合しない場合の措置	※備考
１　有効幅員：90cm以上		最小有効幅員（　　cm）		
２　段の有無		有・無		
３　戸の構造	イ　高齢者、障害者等が容易に開閉して通過できる構造とすること。	有・無		
	ロ　前後の高低差の有無	有・無		

（第２面）

【３　努力義務】

規則第34条の特定施設の新築等をしようとする者の努力義務について措置したものを記入してください。

（注意）１　数字は算用数字を、単位はメートル法を用いてください。
２　整備の状況欄は、「有・無」のうち該当するものに○を付けるとともに、数字を記入してください。
３　基準に適合しない場合には、「基準に適合しない場合の措置」欄に措置の状況を記入してください。
４　※のある欄は、記入しないでください。
備考　用紙の大きさは、日本工業規格Ａ４とする。

様式第2（その5）（第7条、第11条、第12条関係）
（条例別表第3　公共交通機関の施設用）

適合状況項目表
（第1面）

【1　通路】

整備基準			整備の状況	基準に適合しない場合の措置	※備考
一般	1　床の表面を滑りにくい仕上げとすること。		有・無		
一般	2　段がある部分の構造	イ　色等により存在を容易に識別できるようにすること。	有・無		
一般	2　段がある部分の構造	ロ　つまずきにくい構造とすること。	有・無		
一般	3　傾斜路の構造	イ　手すりの設置（両側）の有無	有・無		
一般	3　傾斜路の構造	ロ　床の表面を滑りにくい仕上げとすること。	有・無		
一般	3　傾斜路の構造	ハ　両側に立ち上がり部が設けられていること（側面が壁面である場合を除く。）。	有・無		
移動円滑化経路	1　有効幅員：1.4m以上		最小有効幅員（　m）		
移動円滑化経路	2　戸の構造	イ　有効幅員：90cm以上（やむを得ない場合80cm以上）	最小有効幅員（　cm）		
移動円滑化経路	2　戸の構造	ロ　自動開閉又は車いす使用者その他の高齢者、障害者等が容易に開閉して通過できる構造とすること。	有・無		
移動円滑化経路	3　段の有無		有・無		
移動円滑化経路	4　段を設ける場合の傾斜路の有無		有・無		
移動円滑化経路	傾斜路がある場合	イ　有効幅員：1.2m以上（段に併設するものは、90cm以上）	最小有効幅員（　cm）		
移動円滑化経路	傾斜路がある場合	ロ　傾斜路の勾配：屋内1/12以下 屋外1/15以下 （高さ16cm以下の場合は、勾配1/8以下）	最大勾配 屋内(1/　) 屋外(1/　)		
移動円滑化経路	傾斜路がある場合	ハ　高さ75cm以内ごとに踏幅が1.5m以上の踊場の設置の有無	有・無		

【2　移動円滑化経路と公共用通路の出入口】

整備基準		整備の状況	基準に適合しない場合の措置	※備考
1　有効幅員 ：90cm以上（やむを得ない場合80cm以上）		最小有効幅員（　cm）		
2　戸を設ける場合	イ　有効幅員：90cm以上（やむを得ない場合80cm以上）	最小有効幅員（　cm）		
2　戸を設ける場合	ロ　自動開閉又は車いす使用者その他の高齢者、障害者等が容易に開閉して通過できる構造とすること。	有・無		
3　段の有無		有・無		
4　段を設ける場合の傾斜路の有無（傾斜路の構造は、【1　通路】の欄に記入）		有・無		

【3　階段】

整備基準	整備の状況	基準に適合しない場合の措置	※備考
1　手すりの設置（両側）の有無	有・無		
2　手すりの端部付近に階段の通ずる場所を示す点字をはり付けること。	有・無		
3　回り段の有無	有・無		
4　踏面の表面を滑りにくい仕上げとすること。	有・無		
5　段を色等により容易に識別できるようにすること。	有・無		

（第２面）

6　段鼻をつまづきにくくすること。	有・無		
7　両側に立ち上がり部が設けられていること（側面が壁面である場合を除く。）。	有・無		

【４　エレベーター（移動円滑化経路を構成するもの）】

整備基準		整備の状況	基準に適合しない場合の措置	※備考
1　かご・昇降路の出入口の有効幅員：80cm以上		有効幅員（　　cm）		
2　かごの大きさ	イ　内のり幅：1.4m以上	（　　m）		
	ロ　内のり奥行き：1.35m以上	（　　m）		
3　かご内への鏡の設置の有無		有・無		
4　かご内を確認できるよう、かご及び昇降路の出入口にガラス窓等を設けること。		有・無		
5　かご内への手すりの設置の有無		有・無		
6　開扉時間を延長する機能の有無		有・無		
7　停止予定階及び現在位置の表示装置の設置の有無		有・無		
8　到着階と戸の閉鎖を音声により知らせる装置の有無		有・無		
9　かご内及び乗降ロビーに車いす使用者が円滑に操作できる位置に操作盤を設けること。		有・無		
10　かご内及び乗降ロビーに設ける操作盤のそれぞれ１以上を視覚障害者が容易に操作できるよう点字等にすること。		有・無		
11　乗降ロビーの有効幅・奥行き：1.5m以上		最小長さ（　　m）		
12　乗降ロビーにかごの昇降方向を音声で知らせる装置の有無		有・無		

【５　エスカレーター（移動円滑化経路を構成するもの）】

整備基準	整備の状況	基準に適合しない場合の措置	※備考
1　上り専用及び下り専用のものをそれぞれ設けること。	有・無		
2　踏み段の表面及びくし板を滑りにくい仕上げとすること。	有・無		
3　昇降口において、３枚以上の踏み段が同一平面上にあること。	有・無		
4　踏み段相互及びくし板と踏み段の境界を色等により容易に識別できるようにすること。	有・無		
5　上端と下端に近接する通路の床面等において進入の可否が示されていること。	有・無		
6　有効幅員：80cm以上	有効幅員（　　cm）		
7　踏み段の面を車いす使用者が円滑に昇降するために必要な広さとすることができ、かつ、車止めが設けられていること。	有・無		

【６　便所】

整備基準			整備の状況	基準に適合しない場合の措置	※備考
1　段の有無			有・無		
段がある場合	傾斜路の有無		有・無		
	傾斜路がある場合	(1)　傾斜路の勾配：1/12以下（高さ16cm以下の場合は、勾配1/8以下）	最大勾配（1／　　）		
		(2)　表面を粗面とし、又は滑りにくい材料で仕上げること。	有・無		
2　出入口付近に、男女の区別及び便所の構造を音、点字等により示す設備の設置の有無			有・無		

（第３面）

3　床の表面を滑りにくい仕上げとすること。				有・無		
4　各便所の１以上の便房の構造	イ　洋式便器の設置の有無			有・無		
	ロ　手すりの設置の有無			有・無		
5　小便器の周囲に手すりを設置し、床置式等とすること。				有・無		
6　1以上の便所（(1)又は(2)のいずれかに適合すること。）	(1)　車いす使用者等の円滑な利用に適した構造の便房の有無			有・無		
	(2)　車いす使用者等の円滑な利用に適した構造の便所の有無			有・無		
上記(1)又は(2)のいずれかがある場合（上記(2)については、ハ及びヘ③から⑤までを除く。）	イ　移動円滑化経路と便所間の経路を移動円滑化経路の通路の基準に適合するものとすること。			有・無		
	ロ　便所の出入口の有効幅員：80㎝以上			有効幅員（　　　㎝）		
	ハ　車いす使用者用便房がある旨を表示する標識の有無			有・無		
	ニ　出入口に戸を設ける場合	①　有効幅員：80㎝以上		有効幅員（　　　㎝）		
		②　高齢者、障害者等が容易に開閉して通過できる構造とすること。		有・無		
	ホ　車いす使用者の円滑な利用に適した広さの確保の有無			有・無		
	ヘ　便房の構造	①　高齢者、障害者等が円滑に利用できるものであることを表示する標識の有無		有・無		
		②　高齢者、障害者等が円滑に利用できる水栓器具の設置の有無		有・無		
		③　便所の出入口の有効幅員：80㎝以上		有効幅員（　　　㎝）		
		④　出入口の戸	a　有効幅員：80㎝以上	有効幅員（　　　㎝）		
			b　高齢者、障害者等が容易に開閉して通過できる構造とすること。	有・無		
		⑤　車いす使用者の円滑な利用に適した広さの確保の有無		有・無		
7　附帯設備の設置	イ　乳幼児用いす等の設置の有無			有・無		
	ロ　乳幼児用ベッド等の設置の有無			有・無		

【7　案内表示】

整　備　基　準	整備の状況	基準に適合しない場合の措置	※備考
1　公共用通路と車両等の乗降口との間の経路への視覚障害者誘導用ブロックの敷設又は音声等で視覚障害者を誘導する設備の設置の有無	有・無		
2　上記の経路とエレベーター操作盤、案内板、便所及び乗車券等販売所との間の経路への視覚障害者誘導用ブロックの敷設の有無	有・無		
3　階段、傾斜路及びエスカレーターの上端及び下端に近接する通路等への点状ブロックの敷設の有無	有・無		
4　車両等の運行に関する情報を文字等及び音声により提供するための設備の有無	有・無		
5　昇降機、便所又は乗車券等販売所があることを表示する標識の設置の有無	有・無		

（第４面）

6　公共用通路に直接通ずる出入口付近への移動円滑化のための主要な設備の配置を表示した案内板等の設置の有無	有・無		
7　公共用通路に直接通ずる出入口付近等への旅客施設の構造及び主要な設備の配置を音、点字等により示す設備の設置の有無	有・無		
8　乳幼児用いす等又は乳幼児用ベッド等が設けられている旨を表示した標識の掲示の有無	有・無		
9　情報提供のための案内設備の案内表示の位置、表記方法、文字の大きさ等についての配慮	有・無		

【8　その他の旅客用設備】

整　備　基　準				整備の状況	基準に適合しない場合の措置	※備考
1　乗車券等販売所、待合所及び案内所	イ　移動円滑化経路との間の経路を移動円滑化経路の通路の基準に適合するものとすること。			有・無		
	ロ　出入口を設ける場合	(1)　有効幅員：80cm以上		有効幅員（　　cm）		
		(2)　戸を設ける場合	①　有効幅員：80cm以上	有効幅員（　　cm）		
			②　高齢者、障害者等が容易に開閉して通過できる構造とすること。	有・無		
		(3)　段の有無		有・無		
		段を設ける場合の傾斜路の有無（傾斜路の構造は、【1　通路】の欄に記入）		有・無		
	ハ　カウンターを設ける場合に、車いす使用者の円滑な利用に適した構造とすること。			有・無		
2　券売機を設ける場合に、高齢者、障害者等の円滑な利用に適した構造とすること。				有・無		
3　休憩設備の設置の有無				有・無		

【9　その他】

整　備　基　準			整備の状況	基準に適合しない場合の措置	※備考
1　鉄道駅・軌道停留場	イ　移動円滑化経路上の改札口の有効幅員：80cm以上		有効幅員（　　cm）		
	ロ　プラットホーム	(1)　鉄道車両の乗降口の縁端との間隔をできる限り小さくする配慮	有・無		
		(2)　プラットホームと鉄道車両の乗降口の床面をできる限り平らとする配慮	有・無		
		(3)　車いす使用者の円滑な乗降に支障のある場合に乗降を円滑にするための設備の有無	有・無		
		(4)　排水横断勾配：１％	最大勾配（　　％）		
		(5)　床の表面を滑りにくくすることについての配慮	有・無		
		(6)　ホームドア、可動式ホームさく、点状ブロック等転落防止設備の有無	有・無		
		(7)　線路側以外の端部への転落防止さくの有無	有・無		
		(8)　列車の接近を文字等及び音声で警告する設備の設置の有無	有・無		
	ハ　車いす使用者用乗降口の位置の表示の有無		有・無		

(第5面)

2　バスターミナルの乗降場	イ　床の表面を滑りにくくすること。		有・無		
	ロ　縁端へのさく、点状ブロック等の設置の有無		有・無		
	ハ　車いす使用者が円滑に乗降できる構造とすること。		有・無		
3　旅客船ターミナル	イ　乗降用設備	(1)　有効幅員：90cm以上	最小有効幅員(　　cm)		
		(2)　手すりの設置の有無	有・無		
		(3)　床の表面を滑りにくくすること。	有・無		
	ロ　水面への転落防止のためのさく、点状ブロック等の設置の有無		有・無		
4　航空旅客ターミナル施設	イ　保安検査場の通路	(1)　門型金属探知機を設置する場合に車いす使用者等用通路を別に設けること。	有・無		
		(2)　上記の通路の有効幅員：90cm以上	最小有効幅員(　　cm)		
	ロ　旅客搭乗橋	(1)　有効幅員：90cm以上	最小有効幅員(　　cm)		
		(2)　勾(こう)配：1/12以下	最大勾(こう)配(1／　　)		
		(3)　手すりの設置の有無	有・無		
		(4)　床の表面を滑りにくくすること。	有・無		
	ハ　改札口の有効幅員：80cm以上		有効幅員(　　cm)		

【10　努力義務】

規則第39条の特定施設の新築等をしようとする者の努力義務について措置したものを記入してください。

(注意) 1　数字は算用数字を、単位はメートル法を用いてください。
2　整備の状況欄は、「有・無」のうち該当するものに○を付けるとともに、数字を記入してください。
3　基準に適合しない場合には、「基準に適合しない場合の措置」欄に措置の状況を記入してください。
4　※のある欄は、記入しないでください。

備考　用紙の大きさは、日本工業規格A4とする。

様式第３（第９条関係）

特定施設整備計画変更届出書

（第１面）

年　月　日

愛　知　県　知　事　殿

（　　　　市　長）

特定施設の新築等をしようとする者

氏名

（法人にあっては、名称及び代表者の氏名）

人にやさしい街づくりの推進に関する条例第14条第１項の規定に基づき、整備計画の変更を届け出ます。

記

特定施設の新築等をしようとする者の概要

【１　特定施設の新築等をしようとする者】

【イ　氏名のフリガナ】

【ロ　氏名】

【ハ　郵便番号】

【ニ　住所】

【ホ　電話番号】

【２　代理者の連絡先】

【イ　氏名のフリガナ】

【ロ　氏名】

【ハ　郵便番号】

【ニ　住所】

【ホ　電話番号】

※市町村受付欄	※建設事務所受付欄	※決　裁　欄
年　月　日	年　月　日	
第　号	第　号	
係員印	係員印	

（第２面）

特定施設の概要

【３　特定施設の名称】
　【イ　名称のフリガナ】
　【ロ　名称】

【４　特定施設の所在地】
　【イ　郵便番号】
　【ロ　所在地】

【５　特定施設の種別】　　　　　　　該当条項（規則第３条第　　号　　）
　イ　建築基準法第２条第２号に規定する特殊建築物（具体的用途　　　　）
　　（興行場等の客席数　　　席）（ホテル又は旅館の客室数　　　室）
　　（共同住宅の戸数　　　戸）
　ロ　事務所の用に供する建築物
　ハ　公衆便所の用に供する建築物
　ニ　地下街その他これに類するもの
　ホ　道路
　ヘ　公園、緑地その他これらに類するもの　　　（具体的種別　　　　）
　　（面積　　　㎡）
　ト　公共交通機関の施設
　チ　駐車場　　　（不特定多数の者等が利用する部分の駐車台数　　台）
　リ　一団地の住宅施設その他これに類するもの

【６　工事種別】
　１　建築物の場合　　　新築　　増築　　改築　　用途変更
　２　その他の場合　　　新設　　その他（　　　　　　）

【７　床面積の合計（建築物の場合）】　（新築等の部分）（その他の部分）（合　　計）
　【イ　建築物全体】　（　　㎡）（　　㎡）（　　㎡）
　【ロ　規則第19条第１項第１号に規定する床面積】
　　（　　㎡）（　　㎡）（　　㎡）
　【ハ　規則第21条第１項の表及び第24条第１項第４号に規定する床面積】
　　（　　㎡）（　　㎡）（　　㎡）
　【ニ　規則第24条第１項第１号に規定する床面積】
　　（　　㎡）（　　㎡）（　　㎡）

【８　階数（建築物の場合）】

【９　工事着手予定年月日】　　　年　　月　　日

【10　工事完了予定年月日】　　　年　　月　　日

（注意）１　数字は算用数字を、単位はメートル法を用いてください。
　２　特定施設の新築等をしようとする者が２以上のときは、１欄は、代表となる特定施設の新築等をしようとする者について記入し、別紙に他の特定施設の新築等をしようとする者についてそれぞれ必要な事項を記入して添えてください。
　３　２欄は、代理者が法人の場合は、その名称及び担当者の氏名を記入してください。
　４　５欄及び６欄は、該当するものに○を付けるとともに、必要な事項を記入してください。
　５　※印のある欄は、記入しないでください。
　６　本書及び添付書類の記載事項のうち前の届出から変更のある部分には、◎を表示してください。

備考　用紙の大きさは、日本工業規格Ａ４とする。

様式第４（第10条関係）

（表）

第　　　号

人にやさしい街づくりの推進に関する条例第16条第２項の規定による身分証明書

所　属

職　名

氏　名

年　月　日生

年　月　日交付

（１年間有効）

愛知県知事　氏　　　名　　　印

（　　　市長）

（裏）

人にやさしい街づくりの推進に関する条例抜粋

（指示）

第15条　知事は、特定施設の新築等をする者が第12条若しくは前条第１項の規定による届出をしないで当該特定施設の新築等の工事に着手したとき、又は当該届出に係る整備計画の内容と異なる工事を行ったと認めるときは、必要な指示をすることができる。

（報告及び調査）

第16条　知事は、前条の規定の施行に必要な限度において、特定施設の新築等をする者に対し、必要な報告を求め、又はその職員に特定施設若しくは特定施設の工事現場に立ち入り、整備基準に適合させるための措置の実施状況を調査させることができる。

２　前項の規定により立入調査をする職員は、その身分を示す証明書を携帯し、関係人に提示しなければならない。

備考　用紙の大きさは、縦６センチメートル、横８センチメートルとする。

様式第５（第11条関係）

適合証交付請求書

（第１面）

年　　月　　日

愛　知　県　知　事　殿

（　　　　　市　長）

申請者

氏名

（法人にあっては、名称及び代表者の氏名）

人にやさしい街づくりの推進に関する条例第18条第１項の規定に基づき、適合証の交付を請求します。

記

申請者の概要

【１　申請者】

【イ　氏名のフリガナ】

【ロ　氏名】

【ハ　郵便番号】

【ニ　住所】

【ホ　電話番号】

【２　代理者の連絡先】

【イ　氏名のフリガナ】

【ロ　氏名】

【ハ　郵便番号】

【ニ　住所】

【ホ　電話番号】

※市町村受付欄	※建設事務所受付欄	※決　裁　欄
年　月　日	年　月　日	
第　号	第　号	
係員印	係員印	

（第２面）

特定施設の概要

【３　特定施設の名称】
【イ　名称のフリガナ】
【ロ　名称】

【４　特定施設の所在地】
【イ　郵便番号】
【ロ　所在地】

【５　特定施設の種別】　　　　　　　該当条項（規則第３条第　　　号　　　）
イ　建築基準法第２条第２号に規定する特殊建築物（具体的用途　　　　　　）
（興行場等の客席数　　　　席）（ホテル又は旅館の客室数　　　　室）
（共同住宅の戸数　　　　戸）
ロ　事務所の用に供する建築物
ハ　公衆便所の用に供する建築物
ニ　地下街その他これに類するもの
ホ　道路
ヘ　公園、緑地その他これらに類するもの
（具体的種別　　　　　　）（面積　　　　　㎡）
ト　公共交通機関の施設
チ　駐車場　　　　（不特定多数の者等が利用する部分の駐車台数　　　台）
リ　一団地の住宅施設その他これに類するもの

【６　床面積の合計（建築物の場合）】
【イ　建築物全体】　　　　　　　　　　（　　　　　㎡）
【ロ　規則第19条第１項第１号に規定する床面積】　（　　　　　㎡）
【ハ　規則第21条第１項の表及び第24条第１項第４号に規定する床面積】
（　　　　　㎡）
【ニ　規則第24条第１項第１号に規定する床面積】　（　　　　　㎡）

【７　階数（建築物の場合）】

【８　適合通知の番号及び日付（特定施設整備計画届出書により適合通知を受けた場合）】
【イ　適合通知の番号】
【ロ　適合通知の日付】　　　　　　年　　　月　　　日

（注意）１　数字は算用数字を、単位はメートル法を用いてください。
２　申請者が２以上のときは、１欄は、代表となる申請者について記入し、別紙に他の者についてそれぞれ必要な事項を記入して添えてください。
３　２欄は、代理者が法人の場合は、その名称及び担当者の氏名を記入してください。
４　５欄は、該当するものに○を付けるとともに、必要な事項を記入してください。
５　※印のある欄は、記入しないでください。

備考　用紙の大きさは、日本工業規格Ａ４とする。

様式第６（第11条関係）

備考　１　適合証の大きさは、縦20センチメートル、横20センチメートルとする。
　　　２　文字及びリングの色は青色、ハートの外側にある点及びハートの内側の地の色は黄色、ハートの内側にある点及びハートの外側の地の色は白色とする。

様式第７（第12条関係）

実施状況報告書
（第１面）

年　　月　　日

愛　知　県　知　事　殿
（　　　　　市　長）

事業者
氏名
（法人にあっては、名称及び代表者の氏名）

人にやさしい街づくりの推進に関する条例第19条第１項の規定に基づき、整備基準に適合させるための措置の実施状況の報告をします。

記

事業者の概要

【１　事業者】
【イ　氏名のフリガナ】
【ロ　氏名】
【ハ　郵便番号】
【ニ　住所】
【ホ　電話番号】

【２　代理者の連絡先】
【イ　氏名のフリガナ】
【ロ　氏名】
【ハ　郵便番号】
【ニ　住所】
【ホ　電話番号】

※市町村受付欄	※建設事務所受付欄	※決　裁　欄
年　月　日	年　月　日	
第　　号	第　　号	
係員印	係員印	

（第２面）

特定施設の概要

【３　特定施設の名称】
　【イ　名称のフリガナ】
　【ロ　名称】

【４　特定施設の所在地】
　【イ　郵便番号】
　【ロ　所在地】

【５　特定施設の種別】　　　該当条項（規則第３条第　　号　　）
イ　建築基準法第２条第２号に規定する特殊建築物（具体的用途　　）
　（興行場等の客席数　　席）（ホテル又は旅館の客室数　　室）
　（共同住宅の戸数　　戸）
ロ　事務所の用に供する建築物
ハ　公衆便所の用に供する建築物
ニ　地下街その他これに類するもの
ホ　道路
ヘ　公園、緑地その他これらに類するもの
　　　　（具体的種別　　　）（面積　　㎡）
ト　公共交通機関の施設
チ　駐車場　　（不特定多数の者等が利用する部分の駐車台数　　台）
リ　一団地の住宅施設その他これに類するもの

【６　床面積の合計（建築物の場合）】
　【イ　建築物全体】　　（　　㎡）
　【ロ　規則第19条第１項第１号に規定する床面積】　　（　　㎡）
　【ハ　規則第21条第１項の表及び第24条第１項第４号に規定する床面積】
　　（　　㎡）
　【ニ　規則第24条第１項第１号に規定する床面積】　　（　　㎡）

【７　階数（建築物の場合）】

（注意）１　数字は算用数字を、単位はメートル法を用いてください。
　２　事業者が２以上のときは、１欄は、代表となる事業者について記入し、別紙に他の事業者についてそれぞれ必要な事項を記入して添えてください。
　３　２欄は、代理者が法人の場合は、その名称及び担当者の氏名を記入してください。
　４　５欄は、該当するものに○を付けるとともに、必要な事項を記入してください。
　５　※印のある欄は、記入しないでください。
備考　用紙の大きさは、日本工業規格Ａ４とする。

○愛知県事務処理特例条例（抄）

（平成11年12月17日
愛知県条例第55号）

改正
平成12年 3月28日条例第24号
平成12年12月22日条例第66号
平成12年12月22日条例第68号
平成13年３月27日条例第３号
平成13年３月27日条例第５号
平成13年10月12日条例第57号
平成13年12月21日条例第67号
平成14年３月26日条例第４号
平成14年３月26日条例第11号
平成14年12月20日条例第61号
平成15年３月25日条例第９号
平成15年７月８日条例第54号
平成15年７月８日条例第60号
平成15年12月19日条例第75号
平成15年12月19日条例第76号
平成15年12月19日条例第79号
平成16年３月26日条例第19号
平成16年10月８日条例第51号
平成16年10月８日条例第59号
平成16年12月21日条例第63号
平成16年12月21日条例第64号
平成16年12月21日条例第65号
平成16年12月21日条例第68号
平成16年12月21日条例第77号
平成17年３月22日条例第２号
平成17年７月８日条例第48号
平成17年７月８日条例第49号
平成17年７月８日条例第50号
平成17年７月８日条例第51号
平成17年７月８日条例第53号
平成17年10月21日条例第89号
平成17年10月21日条例第90号
平成17年12月20日条例第97号
平成17年12月20日条例第98号
平成17年12月20日条例第99号
平成18年３月28日条例第８号
平成18年７月７日条例第45号
平成18年12月26日条例第62号

注　平成18年12月26日条例第62号による改正は、平成19年４月１日から施行につき、本文には直接改正を加えないで、改正内容を登載した。

地方自治法（昭和22年法律第67号）第252条の17の２第１項の規定に基づき、別表第１から別表第８までのそれぞれの上〔左〕欄に掲げる知事の権限に属する事務は、これらの表のそれぞれの下〔右〕欄に掲げる市町村が処理することとする。

附　則

（施行期日）

1　この条例は、平成12年４月１日から施行する。

（愛知県公害防止条例の一部改正）

2　（略）

別表第８（建設部関係）

１～３（略）	
４　建築基準法（昭和25年法律第201号。以下この項において「法」という。）及び法の施行のための規則に基づく事務のうち、法第43条第１項ただし書、第44条第１項第二号、第52条第14項（同項第二号に該当する場合に限る。）、第53条第５項第三号、第53条の２第１項第三号及び第四号並びに第68条の７第５項の規定により知事に提出される申請書（建築基準法施行令（昭和25年政令第338号）第148条第１項に規定する事務に係るものに限る。）を受け付け、及び通知書を交付する事務	各市町村（名古屋市、豊橋市、岡崎市、一宮市、春日井市及び豊田市並びに瀬戸市、半田市、豊川市、刈谷市、安城市、西尾市、江南市、小牧市、稲沢市及び東海市のうち、法第78条第１項に規定する建築審査会が置かれている市を除く。）
５　建築基準法（以下この項において「法」という。）、愛知県建築基準条例（昭和39年愛知県条例第49号。以下この項において「条例」という。）並びに法及び条例の施行のための規則に基づく事務のうち、法第85条第３項及び第５項、第86条第１項及び第２項、第86条の２第１項、第86条の５第１項並びに第86条の６第２項並びに条例第６条第１項ただし書及び第25条ただし書の規定により知事に提出される申請書（建築基準法施行令第148条第１項に規定する事務に係るものに限る。）を受け付け、及び通知書を交付し、並びに法第42条第１項第五号の規定により知事に提出される申請書を受け付け、及び通知書を交付する事務	各市町村（名古屋市、豊橋市、岡崎市、一宮市、瀬戸市、半田市、春日井市、豊川市、刈谷市、豊田市、安城市、西尾市、江南市、小牧市、稲沢市及び東海市を除く。）
６　建築基準法（以下この項において「法」という。）、建築基準法施行令（以下この項において「政令」という。）、愛知県建築基準条例（以下この項において「条例」という。）並びに法及び条例の施行のための規則に基づく事務（前２項の上〔左〕欄に掲げるものを除く。）のうち、法、政令、条例並びに法及び条例の施行のための規則の規定により知事に提出される申請書を受け付け、及び通知書を交付する事務	各市町村（名古屋市、豊橋市、岡崎市、一宮市、春日井市及び豊田市を除く。）
７～22（略）	
23　建築物の耐震改修の促進に関する法律（平成７年法律第123号。以下この項において「法」という。）及び法の施行のための規則に基づく事務のうち、法の規定により知事に提出される申請書等を受け付け、及び通知書を交付する事務	各市町村（名古屋市、豊橋市、岡崎市、一宮市、春日井市及び豊田市を除く。）

24～27（略）	
28　愛知県建築基準条例（以下この項において「条例」という。）に基づく事務のうち、次に掲げるもの（建築基準法施行令第148条第１項に規定する事務に係るものに限る。） (一)　条例第６条第１項ただし書の規定により路地状部分の敷地と道路との関係について支障がないと認めること。 (二)　条例第25条ただし書の規定により自動車修理工場等の敷地の自動車の出入口について支障がないと認めること。	瀬戸市、半田市、豊川市、刈谷市、安城市、西尾市、江南市、小牧市、稲沢市及び東海市
29　愛知県建築基準条例（以下この項において「条例」という。）に基づく事務のうち、次に掲げるもの (一)　条例第５条ただし書の規定により大規模建築物の敷地と道路との関係について支障がないと認めること。 (二)　条例第６条第１項ただし書及び第７条ただし書の規定により路地状部分の敷地と道路との関係について支障がないと認めること。 (三)　条例第９条第３項の規定により防火壁の位置について支障がないと認めること。 (四)　条例第19条第３項の規定により興行場等の制限の緩和について支障がないと認めること。 (五)　条例第20条第１項ただし書の規定により興行場等の敷地と道路との関係について支障がないと認めること。 (六)　条例第25条ただし書の規定により自動車修理工場等の敷地の自動車の出入口について支障がないと認めること。 (七)　条例第26条ただし書の規定により大規模な自動車車庫の構造について支障がないと認めること。 (八)　条例第31条ただし書の規定により地下道の幅について支障がないと認めること。 (九)　条例第32条の規定により地下道の天井までの高さについて支障がないと認めること。 (十)　条例第34条の規定により地下道の段の設置について支障がないと認めること。 (十一)　条例第35条の規定により直通階段への歩行距離について支障がないと認めること。	名古屋市、豊橋市、岡崎市、一宮市、春日井市及び豊田市

（十二） 条例第36条第２項の規定により地下街の換気設備について支障がないと認めること。	
30（略）	
31 人にやさしい街づくりの推進に関する条例（平成６年愛知県条例第33号。以下この項において「条例」という。）及び条例の施行のための規則に基づく事務のうち、次に掲げるもの （一） 条例第12条の規定により整備計画の届出を受理すること。 （二） 条例第13条（条例第14条第２項において準用する場合を含む。）の規定により必要な指導又は助言を行うこと。 （三） 条例第14条第１項の規定により整備計画の変更の届出を受理すること。 （四） 条例第15条の規定により必要な指示をすること。 （五） 条例第16条第１項の規定により必要な報告を求め、又は職員に特定施設等に立ち入り、措置の実施状況を調査させること。 （六） 条例第18条第１項の規定により適合証の交付の請求を受理し、同条第２項の規定により特定施設に係る措置が整備基準に適合していると認め、適合証を交付すること。 （七） 条例第18条第３項の規定により適合証を交付した旨を公表すること。 （八） 条例第19条第１項の規定により措置の実施状況の報告を求めること。 （九） 条例第19条第２項の規定により必要な指導又は助言を行うこと。	名古屋市、豊橋市、岡崎市、一宮市、春日井市及び豊田市
32 人にやさしい街づくりの推進に関する条例（以下この項において「条例」という。）及び条例の施行のための規則に基づく事務のうち、条例の規定により知事に提出される届出書等を受け付け、及び適合証を交付する事務	各市町村（前項の下〔右〕欄に掲げる市を除く。）

注 平成18年12月26日条例第62号により、平成19年４月１日から施行される内容
別表第８の４の項及び５の項中「及び東海市」を「、東海市及び大府市」に改める。
別表第８の28の項中「及び東海市」を「、東海市及び大府市」に改める。

名古屋市関係

○名古屋市建築基準法施行条例

（平成12年３月29日
名古屋市条例第40号）

改正　平成12年10月24日名古屋市条例第　83号
同　13年３月29日同　第　21号
同　15年３月31日同　第　39号
同　16年３月30日同　第　34号
同　17年３月30日同　第　44号
同　17年10月28日同　第107号
同　18年３月22日同　第　5号

（趣旨）

第１条　この条例は、建築基準法（昭和25年法律第201号。以下「法」という。）、建築基準法施行令（昭和25年政令第338号。以下「令」という。）及び建築基準法施行規則（昭和25年建設省令第40号。以下「規則」という。）の施行に関し必要な事項を定めるものとする。

（確認申請書に添付する調書等）

第２条　法第６条第１項（法第87条第１項、法第87条の２並びに法第88条第１項及び第２項において準用する場合を含む。以下第９条第２項において同じ。）の規定に基づく確認の申請書には、規則第１条の３第１項（確認を受けた建築物の計画の変更の場合にあっては、規則第１条の３第19項）の規定に定めるもののほか、建築物の構造、設備、用途等に関し必要な事項を記載した調書、報告書及び計算書（確認を受けた建築物の計画の変更の場合にあっては、変更に係るもの）を添えなければならない。

2　前項（令第138条に掲げる工作物を築造する場合を除く。）の規定は、法第18条第２項の規定に基づく通知について準用する。

（磁気ディスク等による手続）

第３条　規則第11条の３第１項の規定により特定行政庁が指定する区域は、名古屋市の全域とする。

（建築物の定期報告）

第４条　法第12条第１項の規定により特定行政庁が指定する建築物は、次の各号の要件を満たすものとする。

(1)　別表イ欄に掲げる階を同表ア欄に掲げる用途（同表１項の場合にあっては客席の用に供する部分に限り、同表８項の場合にあっては同表１項から７項までのいずれか一の用途）に供するもの

(2)　別表ア欄に掲げる用途（同表１項の場合にあっては客席の用に供する部分の床面積に限り、同表２項から６項まで、８項及び９項の場合にあっては同表ア欄に掲げる建築物の用途に必要であると市長が認める事務所等の床面積を含む。）に供する部分の床面積の合計が同表ウ欄の当該各項に掲げる面積を超えるもの

2　前項の建築物に係る報告の時期は、別表エ欄の当該各項に掲げる時期とする。

（建築設備等の定期報告）

第５条　法第12条第３項の規定により特定行政庁が指定する建築設備は、次の各号に掲げるものとする。

(1)　エレベーター（労働基準法（昭和22年法律第49号）別表第１第１号から第５号までに掲げる事業の事業場に設置され、かつ、積載質量が１トン以上のもの及び一戸建の住宅若しくは長屋若しくは共同住宅の住戸又は法第６条第１項第４号に掲げる建築物に設置されるものを除く。）

(2)　エスカレーター（一戸建の住宅若しくは長屋若しくは共同住宅の住戸又は法第６条第１項第４号に掲げる建築物に設置されるものを除く。）

(3)　前条第１項の建築物に設置された換気設備（給気機及び排気機を設けた換気設備並びに空気調和設備に限る。）、排煙機を設けた排煙設備及び非常用の照明装置（照明器具内に予備電源を内蔵したものを除く。）（以下「換気設備等」という。）

2　法第88条第１項において準用する法第12条第３項の規定により特定行政庁が指定する昇降機等は、次の各号に掲げるものとする。

(1)　乗用エレベーター又はエスカレーターで観光のためのもの（一般交通の用に供するものを除く。）

(2)　ウォーターシュート、コースターその他これらに類する高架の遊戯施設

(3)　メリーゴーラウンド、観覧車、オクトパス、飛行塔その他これらに類する回転運動をする遊戯施設で原動機を使用するもの

3　前２項に掲げる建築設備及び昇降機等（以下「建築設備等」という。）に係る報告の時期は、次の各号に掲げる時期とする。

(1)　換気設備等　当該換気設備等が設置された建築物に対応して別表オ欄の各項に掲げる時期

(2)　換気設備等以外の建築設備等　法第87条の２又は法第88条第１項において準用する法第７条第５項又は法第７条の２第５項の規定による検査済証の交付を受けた日後毎年その日に応当する日（応当する日がない場合は、その前日。以下「応当日」という。）前30日から応当日以後10日までの間

（建築物に関する報告）

第６条　建築主は、次の各号に掲げる建築物を建築しようとする場合（増築しようとする場合にあっては、増築後において当該各号に掲げる建築物となる場合を含む。）又は建築物若しくは建築物の部分を当該各号に掲げる建築物に用途変更しようとする場合においては、法第６条第１項（法第87条第１項において準用する場合を含む。）の規定に基づく確認の申請書の提出後、速やかに、建築物に関する報告書を市長に提出しなければならない。

(1)　劇場、映画館、演芸場、公会堂、集会場、病院、診療所（患者の収容施設があるも

のに限る。)、ホテル、旅館、老人ホーム、令第19条第1項に規定する児童福祉施設等、学校、体育館、博物館、美術館、図書館、ボーリング場、スキー場、スケート場、水泳場、スポーツの練習場、物品販売業を営む店舗(百貨店及びマーケットを含む。)、展示場、キャバレー、カフェー、ナイトクラブ、バー、ダンスホール、遊戯場、公衆浴場、料理店、飲食店又は事務所その他これに類するものの用途に供する部分の全部又は一部が3階以上の階又は地階にある建築物

(2) 観覧場の用途に供する建築物又は地下の工作物内に設ける建築物

2 前項の規定は、法第6条の2第1項(法第87条第1項において準用する場合を含む。)の規定に基づく確認の申請をする場合及び法第18条第2項(法第87条第1項において準用する場合を含む。)の規定に基づく通知をする場合について準用する。

(地盤調査の報告)

第7条 工事監理者は、令第38条第3項後段に規定する建築物(法第6条の2第1項及び法第18条第3項の規定に基づく確認済証の交付を受けたものを除く。)を建築しようとする場合においては、地盤調査の結果を記載した報告書を建築主事に提出しなければならない。

2 工事監理者は、前項に定めるもののほか、建築物(法第6条の2第1項及び法第18条第3項の規定に基づく確認済証の交付を受けたものを除く。)の工事のために地盤調査をした場合においては、その結果を市長に報告するものとする。

(申請書記載事項の変更)

第8条 法第6条第4項の規定に基づく確認済証の交付を受けた後工事完了の前に、その申請書及び添付図書に記載した事項を変更した場合(法第6条第1項の規定に基づく計画の変更の場合における確認の申請がされた場合を除く。)で、その変更が建築主、代理者、工事監理者若しくは工事施工者に関する事項又は建築主事が必要と認める事項の変更である場合においては、建築主又は代理者は、当該変更のあった後、速やかに、変更についての届に確認済証を添え、建築主事に提出しなければならない。

2 許可又は認定を受けた後工事完了の前に、その申請書及び添付図書に記載した事項を変更した場合(その変更が建築主、代理者、工事監理者若しくは工事施工者に関する事項又は市長が重要でないと認める事項の変更であり、当該変更のあった後、速やかに、変更についての届に許可又は認定の通知書を添え、市長に提出された場合を除く。)は、建築主又は代理者は、改めて、それぞれ許可又は認定を受けなければならない。

3 法第18条第3項の規定に基づく確認済証の交付を受けた後、同条第2項(法第88条において準用する場合を含む。)に基づく通知の内容につき重要な変更をしようとする場合においては、同項に規定する機関の長又はその委任を受けた者は、その変更内容を建築主事に通知しなければならない。

(工事取止めの届出)

第9条　確認済証の交付、許可又は認定を受けた建築物又は工作物の工事を取り止めた場合においては、建築主又は代理者は、速やかに、その旨を記載した届に確認済証又は許可若しくは認定の通知書を添え、建築主事又は市長に提出しなければならない。

2　法第6条第1項の規定に基づく確認、許可又は認定の申請をした者が、その申請を取り下げようとする場合においては、速やかに、書面でその旨を建築主事又は市長に届け出なければならない。

（屋根の構造の制限）

第10条　法第22条第1項の規定により特定行政庁が指定する区域は、名古屋市の全域（防火地域及び準防火地域に指定された区域を除く。）とする。

（道路の位置の指定）

第11条　法第42条第1項第5号に規定する道路の位置の指定（以下「道路の位置の指定」という。）を受けようとする者は、規則第9条の規定に定めるもののほか、次の各号に掲げる書類を添えなければならない。ただし、やむを得ないと認められる理由があるときは、第2号に掲げる書類を省略することができる。

⑴　承諾者の印鑑登録証明書

⑵　土地の登記事項証明書

⑶　道路の位置の指定を受けようとする道路及び擁壁その他の附属物の構造図

（道路の位置の標示等）

第12条　道路の位置の指定を受けた者は、次の各号に掲げるところにより、道路の位置の標示及び道路の位置の指定の表示（以下「道路の位置の標示等」という。）をしなければならない。

⑴　側溝、縁石、標示杭その他これらに類するものにより、当該道路の位置を標示すること。

⑵　当該道路の道路面で、その接続する前面道路から見やすい場所に、道路の位置の指定を受けた旨の表示板を敷設すること。

2　道路の位置の指定を受けた者は、前項の規定による道路の位置の標示等を完了した場合においては、その旨を記載した届を市長に提出し、検査を受けなければならない。

（道路の変更又は廃止）

第13条　道路の位置の指定を受けた道路（法附則第5項の規定により道路の位置の指定があったものとみなされるものを含む。）の変更又は廃止の指定を受けようとする者は、変更又は廃止の指定についての申請書を市長に提出しなければならない。

2　前項の規定に定めるもののほか、私道を変更又は廃止をしようとする者は、変更又は廃止についての申請書を市長に提出しなければならない。

3　第11条（第3号を除く。）の規定は、前2項の申請書を提出する場合について準用する。

（道路とみなす道）

第14条 法第42条第２項の規定により特定行政庁が指定する道は、次の各号に掲げるものとする。

(1) 名古屋市の管理に属する幅員1.8m以上４m未満の道

(2) 旧市街地建築物法（大正８年法律第37号）第７条ただし書の規定により指定された建築線で、その間の距離が2.7m以上４m未満のもの

（建ぺい率の緩和される敷地）

第15条 法第53条第３項第２号の規定により特定行政庁が指定する敷地は、次の各号に掲げるものとする。

(1) 街区の角にある敷地であって、前面道路の幅員がそれぞれ６m以上でその和が15m以上あり、かつ、その道路によって形成される角度が内角120度以下で、敷地境界線の総延長の１／３以上がそれらの道路に接するもの

(2) 道路境界線の間隔が35m以内の道路の間にある敷地であって、その道路の幅員がそれぞれ６m以上でその和が15m以上あり、かつ、敷地境界線の総延長の１／８以上がそれぞれの道路に、１／３以上がそれらの道路に接するもの

(3) 三方を道路に囲まれた敷地であって、前面道路の幅員がそれぞれ６m以上あり、かつ、それらの道路によって形成される角度がそれぞれ内角120度以下で、敷地境界線の総延長の１／３以上がそれらの道路に接するもの

(4) 公園、広場、水面その他これらに類するもの（以下「公園等」という。）に接する敷地又は敷地に接する道路の反対側に公園等のある敷地であって、その公園等を前各号の道路とみなし、前各号のいずれかに該当するもの

（建築協定の設定の特則）

第16条 法第76条の３第４項において準用する法第73条第１項の認可を受けた者は、認可の日から起算して３年以内に当該建築協定区域内の土地に２以上の土地の所有者等が存することとなった場合においては、速やかに、その旨を記載した届を市長に提出しなければならない。

（手数料を徴収する事務の種別及び額）

第17条 次の各号に掲げる事務につき、それぞれ当該各号に定める名称の手数料を徴収する。この場合において、当該手数料の額は、１件につきそれぞれ当該各号に定める額とする。

(1) 法第６条第１項（法第87条第１項において準用する場合を含む。）の規定に基づく建築物に関する確認の申請に対する審査

建築物に関する確認申請手数料（申請に係る計画に法第87条の２の昇降機に係る部分が含まれる場合においては、当該昇降機１基につき、次号に定める額の手数料を加算した額）

ア　床面積の合計（建築物を建築する場合（確認を受けた建築物の計画の変更をして建築物を建築する場合及び移転する場合を除く。）にあっては当該建築に係る部分の床面積について算定し、確認を受けた建築物の計画の変更をして建築物を建築する場合（移転する場合を除く。）にあっては当該計画の変更に係る部分の床面積の１／２（床面積の増加する部分にあっては、当該増加する部分の床面積）について算定し、建築物を移転し、その大規模の修繕若しくは大規模の模様替をし、又はその用途を変更する場合（確認を受けた建築物の計画の変更をして建築物を移転し、その大規模の修繕若しくは大規模の模様替をし、又はその用途を変更する場合を除く。）にあっては当該移転、修繕、模様替又は用途の変更に係る部分の床面積の１／２について算定し、確認を受けた建築物の計画の変更をして建築物を移転し、その大規模の修繕若しくは大規模の模様替をし、又はその用途を変更する場合にあっては当該計画の変更に係る部分の床面積の１／２について算定する。以下この号において同じ。）が30㎡以内のもの　5,000円

イ　床面積の合計が30㎡を超え100㎡以内のもの　9,000円

ウ　床面積の合計が100㎡を超え200㎡以内のもの　14,000円

エ　床面積の合計が200㎡を超え500㎡以内のもの　19,000円

オ　床面積の合計が500㎡を超え1,000㎡以内のもの　34,000円

カ　床面積の合計が1,000㎡を超え2,000㎡以内のもの　48,000円

キ　床面積の合計が2,000㎡を超え10,000㎡以内のもの　140,000円

ク　床面積の合計が10,000㎡を超え50,000㎡以内のもの　240,000円

ケ　床面積の合計が50,000㎡を超えるもの　460,000円

(2)　法第87条の２において準用する法第６条第１項の規定に基づく建築設備に関する確認の申請に対する審査

建築設備に関する確認申請手数料

ア　建築設備を設置する場合（イに掲げる場合を除く。）　9,000円

イ　確認を受けた建築設備の計画の変更をして建築設備を設置する場合　5,000円

(3)　法第88条第１項において準用する法第６条第１項の規定に基づく工作物に関する確認の申請に対する審査

工作物に関する確認申請手数料

ア　工作物を築造する場合（イに掲げる場合を除く。）　8,000円

イ　確認を受けた工作物の計画の変更をして工作物を築造する場合　4,000円

(4)　法第７条第１項の規定に基づく建築物（中間検査を受けたものを除く。）に関する完了検査の申請に対する審査

建築物に関する完了検査申請手数料（申請に係る計画に法第87条の２の昇降機に係る部分が含まれる場合においては、当該昇降機１基につき、第６号に定める額の手数

料を加算した額)

ア　床面積の合計(建築物を建築した場合(移転した場合を除く。)にあっては当該建築に係る部分の床面積について算定し、建築物を移転し、又はその大規模の修繕若しくは大規模の模様替をした場合にあっては当該移転、修繕又は模様替に係る部分の床面積の1／2について算定する。以下この号及び次号において同じ。)が30㎡以内のもの　10,000円

イ　床面積の合計が30㎡を超え100㎡以内のもの　12,000円

ウ　床面積の合計が100㎡を超え200㎡以内のもの　16,000円

エ　床面積の合計が200㎡を超え500㎡以内のもの　22,000円

オ　床面積の合計が500㎡を超え1,000㎡以内のもの　36,000円

カ　床面積の合計が1,000㎡を超え2,000㎡以内のもの　50,000円

キ　床面積の合計が2,000㎡を超え10,000㎡以内のもの　120,000円

ク　床面積の合計が10,000㎡を超え50,000㎡以内のもの　190,000円

ケ　床面積の合計が50,000㎡を超えるもの　380,000円

(5)　法第7条第1項の規定に基づく中間検査を受けた建築物に関する完了検査の申請に対する審査

中間検査を受けた建築物に関する完了検査申請手数料(申請に係る計画に法第87条の2の昇降機に係る部分が含まれる場合においては、当該昇降機1基につき、次号に定める額の手数料を加算した額)

ア　床面積の合計が30㎡以内のもの　9,000円

イ　床面積の合計が30㎡を超え100㎡以内のもの　11,000円

ウ　床面積の合計が100㎡を超え200㎡以内のもの　15,000円

エ　床面積の合計が200㎡を超え500㎡以内のもの　21,000円

オ　床面積の合計が500㎡を超え1,000㎡以内のもの　35,000円

カ　床面積の合計が1,000㎡を超え2,000㎡以内のもの　47,000円

キ　床面積の合計が2,000㎡を超え10,000㎡以内のもの　110,000円

ク　床面積の合計が10,000㎡を超え50,000㎡以内のもの　180,000円

ケ　床面積の合計が50,000㎡を超えるもの　370,000円

(6)　法第87条の2において準用する法第7条第1項の規定に基づく建築設備に関する完了検査の申請に対する審査

建築設備に関する完了検査申請手数料　13,000円

(7)　法第88条第1項において準用する法第7条第1項の規定に基づく工作物に関する完了検査の申請に対する審査

工作物に関する完了検査申請手数料　9,000円

(8)　法第7条の3第2項の規定に基づく建築物に関する中間検査の申請に対する審査

建築物に関する中間検査申請手数料

ア　床面積の合計が30㎡以内のもの　9,000円

イ　床面積の合計が30㎡を超え100㎡以内のもの　11,000円

ウ　床面積の合計が100㎡を超え200㎡以内のもの　15,000円

エ　床面積の合計が200㎡を超え500㎡以内のもの　20,000円

オ　床面積の合計が500㎡を超え1,000㎡以内のもの　33,000円

カ　床面積の合計が1,000㎡を超え2,000㎡以内のもの　45,000円

キ　床面積の合計が2,000㎡を超え10,000㎡以内のもの　100,000円

ク　床面積の合計が10,000㎡を超え50,000㎡以内のもの　160,000円

ケ　床面積の合計が50,000㎡を超えるもの　330,000円

(9)　法第7条の6第1項第1号（法第87条の2又は第88条第1項若しくは第2項において準用する場合を含む。）の規定に基づく仮使用の承認の申請に対する審査

検査済証の交付を受ける前における建築物等の仮使用承認申請手数料　120,000円

(10)　法第43条第1項ただし書の規定に基づく建築の許可の申請に対する審査

建築物の敷地と道路との関係の建築許可申請手数料　33,000円

(11)　法第44条第1項第2号の規定に基づく建築の許可の申請に対する審査

公衆便所等の道路内における建築許可申請手数料　33,000円

(12)　法第44条第1項第3号の規定に基づく建築の認定の申請に対する審査

道路内における建築認定申請手数料　27,000円

(13)　法第44条第1項第4号の規定に基づく建築の許可の申請に対する審査

公共用歩廊等の道路内における建築許可申請手数料　160,000円

(14)　法第47条ただし書の規定に基づく建築の許可の申請に対する審査

壁面線外における建築許可申請手数料　160,000円

(15)　法第48条第1項ただし書、第2項ただし書、第3項ただし書、第4項ただし書、第5項ただし書、第6項ただし書、第7項ただし書、第8項ただし書、第9項ただし書、第10項ただし書、第11項ただし書又は第12項ただし書（法第87条第2項若しくは第3項又は第88条第2項において準用する場合を含む。）の規定に基づく建築等の許可の申請に対する審査

用途地域における建築等許可申請手数料　180,000円

(16)　法第51条ただし書（法第87条第2項若しくは第3項又は第88条第2項において準用する場合を含む。）の規定に基づく特殊建築物等の敷地の位置の許可の申請に対する審査

特殊建築物等敷地許可申請手数料　160,000円

(17)　法第52条第10項、第11項又は第14項の規定に基づく建築物の容積率に関する特例の許可の申請に対する審査

建築物の容積率の特例許可申請手数料　160,000円

⒄の２　法第53条第４項の規定に基づく建築物の建ぺい率に関する特例の許可の申請に対する審査

建築物の建ぺい率の特例許可申請手数料　33,000円

⒅　法第53条第５項第３号の規定に基づく建築物の建ぺい率に関する制限の適用除外に係る許可の申請に対する審査

建築物の建ぺい率に関する制限の適用除外に係る許可申請手数料　33,000円

⒆　法第53条の２第１項第３号又は第４号（法第57条の５第３項において準用する場合を含む。）の規定に基づく建築物の敷地面積の許可の申請に対する審査

建築物の敷地面積の許可申請手数料　160,000円

⒇　法第55条第２項の規定に基づく建築物の高さに関する特例の認定の申請に対する審査

建築物の高さの特例認定申請手数料　27,000円

(21)　法第55条第３項各号の規定に基づく建築物の高さの許可の申請に対する審査

建築物の高さの許可申請手数料　160,000円

(22)　法第56条の２第１項ただし書の規定に基づく建築物の高さの許可の申請に対する審査

日影による建築物の高さの特例許可申請手数料　160,000円

(23)　法第57条第１項の規定に基づく建築物の高さに関する制限の適用除外に係る認定の申請に対する審査

高架の工作物内に設ける建築物の高さに関する制限の適用除外に係る認定申請手数料　27,000円

(23)の２　法第57条の４第１項ただし書の規定に基づく建築物の高さに関する特例の許可の申請に対する審査

特例容積率適用地区における建築物の高さの特例許可申請手数料　160,000円

(24)　法第59条第１項第３号の規定に基づく建築物の容積率、建ぺい率、建築面積又は壁面の位置に関する特例の許可の申請に対する審査

高度利用地区における建築物の容積率、建ぺい率、建築面積又は壁面の位置の特例許可申請手数料　160,000円

(25)　法第59条第４項の規定に基づく建築物の各部分の高さの許可の申請に対する審査

高度利用地区における建築物の各部分の高さの許可申請手数料　160,000円

(26)　法第59条の２第１項の規定に基づく建築物の容積率又は各部分の高さに関する特例の許可の申請に対する審査

敷地内に広い空地を有する建築物の容積率又は各部分の高さの特例許可申請手数料　160,000円

(26)の2　法第60条の2第1項第3号の規定に基づく建築物の容積率、建ぺい率、建築面積、高さ又は壁面の位置に関する特例の許可の申請に対する審査

都市再生特別地区における建築物の容積率、建ぺい率、建築面積、高さ又は壁面の位置の特例許可申請手数料　160,000円

(26)の3　法第67条の2第3項第2号の規定に基づく建築物の敷地面積に関する特例の許可の申請に対する審査

特定防災街区整備地区における建築物の敷地面積の特例許可申請手数料　160,000円

(26)の4　法第67条の2第5項第2号の規定に基づく建築物の壁面の位置に関する特例の許可の申請に対する審査

特定防災街区整備地区における建築物の壁面の位置の特例許可申請手数料　160,000円

(26)の5　法第67条の2第9項第2号の規定に基づく建築物の防災都市計画施設に係る間口率及び高さに関する特例の許可の申請に対する審査

特定防災街区整備地区における建築物の防災都市計画施設に係る間口率及び高さの特例許可申請手数料　160,000円

(26)の6　法第68条第1項第2号の規定に基づく建築物の高さに関する特例の許可の申請に対する審査

景観地区における建築物の高さの特例許可申請手数料　160,000円

(26)の7　法第68条第2項第2号の規定に基づく建築物の壁面の位置に関する特例の許可の申請に対する審査

景観地区における建築物の壁面の位置の特例許可申請手数料　160,000円

(26)の8　法第68条第3項第2号の規定に基づく建築物の敷地面積に関する特例の許可の申請に対する審査

景観地区における建築物の敷地面積の特例許可申請手数料　160,000円

(26)の9　法第68条第5項の規定に基づく建築物の各部分の高さに関する制限の適用除外に係る認定の申請に対する審査

景観地区における建築物の各部分の高さに関する制限の適用除外に係る認定申請手数料　27,000円

(26)の10　法第68条の3第1項の規定に基づく建築物の容積率、同条第2項の規定に基づく建築物の建ぺい率又は同条第3項の規定に基づく建築物の高さに関する制限の適用除外に係る認定の申請に対する審査

再開発等促進区等における建築物の容積率、建築物の建ぺい率又は建築物の高さに関する制限の適用除外に係る認定申請手数料　27,000円

(26)の11　法第68条の3第4項の規定に基づく建築物の各部分の高さの許可の申請に対する審査

再開発等促進区等における建築物の各部分の高さの許可申請手数料　160,000円

(27)　法第68条の4の規定に基づく建築物の容積率に関する制限の適用除外に係る認定の申請に対する審査

建築物の容積率の最高限度を区域の特性に応じたものと公共施設の整備の状況に応じたものとに区分して定める地区計画等の区域における建築物の容積率に関する制限の適用除外に係る認定申請手数料　27,000円

(27)の2　法第68条の5の2第2項の規定に基づく建築物の各部分の高さの許可の申請に対する審査

高度利用と都市機能の更新とを図る地区計画等の区域における建築物の各部分の高さの許可申請手数料　160,000円

(28)　法第68条の5の4第1項の規定に基づく建築物の容積率に関する特例又は同条第2項の規定に基づく建築物の各部分の高さに関する制限の適用除外に係る認定の申請に対する審査

区域の特性に応じた高さ、配列及び形態を備えた建築物の整備を誘導する地区計画等の区域における建築物の容積率に関する特例又は建築物の各部分の高さに関する制限の適用除外に係る認定申請手数料　27,000円

(29)から(31)まで　削除

(32)　法第68条の5の5の規定に基づく建築物の建ぺい率に関する特例の認定の申請に対する審査

地区計画等の区域内における建築物の建ぺい率の特例認定申請手数料　27,000円

(33)　法第68条の7第5項の規定に基づく建築物の容積率に関する特例の許可の申請に対する審査

予定道路に係る建築物の容積率の特例許可申請手数料　160,000円

(34)　法第85条第5項の規定に基づく仮設建築物の建築の許可の申請に対する審査

仮設建築物建築許可申請手数料　120,000円

(35)　法第86条第1項の規定に基づく一の敷地とみなすこと等による特例の認定の申請に対する審査

一団地の建築物の特例認定申請手数料

ア　建築物の数が1又は2である場合　78,000円

イ　建築物の数が3以上である場合にあっては78,000円に2を超える建築物の数に28,000円を乗じて得た額を加算した額

(36)　法第86条第2項の規定に基づく一の敷地とみなすこと等による特例の認定の申請に対する審査

既存建築物を前提とした総合的設計による建築物の特例認定申請手数料

ア　建築物（既存建築物を除く。以下この号において同じ。）の数が1である場合

78,000円

イ　建築物の数が２以上である場合にあっては78,000円に１を超える建築物の数に28,000円を乗じて得た額を加算した額

(36)の２　法第86条第３項の規定に基づく一の敷地とみなすこと等による特例及び建築物の容積率又は各部分の高さの許可の申請に対する審査

一団地の建築物の特例及び一団地内に広い空地を有する建築物の容積率又は各部分の高さの特例許可申請手数料

ア　建築物の数が１又は２である場合　238,000円

イ　建築物の数が３以上である場合にあっては238,000円に２を超える建築物の数に28,000円を乗じて得た額を加算した額

(36)の３　法第86条第４項の規定に基づく一の敷地とみなすこと等による特例及び建築物の容積率又は各部分の高さの許可の申請に対する審査

既存建築物を前提とした総合的設計による建築物の特例及び一定の一団の土地の区域内に広い空地を有する建築物の容積率又は各部分の高さの特例許可申請手数料

ア　建築物（既存建築物を除く。以下この号において同じ。）の数が１である場合　238,000円

イ　建築物の数が２以上である場合にあっては238,000円に１を超える建築物の数に28,000円を乗じて得た額を加算した額

(37)　法第86条の２第１項の規定に基づく一敷地内認定建築物以外の建築物の建築の認定申請に対する審査

一敷地内認定建築物以外の建築物の建築認定申請手数料

ア　建築物（一敷地内認定建築物を除く。以下この号において同じ。）の数が１である場合　78,000円

イ　建築物の数が２以上である場合にあっては78,000円に１を超える建築物の数に28,000円を乗じて得た額を加算した額

(37)の２　法第86条の２第２項の規定に基づく一敷地内認定建築物以外の建築物の建築及び公告認定対象区域内に広い空地を有する建築物の容積率又は各部分の高さの許可の申請に対する審査

一敷地内認定建築物以外の建築物の建築及び公告認定対象区域内に広い空地を有する建築物の容積率又は各部分の高さの特例許可申請手数料

ア　建築物（一敷地内認定建築物を除く。以下この号において同じ。）の数が１である場合　238,000円

イ　建築物の数が２以上である場合にあっては238,000円に１を超える建築物の数に28,000円を乗じて得た額を加算した額

(37)の３　法第86条の２第３項の規定に基づく一敷地内許可建築物以外の建築物の建築の

許可申請に対する審査

一敷地内許可建築物以外の建築物の建築許可申請手数料

ア　建築物（一敷地内許可建築物を除く。以下この号において同じ。）の数が1である場合　238,000円

イ　建築物の数が2以上である場合にあっては238,000円に1を超える建築物の数に28,000円を乗じて得た額を加算した額

(38)　法第86条の5第1項の規定に基づく一の敷地とみなすこと等の認定又は許可の取消しの申請に対する審査

一の敷地とみなすこと等の認定又は許可の取消し申請手数料

6,400円に現に存する建築物の数に12,000円を乗じて得た額を加算した額

(39)　法第86条の6第2項の規定に基づく建築物の容積率、建ぺい率、外壁の後退距離又は高さに関する制限の適用除外に係る認定の申請に対する審査

一団地の住宅施設に関する都市計画に基づく建築物の容積率、建ぺい率、外壁の後退距離又は高さに関する制限の適用除外に係る認定申請手数料　27,000円

(39)の2　法第86条の8第1項の規定に基づく既存の一の建築物について2以上の工事に分けて工事を行う場合の制限の緩和の認定の申請に対する審査

全体計画に関する認定申請手数料　27,000円

(39)の3　法第86条の8第3項の規定に基づく既存の一の建築物について2以上の工事に分けて工事を行う場合の制限の緩和の認定の申請に対する審査

全体計画の変更に関する認定申請手数料　27,000円

(40)　密集市街地における防災街区の整備の促進に関する法律（平成9年法律第49号）第116条第1項の規定に基づく建築物の敷地と道路との関係の特例の許可の申請に対する審査

予定道路に係る建築物の敷地と道路との関係の特例許可申請手数料　160,000円

(41)　租税特別措置法（昭和32年法律第26号）第28条の4第3項第6号、第63条第3項第6号若しくは第68条の69第3項第6号、第28条の4第3項第7号ロ、第63条第3項第7号ロ若しくは第68条の69第3項第7号ロ又は第31条の2第2項第15号ニ若しくは第62条の3第4項第15号ニに規定する住宅の新築が優良な住宅の供給に寄与するものであることについての認定の申請に対する審査

優良住宅新築認定申請手数料

ア　床面積の合計が100㎡以内のとき　6,200円

イ　床面積の合計が100㎡を超え500㎡以内のとき　8,600円

ウ　床面積の合計が500㎡を超え2,000㎡以内のとき　13,000円

エ　床面積の合計が2,000㎡を超え10,000㎡以内のとき　35,000円

オ　床面積の合計が10,000㎡を超え50,000㎡以内のとき　43,000円

カ　床面積の合計が50,000㎡を超えるとき　58,000円

(42)　削除

(43)　租税特別措置法施行令（昭和32年政令第43号）第20条の２第11項又は第38条の４第21項に規定する要件に該当する事業であることについての認定の申請に対する審査

特定の民間再開発事業認定申請手数料　31,000円

(44)　租税特別措置法施行令第25条の４第２項、第39条の７第９項又は第39条の106第２項に規定する要件に該当する事業であることについての認定の申請に対する審査

特定民間再開発事業認定申請手数料　32,000円

(45)　租税特別措置法施行令第25条の４第16項、第39条の７第11項又は第39条の106第４項に規定する事情があることについての認定の申請に対する審査

地区外転出事情認定申請手数料　24,000円

(46)　愛知県建築基準条例（昭和39年愛知県条例第49号。以下「県条例」という。）第５条ただし書の規定に基づく大規模建築物の敷地と道路との関係に関する制限の適用除外に係る認定の申請に対する審査

大規模建築物の敷地と道路との関係に関する制限の適用除外に係る認定申請手数料　27,000円

(47)　県条例第６条第１項ただし書の規定に基づく路地状部分の敷地と道路との関係に関する制限の適用除外に係る認定の申請に対する審査

路地状部分の敷地と道路との関係に関する制限の適用除外に係る認定申請手数料　27,000円

(48)　県条例第７条ただし書の規定に基づく特殊建築物の路地状部分の敷地と道路との関係に関する制限の適用除外に係る認定の申請に対する審査

特殊建築物の路地状部分の敷地と道路との関係に関する制限の適用除外に係る認定申請手数料　27,000円

(49)　県条例第９条第３項の規定に基づく防火壁の位置に関する制限の適用除外に係る認定の申請に対する審査

防火壁の位置に関する制限の適用除外に係る認定申請手数料　27,000円

(50)　県条例第19条第３項の規定に基づく興行場等に関する制限の特例認定の申請に対する審査

興行場等に関する制限の特例認定申請手数料　27,000円

(51)　県条例第20条第１項ただし書の規定に基づく興行場等の敷地と道路との関係に関する制限の適用除外に係る認定の申請に対する審査

興行場等の敷地と道路との関係に関する制限の適用除外に係る認定申請手数料　27,000円

(52)　県条例第25条ただし書の規定に基づく自動車修理工場等の敷地の自動車の出入口に

関する制限の適用除外に係る認定の申請に対する審査

自動車修理工場等の敷地の自動車の出入口に関する制限の適用除外に係る認定申請手数料　27,000円

(53) 県条例第26条ただし書の規定に基づく大規模な自動車車庫の構造に関する制限の適用除外に係る認定の申請に対する審査

大規模な自動車車庫の構造に関する制限の適用除外に係る認定申請手数料27,000円

(54) 県条例第31条ただし書の規定に基づく地下道の幅に関する制限の特例認定の申請に対する審査

地下道の幅に関する制限の特例認定申請手数料　27,000円

(55) 県条例第32条の規定に基づく地下道の天井までの高さに関する制限の特例認定の申請に対する審査

地下道の天井までの高さに関する制限の特例認定申請手数料　27,000円

(56) 県条例第34条の規定に基づく地下道の段の設置に関する制限の特例認定の申請に対する審査

地下道の段の設置に関する制限の特例認定申請手数料　27,000円

(57) 県条例第35条の規定に基づく直通階段への歩行距離に関する制限の特例認定の申請に対する審査

直通階段への歩行距離に関する制限の特例認定申請手数料　27,000円

(58) 県条例第36条第2項の規定に基づく地下街の換気設備に関する制限の特例認定の申請に対する審査

地下街の換気設備に関する制限の特例認定申請手数料　27,000円

(手数料の納付)

第18条　手数料は、前納しなければならない。

(手数料の減免)

第19条　市長は、公益上必要があると認めたとき又は災害その他特別の事由があると認めたときは、手数料を減免することができる。

(手数料の不還付)

第20条　既納の手数料は、還付しない。

(委任)

第21条　この条例の施行に関し必要な事項は、市長が定める。

附　則

(施行期日)

1　この条例は、平成12年4月1日から施行する。

(経過措置)

2　この条例の施行の際、現にこの条例の規定に相当する名古屋市建築基準法施行細則

（昭和31年名古屋市規則第58号。以下「旧細則」という。）の規定により提出されている申請書、調書、報告書、計算書及び届は、それぞれこの条例の相当規定により提出されたものとみなす。

3　この条例の施行の際、現にこの条例の規定に相当する旧細則の規定によりされている標示又は表示は、それぞれこの条例の相当規定によりされたものとみなす。

附　則（平成13年条例第21号）

この条例は、平成13年4月1日から施行する。ただし、第17条第17号の次に1号を加える改正規定は、都市計画法及び建築基準法の一部を改正する法律（平成12年法律第73号）の施行の日〔平成13年5月18日〕から施行する。

附　則（平成15年条例第39号）

この条例は、平成15年4月1日から施行する。

附　則（平成16年条例第34号）

この条例は、平成16年4月1日から施行する。

附　則（平成17年条例第44号）

この条例の施行期日は、規則で定める。ただし、第11条並びに第17条第40号、第41号及び第43号の改正規定は、公布の日から施行する。

〔平成17年規則第108号により、平成17年6月1日から施行〕

附　則（平成17年条例第107号）

この条例は、公布の日（平成17年10月28日）から施行する。

附　則（平成18年条例第5号）

この条例は、公布の日（平成18年3月22日）から施行する。

別表

	ア	イ	ウ	エ	オ
	建築物の用途	建築物の階	床面積の合計	建築物に係る報告の時期	換気設備等に係る報告の時期
1	劇場、映画館、演芸場、公会堂又は集会所	3階以上の階又は地階	200㎡	平成3年を始期として隔年の4月1日から10月31日まで	毎年、4月1日から10月31日まで
2	観覧場	いずれかの階	1,000㎡	平成3年を始期として隔年の4月1日から10月31日まで	毎年、4月1日から10月31日まで

3	病院	3階以上の階	500㎡	平成2年を始期として隔年の4月1日から10月31日まで	毎年、4月1日から10月31日まで
4	ホテル又は旅館	3階以上の階	300㎡	平成2年を始期として隔年の4月1日から10月31日まで	毎年、4月1日から10月31日まで
5	物品販売業を営む店舗（百貨店及びマーケットを含む。）	3階以上の階又は地階	500㎡	平成3年を始期として隔年の4月1日から10月31日まで	毎年、4月1日から10月31日まで
6	展示場、キャバレー、ナイトクラブ、バー、ダンスホール、遊戯場、公衆浴場、料理店又は飲食店	3階以上の階又は地階	1,000㎡	平成3年を始期として隔年の4月1日から10月31日まで	毎年、4月1日から10月31日まで
7	事務所その他これに類する用途（階数が5以上の建築物の全部又は一部を当該用途に供する場合に限る。以下「事務所等」という。）	3階以上の階又は地階	3,000㎡	平成2年（中区又は中村区に所在する建築物にあっては、平成3年）を始期として隔年の4月1日から10月31日まで	毎年、4月1日から10月31日まで
8	前各項に掲げる用途のうち2以上の用途	3階以上の階又は地階	1,000㎡（1項から6項までの2以上の用途の床面積の合計が1,000㎡を超える場合に限る。）	平成3年を始期として隔年の4月1日から10月31日まで	毎年、4月1日から10月31日まで

			3,000㎡（1項から6項までの2以上の用途の床面積の合計が1,000㎡以下の場合又は1項から6項までのいずれかの用途及び7項の用途に該当する場合でこれらの用途の床面積がそれぞれウ欄の床面積以下のときに限る。）	平成2年（中区又は中村区に所在する建築物にあっては、平成3年）を始期として隔年の4月1日から10月31日まで	
9	地下の工作物内に設ける居室で1項から6項までに掲げる用途を有するもの	地階	1,500㎡	平成2年を始期として隔年の4月1日から10月31日まで	毎年、4月1日から10月31日まで

備考

1　7項ア欄に定める事務所等には、1項から6項までに該当する建築物の用途に必要であると市長が認める事務所等は含まないものとする。

2　建築物が1項から8項までの2以上に該当する場合における建築物又は換気設備等に係る報告の時期については、8項に該当する場合には8項により、8項に該当しない場合には次のとおりとする。ただし、平成2年3月31日現在存する建築物で1項から6項までのいずれかに該当し、事務所等を加えることによって7項又は8項にも該当するものにあっては、これらの項に該当しないものとみなしてこの表を適用する。

(1)　建築物に係る報告の時期　平成3年を始期として隔年の4月1日から10月31日まで

(2)　換気設備等に係る報告の時期　毎年、4月1日から10月31日まで

○名古屋市建築基準法等施行細則

（平成12年3月31日
名古屋市規則第85号）

改正　平成12年10月24日名古屋市規則第147号
同　13年3月29日同　第41号
同　15年3月31日同　第69号
同　16年3月30日同　第25号
同　17年4月1日同　第89号
同　17年10月6日同　第171号
同　18年2月28日同　第13号
同　18年3月22日同　第18号

（趣旨）

第1条　この規則は、建築基準法（昭和25年法律第201号。以下「法」という。）、建築基準法施行令（昭和25年政令第338号。以下「令」という。）及び建築基準法施行規則（昭和25年建設省令第40号。以下「規則」という。）、法に基づく条例等の施行に関し必要な事項を定めるものとする。

（保存建築物の指定の申請）

第2条　法第3条第1項第3号の規定による指定を受けようとする者は、保存建築物指定申請書（別記第1号様式）の正本及び副本に、規則第1条の3第1項の表1(い)項に掲げる図書のうち付近見取図、配置図、各階平面図及び(ろ)項に掲げる図書を添えて、特定行政庁に提出しなければならない。

2　前項の規定に定めるもののほか、特定行政庁は、必要があると認めるときは、指定事項の審査について参考となる資料の提出を求めることができる。

3　特定行政庁は、第1項の申請に基づき指定したときは、通知書（別記第2号様式）に申請書の副本を添えて、申請者に指定した旨を通知する。

（確認申請書に添付する書類）

第3条　法第6条第1項（法第87条第1項、法第87条の2並びに法第88条第1項及び第2項において準用する場合を含む。）の規定による確認の申請書（以下「確認申請書」という。）には、規則第1条の3第1項に定めるもののほか、名古屋市建築基準法施行条例（平成12年名古屋市条例第40号。以下「施行条例」という。）第2条の規定により、光学式文字認識建築確認申請概要調書（別記第3号様式）及び次の各号に掲げる図書を添えなければならない。ただし、確認を受けた建築物の計画の変更の場合における確認申請書には、規則第1条の3第19項に定めるもののほか、次の各号に掲げる図書で変更に係るものを添えなければならない。

(1)　工場（準工業地域（名古屋都市計画特別用途地区のうち特別工業地区（以下「特別工業地区」という。）に指定された区域に限る。）内、工業地域内及び工業専用地域内のものを除く。）にあっては、工場調書（別記第4号様式）

(2)　危険物の貯蔵場又は処理場（特別工業地区に指定された区域内のものを除く。）にあっては、その種類及び数量を記載した調書

(3)　し尿浄化槽又は合併処理浄化槽を設ける場合にあっては、浄化槽調書（別記第５号様式）

(4)　小荷物専用昇降機を設ける場合にあっては、小荷物専用昇降機調書（別記第６号様式）

(5)　名古屋市駐車場条例（昭和34年名古屋市条例第９号）第３条若しくは第３条の２の規定により駐車施設を設ける場合若しくは同条例第３条の３若しくは第３条の４の規定により荷さばきのための駐車施設を設ける場合又は自動車車庫で格納若しくは駐車の用に供する部分の床面積の合計が500㎡以上となるものを設ける場合にあっては、駐車場調書（別記第７号様式）

(6)　法第86条の７第１項、法第87条第３項第３号の規定により増築し、改築し、又は用途を変更する場合にあっては、その増築、改築又は用途変更に係る不適合建築物に関する報告書（別記第８号様式）

(7)　高齢者、身体障害者等が円滑に利用できる特定建築物の建築の促進に関する法律（平成６年法律第44号）第３条第１項に規定する政令で定める規模以上の建築をしようとする場合にあっては、同項に規定する利用円滑化基準に適合させるための措置を明示した調書（別記第８号様式の２）

2　前項に定めるもののほか、確認申請書には、規則第１条の３第17項の規定により、次の各号に掲げる図書を添えなければならない。ただし、確認を受けた建築物の計画の変更の場合における確認申請書には、次の各号に掲げる図書で変更に係るものを添えなければならない。

(1)　工場（特別工業地区に指定された区域内のものに限る。）にあっては、工場調書（別記第４号様式）

(2)　危険物の貯蔵場又は処理場（特別工業地区に指定された区域内のものに限る。）にあっては、その種類及び数量を記載した調書

(3)　名古屋市臨海部防災区域建築条例（昭和36年名古屋市条例第２号）第２条に規定する臨海部防災区域内に建築する場合にあっては、建築物の床の高さ及び建築物の構造を明示した図面

(4)　名古屋市文教地区建築条例（昭和43年名古屋市条例第48号。以下「文教地区条例」という。）第３条、名古屋市特別工業地区建築条例（昭和47年名古屋市条例第70号。以下「特別工業地区条例」という。）第３条、名古屋市中高層階住居専用地区建築条例（平成７年名古屋市条例第40号。以下「中高層階住居専用地区条例」という。）第３条、名古屋市研究開発地区建築条例（平成７年名古屋市条例第43号。以下「研究開発地区条例」という。）第３条又は名古屋市地区計画等の区域内における建築物の制

限に関する条例（平成５年名古屋市条例第41号。以下「地区計画条例」という。）第13条の規定により増築し、改築し、又は用途を変更する場合にあっては、その増築、改築又は用途変更に係る不適合建築物に関する報告書（別記第８号様式）

⑸　地区計画条例第６条第２項の規定により建築物の敷地面積の最低限度に関する規定の適用がないとされる土地に建築する場合にあっては、現に存する所有権その他の権利に基づいて当該土地を建築物の敷地として使用することができる旨を証する書面

3　前２項の規定は、法第18条第２項の規定による通知について準用する。

（確認申請書に添付を要しない場合）

第４条　規則第１条の３第11項及び第14項並びに第３条第５項の規定により添えることとされている書面に代わる書類が、建築主事に提出されている場合には、当該書面を確認申請書に添えることを要しない。

2　確認の申請に係る建築物が、法第68条の26第３項の規定による指定又は同条第６項の規定による承認を受けた者による構造に係る評価又は評定を受けた建築物で、その工事計画が建築士の作成した設計図書によるものである場合においては、規則第１条の３第18項の規定により同条第１項の表１(は)項に掲げる図書の全部並びに同項の表２(ろ)欄及び同項の表３(ろ)欄に掲げる構造計算の計算書のうち当該評価又は評定を受けた部分に係る図書を添えることを要しない。ただし、建築主事が特に必要と認めて指示した場合は、この限りでない。

3　前２項の規定は、法第18条第２項の規定による通知について準用する。

（完了検査申請書に添付する書類）

第５条　建築士法（昭和25年法律第202号）第３条第１項第３号に該当する建築物又は建築物の部分に係る法第７条第１項の規定による検査の申請書には、次の各号に掲げる書類を添えなければならない。

⑴　くいの施工報告書（平板載荷試験、くい載荷試験又はくい打試験の結果を含む。）

⑵　配筋写真及び鉄骨写真（仕口、継手、柱脚等）

⑶　その他建築主事が必要と認める書類

2　法第７条第１項（法第88条第１項又は第２項において準用する場合に限る。）の規定による検査の申請書には、前項第２号及び第３号に掲げる書類を添えなければならない。

（中間検査申請書に添付する書類）

第６条　法第７条の３第２項の規定による検査の申請書には、次の各号に掲げる書類を添えなければならない。ただし、第１号から第３号までの図書については、法第６条第１項又は法第６条の２第１項の規定による確認の申請に当たって添付しなかった場合に限る。

⑴　筋かいの位置及び種類並びに通し柱の位置を明示した図書

⑵　土台、柱、はり、筋かいその他これらに類する部材及びそれらの接合の方法を明示

した図書

(3) 令第46条第4項の規定による必要壁量の計算書（別記第9号様式）

(4) 法第7条の3第1項の規定により特定行政庁が指定する特定工程に係る工事監理又は施工の状況を明示した書類

2 前項の規定にかかわらず、令第46条第4項の規定による必要壁量の計算を行わない建築物にあっては、前項第3号の図書を添えることを要しない。

（違反建築物の公告）

第7条 規則第4条の17の規定による公告は、次の各号に掲げる事項を市役所及び区役所の掲示場並びに住宅都市局建築指導部内に掲示する。

(1) 違反建築物の所在地及び規模

(2) 法第9条第1項又は第10項（建築監視員が命令をした場合を含む。）の規定による命令を受けたものの氏名

(3) 前号の命令の内容

（建築物の定期調査報告書に添付する書類）

第8条 法第12条第1項の規定による定期調査の報告書には、次に掲げる書類を添えなければならない。

(1) 特定行政庁が別に定める定期調査票

(2) 付近見取図

(3) 建築物の配置図

(4) 建築物の各階平面図

（建築設備等の定期検査報告書に添付する書類）

第9条 法第12条第3項（法第88条第1項において準用する場合を含む。）の規定による定期検査の報告書には、次に掲げる書類を添えなければならない。

(1) 昇降機（法第88条第1項に規定する昇降機等を含む。以下この条において同じ。）の報告である場合にあっては、ア及びイに掲げる書類

ア 特定行政庁が別に定める昇降機定期検査成績票

イ 特定行政庁が別に定める昇降機定期検査票

(2) 建築設備等（昇降機を除く。）の報告である場合にあっては、ア及びイに掲げる書類

ア 特定行政庁が別に定める建築設備等定期検査票

イ 建築物の各階平面図

（建築物に関する報告）

第10条 施行条例第6条の規定による報告は、建築物に関する報告書（別記第12号様式）により行わなければならない。

（地盤調査の報告）

第11条　施行条例第７条第１項の規定による報告は、地盤調査報告書（別記第13号様式）により行わなければならない。

（法の規定による許可申請書の添付図書）

第12条　規則第10条の４第１項及び第４項の規定による許可申請書には、次の表の左欄の１項から４項までの区分に応じてそれぞれ右欄に掲げる図書を添えなければならない。

	法の規定	添付する図書
1	法第43条第１項ただし書、法第44条第１項第２号又は法第53条第５項第３号	(1)　規則第１条の３第１項の表１(い)項に掲げる図書のうち付近見取図、配置図及び各階平面図 (2)　申請者の許可を必要とする理由の陳述書
2	法第44条第１項第４号、法第47条ただし書、法第51条ただし書（法第87条第２項若しくは第３項又は第88条第２項において準用する場合を含む。）、法第52条第10項若しくは第11項、法第53条第４項、法第59条第１項第３号、法第60条の２第１項第３号、法第67条の２第５項第２号若しくは第９項第２号、法第68条第２項第２号、法第68条の７第５項又は法第85条第３項若しくは第５項	(1)　規則第１条の３第１項の表１(い)項に掲げる図書のうち付近見取図、配置図、各階平面図及び(ろ)項に掲げる図書 (2)　申請者の許可を必要とする理由の陳述書 (3)　申請に係る敷地の周囲で、市長の指示する区域内にある建築物及びその敷地、空地等の現況図
3	法第48条第１項ただし書、第２項ただし書、第３項ただし書、第４項ただし書、第５項ただし書、第６項ただし書、第７項ただし書、第８項ただし書、第９項ただし書、第10項ただし書、第11項ただし書又は第12項ただし書（法第87条第２項若しくは第３項又は法第88条第２項においてこれらの規定を準用する場合を含む。）	(1)　２項右欄に掲げる図書 (2)　２項右欄第３号の区域内にある建築物の所有者及び占有者並びに建築物の敷地及び空地等の所有者及び借地権者の住所及び氏名を記載した名簿
4	法第52条第14項、法第53条の２第１項第３号若しくは第４号（法第57条の５第３項において準用する場合を含む。）、法第55条第３項各号、法第56条の２第１項ただし書、法第57条の４第１項ただし書、法第59条第４項、法第59条の２第１項、法第67条の２第３項第２号、法第68条第１項第２号若しくは第３項第２号、法第68条の３第４項又は法第68条の５の２第２項	(1)　２項右欄に掲げる図書 (2)　規則第１条の３第１項の表１(ろ)項に掲げる図書

2　前項の規定にかかわらず、同項の表の３項に掲げる規定による許可の申請を行う場合において、法第48条第13項ただし書の規定によりその許可に利害関係を有する者の出頭を求めて公開による意見の聴取を行う必要がないときは、前項の表の３項右欄第２号に掲げる図書を添えることを要しない。

3　第１項に定めるもののほか、特定行政庁は、必要があると認めるときは、許可事項の審査について参考となる資料の提出を求めることができる。

（条例等の規定による許可申請書及び添付図書）

第13条　法に基づく本市の条例及び名古屋都市計画高度地区（以下「高度地区」という。）の規定による許可を受けようとする者は、許可申請書（別記第14号様式）の正本及び副本に、次の表の左欄の１項から３項までの区分に応じてそれぞれ右欄に掲げる図書を添えて、市長に提出しなければならない。

	法に基づく本市の条例及び高度地区の規定	添付する図書
1	高度地区第３項第６号又は地区計画条例第14条第１項	⑴　規則第１条の３第１項の表１(い)項に掲げる図書のうち付近見取図、配置図、各階平面図及び(ろ)項に掲げる図書 ⑵　申請者の許可を必要とする理由の陳述書 ⑶　申請に係る敷地の周囲で、市長の指示する区域内にある建築物及びその敷地、空地等の現況図
2	文教地区条例第２条第１項ただし書（法第87条第２項又は第３項において準用する場合を含む。）、特別工業地区条例第２条第１項ただし書若しくは第２項ただし書（法第87条第２項又は第３項においてこれらの規定を準用する場合を含む。）、中高層階住居専用地区条例第２条第１項ただし書（法第87条第２項又は第３項において準用する場合を含む。）、研究開発地区条例第２条第１項ただし書（法第87条第２項又は第３項において準用する場合を含む。）又は地区計画条例第３条第１項ただし書（法第87条第２項又は第３項において準用する場合を含む。）	⑴　１項右欄に掲げる図書 ⑵　１項右欄第３号の区域内にある建築物の所有者及び占有者並びに建築物の敷地及び空地等の所有者及び借地権者の住所及び氏名を記載した名簿
3	高度地区第２項第２号若しくは第７号又は	⑴　１項右欄に掲げる図書

	地区計画条例第９条第１項	⑵　規則第１条の３第１項の表１㈫項に掲げる図書

2　前項の規定にかかわらず、同項の表の２項に掲げる規定による許可の申請を行う場合において、文教地区条例第２条第２項ただし書、特別工業地区条例第２条第３項ただし書、中高層階住居専用地区条例第２条第２項ただし書、研究開発地区条例第２条第２項ただし書又は地区計画条例第３条第２項ただし書の規定によりその許可に利害関係を有する者の出頭を求めて公開による意見の聴取を行う必要がないときは、前項の表の２項右欄第２号に掲げる図書を添えることを要しない。

3　第１項に定めるもののほか、市長は、必要があると認めるときは、許可事項の審査について参考となる資料の提出を求めることができる。

4　市長は、第１項の申請を許可したときは、第２条第３項の規定に準じて、申請者に許可した旨を通知する。

（法及び令の規定による認定申請書の添付図書）

第14条　規則第10条の４の２第１項の規定による認定申請書には、次の表の左欄の１項から４項までの区分に応じてそれぞれ右欄に掲げる図書を添えなければならない。

	法及び令の規定	添付する図書
1	法第44条第１項第３号又は令第131条の２第２項若しくは第３項	⑴　規則第１条の３第１項の表１㈸項に掲げる図書のうち付近見取図、配置図、各階平面図及び㈫項に掲げる図書 ⑵　申請者の認定を必要とする理由の陳述書
2	法第55条第２項又は法第57条第１項	⑴　１項右欄に掲げる図書 ⑵　規則第１条の３第１項の表１㈫項に掲げる図書
3	法第68条第５項、法第68条の３第１項から第３項まで、法第68条の４、法第68条の５の４第１項若しくは第２項又は法第68条の５の５	⑴　２項右欄に掲げる図書 ⑵　申請に係る景観地区又は地区計画等の区域の現況図
4	法第86条の６第２項	⑴　２項右欄に掲げる図書 ⑵　申請に係る敷地内の土地利用の計画（建築物その他の施設の計画を含む。）を表示した図書 ⑶　申請に係る敷地の不動産登記法（平成16年法律第123号）第

		14条第1項の規定による地図の写し及び土地の登記事項証明書 (4) 総合的設計による建築計画概要書

2 前項に定めるもののほか、特定行政庁は、必要があると認めるときは、認定事項の審査について参考となる資料の提出を求めることができる。

（法、令等の規定による認定申請書及び添付図書）

第15条 法、令、愛知県建築基準条例（昭和39年愛知県条例第49号。以下「県条例」という。）及び高度地区の規定による認定を受けようとする者は、認定申請書（別記第15号様式）の正本及び副本に、次の表の左欄の1項から5項までの区分に応じてそれぞれ右欄に掲げる図書を添えて、特定行政庁（県条例及び高度地区の規定による場合にあっては、市長）に提出しなければならない。

	法、令、県条例及び高度地区の規定	添付する図書
1	法第3条第1項第4号、県条例第5条ただし書、県条例第6条第1項ただし書、県条例第7条ただし書、県条例第9条第3項、県条例第20条第1項ただし書、県条例第25条ただし書又は県条例第26条ただし書	(1) 規則第1条の3第1項の表1(い)項に掲げる図書のうち付近見取図、配置図、各階平面図及び(ろ)項に掲げる図書 (2) 申請者の認定を必要とする理由の陳述書
2	令第115条の2第1項第4号ただし書又は令第129条の2の3第1項第2号	(1) 1項右欄に掲げる図書 (2) 申請に係る敷地の周囲の現況図 (3) 外壁及び軒裏の構造図
3	県条例第19条第3項	(1) 1項右欄に掲げる図書 (2) 申請に係る建築物について、県条例第13条から第18条までの規定に適合しているかどうかを明示した図書
4	県条例第31条ただし書、県条例第32条、県条例第34条、県条例第35条又は県条例第36条第2項	(1) 1項右欄に掲げる図書 (2) 令第129条の2の2第1項の全館避難安全検証法により検証した際の計算書
5	高度地区第2項第1号、第5号又は第6号	(1) 1項右欄に掲げる図書 (2) 規則第1条の3第1項の表1(る)項に掲げる図書

2 前項に定めるもののほか、特定行政庁又は市長は、必要があると認めるときは、認定

事項の審査について参考となる資料の提出を求めることができる。

3　特定行政庁又は市長は、第1項の申請に基づき認定したときは、第2条第3項の規定に準じて、申請者に認定した旨を通知する。

（道路の位置の指定の申請等）

第16条　規則第9条の申請は、道路位置（変更・廃止）指定申請書（別記第16号様式）により行わなければならない。

2　特定行政庁は、前項の申請に基づき指定したときは、第2条第3項の規定に準じて、申請者に指定した旨を通知する。

3　施行条例第12条第1項第2号の表示は、別記第17号様式により行わなければならない。

4　施行条例第12条第2項の届は、道路位置標示等完了届（別記第18号様式）により行わなければならない。

（道路の位置の指定の基準）

第17条　法第42条第1項第5号の規定による道路の位置の指定を受けようとする場合には、令第144条の4第1項に定めるもののほか、次の各号に掲げる基準を満たさなければならない。

(1)　側溝の構造は、工業標準化法（昭和24年法律第185号）に基づく日本工業規格A5372（平成16年）を標準として、接続前面道路の側溝の構造と同じ形式とし、必要に応じ、補強コンクリート等で保護し、変形又は破損のおそれのないものとすること。ただし、当該道路の管理者の指示がある場合は、それに従うこと。

(2)　接続前面道路の側溝又は水路等の施設に土砂の流入のおそれがある場合は、道路の位置の指定を受ける道路の側溝の適当な箇所にたまり桝等を設けること。

(3)　側溝等の施設は、接続前面道路の側溝等他の有効な排水施設に接続すること。

(4)　道路の位置の指定を受ける道路の路面は簡易舗装仕上げ（アスファルトコンクリート表層厚さ50㎜、プライムコート）を、路盤は採石転圧厚さ100㎜を標準とし、通行の安全上支障ないものとすること。ただし、縦断勾（こう）配が12%を超える部分を有する場合は、その部分はコンクリート造すべり止め仕上げとすること。

(5)　道路の位置の指定を受ける道路内に上下水道、ガス等の施設を設置する場合は、保安上有効な構造とすること。

(6)　接続前面道路の幅員が11m未満の場合は、接続部に、別図1及び別図2に示す規模以上のすみ切りを設けること。ただし、周囲の状況によりやむを得ないと認めるときは、別図3に示す規模以上のすみ切りとすることができる。

(7)　転回広場の形状は、別図4に示すものに準じていること。

(8)　戸建住宅又は長屋建住宅の販売、宅地の分譲等の用に供する目的で道路の位置の指定を受けようとする場合にあっては、次のア及びイに適合するよう敷地の形状及び規模をあらかじめ定めること。

ア　袋路状の道路の位置の指定を受けようとする道路に通路部分のみによって接する敷地は、当該道路に2.5m以上接していること。

イ　一戸ごとの敷地面積は、第1種低層住居専用地域及び第2種低層住居専用地域内にあっては130㎡以上、第1種中高層住居専用地域、第2種中高層住居専用地域、第1種住居地域、第2種住居地域、準住居地域、準工業地域及び工業地域内にあっては100㎡以上とすること。

（道路の変更又は廃止の申請）

第18条　施行条例第13条第1項の申請は、道路位置（変更・廃止）指定申請書（別記第16号様式）により行わなければならない。

2　施行条例第13条第2項の申請は、私道変更（廃止）申請書（別記第19号様式）により行わなければならない。

3　市長は、前2項の申請に基づき、道路の変更又は廃止をしたときは、指定した旨を公告し、かつ、第2条第3項の規定に準じて、申請者に対しその旨を通知する。

（特例容積率の限度の指定の申請の添付図書）

第18条の2　規則第10条の4の4第1項第3号に規定する同意を得たことを証する書面は、指定同意書（別記第19号様式の2）とする。

2　規則第10条の4の4第1項第4号の規定による添付図書は、次の各号に掲げるものとする。

(1)　指定の申請をする理由書

(2)　土地利用の計画（建築物その他の施設の計画を含む。）を表示した図書

(3)　申請敷地内の土地の登記事項証明書その他の権利者であることを証する書面

（特例容積率の限度の指定の取消しの申請の添付図書）

第18条の3　規則第10条の4の7第1項第2号に規定する合意を証する書面及び同意を得たことを証する書面は、合意・同意書（別記第19号様式の3）とする。

2　規則第10条の4の7第1項第3号の規定による添付図書は、次の各号に掲げるものとする。

(1)　指定の取消しの申請をする理由書

(2)　土地利用の計画（建築物その他の施設の計画を含む。）を表示した図書

(3)　取消対象敷地内の土地の登記事項証明書その他の権利者であることを証する書面

（特例容積率の限度に係る公告）

第18条の4　法第57条の2第4項及び法第57条の3第3項の規定による公告は、次の各号に掲げる事項（法第57条の3第3項の規定による公告にあっては、第2号に掲げる事項に限る。）を市役所及び区役所の掲示場に掲示して行う。

(1)　特例容積率の限度

(2)　特例敷地の位置

⑶　縦覧場所
⑷　縦覧日時

（敷地内の空地の規模）

第19条　地区計画条例第９条第１項の規定により定める空地は、法第53条の規定により建ぺい率の最高限度が定められている場合においては、当該最高限度に応じて、当該空地の面積の敷地面積に対する割合が次の表に定める数値以上であるものとし、同条の規定により建ぺい率の最高限度が定められていない場合においては、当該空地の面積の敷地面積に対する割合が1.5／10以上であるものとする。

	法第53条の規定による建ぺい率の最高限度	空地の面積の敷地面積に対する割合
1	５／10以下の場合	１から法第53条の規定による建ぺい率の最高限度を減じた数値に１／10を加えた数値
2	５／10を超え、5.5／10以下の場合	６／10
3	5.5／10を超える場合	１から法第53条の規定による建ぺい率の最高限度を減じた数値に1.5／10を加えた数値

（敷地面積等の規模）

第20条　令第136条第３項ただし書及び地区計画条例第９条第１項の規定により定める敷地面積の規模並びに令第136条の12第２項において準用する令第136条第３項の規定により定める一団地の規模、一定の一団の土地の区域の規模及び公告認定対象区域の規模は、次の各号に掲げるとおりとする。

⑴　第１種低層住居専用地域又は第２種低層住居専用地域　1,000㎡

⑵　第１種中高層住居専用地域、第２種中高層住居専用地域、第１種住居地域、第２種住居地域、準住居地域、近隣商業地域、商業地域、準工業地域、工業地域又は工業専用地域　500㎡

（建築協定の認可の申請等）

第21条　法第70条第１項又は法第76条の３第２項の規定による建築協定の認可を受けようとする者は、建築協定認可申請書（別記第20号様式）の正本及び副本に、それぞれ次の各号に掲げる図書（法第76条の３第２項の規定による認可を受けようとする場合にあっては、第５号及び第６号に掲げる図書を除く。）を添えて、特定行政庁に提出しなければならない。

⑴　建築協定書
⑵　建築協定を締結しようとする理由書
⑶　方位、道路及び目標となる地物を明示した付近見取図

(4) 建築協定区域、建築協定区域隣接地並びに建築協定と関係のある地形及び地物の概略を表示する図面
(5) 建築協定区域内における土地の所有者等の全員の住所及び氏名を記載した建築協定同意書
(6) 申請者が建築協定を締結しようとする者の代表であることを証する書類
(7) その他特定行政庁が必要と認めて指示した図書

2 法第74条第1項又は法第76条第1項（法第76条の3第6項においてこれらの規定を準用する場合を含む。）の規定による建築協定の変更又は廃止の認可を受けようとする者は、建築協定変更（廃止）認可申請書（別記第21号様式）の正本及び副本に、それぞれ次の各号に掲げる図書（廃止しようとする場合にあっては、第2号及び第4号に掲げる図書を除く。）を添えて特定行政庁に提出しなければならない。
(1) 変更又は廃止をしようとする建築協定に係る認可通知書及び建築協定書
(2) 変更後の建築協定書
(3) 建築協定の変更又は廃止をしようとする理由書
(4) 建築協定区域、建築協定区域隣接地又は建築協定と関係のある地形及び地物の概略の変更を表示する図書
(5) 建築協定区域内における土地の所有者等の全員の住所及び氏名を記載した建築協定の変更に関する同意書（廃止しようとする場合にあっては、廃止に関する過半数の同意書）
(6) 申請者が建築協定の変更又は廃止をしようとする者の代表であることを証する書類
(7) その他特定行政庁が必要と認めて指示した図書

3 特定行政庁は、前2項の申請に基づき認可したときは、第2条第3項の規定に準じて、申請者に認可した旨を通知する。

（建築協定の設定の特則の届出）

第22条 施行条例第16条の届は、一人建築協定効力発生届（別記第22号様式）により行わなければならない。

（建築協定に加わる場合の届出）

第23条 法第75条の2第1項又は第2項の書面による建築協定に加わる意思の表示は、建築協定加入届（別記第23号様式）により行わなければならない。

（一の敷地とみなすこと等による制限の緩和に係る認定又は許可の申請の添付図書）

第24条 規則第10条の16第1項第3号及び第3項第2号に規定する同意を得たことを証する書面は、同意書（別記第24号様式）とする。

2 規則第10条の16第1項第4号、第2項第3号及び第3項第3号の規定による添付図書は、次の各号に掲げるものとする。
(1) 認定又は許可の申請をする理由書

(2) 土地利用の計画（建築物その他の施設の計画を含む。）を表示した図書
(3) 対象区域内又は公告対象区域内の土地の登記事項証明書その他の権利者であることを証する書面

3 規則第10条の16第2項第2号に規定する措置を記載した書面は、説明状況報告書（別記第25号様式）とする。

（一の敷地とみなすこと等による制限の緩和に係る認定又は許可の取消しの申請の添付図書）

第25条 規則第10条の21第1項第2号に規定する合意を証する書面は、合意書（別記第26号様式）とする。

2 規則第10条の21第1項第3号の規定による添付図書は、次の各号に掲げるものとする。
(1) 認定又は許可の取消しの申請をする理由書
(2) 土地利用の計画（建築物その他の施設の計画を含む。）を表示した図書
(3) 取消対象区域内の土地の登記事項証明書その他の権利者であることを証する書面

（一の敷地とみなすこと等による制限の緩和に係る公告）

第26条 法第86条第8項、法第86条の2第6項及び法第86条の5第4項の規定による公告は、次の各号に掲げる事項（法第86条の5第4項の規定による公告にあっては、第1号に掲げる事項に限る。）を市役所及び区役所の掲示場に掲示して行う。
(1) 対象区域
(2) 縦覧場所
(3) 縦覧日時

（申請書記載事項の変更の届出）

第27条 施行条例第8条第1項の届は、申請書記載事項変更届（別記第27号様式）により行わなければならない。

2 施行条例第8条第2項の届は、許可・認定申請書記載事項変更届（別記第28号様式）により行わなければならない。

（工事取止の届出）

第28条 施行条例第9条第1項の届は、工事取止届（別記第29号様式）により行わなければならない。

（意見の聴取）

第29条 法及び法に基づく本市の条例に規定する公開による意見の聴取に関する手続については、別に定める。

（垂直積雪量）

第29条の2 令第86条第3項の規定により特定行政庁が定める垂直積雪量は、30㎝とする。ただし、建築主事がやむを得ないと認めた場合には、平成12年建設省告示第1455号により求めた数値とすることができる。

（建築物の後退距離の算定の特例）

第30条　令第130条の12第５号の規定により特定行政庁が定める建築物の部分は、次の各号のいずれかに該当するものとする。

(1)　法第44条第１項第４号の規定により特定行政庁が許可した道路の上空に設けられる渡り廊下その他の通行又は運搬の用途に供する建築物の部分及びこれに接続して一体的に建築する部分

(2)　法第44条第１項第４号の規定により特定行政庁が許可した公共用歩廊に接して設けられる通路の上家で次のア及びイに該当するもの

ア　前面道路の路面の中心からの高さが５ｍ以下であるもの

イ　当該部分の水平投影の前面道路に面する長さを敷地の前面道路に接する部分の水平投影の長さで除した数値が１／５以下であるもの

（図書の閲覧）

第31条　規則第11条の４第３項の規定により閲覧に供すべき書類及び次に掲げる図面の閲覧の場所は、住宅都市局建築指導部内とする。

(1)　法第６条第１項の規定による確認の申請書の添付図書のうち、付近見取図、配置図、立面図及び日影図

(2)　法第88条第２項において準用する法第６条第１項の規定による確認の申請書の添付図書のうち、付近見取図、配置図、側面図及び縦断面図

2　閲覧に供する日及び時間は、名古屋市の休日を定める条例（平成３年名古屋市条例第36号）第２条第１項に規定する本市の休日以外の日の午前９時から午後５時まで（正午から午後１時までを除く。）とする。

3　特定行政庁は、図書の整理その他必要がある場合には、前項の規定にかかわらず、臨時に閲覧に供しない日を設け、又は閲覧に供する時間を短縮することができる。この場合においては、あらかじめ、その旨を閲覧の場所に掲示する。

4　第１項の図書を閲覧しようとする者は、次に掲げる閲覧申請書により、閲覧の申請をしなければならない。

(1)　建築計画概要書、築造計画概要書、処分等の概要書、全体計画概要書及び確認申請書添付書類にあっては、建築計画概要書等閲覧申請書（別記第30号様式）

(2)　定期調査報告概要書及び定期検査報告概要書にあっては、定期調査報告概要書等閲覧申請書（別記第30号様式の２）

（閲覧の停止又は禁止）

第32条　特定行政庁は、次の各号のいずれかに該当する者に対し、図書の閲覧を停止し、又は禁止することができる。

(1)　図書を外部に持ち出し、又はそのおそれがあると認められる者

(2)　図書を汚損し、若しくはき損し、又はそのおそれがあると認められる者

(3) 他人に迷惑を及ぼし、又はそのおそれがあると認められる者
(4) 建築物又は工作物を特定しない者
(5) 係員の指示に従わない者

（予定道路に関する特例許可の申請）

第33条 密集市街地における防災街区の整備の促進に関する法律（平成９年法律第49号）第116条第１項の規定による建築物の敷地と道路との関係の特例の許可を受けようとする者は、予定道路に関する建築物の敷地と道路との関係の特例許可申請書（別記第31号様式）の正本及び副本に、次の各号に掲げる書類を添えて、特定行政庁に提出しなければならない。

(1) 当該建築物が特定防災街区整備地区計画の内容に適合する旨を証する書面
(2) 第12条の表の１項右欄に掲げる図書
(3) その他特定行政庁が必要と認める図書

2 特定行政庁は、前項の申請を許可したときは、第２条第３項の規定に準じて、申請者に許可した旨を通知する。

（優良住宅の認定の申請）

第34条 租税特別措置法（昭和32年法律第26号）第28条の４第３項第６号、第63条第３項第６号若しくは第68条の69第３項第６号、第28条の４第３項第７号ロ、第63条第３項第７号ロ若しくは第68条の69第３項第７号ロ又は第31条の２第２項第15号ニ若しくは第62条の３第４項第15号ニに規定する住宅の新築が優良な住宅の供給に寄与するものであることについての認定を受けようとする者は、優良住宅新築認定申請書（別記第32号様式）の正本及び副本に、次の各号に掲げる書類を添えて、市長に提出しなければならない。

(1) 法第６条第１項の規定による確認の申請書及び確認済証並びに法第７条第５項の規定による検査済証の写し
(2) 方位、道路、目標となる地物及び一団の宅地の位置を示した付近見取図
(3) 一団の宅地の区域及び各敷地の区分並びに各家屋の位置を記載した配置図（面積計算上必要な事項及び面積計算書を含む。）
(4) 土地の登記事項証明書（３月以内のものに限る。土地区画整理法（昭和29年法律第119号）第98条第１項（大都市地域における住宅及び住宅地の供給の促進に関する特別措置法（昭和50年法律第67号）第83条において準用する場合を含む。）の規定により仮換地として指定された土地（以下「仮換地」という。）にあっては、仮換地証明及び地番該当証明）
(5) 方位、間取り、家屋の用途、壁の位置及び種類等を記載した各階平面図（縮尺１／100以上。床面積の計算書を含む。）
(6) 建物（正面）、収納設備、洗面設備、浴室、台所及び便所の写真（サービス判程度）
(7) 建築費計算書（別記第33号様式）

(8) 請負契約書の写し又は工事積算書

(9) 宅地建物取引業者の宅地建物取引業法（昭和27年法律第176号）による免許並びに設計者及び工事監理者の建築士法並びに工事施工者の建設業法（昭和24年法律第100号）による資格を証する書類の写し

(10) その他市長が必要と認める書類

2 市長は、前項の申請に基づき認定したときは、優良住宅認定済証（別記第35号様式）に申請書の副本を添えて、申請者に交付する。

（特定の民間再開発事業等の認定の申請）

第35条 租税特別措置法施行令（昭和32年政令第43号）第20条の2第11項又は第38条の4第21項に規定する要件に該当する事業であることについての認定を受けようとする者は、特定の民間再開発事業認定申請書（別記第36号様式）の正本及び副本に、次の各号に掲げる書類を添えて市長に提出しなければならない。

(1) 特定の民間再開発事業（以下この項において「事業」という。）に係る中高層建築物の法第6条第1項の規定による確認済証の写し

(2) 方位、道路、目標となる地物及び事業の施行地区の位置を示した付近見取図

(3) 従前の各敷地の区分及び各建物の位置を記載した配置図

(4) 事業の施行地区内に係る土地の登記事項証明書（仮換地にあっては、仮換地証明及び地番該当証明）（借地権について登記がされていない場合においては、借地権設定契約書の写し等借地権が存することを証する書面）

(5) 当該中高層耐火建築物の配置図及び各階平面図

(6) 令第136条第1項に規定する空地、都市計画法（昭和43年法律第100号）第4条第6項に規定する都市計画施設又は同法第12条の5第2項第3号に規定する地区施設の位置及び規模を記載した図面

(7) 事業の施行地区内の土地所有者又は借地権者の事業に対する同意書

(8) その他市長が必要と認める書類

2 租税特別措置法施行令第25条の4第2項、第39条の7第9項又は第39条の106第2項に規定する要件に該当する事業であることについての認定を受けようとする者は、特定民間再開発事業認定申請書（別記第37号様式）の正本及び副本に、次の各号に掲げる書類を添えて、市長に提出しなければならない。

(1) 特定民間再開発事業（以下この項において「事業」という。）に係る中高層建築物の法第6条第1項の規定による確認済証の写し

(2) 方位、道路、目標となる地物及び事業の施行地区の位置を示した付近見取図

(3) 従前の各敷地の区分及び各建物の位置を記載した配置図

(4) 事業の施行地区内に係る建物及び土地の登記事項証明書（仮換地にあっては、仮換地証明及び地番該当証明）（借地権について登記がされていない場合においては、借

地権設定契約書の写し等借地権が存することを証する書面）

(5) 当該中高層耐火建築物の配置図及び各階平面図

(6) 令第136条第1項に規定する空地、都市計画法第4条第6項に規定する都市計画施設又は同法第12条の5第2項第3号に規定する地区施設の位置及び規模を記載した図面

(7) 事業の施行地区内の土地所有者又は借地権者（所有権又は借地権を共有することとなる者を含む。）の事業に対する同意書

(8) その他市長が必要と認める書類

3 租税特別措置法施行令第25条の4第16項、第39条の7第11項又は第39条の106第4項に規定する事情があることについての認定を受けようとする者は、地区外転出事情認定申請書（別記第38号様式）の正本及び副本に、同令第25条の4第16項第1号に規定する事情によるものにあっては第1号に掲げる書類を、同項第2号、同令第39条の7第11項又は第39条の106第4項に規定する事情によるものにあっては第2号に掲げる書類を添えて、市長に提出しなければならない。

(1) 戸籍謄本、住民票の写し等年齢を証する書類又は身体障害者手帳の写し等身体上の障害を証する書類

(2) 従前の営業の許可証の写し、商業登記法（昭和38年法律第125号）第10条に規定する登記事項証明書その他の従前の営業の概要を記載した書類

4 市長は、前3項の申請に基づき認定したときは、それぞれ特定の民間再開発事業認定済証（別記第39号様式）、特定民間再開発事業認定済証（別記第40号様式）又は地区外転出事情認定済証（別記第41号様式）に申請書の副本を添えて、申請者に交付する。

附 則

（施行期日）

1 この規則は、平成12年4月1日から施行する。

（経過措置）

2 この規則の施行の際現にこの規則による改正前の名古屋市建築基準法施行細則（以下「旧規則」という。）の規定に基づいて提出されている申請書等は、それぞれこの規則による改正後の名古屋市建築基準法等施行細則（以下「新規則」という。）の規定に基づいて提出されたものとみなす。

3 この規則の施行の際現に旧規則の規定に基づき作成されている様式は、新規則の規定にかかわらず、当分の間、修正して使用することができる。

附 則 （平成12年規則第147号）

（施行期日）

1 この規則は、公布の日から施行する。

（経過措置）

2　この規則の施行の際現にこの規則による改正前の名古屋市建築基準法等施行細則（以下「旧規則」という。）の規定に基づいて提出されている調書及び報告書は、それぞれこの規則による改正後の名古屋市建築基準法等施行細則（以下「新規則」という。）の相当規定に基づいて提出されたものとみなす。

3　この規則の施行の際現に旧規則の規定に基づき作成されている様式は、新規則の規定にかかわらず、当分の間、修正して使用することができる。

附　則（平成13年規則第41号）

（施行期日）

1　この規則は、平成13年４月１日から施行する。

（経過措置）

2　この規則の施行の際現にこの規則による改正前の名古屋市建築基準法等施行細則（以下「旧規則」という。）の規定に基づいて提出されている申請書等は、それぞれこの規則による改正後の名古屋市建築基準法等施行細則（以下「新規則」という。）の規定に基づいて提出されたものとみなす。

3　この規則の施行の際現に旧規則の規定に基づいて交付されている認定済証は、新規則の規定に基づいて交付されたものとみなす。

4　この規則の施行の際現に旧規則の規定に基づいて作成されている用紙で残量のあるものについては、新規則の規定にかかわらず、当分の間、使用することができる。

附　則（平成15年規則第69号）

（施行期日）

1　この規則は、平成15年４月１日から施行する。

（経過措置）

2　この規則の施行の際現にこの規則による改正前の名古屋市建築基準法等施行細則（以下「旧規則」という。）の規定に基づいて提出されている申請書等は、それぞれこの規則による改正後の名古屋市建築基準法等施行細則（以下「新規則」という。）の規定に基づいて提出されたものとみなす。

3　この規則の施行の際現に旧規則の規定に基づいて交付されている認定済証は、新規則の規定に基づいて交付されたものとみなす。

4　この規則の施行の際現に旧規則の規定に基づいて作成されている用紙は、新規則の規定にかかわらず、当分の間、修正して使用することができる。

附　則（平成16年規則第25号）

（施行期日）

1　この規則は、平成16年４月１日から施行する。

（経過措置）

2　この規則の施行の際現にこの規則による改正前の名古屋市建築基準法等施行細則（以

下「旧規則」という。）の規定に基づいて提出されている申請書等は、それぞれこの規則による改正後の名古屋市建築基準法等施行細則（以下「新規則」という。）の規定に基づいて提出されたものとみなす。

3　この規則の施行の際現に旧規則の規定に基づいて作成されている用紙は、新規則の規定にかかわらず、当分の間、修正して使用することができる。

附　則（平成17年規則第89号）

（施行期日）

1　この規則は、公布の日から施行する。

（経過措置）

2　この規則の施行の際現にこの規則による改正前の名古屋市建築基準法等施行細則（以下「旧規則」という。）の規定に基づいて提出されている申請書等は、それぞれこの規則による改正後の名古屋市建築基準法等施行細則（以下「新規則」という。）の規定に基づいて提出されたものとみなす。

3　この規則の施行の際現に旧規則の規定に基づいて交付されている認定済証は、新規則の規定に基づいて交付されたものとみなす。

4　この規則の施行の際現に旧規則の規定に基づいて作成されている用紙は、新規則の規定にかかわらず、当分の間、修正して使用することができる。

附　則（平成17年規則第171号）

（施行期日）

1　この規則は、公布の日から施行する。

（経過措置）

2　この規則の施行の際現にこの規則による改正前の名古屋市建築基準法等施行細則（以下「旧規則」という。）の規定に基づいて提出されている申請書等は、それぞれこの規則による改正後の名古屋市建築基準法等施行細則（以下「新規則」という。）の規定に基づいて提出されたものとみなす。

3　この規則の施行の際現に旧規則の規定に基づいて作成されている用紙は、新規則の規定にかかわらず、当分の間、修正して使用することができる。

附　則（平成18年規則第13号）

（施行期日）

1　この規則は、平成18年４月１日から施行する。

（経過措置）

2　この規則の施行の際現にこの規則による改正前の名古屋市建築基準法等施行細則の規定に基づいて提出されている申請書は、この規則による改正後の名古屋市建築基準法等施行細則の規定に基づいて提出されたものとみなす。

附　則（平成18年規則第18号）

（施行期日）

1　この規則は、公布の日から施行する。

（経過措置）

2　この規則の施行の際現にこの規則による改正前の名古屋市建築基準法等施行細則（以下「旧規則」という。）の規定に基づいて提出されている申請書等は、それぞれこの規則による改正後の名古屋市建築基準法等施行細則（以下「新規則」という。）の規定に基づいて提出されたものとみなす。

3　この規則の施行の際現に旧規則の規定に基づいて交付されている認定済証は、新規則の規定に基づいて交付されたものとみなす。

4　この規則の施行の際現に旧規則の規定に基づいて作成されている用紙は、新規則の規定にかかわらず、当分の間、修正して使用することができる。

別図１

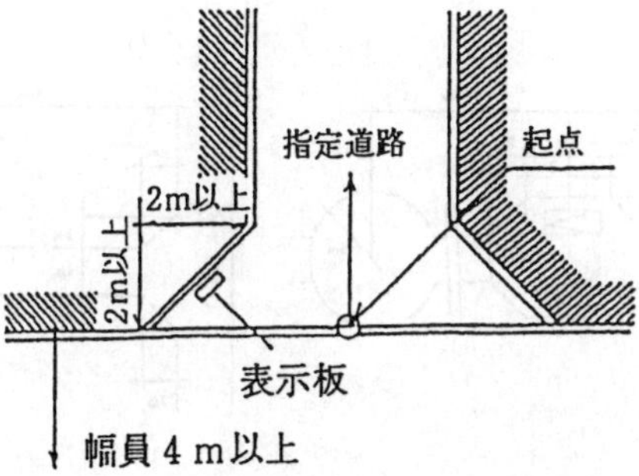

別図２

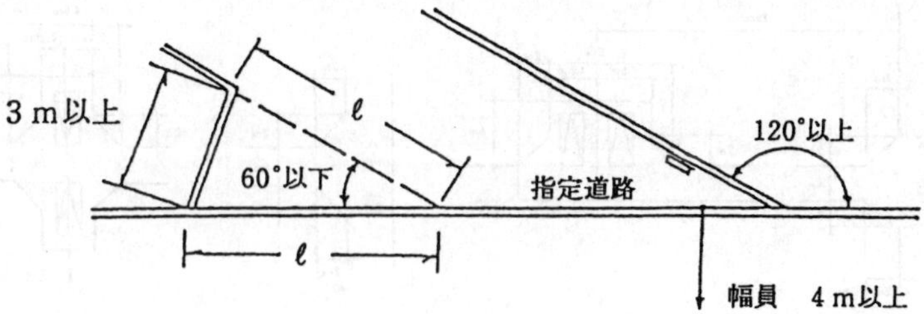

別図３

（その１）

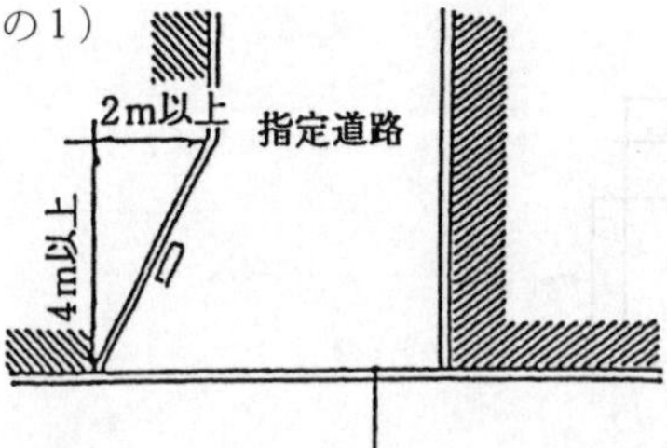

（その２）

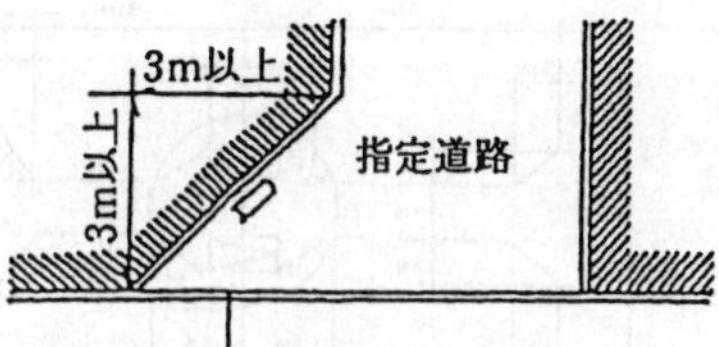

（その３）

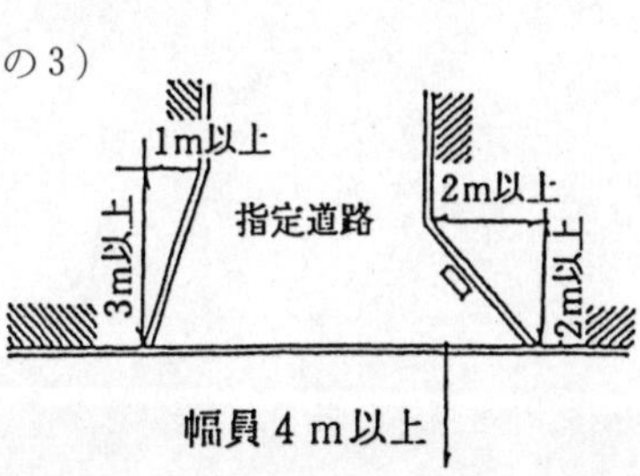

別図 4

（その1）

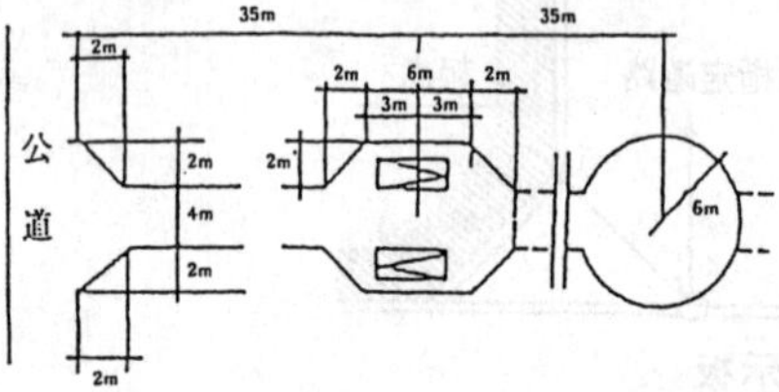

（その4）

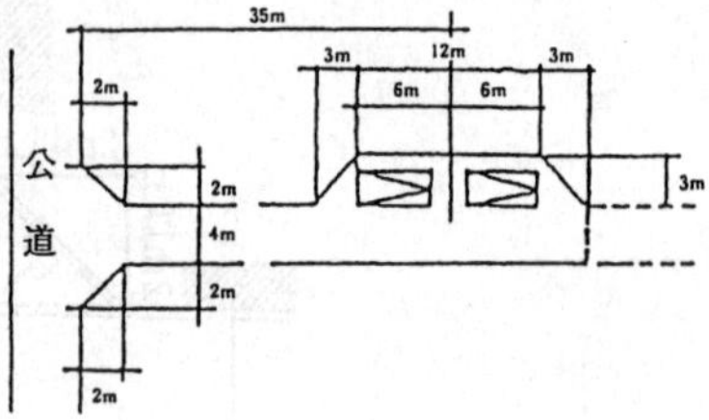

（その2）

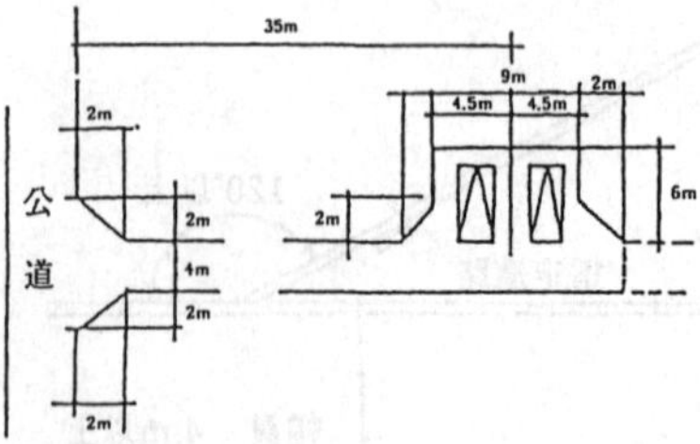

（その5）

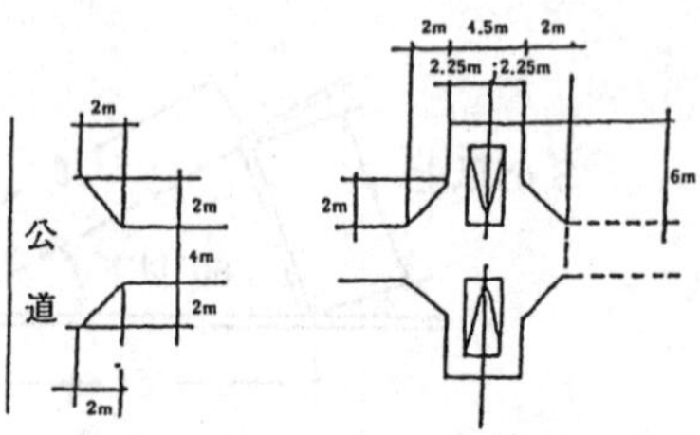

（その3）

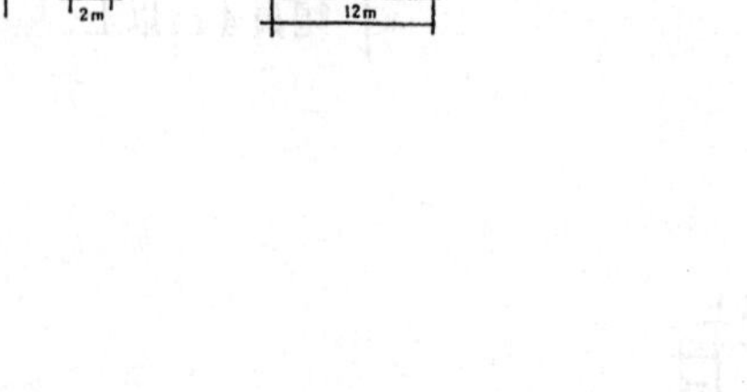

別記

目次

第30号様式の２　定期調査報告概要書等閲覧申請書
第31号様式　予定道路に関する建築物の敷地と道路との関係の特例許可申請書
第32号様式　優良住宅新築認定申請書
第33号様式　建築費計算書
第34号様式　削除
第35号様式　優良住宅認定済証
第36号様式　特定の民間再開発事業認定申請書
第37号様式　特定民間再開発事業認定申請書
第38号様式　地区外転出事情認定申請書
第39号様式　特定の民間再開発事業認定済証
第40号様式　特定民間再開発事業認定済証
第41号様式　地区外転出事情認定済証

第１号様式

保存建築物指定申請書

<table>
<tr><td colspan="8">年　月　日
（あて先）名古屋市長
申請者　住　所
氏　名　㊞
（法人の場合は所在地、名称及び代表者氏名）
建築基準法第３条第１項第３号の規定による指定を申請します。</td></tr>
<tr><td colspan="2">1　建築主住所氏名</td><td colspan="6">電話（　　）</td></tr>
<tr><td colspan="2">2　代理人住所氏名</td><td colspan="6">電話（　　）</td></tr>
<tr><td rowspan="3">3 敷地の位置</td><td>(1)　地名地番</td><td colspan="6"></td></tr>
<tr><td>(2)　用途地域</td><td colspan="2"></td><td rowspan="2">(4)　その他の区域、地域、地区、街区</td><td colspan="3" rowspan="2"></td></tr>
<tr><td>(3)　防火地域</td><td colspan="2"></td></tr>
<tr><td colspan="2">4　主要用途</td><td colspan="6"></td></tr>
<tr><td colspan="2"></td><td>申請部分</td><td>申請以外の部分</td><td>合計</td><td colspan="2">8　敷地面積との比</td><td></td></tr>
<tr><td colspan="2">5　敷地面積</td><td>㎡</td><td>㎡</td><td>㎡</td><td>法定</td><td>申請</td><td></td></tr>
<tr><td colspan="2">6　建築面積</td><td></td><td></td><td></td><td>／10</td><td>／10</td><td></td></tr>
<tr><td colspan="2">7　延べ面積</td><td></td><td></td><td></td><td>／10</td><td>／10</td><td></td></tr>
<tr><td colspan="2">9　建築物の最高の軒の高さ</td><td>m</td><td colspan="2">10　建築物の最高の高さ</td><td colspan="3">m</td></tr>
<tr><td colspan="2">11　建築物の構造</td><td></td><td colspan="2">12　建築物の階数</td><td colspan="3">地上　階、地下　階</td></tr>
<tr><td colspan="2">13　その他必要な事項</td><td colspan="6"></td></tr>
<tr><td colspan="2">14　指定申請の理由</td><td colspan="6"></td></tr>
<tr><td colspan="2">※　受付欄</td><td colspan="6">※　備　考</td></tr>
<tr><td colspan="2"></td><td colspan="6"></td></tr>
<tr><td colspan="2">※　指定番号</td><td>第　号</td><td>※　指定年月日</td><td colspan="4">年　月　日</td></tr>
</table>

注１　申請者の氏名の記載を自署で行う場合においては、押印を省略することができます。

２　※印のある欄は、記入しないでください。

備考　用紙の大きさは、日本工業規格Ａ４とする。

第２号様式

通　知　書

（住所）
（氏名）　　　　　様

下記の申請につきましては、建築基準法／建築基準法施行令／条例／名古屋都市計画高度地区の規定により、指定／許可／認定／認可しましたので通知します。

年　月　日

名古屋市長　　　印

記

申請年月日	年　月　日		
位置又は区域			
指定／許可／認定／認可年月日	年　月　日	指定／許可／認定／認可番号	第　　号
備考			

注　この通知書は、副本とともに大切に保存してください。
備考　用紙の大きさは、日本工業規格Ａ４とする。

第３号様式

光学式文字認識建築確認申請概要調書

建築物用　□□　　建築確認申請ＯＣＲ票（　　　区）

中間対象	対象外

元番号	計変	一

	年度（西暦）	法6条区分	計画通知	特建区分	消防通知	公庫種別
確認番号	□□―□□□□□□	1号□　2号□　3号□　4号□	□	□	□	□□

（一般注意事項）○上欄の枠内及び裏面には記入しないでください。
○数字やサインは右の記入例にならって、HBの鉛筆で枠内に記入してください。
○誤記の場合は、きれいに消してから訂正してください。
○このＯＣＲ票は直接コンピュータで読み取りますので、折ったり、汚したりしないでください。

申請年月日　　年　　月　　日　　指定機関名
指定機関番号

1 建築主	住所	郵便番号 □□□―□□□□	住所（区BC）コード（市内の場合のみ記入）□□□□□□□□□（左ヅメ）　番地・号（市内の場合のみ記入）□□□□□□□□□□□（左ヅメ）
	法人名		役職名
	氏名	カナ（法人の場合は「　」付で法人名を記入）□□□□□□□□□□□□□□□□□□□□□□□（左ヅメ）	共有名義 他 □□名（右ヅメ）
		漢字（法人の場合は代表者の氏名）（ゴム印可）	建築主電話 □□□□□□□□□□□□□（左ヅメ一付で記入・市外局番も記入）
2 設計者	事務所	知事コード □□□―□級　事務所登録番号（右ヅメ）―　□□□□□□号	事務所名称（ゴム印可）　連絡先（　　　）
	建築士	大臣・知事コード □□□―□級　建築士登録番号（右ヅメ）―　□□□□□□号	事務所電話（左ヅメ一付で記入・市外局番も記入）□□□□□□□□□□□□□
3 建築場所		地名（区BC）コード □□□□□□□□□（左ヅメ）　地番 □□□□□□□□□□□（左ヅメ）　他 □□筆（右ヅメ）	名古屋市　　区
4 用途地域		1低□ 2低□ 1中□ 2中□ 1住□ 2住□ 近商□ 準住□ 商業□ 準工業□ 工業□ 工業専用□ 指定なし□	5 防火地域　防火□ 準防火□ 指定なし□
6 その他の区域、地域、地区、街区		特別工業□ 文教□ 区画整理□ 宅造□ 景観□ 開発□ 計画道路□ 地下鉄□ 河川□ 公園□ 緑地□ 臨港□ 地区計画□ その他（合議）□ 備1□	
		高度□種　臨海防災□種　風致□種	前面道路（最大幅員のもの）種別□コード　幅員□□□.□m　外壁後退（低住のみ）□.□m　地域建ぺい率 □.□/10　地域容積率 □□□.□/10　（緩和）地階□　角地□
7 建築条件		除却□ 一部借地□ 全借地□ 工場調書□ 不適合□ 請書□ 共廊□ 備3□	合議　許可□ 認定□ 建築協定□ 駐車場調書□ 共同住宅型□ 省エネ□ 防災計画□ 福祉□
		住宅戸数（右ヅメ）世帯向□□□戸　（25㎡以下）（右ヅメ）ワンルーム□□□戸	敷地内駐車台数（右ヅメ）住宅用□□□台　（右ヅメ）その他□□□台　説明状況等報告書番号（右ヅメ）□□□―□□□　備4□
8 申請概要		主要用途コード □□□　工事種別コード □・□　申請棟数（右ヅメ）□□棟　移転・用途変更・修繕等部分の申請延べ面積 □□□,□□□.□□㎡　前回確認番号 □□□□―□□□□□□	
		主要用途名（ゴム印可）（　　　　）	9 敷地面積 □□□,□□□.□□㎡

	申請部分	申請以外の部分	合計
10 建築面積	□□□,□□□.□□㎡	□□□,□□□.□□㎡	□□□,□□□.□□㎡
11 延べ面積	□□□,□□□.□□㎡	□□□,□□□.□□㎡	□□□,□□□.□□㎡
12 駐車場等部分（床面積）	□□□,□□□.□□㎡	□□□,□□□.□□㎡	□□□,□□□.□□㎡

性能規定	
構造	
設備	
耐火	
防火・避難	
その他	

防火性能	
耐火	
イ準耐	
ロ準耐1	
ロ準耐2	
その他	

その他合議	
西部流通地区	
特定街区	
ホテル・旅館	
生産緑地地区	
急傾斜地	
水路占用等	
処理場等	
既設仮使用	
緑化	
リサイクル	
駐輪場	
高度利用地区	
日影規制	
型式認定	
その他（　　）	

13 主要棟	棟概要	棟用途コード □□□　工事種別 □コード　構造コード □□　最高の高さ □□□.□□m　最高の軒高 □□□.□□m　階数地上（右ヅメ）□□階　地下 □階　塔屋 □階
	設備	自然機械空調給気排気（換気）□ □ □ □ □　自然機械告示（排煙）□ □ □　内蔵別置発電告示（非常照明）□ □ □ □　単独合併（浄化槽）□ □　（避雷針）□　EVES小荷（昇降機）□ □ □

容積率対象面積	.　㎡

地階の住宅緩和部分	.　㎡

共同住宅の共用部分	.　㎡

除却床面積	.　㎡

注 1　「ＯＣＲ票記入の手引き」を参照の上、各項目に記入してください。
2　建築主氏名カナ欄は、カタカナで氏名又は法人名を記入してください。
3　コード項目｛(区BC) コード、大臣知事コード、前面道路種別、主要用途、棟用途、工事種別、構造｝については、コード表を参照して記入してください。
4　サイン項目は該当するものに棒サインをして、その他の項目は数字で記入してください。
5　読み取り枠のない欄は漢字等で記入してください（ゴム印可）。なお、記入欄以外は何も記入しないでください。

備考　用紙の大きさは日本工業規格Ｂ４とする。

第４号様式

工　場　調　書

<table>
<tr><td colspan="2">1　工場名及び工場主名</td><td colspan="4"></td></tr>
<tr><td rowspan="2">2 敷地の位置</td><td>(1)　地名地番</td><td colspan="4"></td></tr>
<tr><td>(2)　用途地域</td><td></td><td colspan="3">(3)　その他の区域、地域、地区、街区</td></tr>
<tr><td colspan="2">3　業　　種</td><td></td><td>4　製　品　名</td><td colspan="2"></td></tr>
<tr><td rowspan="2">5 作業の内容</td><td>(1)　原　　料</td><td colspan="4"></td></tr>
<tr><td>(2)　作業の概要</td><td colspan="4"></td></tr>
<tr><td colspan="2">6　設備の概要</td><td colspan="4">機械の名称　　出力　　kW　　台数　　台</td></tr>
<tr><td colspan="2"></td><td>現　　在</td><td>本申請による増減</td><td>合　　計</td><td>増　加　率</td></tr>
<tr><td colspan="2">7　敷　地　面　積</td><td>㎡</td><td>㎡</td><td>㎡</td><td>%</td></tr>
<tr><td colspan="2">8　建　築　面　積</td><td></td><td></td><td></td><td></td></tr>
<tr><td colspan="2">9　延　べ　面　積</td><td></td><td></td><td></td><td></td></tr>
<tr><td rowspan="3">10 床面積</td><td>(1)　作　業　場</td><td></td><td></td><td></td><td></td></tr>
<tr><td>(2)　事務所・倉庫</td><td></td><td></td><td></td><td></td></tr>
<tr><td>(3)　そ　の　他</td><td></td><td></td><td></td><td></td></tr>
<tr><td colspan="2">11　原動機の出力合計</td><td>kW</td><td>kW</td><td>kW</td><td></td></tr>
<tr><td colspan="2">12　アセチレンガス発生器容量</td><td>l</td><td>l</td><td>l</td><td></td></tr>
<tr><td colspan="2">13　金属溶融るつぼ容量</td><td></td><td></td><td></td><td></td></tr>
<tr><td rowspan="3">14 危険物の名称数量</td><td>（名称）</td><td></td><td></td><td></td><td></td></tr>
<tr><td>（名称）</td><td></td><td></td><td></td><td></td></tr>
<tr><td>（名称）</td><td></td><td></td><td></td><td></td></tr>
<tr><td colspan="2">※　備　　考</td><td colspan="4"></td></tr>
<tr><td colspan="2">※　確認済証番号</td><td>第　　　号</td><td>※　確認済証交付年月日</td><td colspan="2">年　　月　　日</td></tr>
</table>

注１　面積の減には、△の符号を記入してください。

　２　※印のある欄は、記入しないでください。

備考　用紙の大きさは、日本工業規格Ａ４とする。

第5号様式

浄化槽調書

名古屋市

1 設置場所			※ 確認済証番号	—
2 建築主 住所				
2 建築主 氏名	電話（　　）			
3 浄化槽工事業者 所在地				
3 浄化槽工事業者 営業所名	電話（　　） 愛知県知事（登・届　）第　号			
4 浄化槽を設置する建築物の概要	用途	延べ面積又は戸数　㎡／戸		
5 区分	し尿単独処理	合併処理		
6 浄化槽の名称及び認定番号		7 処理能力	人／日　m^3／日	
8 放流場所	側溝・その他（　　）	9 実使用人員	人	
10 処理対象人員算定計算（JISA3302による。）（　　人）	付近見取図　N		備考	

注1　3欄及び6欄は、未定の場合には未定と記入してください。
2　8欄について私設の水路等へ放流する場合は、備考欄にその利用状況を記入してください。
3　9欄は、実際の使用人員が明らかである場合に記入してください。
4　この調書は、確認申請書に綴じ込まずに別に添えて提出してください。
5　※印のある欄は、記入しないでください。

備考　用紙の大きさは、日本工業規格A5とする。

第６号様式

小荷物専用昇降機調書　　　　表面

1	設置者住所氏名	電話（　　）			
2	設計者資格、所在地、氏名、建築士事務所名	（　　）建築士（　　）登録第　　号 （　　）建築士事務所（　　）登録第　　号 電話（　　）			
3	工事施工者、所在地、氏名				
4 設置する建築物又は工作物	(1) 所在地				
	(2) 名称				
	(3) 用途				
	(4) 確認申請書受付	年　月　日	(5) 確認済証交付	年　月　日 第　　号	
5 昇降機の概要	(1) 大きさ	間口　m　奥行　m　床面積　㎡	内法高さ　m 出し入れ口高さ　m		
	(2) 積載量	規定積載量　kg	定格積載量　kg		
	(3) 用途				
	(4) 定格速度	毎分　m	操作方式		
6 かご	(1) 囲い				
	(2) 上ばり	形鋼　×　×　本	安全係数：		
	(3) 下ばり	形鋼　×　×　本	安全係数：		
	(4) たてわく	形鋼　×　×　本	安全係数：		
	(5) 出し入れ口	形式		開閉装置	動式
		出し入れ口数	箇所		
	(6) 自重	kg			
7 昇降路	(1) 構造		(2) 頂部すき間	m	
	(3) 囲い		(4) ピットの深さ	m	
	(5) 昇降行程	m	(6) 水平投影面積	間口　×奥行　=　㎡	
	(7) 停止階	地下　地上　階　計　箇所	(9) かごとしきいのすき間	mm	
	(8) 複数口数	地下　地上　階　計　箇所			
	(10) レール	かご用　形鋼　　つり合おもり用　形鋼			

備考　用紙の大きさは、日本工業規格Ａ４とする。

裏面

8 機械室	(1) 大きさ	間口　　m　奥行　　m　高さ　　m　床面積　　㎡
	(2) 支持ばり	形鋼　×　×　本　安全係数：
		形鋼　×　×　本　安全係数：
9 機器	(1) 巻上機	形式
	(2) 巻上電動機	V　A　回毎分　kW　時間定格
	(3) つり合おもり重量	kg
	(4) 主索	JISG 3525によるエレベーター用鋼索
		形式　直径　　mm　つ撚り
		保証破断力　　kg　本　ロービング：　安全係数（　）
	(5) 鋼車	直径　　mm（主索の径の　倍）
	(6) ガバナー	有無　式鋼索　直径　　mm
10 安全装置	(1) かご戸スイッチ　出し入れ口戸スイッチ	
	(2) 出し入れ口戸のロック	
	(3) ガバナー　（スイッチ無し）　（スイッチ付）	
	(4) 電磁ブレーキ　（交流）　（直流）	
	(5) 非常止装置　（早ぎき）　（次第ぎき）	
	(6) リミットスイッチ　（1段）　（2段）	
	(7) 緩衝器　（バネ式）　（油入式）	
	(8) スラックロープスイッチ	
	(9) （外部非常止スイッチ）　（電鈴）　（ブザー）　（通話装置）	
11 適用の除外	(1) 昇降行程5m以下	m
	(2) かごの定格速度　毎分15m以下	m毎分
	(3) かごの床面積1.5㎡以下	㎡
	(4) かごの非常停止装置付	式

注　10欄は、該当事項を○印で囲んでください。

第７号様式

駐　車　場　調　書　　　　表面

<table>
<tr><td colspan="2">1　建築物名称</td><td colspan="3"></td><td colspan="2">駐車場の種別</td><td colspan="2">(1) 附置義務駐車場
(2) 大規模駐車場</td></tr>
<tr><td colspan="2">2　建築主住所
氏名</td><td colspan="7">電話（　　）</td></tr>
<tr><td rowspan="7">3
建築物の概要</td><td rowspan="2">(1) 建築場所</td><td rowspan="2" colspan="4"></td><td colspan="2">駐車場整備地区</td><td>内・外</td></tr>
<tr><td colspan="2">指定地区</td><td>内・外</td></tr>
<tr><td>(2) 用途地域</td><td colspan="2"></td><td colspan="2">(3) 工事種別</td><td colspan="3">新築・増築・用途変更</td></tr>
<tr><td>(4) 主要用途</td><td colspan="2"></td><td colspan="2">(5) 構造・階数</td><td colspan="3">造地上　／地下　階</td></tr>
<tr><td></td><td colspan="2">申請部分</td><td colspan="2">申請以外の部分</td><td colspan="2">合計</td><td>その他必要な事項</td></tr>
<tr><td>(6) 敷地面積</td><td colspan="2">㎡</td><td colspan="2">㎡</td><td colspan="2">㎡</td><td rowspan="10"></td></tr>
<tr><td>(7) 建築面積</td><td colspan="2"></td><td colspan="2"></td><td colspan="2"></td></tr>
<tr><td rowspan="8">4
附置義務駐車場の概要</td><td>(8) 延べ面積</td><td colspan="2"></td><td colspan="2"></td><td colspan="2"></td></tr>
<tr><td>(1) 対象面積</td><td colspan="2"></td><td colspan="2"></td><td colspan="2"></td></tr>
<tr><td></td><td>適合台数</td><td>必要台数</td><td>適合台数</td><td>必要台数</td><td>適合台数</td><td>必要台数</td></tr>
<tr><td>(2) 附置義務駐車場台数</td><td>台</td><td>台</td><td>台</td><td>台</td><td>台</td><td>台</td></tr>
<tr><td>ア　一般車用駐車台数</td><td></td><td></td><td></td><td></td><td></td><td></td></tr>
<tr><td>イ　荷さばき駐車台数</td><td></td><td></td><td></td><td></td><td></td><td></td></tr>
<tr><td>ウ　車いす用駐車台数</td><td></td><td></td><td></td><td></td><td></td><td></td></tr>
<tr><td>(3) 附置の特例</td><td colspan="7">有〔名古屋市駐車場条例第　条　第　項
隔地駐車場　台〕・無</td></tr>
<tr><td rowspan="4">5
大規模駐車場の概要</td><td>(1) 駐車部分の床面積</td><td colspan="2">㎡</td><td colspan="2">(2) 車路幅員</td><td colspan="3">m
（≧5.5m（一方通行の場合は3.5m））</td></tr>
<tr><td>(3) 屈曲部の回転半径</td><td colspan="2">m（≧５m）</td><td colspan="2">(4) 車路のはり下高</td><td colspan="3">m（≧2.3m）</td></tr>
<tr><td>(5) 駐車部分のはり下高</td><td colspan="2">m（≧2.1m）</td><td colspan="2">(6) 傾斜路の勾（こう）配</td><td colspan="3">%（≦17%）</td></tr>
<tr><td>(7) 換気回数</td><td colspan="2">機械換気　㎥／時・㎡
（≧25㎥／時・㎡）
自然換気　／10
（≧1／10）</td><td colspan="2">(8) 避難階段</td><td colspan="3">有・無</td></tr>
<tr><td colspan="2">6　工事期間</td><td colspan="3">(1) 着工予定　年　月　日</td><td colspan="4">(2) 完了予定　年　月　日</td></tr>
<tr><td colspan="4">※確認済証番号　第　号</td><td colspan="5">※確認済証交付年月日　年　月　日</td></tr>
</table>

注　特殊装置がある場合は裏面にも記入してください。

備考　用紙の大きさは、日本工業規格Ａ４とする。

裏面

<table>
<tr><td rowspan="10">7
特
殊
装
置</td><td colspan="2">(1) 製作者名（メーカー）</td><td>装置名称又は製品名</td><td colspan="2">認定番号</td></tr>
<tr><td colspan="2"></td><td></td><td colspan="2"></td></tr>
<tr><td colspan="2"></td><td></td><td colspan="2"></td></tr>
<tr><td rowspan="4">(2) 特殊装置の種別</td><td></td><td>方　　式</td><td>設置台数</td><td>駐車台数</td></tr>
<tr><td>駐車部分に該当するもの</td><td>垂直循環方式
水平循環方式
二 段 方 式
方式</td><td>基</td><td>台</td></tr>
<tr><td>車路部分に該当するもの</td><td>自動車エレベーター（リフト）
方向転換装置（ターンテーブル）</td><td></td><td></td></tr>
<tr><td>駐車部分及び車路部分に該当するもの</td><td>エレベーター方式
エレベータースライド方式
方式</td><td></td><td></td></tr>
<tr><td>(3) 駐車部分面積</td><td>㎡</td><td>車路部分面積</td><td colspan="2">㎡</td></tr>
<tr><td>(4) 前 面 空 地</td><td colspan="4">奥行　　　m×幅　　　m（≧奥行６ｍ×幅5.5m）</td></tr>
<tr><td>(5) 操　　作</td><td colspan="4">特定の管理者・乗入者・その他（　　　　　　　）</td></tr>
<tr><td></td><td>(6) 平均出（入）庫時間</td><td>分</td><td colspan="2">(7) １基当たり収容台数</td><td>台</td></tr>
<tr><td>8
備考</td><td colspan="5"></td></tr>
</table>

注１　３欄(4)は、駐車場法施行令第18条の特定用途及び学校等によって記入してください。

２　４欄は、１欄の駐車場の種別が附置義務駐車場の場合に記入してください。

３　４欄(1)は、建築物の延べ面積から駐車施設の用途に供する部分の床面積を除き、観覧場にあっては屋外観覧席の部分の面積を含んだ面積を記入してください。

４　４欄(2)の適合台数には名古屋市駐車場条例（以下「条例」といいます。）第３条の６第１項、第２項又は第３項に規定する駐車施設の規模に適合する台数を、必要台数には条例第３条若しくは第３条の２、第３条の３若しくは第３条の４又は第３条の６第３項により算定される駐車台数を記入してください。

５　５欄は、１欄の駐車場の種別が大規模駐車場の場合に記入してください。

６　※印のある欄は、記入しないでください。

７　この調書には、次の図書を添えてください。ただし、これらの図書に明示すべき事項を建築基準法施行規則第１条の３の規定に基づき添えた図書に明示した場合においては、当該図書を添える必要はありません。

(1)　附置義務駐車場台数算定書（附置義務駐車場を設置する場合に限ります。）

(2)　承認通知書の写し（条例第３条の６第４項又は第５条による承認を受けた場合に限ります。）

(3)　付近見取図（公園、小学校等の出入口の位置、バス停、横断歩道等の位置を記入してください。）

(4) 配置図（前面道路幅員、進入口、敷地内駐車場の位置、駐車マスの寸法、車路幅員、屈曲部の回転半径等を記入してください。）

(5) 建築物の各階平面図

(6) 駐車施設平面図（駐車位置及び駐車マス寸法、進入口、車路幅員、屈曲部の回転半径、車路勾配等を記入してください。ただし、これらの事項が、(5)に掲げる図書に記入してある場合においては、当該図書を添える必要はありません。）

(7) 断面図（はり下の高さ、車路勾配を記入してください。）

(8) 特殊装置関係図書（駐車場法施行令第15条の規定による認定書の写し、社団法人立体駐車場工業会による認定書の写し、仕様書及び図面）

(9) その他指示する図書

第8号様式

不適合建築物に関する報告書

年　月　日

（あて先）名古屋市建築主事

報告者　住　所

氏　名

（法人の場合は所在地、名称及び代表者氏名）

名古屋市建築基準法等施行細則第３条 第１項第６号 / 第２項第４号 の規定により、基準時不適合建築物について報告します。

1	建築主住所氏名	電話（　　）		
2 敷地の位置	(1) 地名地番			
	(2) 用途地域		(4) その他の区域、地域、地区、街区	
	(3) 防火地域			
3	主要用途		4 不適合該当条項	

5 基準時		敷地面積	建築面積	延べ面積		
				不適合部分	適合部分	計
	年　月　日	㎡	㎡	㎡	㎡	㎡
	緩和による床面積の最高限度					

6 本工事の床面積	前回申請 年　月　日	増築・改築			
		除却			
		用途の変更			
		前回申請後の延べ面積			
	今回申請 年　月　日	増築・改築			
		除却			
		用途の変更			
		今回申請後の延べ面積			

		原動機		機械		危険物		容器等の容量	その他必要な事項
7 不適合の理由		基数	出力の合計	名称	台数	名称	容量		
	基準時		kW					*l*	
	前回申請								
	今回申請								
	計								

※備考		前確認済証交付 年　月　日 第　　号
		確認済証交付 年　月　日 第　　号

注1　面積の減には、△の符号を記入してください。改築のある場合は、必ず「除却」欄に面積を記入してください。

2　※印のある欄は、記入しないでください。

備考　用紙の大きさは、日本工業規格Ａ４とする。

第8号様式の2

利 用 円 滑 化 基 準 調 書

表 面

建築物の概要

1 名　　称		3 主要用途	
2 所 在 地		4 工事種別	

利用円滑化基準項目表

特定施設		利 用 円 滑 化 基 準	措置の状況
1 廊下等		(1) 表面を滑りにくい材料で仕上げることについての配慮	有 ・ 無
		(2) 階段又は傾斜路の上端に近接する部分に点状ブロック等の敷設（平成15年国土交通省告示第175号第一に掲げる場合を除く。）	有 ・ 無
2 階段		(1) 手すりの設置（踊場を除く。）	有 ・ 無
		(2) 表面を滑りにくい材料で仕上げることについての配慮	有 ・ 無
		(3) 段を容易に識別できるものとすることについての配慮	有 ・ 無
		(4) つまずきにくい構造とすることについての配慮	有 ・ 無
		(5) 段部分の上端に近接する踊場の部分に点状ブロック等を敷設（平成15年国土交通省告示第175号第二に掲げる場合を除く。）	有 ・ 無
		(6) 主たる階段を回り階段としないことについての配慮（空間の確保が困難な場合を除く。）	有 ・ 無
3 傾斜路		(1) 手すりの設置（勾配1/12以下で高さ16cm以下の傾斜部分を除く。）	有 ・ 無
		(2) 表面を滑りにくい材料で仕上げることについての配慮	有 ・ 無
		(3) 前後の廊下等と容易に識別できるものとすることについての配慮	有 ・ 無
		(4) 傾斜部分の上端に近接する踊場の部分に点状ブロック等を敷設（平成15年国土交通省告示第175号第三に掲げる場合を除く。）	有 ・ 無
4 便所		(1) 車いす使用者用便房の設置（１以上）	有 ・ 無
		ア 腰掛便座、手すり等の適切な配置についての配慮	有 ・ 無
		イ 車いす使用者が容易に利用することができるよう十分な空間を確保することについての配慮	有 ・ 無
		ウ 標識の掲示	有 ・ 無
		(2) 床置式の小便器等の設置（１以上）	有 ・ 無
5 敷地内の通路		(1) 表面を滑りにくい材料で仕上げることについての配慮	有 ・ 無
	(2) 段がある部分	ア 手すりの設置	有 ・ 無
		イ 段を容易に識別できるようにすることについての配慮	有 ・ 無
		ウ つまずきにくい構造とすることについての配慮	有 ・ 無
	(3) 傾斜路がある部分	ア 手すりの設置（勾配1/12以下で高さ16cm以下又は勾配1/20以下の傾斜部分を除く。）	有 ・ 無
		イ 前後の通路と容易に識別できるものとすることについての配慮	有 ・ 無
6 駐車場		(1) 車いす使用者用駐車施設の設置（１以上）	有 ・ 無
		ア 幅：350cm以上	幅（　　cm）
		イ 表示の設置	有 ・ 無
		ウ 利用居室までの経路の長さができるだけ短くなる位置に設けることについての配慮	有 ・ 無
7 利用円滑化経路		ア 階段又は段を設けないことについての配慮（傾斜路又は昇降機を併設する場合は除く。）	有 ・ 無
	(1) 出入口	ア 幅：80cm以上	幅（　　cm）
		イ 車いす使用者が容易に開閉して通過しやすい戸の設置	有 ・ 無
		ウ 戸の前後に高低差を設けないことについての配慮	有 ・ 無
	(2) 廊下等	ア 幅：120cm以上	幅（　　cm）
		イ 50m以内ごとに車いすが転回可能な場所を設置	有 ・ 無
		ウ 車いす使用者が容易に開閉して通過しやすい戸の設置	有 ・ 無

備考　用紙の大きさは、日本工業規格Ａ４とする。

裏　面

特定施設		利用円滑化基準		措置の状況
	(2)　廊下等	エ　戸の前後に高低差を設けないことについての配慮		有　・　無
	(3)　傾斜路	ア　幅：120cm以上（階段に併設する場合は90cm以上）		幅（　　　cm）
		イ　勾配：1/12以下（高さ16cm以下の場合は勾配1/8以下）		勾配（　　　）
		ウ　高さ75cm以内ごとに踏幅150cm以上の踊場を設置		有　・　無
	(4)　昇降機	ア　かごの停止階（利用居室、車いす使用者用便房・駐車施設のある階、地上階）についての配慮		有　・　無
		イ　かご及び昇降路の出入口の幅：80cm以上		幅（　　　cm）
		ウ　かごの奥行き：135cm以上		奥行き（　　　cm）
		エ　乗降ロビーの幅：150cm以上		幅（　　　cm）
		オ　乗降ロビーの奥行き：150cm以上		奥行き（　　　cm）
		カ　乗降ロビーに高低差を設けないことについての配慮		有　・　無
		キ　かご内及び乗降ロビーに、車いす使用者が利用しやすい制御装置を設置		有　・　無
		ク　かご内に、停止予定階・現在位置を表示する装置を設置		有　・　無
		ケ　乗降ロビーに、到着するかごの昇降方向を表示する装置を設置		有　・　無
		コ　不特定多数の者が利用する建築物に設ける場合	(ｱ)　かごの床面積：1.83㎡以上	床面積（　　　㎡）
			(ｲ)　車いすの転回に支障がない構造ついての配慮	有　・　無
		サ　不特定多数の者又は主に視覚障害者が利用する建築物（自動車車庫を除く。）に設ける場合	(ｱ)　かご内に、到着階・戸の閉鎖を知らせる音声装置の設置	有　・　無
			(ｲ)　かご内及び乗降ロビーに、視覚障害者が操作しやすい制御装置を設置	有　・　無
			(ｳ)　かご内又は乗降ロビーに、到着するかごの昇降方向を知らせる音声装置を設置	有　・　無
	(5)　特殊な構造又は使用形態の昇降機	ア　エレベーターの場合	(ｱ)　平成12年建設省告示第1413号第一第七号に掲げる構造に該当	有　・　無
			(ｲ)　かごの床面積：0.84㎡以上	床面積（　　　㎡）
			(ｳ)　十分なかごの床面積の確保についての配慮（車いす使用者がかご内で方向を変更する必要がある場合に限る。）	有　・　無
		イ　エスカレーターの場合	(ｱ)　平成12年建設省告示第1417号第一ただし書に掲げる構造に該当	有　・　無
	(6)　敷地内の通路	ア　幅：120cm以上		幅（　　　cm）
		イ　50m以内ごとに車いすが転回可能な場所を設置		有　・　無
		ウ　車いす使用者が容易に開閉して通過しやすい戸の設置		有　・　無
		エ　戸の前後に高低差を設けないことについての配慮		有　・　無
		オ　傾斜路の部分	(ｱ)　幅：120cm以上（段に併設する場合は90cm以上）	幅（　　　cm）
			(ｲ)　勾配：1/12以下（高さ16cm以下の場合は勾配1/8以下）	勾配（　　　）
			(ｳ)　高さ75cm以内ごとに踏幅150cm以上の踊場を設置（勾配1/20以下の場合を除く。）	有　・　無
8　視覚障害者利用円滑化経路		ア　線状ブロック等・点状ブロック等の敷設又は音声誘導装置の設置（風除室で直進する場合及び平成15年国土交通省告示第175号第四に掲げる場合を除く。）		有　・　無
		イ　車路に接する部分に点状ブロック等を敷設		有　・　無
		ウ　段・傾斜がある部分の上端に近接する部分に点状ブロック等を敷設（平成15年国土交通省告示第175号第五に掲げる場合を除く。）		有　・　無

注１　措置の状況欄は該当するものに○を付けるとともに、数値を記入してください。

２　この調書には、高齢者、身体障害者等が円滑に利用できる特定建築物の建築の促進に関する法律（平成６年法律第44号）第３条第１項に規定する利用円滑化基準に適合させるための措置並びに高齢者、身体障害者等が円滑に利用できる特定建築物の建築の促進に関する法律施行令（平成６年政令第311号）第13条第１項に規定する利用円滑化経路及び同令第14条第１項に規定する視覚障害者利用円滑化経路の位置を明示した図書を添えてください。ただし、これらの図書に明示すべき事項を規則第１条の３の規定に基づき添えた図書に明示した場合においては、当該図書を添える必要はありません。

第９号様式
必要壁量の計算書

軸組の種類	倍率	設計壁量の小計（×単位壁長×箇所＝）					
		Ｘ方向			Ｙ方向		
		３階	２階	１階	３階	２階	１階
設計壁量の合計　cm							
		≧	≧	≧	≧	≧	≧
必要壁量 cm							
or；いずれか大きい数値		①or④	②or⑤	③or⑥	①or⑦	②or⑧	③or⑨

３階平面図
３階床面積㎡ ［　　］× 表２の数値 ［　　］＝ 必要壁量cm ［　　］…①

２階平面図
２階床面積㎡ ［　　］× 表２の数値 ［　　］＝ 必要壁量cm ［　　］…②

１階平面図
１階床面積㎡ ［　　］× 表２の数値 ［　　］＝ 必要壁量cm ［　　］…③

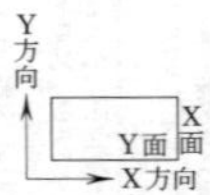

X面立面図
３階見付面積㎡ ［　　］× 表３の数値 ［　　］＝ 必要壁量cm ［　　］…④
２階見付面積㎡ ［　　］× 表３の数値 ［　　］＝ 必要壁量cm ［　　］…⑤
１階見付面積㎡ ［　　］× 表３の数値 ［　　］＝ 必要壁量cm ［　　］…⑥

Y面立面図
３階見付面積㎡ ［　　］× 表３の数値 ［　　］＝ 必要壁量cm ［　　］…⑦
２階見付面積㎡ ［　　］× 表３の数値 ［　　］＝ 必要壁量cm ［　　］…⑧
１階見付面積㎡ ［　　］× 表３の数値 ［　　］＝ 必要壁量cm ［　　］…⑨

注　梁に鉄骨を使用する場合は柱の取付詳細図を添えて、床面との水平剛性はどのように考慮してあるのか明記してください。
備考　用紙の大きさは、日本工業規格Ａ３とする。

設計者資格氏名　　　　　　　　　㊞

第10号様式　削除
第11号様式　削除
第12号様式

建築物に関する報告書

表面

<table>
<tr><td colspan="6">年　月　日
（あて先）名古屋市長
報告書 住 所
（建築主）氏 名
（法人の場合は所在地、名称及び代表者氏名）
名古屋市建築基準法施行条例第６条第１項の規定により、報告します。</td></tr>
<tr><td>1</td><td>建築主の住所及び氏名</td><td colspan="4">電話（　　）</td></tr>
<tr><td>2</td><td>設計者の所在地及び氏名</td><td colspan="4">電話（　　）</td></tr>
<tr><td>3</td><td>施工者の所在地及び氏名</td><td colspan="4">電話（　　）</td></tr>
<tr><td rowspan="7">4 建築物の概要</td><td>(1) 所在地</td><td colspan="4"></td></tr>
<tr><td>(2) 名称</td><td></td><td>(3) 工事種別</td><td colspan="2">新築・増築（別棟・同一棟）・改築・移転・用途変更</td></tr>
<tr><td>(4) 構造</td><td>造</td><td>(5) 階数</td><td>地上　階
地下　階</td><td>最高の高さ　m</td></tr>
<tr><td>(6) 用途</td><td></td><td>(7) 敷地面積</td><td colspan="2">㎡</td></tr>
<tr><td></td><td>確認申請部分</td><td colspan="2">既存部分</td><td>合計</td></tr>
<tr><td>(8) 建築面積</td><td>㎡</td><td colspan="2">㎡</td><td>㎡</td></tr>
<tr><td>(9) 延べ面積</td><td></td><td colspan="2"></td><td></td></tr>
</table>

<table>
<tr><td rowspan="5">5 各階用途別床面積</td><td>階
用途</td><td>階</td><td>階</td><td>階</td><td>階</td><td>階</td><td>階</td><td>階</td><td>階</td><td>合計</td></tr>
<tr><td></td><td>(　)</td><td>(　)</td><td>(　)</td><td>(　)</td><td>(　)</td><td>(　)</td><td>(　)</td><td>(　)</td><td>(　)</td></tr>
<tr><td></td><td>(　)</td><td>(　)</td><td>(　)</td><td>(　)</td><td>(　)</td><td>(　)</td><td>(　)</td><td>(　)</td><td>(　)</td></tr>
<tr><td></td><td>(　)</td><td>(　)</td><td>(　)</td><td>(　)</td><td>(　)</td><td>(　)</td><td>(　)</td><td>(　)</td><td>(　)</td></tr>
<tr><td>合計</td><td>(　)</td><td>(　)</td><td>(　)</td><td>(　)</td><td>(　)</td><td>(　)</td><td>(　)</td><td>(　)</td><td>(　)</td></tr>
</table>

<table>
<tr><td>6</td><td>確認申請書等提出先</td><td>市・（　　）</td><td>7</td><td>工事完了予定</td><td>年　月　日</td></tr>
<tr><td>※</td><td>確認申請受付年月日・番号</td><td>年　月　日　第　号</td><td>※</td><td>検査済証交付年月日</td><td>年　月　日</td></tr>
</table>

注1　※印のある欄は、記入しないでください。
2　面積の単位はメートル法を用い、各欄は数字のみを記入してください。
3　５欄は、棟ごとに記入し、確認申請建築物が２棟以上ある場合は、この欄のみ別紙に記入して添えてください。また、（　）内には既存部分の床面積を内数として記入してください。
4　８欄は、該当する箇所に○印を記入してください。
備考　用紙の大きさは、日本工業規格Ａ４とする。

裏　面

8 建築設備の概要

(1) 昇降機等

エレベーター	エスカレーター	小荷物専用昇降機	遊　戯　施　設

(2) 換気設備

	自然換気	機　械　換　気			中央管理方式の空気調和設備	適用除外
		給気機 排気機	給気機 の　み	排気機 の　み		
居室						
火　気 使用室						
上　記 以　外						

(3) 排煙設備

	自然排煙	機械排煙	平成12年建設省告示第1436号	適用除外
居　　室				
居室以外の室				
廊　下　等				

(4) 非常用の照明装置

	別置蓄電池	発電機	電源内蔵	平成12年建設省告示第1411号	適用除外
居　室					
階　段					
廊下等					

付近見取図

注　方位、道路及び目標となる建物等を明示してください。

第13号様式

地盤調査報告書

1　面

年　　月　　日

（あて先）名古屋市建築主事

資　格
事務名
工事監理者　所在地
氏　名　　　　　　　　　　　　　印
電　話　　（　　　）

1　建築場所	2　確認済証交付年月日	年　月　日
3　建築主の住所氏名 電話（　　）	4　確認済証番号	第　　号
	5　調査孔位置番号	
6　地盤調査実施者氏名 電話（　　）	※　整理番号	
7　敷地案内図		

注1　工事監理者の氏名の記載を自署で行う場合においては、押印を省略することができます。

2　※印のある欄は、記入しないでください。

備考　用紙の大きさは、日本工業規格A４とする。

2　面

8　敷地内調査孔位置図及び番号

3　面

<table>
<tr><td colspan="11">※　整理番号</td><td colspan="10">区　町丁目</td></tr>
<tr><td colspan="11">9　調査孔位置</td><td colspan="10">10　調査深度　m</td></tr>
<tr><td colspan="11">11　ボーリング柱状図</td><td colspan="9">12　標準貫入試験結果</td><td rowspan="3">13 細粒土含有率（%）</td></tr>
<tr><td rowspan="2">標尺（m）</td><td rowspan="2">(1) 標高</td><td rowspan="2">(2) 深度</td><td rowspan="2">(3) 孔内水位</td><td rowspan="2">(4) 層厚</td><td rowspan="2">(5) 試料採取位置</td><td rowspan="2">(6) 土質記号</td><td rowspan="2">(7) 土質名</td><td rowspan="2">(8) 色調</td><td rowspan="2">(9) 記事</td><td rowspan="2">(10) 相対密度及び軟度</td><td rowspan="2">(1) N値</td><td colspan="3">(2) 10cmごとの打撃回数</td><td colspan="5">(3) N値折線（回） 10 20 30 40 50</td></tr>
<tr><td>0～10</td><td>10～20</td><td>20～30</td><td></td><td></td><td></td><td></td><td></td></tr>
<tr><td>0</td><td></td><td></td><td></td><td></td><td></td><td></td><td></td><td></td><td></td><td></td><td></td><td></td><td></td><td></td><td></td><td></td><td></td><td></td><td></td><td></td></tr>
<tr><td>5</td><td></td><td></td><td></td><td></td><td></td><td></td><td></td><td></td><td></td><td></td><td></td><td></td><td></td><td></td><td></td><td></td><td></td><td></td><td></td><td></td></tr>
<tr><td>10</td><td></td><td></td><td></td><td></td><td></td><td></td><td></td><td></td><td></td><td></td><td></td><td></td><td></td><td></td><td></td><td></td><td></td><td></td><td></td><td></td></tr>
<tr><td>15</td><td></td><td></td><td></td><td></td><td></td><td></td><td></td><td></td><td></td><td></td><td></td><td></td><td></td><td></td><td></td><td></td><td></td><td></td><td></td><td></td></tr>
<tr><td>20</td><td></td><td></td><td></td><td></td><td></td><td></td><td></td><td></td><td></td><td></td><td></td><td></td><td></td><td></td><td></td><td></td><td></td><td></td><td></td><td></td></tr>
</table>

注　※印のある欄は、記入しないでください。

4　面

※　整理番号																					
25																					
30																					
35																					
40																					
45																					

注　※印のある欄は、記入しないでください。

第14号様式

許　可　申　請　書

年　月　日

（あて先）名古屋市長

申請者　住　所

氏　名　㊞

（法人の場合は所在地、名称及び代表者氏名）

条例
名古屋都市計画高度地区　の規定による許可を申請します。

1　建築主住所氏名	電話（　）				
2　代理人住所氏名	電話（　）				
3　工事施工者所在地氏名	電話（　）				
4 敷地の位置 (1) 地名地番					
4 敷地の位置 (2) 用途地域		(3) その他の区域、地域、地区、街区			
4 敷地の位置 (4) 防火地域		(5) 容積率			
5　主要用途		6　工事種別			
	申請部分	申請以外の部分	合計	10　敷地面積との比	
7　敷地面積	㎡	㎡	㎡	法定	申請
8　建築面積				／10	／10
9　延べ面積				／10	／10
11　構造・階数	造　地上　階　地下　階	12　建築物の最高の高さ	m		
13　その他必要な事項					
14　許可を受けようとする事項					
※　受付欄	※　消防関係同意欄	※　備考			
※　許可番号	第　号	※　許可年月日	年　月　日		

注1　申請者の氏名の記載を自署で行う場合においては、押印を省略することができます。

2　※印のある欄は、記入しないでください。

備考　用紙の大きさは、日本工業規格A４とする。

第15号様式

認　定　申　請　書

年　　月　　日

（あて先）名古屋市長

申請者　住　所

氏　名　　　　　　　　　　㊞

（法人の場合は所在地、名称及び代表者氏名）

建築基準法
建築基準法施行令
愛知県建築基準条例
名古屋都市計画高度地区
の規定による認定を申請します。

1　建築主住所氏名	電話（　　）				
2　代理人住所氏名	電話（　　）				
3 敷地の位置　(1)　地名地番					
(2)　用途地域		(4)　その他の区域、地域、地区、街区			
(3)　防火地域					
4　主要用途		5　工事種別			
	申請部分	申請以外の部分	合　計	9　敷地面積との比	
6　敷地面積	㎡	㎡	㎡	法定	申請
7　建築面積				／10	／10
8　延べ面積				／10	／10
10　建築物の最高の軒の高さ	m	11　建築物の最高の高さ	m		
12　建築物の構造	造	13　建築物の階数	地上　　階、地下　　階		
14　工事着手予定日	年　月　日	15　工事完了予定日	年　月　日		
16　その他必要な事項					
17　認定申請の理由					
※　受付欄	※　備　考				
※　認定番号	第　　号	※　認定年月日	年　月　日		

注1　申請者の氏名の記載を自署で行う場合においては、押印を省略することができます。

2　※印のある欄は、記入しないでください。

備考　用紙の大きさは、日本工業規格Ａ４とする。

第16号様式

道路位置（変更・廃止）指定申請書

表　面

年　　月　　日

（あて先）名古屋市長

申請者　住　所

氏　名　　　　㊞

（法人の場合は所在地、名称及び代表者氏名）

建築基準法第42条第１項第５号
名古屋市建築基準法施行条例第13条第１項の規定により、道路の位置の（変更・廃止の）指定を申請します。

1 道路の位置	(1) 用途地域			(2) その他の区域、地域、地区、街区			
	(3) 防火地域			(4) 土地区画整理組合施行地区		内・外	
	(5) 地名地番	(6) 地目	(7) 面積	(8) 土地関係権利者		(9) 建築物等関係権利者	
				所有者	その他	所有者	その他
			㎡				
	合計　筆						

2 道路	(1) 道路番号	(2) 幅員	(3) 延長	(4) 道路標示方法	(5) 地名地番
		m	m		

3	工事着手（予定）年月日	年　月　日	4 工事完了（予定）年月日	年　月　日

※受付欄	※備考

※指定番号	第　　号	※指定年月日	年　月　日

注　申請者の氏名の記載を自署で行う場合においては、押印を省略することができます。

備考　用紙の大きさは、日本工業規格Ａ４とする。

裏　面

	道路との関係	土地、建築物等又は隣地の所在地	関係権利者	
			住　所	氏　名
5 承諾欄				印
				印
				印
				印
				印
				印
				印
				印
				印
				印
				印
				印
				印
				印
				印
				印
				印
設計者の所在地氏名	電話（　　　）			
土地区画整理組合意見欄				

注1　※印のある欄は、記入しないでください。
　2　5欄の道路との関係欄は、道路の敷地となる土地若しくはその土地にある建築物等又は隣地について持っている権利の種別を記入してください。

第17号様式

表　示　板

道路位置指定

名古屋市

年　月　日

第　号

備考1　材質は、石板その他これに類するものとする。
　　2　大きさは、縦150㎜、横250㎜とする。

第18号様式

道路位置標示等完了届

年　月　日 （あて先）名古屋市長 届出者　住　所 氏　名　㊞ （法人の場合は所在地、名称及び代表者氏名） 名古屋市建築基準法施行条例第12条第２項の規定により、道路の位置の標示及び指定の表示を完了しましたので届け出ます。

1　標示等完了年月日	年　月　日
2　指　定　番　号	第　号
3　指　定　年　月　日	年　月　日
4　道　路　位　置	
※　受　付　欄	※　備　考

注１　届出者の氏名の記載を自署で行う場合においては、押印を省略することができます。

　２　※印のある欄は、記入しないでください。

備考　用紙の大きさは、日本工業規格Ａ４とする。

第19号様式

私道変更（廃止）申請書

表　面

年　月　日 （あて先）名古屋市長 申請者　住　所 氏　名　㊞ （法人の場合は所在地、名称及び代表者氏名） 名古屋市建築基準法施行条例第13条第２項の規定により、私道の変更（廃止）を申請します。								
1　道路の区分	・法第42条第１項第３号　・法第42条第２項（個別指定） ・旧建築線　・その他（　　　）							
2 道路の所在地	(1) 用途地域				(2) その他の区域、地域、地区、街区			
	(3) 地名地番	(4) 地目	(5) 面積	(6) 土地関係権利者		(7) 建築物等関係権利者		
				所有者	その他	所有者	その他	
			㎡					
3 道路	(1) 道路番号	(2) 幅　員	(3) 延　長	(4) 道路標示方法	(5) 地名地番			
		m	m					
4	工事着手(予定)年月日	年　月　日	5	工事完了(予定)年月日	年　月　日			
※受付欄	※備　考							

注　申請者の氏名の記載を自署で行う場合においては、押印を省略することができます。

備考　用紙の大きさは、日本工業規格Ａ４とする。

裏面

	道路との関係	土地、建築物等又は隣地の所在地	関係権利者	
			住所	氏名
6 承諾欄				印
				印
				印
				印
				印
				印
				印
				印
				印
				印
				印
				印
				印
				印
				印
				印
				印
設計者の所在地 氏名	電話（　　）			
土地区画整理組合 意見欄				

注1　※印のある欄は、記入しないでください。

2　6欄の道路との関係欄は、道路の敷地となる土地若しくはその土地にある建築物等又は隣地について持っている権利の種別を記入してください。

第19号様式の２

指　定　同　意　書

建築基準法第57条の２第１項の規定による特例容積率の限度の指定申請をすることに同意します。
計　画　の　概　要
１　申請者の住所及び氏名（法人の場合は所在地、名称及び代表者氏名） ２　申請敷地
同　意　欄

土地に関する権利の種別	土地の所在地	同意者住所	同意者氏名
			㊞
			㊞
			㊞
			㊞
			㊞
			㊞
			㊞
			㊞
			㊞
			㊞

注　同意者の印は実印とし、印鑑登録証明書を添えてください。
備考　用紙の大きさは、日本工業規格Ａ４とする。

第19号様式の3

合　意・同　意　書

建築基準法第57条の3第1項の規定による特例容積率の限度の指定の取消し申請をすることに合意又は同意します。
申　請　の　概　要
1　申請者の住所及び氏名（法人の場合は所在地、名称及び代表者氏名） 2　取消対象敷地
合　意　・　同　意　欄

取消対象敷地との関係	土地の所在地	合意者 同意者　住　所	合意者 同意者　氏　名
			㊞
			㊞
			㊞
			㊞
			㊞
			㊞
			㊞
			㊞
			㊞
			㊞
			㊞
			㊞

注　合意者又は同意者の印は実印とし、印鑑登録証明書を添えてください。

備考　用紙の大きさは、日本工業規格Ａ４とする。

第20号様式

建築協定認可申請書

<table>
<tr><td colspan="6">年　月　日
（あて先）名古屋市長
申請者　住　所
（代表者）氏　名　㊞
（法人の場合は所在地、名称及び代表者氏名）
建築基準法第70条第１項
第76条の３第２項の規定による建築協定の認可を申請します。</td></tr>
<tr><td>1</td><td>協定代表者の住所及び氏名</td><td colspan="4">電話（　）</td></tr>
<tr><td>2</td><td>代理人の住所及び氏名</td><td colspan="4">電話（　）</td></tr>
<tr><td rowspan="3">3 協定区域</td><td>(1)　地名地番</td><td colspan="4"></td></tr>
<tr><td>(2)　用途地域</td><td></td><td>(3)　防火地域</td><td colspan="2"></td></tr>
<tr><td colspan="2">(4)　その他の区域、地域、地区、街区</td><td colspan="3"></td></tr>
<tr><td>4 協定事項の概要</td><td colspan="5">建築物の（敷地・位置・構造・用途・形態・意匠・設備）に関する基準</td></tr>
<tr><td>5</td><td>有効期間</td><td colspan="4"></td></tr>
<tr><td>6</td><td>違反があった場合の措置</td><td colspan="4"></td></tr>
<tr><td>7</td><td>協定区域の面積</td><td>㎡</td><td>8</td><td>協定区域隣接地の面積</td><td>㎡</td></tr>
<tr><td rowspan="2">9</td><td rowspan="2">土地の所有者等の人数</td><td>土地の所有者</td><td>借地権を有する者</td><td>法第77条に規定する建築物の借主</td><td>合　計</td></tr>
<tr><td>人</td><td>人</td><td>人</td><td>人</td></tr>
<tr><td colspan="2">※　受付欄</td><td colspan="4">※　備　考</td></tr>
<tr><td colspan="2"></td><td colspan="4"></td></tr>
<tr><td colspan="2">※　認可番号</td><td>第　号</td><td>※　認可年月日</td><td colspan="2">年　月　日</td></tr>
</table>

注１　申請者（代表者）の氏名の記載を自署で行う場合においては、押印を省略することができます。
　２　※印のある欄は、記入しないでください。
備考　用紙の大きさは、日本工業規格Ａ４とする。

第21号様式

建築協定変更（廃止）認可申請書

年　　月　　日

（あて先）名古屋市長

申請者　住　所

（代表者）氏　名　　　　　　　　　　　　㊞

（法人の場合は所在地、名称及び代表者氏名）

建築基準法第74条第１項／第76条第１項の規定による建築協定の変更（廃止）の認可を申請します。

1	協定代表者の住所及び氏名	電話（　）			
2	代理人の住所及び氏名	電話（　）			
3	（変更・廃止）しようとする建築協定の認可年月日・番号	年　月　日 第　号			
4 変更の概要	(1) 協定区域				
	(2) 建築物に関する基準（敷地・位置 構造・用途 形態・意匠 設備）				
	(3) 有効期間				
	(4) 違反があった場合の措置				
	(5) 協定区域の面積	㎡	(6) 協定区域隣接地の面積	㎡	
5	土地の所有者等の人数	土地の所有者	借地権を有する者	法第77条に規定する建築物の借主	合計
		人	人	人	人
6	廃止に同意する者の人数	人	人	人	人
※受付欄		※備考			
※認可番号		第　号	※認可年月日	年　月　日	

注１　申請者（代表者）の氏名の記載を自署で行う場合においては、押印を省略することができます。

２　※印のある欄は、記入しないでください。

備考　用紙の大きさは、日本工業規格Ａ４とする。

第22号様式

一人建築協定効力発生届

年　月　日

（あて先）名古屋市長

届出者　住　所

氏　名　㊞

（法人の場合は所在地、名称及び代表者氏名）

名古屋市建築基準法施行条例第16条の規定により、届け出ます。

認可年月日	年　月　日	認可番号	第　号
建築協定名		協定が効力を発生した日	年　月　日

番号	住所及び氏名	地名地番	土地に関する権利の種別	土地の所有権等の所得年月日
1	㊞		所有権 借地権	年　月　日
2	㊞		所有権 借地権	年　月　日
3	㊞		所有権 借地権	年　月　日
4	㊞		所有権 借地権	年　月　日
5	㊞		所有権 借地権	年　月　日

注　届出者の氏名の記載を自署で行う場合においては、押印を省略することができます。

備考　用紙の大きさは、日本工業規格Ａ４とする。

第23号様式

建築協定加入届

年　月　日

（あて先）名古屋市長

届出者 住 所

氏 名 ㊞

（法人の場合は所在地、名称及び代表者氏名）

建築基準法第75条の２第１項／第２項の規定により、届け出ます。

建築協定名				
認可年月日	年　月　日	認可番号	第　号	
土地の地名地番				
権利関係	・土地の所有者　・借地権を有する者 ・法第77条に規定する建築物の借主			
敷地面積	.　㎡			
建築物の用途、面積及び階数	用途		床面積	.　㎡
			階数（地上／地下）	／
※受付欄	備考			
	（地区内で他の所有される土地又は家屋がある場合は記入してください。）			

注１　届出者の氏名の記載を自署で行う場合においては、押印を省略することができます。

２　※印のある欄は、記入しないでください。

備考　用紙の大きさは、日本工業規格Ａ４とする。

第24号様式

同　意　書

<table>
<tr><td colspan="4">対象区域又は公告認定対象区域（以下「対象区域等」という。）内の各建築物の位置及び構造に関する計画について同意します。</td></tr>
<tr><td colspan="4">計　画　の　概　要</td></tr>
<tr><td colspan="4">1　申請者の住所及び氏名（法人の場合は所在地、名称及び代表者氏名）
2　対象区域等
3　各建築物の概要
(1)　用　　途
(2)　棟　　数
(3)　延べ面積</td></tr>
<tr><td colspan="4">同　意　欄</td></tr>
<tr><td>土地に関する権利の種別</td><td>土　地　の　所　在　地</td><td>同　意　者　住　所</td><td>同　意　者　氏　名</td></tr>
<tr><td></td><td></td><td></td><td>㊞</td></tr>
<tr><td></td><td></td><td></td><td>㊞</td></tr>
<tr><td></td><td></td><td></td><td>㊞</td></tr>
<tr><td></td><td></td><td></td><td>㊞</td></tr>
<tr><td></td><td></td><td></td><td>㊞</td></tr>
<tr><td></td><td></td><td></td><td>㊞</td></tr>
<tr><td></td><td></td><td></td><td>㊞</td></tr>
<tr><td></td><td></td><td></td><td>㊞</td></tr>
<tr><td></td><td></td><td></td><td>㊞</td></tr>
<tr><td></td><td></td><td></td><td>㊞</td></tr>
<tr><td></td><td></td><td></td><td>㊞</td></tr>
</table>

注　同意者の印は実印とし、印鑑登録証明書を添えてください。

備考　用紙の大きさは、日本工業規格Ａ４とする。

第25号様式

説明状況報告書

建築基準法第86条の２第１項若しくは第３項の規定による認定又は許可を申請するに当たり、その公告認定対象区域又は公告許可対象区域内にある土地について所有権又は借地権を持っている者に対して行った説明の状況を報告します。				
説　明　事　項				
説　明　状　況				
土地に関する権利の種別	土地の所在地	説明対象者の住所及び氏名	説明年月日	意　見

注　説明に使用した資料等を添えてください。

備考　用紙の大きさは、日本工業規格Ａ４とする。

第26号様式

合　意　書

建築基準法第86条の５第２項又は第３項の規定による認定又は許可の取消しの申請をすることに合意します。

申　請　の　概　要

1　申請者の住所及び氏名（法人の場合は所在地、名称及び代表者氏名）
2　取消対象区域
3　取消対象区域内の各建築物の概要
(1)　用　　途
(2)　棟　　数
(3)　延べ面積の合計

合　意　欄

土地に関する権利の種別	土地の所在地	合意者住所	合意者氏名
			印
			印
			印
			印
			印
			印
			印
			印
			印
			印
			印
			印

注　合意者の印は実印とし、印鑑登録証明書を添えてください。
備考　用紙の大きさは、日本工業規格Ａ４とする。

第27号様式

申請書記載事項変更届

<table>
<tr><td colspan="5">年　月　日
（あて先）名古屋市建築主事
申請者　住　所
氏　名　㊞
（法人の場合は所在地、名称及び代表者氏名）
名古屋市建築基準法施行条例第８条第１項の規定により、申請書の記載事項を変更したので届け出ます。</td></tr>
<tr><td colspan="2">1　確認済証交付年月日・番号</td><td colspan="3">確認済証　年　月　日第　号</td></tr>
<tr><td colspan="2">2　建築場所</td><td colspan="3"></td></tr>
<tr><td colspan="2">3　主要用途</td><td></td><td>4　工事種別</td><td></td></tr>
<tr><td rowspan="8">5
変更事項</td><td rowspan="2">(1)　建築主の住所、氏名（フリガナ）、電話番号</td><td>新</td><td colspan="2">㊞</td></tr>
<tr><td>旧</td><td colspan="2">㊞</td></tr>
<tr><td rowspan="2">(2)　工事監理者の資格、事務所名、所在地、氏名、電話番号</td><td>新</td><td colspan="2">㊞</td></tr>
<tr><td>旧</td><td colspan="2">㊞</td></tr>
<tr><td rowspan="2">(3)　工事施工者の営業所名、所在地、氏名、電話番号</td><td>新</td><td colspan="2"></td></tr>
<tr><td>旧</td><td colspan="2"></td></tr>
<tr><td rowspan="2">(4)　その他</td><td>新</td><td colspan="2"></td></tr>
<tr><td>旧</td><td colspan="2"></td></tr>
<tr><td colspan="5">6　変更理由</td></tr>
<tr><td colspan="2">※受付欄</td><td colspan="3">※備考</td></tr>
<tr><td colspan="2"></td><td colspan="3"></td></tr>
</table>

注１　届出者の氏名の記載を自署で行う場合においては、押印を省略することができます。
　２　５欄は、該当する記号を○で囲んだ上、変更事項を記入してください。
　３　※印のある欄は、記入しないでください。
備考　用紙の大きさは、日本工業規格Ａ４とする。

第28号様式

許可・認定申請書記載事項変更届

年　月　日

（あて先）名古屋市長

届出者　住　所

氏　名　㊞

（法人の場合は所在地、名称及び代表者氏名）

名古屋市建築基準法施行条例第８条第２項の規定により、許可・認定申請書の記載事項を変更したので届け出ます。

1	許可・認定年月日・番号		許可　年　月　日　第　号	認定　年　月　日　第　号
2	建築場所			
3	主要用途		4　工事種別	
5 変更事項	(1) 建築主の住所、氏名（フリガナ）、電話番号	新	㊞	
		旧	㊞	
	(2) 工事監理者の資格、事務所名、所在地、氏名、電話番号	新	㊞	
		旧	㊞	
	(3) 工事施工者の営業所名、所在地、氏名、電話番号	新		
		旧		
	(4) その他	新		
		旧		
6	変更理由			

※受付欄	※備考

注１　届出者の氏名の記載を自署で行う場合においては、押印を省略することができます。

２　５欄は、該当する記号を○で囲んだ上、変更事項を記入してください。

３　※印のある欄は、記入しないでください。

備考　用紙の大きさは、日本工業規格Ａ４とする。

第29号様式

工　事　取　止　届

年　　月　　日

（あて先）

届出者　住　所

氏　名　　　　㊞

（法人の場合は所在地、名称及び代表者氏名）

名古屋市建築基準法施行条例第９条第１項の規定により、工事を取り止めたので届け出ます。

1 確認済証交付 許可・認定 年月日・番号	(1) 確認済証	年　月　日第　　号			
	(2) 許　可	年　月　日第　　号			
	(3) 認　定	年　月　日第　　号			
2 取止期日	年　月　日				
3 建築場所					
4 主要用途					
5 届出内容	(1) 用　途	(2) 工事種別	(3) 建築面積	(4) 延べ面積	
			㎡	㎡	
	計				
6 取止の理由					
※ 受付欄	※ 備　考				

注１　届出者の氏名の記載を自署で行う場合においては、押印を省略することができます。

２　※印のある欄は、記入しないでください。

備考　用紙の大きさは、日本工業規格Ａ４とする。

第30号様式

建築計画概要書等閲覧申請書

年　　月　　日

（あて先）名古屋市長

申請者　住　所

氏　名

（法人の場合は所在地、名称及び代表者氏名）

名古屋市建築基準法等施行細則第31条第４項の規定により、下記の物件に

建築計画概要書
築造計画概要書
ついて処分等の概要書の閲覧を申請します。
全体計画概要書
確認申請書添付書類

記

建築主等氏名			
建築場所			
確認番号（認定番号）			
※受付欄	※備　　考		
※　処理番号	第　　　号	※　処理年月日	年　　月　　日

注　※印のある欄は、記入しないでください。

備考　用紙の大きさは、日本工業規格Ａ４とする。

第30号様式の２

定期調査報告概要書等閲覧申請書

年　　月　　日

（あて先）名古屋市長

申請者　住所

氏名

（法人の場合は所在地、名称及び代表者氏名）

名古屋市建築基準法等施行細則第31条第４項の規定により、下記の建築物につい

定期調査報告概要書

て定期検査報告概要書（昇降機）　　　　の閲覧を申請します。

定期検査報告概要書（昇降機を除く。）

記

所有者氏名				
管理者氏名				
報告対象建築物	名称			
	所在地			
	用途			
※受付欄	※備考			
※処理番号	第　　　　号	※処理年月日	年　　月　　日	

注　※印のある欄は、記入しないでください。

備考　用紙の大きさは、日本工業規格Ａ４とする。

第31号様式

予定道路に関する建築物の敷地と道路との関係の特例許可申請書

年　月　日

（あて先）名古屋市長

申請者　住　所

氏　名　㊞

（法人の場合は所在地、名称及び代表者氏名）

名古屋市建築基準法等施行細則第33条第１項の規定により、予定道路に関する建築物の敷地と道路との関係の特例許可を申請します。

1　建築主住所氏名	電話（　）					
2　代理人住所氏名	電話（　）					
3 敷地の位置 (1) 地名地番						
3 敷地の位置 (2) 用途地域		(4) その他の区域、地域、地区、街区				
3 敷地の位置 (3) 防火地域						
4　主要用途						
	申請部分	申請以外の部分	合計	8 敷地面積との比		
5　敷地面積	㎡	㎡	㎡	法定	申請	
6　建築面積				／10	／10	
7　延べ面積				／10	／10	
9　建築物の最高の軒の高さ	m	10　建築物の最高の高さ	m			
11　建築物の構造		12　建築物の階数	地上　階 地下　階			
13　その他必要な事項						
14　許可申請の理由						
※　受付欄	※備考					
※　許可番号	第　号	※　許可年月日	年　月　日			

注１　申請者の氏名の記載を自署で行う場合においては、押印を省略することができます。

２　※印のある欄は、記入しないでください。

備考　用紙の大きさは、日本工業規格Ａ４とする。

第32号様式

優良住宅新築認定申請書

表面

年　月　日

（あて先）名古屋市長

申請者　住所

氏名　㊞

（法人の場合は所在地、名称及び代表者氏名）

電話（　）

租税特別措置法　　　　の規定により、優良な住宅の供給に役立つことの認定を申請します。

住宅新築事業の概要	(1) 地名地番及び名称			
	(2) 戸数	戸		
	(3) 床面積の合計	㎡		
	(4) 居住に使用する部分の床面積の合計			
	(5) 居住に使用する部分以外の部分の床面積の合計			
	(6) 敷地面積			
	(7) 構造種別	ア 耐火構造	イ 準耐火構造	ウ その他の構造
	(8) 建築費（単価）	万円／3.3㎡	万円／3.3㎡	万円／3.3㎡
※受付欄				
※認定番号	年　月　日　第　号			
※備考				

注1　申請者の氏名の記載を自署で行う場合においては、押印は省略することができます。

2　※印のある欄は、記入しないでください。

3　認定申請に当たっては、その認定の根拠となる条項以外の条項は抹消してください。

4　住宅が1棟の家屋の居住に使用するために独立的に区分された一の部分である場合は、それぞれの住宅について裏面に記入し、(3)欄及び(6)欄は、その家屋の床面積及びその敷地面積を記入してください。

5　(4)欄は、共用部分の床面積を含めてください。

6　申請が租税特別措置法第31条の2第2項第15号ニ又は第62条の3第4項第15号ニに規定する一団の住宅に関するものである場合は、それぞれの住宅について別紙に記入し、(1)欄、(3)欄及び(6)欄はその一団の住宅の地名地番及び名称、床面積の合計及び敷地面積を記入してください。

裏　面

住宅番号	床　面　積				
	専有部分の床面積		共用部分の床面積	計	備　考
	居住に使用する部分の床面積	居住に使用する部分以外の部分の床面積			
	㎡	㎡	㎡	㎡	
合　計					

注1　居住に使用する部分以外とは、店舗、事務所等をいいます。

　2　共用部分とは、階段、廊下、居住者の駐車場等をいいます。

別　紙

住宅番号	住宅の所在地（地名地番）	住宅の戸数	住宅の床面積	住宅の敷地面積	住宅の構造種別	住宅の建築費
			㎡	㎡		万円／3.3㎡
合計						

注　申請が租税特別措置法第31条の２第２項第14号ニ又は第62条の３第４項第14号ニに規定する一団の住宅に関するものである場合に、個々の住宅ごとに住宅番号を付けて記入してください。

第33号様式

建　築　費　計　算　書

含まれる費用（円）				備　考	含まれない費用（円）				備　考
主　　体					外構工事				
					特殊基礎工事				
電気設備					昇降機設備				
給水衛生設備									
ガス設備									
排水設備									
ア　計					イ　計				

合計　ア計＋イ計　　円

$$\left(\frac{\text{（ア計）}}{\text{（延床面積）}} = \quad \right) \times 3.3 = \boxed{\quad \text{千円}}$$

（千円未満は切捨）

注1　費用欄は、主体工事及び各付属設備ごとに記入してください。

2　含まれない費用とは、内燃力発電設備、蓄電池電源設備、気かん設備、暖房・冷房・通風設備、昇降機設備、避雷設備、消火・排煙設備、警報設備その他建物に固着する付属設備に関する費用、特殊基礎工事に関する費用、別棟の建物（倉庫・車庫等）その他門、塀、植樹、造園等の外構工事に関する費用等をいいます。

3　請負契約書その他の書類の写しで建築費の証明となるものを添えてください。

4　備考欄は、上記に関する説明を記入してください。

第34号様式 削除

第35号様式

優 良 住 宅 認 定 済 証

第　　　号
年　月　日

名古屋市長　　　　　印

下記の住宅の新築は、租税特別措置法　　　　　　　　　に規定する優良な住宅の供給に役立つものとして認定したことを証明します。

記

1	認定番号	年　月　日　第　　号
2	新築住宅の地名地番及び名称	
3	新築住宅の床面積の合計及び戸数	㎡　　　戸
4	認定を受けた者の住所及び氏名	

第36号様式

特定の民間再開発事業認定申請書

<table>
<tr><td colspan="9">
年　月　日
（あて先）名古屋市長
申請者　住　所
氏　名　㊞
（法人の場合は所在地、名称及び代表者氏名）
電　話（　　）
租税特別措置法施行令 第20条の２第11項／第38条の４第21項 に規定する条件に該当する特定の民間開発事業の認定を申請します。
</td></tr>
<tr><td colspan="2">施行地区</td><td colspan="7">1　所在地（三大都市圏の既成市街地等・２号地区・高度利用地区・再開発等促進区）
2　面　積　㎡　（登記・実測）</td></tr>
<tr><td colspan="2" rowspan="3">これまでの権利者及びその権利の状況</td><td colspan="2">権利者</td><td colspan="2">土地</td><td colspan="2">借地権</td><td rowspan="2">備考</td></tr>
<tr><td>氏名又は名称</td><td>住所</td><td>地名地番</td><td>地積</td><td>借地権の目的となっている土地の地名地番</td><td>借地権の目的となっている土地の面積</td></tr>
<tr><td></td><td></td><td></td><td>㎡</td><td></td><td>㎡</td><td></td></tr>
<tr><td rowspan="3">事業の概要</td><td>中高層耐火建築物の概要</td><td colspan="7">1　所在地の用途地域
2　主要用途
3　敷地面積　㎡
4　建築面積　㎡
5　建ぺい率　％
6　延べ面積　㎡
7　容積率　％
8　構造
9　地上階数
10　確認済証の交付年月日及び番号　年　月　日　第　号</td></tr>
<tr><td colspan="2">都市計画施設、２号施設又は地区施設の用地の状況</td><td colspan="6">名　称
面　積　㎡</td></tr>
<tr><td colspan="2">建築基準法施行令第136条第１項に規定する空地の状況</td><td colspan="6"></td></tr>
<tr><td colspan="3">※受付欄</td><td colspan="6"></td></tr>
<tr><td colspan="3">※認定番号</td><td colspan="6">年　月　日　第　号</td></tr>
<tr><td colspan="3">※手数料欄</td><td colspan="6"></td></tr>
</table>

注1　申請者の氏名の記載を自署で行う場合においては、押印を省略することができます。

2　※印のある欄は、記入しないでください。

3　「施行地区」欄中所在地については、施行地区が三大都市圏の既成市街地等、2号地区（都市再開発法第2条の3第1項第2号に掲げる地区として定められた地区）、高度利用地区又は再開発等促進区のいずれにあるかに応じ、面積については、登記又は実測のいずれによるかに応じ、それぞれ該当するものを○で囲んでください。

4　「地積」欄は、登記簿に登記された地積を記入してください。

5　「借地権の目的となっている土地の面積」欄は、借地権が一筆の土地の全部を目的としている場合は登記簿に登記された地積を記入し、借地権が一筆の土地の一部を目的としている場合はその一筆の土地の一部の面積を記入してください。

6　「これまでの権利者及びその権利の状況」欄は、これまでの権利者が多数であるときは、この欄の記入に代えて同一様式により別紙を作成して記入してください。

7　「都市計画施設、2号施設又は地区施設の用地の状況」欄は、施行地区内で計画されている都市計画施設、2号施設（都市計画法第12条の5第4項第2号に規定する施設）又は地区施設の名称及びこれらの施設に使用することとなる施行地区内の土地の面積を記入してください。

8　「建築基準法施行令第136条第1項に規定する空地の状況」欄は、建築基準法第53条の規定による建ぺい率の最高限度、建築基準法施行令第136条第1項の規定により必要とされる空地率及び申請に関する事業の空地率の数値を記入してください。

9　施行地区の面積が実測による場合は実測の結果を記入した図書を、登記簿上の権利者と真の権利者が異なる場合には必要に応じ真の権利を証明する書面をそれぞれ添えてください。

備考　用紙の大きさは、日本工業規格A4とする。

第37号様式

特定民間再開発事業認定申請書

年　　月　　日

（あて先）名古屋市長

申請者　住　所

氏　名　　　　　　　　　㊞

（法人の場合は所在地、名称及び代表者氏名）

電　話（　　　）

第25条の４第２項
租税特別措置法施行令第39条の７第９項に規定する条件に該当する特定民間再
第39条の106第２項
開発事業の認定を申請します。

施行地区	1　所在地（三大都市圏の既成市街地等・２号地区・高度利用地区・再開発等促進区）
	2　面　積　　　　㎡　（登記・実測）

	権利者		土地		借地権		建物			備考
これまでの権利者及びその権利の状況	氏名又は名称	住所	地名地番	地積	借地権の目的となっている土地の地名地番	借地権の目的となっている土地の面積	所在地	家屋番号	用途	
				㎡		㎡				

事業の概要	中高層耐火建築物の概要	1　所在地の用途地域 2　主要用途 3　敷地面積　㎡ 4　建築面積　㎡ 5　建ぺい率　％ 6　延べ面積　㎡ 7　容積率　％ 8　構造 9　地上階数 10　確認済証の交付年月日及び番号　　年　月　日　第　号
	都市計画施設、２号施設又は地区施設の用地の状況	名　称 面　積　㎡
	建築基準法施行令第136条第１項に規定する空地の状況	
	中高層耐火建築物の敷地に関する権利の状況	1　所有権の共有　　2　借地権の共有

※受付欄	
※認定番号	年　　月　　日　　第　　号
※手数料欄	

注1　申請者の氏名の記載を自署で行う場合においては、押印を省略することができます。

2　※印のある欄は、記入しないでください。

3　「施行地区」欄中所在地については、施行地区が三大都市圏の既成市街地等、2号地区（都市再開発法第2条の3第1項第2号に掲げる地区として定められた地区）、高度利用地区又は再開発等促進区のいずれにあるかに応じ、面積については、登記又は実測のいずれによるかに応じ、それぞれ該当するものを○で囲んでください。

4　「地積」欄は、登記簿に登記された地積を記入してください。

5　「借地権の目的となっている土地の面積」欄は、借地権が一筆の土地の全部を目的としている場合は登記簿に登記された地積を記入し、借地権が一筆の土地の一部を目的としている場合はその一筆の土地の一部の面積を記入してください。

6　「これまでの権利者及びその権利の状況」欄は、これまでの権利者が多数であるときは、この欄の記入に代えて同一様式により別紙を作成して記入してください。

7　「都市計画施設、2号施設又は地区施設の用地の状況」欄は、施行地区内で計画されている都市計画施設、2号施設（都市計画法第12条の5第4項第2号に規定する施設）又は地区施設の名称及びこれらの施設に使用することとなる施行地区内の土地の面積を記入してください。

8　「建築基準法施行令第136条第1項に規定する空地の状況」欄は、建築基準法第53条の規定による建ぺい率の最高限度、建築基準法施行令第136条第1項の規定により必要とされる空地率及び申請に関する事業の空地率の数値を記入してください。

9　施行地区の面積が実測による場合は実測の結果を記入した図書を、登記簿上の権利者と真の権利者が異なる場合には必要に応じ真の権利を証明する書面をそれぞれ添えてください。

備考　用紙の大きさは、日本工業規格A4とする。

第38号様式

地 区 外 転 出 事 情 認 定 申 請 書

<table>
<tr><td colspan="9">年　　月　　日
（あて先）名古屋市長
申請者（地区外転出者）　住　所
氏　名
（建　築　主）　住　所
氏　名
（法人の場合は所在地、名称及び代表者氏名）
租税特別措置法施行令 第25条の４第16項 / 第39条の７第11項 / 第39条の106第４項 に規定する事情があることの認定を申請します。</td></tr>
<tr><td>特定民間再開発事業の概要</td><td colspan="8">１　所　在　地
２　面　積　㎡
３　施行地区の用途地域
４　中高層耐火建築物の主要用途
５　中高層耐火建築物の確認済証の交付年月日及び番号
年　月　日　第　号</td></tr>
<tr><td rowspan="4">地区外転出者の権利の状況</td><td colspan="2">土　地</td><td colspan="2">借 地 権</td><td colspan="3">建　物</td><td rowspan="2">備考</td></tr>
<tr><td>地名番号</td><td>地積</td><td>借地権の目的となっている土地の地名地番</td><td>借地権の目的となっている土地の面積</td><td>所在地</td><td>家屋番号</td><td>用途</td></tr>
<tr><td></td><td>㎡</td><td></td><td>㎡</td><td></td><td></td><td></td><td></td></tr>
<tr><td>地区外転出事情の内容</td><td colspan="8">１　租税特別措置法施行令の該当条項
２　該当理由</td></tr>
<tr><td>※　受付欄</td><td colspan="8"></td></tr>
<tr><td>※　認定番号</td><td colspan="8">年　月　日　第　号</td></tr>
<tr><td>※　手数料欄</td><td colspan="8"></td></tr>
</table>

注　※印のある欄は、記入しないでください。

備考　用紙の大きさは、日本工業規格Ａ４とする。

第39号様式

特定の民間再開発事業認定済証

第　　　号
年　月　日

名古屋市長

印

下記の事業を、租税特別措置法施行令第20条の2第11項／第38条の4第21項に規定する条件に該当する特定の民間再開発事業として認定したことを証します。

記

1　認定番号　　年　月　日　第　　号

2　施行地区の地名地番及び面積

(1)　地名番号

(2)　面　積　　㎡

　　高度利用地区の種類等（　　　　）
　　（　年　月　日　第　　号最終変更）
　　（　年　月　日　第　　号）
　　（　年　月　日　第　　号）
　　（　年　月　日　第　　号）
　　2号地区の名称（　　　　）
　　再開発等促進区の名称（　　　　）

3　認定を受けた者の住所及び氏名

4　中高層耐火建築物の確認済証の交付年月日及び番号

年　月　日　第　　号

5　これまでの権利者及びその権利の状況

権利者		土地		借地権		備考
氏名又は名称	住所	地名地番	地積	借地権の目的となっている土地の地名地番	借地権の目的となっている土地の面積	
			㎡		㎡	

備考　用紙の大きさは、日本工業規格A4とする。

第40号様式

特定民間再開発事業認定済証

第　　　号
年　月　日

名古屋市長

印

下記の事業を、租税特別措置法施行令第25条の4第2項／第39条の7第9項／第39条の106第2項に規定する条件に該当する特定民間再開発事業として認定したことを証します。

記

1　認定番号　　年　月　日　第　　号

2　施行地区の地名地番及び面積

(1)　地名番号

(2)　面　積　　㎡

高度利用地区の種類等（　　　）
（　年　月　日　第　号最終変更）
（　年　月　日　第　号）
（　年　月　日　第　号）
（　年　月　日　第　号）

2号地区の名称（　　　）

再開発等促進区の名称（　　　）

3　認定を受けた者の住所及び氏名

4　中高層耐火建築物の確認済証の交付年月日及び番号

年　月　日　第　号

5　これまでの権利者及びその権利の状況

権利者		土地		借地権		建物			備考
氏名又は名称	住所	地名地番	地積	借地権の目的となっている土地の地名地番	借地権の目的となっている土地の面積	所在地	家屋番号	用途	
			㎡		㎡				

備考　用紙の大きさは、日本工業規格A4とする。

第41号様式

地　区　外　転　出　事　情　認　定　済　証

第　　　　号
年　　月　　日

名古屋市長

印

下記の者は、租税特別措置法施行令第25条の4第16項／第39条の7第11項／第39条の106第4項に規定する事情があるものとして認定したことを証します。

記

1　認定番号　　　　　　年　　月　　日　　第　　　号

2　地区外転出事情該当条項

3　特定民間再開発事業の施行地区の地名地番及び面積

㎡

4　特定民間再開発事業の認定番号　　年　　月　　日　　第　　　号

5　中高層耐火建築物の確認済証の交付年月日及び番号

年　　月　　日　　第　　　号

6　認定を受けた者の住所及び氏名

（地区外転出者）　住　所

氏　名

（建　築　主）　住　所

氏　名

備考　用紙の大きさは、日本工業規格Ａ４とする。

○名古屋市臨海部防災区域建築条例

（昭和36年３月24日
名古屋市条例第２号）

改正　昭和44年８月12日名古屋市条例第38号
同　45年12月15日同　第65号
平成２年12月13日同　第57号
同　６年４月１日同　第７号
同　17年３月18日同　第20号

（趣旨）

第１条　建築基準法（昭和25年法律第201号。以下「法」という。）第39条の規定による災害危険区域としての臨海部防災区域の指定及びその区域内における災害防止上必要な建築物の敷地及び構造に関する制限は、この条例の定めるところによる。

（臨海部防災区域の指定）

第２条　次の区域を臨海部防災区域に指定する。

(1)　熱田区のうち、一般国道１号以南で、堀川以西の区域

(2)　中川区のうち、一般国道１号以南で、庄内川以東の区域及び関西本線以南で、庄内川以西の区域

(3)　港区の全域

(4)　南区のうち、東海道本線以西の区域

（臨海部防災区域の種別）

第３条　臨海部防災区域を次の４種に区分する。

第１種区域　直接高潮による危険のおそれのある区域

第２種区域　出水による危険のおそれのある既成市街の存する区域（第３種区域を除く。）

第３種区域　出水による危険のおそれのある内陸部既成市街の存する区域

第４種区域　都市計画法（昭和43年法律第100号）第７条第１項により定められた市街化調整区域

２　前項に規定する臨海部防災区域の種別区域は、規則で定める。

（高さの算定方法）

第４条　この条例において建築物の床の高さは、名古屋港基準面からの高さ（以下「N・P(+)」という。）とし、測量法（昭和24年法律第188号）第10条に規定する永久標識である１等水準点174－１（名古屋市熱田区伝馬一丁目101番地先路上所在。N・P(+)6.220mとする。）を基準として算定する。

（用語の定義）

第５条　この条例において次の各号に掲げる用語の意義は、それぞれ当該各号に定めると

ころによる。

(1) 居住室　居住のために使用する居室をいう。

(2) 避難室　避難の用に供するため平屋建の建築物の小屋裏又は天井裏に設ける居室以外の室で、次のア及びイに掲げる構造としたものをいう。

ア　床面積の合計は建築物の建築面積の1/8以内、床の高さはN・P(+)3.5m以上であること。

イ　容易に屋根上に脱出できる開口部を有すること。

(3) 避難設備　屋根上に脱出するための屋内からの階段若しくははしご及び脱出口をいう。

（居住室を有する建築物等の建築禁止）

第6条　第1種区域内においては、海岸線又は海岸線からの距離が50m以内で市長が指定する区域内に住宅、併用住宅、共同住宅、寄宿舎、下宿その他の居住室を有する建築物、病院及び児童福祉施設等（建築基準法施行令（昭和25年政令第338号）第19条第1項に規定する児童福祉施設等をいう。以下同じ。）を建築してはならない。ただし、次の各号に定める構造の建築物については、この限りでない。

(1) 主要構造部が、木造以外の建築物であること。

(2) 居住室、病院の病室及び児童福祉施設等の主たる用途に供する居室の床の高さが、N・P(+)5.5m以上の建築物であること。

（建築物の1階の床の高さ）

第7条　臨海部防災区域内において建築物を建築する場合においては、建築物の1階の床の高さは、臨海部防災区域の種別に応じて、それぞれ次の表に定めるところによらなければならない。

臨海部防災区域の種別	建築物の1階の床の高さ
第　1　種　区　域	N・P(+)4m以上
第　2　種　区　域	N・P(+)1m以上
第　3　種　区　域	N・P(+)1m以上
第　4　種　区　域	N・P(+)1m以上

（建築物の構造等）

第8条　第1種区域内において建築物を建築する場合においては、主要構造部が木造以外の建築物としなければならない。ただし、居室を有しない建築物で延べ面積が100㎡以内のものについては、この限りでない。

2　第2種区域内及び第4種区域内において居住室を有する建築物を建築する場合においては、2階以上の階に居室を設けなければならない。ただし、第2種区域内においては次の各号の一に、第４種区域内においては第１号又は第２号に該当する場合においては、この限りでない。

(1)　１階の１以上の居室の床の高さが、N・P(+)3.5m以上であること。

(2)　２階以上の階に居室を有する建築物又は前号に該当する建築物が同一敷地内にあること。

(3)　延べ面積が100㎡以内の建築物で、避難室又は避難設備を有するものであること。

（公共建築物の床の高さ及び構造）

第９条　臨海部防災区域内において、学校、病院、集会場、官公署、児童福祉施設等その他のこれらに類する公共建築物（当該用途に供する建築物の部分を含む。以下同じ。）を建築する場合においては、第１種区域内を除き、次の各号に定めるところによらなければならない。ただし、延べ面積が100㎡以内の公共建築物は、この限りでない。

(1)　公共建築物の１階の床の高さが、N・P(+)２m以上であること。

(2)　公共建築物の１以上の居室の床の高さが、N・P(+)3.5m以上であること。ただし、床の高さがN・P(+)3.5m以上である居室を有する公共建築物が同一敷地内にある場合は、この限りでない。

(3)　主要構造部が、木造以外の建築物であること。

（地下の建築物に対する制限）

第９条の２　臨海部防災区域においては、地下の工作物内に設ける事務所、店舗、興行場その他これらに類する建築物は、次の各号に該当する地下道に接しなければならない。

(1)　地上に通ずる出入口の最上部の床面及び周壁（最上部の床面に接する部分を除く。）の高さが、第７条に定める建築物の１階の床の高さの最低限度に0.3mを加えたもの以上であること。

(2)　地上に通ずる出入口に、地下道への浸水を防止するための有効な防水壁、防水扉その他これらに類する施設を設けていること。

（特殊の用途に供する建築物等に関する制限の緩和）

第10条　臨海部防災区域内において建築物を建築する場合において、その建築物又は建築物の部分が次の各号の一に該当するものであるときは、第１種区域内を除き、当該建築物又は当該建築物の部分については、第７条及び第９条の規定によらないことができる。

(1)　巡査派出所、公衆便所その他これらに類する用途に供する建築物又は建築物の部分

(2)　船着場、木材集積場その他これらに類する用途に供する建築物又は建築物の部分

(3)　自動車車庫、電車車庫その他これらに類する用途に供する建築物又は建築物の部分

(4)　工場、事業場等における作業場その他これらに類する用途に供する建築物又は建築物の部分

(5)　居室を有しない建築物又は居住室を有しない附属建築物

(6)　店舗、事務所その他これらに類する用途に供する建築物又は建築物の部分

（仮設建築物等に対する制限の緩和）

第11条　法第85条第５項の規定により、市長が１年以内の期間を定めてその建築を許可したものについては、第７条から第９条までの規定は適用しない。

2　この条例の規定の施行の際現に存する建築物（工事中の建築物を含み、法第３条第３項第一号を適用した場合に同号に該当することとなる建築物を除く。）を増築又は改築する場合において、当該増築又は改築に係る部分で周囲の状況によりやむを得ないと認められるもの及び当該増築又は改築に係らない部分については、第６条から第９条までの規定は適用しない。

附　則

この条例は、公布の日から起算して３月をこえない期間内において市長が定める日から施行する。

〔昭和36年規則第27号により、昭和36年６月１日から施行〕

附　則（昭和45年条例第65号抄）

（施行期日）

1　この条例は、昭和46年１月１日から施行する。

附　則（平成２年条例第57号抄）

この条例は、平成３年１月１日から施行する。ただし、第６条（病院及び児童福祉施設等に係る部分に限る。）、第８条第２項（第４種区域内の延べ面積が100㎡以内の建築物で、避難室又は避難設備を有するものに係る部分に限る。）、第９条（児童福祉施設等及び第３種区域内の公共建築物に係る部分に限る。）及び第10条第６号の改正規定は、平成３年７月１日から施行する。

附　則（平成６年条例第７号）

この条例は、平成６年４月１日から施行する。

附　則（平成17年条例第20号）

この条例は、公布の日から施行する。ただし、第11条の改正規定は、規則で定める日から施行する。

〔平成17年規則第105号により、平成17年６月１日から施行〕

○名古屋市臨海部防災区域建築条例施行細則

（平成２年12月28日
名古屋市規則第131号）

改正　平成６年４月１日名古屋市規則第21号

（趣旨）

第１条　この規則は、名古屋市臨海部防災区域建築条例（昭和36年名古屋市条例第２号。以下「条例」という。）第３条第２項の規定に基づき、種別区域の指定に関して必要な事項を定めるものとする。

（種別区域の指定）

第２条　条例第３条第２項の規定に基づく臨海部防災区域の種別区域は、次の通りとする。

⑴　第１種区域　港区のうち市長が定める区域

⑵　第２種区域　中川区のうち関西本線以南で庄内川以西の市街化調整区域以外の区域（庄内川、新川及び一般国道１号に囲まれた区域を除く。）、南区のうち東海道本線以西の区域及び港区のうち市街化調整区域以外の区域（第１種区域及び第３種区域を除く。）

⑶　第３種区域　熱田区のうち一般国道１号以南で堀川以西の区域、中川区のうち一般国道１号以南で新川以東の市街化調整区域以外の区域及び港区のうち市長が定める区域

⑷　第４種区域　中川区のうち関西本線以南の市街化調整区域及び港区の市街化調整区域

附　則

1　この規則は、平成３年１月１日から施行する。ただし、次項の規定は、公布の日から施行する。

2　改正後の名古屋市臨海部防災区域建築条例施行細則第２条第１号及び第３号において市長が定めることとされている区域は、この規則の施行前に、市長が定めてこれを告示するものとする。

3　名古屋市建築基準法施行細則（昭和31年名古屋市規則第58号）の一部を次のように改正する。

第４条第１項第六号中「建築物の地盤面の高さ」を「建築物の床の高さ」に改める。

附　則（平成６年４月１日名古屋市規則第21号）

この規則は、平成６年４月１日から施行する。

○名古屋市臨海部防災区域建築条例第６条の規定に基づく市長が指定する区域

（平成２年12月27日
名古屋市告示第370号）

名古屋市臨海部防災区域建築条例（昭和36年名古屋市条例第２号）第６条の規定により、市長が指定する区域を次のとおり定める。昭和44年名古屋市告示第203号（名古屋市臨海部防災区域建築条例第６条の規定に基づく市長が指定する区域）は、廃止する。なお、この告示は、平成３年１月１日から施行する。

港区の区域の一部

別図のとおり

（「別図」は省略し、その図面を住宅都市局建築指導部監察課に備え置いて、一般の縦覧に供する。）

○名古屋市臨海部防災区域建築条例施行細則第２条第１号及び第３号に規定する港区のうち市長が定める区域

（平成２年12月28日
名古屋市告示第371号）

名古屋市臨海部防災区域建築条例施行細則（平成２年名古屋市規則第131号。以下「施行細則」という。）第２条第１号及び第３号に規定する港区のうち市長が定める区域を次のとおり定め、平成３年１月１日から施行する。

属する臨海部防災区域の種別	施行細則第２条第１号及び第３号に規定する市長が定める区域
第１種区域	別図のとおり
第３種区域	

（「別図」は省略し、その図面を住宅都市局建築指導部監察課に備え置いて、一般の縦覧に供する。）

○名古屋市中高層建築物日影規制条例

（昭和52年12月15日
名古屋市条例第58号）

改正　昭和62年　　　　　名古屋市条例第53号
平成6年4月1日同　　　　第7号
同　7年10月23日同　　　　第44号
同　13年3月26日同　　　　第5号
同　16年4月1日同　　　　第5号

（趣旨）

第1条　この条例は、建築基準法（昭和25年法律第201号。以下「法」という。）第56条の2の規定に基づき、日影による中高層の建築物の高さの制限に関して必要な事項を定めるものとする。

（日影による中高層の建築物の高さの制限）

第2条　法第56条の2第1項の規定による日影による中高層の建築物の高さの制限に係る対象区域として指定する区域は、次の表の1欄に掲げる区域（都市計画法（昭和43年法律第100号）第8条第3項第2号イの規定により、都市計画において、建築物の容積率が10分の40と定められた区域を除く。以下同じ。）とし、法別表第4(ろ)欄の4の項イ又はロのうちから指定するものは、次の表の2欄に掲げるものとし、法別表第4(は)欄の2の項及び3の項に掲げる平均地盤面からの高さのうちから指定するものは、次の表の3欄に掲げるものとし、それぞれの区域について生じさせてはならない日影時間として法別表第4(に)欄の各号のうちから指定する号は、次の表の4欄に掲げる号とする。

1	2	3	4
対象区域	法別表第4(ろ)欄の4の項イ又はロ	平均地盤面からの高さ	法別表第4(に)欄の号
第1種低層住居専用地域又は第2種低層住居専用地域			(一)
第1種中高層住居専用地域又は第2種中高層住居専用地域		4メートル	(一)
第1種住居地域、第2種住居地域又は準住居地域		4メートル	(一)
近隣商業地域又は準工業地域		4メートル	(二)

用途地域の指定のない区域のうち法第52条第1項第6号の規定により建築物の容積率が10分の10と定められた区域	イ		(一)
用途地域の指定のない区域のうち法第52条第1項第6号の規定により建築物の容積率が10分の20と定められた区域	ロ		(二)

附　則

1　この条例は、公布の日から起算して6月を超えない範囲内において規則で定める日から施行する。ただし、次項（第56条の2第1項に係る部分を除く。）の規定は、公布の日から施行する。

〔昭和53年規則第48号により、昭和53年6月1日から施行〕

2　名古屋市建築審査会条例（昭和31年名古屋市条例第35号）の一部を次のように改正する。

第3条第1項第一号中「第52条第4項、第55条第2項、第56条第4項及び第59条第3項」を「第52条第5項、第55条第3項、第56条の2第1項、第59条第5項及び第59条の2第2項」に改める。

附　則（昭和62年名古屋市条例第53号）

この条例の施行期日は、規則で定める。

〔昭和62年規則第120号により、昭和62年11月16日から施行〕

附　則（平成6年名古屋市条例第7号）

この条例は、平成6年4月1日から施行する。

附　則（平成7年名古屋市条例第44号）

この条例は、都市計画法及び建築基準法の一部を改正する法律（平成4年法律第82号）第1条の規定による改正後の都市計画法第2章の規定により行う用途地域に関する都市計画の決定の告示の日から施行する。

附　則（平成13年名古屋市条例第5号）

この条例は、公布の日から施行する。ただし、第5条の改正規定中「第8条第2項第2号イ」を「第8条第3項第2号イ」に改める部分は、都市計画法及び建築基準法の一部を改正する法律（平成12年法律第73号）の施行の日〔平成13年5月18日〕から施行する。

附　則（平成16年名古屋市条例第5号）

この条例は、平成16年4月1日から施行する。

○名古屋市中高層建築物の建築に係る紛争の予防及び調整等に関する条例

（平成11年12月14日
名古屋市条例第40号）

改正　平成13年３月26日名古屋市条例第５号

目次

第１章　総則

（目的）

第１条　この条例は、中高層建築物の建築に係る紛争の予防及び調整並びに共同住宅型集合建築物の建築の計画等に関し必要な事項を定めることにより、良好な近隣関係を保持するとともに、健全で快適な居住環境の保全及び形成に資することを目的とする。

（定義）

第２条　この条例における用語の意義は、建築基準法（昭和25年法律第201号。以下「法」という。）及び建築基準法施行令（昭和25年政令第338号）の例による。

２　この条例において、次の各号に掲げる用語の意義は、それぞれ当該各号に定めるところによる。

⑴　中高層建築物　別表の左欄の１項から５項までの区分に応じてそれぞれ右欄に掲げる建築物をいう。

⑵　共同住宅型集合建築物　共同住宅の用途に供する建築物で、階数が２以上で、かつ、住戸の数が10以上のものをいう。

⑶　中高層建築物等　中高層建築物及び共同住宅型集合建築物をいう。

⑷　近隣関係者　次のいずれかに該当する者をいう。

ア　建築物の所有者及び居住者で、その敷地（中高層建築物からその敷地の境界線までの水平距離のうち最小のものが、当該中高層建築物の高さの３倍に相当する距離以上であるものを除く。）の当該中高層建築物の敷地境界線からの水平距離が10m

以下であるもの

イ　中高層建築物の建築により、冬至日の真太陽時による午前８時から午後４時までの間において、当該中高層建築物の平均地盤面に２時間以上日影となる部分を生じる範囲にある建築物の居住者

(5)　周辺関係者　次のいずれかに該当する者をいう。

ア　建築物の所有者及び居住者で、その敷地の中高層建築物の敷地境界線からの水平距離が50m以下であるもの

イ　中高層建築物の建築により、テレビジョン放送の電波の著しい受信障害（以下「テレビ電波受信障害」という。）が生じるおそれがある建築物の所有者及び居住者

(6)　近隣関係者等　近隣関係者及び周辺関係者をいう。

(7)　紛争　周辺の居住環境に及ぼす影響（中高層建築物の建築に伴って生じる日照の阻害及びテレビ電波受信障害並びに工事中の騒音及び振動等をいう。）に関し、当該中高層建築物の建築主及び工事施工者と近隣関係者等との間において生じる紛争をいう。

（適用除外）

第３条　この条例の規定は、仮設建築物を建築しようとする場合には適用しない。

（市の責務）

第４条　市は、中高層建築物等の建築に際し、健全で快適な居住環境の保全及び形成が図られるよう指導するとともに、紛争が生じたときは、迅速かつ適切な調整に努めるものとする。

（建築主等の責務）

第５条　建築主、設計者、工事監理者及び工事施工者（以下「建築主等」という。）は、中高層建築物等の建築に際し、周辺の居住環境に十分に配慮するとともに、良好な近隣関係を損なわないよう努めなければならない。

（自主的な解決）

第６条　中高層建築物の建築主及び工事施工者並びに近隣関係者等は、紛争が生じた場合には、誠意をもって、自主的に解決するよう努めなければならない。

第２章　建築主等の配慮等

（教育施設等の日照）

第７条　中高層建築物の建築主等は、当該中高層建築物の建築により、冬至日の真太陽時による午前８時から午後４時までの間において、保育所又は幼稚園、小学校、中学校その他規則で定める教育施設に日影となる部分を生じさせる場合には、日影の影響について特に配慮し、当該中高層建築物の建築の計画について、当該施設の設置者と協議しなければならない。

（テレビ電波受信障害対策）

第8条　中高層建築物の建築主等は、当該中高層建築物の建築により、テレビ電波受信障害が生じるおそれがある場合には、あらかじめ調査を行い、その被害を受けるおそれのある者とテレビ電波受信障害の改善について協議しなければならない。

2　中高層建築物の建築主等は、当該中高層建築物の建築により、テレビ電波受信障害が生じた場合には、共同受信施設を設置する等テレビ電波受信障害を改善するために必要な措置をとらなければならない。

（工事中の措置）

第9条　中高層建築物の工事施工者は、工事中の騒音及び振動等により周辺の居住環境に著しい被害が生じるおそれがある場合には、その被害を受けるおそれのある者とあらかじめ協議し、被害を最小限にとどめるために必要な措置をとらなければならない。

第3章　計画の事前公開

（標識の設置）

第10条　中高層建築物の建築主は、当該中高層建築物の建築に際し、近隣関係者等に建築の計画の周知を図るため、規則で定めるところにより、標識を設置しなければならない。

2　前項の標識は、法第6条第1項若しくは法第6条の2第1項の規定による確認の申請又は法第18条第2項の規定による計画の通知をしようとする日（以下「確認申請日」という。）の27日前までに設置し、法第89条第1項の規定による表示をするまで、又は法第18条第3項の規定による確認済証が交付されるまで設置しておかなければならない。

3　中高層建築物の建築主は、第1項の規定により標識を設置したときは、規則で定めるところにより、速やかにその旨を市長に届け出なければならない。

（建築計画等の説明）

第11条　中高層建築物の建築主等は、規則で定めるところにより、近隣関係者に対し建築の計画及び工事の概要（以下「建築計画等」という。）を説明しなければならない。ただし、別表の4項右欄第1号に掲げる建築物を建築しようとするときは、この限りでない。

2　中高層建築物の建築主等は、近隣関係者等から説明を求められたときは、規則で定めるところにより、建築計画等を説明しなければならない。

3　中高層建築物の建築主等は、建築計画等について近隣関係者等から説明会の開催を求められたときは、これに応じるよう努めなければならない。

（報告）

第12条　中高層建築物の建築主は、次の各号に掲げる事項を市長に報告しなければならない。

(1)　第7条の規定により配慮し、及び協議したとき　配慮した事項及び協議の状況

(2)　第8条第1項の規定により調査を行ったとき　調査の結果

(3) 前条第１項の規定により説明したとき　説明の状況

2　前項の報告は、第10条第１項の規定により標識を設置した日から起算して20日を経過した日以後で、確認申請日の７日前までにしなければならない。

3　市長は、中高層建築物の建築主に対して、第８条第２項の規定によりとった措置について、報告を求めることができる。

4　市長は、中高層建築物の建築主に対して、前条第２項の規定によりした説明の状況又は同条第３項の規定により開催した説明会の状況について、報告を求めることができる。

第４章　共同住宅型集合建築物に係る指導

（共同住宅型集合建築物に係る措置）

第13条　共同住宅型集合建築物の建築主は、良好な近隣関係を保持するため、規則で定めるところにより、次の各号に掲げる事項について必要な措置をとるものとする。

(1) 駐車場に関する事項

(2) 住戸の床面積及び天井の高さに関する事項

(3) 共同住宅型集合建築物の管理に関する事項

(4) その他市長が必要と認める事項

2　共同住宅型集合建築物の建築主は、規則で定めるところにより、確認申請日の７日前までに、前項の規定によりとった措置の内容を市長に届け出るものとする。

（指導）

第14条　市長は、前条第１項の規定によりとった措置の内容が規則で定めるところに適合しないと認めるときは、共同住宅型集合建築物の建築主に対し、必要な指導を行うものとする。

第５章　あっせん

（あっせん）

第15条　市長は、中高層建築物の建築主及び工事施工者と近隣関係者等（以下「紛争当事者」という。）が自主的な解決の努力を行っても紛争の解決に至らない場合において、紛争当事者の双方から申出があったときは、あっせんを行うものとする。

2　前項の申出では、当該紛争に係る中高層建築物の工事の着手前に行わなければならない。

3　市長は、あっせんのため必要があると認めるとき、紛争当事者に出席を求めてその意見を聴き、又は必要な資料の提出を求めることができる。

4　市長は、紛争当事者間をあっせんし、双方の主張の要点を確かめ、紛争が解決させるよう努めなければならない。

（あっせんの打切り）

第16条　市長は、あっせんに係る紛争について、あっせんによっては紛争の解決の見込みがないと認めるときは、あっせんを打ち切ることができる。

（手続の非公開）

第17条　あっせんの手続は、公開しない。

第６章　調停

（調停の申出）

第18条　市長は、紛争当事者の双方から調停の申出があったときは、名古屋市建築紛争調停委員会（以下この章において「調停委員会」という。）の調停に付することができる。

２　市長は、紛争当事者の一方から調停の申出があった場合において、相当な理由があると認めるときは、他の紛争当事者に対して、調停の申出をするよう勧告することができる。

３　前２項の申出は、当該紛争に係る中高層建築物の工事の着手前に行わなければならない。

（調停前の措置）

第19条　市長は、調停前に、紛争当事者に対し、調停の内容となる事項の実現を著しく困難にする行為を行わないことその他調停のために必要と認める措置をとることを要請することができる。

（調停の手続）

第20条　調停委員会に付託された紛争に関する調停は、調停小委員会により行う。

２　調停小委員会は、調停のため必要があると認めるときは、紛争当事者に出席を求めてその意見を聴き、又は必要な資料の提出を求めることができる。

３　調停小委員会は、調停案を作成し、相当の期限を定めて、紛争当事者に提示することができる。

（調停の打切り）

第21条　調停小委員会は、調停に係る紛争について、次の各号のいずれかに該当することとなった場合には、調停を打ち切ることができる。

(1)　紛争当事者間に合意が成立する見込みがないと認めるとき

(2)　調停案に定められた期限までに紛争当事者の双方から受諾する旨の申出がなかったとき

（調停終了の報告）

第22条　調停小委員会は、調停の経過及び結果を調停委員会に報告するものとする。

２　調停委員会は、調停が終了したときは、その結果を市長に報告するものとする。

（手続の非公開）

第23条　調停の手続は、公開しない。

第７章　名古屋市建築紛争調停委員会

（設置及び所掌事務）

第24条　市長の附属機関として、名古屋市建築紛争調停委員会（以下この章において「調停委員会」という。）を置く。

2　調停委員会は、第18条第１項の規定により市長から付託された紛争について調停を行うとともに、市長の諮問に応じ紛争の予防及び調整に関する事項について調査審議し、その結果を市長に答申する。

（組織）

第25条　調停委員会は、委員10人以内をもって組織する。

2　委員は、法律、建築、行政その他に関し経験及び知識を有する者のうちから、市長が委嘱する。

（委員の任期）

第26条　委員の任期は、２年とする。ただし、補欠の委員の任期は、前任者の残任期間とする。

2　委員は、再任されることができる。

（委員長）

第27条　調停委員会に委員長を置き、委員の互選によって定める。

2　委員長は、会務を総理し、調停委員会を代表する。

3　委員長に事故があるとき又は委員長が欠けたときは、委員のうちから委員長があらかじめ指名する者がその職務を代理する。

（調停小委員会）

第28条　調停委員会に３人以上の委員で構成する調停小委員会を置く。

（運営等）

第29条　第24条から前条までに定めるもののほか、調停委員会の組織及び運営に関し必要な事項は、規則で定める。

第８章　雑則

（命令）

第30条　市長は、第10条第１項の規定に違反して標識を設置しない者に対し、相当の期限を定めて、標識を設置すべきことを命ずることができる。

2　市長は、第12条第１項又は第４項の規定に違反して報告しない者に対し、相当の期限を定めて、報告すべきことを命ずることができる。

（公表）

第31条　市長は、前条の規定による命令を受けた者が、正当な理由なくこれに従わないときは、その旨を公表することができる。

2　市長は、前項の規定により公表しようとするときは、あらかじめ、公表の対象となる者に対しその旨を通知し、意見陳述の機会を与えなければならない。

（委任）

第32条　この条例の施行に関し必要な事項は、規則で定める。

附　則

（施行期日等）

1　この条例は、平成12年４月１日から施行し、同日以後に工事に着手する中高層建築物等の建築に係る手続その他の行為について適用する。

（経過措置）

2　第３章の規定は、平成12年５月１日以前にする法第６条第１項若しくは法第６条の２第１項の規定による確認の申請又は法第18条第２項の規定による計画の通知に係る別表の４項右欄第１号に掲げる建築物の建築に係る手続その他の行為については、適用しない。

3　この条例の施行の際、当該施行により新たに対象となる中高層建築物等について、従前の手続に関する定めによってした手続その他の行為は、この条例中これに相当する規定がある場合には、この条例の相当規定によってしたものとみなす。

附　則（平成13年３月26日名古屋市条例第５号）

この条例は、公布の日から施行する。

別表

	地域又は区域	建築物
1	第1種低層住居専用地域又は第2種低層住居専用地域	軒の高さが7mを超える建築物又は地階を除く階数が3以上の建築物
2	第1種中高層住居専用地域、第2種中高層住居専用地域、第1種住居地域、第2種住居地域、準住居地域、近隣商業地域（3項に掲げるものを除く。)、準工業地域又は用途地域の指定のない区域	高さが10mを超える建築物又は地階を除く階数が4以上の建築物
3	近隣商業地域(都市計画において、建築物の容積率が40/10と定められたものに限る。）又は商業地域（都市計画において、容積率が40/10と定められた地域のうち防火地域と定められていないものに限る。)	(1) 高さが15mを超える建築物（次号に掲げるものを除く。） (2) 高さが10mを超える建築物又は地階を除く階数が4以上の建築物のうち、冬至日の真太陽時による午前9時から午後3時までの間において、1項又は2項左欄に掲げる地域又は区域内の法第56条の2第1項の水平面に日影を生じさせるもの
4	商業地域（3項に掲げるものを除く。）又は工業地域	(1) 3項右欄第1号に掲げる建築物 (2) 3項右欄第2号に掲げる建築物
5	工業専用地域	3項右欄第2号に掲げる建築物

備考

1　建築物を増築する場合においては、高さ及び階数の算定方法は、当該増築に係る部分の建築物の高さ及び階数による。

2　建築物が、この表左欄に掲げる地域又は区域の2以上にわたる場合においては、右欄中「建築物」とあるのは「建築物の部分」とする。

○名古屋市中高層建築物の建築に係る紛争の予防及び調整等に関する条例施行細則

（平成12年２月３日
名古屋市規則第３号）

改正　平成12年10月24日名古屋市規則第148号
同　16年６月22日同　第 86号
同　17年３月18日同　第 26号
同　17年７月５日同　第115号

（趣旨）

第１条　この規則は、名古屋市中高層建築物の建築に係る紛争の予防及び調整等に関する条例（平成11年名古屋市条例第40号。以下「条例」という。）の施行に関し必要な事項を定めるものとする。

（定義）

第２条　この規則において、次の各号に掲げる用語の意義は、それぞれ当該各号に定めるところによる。

(1)　実日影図　次の事項が明示された図書

ア　縮尺及び方位

イ　中高層建築物の敷地境界線並びに敷地の接する道路の位置及び幅員

ウ　建築に係る中高層建築物と他の建築物との別並びに敷地内における建築物の位置及び各部分の高さ

エ　建築に係る中高層建築物が冬至日の真太陽時による午前８時から１時間ごとに午後４時までの各時刻に平均地盤面に生じさせる日影の形状及び平均地盤面に２時間以上日影を生じさせる範囲並びにその範囲内にある建築物の位置、階数及び用途

オ　中高層建築物の敷地境界線からの水平距離が10mである線並びに当該中高層建築物の敷地境界線からの水平距離が10m以下である敷地にある建築物の位置、階数及び用途

カ　近隣関係者の氏名

(2)　ワンルーム形式住戸　共同住宅型集合建築物の住戸でその床面積が25㎡以下のもの

（規則で定める教育施設）

第３条　条例第７条の規則で定める教育施設は、盲学校、聾（ろう）学校及び養護学校とする。

（標識の設置）

第４条　条例第10条第１項の規定により設置する標識の様式は、第１号様式とする。

２　前項の標識は、敷地内の見やすい場所に設置しなければならない。

（標識設置の届出）

第５条　条例第10条第３項の規定により届出をしようとする建築主は、標識設置届（第２

号様式）に次の各号に掲げる書類を添えて市長に提出しなければならない。ただし、条例別表の4項右欄第1号に掲げる建築物に係る届出をする場合にあっては、第3号に掲げる図書を添えることを要しない。

(1) 建築基準法施行規則（昭和25年建設省令第40号。以下「省令」という。）第1条の3第1項の表1(い)項に掲げる付近見取図及び配置図

(2) 設置した標識の写真

(3) 実日影図

（近隣関係者への説明）

第6条 条例第11条第1項及び第2項の規定により中高層建築物の建築主は、近隣関係者等に対し、次の各号に掲げる事項を説明しなければならない。

(1) 敷地の規模及び形状

(2) 敷地内における建築物の位置並びに建築物の規模及び用途

(3) 駐車場の位置及び駐車台数

(4) 工事期間、工法及び周辺への安全対策の概要

(5) 中高層建築物（当該中高層建築物に設置する広告塔、広告板その他これらに類する工作物を含む。）による日影の影響

(6) テレビ電波受信障害の改善対策

(7) 前各号に掲げるもののほか、周辺の居住環境に及ぼす影響及びその対策

（報告）

第7条 条例第12条第1項の規定により報告をしようとする建築主は、説明状況等報告書（第3号様式）に、次の各号に掲げる書類を添えて市長に提出しなければならない。ただし、条例別表の3項右欄第1号に掲げる建築物に係る報告をする場合にあっては、第3号に掲げる図書を、同表の4項右欄第1号に掲げる建築物に係る報告をする場合にあっては、第2号及び第3号に掲げる図書を添えることを要しない。

(1) 高さが10mを超える建築物を建築しようとする場合において、条例第8条第1項の規定により調査を行ったときは、専門的知識を有する者が作成したテレビ電波受信障害の発生が予測される範囲を示した書類（高さが20mを超える建築物を建築しようとする場合において、条例第8条第1項の規定により調査を行ったときは、専門的知識を有する者が作成したテレビ電波受信障害の発生が予測される範囲を示した書類及びその範囲内のテレビ電波の受信状況を調査した書類）

(2) 省令第1条の3第1項の表1(い)項に掲げる各階平面図及び同表(ろ)項に掲げる図書

(3) 省令第1条の3第1項の表1(ろ)項に掲げる図書

(4) その他市長が必要と認める書類

（建築計画等の変更）

第8条 中高層建築物の建築主は、当該中高層建築物の建築計画等について、軽微な変更

をしたときは、変更届（第４号様式）を、速やかに市長に提出しなければならない。

2　中高層建築物の建築主は、前項に規定する変更をしたときは、条例第11条第１項及び第２項に規定する説明をした近隣関係者等に対して、その変更した事項について説明しなければならない。ただし、建築計画等の変更による周辺の居住環境への影響が従前の影響と比較して改善されるもの又は周辺の居住環境に影響を及ぼさないものについては、この限りでない。

（建築取止めの届出）

第９条　中高層建築物の建築主は、当該中高層建築物の建築を取り止めたときは、建築取止届（第５号様式）を、速やかに市長に提出しなければならない。

（措置の内容）

第10条　条例第13条第１項の規定により、共同住宅型集合建築物の建築主は、同項各号に掲げる事項に関し、次の各号に掲げる措置をとらなければならない。ただし、第５号及び第７号の規定はワンルーム形式住戸を有する共同住宅型集合建築物に、第６号の規定はワンルーム形式住戸を30戸以上有する共同住宅型集合建築物に限り適用する。

(1)　居住者の利用に供するため、次の表の左欄に掲げる区分（敷地が２以上の地域又は区域にわたる場合は、その敷地の最大部分が属する区分）に応じて、住戸の数（ワンルーム形式住戸を有する場合にあっては、ワンルーム形式住戸の数に１／２を乗じた数にワンルーム形式住戸以外の住戸の数を加えた数）に、同表の右欄に掲げる割合を乗じて得た数以上の台数（以下「必要台数」という。）の自動車が駐車できる駐車場を敷地内に設置すること。ただし、次に掲げる場合は、この限りでない。

ア　駐車場に関する法令の規定により必要台数の自動車が駐車できる駐車場を敷地内に設置することができない場合（敷地外に必要台数に不足する台数の自動車が駐車できる駐車場を設置する場合に限る。）

イ　敷地の位置又は形状により必要台数の自動車が駐車できる駐車場を敷地内に設置することができないと市長が認めた場合（敷地外に必要台数に不足する台数の自動車が駐車できる駐車場を設置する場合に限る。）

ウ　共同住宅型集合建築物の利用形態及び周囲の状況からみて必要台数の自動車が駐車できる駐車場を敷地内に設置する必要がないと市長が認めた場合

地　域　又　は　区　域	自動車の駐車台数の住戸の数に対する割合
第１種低層住居専用地域又は第２種低層住居専用地域	7/10
第１種中高層住居専用地域又は第２種中高層住居専用地域	6/10
第１種住居地域、第２種住居地域、準住居地域、準工業地域、工業地域又は用途地域の指定のない区域	5/10

近隣商業地域	4/10
商業地域	3/10

⑵　居住者の利用に供するため、住戸の数に5/10を乗じて得た数以上の台数の自転車が駐車できる駐車場を敷地内に設置すること。

⑶　住戸の床面積は、18㎡以上とすること。

⑷　住戸の居室の天井の高さは、2.3m以上とすること。

⑸　敷地内の見やすい場所に、管理人の氏名（法人にあってはその名称）及びその連絡方法を明記した表示板を設置すること。

⑹　管理人室を設置し管理人を置くこと。ただし、確実な管理業務が行われ、近隣関係者等からの苦情に対し迅速に対応できるときは、この限りでない。

⑺　次に掲げる事項を含む管理のための規約等を定めること。

ア　指定された日以外にごみを出さないこと。

イ　ごみの保管場所を清潔に保つこと。

ウ　騒音等により周辺に迷惑をかけないこと。

⑻　敷地内にごみの保管場所を設置すること。

⑼　敷地内の緑化を行うこと。

2　条例第13条第2項の規定により届出をしようとする建築主は、共同住宅型集合建築物建築計画書（第6号様式）を市長に提出しなければならない。

（あっせん及び調停の申出）

第11条　条例第15条第1項の規定によりあっせんの申出をしようとする者及び条例第18条第1項の規定により調停の申出をしようとする者は、あっせん・調停申出書（第7号様式）を市長に提出しなければならない。

（調停の出席者）

第12条　紛争当事者以外の者は、調停に出席することができない。ただし、調停小委員会が相当と認めた紛争当事者の代理人については、この限りでない。

2　調停小委員会は、紛争当事者が多数である場合においては、調停に係る一切の行為を行う1人又は数人の代表者を選定するよう求めることができる。

3　調停小委員会は、調停を行うため必要があると認めるときは、事件の関係人又は参考人に陳述又は意見を求めることができる。

（調停委員会）

第13条　名古屋市建築紛争調停委員会（以下「調停委員会」という。）の会議は、委員長が招集し、その議長となる。

2　調停委員会は、委員の過半数の出席がなければ、会議を開くことができない。

（調停小委員会）

第14条　調停小委員会の委員は、調停委員会の委員のうちから委員長が指名する。

2　調停小委員会に代表委員を置き、当該調停小委員会に属する委員のうちから委員長が指名する。

3　代表委員は、調停小委員会の会務を掌理する。

（庶務）

第15条　調停委員会の庶務は、住宅都市局において処理する。

（運営）

第16条　第12条から前条までに定めるもののほか、調停委員会の運営に関し必要な事項は、調停委員会が定める。

（命令）

第17条　条例第30条の規定による命令は、措置命令書（第8号様式）を送達して行うものとする。

（公表）

第18条　条例第31条第1項の規定による公表は、次の各号に掲げる事項を市役所及び区役所の掲示場並びに住宅都市局内に掲示して行うものとする。

(1)　中高層建築物の建築予定地

(2)　条例第30条の規定による命令を受けた者の氏名及び住所

(3)　前号の命令の内容

（委任）

第19条　この規則の施行に関し必要な事項は、市長が定める。

附　則

（施行期日）

1　この規則は、平成12年4月1日から施行する。

（経過措置）

2　この規則の施行の際、新たに対象となる中高層建築物等について、従前の手続に関する定めにより作成された標識又は届出書その他の書類は、この規則中これに相当する規定がある場合には、この規則の相当規定により作成された標識又は届出書その他の書類とみなす。

附　則（平成17年3月18日名古屋市規則第26号）

（施行期日）

1　この規則は、平成17年4月1日から施行する。

（経過措置）

2　この規則の施行の際現にこの規則による改正前の名古屋市中高層建築物の建築に係る紛争の予防及び調整等に関する条例施行細則の規定に基づいて提出されている共同住宅

型集合建築物建築計画書の取扱いについては、なお従前の例による。

第１号様式

（建築物の名称）	建　築　計　画　の　概　要		
敷地の地名地番	名古屋市　　　区		
用　　　途		敷地面積	.　㎡
構　　　造	造	建築面積	.　㎡
高　　　さ	.　m	延べ面積	.　㎡
階　　　数 棟　　　数	地上　　　階 地下　　　階　　　棟	工事着手 予定時期	年　月　日頃
建　築　主	住所 氏名		
設　計　者	住所 氏名　　　　　　電話（　　）　―		
工事施工者	住所 氏名　　　　　　電話（　　）　―		

この標識は、名古屋市中高層建築物の建築に係る紛争の予防及び調整等に関する条例に基づき設置したものです。

詳細については、上記の者（　　　　　　　）にお問い合せください。

年　　月　　日設置

備考　大きさは、縦90㎝以上、横90㎝以上とする。

第２号様式

標識設置届

年　　月　　日

（あて先）名古屋市長

建築主　住所

氏名　　　　　　　　㊞

電話（　　　）　—

名古屋市中高層建築物の建築に係る紛争の予防及び調整等に関する条例第10条第3項の規定により、次のとおり届け出ます。

<table>
<tr><td colspan="3">1　設計者
住所氏名</td><td colspan="7">電話（　　）　—</td></tr>
<tr><td colspan="3">2　工事施工者
住所氏名</td><td colspan="7">電話（　　）　—</td></tr>
<tr><td rowspan="3">3
敷地</td><td colspan="2">(1) 地名地番</td><td colspan="7">名古屋市　　　　区</td></tr>
<tr><td colspan="2">(2) 用途地域</td><td colspan="2"></td><td colspan="2" rowspan="2">(4) その他の地域、区域</td><td colspan="3" rowspan="2"></td></tr>
<tr><td colspan="2">(3) 防火地域</td><td colspan="2"></td></tr>
<tr><td colspan="3">4　標識設置年月日</td><td colspan="7">年　　月　　日</td></tr>
<tr><td colspan="3">5　建築物の名称</td><td colspan="7"></td></tr>
<tr><td colspan="3"></td><td>計画部分</td><td colspan="2">既存部分</td><td>合　計</td><td colspan="3">9　敷地面積との比</td></tr>
<tr><td colspan="3">6　敷地面積</td><td></td><td colspan="2"></td><td>㎡</td><td colspan="2">法　定</td><td>届　出</td></tr>
<tr><td colspan="3">7　建築面積</td><td>㎡</td><td colspan="2">㎡</td><td>㎡</td><td colspan="2">／10</td><td>／10</td></tr>
<tr><td colspan="3">8　延べ面積</td><td>㎡</td><td colspan="2">㎡</td><td>㎡</td><td colspan="2">／10</td><td>／10</td></tr>
<tr><td colspan="3">10　構　造</td><td colspan="3">造　地上　階
地下　階</td><td>11　建築物の高さ</td><td colspan="3">m</td></tr>
<tr><td colspan="3">12　主要用途</td><td colspan="3"></td><td>13駐車台数</td><td colspan="3">台</td></tr>
<tr><td colspan="2">14　工事期間</td><td colspan="4">(1) 着手予定　　年　月　日</td><td colspan="4">(2) 完了予定　　年　　月　　日</td></tr>
<tr><td>※受付欄</td><td colspan="9"></td></tr>
</table>

注意　※印のある欄は、記入しないでください。
備考　用紙の大きさは、日本工業規格Ａ４とする。

第３号様式

説明状況等報告書

年　　月　　日

（あて先）名古屋市長

建築主　住所

氏名　　　　　　　　　　㊞

電話（　　　）　　—

名古屋市中高層建築物の建築に係る紛争の予防及び調整等に関する条例第12条第1項の規定により、次のとおり報告します。

1　建築物の名称		
2　敷地の地名地番	名古屋市　　　区	
3　設計者住所氏名	電話（　　）　　—	
4　工事施工者住所氏名	電話（　　）　　—	
5　標識設置年月日	年　　月　　日	
6　標識設置届提出年月日	年　　月　　日	
7　報告事項	・教育施設等に配慮した事項及び協議の状況 ・テレビ電波受信障害の調査の結果 ・建築計画等の説明の状況 ・説明会開催の有無（　有　　無　）	
※受付欄	※決裁欄	備考
年　　月　　日		
第　　—　　号		

注意　1　※印のある欄は、記入しないでください。

2　報告事項欄は該当する箇所に○印をつけてください。

3　備考欄には、その他の提出書類がある場合に記入してください。

備考　1　用紙の大きさは、日本工業規格Ａ４とする。

2　別紙１、別紙２、別紙３、別紙４及び別紙５の用紙の大きさは、日本工業規格Ａ４とする。

別紙1

教育施設等に配慮した事項及び協議の状況

教育施設等	所在地	名古屋市　　　区
	名称及び設置者の氏名	
	協議した相手の氏名	

1　日影の影響について特に配慮した事項

項　　　目	内　　容
(1)　建築物の配置	
(2)　建築物の形状	
(3)　その他	

2　設置者との協議の状況

教育施設等の設置者との協議は、以下のとおり行いました。 協議者　住所 氏名　印	
意見・要望の概要	
意見・要望に対する回答	

注意　教育施設等に対し配慮及び協議を行ったときに、記入してください。

別紙2

テレビ電波受信障害の調査の結果

1　テレビ電波受信障害の予測	
2　対　　　　　　策	
3　共同受信施設等の維持管理方法	

注意　テレビ電波受信障害の調査を行ったときに、記入してください。

別紙3

建築計画等の説明の状況

近隣関係者への説明は、別紙説明内容のとおり行いました。 説明責任者 住所 氏名 ㊞

説明会

第　回	開催日時	年　月　日　時　分～　時　分
	開催場所	
	出席者	名
第　回	開催日時	年　月　日　時　分～　時　分
	開催場所	
	出席者	名
第　回	開催日時	年　月　日　時　分～　時　分
	開催場所	
	出席者	名
説明会の状況		

注意　1　建築計画等の説明を行ったときに、記入してください。
2　説明会の欄は説明会を開催したときに記入し、議事録その他の参考資料を添えてください。

別紙4

説　明　内　容

説明事項

1　建築物の概要・工法等
（建築計画の概要を記載した書類・配置図・平面図・立面図・工程表・基礎、堀方の工法）等を（配布・提示）し説明しました。
2　日影
（法定日影図・地盤面日影図・近隣関係者の建築物の地盤面日影図）等を（配布・提示）し説明しました。
3　テレビ電波受信障害
（発生予測範囲・事前調査・工事中の対策・共同受信施設の設置及び維持管理方法）等について説明しました。
4　工事公害
（危害防止（土留め・仮囲い）・損害補償・工事関係車両の通行及び駐車対策・工事説明会の開催）等について説明しました。
5　駐車場の位置及び駐車台数
6　その他
(1)　共同住宅の管理の方法について (2)　近隣関係者の住居の居室の観望防止対策について (3)　ごみの保管場所について (4)　上記のほか周辺への影響が予想される事項

注意　1欄から5欄までは、該当する箇所を○印で囲み、余白部分には具体的内容を記入してください。

別紙５

個別説明

関係者の区別	住所 氏名	居住・所有の区別	訪問月日	面談の有無	要望事項	回答内容
近隣 周辺		居住 所有	／ ／ ／	有・無 有・無 有・無		
近隣 周辺		居住 所有	／ ／ ／	有・無 有・無 有・無		
近隣 周辺		居住 所有	／ ／ ／	有・無 有・無 有・無		
近隣 周辺		居住 所有	／ ／ ／	有・無 有・無 有・無		
近隣 周辺		居住 所有	／ ／ ／	有・無 有・無 有・無		
近隣 周辺		居住 所有	／ ／ ／	有・無 有・無 有・無		
近隣 周辺		居住 所有	／ ／ ／	有・無 有・無 有・無		
近隣 周辺		居住 所有	／ ／ ／	有・無 有・無 有・無		
近隣 周辺		居住 所有	／ ／ ／	有・無 有・無 有・無		
近隣 周辺		居住 所有	／ ／ ／	有・無 有・無 有・無		
近隣 周辺		居住 所有	／ ／ ／	有・無 有・無 有・無		
近隣 周辺		居住 所有	／ ／ ／	有・無 有・無 有・無		

第４号様式

変更届

年　　月　　日

（あて先）名古屋市長

建築主　住所
氏名　　　　　　　　㊞
電話（　　　）　　―

名古屋市中高層建築物の建築に係る紛争の予防及び調整等に関する条例施行細則第８条第１項の規定により、次のとおり届け出ます。

<table>
<tr><td colspan="2">1　建築物の名称</td><td colspan="3"></td></tr>
<tr><td colspan="2">2　敷地の地名地番</td><td colspan="3"></td></tr>
<tr><td colspan="2">3　標識設置届提出年月日</td><td colspan="3">年　　月　　日</td></tr>
<tr><td colspan="2">4　説明状況等報告書提出年月日</td><td colspan="3">年　　月　　日</td></tr>
<tr><td colspan="2"></td><td colspan="2">変　　更　　前</td><td>変　　更　　後</td></tr>
<tr><td colspan="2">5　建築主、設計者又は工事施工者の住所氏名</td><td colspan="2"></td><td></td></tr>
<tr><td rowspan="7">6 建築計画等</td><td></td><td>変　　更　　前</td><td>変　　更　　後</td><td>増　　　　減</td></tr>
<tr><td>(1)　敷地面積</td><td>㎡</td><td>㎡</td><td>㎡</td></tr>
<tr><td>(2)　建築面積</td><td>㎡</td><td>㎡</td><td>㎡</td></tr>
<tr><td>(3)　延べ面積</td><td>㎡</td><td>㎡</td><td>㎡</td></tr>
<tr><td>(4)　高　さ</td><td>m</td><td>m</td><td>m</td></tr>
<tr><td>(5)　階　数</td><td></td><td></td><td></td></tr>
<tr><td>(6)　その他</td><td colspan="3"></td></tr>
<tr><td colspan="3">7　変更の理由</td><td>※受付欄</td><td></td></tr>
</table>

注意　※印のある欄は、記入しないでください。
備考　用紙の大きさは、日本工業規格Ａ４とする。

第５号様式

建築取止届

年　　月　　日

（あて先）名古屋市長

建築主　住所

氏名　　　　　　　　㊞

電話（　　　）　　—

名古屋市中高層建築物の建築に係る紛争の予防及び調整等に関する条例施行細則第９条の規定により、次のとおり届け出ます。

1	建築物の名称		
2	敷地の地名地番	名古屋市　　　区	
3	標識設置届提出年月日	年　　月　　日	
4	標識撤去年月日	年　　月　　日	
5 取止めの理由			
※備考		※受付欄	

注意　※印のある欄は、記入しないでください。

備考　用紙の大きさは、日本工業規格Ａ４とする。

第6号様式

表面

共同住宅型集合建築物建築計画書

年　　月　　日

（あて先）名古屋市長

建築主　住所

氏名　　　　　　　　㊞

電話（　　）　—

名古屋市中高層建築物の建築に係る紛争の予防及び調整等に関する条例第13条第2項の規定により、次のとおり届け出ます。

1　設計者 住所氏名	電話（　　）　—					
2　工事施工者 住所氏名	電話（　　）　—					
3 敷 地	(1)　地名地番	名古屋市　　区				
	(2)　用途地域		(4)　その他の地域、区域			
	(3)　防火地域					
	計画部分	既存部分	合　　計	7　敷地面積との比		
4　敷地面積			㎡	法　定	届　出	
5　建築面積	㎡	㎡	㎡	／10	／10	
6　延べ面積	㎡	㎡	㎡	／10	／10	
8　構　造	造地上　階 地下　階		9　建築物の高さ	m		
10　居室の天井の高さ	m		11　最小の住戸の床面積	㎡		

12 住戸の床面積別の戸数	25㎡以下	戸	70㎡以上100㎡未満	戸
	25㎡超30㎡未満	戸	100㎡以上150㎡未満	戸
	30㎡以上50㎡未満	戸	150㎡以上	戸
	50㎡以上70㎡未満	戸	合　　計	戸

13　駐車台数	敷地内の台数　　台（うち、機械式　　台）	合計　　台	
	敷地外の台数　　台（うち、機械式　　台）		
14　住戸の所有形態	賃貸（　　戸）分譲（　　戸）自己用（　　戸）		
15　管理人の配置	(1)　有	氏名及び連絡先	
	(2)　無	管理の方法	
16　工事期間	(1)　着手予定　　年　　月　　日	(2)　完了予定　　年　　月　　日	
※備考		※受付欄	

注意　※印のある欄は、記入しないでください。
備考　用紙の大きさは、日本工業規格A４とする。

裏面

（付近見取図）
（配置図）

注意　配置図には、方位、敷地境界線、駐車場の位置、ごみの保管場所、管理人の氏名を明記した表示板の位置、植栽した場所を明示してください。

第７号様式

（あっせん・調停）申出書

年　月　日

（あて先）名古屋市長

申出人　住所

氏名　㊞

電話（　）　―

名古屋市中高層建築物の建築に係る紛争の予防及び調整等に関する条例第15条第１項／第18条第１項の規定により、次のとおり紛争の（あっせん・調停）を申し出ます。

1　建築物の名称	
2　敷地の地名地番	名古屋市　区
3　相手方の住所氏名	
4　調整を求める事項	・日照　・テレビ電波受信障害 ・工事に伴う騒音振動・周辺環境（ごみ、駐車場等） ・その他（　）
5　交渉経過の概要	
6　その他参考となる事項	

注意　調整を求める事項欄は、該当する項目に○印を付けてください。
備考　用紙の大きさは、日本工業規格Ａ４とする。

第８号様式

第　　　号
年　　月　　日

措置命令書

住所
氏名　　　　　　　　　　　様

名古屋市長　　　　　　　　　印

名古屋市中高層建築物の建築に係る紛争の予防及び調整等に関する条例第30条の規定により、次のとおり命令します。

命令の内容	
命令の理由	
期　　　限	

備考　用紙の大きさは、日本工業規格Ａ４とする。

○名古屋市中高層建築物の建築に係る紛争の予防及び調整等に関する条例施行細則における駐車場取扱要綱

1　目的

この要綱は、名古屋市中高層建築物の建築に係る紛争の予防及び調整等に関する条例施行細則（平成12年名古屋市規則第3号。以下「規則」という。）第10条第1項に規定する駐車場の取扱いについて必要な事項を定めることを目的とする。

2　自動車駐車場の形態

規則第10条第1項第1号に規定する自動車が駐車できる駐車場は、次に掲げる形態とするものとする。

ア　駐車台数1台につき幅2.3m、奥行5m程度（機械式の駐車場の場合を除く。）

イ　自動車を安全に駐車させ、出入りさせることができるものであること

3　自動車駐車場の設置の例外

(1)　規則第10条第1項第1号イに規定する敷地の位置又は形状により必要台数の自動車が駐車できる駐車場を敷地内に設置することができないと市長が認めた場合は、次に掲げるとおりとする。

ア　前面道路に交通規制があり自動車の出入りが不可能又は困難な場合

イ　建築物の敷地内に公共の用に供する施設が設置されるなどして、自動車の出入口を設置することが不可能又は困難な場合

ウ　近隣商業地域又は商業地域において、通常の駐車場配置計画をしても敷地の形状により、敷地内に必要台数の自動車が駐車できる駐車場を設置することが困難な場合（敷地内に必要台数の1/2以上を設置する場合に限る。）

エ　敷地が狭小なため建築計画上敷地内に所定の駐車場を設置することが極めて困難な場合

オ　地区計画などで、敷地内に自動車が駐車できる駐車場を設置することが困難な場合

カ　自動車の出入口を設けようとした場合に、撤去又は移動することが困難な障害物が道路上にある場合

キ　商業地域で指定容積率500％以上の敷地の場合

ク　建築物の敷地が、歩行者空間を積極的に整備する路線にのみ面している場合

(2)　規則第10条第1項第1号ウに規定する共同住宅型集合建築物の利用形態及び周囲の状況からみて必要台数の自動車が駐車できる駐車場を敷地内に設置する必要がないと市長が認めた場合は、次に掲げるとおりとする。

ア　高齢者住宅などで、主に自動車を所有しない者を入居対象とし、その管理が適切

に実施される場合

イ　ウィークリーマンション等でホテル類似利用形態のため、住宅用の駐車場を確保しなくても支障がない場合（管理人が24時間常駐する場合に限る。）

ウ　鉄道の駅からおおむね半径300m以内の距離にある敷地で、交通の利便性がよく、必要台数の自動車が駐車できる駐車場を敷地内に設置しなくても支障がない場合（敷地内に必要台数の1/2以上の自動車が駐車できる駐車場を設置し、敷地外に必要台数に不足する台数の自動車が駐車できる駐車場を設置する場合に限る。）

(3)　敷地外に自動車が駐車できる駐車場を設ける場合は、当該建築物の敷地から歩行距離がおおむね500m以内に設けるものとする。

4　自転車駐車場の形態

規則第10条第１項第２号に規定する自転車が駐車できる駐車場は、次に掲げる形態とするものとする。

ア　駐車台数１台につき幅0.5m、奥行２m程度（機械式の駐車場の場合を除く。）

イ　屋根が設置されていること

附　則

この要綱は、平成17年４月１日から施行する。

○名古屋都市計画高度地区の指定

（昭和41年10月13日
建設省告示第3392号
（効力昭和41年11月2日））

改正　昭和43年3月27日建設省告示第458号
同　47年9月16日名古屋市告示第286号
同　54年3月2日同　第 86号
同　54年12月21日同　第583号
同　57年3月31日同　第114号
同　58年11月25日同　第400号
同　59年10月1日同　第371号
同　61年4月14日同　第171号
同　62年5月18日同　第157号
同　62年12月16日同　第397号
平成元年10月9日同　第320号
同　4年3月30日同　第 90号
同　5年3月26日同　第 73号
平成6年3月23日名古屋市告示第 98号
同　8年5月31日同　第208号
同　9年4月18日同　第160号
同　9年11月30日同　第356号
同　10年9月18日同　第304号
同　11年4月13日同　第156号
同　11年10月1日同　第327号
同　13年5月15日同　第190号
同　14年8月19日同　第311号
同　15年3月14日同　第 82号
同　16年2月10日同　第 59号
同　18年3月15日同　第 98号
同　18年8月31日同　第380号

種　　類	面　　積	建築物の高さの最高限度又は最低限度	備考
高度地区（10m高度地区）	約5,085ha	建築物の各部分の高さ（地盤面からの高さによる。）の最高限度は、当該部分から真北方向にはかった隣地境界線（敷地の北側に前面道路がある場合は、前面道路の反対側の境界線をいう。）までの水平距離の1／1.5に5mを加えたもので、かつ、10m以下とする。	
高度地区（15m高度地区）	約　724ha	建築物の各部分の高さ（地盤面からの高さによる。）の最高限度は、当該部分から真北方向にはかった隣地境界線（敷地の北側に前面道路がある場合は、前面道路の反対側の境界線をいう。）までの水平距離の1／1.5に7.5mを加えたもので、かつ、15m以下とする。	
高度地区（20m高度地区）	約3,040ha	建築物の各部分の高さ（地盤面からの高さによる。）の最高限度は、当該部分から真北方向にはかった隣地境界線（敷地の北側に前面道路がある場合は、前面道路の反対側の境界線をいう。）までの水平距離の1／1.5に7.5mを加えたもので、かつ、20m以下とする。	
高度地区（最低限高度地区）	約　81ha	建築物の各部分の高さ（地盤面からの高さによる。）の最低限度は7mとする。	
合　　計	約8,930ha		

1　10m高度地区、15m高度地区及び20m高度地区内の制限の緩和

⑴　地盤高については、建築基準法施行令（昭和25年政令第338号。以下「令」という。）第135条の４第１項第二号の規定を準用する。

⑵　隣地境界線については、令第135条の４第１項第一号の規定を準用する。

⑶　一定の複数建築物を総合的設計によって建築する場合において、建築基準法（昭和25年法律第201号）第86条及び第86条の２の規定により同一敷地内にあるものとみなされるこれらの建築物は、この規定を適用する場合においては、同一敷地内にあるものとみなす。

2　10m高度地区、15m高度地区及び20m高度地区内の適用の除外

次の各号のいずれかに該当する建築物については、上記の制限は適用しない。

⑴　10m高度地区内において、令第130条の10に定める敷地内空地及び敷地規模を有する敷地内の高さ12m以下の建築物で、市長が低層住宅にかかる良好な住居の環境を害するおそれがないと認めたもの

⑵　令第136条に定める敷地内空地及び敷地規模を有する敷地に総合的な設計に基づいて建築される建築物で、市長が市街地の環境の整備改善に資すると認め、建築審査会の同意を得て許可したもの

⑶　地区計画の区域のうち再開発等促進区（地区整備計画において建築物の高さの最高限度が定められている区域に限る。）内において、当該地区計画の内容に適合する建築物

⑷　都市計画として決定した一団地の住宅施設にかかる建築物で、市長が土地利用上適当であり、市街地の環境の整備に資すると認めたもの

⑸　15m高度地区内において、軒の高さが15m未満かつ高さが17m以下の建築物で、市長が建築物の形態及び敷地内空地等について配慮がなされ、市街地の環境の整備に資すると認めたもの

⑹　20m高度地区内において、軒の高さが20m未満かつ高さが22m以下の建築物で、市長が建築物の形態及び敷地内空地等について配慮がなされ、市街地の環境の整備に資すると認めたもの

⑺　その他市長が公益上やむを得ないと認め、又は土地利用上適当と認め、建築審査会の同意を得て許可した建築物

3　最低限高度地区内の適用の除外

次の各号のいずれかに該当する建築物又は建築物の部分については、上記の制限は適用しない。

⑴　不燃化促進区域の区域外の建築物

⑵　都市計画施設の区域内の建築物

⑶　建築物の建築面積の５／10未満の部分の高さが７m未満の建築物

⑷　増築又は改築については、令第137条の10第一号及び第二号に定める範囲の建築物

⑸　附属建築物で平家建のもの（建築物に附属する門、へいを含む。）

⑹　地下若しくは高架の工作物又は道路内に設ける建築物その他これらに類するもののほか、市長が公益上やむを得ないと認め建築審査会の同意を得て許可した建築物

4　建築物の敷地が高度地区の内外又は２種類の高度地区にわたる場合の措置

(1)　建築物の敷地が高度地区の内外にわたる場合で、敷地内の高度地区の内外を区分する境界線上の各点から真南方向への水平延長線が属する敷地内の区域（以下、この号において「当該区域」という。）が高度地区の指定されている区域であるときは、当該区域内の建築物の各部分の高さの最高限度は、当該区域に指定されている高度地区の種類に応じて、10m高度地区内においては10m以下、15m高度地区内においては15m以下、20m高度地区内においては20m以下とする。

(2)　建築物の敷地が10m高度地区及び15m高度地区にわたる場合、又は、10m高度地区及び20m高度地区にわたる場合で、敷地内の高度地区を区分する境界線上の各点から真南方向への水平延長線が属する敷地内の区域（以下、この号において「当該区域」という。）が10m高度地区の指定されている区域であるときは、当該区域内の建築物の各部分の高さの最高限度は、当該部分から真北方向にはかった隣地境界線（敷地の北側に前面道路がある場合は、前面道路の反対側の境界線をいう。）までの水平距離の１／1.5に7.5mを加えたもので、かつ、10m以下とする。

(3)　建築物の敷地が最低限高度地区及びその他の高度地区にわたる場合で、敷地内の高度地区を区分する境界線上の各点から真南方向への水平延長線が属する敷地内の区域（以下、この号において「当該区域」という。）が最低限高度地区の指定されていない区域であるときは、当該区域内の建築物の各部分の高さの最高限度は、当該区域に指定されている高度地区の種類に応じて、10m高度地区においては10m以下、15m高度地区内においては15m以下、20m高度地区内においては20m以下とする。

「位置及び区域は計画図表示のとおり」

○名古屋市駐車場条例

(昭和34年3月26日
名古屋市条例第9号)

改正　前略　昭和43年3月25日名古屋市条例第3号
同　44年　同　第19号
同　44年　同　第41号
同　44年　同　第48号
同　45年12月15日同　第65号
同　48年4月1日同　第4号
平成4年3月19日同　第6号
同　6年4月1日同　第7号
同　8年3月15日同　第2号
同　12年12月27日同　第90号
同　16年10月15日同　第52号

（目的）

第1条　この条例は、駐車場法（昭和32年法律第106号。以下「法」という。）に基づき、建築物における駐車施設の附置及び管理について定めることを目的とする。

（一定の複数建築物の取扱い）

第2条　建築基準法（昭和25年法律第201号。以下「基準法」という。）第86条第1項若しくは第2項又は同法第86条の2第1項の規定により特定行政庁がその各建築物の位置及び構造が安全上、防火上及び衛生上支障がないと認めたものについては、次条から第3条の4までの規定を適用する場合においては、これらの建築物は、同一敷地内にある一の建築物とみなす。

2　基準法第86条第3項若しくは第4項又は同法第86条の2第2項若しくは第3項の規定により特定行政庁がその各建築物の位置及び建ぺい率、容積率、各部分の高さその他の構造が交通上、安全上、防火上及び衛生上支障がないと許可したものについては、次条から第3条の4までの規定を適用する場合においては、これらの建築物は、同一敷地内にある一の建築物とみなす。

（建築物の新築の場合の駐車施設の附置）

第3条　次表左欄に掲げる地区内又は地域内において、同表中欄に掲げる規模の建築物を新築しようとする者は、当該建築物又は当該建築物の敷地内に同表右欄に定める割合により算定した台数を合計した台数（1台未満の端数は、切り上げる。）以上の規模を有する自動車の駐車のための施設（以下「駐車施設」という。)を附置しなければならない。

地区・地域	建築物の規模	自動車の駐車台数の割合
法第3条第1項の駐車場整備地区（以下「駐車場整備地区」という。）並びに都市計画法（昭和43年法律第100号）第	法第20条第1項の特定用途（以下「特定用途」という。）に供する部分（駐車施設の用途に供する部分及び規則で定	事務所の用途に供する部分の床面積に対して200㎡ごとに1台

8条第1項第1号の商業地域（以下「商業地域」という。）及び近隣商業地域（以下「近隣商業地域」という。）	める用途に供する部分を除き、観覧場にあっては屋外観覧席の部分を含む。以下「特定部分」という。）の床面積と特定用途以外の用途（以下「非特定用途」という。）に供する部分（駐車施設の用途に供する部分及び規則で定める用途に供する部分を除く。）の床面積に3／4を乗じて得たものとの合計が1,500㎡を超えるもの（敷地面積が500㎡未満で、かつ、市長が指定する地区（以下「指定地区」という。）内にあるものを除く。）	特定用途（事務所の用途を除く。）に供する部分の床面積に対して250㎡ごとに1台
		非特定用途（住宅、共同住宅、義務教育の学校等で規則で定めるもの及び市長が指定する施設等の用途を除く。）に供する部分の床面積に対して450㎡ごとに1台
		市長が指定する施設等の用途に供する部分の床面積に対して900㎡ごとに1台（5台を超える場合にあっては5台）

2　建築物の延べ面積（駐車施設の用途に供する部分及び規則で定める用途に供する部分を除き、観覧場にあっては屋外観覧席の部分を含む。）が、6,000㎡に満たない場合において、附置しなければならない駐車施設の台数は、前項の規定にかかわらず、同項の表右欄に定める割合により算定した台数を合計した台数に次の式により算定した緩和率を乗じて得た台数（1台未満の端数は、切り上げる。）とする。

$$\text{緩和率} = 1 - \frac{1{,}500\text{㎡} \times (6{,}000\text{㎡} - \text{延べ面積})}{6{,}000\text{㎡} \times \text{前項の表中欄に掲げる合計面積} - 1{,}500\text{㎡} \times \text{延べ面積}}$$

3　第1項の規定にかかわらず、事務所の用途に供する部分の床面積が1万㎡を超える建築物にあっては、当該事務所の用途に供する部分の床面積のうち、1万㎡を超え5万㎡以下の部分の床面積に0.7を、5万㎡を超え10万㎡以下の部分の床面積に0.6を、10万㎡を超える部分の床面積に0.5をそれぞれ乗じたものの合計に1万㎡を加えた面積を当該用途に供する部分の床面積とみなして、同項の規定を適用する。

4　第1項の規定にかかわらず、指定地区内にある建築物にあっては、事務所、ホテル、旅館又は学校等（同項の表に規定する義務教育の学校等で規則で定めるものを除く。）の用途に供する部分の床面積（事務所の用途に供する部分の床面積が1万㎡を超える建築物にあっては、前項の規定により算定した面積）に0.6を乗じたものを当該用途に供する部分の床面積とみなして、第１項の規定を適用する。

（建築物の増築又は用途の変更の場合の駐車施設の附置）

第３条の２　建築物を増築しようとする者又は建築物の部分の用途の変更で、当該用途の変更により特定部分の床面積が増加することとなるもののために大規模の修繕又は大規模の模様替（基準法第２条第14号又は第15号に規定するものをいう。）をしようとする者は、当該増築又は用途の変更後の建築物を新築した場合において前条の規定により附置しなければならない駐車施設の台数から、当該増築又は用途の変更前の建築物を新築した場合において同条の規定により附置しなければならない駐車施設の台数を減じた台数以上の規模を有する駐車施設を、当該増築又は用途の変更に係る建築物又は当該建築物の敷地内に新たに附置しなければならない。ただし、当該増築又は用途の変更後の建築物を新築した場合において同条の規定により附置しなければならない台数以上の規模を有する駐車施設を既に附置しているときは、この限りでない。

（建築物の新築の場合の荷さばきのための駐車施設の附置）

第３条の３　次表左欄に掲げる地区内又は地域内において、建築物を新築しようとする者は、当該建築物又は当該建築物の敷地内に同表右欄に定める割合により算定した台数を合計した台数（１台未満の端数は切り捨て、10台を超える場合にあっては10台とする。）以上の規模を有する荷さばきのための駐車施設を附置しなければならない。

地区・地域	自動車の駐車台数の割合
駐車場整備地区並びに商業地域及び近隣商業地域	倉庫の用途に供する部分の床面積に対して2,500㎡ごとに１台
	百貨店その他の店舗の用途に供する部分の床面積に対して5,000㎡ごとに１台
	特定用途（倉庫及び百貨店その他の店舗の用途を除く。）に供する部分の床面積に対して１万㎡ごとに１台

２　前項の規定により附置しなければならない荷さばきのための駐車施設の台数は、第３条の規定により附置しなければならない駐車施設の台数に含めることができる。

（建築物の増築又は用途の変更の場合の荷さばきのための駐車施設の附置）

第３条の４　第３条の２の規定は、建築物の増築又は用途の変更の場合の荷さばきのための駐車施設の附置について準用する。この場合において、同条中「前条」とあるのは「次条」と読み替えるものとする。

２　前項の規定により新たに附置しなければならない荷さばきのための駐車施設の台数は、第３条の２の規定により新たに附置しなければならない駐車施設の台数に含めることができる。

（建築物の敷地が地区又は地域の内外にわたる場合）

第３条の５　建築物の敷地が駐車場整備地区又は商業地域若しくは近隣商業地域とこれら

以外の地域にわたる場合においては、当該建築物は当該敷地の面積の過半を占める地区又は地域にあるものとみなす。

（駐車施設の規模）

第3条の6　第3条又は第3条の2の規定により附置しなければならない駐車施設は、自動車の駐車の用に供する部分の規模を駐車台数1台につき幅2.3m以上、奥行5m以上とし、かつ、自動車を安全に駐車させ、及び出入りさせることができるものとしなければならない。

2　第3条の3又は第3条の4の規定により附置しなければならない荷さばきのための駐車施設は、自動車の駐車の用に供する部分の規模を駐車台数1台につき幅3m以上、奥行7.7m以上又は幅4m以上、奥行6m以上とし、かつ、自動車を安全に駐車させ、及び出入りさせることができるものとしなければならない。

3　第1項の規定にかかわらず、第3条又は第3条の2の規定により附置しなければならない駐車施設の台数が25台以上50台未満の規模の建築物にあってはそのうち少なくとも1台分は、50台以上100台未満の規模の建築物にあってはそのうち少なくとも2台分は、100台以上の規模の建築物にあってはそのうち少なくとも3台分は、車いすの利用者のための駐車施設として、幅3.5m以上、奥行6m以上としなければならない。

4　建築物の構造又は敷地の位置若しくは形状により、市長が特にやむを得ないと認めたものについては、前3項の規定は、適用しない。

5　第1項及び第3項の規定は、駐車場法施行令（昭和32年政令第340号）第15条の規定により国土交通大臣が認めた特殊の装置を用いる駐車施設で、自動車を安全に駐車させ、及び出入りさせることができると市長が認めたものについては、適用しない。

（適用除外）

第4条　基準法第85条の規定に基づく仮設建築物を新築し、又は増築しようとする者に対しては、第3条から第3条の4までの規定は、適用しない。

2　駐車場整備地区並びに商業地域及び近隣商業地域以外の区域から新たに駐車場整備地区又は商業地域若しくは近隣商業地域に指定された区域内において、当該地区又は地域に指定された日から起算して6月以内に工事に着手した者に対する駐車施設又は荷さばきのための駐車施設の附置義務は、第3条から第3条の4までの規定にかかわらず、当該地区又は地域指定前の例による。

（附置の特例）

第5条　第3条又は第3条の2の規定の適用を受ける者で、新築、増築又は用途変更に係る当該建築物の構造又は敷地の位置若しくは形状により、市長が特にやむを得ないと認めた場合において、当該建築物の敷地からおおむね300m以内の場所にそれぞれの該当する規定により定められている規模を有する駐車施設を設けるときは、当該建築物又は当該建築物の敷地内に駐車施設を附置しないことができる。

2　第3条の3第1項又は第3条の4第1項の規定の適用を受ける者で、新築、増築又は用途変更に係る当該建築物の構造又は敷地の位置若しくは形状により、市長が特にやむを得ないと認めた場合において、荷さばきのための駐車施設の附置に代わる措置を講ずるときは、これらの規定によらないことができる。

（表示板の設置）

第5条の2　前条第1項の規定により当該建築物又は当該建築物の敷地内に駐車施設を附置しない者は、当該建築物又は当該建築物の敷地以外の場所に設ける駐車施設の位置、台数等を記載した表示板を設置しなければならない。

2　前項の規定による表示板の様式は、規則で定める。

（報告）

第5条の3　市長は、第5条第1項の規定により当該建築物又は当該建築物の敷地内に駐車施設を附置しない者に対し、駐車施設の状況について、必要に応じ、報告を求めることができる。

（申請）

第6条　第3条の6第4項又は第5条の規定による承認を受けようとする者は、規則で定めるところにより、市長に申請しなければならない。承認を受けた事項を変更しようとするときも、また同様とする。

（駐車施設又は荷さばきのための駐車施設の管理）

第7条　第3条、第3条の2若しくは第5条第1項の規定により設けられた駐車施設又は第3条の3若しくは第3条の4の規定により附置された荷さばきのための駐車施設の所有者又は管理者は、当該駐車施設又は当該荷さばきのための駐車施設を常時この条例で定める規模において維持し、かつ、自動車が有効に駐車できる状態において管理しなければならない。

（措置命令）

第8条　市長は、駐車施設の附置義務者が第3条若しくは第3条の2の規定に違反し、荷さばきのための駐車施設の附置義務者が第3条の3、第3条の4若しくは第5条第2項の規定に違反し、駐車施設の設置者が第5条第1項、第5条の2若しくは第5条の3の規定に違反し、又は駐車施設若しくは荷さばきのための駐車施設の所有者若しくは管理者が前条の規定に違反したときは、当該違反者に対して、期間を定めて、駐車施設の附置又は設置、荷さばきのための駐車施設の附置、原状回復その他必要な措置を命ずることができる。

2　市長は、前項の規定により措置を命じようとするときは、駐車施設の附置義務者、設置者、所有者又は管理者に対して、あらかじめその命じようとする措置及び理由を記載した措置命令書により行なうものとする。

3　前項の規定による措置命令書の様式は、規則で定める。

（立入り検査）

第９条　市長は、駐車施設又は荷さばきのための駐車施設の適正な規模を確保するため必要があると認めるときは、当該職員をして駐車施設又は荷さばきのための駐車施設に立ち入らせてその規模等に関して検査をさせ、又は関係人に質問させることができる。

2　前項の規定により立入り検査を行なう場合は、当該職員は、その身分を示す証票を携帯し、かつ、関係人の請求があったときはこれを提示しなければならない。

3　前項の規定による証票の様式は、規則で定める。

（委任）

第10条　この条例の施行について必要な事項は、規則で定める。

（罰則）

第11条　第８条の規定に基づく市長の命令に違反した者は、50万円以下の罰金に処する。

2　第９条第１項の規定による当該職員の立入り検査を拒み、妨げ、又は忌避した者は、20万円以下の罰金に処する。

第12条　法人の代表者又は法人若しくは人の代理人、使用人その他の従業者がその法人又は人の業務に関して、前条の違反行為をした場合においては、その行為者を罰するほかその法人又は人に対して前条の刑を科する。ただし、法人又は人の代理人、使用人その他の従業者の当該違反行為を防止するため、当該業務に対し、相当の注意及び監督がつくされたことの証明があったときは、その法人又は人については、この限りでない。

附　則

この条例の施行の日は、市長が定める。

〔昭和34年規則第49号により、昭和34年10月１日から施行〕

附　則（昭和34年条例第34号）抄

1　この条例は、名古屋市駐車場条例施行の日から施行する。

附　則（昭和36年条例第31号）

この条例は、昭和36年９月１日から施行する。

附　則（昭和38年条例第68号）

1　この条例は、公布の日から施行する。

2　名古屋市駐車場条例の規定に基づく大規模の建築物に附置する駐車施設の規模等に関する条例（昭和34年名古屋市条例第34号）は、廃止する。

3　この条例施行の際、現に指定されている駐車場整備地区内又は商業地域内において、この条例施行の日から起算して６月以内に工事に着手した者に対する駐車施設の附置義務は、この条例による改正後の名古屋市駐車場条例の規定にかかわらず、なお従前の例による。

4　周辺地区に指定された地区内においてこの条例施行の日から起算して６月以内に工事に着手した者に対しては、この条例による改正後の名古屋市駐車場条例第15条の規定は、適用しない。

附　則（昭和39年条例第11号）

この条例は、昭和39年４月１日から施行する。

附　則（昭和41年条例第14号）

この条例は、名古屋都市計画事業復興土地区画整理事業施行地区内の中第１工区及び中第２工区に係る土地区画整理事業の換地処分の公告があった日の翌日から施行する。

附　則（昭和43年条例第３号）抄

（施行期日）

1　この条例は、昭和43年４月１日から施行する。

附　則（昭和44年条例第19号）

この条例は、都市計画法（昭和43年法律第100号）の施行の日〔昭和44年６月14日〕から施行する。

附　則（昭和44年条例第41号）

この条例は、名古屋都市計画事業復興土地区画整理事業施行地区内の中第３工区、中第４工区、中第９工区及び中村第３工区に係る土地区画整理事業の換地処分の公告があった日の翌日から施行する。

〔昭和44年10月20日名古屋市告示第263号〕

附　則（昭和45年条例第48号抄）

1　この条例は、昭和45年９月１日から施行する。

2　第11条及び第12条の規定による改正後の次に掲げる条例の規定は、施行日以後に発せられる督促状によりその計算の基礎となる滞納額の納付期限が指定されるこれらの規定に規定する延滞金の額の計算について適用し、施行日前に発せられた当該督促状による延滞金の額の計算については、なお従前の例による。

⑴　名古屋市駐車場条例第９条第３項

附　則（昭和45年条例第65号抄）

（施行期日）

1　この条例は、昭和46年１月１日から施行する。

附　則（昭和48年条例第４号）

1　この条例は、昭和48年４月１日から施行する。

2　この条例による改正前の名古屋市駐車場条例の規定に基づく路上駐車場の利用に係る駐車料金及び割増金並びにこれらに係る延滞金及び督促手数料については、なお従前の例による。

附　則（平成４年条例第６号）

1　この条例は、平成４年10月１日から施行する。ただし、第11条の改正規定は、同年５月１日から施行する。

2　この条例による改正後の名古屋市駐車場条例の規定（第11条を除く。）は、平成4年10月1日以後に建築物の新築、増築又は用途の変更の工事に着手した者について適用し、同日前に着手した者については、なお従前の例による。

附　則（平成6年条例第7号）

この条例は、平成6年4月1日から施行する。

附　則（平成8年条例第2号）

この条例は、都市計画法及び建築基準法の一部を改正する法律（平成4年法律第82号）第1条の規定による改正後の都市計画法第2章の規定により行う用途地域に関する都市計画の決定の告示の日から施行する。

〔告示の日＝平成8年5月31日〕

附　則（平成12年条例第90号）

この条例は、平成13年1月6日から施行する。

附　則（平成16年条例第52号）

1　この条例は、平成17年4月1日から施行する。

2　この条例による改正後の名古屋市駐車場条例の規定（第5条の3を除く。）は、平成17年4月1日以後に建築物の新築、増築又は用途の変更の工事に着手した者について適用し、同日前に着手した者については、なお従前の例による。

○名古屋市駐車場条例施行細則

（昭和35年6月1日
名古屋市規則第27号）

最終改正 平成17年2月8日名古屋市規則第8号

（目的）

第1条 この規則は、名古屋市駐車場条例（昭和34年名古屋市条例第9号。以下「条例」という。）の施行につき必要な事項を定めることを目的とする。

（規則で定める用途に供する部分）

第2条 条例第3条第1項の表及び同条第2項に規定する規則で定める用途に供する部分は、次に掲げるものとする。

(1) 公共用歩廊

(2) しゅん工後おおむね10年を経過した建築物における維持管理のために増築する部分

(3) 防災上の措置を講ずるために増築する部分

（義務教育の学校等）

第3条 条例第3条第1項の表に規定する義務教育の学校等で規則で定めるものは、学校教育法（昭和22年法律第26号）第1条に規定する小学校、中学校、盲学校、聾学校、養護学校及び幼稚園並びに児童福祉法（昭和22年法律第164号）第7条に規定する児童福祉施設とする。

（表示板の様式）

第4条 条例第5条の2第2項の表示板の様式は、別記第1号様式とする。

（申請）

第5条 条例第3条の6第4項の規定による承認を受けようとする者は、条例第6条の規定により、別記第2号様式による申請書の正本及び副本に、次表に掲げる図面を添えて、市長に提出しなければならない。

図面の種類		明示すべき事項
駐車施設又は荷さばきのための駐車施設及び建築物	付近見取図	方位、道路、目標となる地物及び敷地の位置
	配置図	縮尺、方位、敷地の境界線、敷地内における建築物の位置、敷地が接する道路の位置及び幅員、駐車施設又は荷さばきのための駐車施設の位置及び規模並びに車路の位置及び幅員
	各階平面図	縮尺、方位、間取、各室の用途、駐車施設又は荷さばきのための駐車施設の位置及び規模並びに車路の位置及び幅員
	断面図	縮尺、各室の用途、駐車施設又は荷さばきのための駐車施設の天井又ははり下の高さ、車路の天井又ははり下の高さ及び車路の傾斜部の勾配

2　条例第5条第1項の規定による承認を受けようとする者は、条例第6条の規定により、別記第3号様式による申請書の正本及び副本に、次表に掲げる図面を添えて、市長に提出しなければならない。

図面の種類		明示すべき事項
駐車施設（建築物又は建築物の敷地内の駐車施設を除く。）	付近見取図	方位、道路、目標となる地物、敷地の位置及び建築物との距離
	配置図	縮尺、方位、敷地の境界線、敷地内における建築物の位置、敷地が接する道路の位置及び幅員、駐車施設の位置及び規模並びに車路の位置及び幅員
	各階平面図	縮尺、方位、間取、各室の用途、駐車施設の位置及び規模並びに車路の位置及び幅員
建築物	配置図	縮尺、方位、敷地の境界線、敷地内における建築物の位置、敷地が接する道路の位置及び幅員、駐車施設又は荷さばきのための駐車施設の位置及び規模並びに車路の位置及び幅員
	各階平面図	縮尺、方位、間取、各室の用途、駐車施設又は荷さばきのための駐車施設の位置及び規模並びに車路の位置及び幅員

3　条例第5条第2項の規定による承認を受けようとする者は、条例第6条の規定により、別記第4号様式による申請書の正本及び副本に、第1項の表に掲げる図面を添えて、市長に提出しなければならない。

4　前3項に定めるもののほか、市長は、必要があると認めるときは、申請の審査について参考となる資料の提出を求めることができる。

5　市長は、第1項から第3項までの申請に基づき承認したときは、別記第5号様式による通知書に申請書の副本を添えて、申請者に承認した旨を通知する。

（措置命令書の様式）

第6条　条例第8条第3項の措置命令書の様式は、別記第6号様式とする。

（身分証明書の様式）

第7条　条例第9条第3項の証票の様式は、別記第7号様式とする。

附　則

この規則は、昭和35年6月1日から施行する。

附　則（昭和36年規則第54号）

この規則は、昭和36年9月1日から施行する。

附　則（昭和38年規則第45号）

この規則は、昭和38年4月1日から施行する。

附　則（昭和39年規則第64号）

この規則は、昭和39年8月1日から施行する。

附　則（昭和43年規則第22号抄）

1　この規則は、昭和43年４月１日から施行する。

附　則（昭和45年規則第83号）

この規則は、昭和45年９月１日から施行する。

附　則（昭和46年規則第26号）

この規則は、昭和46年４月１日から施行する。

附　則（昭和48年規則第28号）

1　この規則は、昭和48年４月１日から施行する。

2　名古屋市建築基準法施行細則（昭和31年名古屋市規則第58号）の一部を次のように改正する。

〔次のよう〕 略

附　則（平成４年規則第98号）

1　この規則は、平成４年10月１日から施行する。

2　名古屋市建築基準法施行細則（昭和31年名古屋市規則第58号）の一部を次のように改正する。

〔次のよう〕 略

附　則（平成６年規則第21号）

この規則は、平成６年４月１日から施行する。

附　則（平成13年規則第28号）

（施行期日）

1　この規則は、平成13年４月１日から施行する。

（経過措置）

2　この規則の施行の際現にこの規則による改正前の各規則の規定に基づいて提出されている申請書、届出書及び申出書は、この規則による改正後の各規則の規定に基づいて提出されたものとみなす。

3　この規則の施行の際現にこの規則による改正前の各規則の規定に基づいて交付されている許可書、通知書、承認書等は、この規則による改正後の各規則の規定に基づいて交付されたものとみなす。

4　この規則の施行の際現にこの規則による改正前の各規則の規定に基づいて作成されている用紙で残量のあるものについては、これらの規定による改正後の各規則の規定にかかわらず、当分の間、使用することができる。

附　則（平成17年規則第８号）

この規則は、平成17年４月１日から施行する。

第１号様式

駐　車　施　設 案　　内　　図
この建築物は、名古屋市駐車場条例第５条第１項の規定により、建築物又は建築物の敷地内に駐車施設を附置しないことについて、市長の承認を受けた建築物です。 承認年月日　　　　　年　　月　　日 承認番号　　　第　　　　号

備考１　材質は、耐久性を有するものとし、堅固に建築物の見やすい場所に固定するものとする。

２　大きさは、縦50㎝以上、横30㎝以上とする。

第２号様式

承　認　申　請　書

年　月　日

（あて先）名古屋市長

申請者　住所

氏名　㊞

（法人の場合は所在地、名称及び代表者氏名）

名古屋市駐車場条例第３条の６第４項の規定による駐車施設又は荷さばきのための駐車施設の自動車の駐車の用に供する部分の規模の規定の適用除外の承認を受けたいので、下記のとおり申請します。

記

<table>
<tr><td colspan="2">1　建築物の建築場所</td><td colspan="4"></td></tr>
<tr><td colspan="2" rowspan="6">2　駐車施設の面積及び台数</td><td>区　分</td><td colspan="2">面　積</td><td>台　数</td></tr>
<tr><td>建築物内</td><td colspan="2">㎡</td><td>台</td></tr>
<tr><td>建築物の敷地内</td><td colspan="2">㎡</td><td>台</td></tr>
<tr><td>建築物又は建築物の敷地内以外の駐車施設</td><td colspan="2">㎡</td><td>台</td></tr>
<tr><td>合　計</td><td colspan="2">㎡</td><td>台</td></tr>
<tr><td colspan="4">（上記のうち、車いすの利用者のための駐車施設　台）</td></tr>
<tr><td colspan="3">3　条例第３条の３第１項及び第３条の４第１項の規定による荷さばきのための駐車施設の台数</td><td colspan="3">台
（駐車施設の台数に含む・含まない）</td></tr>
<tr><td colspan="3">4　条例第３条の６第１項から第３項までの規定によることができない駐車施設又は荷さばきのための駐車施設の自動車の駐車の用に供する部分の規模及びその理由</td><td colspan="3"></td></tr>
<tr><td rowspan="4">※受付欄</td><td colspan="2" rowspan="4"></td><td colspan="3">※受付年月日</td></tr>
<tr><td colspan="3">年　月　日</td></tr>
<tr><td colspan="3">※受付番号</td></tr>
<tr><td colspan="3">第　号</td></tr>
</table>

注　※印の欄は、記入しないでください。

備考　用紙の大きさは、日本工業規格Ａ４とする。

第3号様式

（表）

承　認　申　請　書

年　　月　　日

（あて先）名古屋市長

申請者　住所

氏名　　　　　　　　　　　　㊞

（法人の場合は所在地、名称及び代表者氏名）

名古屋市駐車場条例第5条第1項の規定による駐車施設の附置の特例の承認を受けたいので、下記のとおり申請します。

記

<table>
<tr><td rowspan="9">駐車施設（建築物又は建築物の敷地内の駐車施設を除く。）</td><td colspan="2">1　設置しようとする場所</td><td colspan="2"></td></tr>
<tr><td colspan="2">2　権利関係（所有権、使用権等この施設について持っている権利）</td><td colspan="2"></td></tr>
<tr><td rowspan="2">3　使用承諾者</td><td>住所又は事務所所在地</td><td colspan="2"></td></tr>
<tr><td>氏名又は名称</td><td colspan="2"></td></tr>
<tr><td rowspan="5">4　面積及び台数</td><td>区　分</td><td>面　積</td><td>台　数</td></tr>
<tr><td>建築物内</td><td>㎡</td><td>台</td></tr>
<tr><td>その他</td><td>㎡</td><td>台</td></tr>
<tr><td>合　計</td><td>㎡</td><td>台</td></tr>
</table>

（裏）

<table>
<tr><td rowspan="14">建築物</td><td colspan="2">5　建築場所</td><td colspan="5"></td></tr>
<tr><td colspan="2" rowspan="6">6　用途及び面積</td><td colspan="3">駐車施設の用途に供する部分の床面積</td><td colspan="2">㎡</td></tr>
<tr><td colspan="3">事務所の用途に供する部分の床面積</td><td colspan="2">㎡</td></tr>
<tr><td colspan="3">その他の特定用途に供する部分の床面積</td><td colspan="2">㎡</td></tr>
<tr><td colspan="3">非特定用途に供する部分の床面積</td><td colspan="2">㎡</td></tr>
<tr><td colspan="3">市長が指定する施設等の用途に供する部分の床面積</td><td colspan="2">㎡</td></tr>
<tr><td colspan="3">延べ面積</td><td colspan="2">㎡</td></tr>
<tr><td colspan="5">7　条例第3条及び第3条の2の規定による駐車施設の台数</td><td colspan="2">台</td></tr>
<tr><td rowspan="5">8　駐車施設の面積及び台数</td><td colspan="3">区分</td><td colspan="2">面積</td><td>台数</td></tr>
<tr><td colspan="3">建築物内</td><td colspan="2">㎡</td><td>台</td></tr>
<tr><td colspan="3">建築物の敷地内</td><td colspan="2">㎡</td><td>台</td></tr>
<tr><td colspan="3">建築物又は建築物の敷地内以外の駐車施設</td><td colspan="2">㎡</td><td>台</td></tr>
<tr><td colspan="3">合計</td><td colspan="2">㎡</td><td>台</td></tr>
<tr><td>9　駐車施設を附置できない理由</td><td colspan="6"></td></tr>
<tr><td rowspan="4">※受付欄</td><td colspan="3" rowspan="4"></td><td colspan="4">※受付年月日</td></tr>
<tr><td colspan="4">年　月　日</td></tr>
<tr><td colspan="4">※受付番号</td></tr>
<tr><td colspan="4">第　　号</td></tr>
</table>

注　※印の欄は、記入しないでください。

備考　用紙の大きさは、日本工業規格Ａ４とする。

第４号様式

承　認　申　請　書

年　月　日

（あて先）名古屋市長

申請者　住所

氏名　㊞

（法人の場合は所在地、名称及び代表者氏名）

名古屋市駐車場条例第５条第２項の規定による荷さばきのための駐車施設の附置の特例の承認を受けたいので、下記のとおり申請します。

記

1　建築物の建築場所		
2　用途及び面積	倉庫の用途に供する部分の床面積	㎡
	百貨店その他の店舗の用途に供する部分の床面積	㎡
	その他の特定用途に供する部分の床面積	㎡
3　条例第３条の３第１項及び第３条の４第１項の規定による荷さばきのための駐車施設の台数		台
4　上記台数によることができない理由		
5　荷さばきのための駐車施設の附置に代わる措置		

※受付欄		※受付年月日
		年　月　日
		※受付番号
		第　号

注　※印の欄は、記入しないでください。

備考　用紙の大きさは、日本工業規格Ａ４とする。

第5号様式

承　認　通　知　書

様

下記の申請につきましては、名古屋市駐車場条例　　　　　　　　　の規定により、承認しましたので通知します。

年　月　日

名古屋市長　　　　　　　印

記

申請年月日	年　月　日
受付番号	第　　号
建築物の建築場所	
承認番号	第　　号
条件	

注　この通知書は、副本とともに大切に保管してください。
備考　用紙の大きさは、日本工業規格A４とする。

第６号様式

第　　　号

様

措　置　命　令　書

１　建築物の所在地

２　建築物の用途及び規模

上記の建築物は、名古屋市駐車場条例　　　　　　　　　の規定に違反していますので、同条例第８条の規定により下記のとおり命じます。

年　　月　　日

名古屋市長　　　　　　　　　　　　　印

記

１　措　置

２　理　由

備考　用紙の大きさは、日本工業規格Ａ４とする。

第7号様式

（表）

第　　　号

身　分　証　明　書

職　名

氏　名

年　　月　　日生

上記の者は、名古屋市駐車場条例第9条の規定により駐車施設又は荷さばきのための駐車施設に立ち入って検査をする職権を有する者であることを証明する。

年　　月　　日

（有効期間1年）

名古屋市長　　　　印

（裏）

名古屋市駐車場条例抜すい

（立入り検査）

第9条　市長は、駐車施設又は荷さばきのための駐車施設の適正な規模等を確保するため必要があると認めるときは、当該職員をして駐車施設又は荷さばきのための駐車施設に立ち入らせてその規模等に関して検査をさせ、又は関係人に質問させることができる。

2　前項の規定により立入り検査を行なう場合は、当該職員は、その身分を示す証票を携帯し、かつ、関係人の請求があったときはこれを提示しなければならない。

（以下省略）

備考　用紙の大きさは、縦5.5cm、横8cmとする。

○名古屋市都市景観条例

（昭和59年３月26日
名古屋市条例第17号）

改正 平成６年４月１日名古屋市条例第７号
同　13年３月29日同　　第８号

目次

第１章　総　則

（趣旨）

第１条　この条例は、すぐれた都市景観の創造及び保全に関して必要な事項を定めるものとする。

（定義）

第２条　この条例において、次の各号に掲げる用語の意義は、それぞれ当該各号に定めるところによる。

(1)　建築物　建築基準法（昭和25年法律第201号）第２条第一号に規定する建築物をいう。

(2)　工作物　土地又は建築物に定着し、又は継続して設置される物のうち建築物並びに広告物及び広告物を掲出する物件以外のもので次に掲げるものをいう。

ア　煙突、塔、高架水槽その他これらに類するもの

イ　橋りょう、高架道路、高架鉄道その他これらに類するもの

ウ　製造施設、貯蔵施設、水道、電気等の供給施設、ごみ等の処理施設その他これらに類するもの

エ　野球場、庭球場等の運動施設、遊園地等の遊戯施設その他これらに類するもの

オ　道路又は公園に設置される公衆電話所、バス停留所、標識、アーチ、アーケード、

ベンチ、ごみ入れその他これらに類するもの

カ　その他規則で定めるもの

(3)　広告物　屋外広告物法（昭和24年法律第189号）第2条第1項に規定する屋外広告物及びこれに類するもので規則で定めるものをいう。

(4)　地区計画　都市計画法（昭和43年法律第100号）第12条の4第1項第一号に規定する地区計画をいう。

（市の責務）

第3条　市は、都市景観の整備を図るため、総合的な施策を策定し、及びこれを実施するものとする。

2　市は、前項の施策の策定及び実施に当たっては、市民の意見、要望等が十分に反映されるよう努めるものとする。

（市民及び事業者の責務）

第4条　市民は、自らが都市景観を形成する主体であることを認識し、その個性と創意を発揮することにより、すぐれた都市景観の形成に努めるものとする。

2　事業者は、その事業活動の実施に当たっては、すぐれた都市景観の形成について必要な配慮をしなければならない。

3　市民及び事業者は、市長その他の市の機関が実施する都市景観の整備に関する施策に協力するものとする。

（財産権等の尊重及び他の公益との調整）

第5条　この条例の運用に当たっては、関係者の財産権その他の権利を尊重するとともに、公共事業その他の公益との調整に留意しなければならない。

第2章　都市景観の整備

第1節　総合的な施策の推進

（都市景観基本計画の策定）

第6条　市長は、都市景観の整備を総合的かつ計画的に進めるため、都市景観の整備の基本的な目標を明らかにするとともに、市民と市がともに協力してその目標を実現するための指針となる都市景観基本計画を策定するものとする。

2　市長は、前項の都市景観基本計画を策定しようとするときは、あらかじめ、名古屋市広告・景観審議会条例（平成13年名古屋市条例第8号）第1条の規定に基づき設置する名古屋市広告・景観審議会（以下「審議会」という。）の意見を聴かなければならない。

3　市長は、第1項の都市景観基本計画を策定したときは、その旨を告示するとともに、その内容を公表するものとする。

（先導的役割）

第7条　市長その他の市の機関は、道路、公園その他の公共施設の整備改善、建築物の建築等を行う場合には、都市景観基本計画との整合を図るとともに、都市景観の整備に先

導的役割を果たすよう努めなければならない。

（関連施策の推進）

第8条　市長その他の市の機関は、緑化の推進、町や川を美しくする運動の推進、市民文化の振興その他すぐれた都市景観に資する施策を積極的に推進するものとする。

（国等に対する要請）

第9条　市長は、必要があると認めるときは、国若しくは地方公共団体又はこれらが設立した団体に対し都市景観の整備について協力を要請するものとする。

（調査、研究等）

第10条　市長は、都市景観に関する調査、研究等を行うとともに、都市景観に関する資料の収集及び提供に努めるものとする。

（市民意識の高揚）

第11条　市長は、都市景観に関する市民の意識を高め、又は知識の普及を図るため必要な施策を講ずるものとする。

第2節　都市景観整備地区

（都市景観整備地区の指定）

第12条　市長は、都市景観基本計画の定めるところにより、重点的にすぐれた都市景観を創造し、又は保全する必要があると認める地区を都市景観整備地区として指定することができる。

2　市長は、前項の都市景観整備地区を指定しようとするときは、あらかじめ、当該地区の住民その他利害関係者の意見を聴くとともに、審議会の意見を聴かなければならない。

3　市長は、第1項の都市景観整備地区を指定したときは、その旨を告示するものとする。

4　前3項の規定は、都市景観整備地区の変更について準用する。

（都市景観整備計画の策定）

第13条　市長は、前条第1項の規定により都市景観整備地区を指定したときは、当該地区の都市景観整備計画を策定するものとする。この場合において、市長は、当該計画に関係がある道路、公園その他の公共施設の管理者と協議するものとする。

2　前項の都市景観整備計画には、当該地区における都市景観の整備の基本目標、道路、公園その他の公共施設に係る都市景観の整備に関する方針、都市景観形成基準の策定のための指針その他都市景観の整備に関し必要な事項を定めるものとする。

3　第1項の都市景観整備計画は、都市景観基本計画に適合したものでなければならない。

4　前条第2項の規定は、第1項の都市景観整備計画を策定し、又は変更しようとする場合について準用する。

（都市景観整備事業の実施）

第14条　市長は、都市景観整備計画を実現するため、道路、公園その他の公共施設の整備改善その他都市景観の整備に関する事業を実施するものとする。

（都市景観形成基準）

第15条　市長は、都市景観整備計画の定めるところにより、都市景観形成基準を定めるものとする。

2　前項の都市景観形成基準には、次の各号に掲げる事項のうち必要なものについて定めるものとする。

(1)　建築物の規模、敷地内における位置、色彩及び形態

(2)　工作物の規模、位置、色彩及び形態

(3)　広告物及び広告物を掲出する物件の規模、位置、数量、色彩、形態その他表示の方法

(4)　土地の形質

(5)　木竹の態様

(6)　その他市長が必要と認める事項

3　第12条第２項の規定は、第１項の都市景観形成基準を定め、又は変更しようとする場合について準用する。

4　市長は、第１項の都市景観形成基準を定め、又は変更したときは、その内容を告示するとともに、一般の縦覧に供さなければならない。

（行為の届出）

第16条　第12条第３項の告示があった日の翌日から当該都市景観整備地区内において次の各号に掲げる行為をしようとする者は、規則で定める行政上の手続に着手する前２週間（規則で定める行政上の手続を要しない行為にあっては、当該行為に着手する前２週間）までに、規則で定めるところにより、その内容を市長に届け出なければならない。

(1)　建築物の新築、増築、改築、移転、除却、大規模な修繕若しくは模様替え又は外壁面の色彩の変更

(2)　工作物の新設、増設、改造、移設、除却、大規模な修繕若しくは模様替え又は外観の色彩の変更

(3)　広告物の表示、移転若しくはその内容の変更又は広告物を掲出する物件の設置、改造、移転、修繕若しくは色彩の変更

(4)　土地の形質の変更

(5)　木竹の伐採又は植栽

2　前項の規定は、次の各号のいずれかに該当する行為には適用しない。この場合において、第３号又は第４号に掲げる行為をしようとする者は、前項の例により、その内容を市長に通知しなければならない。

(1)　通常の管理行為、軽易な行為その他の行為で規則で定めるもの

(2)　非常災害のため必要な応急措置として行う行為

(3)　都市計画事業（都市計画法第４条第15項に規定する都市計画事業をいう。）の施行

として行う行為及びこれに準ずる行為で規則で定めるもの

(4) 国、地方公共団体その他規則で定める者が行う行為（前３号に掲げる行為を除く。）

（都市景観形成基準の遵守）

第17条 都市景観整備地区内において前条第１項各号のいずれかに該当する行為をしようとする者は、当該地区に係る都市景観形成基準に適合するよう努めなければならない。

（助言及び指導）

第18条 市長は、第16条第１項の規定による届出があった場合において、当該届出に係る行為が都市景観形成基準に明らかに適合しないと認めるときは、当該届出をした者に対し、すぐれた都市景観の形成を図るため必要な措置を講ずるよう助言し、又は指導するものとする。

2 市長は、前項の規定により助言し、又は指導する場合において、審議会の意見を聴くことができる。

3 第１項の助言及び指導は、届出のあった日の翌日から起算して７日以内に行うものとする。ただし、前項の規定により審議会の意見を聴く場合においては、この限りでない。

（地区計画）

第19条 市長は、都市景観の向上を図るため必要があると認めるときは、都市景観整備地区の区域の全部又は一部について都市計画に地区計画を定めるものとする。

2 前項の地区計画が定められたときは、当該地区計画の区域に係る都市景観整備計画は、当該地区計画と内容が同一であり、又は抵触する限りにおいて、その効力を失う。

3 第１項の地区計画において、第15条第２項各号に掲げる事項に対応する事項について地区整備計画（都市計画法第12条の５第２項に規定する地区整備計画をいう。）が定められたときは、それらの事項については、第15条から前条までの規定は、適用しない。

（空地の利用等に関する要請）

第20条 市長は、都市景観整備地区内の空地が当該地区の都市景観を阻害していると認めるときは、当該空地の所有者、占有者又は管理者に対し、すぐれた都市景観の形成に配慮した利用又は管理を図るよう要請することができる。

（諸制度の活用）

第21条 市長は、都市景観整備地区内において、都市景観の整備を図るため都市計画法に基づく美観地区、風致地区、伝統的建造物群保存地区等の地域地区、屋外広告物法に基づく屋外広告物の規制に関する制度、建築基準法に基づく総合設計制度その他都市景観の整備に資する諸制度の活用を図るよう努めるものとする。

第３節 大規模建築物等の新築等

（大規模建築物等の新築等の届出）

第22条 都市景観整備地区の区域外において、次の各号に掲げる建築物、工作物並びに広告物及び広告物を提出する物件の新築若しくは新設、増築若しくは増設、大規模な模様替え若しくは外観の過半にわたる色彩の変更又は土地の形質の変更をしようとする者は、規則で定める行政上の手続に着手する前4週間（規則で定める行政上の手続を要しない行為にあっては、当該行為に着手する前4週間）までに、規則で定めるところにより、その内容を市長に届け出なければならない。

⑴　高さが31mを超え、又は延べ面積が1万㎡を超える建築物

⑵　地上からの高さが31m（建築物に定着し、又は継続して設置される場合にあっては、その高さが10mを超え、かつ、当該建築物の高さとの合計が31m）を超え、又はその敷地の用に供する土地の面積が1万㎡を超える工作物

⑶　地上からの高さが5mを超える高架道路、高架鉄道その他これらに類する工作物

⑷　幅員が15mを超え、又はその延長が30mを超える橋りょう、横断歩道橋、こ線橋その他これらに類する工作物

⑸　高さが10mを超え、又は表示面積の合計が100㎡を超える広告塔、広告板等の広告物及び広告物を掲出する物件

⑹　市長が定める区域に含まれる土地で面積が10haを超えるもの

⑺　その他前各号に準ずるもので規則で定めるもの

2　第16条第2項の規定は、前項の規定により届け出る場合について準用する。この場合において、同条第2項中「前項の例により」とあるのは「第22条第1項の例により」と読み替えるものとする。

（助言及び指導）

第23条　市長は、前条第1項の届出があった場合において、当該届出に係る行為が都市景観基本計画に定めるすぐれた都市景観を形成するための指針に明らかに適合しないと認めるときは、審議会の意見を聴いて、当該届出をした者に対して必要な措置を講ずるよう助言し、又は指導することができる。

第4節　都市景観重要建築物等

（都市景観重要建築物等の指定）

第24条　市長は、都市景観の形成上重要な価値があると認める建築物、工作物その他の物件又は樹木若しくは樹林を都市景観重要建築物、都市景観重要工作物又は都市景観保存樹若しくは都市景観保存樹林（以下「都市景観重要建築物等」と総称する。）として指定することができる。

2　市長は、前項の指定をしようとするときは、あらかじめ、審議会の意見を聴くとともに、その所有者（権原に基づく占有者又は管理者がある場合は、それらの者を含む。以下「所有者等」という。）の同意を得なければならない。

3　市長は、第1項の指定をしたときは、その旨を告示するとともに、当該都市景観重要建築物等に表示するものとする。

4　市長は、都市景観重要建築物等が次の各号のいずれかに該当するときは、第1項の規

定による指定を解除するものとする。

(1) 滅失、枯死等により都市景観の形成上の価値を失ったとき。

(2) 公益上の理由その他特別の理由があるとき。

(都市景観重要建築物等の管理等)

第25条 前条第1項の規定による指定を受けた都市景観重要建築物等の所有者等は、市長の定めるところにより、当該都市景観重要建築物等を管理するものとする。

2 前項に規定する者は、当該都市景観重要建築物等の現状を変更し、又は所有権その他の権利を移転しようとするときは、あらかじめ、その旨を市長に届け出なければならない。

第3章 都市景観協定

(都市景観協定の締結)

第26条 一定の区域内に存する土地、建築物、工作物又は広告物若しくは広告物を掲出する物件の所有者又はそれらについて使用することができる権原を有する者は、その区域における都市景観の形成についての協定(以下「都市景観協定」という。)を締結することができる。

2 前項の都市景観協定には、次の各号に掲げる事項について定めるものとする。

(1) 都市景観協定の名称

(2) 都市景観協定の目的

(3) 都市景観協定を締結した者の氏名及び住所(法人にあっては、その名称及び主たる事務所の所在地)

(4) 都市景観協定区域(協定の目的となっている区域をいう。)

(5) 都市景観の形成に必要な建築物、工作物、広告物、木竹等に関する基準

(6) 都市景観協定の有効期間

(7) 都市景観協定違反があった場合の措置

(8) 都市景観協定の変更又は廃止の手続

(都市景観協定の認定)

第27条 都市景観協定を締結した者は、前条第2項各号に掲げる事項を記載した都市景観協定書を作成し、その代表者から、規則で定めるところにより、これを市長に提出し、その認定を求めることができる。

2 市長は、前項の都市景観協定書を審査し、その内容がすぐれた都市景観の形成に寄与し、かつ、規則で定める要件に該当するものであると認めたときは、これを認定することができる。

3 市長は、前項の規定による認定をしたときは、遅滞なくその旨を告示するとともに、当該都市景観協定書の写しを一般の縦覧に供さなければならない。

4 都市景観協定を締結した者が都市景観協定の変更又は廃止をしたときは、その代表者

からその内容を市長に届け出なければならない。

5　市長は、前項の規定による廃止の届出を受理したとき又は都市景観協定の内容及びその運用がすぐれた都市景観の形成上適当でなくなったと認めるときは、第２項の認定を取り消すものとする。この場合において、市長は遅滞なくその旨を告示するものとする。

第４章　都市景観市民団体

（都市景観市民団体の認定）

第28条　市長は、一定の地域における都市景観の整備を推進することを目的として組織された団体で、次の各号に該当するものを都市景観市民団体として認定することができる。

(1)　団体の活動が当該地域における都市景観の整備に有効と認められるものであること。

(2)　団体の活動が当該地域の多数の住民に支持されていると認められるものであること。

(3)　団体の活動が関係者の所有権その他の財産権を不当に制限するものでないこと。

(4)　規則で定める要件を具備する団体規約が定められていること。

2　前項の規定による認定を受けようとする団体は、その代表者が、規則で定めるところにより、市長に対しその認定を申請しなければならない。

（都市景観市民団体の認定の取消）

第29条　市長は、前条第１項の規定により認定した都市景観市民団体が同項各号のいずれかに該当しなくなったと認めるとき又は都市景観市民団体として適当でなくなったと認めるときは、その認定を取り消すものとする。

第５章　表彰・助成等

（表彰）

第30条　市長は、すぐれた都市景観の形成に寄与していると認められる建築物、工作物、広告物その他の物件について、その所有者、設計者、施行者等を表彰することができる。

（都市景観の形成に係る助成等）

第31条　市長は、第16条第１項若しくは第22条第１項の規定による届出をした者又は第19条第１項に規定する地区計画の区域内において都市計画法第58条の２第１項の規定による届出をした者がすぐれた都市景観の形成に著しく寄与すると認められる行為をする場合にあっては、その行為に要する経費の一部を助成し、融資し、又は融資をあっせんすることができる。

（都市景観重要建築物等の保存に係る助成等）

第32条　市長は、都市景観重要建築物等の所有者等に対し、その保存のために技術的援助を行い、又はその保存に要する費用の一部を助成することができる。

2　市長は、都市景観重要建築物等の保存のため必要があると認めるときは、その所有者からの申出に基づき、当該都市景観重要建築物等を買い取ることができる。この場合において、すぐれた都市景観の保全上必要があると認めるときは都市景観重要建築物等の存する土地及びその周辺の土地を合わせて買い取ることができる。

（都市景観市民団体に対する助成等）

第33条　市長は、第28条第1項の規定により認定した都市景観市民団体に対して技術的援助を行い、又はその活動若しくは運営に要する経費の一部を助成することができる。

（都市景観の形成に貢献する行為に係る援助措置）

第34条　市長は、前3条の規定による助成等のほか、すぐれた都市景観の形成に寄与すると認められる行為をしようとする者に対し、技術的援助又は資金的援助を行うことができる。

第6章　雑　則

（委任）

第35条　この条例の施行に関し必要な事項は、規則で定める。

附　則

（施行期日）

1　この条例は、昭和59年4月1日から施行する。ただし、第2章第2節及び第3節並びに第31条の規定は、第6条第3項の都市景観基本計画の策定の告示があった日の翌日から施行する。

（名古屋市都市計画審議会条例の一部改正）

2　名古屋市都市計画審議会条例（昭和44年名古屋市条例第35号）の一部を次のように改正する。

〔次のよう〕略

附　則（平成6年4月1日名古屋市条例第7号）

この条例は、平成6年4月1日から施行する。

附　則（平成13年3月29日名古屋市条例第8号）

この条例は、平成13年4月1日から施行する。

○名古屋市都市景観条例施行細則

（昭和59年３月31日
名古屋市規則第46号）

改正	昭和62年３月31日	名古屋市規則	第 41号
	平成５年	同	第 79号
	同　５年	同	第125号
	同　６年４月１日	同	第 21号
	同　13年３月29日	同	第 26号

目次

第１章　総　則

（趣旨）

第１条　この規則は、名古屋市都市景観条例（昭和59年名古屋市条例第17号。以下「条例」という。）の施行に関し必要な事項を定めるものとする。

（工作物）

第２条　条例第２条第２号カの規則で定めるものは、次の各号に掲げるものとする。

(1)　擁壁、護岸、堤防その他これらに類するもの
(2)　垣、さく、塀、門その他これらに類するもの
(3)　駐車場、自動車ターミナルその他これらに類するもの
(4)　修景として設けられる花壇、噴水その他これらに類するもの
(5)　街灯、照明灯その他これらに類するもの
(6)　物干場
(7)　アンテナ
(8)　その他市長が指定し、告示したもの

第２章　都市景観の整備

（規則で定める行政上の手続）

第３条　条例第16条第１項及び条例第22条第１項の規則で定める行政上の手続は、次の各号に掲げるものとする。

(1)　建築基準法（昭和25年法律第201号）第６条第１項（同法第87条の２又は同法第88条第１項若しくは第２項において準用する場合を含む。）の規定による確認の申請、同法第18条第２項（同法第87条の２又は同法第88条第１項若しくは第２項において準用する場合を含む。）の規定による通知又は同法第86条第１項の規定による認定の申

請

⑵　道路法（昭和27年法律第180号）第24条の規定による承認の申請、同法第32条第1項若しくは第3項の規定による許可の申請又は同法第35条の規定による協議の申出

⑶　土地区画整理法（昭和29年法律第119号）第4条第1項、第14条第1項、第52条第1項若しくは第66条第1項の規定による認可の申請又は同法第76条第1項の規定による許可の申請

⑷　都市公園法（昭和31年法律第79号）第5条第2項若しくは同法第6条第1項若しくは第3項の規定による許可の申請又は同法第5条第3項若しくは同法第9条の規定による協議の申出

⑸　駐車場法（昭和32年法律第106号）第12条の規定による届出

⑹　宅地造成等規制法（昭和36年法律第191号）第8条第1項の規定による許可の申請又は同法第11条の規定による協議の申出

⑺　河川法（昭和39年法律第167号）第24条、第26条若しくは第27条第1項の規定による許可の申請又は同法第95条の規定による協議の申出

⑻　都市計画法（昭和43年法律第100号）第29条、第42条第1項ただし書、第53条第1項若しくは第65条第1項の規定による許可の申請、同法第37条第一号の規定による承認の申請、同法第42条第2項（同法第53条第2項又は同法第65条第3項において準用する場合を含む。）の規定による協議の申出又は同法第59条第1項から第4項までの規定による認可等の申請

⑼　都市再開発法（昭和44年法律第38号）第7条の9第1項、第11条第1項、第51条第1項又は第58条第1項の規定による認可の申請

⑽　大都市地域における住宅地等の供給の促進に関する特別措置法（昭和50年法律第67号）第7条第1項の規定による許可の申請

⑾　名古屋市屋外広告物条例（昭和36年名古屋市条例第17号）第4条第1項又は同条例第5条第1項の規定による許可の申請

⑿　名古屋市水路等の使用に関する条例（昭和38年名古屋市条例第51号）第3条第1項の規定による許可の申請

⒀　名古屋市風致地区内建築等規制条例（昭和45年名古屋市条例第27号）第2条第1項の規定による許可の申請、同条第3項の規定による協議の申出又は同条例第3条の規定による通知

（都市景観整備地区内における行為の届出）

第4条　条例第16条第1項の規定による届出をしようとする者は、都市景観整備地区内における行為の届出書（第1号様式）及び図面それぞれ2通を市長に提出しなければならない。

2　前項の図面の種類及びその図面に明示すべき事項は、条例第16条第1項各号に掲げる

行為に応じて、別表に掲げるものとする。ただし、市長が特に必要がないと認めるものについては、この限りでない。

（条例第16条第２項第１号の規則で定める行為）

第５条　条例第16条第２項第１号の規則で定める行為は、次の各号に掲げるものとする。

⑴　次に掲げる建築物の新築、増築、改築、移転、除却、大規模な修繕若しくは模様替え又は外壁面の色彩の変更

ア　工事を施工するために現場に設ける事務所、下小屋、材料置場その他これらに類する建築物で仮設のもの

イ　地下に設けるもの

⑵　市長がすぐれた都市景観の保全を図るため特に必要があると認めて指定し、告示した区域外における建築物の除却

⑶　次に掲げる工作物の新設、増設、改造、移設、除却、大規模な修繕若しくは模様替え又は外観の色彩の変更

ア　仮設のもの

イ　地下に設けるもの

ウ　当該都市景観整備地区の都市景観形成基準において規模、位置、色彩又は形態のいずれの事項も定められていないもの

⑷　市長がすぐれた都市景観の保全を図るため特に必要があると認めて指定し、告示した区域外における工作物の除却

⑸　次に掲げる広告物又は広告物を掲出する物件の表示、移転若しくはその内容の変更又は設置、改造、移転、修繕若しくは色彩の変更

ア　名古屋市屋外広告物条例第４条第１項又は同条例第５条第１項の規定による許可を要しないもの

イ　地下に設けるもの

⑹　次に掲げる土地の形質の変更

ア　面積が10㎡以下の土地の形質の変更で、高さが1.5mを超えるのりを生ずる切土又は盛土を伴わないもの

イ　既存の建築物等の管理のために必要な土地の形質の変更

ウ　農林漁業を営むために行う土地の形質の変更

⑺　次に掲げる木竹の伐採又は植栽

ア　間伐、枝打ち、整枝等木竹の保育のために通常行われる木竹の伐採

イ　枯損した木竹又は危険な木竹の伐採

ウ　自家の生活の用に充てるために必要な木竹の伐採又は植栽

エ　木竹の仮植若しくは補植又は仮植した木竹の伐採

⑻　前各号に掲げるもののほか、法令又はこれに基づく処分による義務の履行として行

う行為

（条例第16条第２項第３号の規則で定める行為）

第６条　条例第16条第２項第３号の都市計画事業の施行として行う行為に準ずる行為として規則で定めるものは、都市計画施設を管理することとなる者が当該都市施設に関する都市計画に適合して行う行為とする。

（条例第16条第２項第４号の規則で定める者）

第７条　条例第16条第２項第４号の規則で定める者は、次の各号に掲げる者とする。

(1)　日本道路公団

(2)　労働福祉事業団

(3)　雇用・能力開発機構

(4)　水資源開発公団

(5)　簡易保険福祉事業団

(6)　地域振興整備公団

(7)　日本鉄道建設公団

(8)　国際協力事業団

(9)　中小企業総合事業団

(10)　都市基盤整備公団

(11)　個別の法律に基づき設立される地方公社

（大規模建築物等の新築等の届出）

第８条　条例第22条第１項の規定による届出をしようとする者は、大規模建築物等の新築等の届出書（第２号様式）及び図面それぞれ２通を市長に提出しなければならない。

２　前項の図面の種類及びその図面に明示すべき事項は、条例第22条第１項に掲げる行為に応じて、別表に掲げるものとする。ただし、市長が特に必要がないと認めるものについては、この限りでない。

（区域の決定）

第９条　市長は、条例第22条第１項第六号に掲げる区域を定めたときは、その旨を告示するものとする。

第３章　都市景観協定

（認定の申請）

第10条　条例第27条第１項の規定により認定の申請をしようとする者は、都市景観協定認定申請書（第３号様式）及び次の各号に掲げる書類それぞれ２通を市長に提出しなければならない。

(1)　都市景観協定書

(2)　都市景観協定を締結した理由書

(3)　都市景観協定区域の付近見取図

(4) 都市景観協定区域を表示する図面
(5) 認定の申請をしようとする者が都市景観協定を締結した者の代表者（以下本章において「代表者」という。）であることを証する書類
(6) その他市長が必要と認めて指示した書類

（認定の要件）

第11条 条例第27条第２項の規則で定める要件は、都市景観協定において次の各号に掲げる事項を規定していることとする。
(1) 都市景観協定の変更（条例第26条第２項第３号及び第４号に掲げる事項の変更を除く。）は、当該協定を締結した者の全員の合意によること。
(2) 都市景観協定の廃止は、当該協定を締結した者の過半数の合意によること。

（認定の決定）

第12条 市長は、第10条の規定により都市景観協定の認定の申請があったときは、速やかに認定の適否を決定するものとする。

2 市長は、条例第27条第２項の規定により都市景観協定の認定をしたときは都市景観協定認定通知書（第４号様式）により、都市景観協定の認定をしなかったときはその旨を記載した文書により代表者に通知するものとする。

（変更届）

第13条 条例第27条第４項の規定による都市景観協定の変更の届出は、都市景観協定変更届出書（第５号様式）及び次の各号に掲げる書類それぞれ２通を市長に提出して行うものとする。
(1) 変更後の都市景観協定書
(2) 都市景観協定を変更した理由書
(3) 都市景観協定区域を表示する図面（都市景観協定区域を変更した場合に限る。）
(4) 都市景観協定の変更（条例第26条第２項第３号及び第４号に掲げる事項の変更を除く。）が当該協定を締結した者の全員の合意によることを証する書類
(5) 届出をしようとする者が代表者であることを証する書類
(6) その他市長が必要と認めて指示した書類

（廃止届）

第14条 条例第27条第４項の規定による都市景観協定の廃止の届出は、都市景観協定廃止届出書（第６号様式）及び次の各号に掲げる書類を市長に提出して行うものとする。
(1) 都市景観協定を廃止した理由書
(2) 都市景観協定の廃止が当該協定を締結した者の過半数の合意によることを証する書類
(3) 届出をしようとする者が代表者であることを証する書類
(4) その他市長が必要と認めて指示した書類

（取消通知）

第15条　市長は、条例第27条第５項の規定により都市景観協定の認定の取消（都市景観協定の廃止の届出の受理に係る場合を除く。）をしたときは、都市景観協定認定取消通知書（第７号様式）によりその旨を代表者に通知するものとする。

第４章　都市景観市民団体

（団体規約の内容）

第16条　条例第28条第１項第４号の規則で定める要件は、次の各号に掲げるものとする。

(1)　目的

(2)　名称

(3)　活動区域に含まれる地域の名称

(4)　活動の内容

(5)　事務所の所在地

(6)　団体の構成員に関する事項

(7)　費用の分担に関する事項

(8)　役員の定数、任期、職務の分担及び選挙又は選任に関する事項

(9)　会議に関する事項

(10)　事業年度

(11)　会計に関する事項

（認定の申請）

第17条　条例第28条第２項の規定により認定の申請をしようとする者は、都市景観市民団体認定申請書（第８号様式）及び次の各号に掲げる書類を市長に提出しなければならない。

(1)　都市景観市民団体の団体規約

(2)　都市景観市民団体の活動区域を示す図面

(3)　都市景観市民団体の構成員及び役員の氏名及び住所（法人にあっては、その名称及び主たる事務所の所在地）を記した書類

(4)　認定の申請をしようとする者が都市景観市民団体の代表者（以下本章において「代表者」という。）であることを証する書類

(5)　その他市長が必要と認めて指示した書類

（認定の決定）

第18条　市長は、前条の規定により都市景観市民団体の認定の申請があったときは、速やかに認定の適否を決定するものとする。

２　市長は、条例第28条第１項の規定により都市景観市民団体の認定をしたときは都市景観市民団体認定通知書（第９号様式）により、都市景観市民団体の認定をしなかったときはその旨を記載した文書により代表者に通知するものとする。

（認定の取消）

第19条　市長は、条例第29条の規定により都市景観市民団体の認定を取り消したときは、遅滞なく都市景観市民団体認定取消通知書（第10号様式）によりその旨を代表者に通知するものとする。

附　則

この規則は、昭和59年４月１日から施行する。

附　則（昭和62年規則第41号）

この規則は、昭和62年４月１日から施行する。

附　則（平成５年規則第79号）

1　この規則は、公布の日から施行する。

2　この規則の施行の際現に改正前の各規則の規定に基づいて作成されている用紙は、この規則による改正後の各規則の規定にかかわらず、当分の間、修正して使用することができる。

附　則（平成５年規則第125号抄）

1　この規則は、平成６年４月１日から施行する。

2　この規則の施行の際現にこの規則による改正前の各規則の規定に基づいて提出されている申請書、届、報告書等は、この規則による改正後の各規則の規定に基づいて提出されたものとみなす。

3　この規則の施行の際現にこの規則による改正前の各規則の規定に基づいて交付されている許可書、通知書、承認書等は、この規則による改正後の各規則の規定に基づいて交付されたものとみなす。

4　この規則の施行の際現に第１条から第３条までの規定による改正前の各規則の規定に基づいて作成されている用紙で残量のあるものについては、これらの規定による改正後の各規則の規定にかかわらず、当分の間、使用することができる。

附　則（平成６年４月１日規則第21号）

この規則は、平成６年４月１日から施行する。

附　則（平成12年規則第８号抄）

1　この規則は、平成12年４月１日から施行する。

附　則（平成13年規則第26号）

（施行期日）

1　この規則は、平成13年４月１日から施行する。

（経過措置）

2　この規則の施行の際現にこの規則による改正前の名古屋市都市景観条例施行細則（以下「旧規則」という。）の規定に基づいて提出されている申請書及び届出書は、この規則による改正後の名古屋市都市景観条例施行細則（以下「新規則」という。）の規定に基づいて提出されたものとみなす。

3　この規則の施行の際現に旧規則の規定に基づいて交付されている通知書は、新規則の規定に基づいて交付されたものとみなす。

4　この規則の施行の際現に旧規則の規定に基づいて作成されている用紙で残量のあるものについては、新規則の規定にかかわらず、当分の間、使用することができる。

別表

行為の種類		図面の種類	明示すべき事項
条例第16条第１項各号に掲げる行為	条例第22条第１項に掲げる行為		
建築物の新築、増築、改築、移転、除却、大規模な修繕若しくは模様替え又は外壁面の色彩の変更	建築物の新築、増築、大規模な模様替え又は外観の過半にわたる色彩の変更	位置図	方位及び行為地
		配置図	敷地の境界線及び建築物の位置
		平面図	各階の間取り及び用途
		２面以上の立面図（着色）	仕上げ方法及び色彩
		完成予想図（着色）	建築物及びその周辺状況
工作物の新設、増設、改造、移設、除却、大規模な修繕若しくは模様替え又は外観の色彩の変更	工作物の新設、増設、大規模な模様替え又は外観の過半にわたる色彩の変更	位置図	方位及び行為地
		配置図	敷地の境界線及び工作物の位置
		平面図	主要部分の材料の種別
		２面以上の立面図（着色）	仕上げ方法及び色彩
		完成予想図（着色）	工作物及びその周辺状況
広告物の表示、移転若しくはその内容の変更又は広告物を掲出する物件の設置、改造、移転、修繕若しくは色彩の変更	広告物及び広告物を掲出する物件の新設、増設、大規模な模様替え又は外観の過半にわたる色彩の変更	位置図	方位及び行為地
		配置図	敷地の境界線及び広告物・広告物を掲出する物件の位置
		意匠図（着色）	仕上げ方法及び色彩
		完成予想図（着色）	広告物・広告物を掲出する物件及びその周辺状況
土地の形質の変更	土地の形質の変更	位置図	方位及び行為地
		平面図	方位、行為地の境界線、断面の位置及び切土・盛土その他の表示

		断　面　図	行為前後の土地の状況を対比できる縦断面及び横断面
木竹の伐採又は植栽		位　置　図	方位及び行為地
		平　面　図	方位、木竹の位置及び伐採又は植栽の区域

第１号様式

都市景観整備地区内における行為の届出書

年　　月　　日

（あて先）名古屋市長

届出者　住　所

氏　名

（法人の場合は所在地、名称及び代表者氏名）

名古屋市都市景観条例第16条第１項の規定により、次のとおり届け出ます。

都市景観整備地区の名称						
行為地の所在・地番			名古屋市　区			
設計者の住所氏名						
施工者の住所氏名						
行為の種類	1　建築物の新築・増築・改築・移転・除却・大規模な修繕・大規模な模様替え・外壁面の色彩の変更	主要用途		構造		
行為の種類	1		届出部分	届出以外の部分	合計	
行為の種類	1	敷地面積	㎡	㎡	㎡	
行為の種類	1	建築面積	㎡	㎡	㎡	
行為の種類	1	延べ面積	㎡	㎡	㎡	
行為の種類	1	階数	地上　階、地下　階	高さ	m	
行為の種類	1	屋根	仕上げ方法		色彩	
行為の種類	1	外壁	仕上げ方法		色彩	
行為の種類	2　工作物の新設・増設・改造・移設・除却・大規模な修繕・大規模な模様替え・外観の色彩の変更	種類		構造		
行為の種類	2	高さ（地上からの高さ）	m（　m）	面積	㎡	
行為の種類	2	仕上げ方法		色彩		
行為の種類	3　広告物の表示・移転・内容の変更　広告物を掲出する物件の設置・改造・移転・修繕・色彩の変更	種類		数量		
行為の種類	3	表示面積	㎡	主な表示内容		
行為の種類	3	色彩				
行為の種類	4　土地の形質の変更	行為面積	㎡			
行為の種類	4	施工方法	□切土　□盛土　□その他（　　）			
行為の種類	4	切盛土の高さ	切土　m　盛土　m			
行為の種類	4	行為後ののり面の高さ	m			
行為の種類	5　木竹の伐採・植栽	現況木竹面積	㎡	伐採又は植栽の面積	㎡	
行為の種類	5	伐採又は植栽の樹種等	樹種		樹高	m
行為の種類	5	伐採又は植栽の数量	□皆伐（　本）□択伐（　本）□植栽（　本）			
着手予定年月日	年　月　日	完了予定年月日	年　月　日			

※

（注）１　届出をしようとする行為の種類に○印をつけてください。
　　　２　該当する□の中に✓印をつけてください。
　　　３　※印のある欄は、記入しないでください。

備考　用紙の大きさは、日本工業規格Ａ４とする。

第２号様式

大規模建築物等の新築等の届出書

年　　月　　日

（あて先）名古屋市長

届出者　住　所

氏　名

（法人の場合は所在地、名称及び代表者氏名）

名古屋市都市景観条例第22条第１項の規定により、次のとおり届け出ます。

行為地の所在・地番		名古屋市　　区			
設計者の住所氏名					
施工者の住所氏名					
行為の種類	1　建築物の新築・増築・大規模な模様替え・外観の過半にわたる色彩の変更	主要用途		構造	
			届出部分	届出以外の部分	合計
		敷地面積	㎡	㎡	㎡
		建築面積	㎡	㎡	㎡
		延べ面積	㎡	㎡	㎡
		階数	地上　階、地下　階	高さ	m
		屋根	仕上げ方法	色彩	
		外壁	仕上げ方法	色彩	
	2　工作物の新設・増設・大規模な模様替え・外観の過半にわたる色彩の変更	種類		構造	
		高さ （地上からの高さ）	m （　　m）	面積	㎡
		仕上げ方法		色彩	
	3　広告物及び広告物を掲出する物件の新設・増設・大規模な模様替え・外観の過半にわたる色彩の変更	種類		数量	
		表示面積	㎡	主な表示内容	
		色彩			
	4　土地の形質の変更	行為面積	㎡		
		施工方法	□切土　□盛土　□その他（　　）		
		切盛土の高さ	切土　　m	盛土　　m	
		行為後ののり面の高さ	m		
着手予定年月日		年　月　日	完了予定年月日	年　月　日	

※

（注）１　届出をしようとする行為の種類に○印をつけてください。

２　該当する□の中に✓印をつけてください。

３　※印のある欄は、記入しないでください。

備考　用紙の大きさは、日本工業規格Ａ４とする。

第３号様式

都市景観協定認定申請書

年　月　日

（あて先）名古屋市長

申請者　住　所

（代表者）氏　名

名古屋市都市景観条例第27条第２項の認定を受けたいので、次のとおり申請します。

都市景観協定の名称		
協定締結者数		人
協定区域	含まれる地域の名称	名古屋市　　区
	面積	㎡
	用途地域	
	その他の区域・地域・地区	
建築物、工作物、広告物、木竹等に関する基準の概要		
協定の有効期間		年 月 日から　年 月 日まで（　年　月間）
違反があった場合の措置		
協定の変更又は廃止の手続		

※　受付年月日	※　認定年月日	※　認定番号
年　月　日	年　月　日	第　号

（注）　※印のある欄は、記入しないでください。

備考　用紙の大きさは、日本工業規格Ａ４とする。

第４号様式

都市景観協定認定通知書

年　月　日

様

名古屋市長　　　　　　　　印

年　　月　　日付けで申請のありました都市景観協定の認定については、名古屋市都市景観条例第27条第２項の規定により、下記のとおり認定しましたので通知します。

記

1　都市景観協定の名称

2　認定番号

3　認定年月日

備考　用紙の大きさは、日本工業規格Ａ４とする。

第５号様式

都市景観協定変更届出書

年　　月　　日

（あて先）名古屋市長

届出者　住　所

（代表者）氏　名

都市景観協定を変更したので、名古屋市都市景観条例第27条第４項の規定により、次のとおり届け出ます。

都市景観協定	名　　称	
	認定番号	第　　　　号
	認定年月日	年　　月　　日
変更事項	変　更　前	
	変　更　後	

備考　用紙の大きさは、日本工業規格Ａ４とする。

第６号様式

都市景観協定廃止届出書

年　　月　　日

（あて先）名古屋市長

届出者　住　所

（代表者）氏　名

都市景観協定を廃止したので、名古屋市都市景観条例第27条第４項の規定により、次のとおり届け出ます。

都市景観協定	名　　称	
	認定番号	第　　　号
	認定年月日	年　　月　　日

備考　用紙の大きさは、日本工業規格Ａ４とする。

第７号様式

都市景観協定認定取消通知書

年　月　日

様

名古屋市長　　　　　　　　㊞

下記の都市景観協定は、名古屋市都市景観条例第27条第５項の規定により認定を取り消しましたので通知します。

記

1　都市景観協定の名称

2　認定番号及び認定年月日

3　取消年月日

4　取消理由

備考　用紙の大きさは、日本工業規格Ａ４とする。

第8号様式

都市景観市民団体認定申請書

年　月　日

（あて先）名古屋市長

申請者　住　所

（代表者）氏　名

名古屋市都市景観条例第28条第１項の認定を受けたいので、次のとおり申請します。

都市景観市民団体の名称	
活動区域に含まれる地域の名称	名古屋市　　区
団体の事務所の所在地	名古屋市　　区
主な活動の内容	
団体の構成員の数	人

※　受付年月日 年　月　日	※　認定年月日 年　月　日	※　認定番号 第　　号

（注）　※印のある欄は、記入しないでください。
備考　用紙の大きさは、日本工業規格Ａ４とする。

第９号様式

都市景観市民団体認定通知書

年　　月　　日

様

名古屋市長　　　　　　　　印

年　　月　　日付けで申請のありました都市景観市民団体の認定については、名古屋市都市景観条例第28条第１項の規定により、下記のとおり認定しましたので通知します。

記

1　都市景観市民団体の名称

2　認定番号

3　認定年月日

備考　用紙の大きさは、日本工業規格Ａ４とする。

第10号様式

都市景観市民団体認定取消通知書

年　月　日

様

名古屋市長　　　　　　　　　　印

下記の都市景観市民団体は、名古屋市都市景観条例第29条の規定により認定を取り消しましたので通知します。

記

1　都市景観市民団体の名称

2　認定番号及び認定年月日

3　取消年月日

4　取消理由

備考　用紙の大きさは、日本工業規格Ａ４とする。

豊橋市関係

○豊橋市建築基準法施行細則

（昭和46年10月14日
豊橋市規則第35号）

改正

昭和47年３月31日豊橋市規則	第 16号	平成３年３月30日豊橋市規則	第 40号
同　48年６月25日同	第 36号	同　５年３月31日同	第 39号
同　48年11月26日同	第 53号	同　５年９月21日同	第 64号
同　49年４月１日同	第 25号	同　６年７月26日同	第 43号
同　49年11月27日同	第 55号	同　７年２月３日同	第 2号
同　52年３月31日同	第 26号	同　７年11月30日同	第 57号
同　53年２月10日同	第 3号	同　10年２月12日同	第 3号
同　53年６月１日同	第 42号	同　11年４月30日同	第 94号
同　55年６月30日同	第 42号	同　11年10月19日同	第110号
同　57年３月31日同	第 35号	同　12年３月31日同	第 65号
同　59年４月28日同	第 40号	同　12年８月22日同	第 95号
同　60年７月１日同	第 27号	同　12年12月28日同	第106号
同　60年10月３日同	第 35号	同　13年３月30日同	第 48号
同　61年３月31日同	第 27号	同　15年３月31日同	第 46号
同　62年11月13日同	第 44号	同　16年３月31日同	第 44号
平成元年５月30日同	第 30号	同　17年６月16日同	第 67号
同　元年11月20日同	第 49号	同　18年３月15日同	第 6号

（趣旨）

第１条　この規則は、建築基準法（昭和25年法律第201号。以下「法」という。）、建築基準法施行令（昭和25年政令第338号。以下「政令」という。）、建築基準法施行規則（昭和25年建設省令第40号。以下「省令」という。）及び愛知県建築基準条例（昭和39年愛知県条例第49号。以下「県条例」という。）の施行に関する事項を定めるものとする。

（確認の申請書に添える図書）

第２条　法第６条第１項（法第87条第１項、法第87条の２第１項又は法第88条第１項若しくは第２項において準用する場合を含む。）の規定に基づく確認の申請書には、省令第１条の３第１項の規定に定めるもののほか、次に掲げる図書を添えなければならない。

(1)　屎尿浄化槽又は合併処理浄化槽を設ける場合にあっては、浄化槽調書（様式第１号）

(2)　道路面若しくは隣接地盤面と建築物の地盤面とに２ｍを超える高低差のある敷地又は高さ２ｍを超えるがけ（斜面の勾配が30度以下のものを除く。）に近接する敷地にあっては、その状況を示す断面図

(3)　豊橋市における建築物に附置する駐車施設に関する条例（昭和44年豊橋市条例第20号）第２条第１項及び第２項の規定に基づく駐車施設を設ける場合又は駐車場整備地区内における自動車車庫で床面積の合計が500㎡以上となるものを設ける場合にあっては、駐車場調書（様式第２号）

(4)　都市計画法（昭和43年法律第100号）第58条の２第１項の規定に適合していることを証する書面の写し

（確認の申請書に添える図書等の省略）

第３条　確認の申請書に添える書面を省略できる場合として省令第１条の３第11項第３号の規定により市長が規則で定める場合は、同項第１号及び第２号に掲げる場合以外の建

築物の建築の場合とする。

2　申請に係る建築物が法第68条の26第３項の規定による指定又は同条第６項の規定による承認を受けた者による構造に係る評価又は評定を受けた建築物であって、その工事計画が建築士の作成した設計図書によるものである場合においては、省令第１条の３第18項の規定により同条第１項の表１の(は)項に掲げる図書並びに同項の表２の(1)項及び(2)項並びに同項の表３の(1)項の構造計算の計算書は、確認の申請書に添えることを要しない。ただし、別に市長が定める場合にあっては、この限りでない。

（建築物の構造計算に関する報告）

第３条の２　建築主は、法第６条第１項の規定による確認の申請書を提出する場合において、その申請に係る建築物が国土交通大臣の認定を受けた構造計算プログラムを用いて構造計算を行ったものであるときは、当該確認の申請書を提出する際に、当該構造計算について、当該構造計算に係る電磁的記録（電子的方式、磁気的方式その他人の知覚によっては認識することができない方式で作られる記録であって、電子計算機による情報処理の用に供されるものをいう。）を記録した磁気ディスク（これに準ずる方法により一定の事項を確実に記録することができる物を含む。以下同じ。）を提出することにより建築主事に報告しなければならない。この場合において、当該磁気ディスクには、建築主の氏名及び当該確認申請の年月日を記載した書面を張り付けなければならない。

2　法第６条第１項第２号又は第３号に掲げる建築物の構造設計を行った設計者は、当該建築物の建築主が当該建築物に係る同項の規定による確認の申請書を提出する際に、当該設計者の氏名、資格その他市長が定める事項について、市長が定める建築構造設計調書その他の書類により建築主事に報告しなければならない。

3　前２項の規定は、前条第２項本文に規定する場合には、適用しない。

（完了検査申請書に添える図書）

第４条　省令第４条第１項第３号の規定に基づき工事監理の状況を把握するため、特に必要があると認めて市長が規則で定める書類は、次に掲げるものとする。

(1)　法第６条第１項各号に掲げる建築物（法第７条の５の適用を受けるものを除く。）にあっては、屋根の小屋組の工事終了時、構造耐力上主要な軸組又は耐力壁の工事終了時及び基礎の配筋（鉄筋コンクリート造の基礎の場合に限る。）の工事終了時における当該建築物に係る工事監理の実施状況を示す写真（特定工程に係る建築物にあっては、直前の中間検査後に行われた工事に係るものに限る。）

(2)　政令第138条第１項又は第２項に掲げる工作物（昇降機を除く。）にあっては、鉄筋コンクリート造の部分における配筋の状況又は鉄骨造の部分における仕口その他の接合部等を写した写真。

（建築物の定期調査）

第５条　法第12条第１項の規定により調査の結果を報告すべきものとして市長が指定する

建築物は、次の表の(あ)欄に掲げる用途に供するもので、その規模が同表(い)欄の当該各項に掲げる規模のものとし、省令第5条第1項の規定により市長が定める時期は、同表(う)欄の当該各項に掲げる期間とする。

	(あ)	(い)	(う)
	用　　途	規　　模	報告する時期
1	劇場、映画館、演芸場、公会堂又は集会場	(あ)欄の用途に供する部分（客席部分に限る。）の床面積の合計が200㎡を超え、かつ、その用途に供する部分の全部又は一部が3階以上の階又は地階にあるもの	平成3年を始期として隔年の4月1日から10月31日まで
2	観覧場	(あ)欄の用途に供する部分の床面積の合計が1,000㎡を超えるもの	平成3年を始期として隔年の4月1日から10月31日まで
3	病院	(あ)欄の用途に供する部分の床面積の合計が500㎡を超え、かつ、その用途に供する部分の全部又は一部が3階以上の階にあるもの	平成2年を始期として隔年の4月1日から10月31日まで
4	旅館又はホテル	(あ)欄の用途に供する部分の床面積の合計が300㎡を超え、かつ、その用途に供する部分の全部又は一部が3階以上の階にあるもの	平成2年を始期として隔年の4月1日から10月31日まで
5	物品販売業を営む店舗（百貨店及びマーケットを含む。）	(あ)欄の用途に供する部分の床面積の合計が500㎡を超え、かつ、その用途に供する部分の全部又は一部が3階以上の階又は地階にあるもの	平成3年を始期として隔年の4月1日から10月31日まで
6	展示場、キャバレー、ナイトクラブ、バー、ダンスホール、遊技場、公衆浴場、料理店又は飲食店	(あ)欄の用途に供する部分の床面積の合計が1,000㎡を超え、かつ、その用途に供する部分の全部又は一部が3階以上の階又は地階にあるもの	平成3年を始期として隔年の4月1日から10月31日まで
7	事務所その他これに類する用途（前各項に掲げる用途を除く。）	階数が5以上で、(あ)欄の用途に供する部分の床面積の合計が1,000㎡を超え、かつ、その用途に供する部分の全部又は一部が3階以上の	平成3年を始期として隔年の4月1日から10月31日まで

		階又は地階にあるもの	
8	前各項に掲げる用途のうち２以上の用途に供するもの	(あ)欄の用途に供する部分の床面積の合計が1,000㎡を超え、かつ、その用途のいずれかに供する部分の全部又は一部が３階以上の階又は地階にあるもの（(あ)欄の用途のいずれか一の用途が前項に掲げる用途であつて階数が４以下のものを除く。）	平成３年を始期として隔年の４月１日から10月31日まで

2　省令第５条第３項の規則で定める書類は、市長が別に定める定期調査票並びに付近見取図、配置図、各階平面図及び建築設備図とする。

（建築設備等の定期検査）

第６条　法第12条第３項（法第88条第１項において準用する場合を含む。以下この条において同じ。）の規定により検査の結果を報告すべきものとして市長が指定する昇降機及びその他の建築設備並びに工作物（以下「建築設備等」という。）は、次に掲げるものとする。

(1)　エレベーター（一般交通の用に供するもの、かごの水平投影面積が１㎡を超え、かつ、天井の高さが1.2mを超えるもので、労働基準法（昭和22年法律第49号）別表第１第１号から第５号までに掲げる事業の事業場に設置され、かつ、積載量が１ｔ以上のもの、一戸建の住宅又は共同住宅若しくは長屋の住戸に設置されるもの及び法第６条第１項第１号から第３号までに掲げる建築物以外の建築物に設置されるものを除く。）

(2)　エスカレーター（一般交通の用に供するもの、一戸建の住宅又は共同住宅若しくは長屋の住戸に設置されるもの及び法第６条第１項第１号から第３号までに掲げる建築物以外の建築物に設置されるものを除く。）

(3)　小荷物専用昇降機（出し入れ口の下端が床面より50㎝以上上がった位置にあるもの、一戸建の住宅又は共同住宅若しくは長屋の住戸に設置されるもの及び法第６条第１項第１号から第３号までに掲げる建築物以外の建築物に設置されるものを除く。）

(4)　前条第１項の規定により指定する建築物に法第28条第２項ただし書又は同条第３項の規定により設けた換気設備（給気機及び排気機を設けた換気設備並びに空気調和設備に限る。）並びに法第35条の規定により設けた排煙設備（自然排煙設備を除く。）及び非常用の照明装置（照明器具内に予備電源を内蔵したものを除く。）

(5)　ウォーターシュート、コースターその他これらに類する高架の遊戯施設

(6)　メリーゴーラウンド、観覧車、オクトパス、飛行塔その他これらに類する回転運動をする遊戯施設で原動機を使用するもの

2　法第12条第３項の規定による報告の時期として省令第６条第１項の規定により市長が定める時期は、毎年、次の表の(あ)欄に掲げる建築設備等の区分に応じ、同表の(い)欄に定める時期とする。

	(あ)	(い)
1	前条第１項の表に規定する建築物に附属した前項第４号に規定する建築設備等	４月１日から10月31日まで
2	１項に規定する建築設備等以外の建築設備等	当該建築設備等の設置者又は築造主が法第７条第５項（法第87条の２第１項又は法第88条第１項において準用する場合を含む。）及び法第７条の２第５項前段の規定による検査済証の交付を受けた日の属する月に応当する当該月の前１月間

3　省令第６条第３項の規則で定める書類は、次の各号に掲げる建築設備等の区分に応じ、当該各号に定める書類とする。

(1)　第１項第１号から第３号まで、第５号及び第６号に規定する建築設備等　市長が別に定める定期検査成績票及び定期検査票

(2)　第１項第４号に規定する建築設備等　市長が別に定める定期検査票並びに各階平面図及び建築設備図

（報告）

第７条　建築主又は築造主は、次に掲げる場合にあっては、地盤調査の結果を地盤状況報告書（様式第５号）により建築主事に報告しなければならない。

(1)　高さ13ｍ又は延べ面積3,000㎡を超える建築物（法第88条第１項又は第２項の工作物を含む。以下この項において同じ。）又は作用する荷重が最下階の床面積１㎡につき100ｋNを超える建築物を建築しようとする場合

(2)　前号に定めるもののほか建築物の工事のために地盤調査をした場合

2　建築主は、第１種低層住居専用地域、第２種低層住居専用地域、第１種中高層住居専用地域、第２種中高層住居専用地域、第１種住居地域、第２種住居地域、準住居地域、近隣商業地域、商業地域又は準工業地域内において、工場を建築し、大規模の修繕をし、若しくは大規模の模様替をしようとする場合、建築物若しくは建築物の部分を工場に用途変更しようとする場合又は敷地内に工場がある場合で当該敷地内に工場の用途に供しない建築物を建築しようとするときは、その旨を工場に関する報告書（様式第６号）により建築主事に報告しなければならない。

3　建築主は、次に掲げる場合にあっては、その旨を不適合建築物に関する報告書（様式

第7号）により建築主事に報告しなければならない。

(1) 法第51条ただし書（法第87条第2項又は第3項において準用する場合を含む。）の規定により政令第130条の2に規定する規模の範囲内において建築物を新築し、増築し、又は用途変更する場合

(2) 法第86条の7第1項の規定により政令第137条の2から第137条の12までに規定する範囲内において既存の建築物を増築、改築、大規模の修繕又は大規模の模様替をしようとする場合

(3) 法第87条第3項の規定により同項第2号又は第3号に規定する規模の範囲内において建築物の用途を変更する場合

4 建築主は、第2条第1号に規定する屎尿浄化槽又は合併処理浄化槽の工事を完了した場合で法第7条第1項の検査の申請をしようとするときにおいては、浄化槽工事完了報告書（様式第8号）により建築主事に報告しなければならない。

5 第1項から第3項までの規定による報告は、法第6条第1項（法第87条第1項、法第87条の2第1項又は法第88条第1項若しくは第2項において準用する場合を含む。）の規定による確認の申請（法第18条第2項の規定による計画の通知を含む。）と同時にしなければならない。

6 第1項から第3項までの規定は、法第6条の2第1項の規定による確認を受けようとする場合にあっては、適用しない。

（特定建築物に係る鉄骨の工事の報告）

第8条 建築主は、鉄骨造若しくは鉄骨鉄筋コンクリート造の建築物又はこれらの構造とその他の構造とを併用する建築物で、2階以上のもの又は床面積が200㎡を超えるものの鉄骨の工事を完了した場合において、法第7条第1項又は法第7条の3第1項の検査の申請をしようとするときは、鉄骨工事施工状況報告書（様式第9号）により建築主事に報告しなければならない。ただし、当該工事の完了後法第7条の3第5項又は法第7条の4第3項の中間検査合格証の交付を受けた場合にあっては、この限りでない。

2 前項の規定は、財団法人日本建築センターによる工業化住宅の性能に係る認定を受けた建築物には、適用しない。

（特殊建築物等に関する報告書）

第9条 建築主は、次の各号に掲げる建築物を建築（増築しようとする場合においては、増築後において当該各号に掲げる建築物となる場合を含む。）し、大規模の修繕をし、若しくは大規模の模様替をしようとする場合又は建築物若しくは建築物の部分を当該各号に掲げる建築物に用途変更しようとする場合においては、法第6条第1項の規定による確認の申請と同時又は法第6条の2第1項の規定による確認を受けようとするときに、その概要を特殊建築物等に関する報告書（様式第10号）により市長に報告しなければならない。

⑴　劇場、映画館、演芸場、公会堂、集会場、病院、旅館、ホテル、政令第19条第１項に規定する児童福祉施設等、展示場、キャバレー、ナイトクラブ、バー、ダンスホール、遊技場、公衆浴場、料理店、飲食店、物品販売業を営む店舗（百貨店及びマーケットを含む。）又は事務所その他これに類するものの用途に供する部分の全部又は一部が３階以上の階又は地階にある建築物

⑵　観覧場の用途に供する建築物

（確認の申請取下げの届出）

第10条　建築主又は築造主は、法第６条第１項（法第87条第１項、法第87条の２第１項又は法第88条第１項若しくは第２項において準用する場合を含む。次条において同じ。）の規定による確認の申請をした後において、その申請を取り下げようとするときは、申請書取下げ届（様式第11号）により建築主事に届けなければならない。

（工事取りやめの報告）

第11条　建築主又は築造主は、法第６条第１項の規定による確認済証の交付を受けた建築物、建築設備又は工作物の工事を取りやめた場合においては、その旨を工事取りやめ報告書（様式第12号）により建築主事に報告しなければならない。

（垂直積雪量）

第12条　政令第86条第３項の規定により市長が定める垂直積雪量は、30.0cm以上とする。

（屎尿浄化槽又は合併処理浄化槽を設ける区域のうち衛生上特に支障がある区域の指定）

第13条　政令第32条第１項第１号の表に規定する屎尿浄化槽又は合併処理浄化槽を設ける区域のうち市長が衛生上特に支障があると認めて規則で指定する区域は、豊橋市全域（下水道法（昭和33年法律第79号）第４条第１項の事業計画のある区域で特に市長が認めるものを除く。）とする。

（建築物の後退距離の算定の特例に係る渡り廊下等の指定）

第14条　政令第130条の12第５号の規定により市長が定める建築物の部分は、法第44条第１項第４号の規定により特定行政庁が許可をした渡り廊下その他の通行又は運搬の用途に供するものとする。

（保存建築物の指定）

第15条　法第３条第１項第３号の規定による建築物の指定を受けようとする者は、適用除外保存建築物指定申請書（様式第13号）の正本及び副本に、次に掲げる図書を添えて市長に提出しなければならない。

⑴　省令第１条の３第１項の表１に掲げる付近見取図、配置図及び各階平面図

⑵　省令第１条の３第１項の表１に掲げる立面図及び断面図

⑶　その他市長が必要と認める図書

（道路の位置の指定）

第16条　法第42条第１項第５号に規定する道路の位置の指定を受けようとする者は、道路

位置指定申請書（様式第14号）の正本及び副本に、省令第９条に定める図面等のほか、次に掲げる図書又は書面を添えて市長に提出しなければならない。

(1)　道路平面図、土地利用計画平面図及び道路横断図
(2)　道路の位置の指定を受けようとする土地及び当該土地に接する建築物の敷地の求積表
(3)　省令第９条に規定する承諾書に押された印に係る印鑑証明書
(4)　その他市長が必要と認める図書

2　指定を受けた道路の位置を変更し、又は廃止しようとするときは、前項の規定を準用する。

（許可申請書の添付図書等）

第17条　省令第10条の４第１項及び第４項に規定する規則で定める図書又は書面は、次の表の(あ)欄に掲げる法の規定による許可の申請の区分に応じ、同表の(い)欄に掲げるとおりとする。

	(あ)	(い)
	法の規定	添付する図書
1	第43条第１項ただし書、第44条第１項第２号若しくは第４号、第47条ただし書、第52条第10項若しくは第14項、第53条第４項若しくは第５項第３号、第53条の２第１項第３号若しくは第４号（第57条の５第３項において準用する場合を含む。）、第59条第１項第３号若しくは第４項、第59条の２第１項、第67条の２第３項第２号、第５項第２号若しくは第９項第２号、第68条の３第４項、第68条の５の２第２項、第68条の７第５項又は第85条第３項若しくは第５項	(1)　省令第１条の３第１項の表１に掲げる付近見取図、配置図及び各階平面図 (2)　省令第１条の３第１項の表１に掲げる立面図及び断面図（法第43条第１項ただし書の規定による許可の申請にあっては、省令第１条の３第１項の表１に掲げる立面図） (3)　その他市長が必要と認める図書
2	第48条第１項から第12項までのただし書（第87条第２項若しくは第３項又は第88条第２項において準用する場合を含む。）	(1)　１項(い)欄第１号及び第２号に掲げる図面 (2)　申請に係る建築物の敷地境界線から50m（建築物の用途、規模等により100mまで拡大することができる。）以内にある土地及び建築物の現況図（縮尺１／300から１／600までのもの） (3)　前号の土地及び建築物の所有権、

		地上権、永小作権又は賃借権を有する者の住所及び氏名を記載した書類 (4) その他市長が必要と認める図書
3	第51条ただし書（第87条第２項若しくは第３項又は第88条第２項において準用する場合を含む。）	(1) １項(い)欄第１号及び第２号に掲げる図面 (2) 申請に係る建築物の敷地境界線から500m以内にある土地及び建築物の現況図（縮尺１／2,500のもの） (3) その他市長が必要と認める図書
4	第52条第11項	(1) １項(い)欄第１号及び第２号に掲げる図面 (2) 申請に係る建築物がある街区内の土地及び建築物の現況図（縮尺１／300から１／600までのもの） (3) その他市長が必要と認める図書
5	第55条第３項第１号若しくは第２号、第56条の２第１項ただし書又は第60条の２第１項第３号	(1) １項(い)欄第１号及び第２号に掲げる図面 (2) 省令第１条の３第１項の表１に掲げる日影図 (3) 申請に係る建築物の敷地の隣地又はこれに連接する土地で日影時間が２時間以上の範囲にある土地及びその土地に附属する建築物の現況図（縮尺１／200から１／500までのもの） (4) その他市長が必要と認める図書

（認定申請書の添付図書等）

第18条 省令第10条の４の２第１項に規定する規則で定める図書は、次の表の(あ)欄に掲げる法及び政令の規定による認定の申請の区分に応じ、同表の(い)欄に掲げるとおりとする。

	(あ)	(い)
	法及び政令の規定	添付する図書
1	法第44条第１項第３号又は政令第131条の２第２項若しくは第３項	(1) 省令第１条の３第１項の表１に掲げる付近見取図、配置図及び各階平面図 (2) 省令第１条の３第１項の表１に掲げる立面図及び断面図 (3) その他市長が必要と認める図書
	法第55条第２項	(1) １項(い)欄第１号及び第２号に掲げ

2		る図面 (2) 省令第1条の3第1項の表1に掲げる日影図 (3) 敷地断面図（平均地盤面を明示したもの） (4) その他市長が必要と認める図書
3	法第57条第1項	(1) 1項(い)欄第1号及び第2号に掲げる図面 (2) 2項(い)欄第2号及び第3号に掲げる図面 (3) 申請に係る建築物の敷地の隣地又はこれに連接する土地で日影時間が2時間以上の範囲にある土地及びその土地に附属する建築物の現況図（縮尺1／200から1／500までのもの） (4) その他市長が必要と認める図書
4	法第68条の3第1項から第3項まで、法第68条の4第1項、法第68条の5の4第1項若しくは第2項又は法第68条の5の5	(1) 1項(い)欄第1号及び第2号に掲げる図面 (2) 2項(い)欄第2号及び第3号に掲げる図面 (3) 申請に係る建築物の敷地の隣地又はこれに連接する土地で日影時間が2時間以上の範囲にある土地及び当該建築物がある街区内の土地並びにそれらの土地に附属する建築物の現況図（縮尺1／200から1／500までのもの） (4) その他市長が必要と認める図書
5	法第86条の6第2項	(1) 1項(い)欄第1号及び第2号に掲げる図面 (2) その他市長が必要と認める図書

2 次の表の(あ)欄に掲げる法及び政令の規定による認定の申請をしようとする者は、認定申請書（様式第15号）の正本及び副本に、同表の(い)欄に掲げる図書を添えて市長に提出しなければならない。

	(あ)	(い)
	法及び政令の規定	添付する図書
	法第3条第1項第4号	(1) 省令第1条の3第1項の表1に掲

1		げる付近見取図、配置図及び各階平面図 (2) 省令第1条の3第1項の表1に掲げる立面図及び断面図 (3) その他市長が必要と認める図書
2	政令第115条の2第1項第4号ただし書又は政令第129条の2の3第1項第2号	(1) 1項(い)欄第1号に掲げる図面 (2) 省令第1条の3第1項の表1に掲げる断面図 (3) 外壁及び軒裏の構造図 (4) その他市長が必要と認める図書
3	第13条の特に市長が認めるもの	(1) 省令第1条の3第1項の表1に掲げる付近見取図、配置図及び各階平面図 (2) 省令第1条の3第1項の表1に掲げる立面図及び断面図 (3) その他市長が必要と認める図書

3　次の表(あ)欄に掲げる県条例の規定による認定の申請をしようとする者は、認定申請書（様式第17号の2）の正本及び副本に、同表の(い)欄に掲げる図書を添えて市長に提出しなければならない。

	(あ)	(い)
	県条例の規定	添付する図書
1	県条例第5条ただし書、第6条第1項ただし書、第7条ただし書、第9条第3項、第20条第1項ただし書、第25条ただし書又は第26条ただし書	(1) 省令第1条の3第1項の表1に掲げる付近見取図、配置図及び各階平面図 (2) 省令第1条の3第1項の表1に掲げる立面図及び断面図（県条例第5条ただし書、第6条第1項ただし書又は第7条ただし書の規定による認定の申請にあっては、同表に掲げる立面図） (3) その他市長が必要と認める図書
2	県条例第19条第3項	(1) 1項(い)欄第1号及び第2号に掲げる図面 (2) 申請に係る建築物について、県条例第13条から第18条までの規定に適合しているかどうかを明示した図書 (3) その他市長が必要と認める図書

3	県条例第31条ただし書、第32条、第34条、第35条又は第36条第２項	⑴　１項(い)欄第１号及び第２号に掲げる図面 ⑵　政令第129条の２の２第１項の全館避難安全検証法により検証した際の計算書 ⑶　その他市長が必要と認める図書

（認定又は許可の申請書等の添付図書等）

第18条の２　省令第10条の16第１項第３号及び同条第３項第２号に規定する書面は様式第16号によるものとし、同条第１項第４号、同条第２項第３号及び同条第３項第３号に規定する規則で定める図書又は書面は地籍図、同条第１項第３号又は同条第３項第２号に規定する書面に押された印に係る印鑑証明書その他市長が必要と認める図書とする。

2　省令第10条の21第１項第２号に規定する書面は様式第17号によるものとし、同項第３号に規定する規則で定める図書又は書面は地籍図、同項第２号に規定する書面に押された印に係る印鑑証明書その他市長が必要と認める図書とする。

（申請書等記載事項の変更）

第19条　法第６条第１項（法第87条第１項、法第87条の２第１項又は法第88条第１項若しくは第２項において準用する場合を含む。）の規定による確認済証の交付を受けた者は、当該確認済証の交付に係る工事が完了するまでの間に、次に掲げる書類の記載事項に変更があった場合においては、その変更のあった日から５日以内に、申請書等記載事項変更届（様式第18号）に変更後の内容を記載した当該書類を添えて建築主事に提出しなければならない。

⑴　省令別記第３号様式の建築計画概要書（第３面を除く。）

⑵　省令別記第４号様式による申請書の第２面

⑶　省令別記第10号様式による申請書の第２面

⑷　省令別記第11号様式による申請書の第２面

2　法第77条の21に規定する指定確認検査機関は、法第６条の２第１項（法第87条第１項、法第87条の２第１項又は法第88条第１項若しくは第２項において準用する場合を含む。）の規定による確認済証の交付を受けた建築物について、当該確認済証の交付に係る工事が完了するまでの間に、省令第３条の４第１項各号に定める書類の記載事項に変更があったことを知つたときは、報告事項変更届（様式第19号）に変更後の内容を記載した当該書類を添えて、速やかに市長に報告しなければならない。

3　前２項の規定は、同項に規定する変更について、法第６条第１項又は法第６条の２第１項の規定による確認済証の交付を受けた場合にあっては、適用しない。

（建築協定の認可の申請）

第20条　法第70条第１項の規定による建築協定の認可を受けようとする者は、建築協定認可申請書（様式第20号）正本及び副本に、次に掲げる書類等を添えて市長に提出しなければならない。

⑴　建築協定書

⑵　建築物に関する基準及び建築協定をしようとする理由を表示する書類

⑶　建築協定区域内の土地の所有権者等の全員の住所、氏名及び建築協定に関する全員の合意を示す書類

⑷　方位、道路及び目標となる地物を明示した付近見取図

⑸　建築協定区域内及び建築協定区域隣接地内の土地の整理図

⑹　建築協定区域及び建築協定区域隣接地の境界を明示した現況図（縮尺１／3,000以上のもの）

⑺　開発計画があるときは、土地利用計画平面図（縮尺１／3,000以上のもの）

⑻　認可の申請人が建築協定をしようとする者の代表者であることを証する書類

⑼　その他市長が必要と認める図書

2　法第74条第１項（法第76条の３第６項において準用する場合を含む。）の認可を受けようとする者は、建築協定変更・廃止認可申請書（様式第21号）の正本及び副本に、次に掲げる図書を添えて市長に提出しなければならない。

⑴　変更に係る建築協定書及び法第73条第１項の認可を受けた建築協定書（法第74条第２項又は法第76条の３第４項の規定により法第73条第１項を準用する場合のものを含む。）

⑵　建築物に関する基準の変更を示す書類及び建築協定の変更をしようとする理由を表示する書類

⑶　建築協定区域内の土地の所有権者等の全員の住所、氏名及び建築協定の変更に関する全員の合意を示す書類

⑷　方位、道路及び目標となる地物を明示した付近見取図

⑸　変更に係る建築協定区域内及び建築協定区域隣接地内の土地の整理図

⑹　変更に係る建築協定区域及び建築協定区域隣接地の境界を明示した現況図（縮尺１／3,000以上のもの）

⑺　開発計画があるときは、土地利用計画平面図（縮尺１／3,000以上のもの）

⑻　認可の申請人が建築協定の変更をしようとする者の代表者であることを証する書類

⑼　その他市長が必要と認める図書

3　法第76条第１項（法第76条の３第６項において準用する場合を含む。）の認可を受けようとする者は、建築協定変更・廃止認可申請書の正本及び副本に、次に掲げる図書を添えて市長に提出しなければならない。

⑴　法第73条第１項の認可を受けた建築協定書（法第74条第２項又は法第76条の３第４

項の規定により法第73条第１項を準用する場合のものを含む。）

⑵　建築協定を廃止しようとする理由書

⑶　建築協定区域内の土地の所有権者等の全員の住所、氏名及び建築協定の廃止に関する過半数の合意を示す書類

⑷　建築協定区域内の土地の整理図

⑸　認可の申請人が建築協定を廃止しようとする者の代表者であることを証する書類

⑹　その他市長が必要と認める図書

（建築協定の設定の特則）

第21条　法第76条の３第２項の認可を受けようとする者は、前条第１項に規定する建築協定認可申請書に、同項各号（第３号及び第８号を除く。）に掲げる図書を添えて市長に提出しなければならない。

２　法第76条の３第４項において準用する法第73条第１項の認可を受けた者は、法第76条の３第５項に規定する期間内に当該建築協定区域内の土地に２以上の土地の所有権者等が存することとなった場合においては、速やかにその旨を一人建築協定効力発生届（様式第22号）により市長に届け出なければならない。

（意見の聴取の請求）

第22条　法第９条第３項（法第10条第４項、法第45条第２項又は法第90条の２第２項において準用する場合を含む。）及び法第９条第８項（法第10条第４項又は法第90条の２第２項において準用する場合を含む。）の規定による意見の聴取の請求を行おうとする者は、意見の聴取請求書（様式第23号）を市長に提出しなければならない。

（意見の聴取の通知）

第23条　法第９条第５項（同条第８項、法第10条第４項、法第45条第２項又は法第90条の２第２項において準用する場合を含む。）、法第46条第１項及び法第48条第13項の規定による意見の聴取の通知は、意見の聴取通知書（様式第24号）によって行うものとする。

（代理人の届出）

第24条　前条の通知を受けた者（以下「当事者」という。）は、その代理人を出席させようとするときは、委任状を添えて意見の聴取の開始前までに市長にその旨を届け出なければならない。

（意見の聴取の期日及び場所の変更）

第25条　当事者又はその代理人が、やむを得ない事由により意見の聴取の期日又は場所に出席することができないときは、その期日の前日までに理由を付して市長にその旨を届け出なければならない。

２　市長は、前項の届出があった場合においてその事由が正当であると認めるとき、又は災害その他やむを得ない事由により意見の聴取を行うことができないときは、意見の聴取の期日又は場所を変更することができる。

3　市長は、前項の規定により意見の聴取の期日又は場所を変更したときは、速やかに、当該変更の期日又は場所を当事者に通知しなければならない。

（意見の聴取の主宰とその方法）

第26条　法第９条第４項（同条第８項、法第10条第４項、法第45条第２項又は法第90条の２第２項において準用する場合を含む。）、法第46条第１項及び法第48条第13項の規定による意見の聴取は、市長が指名する職員が主宰する。

2　意見の聴取は、公開により口述審問によって行う。

（参考人）

第27条　市長は、必要があると認めるときは、国又は他の地方公共団体の職員その他参考人の出席を求め、その意見を聞くことができる。

（意見の聴取の記録）

第28条　第26条第１項の規定により意見の聴取を主宰する者（以下「主宰者」という。）は、関係職員に命じ、意見の聴取を受けた者の氏名及び意見の聴取の内容の要点を記録させなければならない。

（意見の聴取の期日における陳述の制限等）

第29条　意見の聴取における発言は、すべて主宰者の許可を受けてしなければならない。ただし、傍聴人の発言は許さない。

2　主宰者は、意見の聴取の期日に出席した者が当該意見の聴取に係る事案の範囲を超えて発言をするときは、その者に対し、その発言を制限することができる。

3　主宰者は、前項に規定する場合のほか、意見の聴取の期日における審理の秩序を維持するために必要があると認めるときは、意見の聴取を妨害し、又は審理の秩序を乱す者に対し、退場を命ずる等適当な措置をとることができる。

（計画の通知への準用）

第30条　この規則の第２条の規定は、法第18条第２項（法第87条第１項、法第87条の２第１項又は法第88条第１項若しくは第２項において準用する場合を含む。）の規定に基づく計画の通知に準用する。

2　この規則の第７条第４項、第11条及び第19条の規定は、法第18条第３項（法第87条第１項、法第87条の２第１項又は法第88条第１項若しくは第２項において準用する場合を含む。）の規定に基づき確認済証の交付があった場合に準用する。

（確認申請手数料等の免除）

第31条　豊橋市手数料条例（平成12年豊橋市条例第18号）第６条第１項第２号の規定により災害に係る手数料の減免の申請をしようとする者は、り災後24月以内に滅失等をした建築物に代わる建築物の建築又は大規模の修繕の確認の申請を行わなければならない。

2　豊橋市手数料条例第６条第１項の規定により手数料の免除を受けようとする者は、建築確認申請手数料等免除申請書（様式第25号）に必要な書類を添えて、市長に提出しなければならない。

附　則

1　この規則は、昭和46年10月15日から施行する。

2　この規則施行の際、現に改正前の建築基準法施行細則（以下「旧規則」という。）の規定に基づいて提出されている申請書、報告書その他の書類は、この規則の相当規定に基づいて提出されたものとみなす。

3　この規則施行の際、現に存する第4条第1項に規定する建築物については、同条第2項の規定にかかわらず、この規則施行の日以後最初に行う報告の時期は、昭和47年3月1日から同月31日までとする。

4　この規則施行の際、現に存する第6条第1項に規定する建築設備等に対する同条第2項の適用については、同項の表中「当該建築設備等の設置者又は築造主が法第7条第5項（法第87条の2第1項又は法第88条第1項において準用する場合を含む。）及び法第7条の2第5項前段の規定による検査済証の交付を受けた日の属する月に応当する当該月の前1月間」とあるのは、「4月」とする。

5　この規則施行の際、現に建築基準法の一部を改正する法律（昭和45年法律第109号。以下「改正法」という。）附則第13項の規定による改正前の都市計画法第2章の規定による豊橋渥美都市計画において定められている用途地域又は工業専用地区に関しては、改正法附則第13項の規定による改正後の都市計画法第2章の規定に基づく豊橋渥美都市計画区域に係る用途地域に関する都市計画の決定の告示の日までの間は、旧規則第4条、第5条及び第14条の規定は、なおその効力を有する。

6　この規則の施行後最初に行う法第12条第1項の規定による報告の時期として省令第5条第1項の規定により市長が定める時期は、次の表の㋐欄に掲げる建築物については、第4条第1項の規定にかかわらず、当該建築物の区分に応じ、同表の㋑欄に定める時期とする。

㋐	㋑
第4条第1項の表(1)の項に掲げる建築物	昭和50年4月1日から 同　　　12月20日まで
第4条第1項の表(2)の項に掲げる建築物	昭和49年10月1日から 昭和50年9月30日まで
第4条第1項の表(3)の項に掲げる建築物	昭和49年4月1日から 同　　　11月30日まで

附　則　（昭和47年3月31日規則第16号）

この規則は、昭和47年4月1日から施行する。

附　則　（昭和48年6月25日規則第36号）

この規則は、公布の日から施行する。

附　則（昭和48年11月26日規則第53号）

この規則は、昭和48年12月１日から施行する。

附　則（昭和49年４月１日規則第25号）

この規則は、公布の日から施行する。

附　則（昭和49年11月27日規則第55号）

この規則は、公布の日から施行する。

附　則（昭和52年３月31日規則第26号）

この規則は、昭和52年４月１日から施行する。

附　則（昭和53年２月10日規則第３号）

この規則は、公布の日から施行する。

附　則（昭和53年６月１日規則第42号）

この規則は、公布の日から施行する。

附　則（昭和55年６月30日規則第42号）

1　この規則は、昭和55年７月１日から施行する。ただし、第６条の３の改正規定は、昭和55年９月１日から施行する。

2　この規則の施行後最初に行う法第12条第１項の規定による報告の時期として省令第５条第１項及び第６条第１項の規定により市長が定める時期は、次の表の㈤欄に掲げる建築物及び当該建築物に附属する建築設備等については、第４条第１項及び第５条第２項の規定にかかわらず、同表の㈥欄に定める期間とする。

㈤	㈥
第４条第１項の表５項に掲げる建築物	昭和55年７月１日から 同　　　12月20日まで
第４条第１項の表５項に掲げる建築物に附属する建築設備等	昭和55年７月１日から 同　　　12月20日まで

附　則（昭和57年３月31日規則第35号）

この規則は、昭和57年４月１日から施行する。

附　則（昭和59年４月28日規則第40号）

この規則は、昭和59年５月１日から施行する。

附　則（昭和60年７月１日規則第27号）

この規則は、公布の日から施行する。

附　則（昭和60年10月３日規則第35号）

この規則は、公布の日から施行する。

附　則（昭和61年３月31日規則第27号）

この規則は、昭和61年４月１日から施行する。

附　則　(昭和62年11月13日規則第44号)

この規則は、昭和62年11月16日から施行する。

附　則　(平成元年５月30日規則第30号)

この規則は、平成元年６月１日から施行する。

附　則　(平成元年11月20日規則第49号)

この規則は、平成２年４月１日から施行する。

附　則　(平成３年３月30日規則第40号)

この規則は、平成３年４月１日から施行する。

附　則　(平成５年３月31日規則第39号)

この規則は、平成５年５月１日から施行する。ただし、第４条第１項の表６項㋐欄及び第６条の３第１号の改正規定中「舞踏場」を「ダンスホール」に改める部分は、都市計画法及び建築基準法の一部を改正する法律（平成４年法律第82号）の施行の日から施行する。

附　則　(平成５年９月21日規則第64号)

1　この規則は、公布の日から施行する。

2　この規則の施行の際、現にこの規則による改正前の豊橋市建築基準法施行細則の規定に基づいて提出されている申請書及び概要書は、この規則による改正後の豊橋市建築基準法施行細則の相当規定に基づいて提出されたものとみなす。

附　則　(平成６年７月26日規則第43号)

この規則は、平成６年７月29日から施行する。

附　則　(平成７年２月３日規則第２号)

この規則は、公布の日から施行する。

附　則　(平成７年11月30日規則第57号)

この規則は、公布の日から施行する。ただし、第６条第３項の改正規定及び第13条の表２の㋐欄の改正規定は、平成７年12月１日から施行する。

附　則　(平成10年２月12日規則第３号)

1　この規則は、平成10年４月１日から施行する。

2　この規則の施行の際、現に改正前の各規則の規定に基づいて作成されている様式は、改正後の各規則の規定にかかわらず、当分の間これを使用することができる。

3　この規則の施行の際、現にこの規則の施行の日以後の各施設の使用について承認されている日が改正後の各規則に規定する休館日又は休止日に当たるときは、改正後の各規則の規定にかかわらず、当該日は当該施設の休館日又は休止日としない。

附　則　(平成11年４月30日規則第94号)

1　この規則は、平成11年５月１日から施行する。

2　この規則の施行の際、現に建築基準法（昭和25年法律第201号）第６条第１項の規定による確認の申請がされた建築物については、改正後の第8条第1項の規定は、適用しない。

3　前項に規定する建築物については、改正後の第19条の規定にかかわらず、なお従前の例による。

附　則（平成11年10月19日規則第110号）

この規則は、公布の日から施行し、改正後の豊橋市建築基準法施行細則の規定は、平成11年9月24日から適用する。

附　則（平成12年3月31日規則第65号）

この規則は、平成12年4月1日から施行する。ただし、第5条第1項第1号及び第3号の改正規定は、公布の日から施行する。

附　則（平成12年8月22日規則第95号）

（施行期日）

1　この規則は、公布の日から施行する。

（豊橋市建築基準法施行細則の一部を改正する規則の一部改正）

2　豊橋市建築基準法施行細則の一部を改正する規則（平成11年豊橋市規則第94号）の一部を次のように改正する。

附則第2項中「第8条第4項」を「第8条第1項」に改める。

附則第3項中「第20条」を「第19条」に改める。

附　則（平成12年12月28日規則第106号）

この規則は、平成13年1月6日から施行する。

附　則（平成13年3月30日規則第48号）

1　この規則は、平成13年4月1日から施行する。

附　則（平成15年3月31日規則第46号）

（施行期日）

1　この規則は、公布の日から施行する。

（経過措置）

2　この規則の施行の際、現に改正前の豊橋市建築基準法施行細則の規定により作成されている様式第1号、様式第8号、様式第16号及び様式第17号は、改正後の豊橋市建築基準法施行細則の規定にかかわらず、当分の間これを使用することができる。

附　則（平成16年3月31日規則第44号）

この規則は、平成16年4月1日から施行する。

附　則（平成17年6月16日規則第67号）

この規則は、公布の日から施行する。

附　則（平成18年3月15日規則第6号）

（施行期日）

1　この規則は、平成18年４月１日から施行する。

（経過措置）

2　改正後の第８条第１項の規定は、この条例の施行の日以後に建築基準法（昭和25年法律第201号）第６条第１項の規定により確認の申請書を提出する建築主について適用し、同日前に確認の申請書を提出した建築主については、なお従前の例による。

様式第1号（第2条関係）

浄化槽調書

年　月　日

建築主事　　様

建築主　住所
氏名
電話　（　）　番

建築基準法施行細則第2条第2号の規定に基づき、下記のとおり報告します。

記

※　確認済証番号及び交付年月日	第　一　号　年　月　日		
1 設置場所			
2 設計者の資格、住所及び氏名建築士事務所名	（　）建築士　第　号 電話　（　）　番 （　）　建築士事務所（　）第　号		
3 浄化槽工事業者（特例浄化槽工事業者）の住所、氏名、登録（届出受理）番号等	電話　（　）　番 愛知県知事（登・届）第　号登録(届出受理)年月日　年　月　日		
4 浄化槽設備士の住所、氏名、免状交付番号等	電話　（　）　番 第　号　交付年月日　年　月　日		
5 浄化槽を設置する建物の用途等	用途　　延べ面積又は戸数　㎡ 戸		
6 浄化槽の名称			
7 構造方法の区分	□昭和55年建設省告示第1292号第　号 □建築基準法第68条の26に基づく構造方法等の認定 認定番号　認定日　年　月　日		
8 処理方式	方式		
9 処理能力	人槽 日平均汚水量　㎥／日	10 水質	BOD　mg／l 以下
11 JIS A3302による処理対象人員算定計算	（処理対象人員　人）		
12 放流場所	□側溝 □その他（　）	13 放流方法	□自然放流 □汲上げ放流
14 建築基準法に基づく型式適合認定等	□型式適合認定（法第68条の10） □型式部材等製造者の認証（法第68条の11） 認定(認証)番号　認定（認証）日　年　月　日		
15 浄化槽法に基づく型式認定	認定番号　認定日　年　月　日		

備考
1　用紙の大きさは、日本工業規格A4とする。
2　※印欄には、記入しないこと。
3　便所及び浄化槽の位置並びに屋外排水管経路を明示した配置図を添付すること。ただし、確認申請図書に記載されている場合は、この限りでない。
4　「14欄」又は「15欄」の認定を取得していない浄化槽の場合は、3の添付図面のほかに各室の容量及び汚水量等の計算書、浄化槽構造詳細図を3部ずつ添付すること。

様式第２号（第２条関係）

駐　車　場　調　書

（表）

1建築物の名称			※受付番号	年　月　日		
※確認受付	年　月　日第　号		※完結	年　月　日		
2 建築主の住所、氏名	電話（　）					
3 建築主の種別	国及び地方公共団体、会社、個人、会社でない団体					
4 設計者の資格 住所、氏名	（　）級建築士（　）登録第　号電話（　）					
5 駐車場を附置する建築物	ア 建築物所在地					駐車場整備地区内 周辺地区内 区域外
	イ用途地域			ウ防火地域		防火・準防火・指定なし
	エ主要用途			オ工事種別		新築・増築・改築・用途変更
	カ構造			キ階数		地上　階　地下　階
		申請部分	申請以外の部分	合計		台数算定欄
	ク敷地面積	m²	m²	m²		
	ケ建築面積	m²	m²	m²		
	コ延べ面積	m²	m²	m²		
	サ対象面積	m²	m²	m²		
	シ法定台数	台	台	台		
	ス可能台数	台	台	台		
6 駐車施設		駐車部分面積	車路部分面積	合計	台数	
	ア 駐車施設の種別　上記建築物内	m²	m²	m²	台	
	敷地内空地	m²	m²	m²	台	
	隔地駐車場	m²	m²	m²	台	
	合計	m²	m²	m²	台	
	イ前面道路	幅員　m 勾配　%	ウ出口の見通し	度		
	エ車路のはり下高	m	オ車路の幅員	m		
	カ傾車路の勾配	%	キ屈曲部回転半径	m		
	ク駐車部分はり下高	m	ケ換気回数	回／時		
	コ照明	駐車部分　lx 車路部分　lx	サ警報装置	有（　）・無		
7工事期間	ア工事着工予定	年　月　日	イ工事完了予定	年　月　日		

◎　特殊装置がある場合には裏面にも記入してください。

（裏）

8 特殊装置	ア　製作者名（メーカー）		装置名称又は製品名		認定番号	
	イ 特殊装置の種別		方式		設置基礎	駐車台数
		駐車部分に該当するもの	垂直循環方式　水平循環方式 多層循環方式　二段方式		基	台
		車路に該当するもの	自動エレベーター（リフト）　方向転換装置（ターンテーブル）		基	台
		駐車部分及び車路に該当するもの	エレベーター方式　エレベータースライド方式 平方往復方式		基	台
	ウ 駐車部分面積	m²	車路部分面積	m²		
	エ 前面空地	間口　m	奥行　m			
	オ 操作	特定の管理者・乗入者・その他（　）				
	カ 平均出（入）庫時間（t）	分	キ 1基当り収容台数（N）	台		
備考						

（注意）1）本調書は豊橋市における建築物に附置する駐車施設に関する条例第２条の規定により、車施設を附置する場合及び自動車車庫で床面積の合計が500m² 以上となるものを設置する場合に提出してください。なお後者の場合には、５の見出しを「自動車車庫又はこれを含む建築物」と読みかえて記入してください。

2）５エ欄の主要用途は、駐車場法施行令第18条の特定用途及び学校住宅等によって記入してください。

添付図面

1）案内図　（方位、道路、その他目標物を記入）
2）配置図　（縮尺、方位、位置、規模、進入口、前面道路幅員を記入）
3）建築物の１階平面図（縮尺、方位、間取りを記入）
4）駐車施設平面図　（縮尺、方位、駐車位置、車路、進入口を記入）
5）断面図　（縮尺、断面の位置、はり下高、車路勾配を記入）
6）その他の指示する図書

備考　1　用紙の大きさは、日本工業規格Ａ４とする。
　　　2　※印欄には、記入しないこと。

様式第３号及び様式第４号　削除

様式第５号（第７条関係）

状　況　報　告　書

（表）

年　　月　　日

建築主事　様

建築主（築造主）　住所
氏名
電話〈　　〉（　）　　番

建築基準法施行細則第７条第１項の規定に基づき、下記のとおり地盤の状況について報告します。

記

建築物の名称		※整理番号	
建築場所		※確認済証交付年月日	年　月　日
地盤調査実施者の氏名	電話　（　）　番	※確認済証番号	第　―　号
地質調査の方法		調査孔位置番号	
		調査深度	m

ボーリング柱状図											標準貫入試験結果						
標尺（m）	標高	深度	孔内水位	層厚	試料採取位置	土質記号	土質名	色調	記事	相対密度及び軟度	N値	10cmごとのN値			補正打撃数	許容地耐力度	N値折線（回） 10 20 30 40 50
												0～10	10～20	20～30			
0																	
5																	
10																	
15																	
20																	
25																	
30																	
35																	
40																	
45																	

（裏）

敷地案内図
敷地内調査位置及び番号

備考　１　用紙の大きさは、日本工業規格Ａ４とする。
　　　２　※印欄には、記入しないこと。

様式第６号（第７条関係）

工場に関する報告書

年　月　日

建築主事　　　様

建築主　住　所

氏　名

電話（　）　番

建築基準法施行細則第７条第２項の規定に基づき、下記のとおり工場に関する報告をします。

記

工場の名称							
敷地の位置	地名及び地番						
	用途地域			防火地域			
業種							
製品名				原料名			
作業の概要							
			本工事部分	既存部分	計		
作業場の床面積の合計（m²）							
アセチレンガス発生器の容量（ℓ）							
るつぼ又はかまの容量（ℓ）							
主要な機械	種類	台数 新増設（台）	台数 既設（台）	台数 計（台）	原動機の出力 新増設（kW）	原動機の出力 既設（kW）	原動機の出力 計（kW）
工場全体の原動機							
危険物の数量	種類	新増設	既設	計			
その他参考事項							
※確認済証交付年月日	年　月　日	※確認済証番号	第　―　号				

備考　1　用紙の大きさは、日本工業規格Ａ４とする。

2　※印欄には、記入しないこと。

様式第７号（第７条関係）

不適合建築物に関する報告書

年　月　日

建築主事　　　様

建築主　住　所

氏　名

電話（　）　番

建築基準法施行細則第７条第３項の規定に基づき、下記のとおり不適合建築物に関する報告をします。

記

工事の種別	増築　改築　大規模の修繕　大規模の模様替					
敷地の位置	地名及び地番					
	用途地域	防火地域	その他の区域・地域・地区・街区			
主要用途						
基準時	年　月　日	不適合条項	法第　条第　項第　号			
主要構造部		外壁又はその屋内面及び軒裏の構造				
	ア 基準時	イ ア後の増減	ウ 本工事に係る部分	エ 本工事後	オ エ／ア	
敷地面積（m²）						
建築面積（m²）						
床面積の合計（m²）						
不適合部分の床面積の合計（m²）						
不適合原動機の出力（kW）						
危険物の数量						
不適合機械（台） 種類						
その他参考事項						
※確認済証交付年月日	年　月　日	※確認済証番号	第　―　号			

備考　1　用紙の大きさは、日本工業規格Ａ４とする。

2　※印欄には、記入しないこと。

様式第8号（第7条関係）

浄化槽工事完了報告書

年　月　日

建築主事　様

建築主　住所
氏名

建築基準法施行細則第5条第3項の規定に基づき、下記の浄化槽の工事が完了したので報告します。

記

1 確認済証番号及び交付年月日	第　号　年　月　日		
2 設置場所			
3 浄化槽の名称			
4 構造方法の区分	□昭和55年建設省告示第1292号第　号 □建築基準法第68条の26に基づく構造方法等の認定 認定番号　認定日　年　月　日		
5 処理方式	方式		
6 処理能力	日平均汚水量　㎥／日　人槽	7 水質	BOD　mg／l以下
8 建築基準法に基づく型式適合認定等	□型式適合認定（法第68条の10） □型式部材等製造者の認証（法第68条の11） 認定(認証)番号　認定(認証)日　年　月　日		
9 浄化槽法に基づく型式認定	認定番号　認定日　年　月　日		
10 浄化槽工事業者（特例浄化槽工事業者）の住所、氏名、登録（届出受理）番号等	電話（　）　番 愛知県知事［登・届―　］第　号 登録（届出受理）年月日　年　月　日		
11 浄化槽設備士の住所、氏名、完了確認済印、免状交付番号等	㊞　電話（　）　番 第　号　交付年月日　年　月　日		
12 完了確認年月日	年　月　日		
13 使用開始予定年月日	年　月　日		

備考　1　用紙の大きさは、日本工業規格A4とする。
　　　2　建築主の押印は、氏名を自署する場合にあっては省略することができる。

様式第9号（第8条関係）

（表）

鉄 骨 工 事 施 工 状 況 報 告 書

年　月　日

建築主事　様

建築主 住 所
氏 名　㊞
電 話（　）　番

建築基準法施行細則第8条第1項の規定に基づき、下記のとおり報告します。

記

工事監理者	（　）建築士　第　号 住所 〒　氏名　㊞ 電話（　）　番 （　）建築事務所名　（　）第　号
工事施工者	住所 〒　氏名　電話（　）　番

建築物及び鉄骨工事の概要

建築工事の名称		確認済証交付年月日及び番号	年　月　日 第　号
建築場所			
主要用途		建築面積	㎡
		延べ面積	㎡
階　数	地上　階／地下　階	軒の高さ	m
		最大スパン	m
構造種別	S造　SRC造（　）	架構形式	ラーメン　ブレース（　）
確認に要した図書と設計図書との照合結果等	照合結果（ 相違あり　相違なし ） 照合結果に相違があった場合、設計図書が訂正されたことの確認 （確認済　未確認）		
確認済証交付後の変更事項			

主要部材の使用部位及び鋼種	部　位	鋼 材 種 別	重　量	高力ボルトの種類	ＪＩＳ型 トルシア型	（F　T、　）・径（M　） （S　T、　）・径（M　）
				高力ボルトの接合	接合方法 摩擦、引張り	摩擦面の処理 1母材：　2スプライスPL：

溶接継目の部位・鋼材の種類及び品質条件		部　位	鋼材種別	品 質 条 件 等		部　位	鋼材種別	品 質 条 件 等
	工場溶接			（突合せ、すみ肉）（　F） （突合せ、すみ肉）（　F） （突合せ、すみ肉）（　F） （突合せ、すみ肉）（　F）	現場溶接			（突合せ、すみ肉）（　F） （突合せ、すみ肉）（　F） （突合せ、すみ肉）（　F） （突合せ、すみ肉）（　F）

鉄骨製作工場の名称等の現場表示板の設置期間	年　月　日 から　年　月　日 まで

工事関係者の住所及び氏名

設計者	（　）建築士　第　号 住所 〒　氏名　電話（　）　番 （　）建築事務所名　（　）第　号
構造設計担当者	（　）建築士　第　号 住所 〒　氏名　電話（　）　番 （　）建築事務所名　（　）第　号
検査機関（検査員）	検査機関の名称　住所　電話（　）　番 代表者名　（検査員氏名　資格　）
鉄骨製作工場	住所 〒　代表者名 名称　電話（　）　番 大臣認定年月日　年　月　日 認定番号　住指発第　号

（裏）

鉄骨製作工場及び工事現場における試験、検査等の結果

試験、検査等の項目		試験、検査等の方法（記号を○で囲むこと。）	検査年月日 工事施工者	工事監理者	検査機関
工場製作における試験、検査等の実施状況	鉄骨製作工場の決定	a　書類審査　b　工場実施調査			
	要領書・工作図の審査	a　設計図書との照合　b　図書審査承認			
	溶接方法の承認	a　要領書審査　b　承認試験			
	溶接工の承認	a　資格証の承認　b　技量確認試験			
	使用鋼材等の品質確認	a　ミルシートの確認　b　立会い検査			
	使用材料・製品の検査（HTB・スタッドボルト等）	a　ミルシートの確認　b　材料試験 c　立会い検査　d（　）			
	現寸検査等	a　立会い検査			
	切断後の鋼材材質確認	a　立会い検査　b　確認試験			
	組立検査	a　開先形状　b　ルート間隔　c　目違い d　裏当て・エンドタブ　e　仮付け溶接			
	製品の社内検査実施状況の確認	a　製品の社内検査報告書確認 b（　）　c（　）			
	鉄骨製品の受入れ検査	a　溶接部外観検査（溶接部の精度・表面欠陥） b　超音波探傷検査　c　補正措置 d　部材表面検査　e　寸法検査 f　取合部検査　g（　）h（　）			
現場製作における試験、検査等の実施状況	ＲＣ部との接合（柱脚等）	a　設計図書との照合			
	アンカーボルトの埋込み等	a　設計図書との照合			
	建て方、建て方精度	a　建て方精度　b　建て入れ直し c　倒壊防止精度　d　仮締めボルト			
	トルシア型ＨＴＢ受入れ検査	a　現場軸力導入確認試験			
	摩擦接合面の確認	a　目視　b（　）			
	食い違い、肌すき検査	a　目視　b（　）			
	高力ボルト本締め検査	a　目視　b（　）			
	共廻り、締め忘れ検査	a　目視　b（　）			
	要領書、工作図の承認	a　設計図書との照合			
	溶接方法の承認	a　要領書　b　承認試験			
	溶接工の承認	a　資格証　b　技量確認試験			
	溶接作業条件の承認	a　要領書			
	開先形状　ルート間隔、目違い、すき間	a　目視　b　溶接ゲージ c（　）　d（　）			
	仮付け溶接、裏当て、エンドタブ	a　目視　b　溶接ゲージ c（　）　d（　）			
	溶接部の検査	a　外観検査　b　内部欠陥検査			

所見	工場製作について	現場製作について	
		内部欠陥検査の方法	
		検査率	
		その他所見	

備考
1　用紙の大きさは、日本工業規格A4とする。
2　建築主及び工事監理者の押印は、氏名を自署する場合にあっては省略することができる。
3　「所見」欄は、試験、検査等の結果、不合格のあった場合に、当該項目及びその後の措置並びに再検査年月日及び再検査の結果の合否について記入すること。
4　次に掲げる図書等を添付すること。
(1)　鋼材の品質を証明し、かつ、流通経路を示す書類
(2)　鉄骨製作に関する試験、検査等の実施状況を示す写真
(3)　鉄骨製作に関する受入れ検査を第三者に委託した場合の契約書の写し
(4)　建築現場における鉄骨製作工場の名称の現場表示板が設置されたことを確認できる写真（遠景・近景）

様式第10号（第９条関係）

（表）

特殊建築物等に関する報告書

年　月　日

豊橋市長　　　様

建築主　住所

氏名

建築基準法施行細則第９条の規定に基づき、下記のとおり報告します。

記

1 建築物の所在地	〒				
2 所有者の住所及び氏名	〒		電話　（　）		
3 管理者の住所及び氏名	〒		電話　（　）		
4 建築物の概要 ア 名称			ウ 主要用途		
イ 敷地面積			エ 全体の棟数		
	今回確認申請部分	既存部分	合計		
オ 建築面積					
カ 延べ面積					

5 建築物別概要

ア 設計者の住所及び氏名	〒			電話　（　）		
イ 施工者の住所及び氏名	〒			電話　（　）		
ウ 棟番号		エ 工事種別		オ 構造　造	カ 最高の高さ	
	今回確認申請部分	既存部分	合計			
キ 建築面積						
ク 延べ面積						

ケ 建築設備の概要							
昇降機等	エレベーター	エスカレーター	小荷物専用昇降機	遊戯施設			
換気設備		自然換気	機械換気 給気機 排気機	機械換気 給気機 排気口	機械換気 給気口 排気機	空気調和設備	適用除外
	居室						
	火気使用室						
	上記以外						
排煙設備		自然排煙	機械排煙	告示第1436号	適用除外		
	居室						
	居室以外の室						
	廊下等						
非常用の照明装置		別置蓄電池	発電機	電源内蔵	告示第1411号	適用除外	
	居室						
	階段						
	廊下等						

コ 階別用途別床面積 用途＼階	階	階	階	階	階	階	階	合計
合計								

※ 確認済証交付年月日及び番号	年　月　日　第　一　号	※検査済証交付年月日	年　月　日

（裏）

付近見取図 （注）付近見取図に明示すべき事項　方位、道路及び目標となる地物
配　置　図 （注）　配置図に明示すべき事項 縮尺、方位、敷地の境界線、敷地内における建築物の位置及び棟番号（「５欄」に記入を要する棟ごとに番号を付すこと。）今回確認申請に係る建築物とその他の建築物との別並びに敷地の接する道路の位置及び幅員

備考　1　用紙の大きさは、日本工業規格Ａ４とする。

2　面積についてはm^2、高さについてはmを単位とし、各欄には数字のみを記入すること。

3　「５欄」については、棟ごとに記入し、今回申請に係る棟が２棟以上ある場合は、当該欄のみ別紙に記入して添付すること。

4　「５欄ケ」については、該当する欄に○印を付すこと。

5　「５欄コ」については、「同欄ウ」に係る棟の「今回確認申請部分」及び「既存部分」の床面積の合計について用途別及び階別に区分して記入すること。

6　「３欄」及び「５欄イ」については、未定の場合は記入を要しない。

7　※印欄には、記入しないこと。

8　各階平面図を添付すること。

様式第10号別紙

（表）

5 建築物別概要									
ア	設計者の住所及び氏名	〒 電話（ ）							
イ	施工者の住所及び氏名	〒 電話（ ）							
ウ	棟番号		エ 工事種別		オ 構造	造	カ 最高の高さ		
		今回確認申請部分		既存部分		合計			
キ	建築面積								
ク	延べ面積								
ケ 建築設備の概要	昇降機等	エレベーター		エスカレーター		小荷物専用昇降機		遊戯施設	
	換気設備		自然換気	機械換気 給気機 排気機	機械換気 給気機 排気口	機械換気 給気口 排気機	空気調和設備	適用除外	
		居室							
		火気使用室							
		上記以外							
	排煙設備		自然排煙	機械排煙	告示第1436号	適用除外			
		居室							
		居室以外の室							
		廊下等							
	非常用の照明装置		別置蓄電池	発電機	電源内蔵	告示第1411号	適用除外		
		居室							
		階段							
		廊下等							
コ 階別用途別床面積	用途＼階	階	階	階	階	階	階	階	合計
	合計								
※	確認済証交付年月日及び番号	年 月 日 第 — 号			※ 検査済証交付年月日	年 月 日			

（裏）

5 建築物別概要									
ア	設計者の住所及び氏名	〒 電話（ ）							
イ	施工者の住所及び氏名	〒 電話（ ）							
ウ	棟番号		エ 工事種別		オ 構造	造	カ 最高の高さ		
		今回確認申請部分		既存部分		合計			
キ	建築面積								
ク	延べ面積								
ケ 建築設備の概要	昇降機等	エレベーター		エスカレーター		小荷物専用昇降機		遊戯施設	
	換気設備		自然換気	機械換気 給気機 排気機	機械換気 給気機 排気口	機械換気 給気口 排気機	空気調和設備	適用除外	
		居室							
		火気使用室							
		上記以外							
	排煙設備		自然排煙	機械排煙	告示第1436号	適用除外			
		居室							
		居室以外の室							
		廊下等							
	非常用の照明装置		別置蓄電池	発電機	電源内蔵	告示第1411号	適用除外		
		居室							
		階段							
		廊下等							
コ 階別用途別床面積	用途＼階	階	階	階	階	階	階	階	合計
	合計								
※	確認済証交付年月日及び番号	年 月 日 第 — 号			※ 検査済証交付年月日	年 月 日			

様式第11号（第10条関係）

申 請 書 取 下 げ 届

年 月 日

建築主事 様

建築主（築造主） 住 所
氏 名 ㊞
電 話（ ）（ ） 番

建築基準法
建築基準法施行令第 条第 項 の規定に基づく下記の申請は、
建築基準法施行細則

取り下げます。

記

申請年月日	年 月 日
建築場所	
取下げ理由	

※受付	※決裁欄

備考 1 用紙の大きさは、日本工業規格Ａ４とする。
2 届出者の押印は、氏名を自署する場合にあっては省略することができる。
3 ※印欄には、記入しないこと。

様式第12号（第11条関係）

工 事 取 り や め 報 告 書

年 月 日

建築主事 様

建築主（築造主） 住 所
氏 名 ㊞

下記工事は、取りやめました。

記

確認済証交付年月日及び番号	年 月 日 第 号
建築場所	
取りやめ理由	

※受付	※決裁欄

備考 1 用紙の大きさは、日本工業規格Ａ４とする。
2 建築主及び築造主の押印は、氏名を自署する場合にあっては省略することができる。
3 ※印欄には、記入しないこと。

様式第13号（その１）（第15条関係）

適用除外保存建築物指定申請書(正)

年　月　日

豊橋市長　　　　様

住所
氏名
電話〈　　〉(　)　　番

建築基準法第３条第１項第３号の規定による指定をしてください。

設計者の住所及び氏名		電話〈　　〉(　)　　番				
敷地の位置	地名及び地番					
	都市計画区域	用途地域	防火地域	その他の区域・地域・地区・街区		
	区域内・区域外					
主要用途			申請部分の用途			
工事種別	新築・増築・改築・移転・用途変更・大規模の修繕・大規模の模様替					
建築物の構造			建築物の階数	地上　階　地下　階		
建築物の最高の高さ(m)			建築物の軒の高さ(m)			
	申請部分	申請以外の部分	合計	敷地面積に対する割合	敷地面積に対する割合の限度	
敷地面積(m²)						
建築面積(m²)				／10	／10	
延べ面積(m²)				／10	／10	
工事着手予定日	年　月　日		工事完了予定日	年　月　日		
その他必要な事項	豊橋市文化財保護条例等による指定状況 指定番号 名　称　　　指定年月日　　年　月　日					
※受付欄			※備考			
※指定番号	第　　号		※指定年月日	年　月　日		

備考　１　用紙の大きさは、日本工業規格Ａ４とする。
　　　２　※印欄には、記入しないこと。

様式第13号（その２）（第15条関係）

適用除外保存建築物指定申請書(副)

年　月　日

豊橋市長　　　　様

住所
氏名
電話〈　　〉(　)　　番

建築基準法第３条第１項第３号の規定による指定をしてください。

設計者の住所及び氏名		電話〈　　〉(　)　　番				
敷地の位置	地名及び地番					
	都市計画区域	用途地域	防火地域	その他の区域・地域・地区・街区		
	区域内・区域外					
主要用途			申請部分の用途			
工事種別	新築・増築・改築・移転・用途変更・大規模の修繕・大規模の模様替					
建築物の構造			建築物の階数	地上　階　地下　階		
建築物の最高の高さ(m)			建築物の軒の高さ(m)			
	申請部分	申請以外の部分	合計	敷地面積に対する割合	敷地面積に対する割合の限度	
敷地面積(m²)						
建築面積(m²)				／10	／10	
延べ面積(m²)				／10	／10	
工事着手予定日	年　月　日		工事完了予定日	年　月　日		
その他必要な事項	豊橋市文化財保護条例等による指定状況 指定番号 名　称　　　指定年月日　　年　月　日					
※受付欄			※備考			
※指定番号	第　　号		※指定年月日	年　月　日		

備考　１　用紙の大きさは、日本工業規格Ａ４とする。
　　　２　※印欄には、記入しないこと。

様式第14号（第16条関係）

道路位置指定申請書

（表）

年　月　日

豊橋市長　　　　様

住　所

申請者　氏　名　　　　㊞

電話　（　）　番

建築基準法第42条第1項第5号に規定する道路の位置を指定してください。

指定道路	道路番号	幅員	延長	地名及び地番
	号	m	m	

道路位置	地名及び地番	面積	所有主の氏名	借主の氏名
		m^2		
	合計　　筆			

工事着手予定年月日	年　月　日	工事完了予定年月日	年　月　日
標示の方法			
※　受　付	※　備　考		
※　指定番号	豊橋市指令（文書記号）第　号	※　指定年月日	年　月　日

（裏）

	道路との関係	土地、建物又は工作物の所在地	関係者 住所	関係者 氏名
承諾欄				㊞
				㊞
				㊞
				㊞
				㊞
				㊞
				㊞
				㊞
				㊞
				㊞
				㊞
				㊞
				㊞
				㊞
				㊞
				㊞
				㊞
				㊞
				㊞
				㊞
				㊞
				㊞
				㊞
設計者の住所、氏名		電話（　）　番		

備考
1　用紙の大きさは、日本工業規格Ａ４とする。
2　「道路との関係」欄は、土地の所有主、土地の借主、建物の所有主、建物の借主、工作物の所有主又は工作物の借主の別を記入すること。
3　関係者の印は、実印とすること。
4　申請者の押印は、氏名を自署する場合にあっては省略することができる。
5　※印欄には、記入しないこと。

様式第15号（その1）（第18条関係）

認　定　申　請　書　（正）

年　月　日

豊橋市長　　　　様

住所
氏名　　　　　　　㊞
電話　（　）　番

建築基準法
建築基準法施行令第　条第　項　の規定による認定をしてください。

設計者の住所及び氏名	電話　（　）　番				
敷地の位置 地名及び地番					
敷地の位置 都市計画区域	用途地域	防火地域	その他の区域・地域・地区・街区		
区域内・区域外					
主要用途		申請部分の用途			
工事種別	新築・増築・改築・移転・用途変更・大規模の修繕・大規模の模様替				
建築物の構造		建築物の階数	地上　階 地下　階		
建築物の最高の高さ（m）		建築物の軒の高さ（m）			
	申請部分	申請以外の部分	合計	敷地面積に対する割合	敷地面積に対する割合の限度
敷地面積（m²）					
建築面積（m²）				／10	／10
延べ面積（m²）				／10	／10
工事着手予定日	年　月　日	工事完了予定日	年　月　日		
その他必要な事項					
政令第115条の2第1項第4号ただし書又は政令第129条の2第1項の規定による認定					
外壁及び軒裏の構造					
※受付欄		※備考			
※認定番号	第　号	※認定年月日	年　月　日		

備考　1　用紙の大きさは、日本工業規格A4とする。
2　申請者の押印は、氏名を自署する場合にあっては省略することができる。
3　「外壁及び軒裏の構造」欄は、建築基準法第3条第1項第4号の規定による認定の申請にあっては記入しないこと。
4　※印欄には、記入しないこと。

様式第15号（その2）（第18条関係）

認　定　申　請　書　（副）

年　月　日

豊橋市長　　　　様

住所
氏名　　　　　　　㊞
電話　（　）　番

建築基準法
建築基準法施行令第　条第　項　の規定による認定をしてください。

設計者の住所及び氏名	電話　（　）　番				
敷地の位置 地名及び地番					
敷地の位置 都市計画区域	用途地域	防火地域	その他の区域・地域・地区・街区		
区域内・区域外					
主要用途		申請部分の用途			
工事種別	新築・増築・改築・移転・用途変更・大規模の修繕・大規模の模様替				
建築物の構造		建築物の階数	地上　階 地下　階		
建築物の最高の高さ（m）		建築物の軒の高さ（m）			
	申請部分	申請以外の部分	合計	敷地面積に対する割合	敷地面積に対する割合の限度
敷地面積（m²）					
建築面積（m²）				／10	／10
延べ面積（m²）				／10	／10
工事着手予定日	年　月　日	工事完了予定日	年　月　日		
その他必要な事項					
政令第115条の2第1項第4号ただし書又は政令第129条の2第1項の規定による認定					
外壁及び軒裏の構造					
※受付欄		※備考			
※認定番号	第　号	※認定年月日	年　月　日		

備考　1　用紙の大きさは、日本工業規格A4とする。
2　申請者の押印は、氏名を自署する場合にあっては省略することができる。
3　「外壁及び軒裏の構造」欄は、建築基準法第3条第1項第4号の規定による認定の申請にあっては記入しないこと。
4　※印欄には、記入しないこと。

様式第16号（第18条の２関係）

同　　意　　書

建築基準法第86条第１項／第86条第２項／第86条第３項／第86条第４項／第86条の２第２項の規定による下記の認定／許可の申請について、同条第４項／第６項の規定に基づき同意します。

記

1　申請者の住所及び氏名　　　　電話　（　）　番
2　対象区域の位置
3　対象区域の面積
4　対象区域内の建築物の概要
(1)　用途
(2)　棟数
(3)　延べ面積の合計

	対象区域との関係	土地の所在地	関係者	
			住所	氏名
同意欄				㊞
				㊞
				㊞
				㊞
				㊞
				㊞
				㊞
				㊞
				㊞
				㊞
				㊞
				㊞
				㊞
				㊞
				㊞
設計者の住所及び氏名	電話　（　）　番			

備考1　用紙の大きさは、日本工業規格Ａ４とする。
2　「対象区域との関係」欄は、土地の所有者又は借地権者の別を記入すること。
3　関係者の印は、実印とすること。

様式第17号（第18条の２関係）

合　　意　　書

建築基準法第86条の５第１項の規定による下記の認定又は許可の取消しの申請について、同項の規定に基づき合意します。

記

1　申請者の住所及び氏名　　　　電話　（　）　番
2　対象区域の位置
3　対象区域の面積
4　対象区域内の建築物の概要
(1)　用途
(2)　棟数
(3)　延べ面積の合計

	対象区域との関係	土地の所在地	関係者	
			住所	氏名
合意欄				㊞
				㊞
				㊞
				㊞
				㊞
				㊞
				㊞
				㊞
				㊞
				㊞
				㊞
				㊞
				㊞
				㊞
設計者の住所及び氏名	電話　（　）　番			

備考　1　用紙の大きさは、日本工業規格Ａ４とする。
2　「対象区域との関係」欄は、土地の所有者又は借地権者の別を記入すること。
3　関係者の印は、実印とすること。

様式第17号の2（第18条関係）

認　定　申　請　書

年　月　日

豊橋市長　様

申請者　住所
氏名　㊞
電話　（　）　番

愛知県建築基準条例第　条第　項　の規定による認定をしてください。

設計者の住所及び氏名	電話　（　）　番					
敷地の位置	地名及び地番					
	都市計画区域	用途地域	高層住居誘導地区	防火地域	その他の区域・地域・地区・街区	
	区域内・区域外		地区内・地区外			
主要用途		申請部分の用途				
工事の種別	新築・増築・改築・移転・用途変更・大規模修繕・大規模の模様替					
建築物の構造		建築物の階数	地上　階／地下　階			
建築物の最高の高さ（m）		建築物の軒の高さ（m）				
	申請部分	申請以外の部分	合計	敷地面積に対する割合	敷地面積に対する割合の限度	
敷地面積（m²）						
建築面積（m²）				/10	/10	
延べ面積（m²）				/10	/10	
工事着手予定日	年　月　日	工事完了予定日	年　月　日			
前面道路又は通路等	名称		幅員（m）		敷地と接している部分の長さ（m）	
その他必要な事項						
※受付欄			※備考			
※認定番号		第　号	※認定年月日	年　月　日		

備考　1　用紙の大きさは、日本工業規格Ａ４とする。
2　申請者の押印は、氏名を自署する場合にあっては、省略することができる。
3　※印欄には、記入しないこと。

様式第18号（第19条関係）

申請書等記載事項変更届

年　月　日

建築主事　様

申請者　住　所
氏　名　㊞
電話〈　〉（　）

下記に係る工事について、申請書記載事項を変更したので届けます。

記

確認済証交付年月日及び番号			年　月　日　第　—　号
建築場所			
主要用途			工事種別
申請書等記載事項	建築主の住所、氏名等	新	フリガナ 氏　名 郵便番号 住　所 電話番号　（　）　番
		旧	
	工事監理者の所在地、氏名等	新	資　格　（　）建築士（　）登録第　号 氏　名　㊞ 建築士事務所名（　）建築士事務所（　）知事登録第　号 郵便番号 所在地 電話番号　（　）　番
		旧	
	工事施工者の所在地、氏名等	新	氏　名 営業所名　建設業の許可（　）第　号 郵便番号 所在地 電話番号　（　）　番
		旧	
	その他	新	
		旧	
変更事由			

※受付欄	※備考		※記簿欄	※決裁欄
	原本照合	年　月　日		

備考　1　用紙の大きさは、日本工業規格Ａ４とする。
2　申請者及び工事監理者の押印は、氏名を自署する場合にあっては省略することができる。
3　※印欄には、記入しないこと。

様式第19号（第19条関係）

報告事項変更届

年　月　日

豊橋市長　　様

指定確認検査機関名　㊞

下記に係る工事について、報告事項に変更があつたことを知りましたので報告します。

記

確認済証番号及び交付年月日			第　号　年　月　日
建築場所			
主要用途			工事種別
報告事項	建築主の住所、氏名等	新	フリガナ 氏名 郵便番号 住所 電話番号　（　）　番
		旧	
	工事監理者の所在地、氏名等	新	資格（　）建築士（　）登録第　号 氏名 建築士事務所名（　）建築士事務所（　）知事登録第　号 郵便番号 所在地 電話番号　（　）　番
		旧	
	工事施工者の所在地、氏名等	新	氏名 営業所名　建設業の許可（　）第　号 郵便番号 所在地 電話番号　（　）　番
		旧	
	その他	新	
		旧	
変更事由			

※受付欄	※備考		※記簿欄	※決裁欄
	原本照合	年　月　日		

備考　1　用紙の大きさは、日本工業規格Ａ４とする。
2　※印欄には、記入しないこと。

様式第20号（第20条関係）

建築協定認可申請書（正）

年　月　日

豊橋市長　　様

申請者 住所
氏名
電話　（　）　番

建築基準法第70条第１項／第76条の３第２項の規定により建築協定の認可を受けたいので、関係書類を添えて申請します。

1　代表者の住所、氏名			
2　協定の事由			
3　協定事項の概要			
	建築協定区域		建築協定区域隣接地
4　協定区域等の地名			
5　協定区域等の面積	m²		m²
6　建築物の用途		7　構造	m²
8　（協定者数）協定戸数	戸	9　延面積	
10　その他必要事項			

※受付欄	※認可番号欄	※備考
	※　年　月　日	
	※　第　号	

備考　1　用紙の大きさは、日本工業規格Ａ４とする。
2　申請者の押印は、氏名を自署する場合にあつては省略することができる。
3　※印欄には、記入しないこと。
4　この申請の記入については、副本の下欄の注意事項をよく読むこと。

建築協定認可通知書（副）

※認可通知欄	年　月　日 様 豊橋市長　㊞ この申請書及び添付図書に記載の建築協定は、認可することとしたので通知します。			
	認可番号	第　号	認可年月日	年　月　日
1 代表者の住所、氏名				
2 協定の事由				
3 協定事項の概要				
	建築協定区域		建築協定区域隣接地	
4 協定区域等の地名				
5 協定区域等の面積	㎡		㎡	
6 建築物の用途		7 構造		
8 （協定者数）協定戸数	戸	9 延面積	㎡	
10 その他必要事項				

（注意事項）
(1) 建築協定書を添付すること。
(2) 建築基準法施行規則第1条の3第1項の表(い)項に掲げる附近見取図、配置図を添付すること。
(3) 建築協定をしようとする基準を示した図面を添付すること。
(4) 建築協定区域等内における土地の所有権者等の全員の住所及び氏名を記載した建築協定同意書を添付すること。
(5) 申請者が建築協定をしようとする土地の所有権者等の代表者であることを証する書類を添付すること。

備考　1　用紙の大きさは、日本工業規格A4とする。
　　　2　※印欄には、記入しないこと。

様式第21号（第20条関係）

建築協定（変更／廃止）認可申請書（正）

年　月　日 豊橋市長　　　様 申請者 住所 　　　 氏名　　　　㊞ 電話（　　）　番 建築基準法第73条による認可を受けた建築協定を変更（廃止）したいので、同法第74条（第76条）の規定による認可を申請します。				
1 代表者の住所、氏名				
2 変更(廃止)の事由				
3 協定事項の概要				
	建築協定区域		建築協定区域隣接地	
4 協定区域等の地名				
5 協定区域等の面積	㎡		㎡	
6 建築物の用途		7 構造		
8 (協定者数)協定戸数	戸	9 延面積	㎡	
10 その他必要事項				
※受付欄	※認可番号欄		※備考	
	※　年　月　日			
	※第　　号			

備考 1 用紙の大きさは、日本工業規格Ａ４とする。
2 申請者の押印は、氏名を自署する場合にあっては省略することができる。
3 ※印欄には、記入しないこと。
4 この申請の記入については、副本の下欄の注意事項をよく読むこと。

建築協定（変更／廃止）認可通知書（副）

※認可通知欄	年　月　日 様 豊橋市長　　㊞ この申請書及び添付図書に記載の建築協定の変更（廃止）の申請を認可することとしたので通知します。				
	認可番号	第　　号	認可年月日	年　月　日	
1 代表者の住所、氏名					
2 変更(廃止)の事由					
3 協定事項の概要					
	建築協定区域		建築協定区域隣接地		
4 協定区域等の地名					
5 協定区域等の面積	㎡		㎡		
6 建築物の用途		7 構造			
8 (協定者数)協定戸数	戸	9 延面積	㎡		
10 その他必要事項					

（注意事項）
(1) 建築基準法第73条第１項の規定により認可を受けた建築協定書を添付すること。
(2) 建築協定の変更書を添付すること。
(3) 建築協定区域等を変更する場合において、それを表示する図面を添付すること。
(4) 建築物に関する基準を変更する場合において、その旨を表示する書類を添付すること。
(5) 土地の所有権者等の全員の住所及び氏名を記載した建築協定の変更に関する同意書（廃止の場合は過半数の同意書）を添付すること。
(6) 申請者が変更（廃止）しようとする土地の所有権者等の代表者であることを証する書類を添付すること。

備考 1 用紙の大きさは、日本工業規格Ａ４とする。
2 ※印欄には、記入しないこと。

様式第22号（第21条関係）

一人建築協定効力発生届

年　月　日

豊橋市長　　　様

申請者　住　所

氏　名　　　㊞

電　話（　　）　番

建築基準法施行細則第21条第2項の規定に基づき、下記のとおり届け出ます。

記

認可の日付	年　月　日		認可番号	第　　号
建築協定名			協定が効力を生じた日	年　月　日
住所及び氏名	地名及び地番	土地に関する権利の種別	土地の所有権等の取得年月日	
㊞				

備考　1　用紙の大きさは、日本工業規格Ａ４とする。
2　申請者の押印は、氏名を自署する場合にあっては省略することができる。
3　建築協定書の写しを添付すること。

様式第23号（第22条関係）

意見の聴取請求書

年　月　日

豊橋市長　　　様

住所

氏名　　　㊞

年　月　日付けの建築基準法第　条第　項の規定による通知書（又は仮の命令書）を受領しましたが、意見の聴取を行うことを請求します。

備考　1　用紙の大きさは、日本工業規格Ａ４とする。
2　請求者の押印は、氏名を自署する場合にあっては省略することができる。

様式第24号（第23条関係）

意 見 の 聴 取 通 知 書

第　　号
年　月　日
豊橋市長　　㊞

建築基準法第　条第　項の規定による意見の聴取を下記のとおり行いますので、出席してください。

本人が出席できない場合は、委任状を持参した代理人を出席させてください。

記

1　期　日

2　場　所

3　意見の聴取に係る事項

備考　1　用紙の大きさは、日本工業規格Ａ４とする。
　　　2　意見の聴取の期日には、この通知書を持参すること。

様式第25号（第31条関係）

建築確認申請手数料等免除申請書

年　月　日

豊橋市長　様

申請者　住 所
　　　　氏 名　　㊞

建築基準法施行細則第31条の規定により、下記のとおり建築確認申請手数料等の免除を申請します。

記

1　建築主	住　所			
	氏　名			
2　建築場所				
3　工事種別				
4　主要用途				
5　申請部分の床面積の合計		㎡		
6　免除申請の種別				
7　免除申請額		円		
8　免除の理由				
※受付欄		※決裁欄		※免除決定額　円 ※決定年月日　年　月　日

備考
1　用紙の大きさは、日本工業規格Ａ４とする。
2　建築基準法施行細則第31条第１項に該当するときは市の発行したり災証明書を、第２項に該当するときはその事由を証する書類を添付すること。
3　※印欄には、記入しないこと。

○豊橋市における建築物に附置する駐車施設に関する条例

（昭和44年3月31日
豊橋市条例第20号）

（趣旨）

第1条　この条例は、駐車場法（昭和32年法律第106号。以下「法」という。）の規定に基づき、建築物における自動車の駐車のための施設（以下「駐車施設」という。）の附置及び管理について必要な事項を定めるものとする。

（駐車施設の附置）

第2条　法第3条第1項の規定に基づく駐車場整備地区（以下「整備地区」という。）内において、次表左欄に掲げる規模の建築物を新築し、当該規模の建築物について増築をし、又は当該規模となる増築をしようとする者は、当該建築物又は当該建築物の敷地内に同表右欄に定める割合により算定した駐車台数を有する規模の駐車施設を附置しなければならない。ただし、増築部分の延べ面積が300㎡未満の増築にあっては、この限りでない。

<table>
<tr><th>建築物の規模</th><th colspan="2">自動車の駐車台数の割合</th></tr>
<tr><td>延べ面積（駐車施設の用途に供する部分の面積を除く。以下同じ。）が3,000㎡を超えるもの（義務教育の学校の用途に供するものを除く。）</td><td>延べ面積が3,000㎡を超える部分（増築の場合においては、この部分のうち増築に係る部分に限る。）の面積に対して、300㎡以内ごとに1台</td><td rowspan="2">いずれの項にも該当するものにあっては、これらの項のうち台数の多くなることとなる項を適用する。</td></tr>
<tr><td>法第20条第1項の特定用途に供する部分（以下「特定部分」という。）の延べ面積が2,000㎡を超えるもの</td><td>特定部分の延べ面積が2,000㎡を超える部分（増築の場合においては、この部分のうち増築に係る部分に限る。）の面積に対して、300㎡以内ごとに1台</td></tr>
</table>

2　整備地区内において建築物の部分の用途変更（以下「用途変更」という。）で、当該用途変更により特定部分の延べ面積が次表左欄に定める規模を超えることとなるもののために大規模の修繕又は大規模の模様替（建築基準法（昭和25年法律第201号）第2条第14号又は第15号に規定するものをいう。以下同じ。）をしようとする者又は特定部分の延べ面積が同表同欄に定める規模をこえる建築物の用途変更で、当該用途変更により特定部分の延べ面積が増加することとなるもののために大規模の修繕又は大規模の模様替を

しようとする者は、当該建築物又は当該建築物の敷地内に同表右欄に定める割合により算定した駐車台数（修繕又は模様替をする以前から駐車施設を有するものにあっては、既存の駐車施設の駐車台数を除く。）を有する規模の駐車施設を新たに附置しなければならない。ただし増加する特定部分の延べ面積が300㎡未満の修繕又は模様替にあっては、この限りでない。

特定部分の規模	自動車の駐車台数の割合
延べ面積2,000㎡	特定部分の延べ面積が2,000㎡を超える部分（修繕又は模様替をする以前から特定部分があった場合においては、当該修繕又は模様替により増加した部分とする。）の面積に対して300㎡以内ごとに１台

（建築物が地区の内外にわたる場合）

第３条　建築物の敷地が整備地区以外の地域にわたる場合において、当該敷地の最も大きな部分が整備地区に属するときは、当該建築物が当該地区内にあるものとみなして、前条の規定を適用する。

（駐車施設の規模）

第４条　第２条の規定により附置する駐車施設は、自動車の駐車の用に供する部分の規模を駐車台数１台につき、幅2.5ｍ以上、奥行６ｍ以上とし、自動車が有効に駐車し、かつ、出入することができるものとしなければならない。

２　前項の規定にかかわらず特殊な装置を用いる駐車施設で自動車が有効に駐車し、かつ、出入することができると市長が認めるものについては、前項の規定によらないことができる。

（適用除外）

第５条　建築基準法第85条の規定に基づく仮設建築物を新築し、又は増築しようとする者に対しては、第２条の規定は適用しない。

２　整備地区以外の区域から新たに整備地区に指定された区域内において、当該地区に指定された日から起算して６月以内に工事に着手した者に対する駐車施設の附置義務は、第２条の規定にかかわらず当該地区指定前の例による。

（附置の特例）

第６条　第２条の規定により駐車施設を附置すべき者が、当該建築物の構造又は当該建築物の敷地の状態により市長がやむを得ないと認める場合において、当該建築物の敷地からおおむね200ｍ以内の場所に駐車施設を設けたときは、第２条の規定にかかわらず当該建築物の敷地内に駐車施設を附置したものとみなす。

（届出）

第７条　前条の規定により駐車施設を設置しようとする者は、あらかじめ規則で定めるところに従い当該駐車施設の位置、規模等を市長に届け出なければならない。届出事項を変更しようとする場合も又同様とする。

（駐車施設の管理）

第8条　第2条又は第6条の規定により設置された駐車施設の所有者又は管理者は、当該駐車施設の敷地、構造、設備及び規模について常時適法な状態に維持管理しなければならない。

（措置命令）

第9条　市長は、駐車施設の附置義務者が第2条の規定に、駐車施設の設置者が第6条の規定に、駐車施設の所有者又は管理者が前条の規定にそれぞれ違反したときは、当該違反者に対して相当の期限を定めて、駐車施設の附置又は設置、原状回復、使用制限、使用禁止その他当該違反を是正するために必要な措置を命ずることができる。

2　市長は、前項の規定により措置を命じようとするときは、駐車施設の附置義務者、設置者、所有者又は管理者に対して、その命じようとする措置及び理由を記載した措置命令書により行なうものとする。

（立入検査）

第10条　市長は、駐車施設の適正な規模を確保するため必要があると認めるときは、当該職員をして駐車施設に立ち入らせて、その規模等に関して検査をさせ、又は関係人に質問させることができる。

2　前項の規定により立入り検査を行なう場合は、当該職員は、その身分を示す証明書を携帯し、かつ、関係人の請求があったときは、これを提示しなければならない。

（罰則）

第11条　第9条の規定に基づく市長の命令に違反した者は、10万円以下の罰金に処する。

2　第10条第1項の規定による当該職員の立入り検査を拒み、妨げ、又は忌避した者は、1万円以下の罰金に処する。

第12条　法人の代表者又は法人若しくは人の代理人、使用人その他の従業者がその法人又は人の業務に関して、前条の違反行為をした場合においては、その行為者を罰するほかその法人又は人に対して前条の刑を科する。ただし、法人又は人の代理人、使用人その他の従業者の当該違反行為を防止するため、当該業務に対し、相当の注意及び監督がつくされたことの証明があったときは、その法人又は人については、この限りでない。

（委任）

第13条　この条例の施行について必要な事項は、市長が定める。

附　則

1　この条例は、昭和44年10月1日から施行する。

2　この条例施行の際、現に指定をうけた整備地区内において、この条例施行の日から起算して6月以内に工事に着手した者に対しては、第2条の規定は適用しない。

○豊橋市における建築物に附置する駐車施設に関する条例施行規則

（昭和44年３月31日
豊橋市規則第22号）

改正　平成12年３月31日規則第70号
平成17年３月31日規則第28号

（趣旨）

第１条　この規則は、豊橋市における建築物に附置する駐車施設に関する条例（昭和44年豊橋市条例第20号。以下「条例」という。）第13条の規定に基づき、条例施行について必要な事項を定めるものとする。

（届出書等）

第２条　条例第７条の規定により駐車施設を設置又は変更しようとする者は、第１号様式による駐車施設設置（変更）届出書正副２通に次表に掲げる図面を添えて、これを市長に提出しなければならない。ただし、変更の届出書に添える図面は、変更しようとする事項に係る図面でもって足りるものとする。

図面の種類		明示すべき事項
駐車施設	付近見取図	方位、道路、目標となる地物及び位置並びに条例第２条の建築物との距離
	配置図	縮尺、方位、位置、規模、駐車施設内外の自動車の通路及び幅員並びに敷地が接する道路の位置及び幅員
	各階平面図	縮尺、方位、間取及び規模並びに駐車施設内外の自動車の通路及び幅員
条例第２条の建築物	配置図	縮尺、方位、敷地の境界線及び敷地内における建築物の位置並びに敷地が接する道路の位置及び幅員
	各階平面図	縮尺、方位、間取及び各室の用途

（措置命令書）

第３条　条例第９条第２項に規定する措置命令書は、第２号様式のとおりとする。

（身分証明書）

第４条　条例第10条第２項に規定する証明書は、第３号様式のとおりとする。

附　則

1　この規則は、昭和44年10月１日から施行する。

2　この規則施行の際、現に指定をうけた駐車場整備地区内において、この規則施行の日から起算して６月以内に工事に着手した者に対しては、第２条の規定は適用しない。

附　則（平成12年３月31日規則第70号）

この規則は、公布の日から施行する。

附　則（平成17年３月31日規則第28号）

この規則は、平成17年４月１日から施行する。（後略）

第1号様式（第2条関係）

駐車施設設置（変更）届出書

年　月　日

豊橋市長　　　殿

設置者住所

氏　名　　　㊞

下記のとおり、駐車施設を設置（変更）したいので、豊橋市における建築物に附置する駐車施設に関する条例第7条の規定に基づき届け出ます。

記

駐車施設	1 設置場所						
	2 権利関係（所有権、使用権等この施設について有する権利）						
	3 使用承諾者	住所又は事務所所在地					
		氏名又は名称					
	4 規模及び台数	区分	面積		台数		
		建築物内	m²		台		
		その他	m²		台		
		合計	m²		台		
条例第二条の建築物	5 建築場所						
	6 用途及び規模		駐車施設の延べ面積	特定部分の延べ面積	その他の部分の延べ面積	建築面積	延べ面積
			m²	m²	m²	m²	m²
	7 条例第2条の規定による駐車施設の規模及び台数		m²		台		
	8 駐車施設の規模及び台数	区分	面積		台数		
		建築物内	m²		台		
		建築物敷地内	m²		台		
		第4項の規模及び台数	m²		台		
		合計	m²		台		
	9 駐車施設を附置できない理由						
※受付欄		※	受付年月日	年　月　日			
		※	受付番号	第　号			
		※	条例第2条の建築物確認申請受付年月日及び受付番号	年　月　日			
				第　号			

第2号様式（第3条関係）

第　号

年　月　日

（氏名又は名称）　殿

市長名

措　置　命　令　書

1　建築物の所在地

2　建築物の用途及び規模

上記の建築物は豊橋市における建築物に附置する駐車施設に関する条例第　条の規定に違反しているので同条例第9条の規定により下記のとおり命ずる。

記

1　措　置

2　理　由

注　この処分について不服がある場合は、この命令書を受け取った日の翌日から起算して60日以内に、豊橋市長に対して異議申立てをすることができます。

また、この処分の取消しの訴えは、この命令書を受け取った日の翌日から起算して6か月以内に、豊橋市を被告として（訴訟において豊橋市を代表する者は豊橋市長となります。）、提起することができます。ただし、この命令書を受け取った日の翌日から起算して60日以内に異議申立てをした場合には、処分の取消しの訴えは、異議申立てに対する決定の送付を受けた日の翌日から起算して6か月以内に提起することができます。

第3号様式（第4条関係）

（表）

第　　号

身　分　証　明　書

職　名

氏　名

年　月　日生

上記の者は、豊橋市における建築物に附置する駐車施設に関する条例第10条の規定により駐車施設に立ち入って検査をする職権を有する者であることを証明する。

年　月　日

（裏）

（立入検査）

第10条　市長は、駐車施設の適正なる規模を確保するため必要があると認めるときは、当該職員をして駐車施設に立ち入らせて、その規模等に関して検査をさせ、又は関係人に質問させることができる。

2　前項の規定により立入検査を行う場合は、当該職員は、その身分を示す証明書を携帯し、かつ、関係人の請求があったときは、これを提示しなければならない。

（以下省略）

岡崎市関係

○岡崎市建築基準法施行細則

（昭和56年9月30日
岡崎市規則第41号）

改正
昭和57年3月30日岡崎市規則第43号
同　59年5月1日同　第21号
同　60年6月27日同　第34号
同　60年11月5日同　第35号
同　61年3月29日同　第19号
同　62年11月17日同　第20号
平成元年6月22日同　第26号
同　5年6月23日同　第30号
同　6年3月29日同　第17号
同　6年7月29日同　第39号
（岡崎市手数料規則及び岡崎市建築基準法施行細則の一部を改正する規則第2条）
平成6年12月28日岡崎市規則第56号
同　7年6月20日同　第28号
同　8年2月2日同　第2号
同　11年6月15日同　第26号
同　12年3月31日同　第41号
同　12年9月29日同　第67号
同　12年12月28日同　第70号
（中央省庁等の改革に伴う関係規則の整理に関する規則第7条）
同　13年3月30日同　第20号
同　13年6月26日同　第22号
（岡崎市建築基準法施行細則及び岡崎市公害防止条例施行規則の一部を改正する規則第1条）
同　14年9月30日同　第34号
同　16年3月31日同　第23号
同　17年12月28日同　第79号
同　18年3月31日同　第35号

（趣旨）

第1条　この規則は、建築基準法（昭和25年法律第201号。以下「法」という。）、建築基準法施行令（昭和25年政令第338号。以下「政令」という。）、建築基準法施行規則（昭和25年建設省令第40号。以下「省令」という。）及び愛知県建築基準条例（昭和39年愛知県条例第49号。以下「条例」という。）の実施に関し必要な事項を定めるものとする。

（確認申請書に添える図書）

第2条　法第6条第1項（法第87条第1項、法第87条の2又は法第88条第1項若しくは第2項において準用する場合を含む。）の規定に基づく確認の申請書（以下「確認申請書」という。）には、次に掲げる図書を添えなければならない。

(1)　建築物の敷地が、高さ2mを超えるがけに接し、又は近接する場合（がけの斜面の勾（こう）配が30度以下の場合を除く。）にあっては、その敷地とがけとの状況を示す断面図。ただし、当該敷地が宅地造成等規制法（昭和36年法律第191号）第8条第1項の規定による許可を受けたものである場合にあっては、この限りでない。

(2)　岡崎市駐車施設条例（昭和46年岡崎市条例第39号）第4条第1項若しくは第5条の規定に基づく駐車施設を設ける場合又は駐車場整備地区内における自動車車庫で床面積の合計が500㎡以上となるものを設ける場合にあっては、様式第1号による駐車場調書

(3)　その他市長が必要と認める図書

（確認申請書に添える図書等の省略）

第3条　確認申請書に添える図書等を省略することができる場合として次の各号に掲げる省令の規定により市長が規則で定める場合は、それぞれ当該各号に定める場合とする。

ただし、第4号に掲げる省令の規定により同号に定める場合にあっては、都市計画法（昭和43年法律第100号）第53条第1項又は流通業務市街地の整備に関する法律（昭和41年法律第110号）第5条第1項の規定に適合していることを証する書面については、この限りでない。

(1) 省令第1条の3第11項第3号　同項第2号に掲げる場合以外の建築物の建築の場合

(2) 省令第1条の3第12項第3号　同項第2号に掲げる場合以外の建築物の建築の場合

(3) 省令第1条の3第13項第4号　同項第2号及び第3号に掲げる場合以外の建築物の建築の場合

(4) 省令第1条の3第14項第2号　建築物の建築の場合

2　申請に係る建築物が次の表の(あ)欄に掲げる建築物であって、その工事計画が建築士の作成した設計図書によるものである場合においては、省令第1条の3第18項の規定により同表(い)欄に掲げる図書は、確認申請書に添えることを要しない。ただし、別に市長が定める場合にあっては、この限りでない。

3　申請に係る工作物が政令第138条第1項各号に掲げる工作物にあって、その工事計画が1級建築士又は2級建築士の作成した設計図書によるものである場合においては、省令第3条第1項の表1に掲げる構造詳細図及び構造計算書は、確認申請書に添えることを要しない。ただし、次に掲げる工作物にあっては、この限りでない。

(1) 高さが15mを超える煙突及び鉄筋コンクリート造の柱

(2) 高さが10mを超える広告塔、記念塔及び物見塔

(3) 高さが3mを超える擁壁

（定期調査）

第4条　法第12条第1項の規定により市長が指定する建築物は、次の表の(あ)欄に掲げる用途に供するものでその規模が同表(い)欄の当該各項に掲げる規模のものとし、法第12条第1項の規定による報告の時期として省令第5条第1項の規定により市長が定める時期は、同表(う)欄の当該各項に掲げる期間とする。

	(あ)	(い)	(う)
	用途	規模	報告する時期
(1)	劇場、映画館、演芸場、公会堂又は集会場	(あ)欄の用途に供する部分（客席部分に限る。）の床面積の合計が200㎡を超え、かつ、その用途に供する部分の全部又は一部が3階以上の階又は地階にあるもの	平成3年を始期として隔年の4月1日から10月31日まで
(2)	観覧場	(あ)欄の用途に供する部分の床面積の合計が1,000㎡を超えるもの	平成3年を始期として隔年の4月1

			日から10月31日まで
(3)	病院	㈠欄の用途に供する部分の床面積の合計が500㎡を超え、かつ、その用途に供する部分の全部又は一部が3階以上の階にあるもの	平成2年を始期として隔年の4月1日から10月31日まで
(4)	旅館又はホテル	㈠欄の用途に供する部分の床面積の合計が300㎡を超え、かつ、その用途に供する部分の全部又は一部が3階以上の階にあるもの	平成2年を始期として隔年の4月1日から10月31日まで
(5)	物品販売業を営む店舗（百貨店及びマーケットを含む。）	㈠欄の用途に供する部分の床面積の合計が500㎡を超え、かつ、その用途に供する部分の全部又は一部が3階以上の階又は地階にあるもの	平成3年を始期として隔年の4月1日から10月31日まで
(6)	展示場、キャバレー、ナイトクラブ、バー、ダンスホール、遊技場、公衆浴場、料理店又は飲食店	㈠欄の用途に供する部分の床面積の合計が1,000㎡を超え、かつ、その用途に供する部分の全部又は一部が3階以上の階又は地階にあるもの	平成3年を始期として隔年の4月1日から10月31日まで
(7)	事務所その他これに類する用途（前各項に掲げる用途を除く。）	階数が5以上で、㈠欄の用途に供する部分の床面積の合計が1,000㎡を超え、かつ、その用途に供する部分の全部又は一部が3階以上の階又は地階にあるもの	平成3年を始期として隔年の4月1日から10月31日まで
(8)	前各項に掲げる用途のうち2以上の用途に供するもの	㈠欄の用途に供する部分の床面積の合計が1,000㎡を超え、かつ、その用途に供する部分の全部又は一部が3階以上の階又は地階にあるもの（㈠欄の用途のいずれか一の用途が前項に掲げる用途であって階数が4以下のものを除く。）	平成3年を始期として隔年の4月1日から10月31日まで

2　省令第5条第3項の規則で定める書類は、市長が別に定める定期調査票並びに付近見取図、配置図、各階平面図及び建築設備図とする。

（定期検査）

第5条　法第12条第3項（法第88条第1項において準用する場合を含む。以下この条において同じ。）の規定により検査の結果を報告すべきものとして市長が指定する昇降機及び法第６条第１項第１号に掲げる建築物のその他の建築設備並びに工作物（以下「建築設備等」と総称する。）は、次に掲げるものとする。

(1)　エレベーター（一般交通の用に供するもの、かごの水平投影面積が１㎡を超え、かつ、天井の高さが1.2mを超えるもので労働基準法(昭和22年法律第49号）別表第１第１号から第５号までに掲げる事業の事業所に設置され、かつ、積載量が１ｔ以上のもの、一戸建の住宅又は共同住宅若しくは長屋の住戸に設置されるもの及び法第６条第１項第１号から第３号までに掲げる建築物以外の建築物に設置されるものを除く。）

(2)　エスカレーター（一般交通の用に供するもの、一戸建の住宅又は共同住宅若しくは長屋の住戸に設置されるもの及び法第６条第１項第１号から第３号までに掲げる建築物以外の建築物に設置されるものを除く。）

(3)　小荷物専用昇降機（出し入れ口の下端が床面より50cm以上上がつた位置にあるもの、一戸建の住宅又は共同住宅若しくは長屋の住戸に設置されるもの及び法第６条第１項第１号から第３号までに掲げる建築物以外の建築物に設置されるものを除く。）

(4)　前条第１項の規定により市長が指定する建築物に法第28条第２項ただし書又は同条第３項の規定により設けた換気設備（給気機及び排気機を設けた換気設備並びに空気調和設備に限る。）並びに法第35条の規定により設けた排煙設備（自然排煙設備を除く。）及び非常用の照明装置（照明器具内に予備電源を内蔵したものを除く。）

(5)　ウォーターシュート、コースターその他これらに類する高架の遊戯施設

(6)　メリーゴーラウンド、観覧車、オクトパス、飛行塔その他これらに類する回転運動をする遊戯施設で原動機を使用するもの

2　法第12条第３項の規定による報告の時期として省令第６条第１項の規定により市長が定める時期は、毎年、次の表の(あ)欄に掲げる建築設備等の区分に応じ、同表の(い)欄に定める時期とする。

	(あ)	(い)
(1)	前条第１項の表に規定する建築物に附属した前項第４号に規定する建築設備等	４月１日から10月31日まで
(2)	(1)項に規定する建築設備等以外の建築設備等	当該建築設備等の設置者又は築造主が法第７条第５項（法第87条の２又は法第88条第１項において準用する場合を含む。）及び法第７条の２第５項前段の規定による検査済証の交付を受けた日の属する月に応当する当該月の前１月間

3　省令第６条第３項の規則で定める書類は、次に掲げる区分に応じ、当該各号に定める

書類とする。

(1) 第1項第1号から第3号まで、第5号及び第6号に規定する建築設備等　市長が別に定める定期検査成績票及び定期検査票

(2) 第1項第4号に規定する建築設備等　市長が別に定める定期検査票並びに各階平面図及び建築設備図

（建築設備等の設置の報告）

第5条の2　前条第1項の市長が指定する建築設備等を設置しようとする者は、法第6条第1項の規定による確認の申請と同時又は法第6条の2第1項の規定による確認を受けようとするときに、その概要を様式第5号から様式第8号までによる建築設備等設置概要書により市長に報告しなければならない。

（報告）

第6条　建築主又は築造主は、高さ13m又は延べ面積3,000㎡を超える建築物（法第88条第1項又は第2項の工作物を含む。以下この項において同じ。）で、当該建築物に作用する荷重が最下階の床面積1㎡につき100kNを超えるものを建築しようとする場合においては、地盤の状況について様式第9号による地盤状況報告書により建築主事に報告しなければならない。

2　建築主は、第1種低層住居専用地域、第2種低層住居専用地域、第1種中高層住居専用地域、第2種中高層住居専用地域、第1種住居地域、第2種住居地域、準住居地域、近隣商業地域、商業地域又は準工業地域内において、工場を建築し、大規模の修繕をし、若しくは大規模の模様替をしようとする場合、建築物若しくは建築物の部分を工場に用途変更しようとする場合又は敷地内に工場がある場合で当該敷地内に工場の用途に供しない建築物を建築しようとするときは、様式第10号による工場に関する報告書により建築主事に報告しなければならない。

3　建築主は、次の各号のいずれかに該当する場合は、様式第11号による不適合建築物に関する報告書により建築主事に報告しなければならない。

(1) 法第51条ただし書（法第87条第2項又は第3項において準用する場合を含む。）の規定により政令第130条の2の3に規定する規模の範囲内において建築物を新築し、増築し、又は用途変更しようとする場合

(2) 法第86条の7第1項の規定により政令第137条の2から第137条の12までに規定する規模の範囲内において既存の建築物を増築、改築、大規模の修繕又は大規模の模様替をしようとする場合

(3) 法第87条第3項の規定により同項第2号又は第3号に規定する規模の範囲内において建築物の用途を変更しようとする場合

4　建築主は、法第31条第2項の規定による屎尿浄化槽又は政令第32条第1項に規定する合併処理浄化槽（以下「屎尿浄化槽等」という。）を設ける場合においては、様式第12

号による浄化槽調書により建築主事に報告しなければならない。

5　建築主は、前項に規定する屎尿浄化槽等の工事を完了した場合で、法第7条第1項の検査を申請しようとするときにおいては、様式第13号による浄化槽工事完了報告書により建築主事に報告しなければならない。

6　第1項から第4項までの規定による報告は、法第6条第1項（法第87条第1項、法第87条の2又は法第88条第1項若しくは第2項において準用する場合を含む。）の規定による確認の申請（法第18条第2項の規定による計画の通知を含む。）と同時にしなければならない。

7　第1項から第4項までの規定は、法第6条の2第1項の規定による確認を受けようとする場合にあっては、適用しない。

（建築物の構造計算に関する報告）

第6条の2　建築主は、確認申請書を提出する場合において、その申請に係る建築物が省令第1条の3第1項の規定により国土交通大臣の認定を受けた構造計算プログラムを用いて構造計算を行ったものであるときは、当該確認申請書を提出する際に、当該構造計算について、当該構造計算に係る電磁的記録（電子的方法、磁気的方法その他人の知覚によっては認識することができない方法で作られる記録であって、電子計算機による情報処理の用に供されるものをいう。）を記録した磁気ディスク（これに準ずる方法により一定の事項を確実に記録しておくことができる物を含む。以下同じ。）を提出することにより建築主事に報告しなければならない。この場合において、当該磁気ディスクには、建築主の氏名及び当該確認の申請の年月日を記載した書面をはり付けなければならない。

2　法第6条第1項第2号又は第3号に掲げる建築物の構造計算を行った設計者は、当該建築物の建築主が当該建築物に係る確認申請書を提出する際に、当該構造計算について、市長が別に定める書類により建築主事に報告しなければならない。

3　前2項の規定は、第3条第2項本文に規定する場合にあっては、適用しない。

（特定建築物に係る鉄骨の工事の報告）

第7条　建築主は、鉄骨造若しくは鉄骨鉄筋コンクリート造の建築物又はこれらの構造とその他の構造とを併用する建築物で、3階以上のもの又は床面積が500㎡を超えるもの（以下「特定建築物」という。）を建築しようとする場合において、法第6条第1項の規定による確認の申請をしようとするときは、様式第14号による溶接工事作業計画書により建築主事に報告しなければならない。

2　前項の場合において、特定建築物の鉄骨を製作する工場が決まっていないときは、溶接工事作業計画書に代えて様式第15号による鉄骨製作工場に関する報告書を提出し、当該工場が決まったときは、直ちに溶接工事作業計画書を提出しなければならない。

3　建築主は、特定建築物の鉄骨の工事を完了した場合において、法第7条第1項又は法

第7条の3第1項の検査の申請をしようとするときは、様式第16号による鉄骨工事施工状況報告書により建築主事に報告しなければならない。ただし、当該工事の完了後法第7条の3第5項又は法第7条の4第3項の中間検査合格証の交付を受けた場合にあっては、この限りでない。

4　前3項の規定は、財団法人日本建築センターによる工業化住宅性能評定を受けた特定建築物には、適用しない。

（特殊建築物等に関する報告書）

第8条　建築主は、次の各号に掲げる建築物の建築（増築をしようとする場合においては、増築後において当該各号に掲げる建築物となる場合を含む。）をし、大規模の修繕をし、若しくは大規模の模様替をしようとする場合又は建築物若しくは建築物の部分を当該各号に掲げる建築物に用途変更しようとする場合においては、法第6条第1項の規定による確認の申請と同時又は法第6条の2第1項の規定による確認を受けようとするときに、その概要を様式第17号による特殊建築物等に関する報告書により市長に報告しなければならない。

(1)　劇場、映画館、演芸場、公会堂、集会場、病院、旅館、ホテル、政令第19条第1項に規定する児童福祉施設等、展示場、キャバレー、ナイトクラブ、バー、ダンスホール、遊技場、公衆浴場、料理店、飲食店、物品販売業を営む店舗（百貨店及びマーケットを含む。）又は事務所その他これに類するものの用途に供する部分の全部又は一部が3階以上の階又は地階にある建築物

(2)　観覧場の用途に供する建築物

（工事取りやめの報告）

第9条　建築主又は築造主は、法第6条第1項（法第87条第1項、法第87条の2又は法第88条第1項若しくは第2項において準用する場合を含む。）の規定による確認済証の交付を受けた建築物、建築設備又は工作物の工事を取りやめた場合においては、その旨を様式第18号による工事取りやめ報告書により建築主事に報告しなければならない。

第10条　削除

（垂直積雪量）

第11条　政令第86条第3項の規定により市長が定める垂直積雪量は、都市計画区域内にあっては30cm以上、都市計画区域外の区域内にあっては40cm以上とする。ただし、多雪区域を指定する基準及び垂直積雪量を定める基準を定める件（平成12年建設省告示第1455号）第2に掲げる式又は同告示第2ただし書に規定する手法により、建築物の敷地の区域を同告示第2本文に規定する市町村の区域又は同告示ただし書に規定する当該区域とみなして計算することができる場合にあっては、当該式又は手法により計算した数値とする。

（建築物の後退距離の算定の特例に係る渡り廊下等の指定）

第12条　政令第130条の12第５号の規定により市長が定める建築物の部分は、法第44条第１項第４号の規定により特定行政庁が許可した渡り廊下その他の通行又は運搬の用途に供するものとする。

（保存建築物の指定）

第13条　法第３条第１項第３号の規定による建築物の指定を受けようとする者は、様式第19号による適用除外保存建築物指定申請書の正本及び副本に、次に掲げる図書を添えて市長に提出しなければならない。

⑴　省令第１条の３第１項の表１に掲げる付近見取図、配置図及び各階平面図

⑵　省令第１条の３第１項の表１に掲げる立面図及び断面図

⑶　その他市長が必要と認める図書

（屋根を不燃材料で造り又はふかなければならない区域の指定）

第14条　法第22条第１項の規定により市長が防火地域及び準防火地域以外の市街地について指定する区域は、岡崎市の都市計画区域のうち防火地域及び準防火地域以外のものとする。

（屎尿浄化槽又は合併処理浄化槽を設ける区域のうち衛生上特に支障がある区域の指定）

第15条　政令第32条第１項第１号の表の上欄に掲げる区域（以下「浄化槽設置区域」という。）のうち、市長が衛生上特に支障があると認めて規則で指定する区域は、岡崎市の全域（下水道法（昭和33年法律第79号）第４条第１項の事業計画のある区域で特に市長が認めるものを除く。）とする。

（道路の位置の指定申請）

第16条　法第42条第１項第５号に規定する道路の位置の指定を受けようとする者は、様式第20号による道路位置指定申請書の正本及び副本に、省令第９条に定める図面等のほか、次に掲げる図書又は書面を添えて市長に提出しなければならない。

⑴　道路平面図、土地利用計画平面図及び道路横断図

⑵　道路の位置の指定を受けようとする土地及び当該土地に接する建築物の敷地の求積表

⑶　その他市長が必要と認める図書

（道路の位置の変更又は廃止）

第17条　省令第９条（前条の規定を含む。）及び省令第10条の規定は、法第42条第１項第５号の規定に基づき指定を受けた道路（法附則第５項に規定するものを含む。）の変更又は廃止について準用する。

（開発区域内等の位置の指定を受けた道路その他の私道の変更又は廃止）

第18条　都市計画法第29条第１項又は第２項の開発許可を受けた開発区域内若しくは同法第65条第１項の規定が適用される都市計画事業の事業地内、都市再開発法（昭和44年法律第38号）による市街地再開発事業の施行地区内、土地区画整理法（昭和29年法律第

119号）による土地区画整理事業の施行地区内又は旧住宅地造成事業に関する法律（昭和39年法律第160号）による住宅地造成事業の施行地区内の当該開発行為又は事業の工事が着手された部分に存在する位置の指定を受けた道路、道路法（昭和27年法律第180号）による路線の指定又は認定に係る道路の区域の部分に存する位置の指定を受けた道路その他の道路の変更又は廃止については、法第43条の規定に抵触する敷地を生ずる場合を除き、当該工事の着手又は路線の指定若しくは認定をもって省令第９条の申請及び省令第10条の措置がなされたものとみなす。

（道の指定）

第19条　法第42条第２項の規定により市長が指定する道は、国又は地方公共団体の管理に属する幅員４m未満1.8m以上の道で一般の通行の用に使用されており道としての形態が整いその敷地が明確なもの及び旧市街地建築物法（大正８年法律第37号）第７条ただし書の規定により指定した建築線でその間の距離が４m未満2.7m以上のものとする。

（用途地域の指定のない区域内における形態制限）

第19条の２　法第52条第１項第６号の規定による用途地域の指定のない区域内の建築物の容積率について、市長が指定する区域は岡崎市の用途地域の指定のない区域の全域とし、当該区域内にある建築物の容積率として市長が定める数値は20／10とする。

2　法第53条第１項第６号の規定による用途地域の指定のない区域内の建築物の建ぺい率について、市長が指定する区域は岡崎市の用途地域の指定のない区域の全域とし、当該区域内にある建築物の建ぺい率として市長が定める数値は６／10とする。

3　法第56条第１項第１号の規定に基づく法別表第３(に)欄の５の規定による用途地域の指定のない区域内の建築物の各部分の高さについて、市長が指定する区域は岡崎市の用途地域の指定のない区域の全域とし、当該区域内にある建築物の各部分の高さの制限として市長が定める数値は1.5とする。

4　法第56条第１項第２号ニの規定による用途地域の指定のない区域内の建築物の各部分の高さについて、市長が指定する区域は岡崎市の用途地域の指定のない区域の全域とし、当該区域内にある建築物の各部分の高さの制限として市長が定める数値は2.5とする。

（住宅の用途に供する建築物の容積率緩和をしない区域の指定）

第19条の３　法第52条第８項第１号の規定により市長が指定する区域は、第一種住居地域、第二種住居地域、準住居地域、近隣商業地域、商業地域又は準工業地域の全域とする。

（建ぺい率の緩和）

第20条　法第53条第３項第２号の規定により市長が指定する建築物の建ぺい率を緩和する敷地は、次の各号のいずれかに該当する敷地とする。

(1)　街区の角にある敷地で、前面となる道路の幅員が、それぞれ６m以上、その道路の幅員の和が15m以上あり、かつ、その道路によって形成される角度が内角120度以下で、敷地境界線の総延長の１／３以上がこれらの道に接するもの

(2) 道路境界線の間隔が35m以内の道路の間にある敷地で、その道路の幅員がそれぞれ6m以上、その道路の幅員の和が15m以上あり、敷地境界線の総延長の1/8以上がそれぞれの道路に、1/3以上がこれらの道路に接するもの

(3) 公園、広場、水面その他これらに類するもの（以下「公園等」という。）に接する敷地又は敷地に接する道路の反対側に公園等のある敷地であって、その公園等を前2号の道路とみなし、前2号のいずれかに該当するもの

（許可申請書の添付図書等）

第21条 省令第10条の4第1項及び第4項に規定する規則で定める図書又は書面は、次の表の(あ)欄に掲げる法の規定による許可の申請の区分に応じ、同表の(い)欄に掲げるとおりとする。

	(あ)	(い)
(1)	第43条第1項ただし書、第44条第1項第2号若しくは第4号、第47条ただし書、第52条第10項若しくは第14項、第53条第4項若しくは第5項第3号、第53条の2第1項第3号若しくは第4号（第57条の5第3項において準用する場合を含む。）、第59条第1項第3号若しくは第4号、第59条の2第1項、第68条の3第4項、第68条の5の2第2項、第68条の7第5項又は第85条第3項若しくは第5項	1 省令第1条の3第1項の表1に掲げる付近見取図、配置図及び各階平面図 2 省令第1条の3第1項の表1に掲げる立面図及び断面図（法第43条第1項ただし書の規定による許可申請にあっては、省令第1条の3第1項の表1に掲げる立面図） 3 その他市長が必要と認める図書
(2)	第48条第1項から第12項までのただし書（第87条第2項若しくは第3項又は第88条第2項において準用する場合を含む。）	1 (1)項(い)欄第1号及び第2号に掲げる図書 2 申請に係る建築物の敷地境界線から50m（建築物の用途、規模等により100mまで拡大することができる。）以内にある土地及び建築物の縮尺1/300から1/600までの現況図 3 前号の土地及び建築物の所有権、地上権、永小作権又は賃借権を有する者の住所及び氏名を記載した書類 4 その他市長が必要と認める図書
(3)	第51条ただし書（第87条第2項若しくは第3項又は第88条第2項において準用する場合を含む。）	1 (1)項(い)欄第1号及び第2号に掲げる図書 2 申請に係る建築物の敷地境界線から500m以内にある土地及び建築物の縮尺

		1／2,500の現況図 3　その他市長が必要と認める図書
(4)	第52条第11項	1　(1)項(い)欄第１号及び第２号に掲げる図書 2　申請に係る建築物がある街区内の土地及び建築物の縮尺１／300から１／600までの現況図 3　その他市長が必要と認める図書
(5)	第55条第３項第１号若しくは第２号又は第56条の２第１項ただし書	1　(1)項(い)欄第１号及び第２号に掲げる図書 2　省令第１条の３第１項の表１に掲げる日影図 3　申請に係る建築物の敷地の隣地又はこれに連接する土地で日影時間が２時間以上の範囲にある土地及びその土地に附属する建築物の縮尺１／200から１／500までの現況図 4　その他市長が必要と認める図書

（認定申請書の添付書類等）

第22条　省令第10条の４の２第１項に規定する規則で定める図書は、次の表の(あ)欄に掲げる法及び政令の規定による認定の申請の区分に応じ、同表(い)欄に掲げるとおりとする。

	(あ)	(い)
(1)	法第44条第１項第３号又は政令第131条の２第２項若しくは第３項	1　省令第１条の３第１項の表１に掲げる付近見取図、配置図及び各階平面図 2　省令第１条の３第１項の表１に掲げる立面図及び断面図 3　その他市長が必要と認める図書
(2)	法第55条第２項	1　(1)項(い)欄第１号及び第２号に掲げる図書 2　省令第１条の３第１項の表１に掲げる日影図 3　敷地断面図（平均地盤面を明示したもの） 4　その他市長が必要と認める図書
(3)	法第57条第１項	1　(1)項(い)欄第１号及び第２号に掲げる図書 2　(2)項(い)欄第２号及び第３号に掲げる図

		書 3　申請に係る建築物の敷地の隣地又はこれに連接する土地で日影時間が2時間以上の範囲にある土地及びその土地に附属する建築物の縮尺1／200から1／500までの現況図 4　その他市長が必要と認める図書
(4)	法第68条の3第1項から第3項まで、法第68条の4第1項、法第68条の5の4第1項若しくは第2項又は法第68条の5の5	1　(1)項(い)欄第1号及び第2号に掲げる図書 2　(2)項(い)欄第2号及び第3号に掲げる図書 3　申請に係る建築物の敷地の隣地又はこれに連接する土地で日影時間が2時間以上の範囲にある土地及び当該建築物がある街区内の土地並びにそれらの土地に附属する建築物の縮尺1／200から1／500までの現況図 4　その他市長が必要と認める図書
(5)	法第86条の6第2項	1　(1)項(い)欄第1号及び第2号に掲げる図書 2　その他市長が必要と認める図書

2　次の表の(あ)欄に掲げる法、政令及び条例の規定による認定の申請をしようとする者は、様式第21号による認定申請書の正本及び副本に、同表の(い)欄に掲げる図書を添えて市長に提出しなければならない。

	(あ)	(い)
(1)	法第3条第1項第4号	1　省令第1条の3第1項の表1に掲げる付近見取図、配置図及び各階平面図 2　省令第1条の3第1項の表1に掲げる立面図及び断面図 3　その他市長が必要と認める図書
(2)	政令第115条の2第1項第4号ただし書又は政令第129条の2の3第1項第2号	1　(1)項(い)欄第1号に掲げる図書 2　省令第1条の3第1項の表1に掲げる断面図 3　外壁及び軒裏の構造図 4　その他市長が必要と認める図書
	条例第5条ただし書、条例第6条第1項ただし書、条例第7条ただし書、条例第9条第3項、	1　(1)項(い)欄第1号に掲げる図書 2　(1)項(い)欄第2号に掲げる図書（条例第5条ただし書、条例第6条第1項ただし

(3)	条例第20条第１項ただし書、条例第25条ただし書又は条例第26条ただし書	書又は条例第７条ただし書の規定による認定の申請にあっては、(1)項(い)欄第２号に掲げる立面図） 3　その他市長が必要と認める図書
(4)	条例第19条第３項	1　(1)項(い)欄第１号及び第２号に掲げる図書 2　申請に係る建築物について、条例第13条から第18条までの規定に適合しているかどうかを明示した図書 3　その他市長が必要と認める図書
(5)	条例第31条ただし書、条例第32条、条例第34条、条例第35条又は条例第36条第２項	1　(1)項(い)欄第１号及び第２号に掲げる図書 2　政令第129条の２の２第１項の全館避難安全検証法により検証した際の計算書 3　その他市長が必要と認める図書

3　市長は、前項の表(あ)欄に掲げる法、政令及び条例の規定による認定をしたとき又はその認定をしないときは、同項の認定申請書の副本及びその添付図書を添えて、申請者にその旨を通知するものとする。

（認定又は許可の申請書等の添付図書等）

第22条の２　省令第10条の16第１項第３号及び同条第３項第２号に規定する書面は、様式第22号によるものとし、同条第１項第４号、同条第２項第３号及び同条第３項第３号に規定する規則で定める図書又は書面は、地籍図、同条第１項第３号又は同条第３項第２号に規定する書面に押された印に係る印鑑証明書及びその他市長が必要と認める図書とする。

2　省令第10条の21第１項第２号に規定する書面は、様式第23号によるものとし、同項第３号に規定する規則で定める図書又は書面は、地籍図、同項第２号に規定する書面に押された印に係る印鑑証明書及びその他市長が必要と認める図書とする。

（建築協定の認可の申請等）

第23条　法第70条第１項の規定による認可を受けようとする者は、様式第24号による建築協定認可申請書の正本及び副本に、次に掲げる図書を添えて市長に提出しなければならない。

(1)　建築協定書

(2)　建築物に関する基準及び建築協定をしようとする理由を表示する書類

(3)　建築協定区域内の土地の所有者等の全員の住所、氏名及び建築協定に関する合意を示す書類

(4)　方位、道路及び目標となる地物を明示した付近見取図

(5) 建築協定区域内及び建築協定区域隣接地内の土地の整理図
(6) 建築協定区域及び建築協定区域隣接地の境界を明示した現況図（縮尺１／3,000以上のもの）
(7) 開発計画があるときは、土地利用計画平面図（縮尺１／3,000以上のもの）
(8) 認可の申請人が建築協定をしようとする者の代表者であることを証する書類
(9) その他市長が必要と認める図書

2　法第74条第１項（法第76条の３第６項において準用する場合を含む。）の規定による認可を受けようとする者は、様式第25号による建築協定変更・廃止認可申請書の正本及び副本に、次に掲げる図書を添えて市長に提出しなければならない。
(1) 変更に係る建築協定書及び法第73条第１項の認可を受けた建築協定書（法第74条第２項又は法第76条の３第４項において法第73条第１項の規定を準用する場合のものを含む。）
(2) 建築物に関する基準の変更を示す書類及び建築協定の変更をしようとする理由を表示する書類
(3) 建築協定区域内の土地の所有者等の全員の住所、氏名及び建築協定の変更に関する全員の合意を示す書類
(4) 方位、道路及び目標となる地物を明示した付近見取図
(5) 変更に係る建築協定区域内及び建築協定区域隣接地内の土地の整理図
(6) 変更に係る建築協定区域及び建築協定区域隣接地の境界を明示した現況図（縮尺１／3,000以上のもの）
(7) 開発計画があるときは、土地利用計画平面図（縮尺１／3,000以上のもの）
(8) 認可の申請人が建築協定の変更をしようとする者の代表者であることを証する書類
(9) その他市長が必要と認める図書

3　法第76条第１項（法第76条の３第６項において準用する場合を含む。）の規定による認可を受けようとする者は、前項に規定する建築協定変更・廃止認可申請書の正本及び副本に、次に掲げる図書を添えて市長に提出しなければならない。
(1) 法第73条第１項の認可を受けた建築協定書（法第74条第２項又は法第76条の３第４項において法第73条第１項の規定を準用する場合のものを含む。）
(2) 建築協定を廃止しようとする理由書
(3) 建築協定区域内の土地の所有者等の全員の住所、氏名及び建築協定の廃止に関する過半数の合意を示す書類
(4) 建築協定区域内の土地の整理図
(5) 認可の申請人が建築協定の廃止をしようとする者の代表者であることを証する書類
(6) その他市長が必要と認める図書

4　市長は、前３項に掲げる法の規定による認可をしたとき又はその認可をしないときは、

前３項の申請書の副本及びその添付図書を添えて、申請者にその旨を通知するものとする。

（建築協定の設定の特則）

第24条 法第76条の３第２項の規定による認可を受けようとする者は、前条第１項に規定する建築協定認可申請書に、同項各号（第３号及び第８号を除く。）に掲げる図書を添えて市長に提出しなければならない。

2 市長は、前項に掲げる法の規定による認可をしたとき又はその認可をしないときは、同項の建築協定認可申請書の副本及びその添付図書を添えて、申請者にその旨を通知するものとする。

3 法第76条の３第４項において準用する法第73条第１項の規定による認可を受けた者は、認可の日から起算して３年以内に当該建築協定区域内の土地に２以上の土地の所有者等が存することとなった場合においては、速やかにその旨を様式第26号による一人建築協定効力発生届により市長に届け出なければならない。

（申請書等記載事項の変更の届出）

第25条 法第６条第１項（法第87条第１項、法第87条の２又は法第88条第１項若しくは第２項において準用する場合を含む。）の規定による確認済証の交付を受けた者は、当該確認済証の交付に係る工事が完了するまでの間に、次に掲げる書類の記載事項に変更があった場合においては、その変更の日から５日以内に様式第27号による申請書等記載事項変更届に変更後の内容を記載した当該書類を添えて建築主事に提出しなければならない。

(1) 省令別記第３号様式の建築計画概要書（第３面を除く。）

(2) 省令別記第４号様式による申請書の第２面

(3) 省令別記第10号様式による申請書の第２面

(4) 省令別記第11号様式による申請書の第２面

2 法第77条の21に規定する指定確認検査機関は、法第６条の２第１項（法第87条第１項、法第87条の２又は法第88条第１項若しくは第２項において準用する場合を含む。）の規定による確認済証の交付を受けた建築物について、当該確認済証の交付に係る工事が完了するまでの間に、省令第３条の４第１項各号に定める書類の記載事項に変更があったことを知ったときは、様式第28号による報告事項変更届に変更後の内容を記載した当該書類を添えて、速やかに市長に報告しなければならない。

3 前２項の規定は、同項に規定する変更について、法第６条第１項又は法第６条の２第１項の規定による確認済証の交付を受けた場合にあっては、適用しない。

（意見の聴取の請求）

第26条 法第９条第３項（法第10条第４項、法第45条第２項又は法第90条の２第２項において準用する場合を含む。）及び法第９条第８項（法第10条第４項又は法第90条の２第

2項において準用する場合を含む。）の規定による意見の聴取の請求を行おうとする者は、様式第29号による意見の聴取請求書を市長に提出しなければならない。

（意見の聴取の通知）

第27条　法第９条第５項（同条第８項、法第10条第４項、法第45条第２項又は法第90条の２第２項において準用する場合を含む。）の規定による意見の聴取の通知は、様式第30号による意見の聴取通知書によって行うものとする。

（代理人の届出）

第28条　前条の通知を受けた者（以下「当事者」という。）又は法第46条第１項若しくは法第48条第13項に規定する利害関係を有する者が、代理人を出席させようとするときは、委任状を添えて意見の聴取の開始前までに市長にその旨を届け出なければならない。

（意見の聴取の期日又は場所の変更）

第29条　当事者又はその代理人が、やむを得ない事由により意見の聴取の期日又は場所に出席することができないときは、その期日の前日までに理由を付して市長にその旨を届け出なければならない。

2　市長は、前項の届出があった場合において、その事由が正当であると認めるときは、意見の聴取の期日又は場所を変更することができる。

（意見の聴取の主宰）

第30条　法第９条第４項（同条第８項、法第10条第４項、法第45条第２項又は法第90条の２第２項において準用する場合を含む。）、法第46条第１項、法第48条第13項及び法第72条第１項（法第76条の３第４項において準用する場合を含む。）の規定による意見の聴取は、市長が指名する職員が主宰する。

（意見の聴取の記録）

第31条　前条の規定により意見の聴取を主宰する者（以下「主宰者」という。）は、関係職員に命じ、意見の聴取を受けた者の氏名及び意見の聴取の内容の要点を記録させなければならない。

（意見の聴取の期日における陳述の制限及び秩序維持）

第32条　主宰者は、意見の聴取の期日に出席した者が当該意見の聴取に係る事案の範囲を超えて陳述するとき、その他審理の適正な進行を図るためやむを得ないと認めるときは、その者に対し、その陳述を制限することができる。

2　主宰者は、前項に規定する場合のほか、意見の聴取の期日における審理の秩序を維持するために必要があると認めるときは、意見の聴取を妨害し、又は審理の秩序を乱す者に対し、退場を命ずる等適当な措置をとることができる。

（磁気ディスク等による手続ができる区域の指定）

第33条　省令第11条の３第１項の規定により磁気ディスク等による手続ができる区域は、

岡崎市の全域とする。

（申請の取下げ）

第34条　法、政令、条例及びこの規則の規定により申請をした者は、当該申請をした後において、その申請を取り下げようとするときは、様式第31号による申請取下げ届を当該申請に係る市長又は建築主事に提出しなければならない。

（計画の通知への準用）

第35条　第２条及び前条の規定は、法第18条第２項（法第87条第１項、法第87条の２又は法第88条第１項若しくは第２項において準用する場合を含む。）の規定に基づく計画の通知について準用する。

2　第６条第５項、第９条及び第25条の規定は、法第18条第３項（法第87条第１項、法第87条の２又は法第88条第１項若しくは第２項において準用する場合を含む。）の規定に基づき確認済証の交付があった場合について準用する。

（違反建築物の公告の方法）

第36条　省令第４条の17の規定による市長が定める方法は、岡崎市公告式条例（昭和25年岡崎市条例第26号）第２条第２項に規定する掲示場に掲示するものとする。

附　則

1　この規則は、昭和56年10月１日から施行する。

2　この規則施行の際現に愛知県建築基準法施行細則（昭和46年愛知県規則第55号）及びこの規則による改正前の岡崎市建築基準法確認規則の規定によりされた届出、報告、申請その他の手続は、この規則の相当規定によりされた届出、報告、申請その他の手続とみなす。

附　則（昭和57年３月30日規則第43号）

この規則は、昭和57年４月１日から施行する。

附　則（昭和59年５月１日規則第21号）

この規則は、公布の日から施行する。

附　則（昭和60年６月27日規則第34号）

この規則は、昭和60年７月１日から施行する。

附　則（昭和60年11月５日規則第35号）

この規則は、公布の日から施行する。

附　則（昭和61年３月29日規則第19号）

この規則は、昭和61年４月１日から施行する。

附　則（昭和62年11月17日規則第20号）

この規則は、公布の日から施行する。

附　則（平成元年６月22日規則第26号）

この規則は、公布の日から施行する。ただし、第４条第１項、第５条第２項及び第８条の改正規定は、平成２年４月１日から施行する。

附　則（平成５年６月23日規則第30号）

1　この規則は、平成５年６月25日から施行する。

2　この規則の施行の際現に改正前の岡崎市建築基準法施行細則の規定に基づいて提出されている申請書、報告書その他の書類は、改正後の岡崎市建築基準法施行細則の相当規定に基づいて提出されたものとみなす。

附　則（平成６年３月29日規則第17号）

この規則は、公布の日から施行する。

附　則（平成６年７月29日規則第39号）

この規則は、公布の日から施行する。

附　則（平成６年12月28日規則第56号）

1　この規則は、公布の日から施行する。

2　この規則の施行の際現にこの規則による改正前の岡崎市建築基準法施行細則の規定に基づいて提出されている認定申請書は、この規則による改正後の岡崎市建築基準法施行細則の規定に基づいて提出されたものとみなす。

附　則（平成７年６月20日規則第28号）

（施行期日）

1　この規則は、公布の日から施行する。ただし、第32条の次に１条を加える改正規定は、平成７年７月１日から施行する。

（岡崎市手数料規則の一部改正）

2　岡崎市手数料規則（昭和47年岡崎市規則第26号）の一部を次のように改正する。

〔次のよう〕略

附　則（平成８年２月２日規則第２号）

（施行期日）

1　この規則は、公布の日から施行する。

（岡崎市手数料規則の一部改正）

2　岡崎市手数料規則（昭和47年岡崎市規則第26号）の一部を次のように改正する。

〔次のよう〕略

附　則（平成11年６月15日規則第26号）

この規則は、公布の日から施行する。

附　則（平成12年３月31日規則第41号）

この規則は、平成12年４月１日から施行する。

附　則（平成12年９月29日規則第67号）

1　この規則は、公布の日から施行する。

2　この規則の施行の際現に改正前の岡崎市建築基準法施行細則の規定により作成されて

いる報告書その他の用紙は、改正後の岡崎市建築基準法施行細則の規定にかかわらず、当分の間、使用することができる。

附　則（平成12年12月28日規則第70号）

この規則は、平成13年1月6日から施行する。

附　則（平成13年3月30日規則第20号）

この規則は、平成13年4月1日から施行する。

附　則（平成13年6月26日規則第22号）

この規則は、公布の日から施行する。

附　則（平成14年9月30日規則第34号抄）

（施行期日）

1　この規則は、公布の日から施行する。

附　則（平成16年3月31日規則第23号）

この規則は、平成16年4月1日から施行する。

附　則（平成17年12月28日規則第79号）

この規則は、平成18年1月1日から施行する。

附　則（平成18年3月31日規則第35号）

この規則は、平成18年4月1日から施行する。

様式第１号

（表）

駐 車 場 調 書

年　月　日

（あて先）岡崎市建築主事

申請者　住所
氏名
電話　（　）

岡崎市建築基準法施行細則第２条第２号の規定に基づき、下記のとおり報告します。

記

１建築物の名称		※受付 ※番号	年　月　日
※確認受付	年　月　日　第　号	※完結	年　月　日
２建築主の住所及び氏名	電話　（　）		
３建築主の種別	国・地方公共団体・会社・個人・会社でない団体		
４設計者の資格・住所及び氏名	級建築士　第　号　電話　（　）		

5 駐車場を附置する建築物				
ア 建築物所在地				駐車場整備地区内 周辺地区内 区域外
イ 用途地域		ウ 防火地域	防火・準防火・指定無し	
エ 主要用途		オ 工事種別	新築・増築・改築・用途変更	
カ 構造		キ 階数	地上　階　地下　階	

	申請部分	申請以外の部分	合計	台数算定欄
ク 敷地面積	㎡	㎡	㎡	
ケ 建築面積	㎡	㎡	㎡	
コ 延べ面積	㎡	㎡	㎡	
サ 対象面積	㎡	㎡	㎡	
シ 法定台数	台	台	台	
ス 可能台数	台	台	台	

6 駐車施設 ア 駐車施設の種別	駐車部分面積	車路部分面積	合計	台数
上記建築物内	㎡	㎡	㎡	台
敷地内空地	㎡	㎡	㎡	台
隔地駐車場	㎡	㎡	㎡	台
合計	㎡	㎡	㎡	台

イ 前面道路	幅員　m 勾配　%	ウ 出口の見通し	度
エ 車路の梁下高	m	オ 車路の幅員	m
カ 傾斜路の勾配	%	キ 屈曲部回転半径	m
ク 駐車部分梁下高	m	ケ 換気数	回／時
コ 照明	駐車部分　lx 車路部分　lx	サ 警報装置	有（　） 無し
７ 工事期間	ア 工事着手予定　年　月　日	イ 工事完了予定	年　月　日

注　特殊装置がある場合には（裏）にも記入してください。

備考　用紙の大きさは、日本工業規格Ａ列４とする。

（裏）

8 特殊装置				
ア 製作者名（メーカー）	装置名称又は製品名	認定番号		

イ 特殊装置の種別	方式		設置基礎	駐車台数
駐車部分に該当するもの	垂直循環方式 多層循環方式	水平循環方式 二段方式	基	台
車路に該当するもの	自動エレベーター（リフト）	方向転換装置（ターンテーブル）	基	台
駐車部分及び車路に該当するもの	エレベーター方式 平方往復方式	エレベータースライド方式 （　方式）	基	台

ウ 駐車部分面積	㎡	車路部分面積	㎡
エ 前面空地	間口　m	奥行	m
オ 操作	特定管理者・乗入者・その他（　）		
カ 平均入出庫時間（t）	分	キ １基当たり収容台数	台
備考			

（注意）１　本調書は岡崎市駐車施設条例第４条又は第５条により、駐車施設を附置する場合又は自動車車庫で床面積の合計が500㎡以上となるものを設置する場合に提出してください。なお、後者の場合には、５の見出しを「自動車車庫又はこれを含む建築物」と読み替えて記入してください。

２　５エ欄の主要用途は、駐車場法施行令第18条の特定用途及び学校、住宅等を記入してください。

添付図面

１　案内図　（方位、道路、その他目標物を記入）
２　配置図　（縮尺、方位、位置、規模、進入口、前面道路幅員を記入）
３　建築物の１階平面図　（縮尺、方位、間取りを記入）
４　駐車施設平面図　（縮尺、方位、駐車位置、車路、進入口を記入）
５　断面図　（縮尺、断面の位置、梁下高、車路勾配を記入）
６　その他指示する図書

様式第２号から様式第４号まで　削除

様式第５号

建築設備等設置概要書（エレベーター／小荷物専用昇降機）

年　月　日

（あて先）岡崎市長

報告者　住　所

氏　名

電話　（　）

岡崎市建築基準法施行細則第５条の２の規定に基づき、下記のとおり報告します。

記

設置場所		※確認済証交付年月日及び番号	年　月　日 第　号
建物名称		建物用途・規模	
建物の確認済証交付年月日及び番号	年　月　日 第　号	設計事務所名	（　）建築士事務所 （　）知事登録第　号
所有者の住所及び氏名	〒 電話　（　）		
管理者の住所及び氏名	〒 電話　（　）		
製造会社名			
工事施工者名			
設置箇所		用途	
定員	人	積載量	kg
定格速度	m／分	積載荷重	N
かご	間口　奥行　高さ m × m × m	小荷物専用昇降機の出し入れ口の下端の床面よりの高さ	cm
※完了検査	年　月　日	※検査済証交付年月日及び番号	年　月　日 第　号

注　※印欄には、記入しないこと。

備考　用紙の大きさは、日本工業規格Ａ列４とする。

様式第６号

建築設備等設置概要書（エスカレーター）

年　月　日

（あて先）岡崎市長

報告者　住　所

氏　名

電話　（　）

岡崎市建築基準法施行細則第５条の２の規定に基づき、下記のとおり報告します。

記

設置場所				※確認済証交付年月日及び番号	年　月　日 第　号	
建物名称				建物用途・規模		
建物の確認済証交付年月日及び番号	年　月　日 第　号			設計事務所名	（　）建築士事務所 （　）知事登録第　号	
所有者の住所及び氏名	〒 電話　（　）					
管理者の住所及び氏名	〒 電話　（　）					
製造会社名						
工事施工者名						
設置箇所						
輸送能力	人			型式		
定格速度	m／分	階高	m	上下階床	階～　階	
※完了検査	年　月　日			※検査済証交付年月日及び番号	年　月　日 第　号	

注　※印欄には、記入しないこと。

備考　用紙の大きさは、日本工業規格Ａ列４とする。

様式第7号

建築設備等設置概要書（換気設備・排煙設備・非常用の照明装置）

年　月　日

（あて先）岡崎市長

報告者　住　所

氏　名

電話　（　）

岡崎市建築基準法施行細則第５条の２の規定に基づき、下記のとおり報告します。

記

設置場所		※確認済証交付年月日及び番号	年　月　日 第　号
建物名称		建物用途・規模	
建物の確認済証交付年月日及び番号	年　月　日 第　号	設計事務所名	（　）建築士事務所 （　）知事登録第　号
所有者の住所及び氏名	〒 電話（　）		
管理者の住所及び氏名	〒 電話（　）		

建築物の概要					
用途		構造		階数	地上　階 地下　階
建築面積	㎡	延面積	㎡		

建築設備の概要

換気設備	自然換気	機械換気設備 給気機・排気機	機械換気設備 給気機・排気口	機械換気設備 給気口・排気機	空気調和設備	冷暖房設備	適用除外
居室							
火気使用室							

排煙設備	自然排煙	機械排煙	告示第1436号	適用除外
居室				
居室以外の室				
廊下等				

非常用の照明装置	電源 別置蓄電池	電源 発電機	電源 電池内蔵	電源 併用	告示第1411号	適用除外
居室						
廊下等						
階段						

※完了検査	年　月　日	※検査済証交付年月日及び番号	年　月　日 第　号

注１　※印欄には、記入しないこと。
２　「建築設備の概要」欄については、該当する欄に○印を付すこと。
３　換気設備のうち、空気調和設備又は冷暖房設備については、換気量等計算と機器の概要を記入した書面を添付すること。

備考　用紙の大きさは、日本工業規格Ａ列４とする。

様式第8号

建築設備等設置概要書（遊戯施設）

年　月　日

（あて先）岡崎市長

報告者　住所

氏名

電話　（　）

岡崎市建築基準法施行細則第５条の２の規定に基づき、下記のとおり報告します。

記

設置場所		※確認済証交付年月日及び番号	年　月　日 第　号
建物名称		建物用途・規模	
建築の確認済証交付年月日及び番号	年　月　日 第　号	設計事務所名	（　）建築士事務所 （　）知事登録第　号
所有者の住所及び氏名	〒 電話（　）		
管理者の住所及び氏名	〒 電話（　）		
製造会社名			
工事施工者名			
遊戯施設種別		名称	
定員	人×　台	速度	回・m／分
遊戯施設の概略図			
※完了検査	年　月　日	※検査済証交付年月日及び番号	年　月　日 第　号

備考　用紙の大きさは、日本工業規格Ａ列４とする。

様式第９号

（表）

地　盤　状　況　報　告　書

年　　月　　日

（あて先）岡崎市建築主事

建築主　住　所

（築造主）氏　名

電話　　（　）

岡崎市建築基準法施行細則第６条第１項の規定に基づき、下記のとおり地盤の状況について報告します。

記

建築物の名称		※整理番号	
		※確認済証交付年月日	年　月　日
建築場所		※確認済証番号	第　　号
地盤調査実施者氏名	電話　（　）	調査孔位置番号	
地質調査の方法		調査深度	m

ボーリング柱状図											標準貫入試験結果						
標尺（m）	標高	深度	孔内水位	層厚	試料採収位置	土質記号	土質名	色調	記事	相対密度及び軟度	N値	10センチメートルごとのN値			補正打撃数	許容地耐力度	N値折線（回）
												0～10	10～20	20～30			10 20 30 40 50
0																	
5																	
10																	
15																	
20																	
25																	
30																	
35																	
40																	
45																	

備考　用紙の大きさは、日本工業規格Ａ列４とする。

（裏）

敷地案内図
敷地内調査位置及び番号

注　※印欄には、記入しないこと。

様式第10号

工場に関する報告書

年　月　日

（あて先）岡崎市建築主事

建築主　住所
氏名
電話　（　）

岡崎市建築基準法施行細則第６条第２項の規定に基づき、下記のとおり工場に関する報告をします。

記

工場の名称							
敷地の位置	地名及び地番						
	用途地域			防火地域			
業種							
製品名				原料名			
作業の概要							
			本工事部分	既存部分	計		
作業場の床面積の合計（㎡）							
アセチレンガス発生器の容量（ℓ）							
るつぼ又はかまの容量（ℓ）							
主要な機械	種類	台数 新増設	台数 既設	台数 計	原動機の出力 新増設	原動機の出力 既設	原動機の出力 計
		台	台	台	kW	kW	kW
工場全体の原動機							
危険物の数量	種類	新増設	既設	計			
その他参考事項							
※確認済証交付年月日	年　月　日	※確認済証番号	第　号				

注　※印欄には、記入しないこと。

備考　用紙の大きさは、日本工業規格Ａ列４とする。

様式第11号

不適合建築物に関する報告書

年　月　日

（あて先）岡崎市建築主事

建築主　住　所
氏　名　㊞
電話　（　）

岡崎市建築基準法施行細則第６条第３項の規定に基づき、下記のとおり不適合建築物に関する報告をします。

記

工事の種別	増築　改築　大規模の修繕　大規模の模様替				
敷地の位置	地名及び地番				
	用途地域	防火地域	その他の区域・地域・地区・街区		
主要用途					
基準時	年　月　日	不適合条項	法第　条第　項第　号		
主要構造部		外壁又はその屋内面及び軒裏の構造			
	ア 基準時	イ ア後の増減	ウ 本工事に係る部分	エ 本工事後	オ エ／ア
敷地面積（㎡）					
建築面積（㎡）					
床面積の合計（㎡）					
不適合部分の床面積の合計（㎡）					
不適合原動機の出力（kW）					
危険物の数量					
不適合機械（台） 種類					
その他参考事項					
※確認済証交付年月日	年　月　日	※確認済証番号	第　号		

注１　建築主の押印は、氏名を自署する場合にあっては省略することができる。
２　※印欄には、記入しないこと。

備考　用紙の大きさは、日本工業規格Ａ列４とする。

様式第12号

浄　化　槽　調　書

年　月　日

（あて先）岡崎市建築主事

建築主　住　所

氏　名　　　　㊞

電話　（　）

岡崎市建築基準法施行細則第６条第４項の規定に基づき、下記のとおり報告します。

記

※	確認済証番号及び確認済証交付年月日	第　号　　　年　月　日
1	設置場所	
2	設計者の資格、住所及び氏名 建築士事務所名	（　）建築士　第　号 電話　（　） （　）建築士事務所　（　）第　号
3	浄化槽工事業者（特例浄化槽工事業者）の住所、氏名、登録（届出受理）番号等	電話　（　） 愛知県知事（登・届―　　）第　号 登録（届出受理）年月日　年　月　日
4	浄化槽設備士の住所、氏名、免状交付番号等	電話　（　） 第　号　　交付年月日　年　月　日
5	浄化槽を設置する建物の用途等	用途　　延べ面積又は戸数　㎡／戸
6	浄化槽の名称	
7	構造方法の区分	□昭和55年建設省告示第1292号第　号 □建築基準法第68条の26に基づく構造方法等の認定 認定番号　　認定日　年　月　日
8	処理方法	方式
9	処理能力	日平均汚水量　㎥／日　人槽　｜　10　水質　BOD　㎎／1 以下
11	JISA3302による処理対象人員算定計算	（処理対象人員　人）
12	放流場所	□側溝 □その他（　）　｜　13　放流方法　□自然放流 □汲上げ放流
14	建築基準法に基づく型式適合認定等	□型式適合認定（法第68条の10） □型式部材等製造者の認証（法第68条の11） 認定（認証）番号　認定（認証）日　年　月　日
15	浄化槽法に基づく型式認定	認定番号　　認定日　年　月　日

注１　※印欄には、記入しないこと。

２　便所及び浄化槽の位置並びに屋外排水管経路を明示した配置図を添付すること。ただし、確認申請図書に記載されている場合は、この限りでない。

３　認定型以外の浄化槽の場合は、２の添付図面のほかに各室の容量、汚水量等の計算書及び浄化槽構造詳細図を３部ずつ添付すること。

備考　用紙の大きさは、日本工業規格Ａ列４とする。

様式第13号

浄化槽工事完了報告書

年　月　日

（あて先）岡崎市建築主事

建築主　住　所

氏　名　　　　㊞

電話　（　）

岡崎市建築基準法施行細則第６条第５項の規定に基づき、下記の浄化槽の工事が完了したので報告します。

記

1	確認済証番号及び確認済証交付年月日	第　号　　　年　月　日
2	設置場所	
3	浄化槽の名称	
4	構造方法の区分	□昭和55年建設省告示第1292号第　号 □建築基準法第68条の26に基づく構造方法等の認定 認定番号　　認定日　年　月　日
5	処理方法	方式
6	処理能力	日平均汚水量　㎥／日　人槽　｜　7　水質　BOD　㎎／1 以下
8	建築基準法に基づく型式適合認定等	□型式適合認定（法第68条の10） □型式部材等製造者の認証（法第68条の11） 認定番号　　認定日　年　月　日
9	浄化槽法に基づく型式認定	認定番号　　認定日　年　月　日
10	浄化槽工事業者（特例浄化槽工事業者）の住所、氏名、登録（届出受理）番号等	電話　（　） 愛知県知事（登・届―　　）第　号 登録（届出受理）年月日　年　月　日
11	浄化槽設備士の住所、氏名、完了確認済印、免状交付番号等	㊞ 電話　（　） 第　号　　交付年月日　年　月　日
12	完了確認年月日	年　月　日
13	使用開始予定年月日	年　月　日

注　建築主の押印は、氏名を自署する場合にあっては省略することができる。

備考　用紙の大きさは、日本工業規格Ａ列４とする。

様式第14号

溶接工事作業計画書

年　月　日

（あて先）岡崎市建築主事

建築主　住　所
氏　名　㊞
電話　（　）

岡崎市建築基準法施行細則第7条第1項の規定に基づき、下記のとおり報告します。

記

1 建築物溶接工事概要	イ 工事名称					ロ 主要用途		
	ハ 構造種別				ニ 軒の高さ　m	ホ 最大の張り間	m	
	ヘ 延べ面積	m²	ト 建築面積	m²	チ 階数			
	リ 架構形式		ル 主要鋼種及び重量	SS	SM			
	ヌ 溶接長	m		t	t	t	t	t

2 工事関係者の住所、氏名等	イ 設計者	資格（　）級建築士（大臣・知事）登録第　号　氏名　㊞ 住所　〒 建築士事務所名 （　）級建築事務所（　）知事登録第　号　電話　（　）
	ロ 構造担当設計者	資格（　）級建築士（大臣・知事）登録第　号　氏名　㊞ 住所　〒 建築士事務所名 （　）級建築事務所（　）知事登録第　号　電話　（　）
	ハ 工事監理者	資格（　）級建築士（大臣・知事）登録第　号　氏名　㊞ 住所　〒 建築士事務所名 （　）級建築事務所（　）知事登録第　号　電話　（　）
	ニ 工事施工者	住所　〒 氏名　電話　（　）
	ホ 鉄骨製作工場	住所　〒 名称　電話　（　） 代表者氏名 国土交通大臣認定　認定年月日　年　月　日　認定番号　国土交通省　住指発第　号　ランク
	ヘ 溶接管理責任者	所属　氏名　資格
	ト 溶接検査責任者	所属　氏名　資格
3 主要部材の形状	イ 柱	
	ロ はり	
	ハ その他	

4 搬入される設備、人員等	イ 溶接機器及び加工機器	自動溶接機の台数及び点数	台　点	半自動アーク溶接の台数及び点数	台　点	手動アーク溶接機の台数及び点数	台　点	イの点数の合計	点
		ガウジング機の台数及び点数	台　点	自動ガス切断機の台数及び点数	台　点	棒乾燥機の合計能力及び点数	kg／日　点		
	ロ 溶接管理技術者	換算率						ロの合計　換算人員	人
		該当技術者数	人	人	人	人		点数	点
	ハ 溶接技能者	換算率						ハの合計　換算人員	人
		該当技術者数	人	人	人	人		点数	点
	ニ 検査	非破壊検査機器の台数及び点数	台　点	検査技術者の換算率及び該当技術者数			検査技術者の合計　換算人員　人	ニの点数の合計	点
		機械的性質の試験機の台数及び点数	台　点		人	人	点数　点		
	ホ その他	上屋付作業場の面積及び点数	m²　点	原寸場の面積及び点数	m²　点	変電容量及び点数	KVA　点	ホの点数の合計　点	イ～ホの点数の合計　点

5 接合部の工作及び検査要領		使用部位	鋼種	溶接棒	作業場所	姿勢	検査方法	特記事項
	イ 突合せ							
	ロ すみ肉							
	ハ その他							
6 根拠規準		検査規準				工作規準		
7 備考								

注　設計者、構造担当設計者の押印は、氏名を自署する場合にあっては省略することができる。

備考　1　用紙の大きさは、日本工業規格A列4とする。

様式第15号

鉄骨製作工場に関する報告書

年　月　日

（あて先）岡崎市建築主事

建築主　住　所
氏　名　㊞
電話　（　）

下記の建築物に係る鉄骨を製作する工場については、現在決まっていません。当該工場が決まったときは、直ちに溶接工事作業計画書を提出します。

記

建築物名称				
建築場所				
建築物用途			構造	
建築物規模	地上　階／地下　階		延べ面積	m²
	軒の高さ	m	最大スパン	m
設計者	住所 氏名 資格　（　）級建築士登録第　号			

注　建築主の押印は、氏名を自署する場合にあっては省略することができる。

備考　用紙の大きさは、日本工業規格A列4とする。

様式第16号

（表）

鉄骨工事施工状況報告書

年　月　日

（あて先）岡崎市建築主事

建築主　住所

氏名　㊞

電話　（　）

岡崎市建築基準法施行細則第７条第３項の規定に基づき、下記のとおり報告します。

記

工事監理者	資格（　）級建築士（大臣・知事）登録第　号　氏名　㊞ 住所　〒 建築士事務所名 （　）級建築事務所（　）知事登録第　号　電話（　）					
工事施工者	住所　〒 氏名　電話（　）					
建築物及び鉄骨工事の概要	工事名称		確認済証交付年月日及び番号	年　月　日　第　号		
	建築場所					
	主要用途		建築面積	㎡	延べ面積	㎡
	階数	地上　階／地下　階	軒の高さ	m	最大スパン	m
	構造種別	S造　SRC造（　）	架構形式	ラーメン　ブレース（　）		
	確認に要した図書と設計図書との照合結果等	照合結果（　相違あり　相違なし　） 照合結果に相違があった場合、設計図書が訂正されたことの確認（　確認済　未確認　）				
	確認済証交付後の変更事項					
	主要部材の使用部位及び鋼種	部位／鋼材種別／重量	高力ボルトの種類	ＪＩＳ型 トルシア型	（Ｆ　Ｔ、　）・径（Ｍ　） （Ｓ　Ｔ、　）・径（Ｍ　）	
			高力ボルトの接合	接合方法 摩擦、引張	摩擦面の処理 1.母材：　2.スプライスＰＬ：	
	溶接継目の部位・鋼材の種類及び品質条件	工場溶接：部位／鋼材種別／品質条件等 （突合、スミ肉）（Ｆ） （突合、スミ肉）（Ｆ） （突合、スミ肉）（Ｆ） （突合、スミ肉）（Ｆ）		現場溶接：部位／鋼材種別／品質条件等 （突合、スミ肉）（Ｆ） （突合、スミ肉）（Ｆ） （突合、スミ肉）（Ｆ） （突合、スミ肉）（Ｆ）		
	鉄骨製作工場の名称等の現場表示板の設置期間	年　月　日　から　年　月　日　まで				
工事関係者の住所及び氏名	設計者	資格（　）級建築士（大臣・知事）登録第　号　氏名 住所　〒 建築士事務所名 （　）級建築事務所（　）知事登録第　号　電話（　）				
	構造設計担当者	資格（　）級建築士（大臣・知事）登録第　号　氏名 住所　〒 建築士事務所名 （　）級建築事務所（　）知事登録第　号　電話（　）				
	検査機関（検査員）	検査機関の名称　住所　電話（　） 代表者名　（検査員氏名　資格　）				
	鉄骨製作工場	名称　代表者名 住所　〒　電話（　） 国土交通大臣認定　認定年月日　年　月　日　認定番号　国土交通省　住指発第　号　ランク				

備考　用紙の大きさは、日本工業規格Ａ列４とする。

（裏）

鉄骨製作工場及び工事現場における試験、検査等の結果

試験、検査等の項目		実施した試験、検査等の方法（記号を○で囲むこと。）	検査年月日 工事施工者	工事監理者	検査機関
工場製作における試験、検査等の実施の状況	鉄骨製作工場の決定	a　書類審査　b　工場実地調査			
	要領書・工作図の審査	a　設計図書との照合　b　図書審査承認			
	溶接方法の承認	a　要領書審査　b　承認試験			
	溶接工の承認	a　資格証の承認　b　技量確認試験			
	使用鋼材等の品質確認	a　ミルシートの確認　b　立ち会い検査			
	使用材料・製品の検査（ＨＴＢ・スタッドボルト等）	a　ミルシートの確認　b　材料試験 c　立ち会い検査　d（　）			
	現寸検査等	a　立ち会い検査			
	切断後の鋼材材質確認	a　立ち会い検査　b　確認試験			
	組立検査	a　開先形状　b　ルート間隔　c　目違い d　裏当て・エンドタブ　e　仮付け溶接			
	製品の社内検査実施状況の確認	a　製品の社内検査報告書確認 b（　）c（　）			
	鉄骨製品の受入れ検査	a　溶接部外観検査（溶接部の精度・表面欠陥） b　超音波探傷検査　c　補正措置 d　部材表面検査　e　寸法検査 f　取合部検査　g（　）h（　）			
現場製作における試験、検査等の実施状況	ＲＣ部との接合（柱脚等）	a　設計図書との照合			
	アンカーボルトの埋込み等	a　設計図書との照合			
	建て方、建て方精度	a　建て方精度　b　建て入れ直し c　倒壊防止精度　d　仮締めボルト			
	トルシア型ＨＴＢ受入れ検査	a　現場軸力導入確認試験			
	摩擦接合面の確認	a　目視　b（　）			
	食い違い、肌すき検査	a　目視　b（　）			
	高力ボルト本締め検査	a　目視　b（　）			
	共廻り、締め忘れ検査	a　目視　b（　）			
	要領書、工作図の承認	a　設計図書との照合			
	溶接方法の承認	a　要領書　b　承認試験			
	溶接工の承認	a　資格証　b　技量確認試験			
	溶接作業条件の承認	a　要領書			
	開先形状　ルート間隔、目違い、隙間	a　目視　b　溶接ゲージ c（　）d（　）			
	仮付け溶接、裏当て、エンドタブ	a　目視　b　溶接ゲージ c（　）d（　）			
	溶接部の検査	a　外観検査　b　内部欠陥検査			
所見	工場製作について	現場製作について			
		内部欠陥検査の方法			
		検査率			
		その他所見			

注１　建築主、工事監理者の押印は、氏名を自署する場合にあっては省略することができる。

２　「所見」の欄には、試験、検査等の結果、不合格のあった場合に、当該項目及びその後の措置並びに再検査年月日及び再検査の結果の合否について記入すること。

３　次に掲げる図書を添付すること。

(1)　鋼材の品質を証明し、かつ、流通経路を示す書類

(2)　鉄骨製作に関する試験、検査等の実施状況を示す写真

(3)　鉄骨製作に関する受入れ検査を第三者に委託した場合の契約書の写し

様式第17号

（表）

特殊建築物等に関する報告書

年　月　日

（あて先）岡 崎 市 長

建築主　住所
氏名
電話　（　）

岡崎市建築基準法施行細則第８条の規定に基づき、下記のとおり報告します。

記

1	建築物の所在地	〒					
2	所有者の住所及び氏名	〒　電話（　）					
3	管理者の住所及び氏名	〒　電話（　）					
4 建築物の概要	イ 名称				ハ 主要用途		
	ロ 敷地面積				ニ 全体の棟数		
		今回確認申請部分	既存部分		合計		
	ホ 建築面積						
	ヘ 延べ面積						
5 建築物別概要							
イ	設計者の住所及び氏名	〒　電話（　）					
ロ	施工者の住所及び氏名	〒　電話（　）					
ハ	棟番号		ニ 工事種別		ホ 構造　造	ヘ 最高の高さ	
		今回確認申請部分	既存部分		合計		
ト	建築面積						
チ	延べ面積						

リ 建築設備の概要							
昇降機等		エレベーター	エスカレーター	小荷物専用昇降機	遊戯施設		
換気設備		自然換気	機械換気 給気機排気機	機械換気 給気機排気口	機械換気 給気口排気機	空気調和設備	適用除外
	居室						
	火気使用室						
	上記以外						
排煙設備		自然排煙	機械排煙	告示第1436号	適用除外		
	居室						
	居室以外の室						
	廊下等						
非常用の照明装置		別置蓄電池	発電機	電源内蔵	告示第1411号	適用除外	
	居室						
	階段						
	廊下等						

ヌ 階別用途別床面積	用途＼階	階	階	階	階	階	階	階	合計
	合計								

※確認済証交付年月日及び確認済証番号	年　月　日　第　号	※検査済証交付年月日	年　月　日

備考　用紙の大きさは、日本工業規格Ａ列４とする。

（裏　面）

付近見取図

（注）付近見取図に明示すべき事項　方位、道路及び目標となる地物

配置図

（注）配置図に明示すべき事項
縮尺、方位、敷地の境界線、敷地内における建築物の位置及び棟番号（「５欄」に記入を要する棟ごとに番号を付すること。）今回確認申請に係る建築物とその他の建築物との別並びに敷地の接する道路の位置及び幅員

注1　面積についてはm²、高さについてはmを単位とし、各欄には数字のみを記入すること。
2　「５欄」については、棟ごとに記入し、今回申請に係る棟が２棟以上ある場合は、当該欄のみ別紙に記入して添付すること。
3　「５欄リ」については、該当する欄に○印を付すこと。
4　「５欄ヌ」については、「同欄ハ」に係る棟の「今回確認申請部分」及び「既存部分」の床面積の合計について用途別及び階別に区分して記入すること。
5　「３欄」及び「５欄ロ」については、未定の場合は記入を要しない。
6　※印欄には、記入しないこと。
7　各階平面図を添付すること。

様式第17号付表

（表）

5 建築物別概要									
イ	設計者の住所及び氏名	〒				電話	（ ）		
ロ	施工者の住所及び氏名	〒				電話	（ ）		
ハ	棟番号	ニ 工事種別		ホ 構造	造	ヘ 最高の高さ			
		今回確認申請部分		既存部分		合計			
ト	建築面積								
チ	延べ面積								
リ 建築設備の概要	昇降機等	エレベーター		エスカレーター		小荷物専用昇降機		遊戯施設	
	換気設備		自然換気	機械換気 給気機排気機	機械換気 給気機排気口	機械換気 給気口排気機	空気調和設備	適用除外	
		居室							
		火気使用室							
		上記以外							
	排煙設備		自然排煙	機械排煙	告示第1436号	適用除外			
		居室							
		居室以外の室							
		廊下等							
	非常用の照明装置		別置蓄電池	発電機	電源内蔵	告示第1411号	適用除外		
		居室							
		階段							
		廊下等							
ヌ 階別用途別床面積	用途＼階	階	階	階	階	階	階	階	合計
	合計								
※確認済証交付年月日及び確認済証番号	年 月 日 第 号			※検査済証交付年月日		年 月 日			

備考　用紙の大きさは、日本工業規格Ａ列４とする。

（裏）

5 建築物別概要									
イ	設計者の住所及び氏名	〒				電話	（ ）		
ロ	施工者の住所及び氏名	〒				電話	（ ）		
ハ	棟番号	ニ 工事種別		ホ 構造	造	ヘ 最高の高さ			
		今回確認申請部分		既存部分		合計			
ト	建築面積								
チ	延べ面積								
リ 建築設備の概要	昇降機等	エレベーター		エスカレーター		小荷物専用昇降機		遊戯施設	
	換気設備		自然換気	機械換気 給気機排気機	機械換気 給気機排気口	機械換気 給気口排気機	空気調和設備	適用除外	
		居室							
		火気使用室							
		上記以外							
	排煙設備		自然排煙	機械排煙	告示第1436号	適用除外			
		居室							
		居室以外の室							
		廊下等							
	非常用の照明装置		別置蓄電池	発電機	電源内蔵	告示第1411号	適用除外		
		居室							
		階段							
		廊下等							
ヌ 階別用途別床面積	用途＼階	階	階	階	階	階	階	階	合計
※確認済証交付年月日及び確認済証番号	年 月 日 第 号			※検査済証交付年月日		年 月 日			

注　※印欄には、記入しないこと。

様式第18号

工事取りやめ報告書

年　月　日

（あて先）岡崎市建築主事

建築主　住　所

（築造主）氏　名　　　　　　㊞

電話　（　）

下記工事は、取りやめました。

記

確認済証交付年月日 確認済証番号	年　月　日 第　　　号
建築場所	
取りやめ理由	

※受付	※決裁欄

注1　建築主又は築造主の押印は、氏名を自署する場合にあっては省略することができる。

2　※印欄には、記入しないこと。

備考　用紙の大きさは、日本工業規格A列4とする。

様式第19号

適用除外保存建築物指定申請書

年　月　日

（あて先）岡崎市長

申請者　住所

氏名　　　　　　㊞

電話　（　）

建築基準法第3条第1項第3号の規定による指定をしてください。

設計者の住所及び氏名		電話　（　）				
敷地の位置	地名及び地番					
	都市計画区域	用途地域		防火地域		その他の区域・地域・地区・街区
	区域内・区域外					
主要用途			申請部分の用途			
工事種別		新築・増築・改築・移転・用途変更・大規模の修繕・大規模の模様替				
建築物の構造			建築物の階数		地上　階 地下　階	
建築物の最高の高さ（m）			建築物の軒の高さ（m）			
		申請部分	申請以外の部分	合計	敷地面積に対する割合	敷地面積に対する割合の限度
敷地面積（m²）						
建築面積（m²）					／10	／10
延べ面積（m²）					／10	／10
工事着手予定日		年　月　日	工事完了予定日		年　月　日	
その他必要な事項		愛知県文化財保護条例等による指定状況 指定番号 名称　　　指定年月日　　　年　月　日				

※受付欄		※備考	
※指定番号	第　　　号	※指定年月日	

注1　申請者の押印は、氏名を自署する場合にあっては省略することができる。

2　※印欄には、記入しないこと。

備考　用紙の大きさは、日本工業規格A列4とする。

様式第20号

（表）

道路位置指定申請書

年　月　日

（あて先）岡崎市長

申請者　住　所
　　　　氏　名　　　　　　　　　　㊞
　　　　電話　（　）

建築基準法第42条第１項第５号に規定する道路の位置を（指定・変更・廃止）してください。

	道路番号	幅員	延長	地名及び地番
指定道路	号	m	m	

	地名及び地番	面積	所有主の氏名	借主の氏名
道路位置		㎡		
	合計　　筆			

工事着手予定年月日	年　月　日	工事完了予定年月日	年　月　日
標示の方法			
※受付	※備考		
※指定番号	令　第　　号	※指定年月日	年　月　日

備考　用紙の大きさは、日本工業規格Ａ列４とする。

（裏）

	道路との関係	土地、建物又は工作物の所在地	関係者 住所	関係者 氏名
承諾欄				㊞
				㊞
				㊞
				㊞
				㊞
				㊞
				㊞
				㊞
				㊞
				㊞
				㊞
				㊞
				㊞
				㊞
				㊞
				㊞
				㊞
				㊞
				㊞
				㊞
				㊞
設計者の住所及び氏名			電話　（　）	

注１　「道路との関係」欄は、土地の所有主、土地の借主、建物の所有主、建物の借主、工作物の所有主又は工作物の借主の別を記入すること。
２　関係者欄の印は、実印とする。
３　申請者及び設計者の押印は、氏名を自署する場合にあっては省略することができる。
４　※印欄には、記入しないこと。

様式第21号

認　定　申　請　書

年　月　日

（あて先）岡崎市長

申請者　住所

氏名　㊞

電話　（　）

建築基準法
建築基準法施行令第　条第　項　の規定による認定をしてください。
愛知県建築基準条例

設計者の住所及び氏名	電話（　）					
敷地の位置	地名及び地番					
	都市計画区域	用途地域	高層住居誘導地区	防火地域	その他の区域・地域・地区・街区	
	区域内・区域外		地区内・地区外			
主要用途		申請部分の用途				
工事種別	新築・増築・改築・移転・用途変更・大規模の修繕・大規模の模様替					
建築物の構造		建築物の階数	地上　階 地下　階			
建築物の最高の高さ（　m　）		建築物の軒の高さ（m）				
	申請部分	申請以外の部分	合計	敷地面積に対する割合	敷地面積に対する割合の限度	
敷地面積（　m²　）						
建築面積（　m²　）				／10	／10	
延べ面積（　m²　）				／10	／10	
工事着手予定日	年　月　日	工事完了予定日	年　月　日			
外壁及び軒裏の構造						
前面道路又は通路等	名称		幅員（　m　）		敷地と接している部分の長さ（　m　）	
その他必要な事項						
※受付欄		※備考				
※認定番号	第　号	※認定年月日	年　月　日			

注1　申請者の押印は、氏名を自署する場合にあっては省略することができる。
2　「外壁及び軒裏の構造」欄は、建築基準法第3条第1項第4号又は愛知県建築基準条例の規定による認定の申請の場合にあっては、記入を要しない。
3　「前面道路又は通路等」欄は、建築基準法、建築基準法施行令又は岡崎市建築基準法施行細則第22条第2項の表(5)項に掲げる愛知県建築基準条例の規定による認定の申請の場合にあっては、記入を要しない。
4　※印欄には、記入しないこと。

備考　用紙の大きさは、日本工業規格A列4とする。

様式第22号

同　意　書

建築基準法第86条第1項／第86条第2項／第86条第3項／第86条第4項／第86条の2第2項の規定による下記の認定／許可の申請について同条第4項／第6項の規定に基づき同意します。

記

1　申請者の住所及び氏名　　電話　（　）
2　対象区域の位置
3　対象区域の面積
4　対象区域内の建築物の概要
(1)　用途
(2)　棟数
(3)　延べ床面積の合計

	対象区域との関係	土地の所在地	関係者 住所	関係者 氏名
同意欄				㊞
				㊞
				㊞
				㊞
				㊞
				㊞
				㊞
				㊞
				㊞
				㊞
				㊞
				㊞
設計者住所及び氏名	電話（　）㊞			

注1　「対象区域との関係」欄は、土地の所有者、借地権者の別を記入すること。
2　関係者の印は、実印とする。

備考　用紙の大きさは、日本工業規格A列4とする。

様式第23号

合　　意　　書

建築基準法第86条の５第１項の規定による下記の認定の取り消しの申請について同項の規定に基づき合意します。

記

1　申請者の住所及び氏名　　　　電話　（　　）
2　対象区域の位置
3　対象区域の面積
4　対象区域内の建築物の概要
(1)　用途
(2)　棟数
(3)　延べ床面積の合計
5　既認定番号等
(1)　認定番号
(2)　認定年月日

	対象区域との関係	土地の所在地	関係者 住所	関係者 氏名
合意欄				印
				印
				印
				印
				印
				印
				印
				印
				印
				印
				印
				印
設計者住所及び氏名	電話　（　　）　印			

注１　「対象区域との関係」欄は、土地の所有者、借地権者の別を記入すること。
２　関係者の印は、実印とする。

備考　用紙の大きさは、日本工業規格Ａ列４とする。

様式第24号

建築協定認可申請書

年　月　日

（あて先）岡崎市長

申請者　住所
（代表者）氏名　　　　印
電話　（　　）

建築基準法第70条第１項／第76条の３第２項の規定により、建築協定の認可をしてください。

建築協定の概要	協定の目的					
	建築物に関する基準	建築物の敷地・位置・構造・用途・形態・意匠・設備に関する基準				
	有効期間	年　月　日から　年　月　日までの　年　月間				
	違反があつた場合の措置					
建築協定区域等		建築協定区域			建築協定区域隣接地	
	地名及び地番					
	面積	㎡			㎡	
	地域及び地区	都市計画区域	用途地域	防火地域	その他の区域・地域・地区・街区	
		内・外				
土地の所有権者等の人数		土地の所有権者	建築物の所有を目的とする 地上権者	建築物の所有を目的とする 賃借権者	法第77条に規定する建築物の借主	合計
		人	人	人	人	人
開発計画に関する事項		許認可等日付・番号			工事完了（予定）日付	工事完了公告日付
		年　月　日令　第　号			年　月　日	年　月　日
※受付欄						
※認可の日付・番号		年　月　日令第　号		※公告の日付	年　月　日	

注１　申請者の押印は、氏名を自署する場合にあっては省略することができる。
２　※印欄には、記入しないこと。

備考　用紙の大きさは、日本工業規格Ａ列４とする。

様式第25号

建築協定変更・廃止認可申請書

年　月　日

（あて先）岡崎市長

申請者　住　所

（代表者）氏　名　　　　㊞

電話　（　）

建築基準法第74/76条第１項の規定により、建築協定の変更/廃止の認可をしてください。

<table>
<tr><td>(1)</td><td colspan="2">建築協定の認可の日付・番号</td><td colspan="6">年　月　日　　第　号</td></tr>
<tr><td rowspan="13">建築協定及び建築協定区域等の変更の概要</td><td>(2)</td><td>協定の目的</td><td colspan="6"></td></tr>
<tr><td>(3)</td><td>建築物に関する基準</td><td colspan="6">建築物に関する敷地・位置・構造・用途・形態・意匠・設備に関する基準
建築物に関する敷地・位置・構造・用途・形態・意匠・設備に関する基準</td></tr>
<tr><td>(4)</td><td>有効期限</td><td colspan="6">年　月　日から　年　月　日までの　年　月間
年　月　日から　年　月　日までの　年　月間</td></tr>
<tr><td>(5)</td><td>違反があった場合の措置</td><td colspan="6"></td></tr>
<tr><td colspan="2"></td><td colspan="3">建築協定区域</td><td colspan="3">建築協定区域隣接地</td></tr>
<tr><td>(6)</td><td>地名及び地番</td><td colspan="3"></td><td colspan="3"></td></tr>
<tr><td>(7)</td><td>面積</td><td colspan="3">m²
m²</td><td colspan="3">m²
m²</td></tr>
<tr><td rowspan="3">(8)</td><td rowspan="3">地域地区</td><td>都市計画区域</td><td>用途地域</td><td>防火地域</td><td colspan="3">その他の区域・地域・地区・街区</td></tr>
<tr><td>内・外</td><td></td><td></td><td colspan="3"></td></tr>
<tr><td>内・外</td><td></td><td></td><td colspan="3"></td></tr>
<tr><td colspan="2" rowspan="4">(9) 土地の所有権者等の人数（上段）及び協定の廃止に合意する土地の所有権者等の人数（下段）</td><td rowspan="2">土地の所有権者</td><td colspan="2">建築物の所有を目的とする</td><td rowspan="2">法第77条に規定する建築物の借主</td><td rowspan="2">合計</td></tr>
<tr><td>地上権者</td><td>賃借権者</td></tr>
<tr><td>人</td><td>人</td><td>人</td><td>人</td><td>人</td></tr>
<tr><td>人</td><td>人</td><td>人</td><td>人</td><td>人</td></tr>
<tr><td>(10)</td><td colspan="2">(9)の合計の下段の上段に対する割合</td><td colspan="6">%</td></tr>
<tr><td colspan="9">※受付欄</td></tr>
<tr><td colspan="3">※認可の日付・番号</td><td colspan="2">年　月　日　令第　号</td><td colspan="2">※公告の日付</td><td colspan="2">年　月　日</td></tr>
</table>

注１　申請者の押印は、氏名を自署する場合にあっては省略することができる。
　２　※印欄には、記入しないこと。
　３　(2)から(8)までの欄は、上段に変更前のもの、下段に変更後のものを記入すること。
　４　(9)及び(10)は、建築協定を廃止する場合に記入すること。

備考　用紙の大きさは、日本工業規格Ａ列４とする。

様式第26号

一人建築協定効力発生届

年　月　日

（あて先）岡崎市長

申請者　住　所

氏　名　　　　㊞

電話　（　）

岡崎市建築基準法施行細則第24条第３項の規定に基づき、下記のとおり届け出ます。

記

<table>
<tr><td colspan="2">認可の日付</td><td>年　月　日</td><td>認可番号</td><td colspan="2">第　号</td></tr>
<tr><td colspan="2">建築協定名</td><td></td><td>協定が効力を生じた日</td><td colspan="2">年　月　日</td></tr>
<tr><td>番号</td><td>住所及び氏名</td><td>地名及び地番</td><td>土地に関する権利の種別</td><td colspan="2">土地の所有権等の取得年月日</td></tr>
<tr><td>1</td><td>㊞</td><td></td><td>1所有権
2地上権
3賃借権</td><td colspan="2">年　月　日</td></tr>
<tr><td>2</td><td>㊞</td><td></td><td>1所有権
2地上権
3賃借権</td><td colspan="2">年　月　日</td></tr>
<tr><td>3</td><td>㊞</td><td></td><td>1所有権
2地上権
3賃借権</td><td colspan="2">年　月　日</td></tr>
<tr><td>4</td><td>㊞</td><td></td><td>1所有権
2地上権
3賃借権</td><td colspan="2">年　月　日</td></tr>
<tr><td>5</td><td>㊞</td><td></td><td>1所有権
2地上権
3賃借権</td><td colspan="2">年　月　日</td></tr>
</table>

注１　申請者の押印は、氏名を自署する場合にあっては省略することができる。
　２　建築協定書の写しを添付すること。

備考　用紙の大きさは、日本工業規格Ａ列４とする。

様式第27号

申請書等記載事項変更届

年　月　日

（あて先）岡崎市建築主事

申請者　住　所

氏　名　㊞

電話　（　）

下記に係る工事について、申請書等記載事項を変更しましたのでお届けします。

記

確認済証番号及び確認済証交付年月日			第　号　年　月　日
建築場所			
主要用途			工事種別
確認申請書記載事項	建築主の住所及び氏名等	新	氏名のフリガナ 氏名　㊞ 郵便番号 住所 電話番号
		旧	
	工事監理者の所在地及び氏名等	新	資格　（　）建築士（　）　登録第　号 氏名　㊞ 建築士事務所名 （　）建築士事務所（　）知事登録第　号 郵便番号 所在地 電話番号
		旧	
	工事施工者の所在地及び氏名等	新	氏名 営業所名　建設業の許可（　）登録第　号 郵便番号 所在地 電話番号
		旧	
	その他	新	
		旧	
変更事由			

※受付欄	※備考		※記簿欄	※決裁欄
	原本照合	年　月　日		

注1　申請者、建築主及び工事監理者の押印は、氏名を自署する場合にあっては省略することができる。
2　※印欄には、記入しないこと。

備考　用紙の大きさは、日本工業規格A列4とする。

様式第28号

報告事項変更届

年　月　日

（あて先）岡崎市長

㊞

指定確認検査機関名

下記に係る工事について、報告事項に変更があったことを知りましたので報告します。

記

確認済証番号及び確認済証交付年月日			第　号　年　月　日
建築場所			
主要用途			工事種別
台帳記載事項	建築主の住所及び氏名等	新	氏名のフリガナ 氏名 郵便番号 住所 電話番号
		旧	
	工事監理者の所在地及び氏名等	新	資格　（　）建築士（　）　登録第　号 氏名　㊞ 建築士事務所名 （　）建築士事務所（　）知事登録第　号 郵便番号 所在地 電話番号
		旧	
	工事施工者の所在地及び氏名等	新	氏名 営業所名　建設業の許可（　）　登録第　号 郵便番号 所在地 電話番号
		旧	
	その他	新	
		旧	
変更事由			

※受付欄	※備考		※記簿欄	※決裁欄
	原本照合	年　月　日		

注　※印欄には、記入しないこと。

備考　用紙の大きさは、日本工業規格A列4とする。

様式第29号

意　見　の　聴　取　請　求　書

年　　月　　日

（あて先）岡崎市長

住所

氏名　　　　　　　　印

電話（　　）

年　　月　　日付けの建築基準法第　　条第　　項の規定による通知書（又は仮の命令書）を受領しましたが、意見の聴取を行うことを請求します。

注　請求者の押印は、氏名を自署する場合にあっては省略することができる。

備考　用紙の大きさは、日本工業規格Ａ列４とする。

様式第30号

意見の聴取通知書

第　　　　号

年　　月　　日

様

岡崎市長　氏　　　名印

建築基準法第　　条第　　項の規定による意見の聴取を下記のとおり行いますので、出席してください。

本人が出席できない場合は、委任状を持参した代理人を出席させてください。

記

1　期　日

2　場　所

3　意見の聴取に係る事項

注　意見の聴取の期日には、この通知書を持参すること。

備考　用紙の大きさは、日本工業規格Ａ列４とする。

様式第31号

申　請　取　下　げ　届

年　　月　　日

（あて先）
岡　崎　市　長
岡崎市建築主事

住所
氏名　　　　　　　　㊞
電　　話　（　　）

建築基準法
建築基準法施行令
愛知県建築基準条例
岡崎市建築基準法施行細則
第　　条第　　項　の規定に基づく下記の申請は、取り下げます。

記

申請年月日	年　　月　　日
建築場所	
取下げ理由	

※ 受　　付	※ 備　　考

注1　届出者の押印は、氏名を自署する場合にあっては省略することができる。
　2　※印欄は、記入しないこと。

備考　用紙の大きさは、日本工業規格A列4とする。

一宮市関係

資料編一

○一宮市建築基準法施行細則

（昭和57年３月31日
一宮市規則第11号）

改正	昭和59年６月11日一宮市規則	第 27号		平成12年９月29日一宮市規則	第 59号
	同　60年８月１日同	第 29号		同　12年12月21日同	第 69号
	同　60年11月８日同	第 43号		同　13年２月21日同	第　4号
	同　61年３月31日同	第 15号		同　13年３月30日同	第 32号
	同　62年12月16日同	第 46号		同　14年１月24日同	第　1号
	平成元年６月12日同	第 25号		同　16年５月12日同	第 31号
	同　元年10月19日同	第 39号		同　16年10月14日同	第 42号
	同　５年６月７日同	第 36号		同　17年３月24日同	第 85号
	同　６年11月８日同	第 42号		同　17年７月１日同	第103号
	同　９年５月19日同	第 32号		同　18年３月31日同	第 43号
	同　11年７月26日同	第 31号		同　18年８月２日同	第 62号
	同　12年３月27日同	第　4号			

（趣旨）

第１条　この規則は、建築基準法（昭和25年法律第201号。以下「法」という。）、建築基準法施行令（昭和25年政令第338号。以下「政令」という。）、建築基準法施行規則（昭和25年建設省令第40号。以下「省令」という。）及び愛知県建築基準条例（昭和39年愛知県条例第49号。以下「条例」という。）の施行について必要な事項を定めるものとする。

（確認申請書に添える図書）

第２条　法第６条第１項（法第87条第1項、法第87条の２又は法第88条第１項若しくは第２項において準用する場合を含む。）の規定に基づく確認の申請書（以下「確認申請書」という。）には、省令第１条の３第17項の規定により同条第１項の規定に定めるもののほか、次に掲げる図書を添えなければならない。

(1)　申請に係る建築物の敷地が、高さ２ｍを超えるがけに接し、又は近接する場合（がけの斜面の勾配が30度以下の場合を除く。）においては、その敷地とがけとの状況を示す断面図。ただし、当該敷地が都市計画法（昭和43年法律第100号）第29条の規定による許可を受けたものである場合にあっては、この限りでない。

(2)　その他市長が必要と認める図書

（確認申請書に添える図書等の省略）

第３条　確認申請書に添える図書等を省略することができる場合として省令第１条の３第11項第３号の規定により市長が規則で定める場合は、同項第１号及び第２号に掲げる場合以外の建築物の建築の場合とする。ただし、都市計画法第53条第１項の規定に適合していることを証する書面については、この限りでない。

2　申請に係る建築物が法第68条の26第３項の規定による指定又は同条第６項の規定による承認を受けたものによる構造に係る評定又は認定を受けた建築物であって、その工事計画が建築士の作成した設計図書によるものである場合においては、省令第1条の3第18項の規定により同条第1項の表1の(は)項に掲げる図書並びに同表2の(1)項及び(2)項並びに3の(1)項の構造計算の計算書を確認の申請に添えることを要しない。ただし、別に市長が認める場合にあっては、この限りでない。

3　申請に係る工作物が政令第138条第1項各号に掲げる工作物であって、その工事計画が1級建築士又は2級建築士の作成した設計図書によるものである場合においては、省令第3条第7項の規定により同条第1項の表1に掲げる構造詳細図及び構造計算書は、確認申請書に添えることを要しない。ただし、次に掲げる工作物にあっては、この限りでない。

(1)　高さが15mを超える煙突及び鉄筋コンクリート造の柱

(2)　高さが10mを超える広告塔、記念塔及び物見塔

(3)　高さが3mを超える擁壁

（建築物の構造計算に関する報告）

第3条の2　建築主は、法第6条第1項の規定による確認の申請をしようとする場合で、その申請に係る建築物が省令第1条の3第1項の規定により国土交通大臣の認定を受けた構造計算プログラムを用いて構造計算を行ったものであるときは、当該構造計算を行うために入力した電磁的記録についてフロッピィーディスク等の記録媒体により建築主事に報告しなければならない。この場合において、当該記録媒体には、申請者の氏名及び申請年月日を記載した書面を貼り付けなければならない。

2　構造設計に係る設計者は、法第6条第1項第2号又は第3号に掲げる建築物について建築主が同項の規定による確認申請をしようとする場合においては、市長が別に定める建築構造設計報告書その他の書類により建築主事に報告しなければならない。

3　前2項の規定は、前条第2項本文に規定する場合には、適用しない。

（定期調査）

第4条　法第12条第1項の規定により市長が指定する建築物は、次の表の(あ)欄に掲げる用途に供するもので、その規模が同表(い)欄の当該各項に掲げる規模のものとし、同項の規定による報告の時期として省令第5条第1項の規定により市長が定める時期は、同表(う)欄の当該各項に掲げる期間とする。

	(あ)	(い)	(う)
	用　途	規　模	報告する時期
(1)	劇場、映画館、演芸場、公会堂又は集会場	(あ)欄の用途に供する部分（客席部分に限る。）の床面積の合計が200㎡を超え、かつ、その用途に供する部分の全部又は一部が3階以上の階又は地階にあるもの	平成3年を始期として隔年の4月1日から10月31日まで

(2)	観覧場	(あ)欄の用途に供する部分の床面積の合計が1,000㎡を超えるもの	平成3年を始期として隔年の4月1日から10月31日まで
(3)	病院	(あ)欄の用途に供する部分の床面積の合計が500㎡を超え、かつ、その用途に供する部分の全部又は一部が3階以上の階にあるもの	平成2年を始期として隔年の4月1日から10月31日まで
(4)	旅館又はホテル	(あ)欄の用途に供する部分の床面積の合計が300㎡を超え、かつ、その用途に供する部分の全部又は一部が3階以上の階にあるもの	平成2年を始期として隔年の4月1日から10月31日まで
(5)	物品販売業を営む店舗（百貨店及びマーケットを含む。）	(あ)欄の用途に供する部分の床面積の合計が500㎡を超え、かつ、その用途に供する部分の全部又は一部が3階以上の階又は地階にあるもの	平成3年を始期として隔年の4月1日から10月31日まで
(6)	展示場、キャバレー、ナイトクラブ、バー、ダンスホール、遊技場、公衆浴場、料理店又は飲食店	(あ)欄の用途に供する部分の床面積の合計が1,000㎡を超え、かつ、その用途に供する部分の全部又は一部が3階以上の階又は地階にあるもの	平成3年を始期として隔年の4月1日から10月31日まで
(7)	事務所その他これに類する用途（前各項に掲げる用途を除く。）	階数が5以上で、(あ)欄の用途に供する部分の床面積の合計が1,000㎡を超え、かつ、その用途に供する部分の全部又は一部が3階以上の階又は地階にあるもの	平成3年を始期として隔年の4月1日から10月31日まで
(8)	前各項に掲げる用途のうち2以上の用途に供するもの	(あ)欄の用途に供する部分の床面積の合計が1,000㎡を超え、かつ、その用途のいずれかに供する部分の全部又は一部が3階以上の階又は地階にあるもの（(あ)欄の用途のいずれか1つの用途が前項に掲げる用途であって階数が4以下のものを除く。）	平成3年を始期として隔年の4月1日から10月31日まで

2　省令第5条第3項の規則で定める書類は、市長が別に定める定期調査票並びに付近見取図、配置図、各階平面図及び建築設備図とする。

（定期検査）

第5条　法第12条第3項（法第88条第1項において準用する場合を含む。以下この条において同じ。）の規定により検査の結果を報告すべきものとして市長が指定する昇降機及びその他の建築設備並びに工作物（以下「建築設備等」という。）は、次に掲げるものとする。

(1)　エレベーター（一般交通の用に供するもの、かごの水平投影面積が1㎡を超え、かつ、天井の高さが1.2mを超えるもので労働基準法（昭和22年法律第49号）別表第1第1号から第5号までに掲げる事業の事業場に設置され、かつ、積載量が1t以上のもの、一戸建の住宅又は共同住宅若しくは長屋の住戸に設置されるもの及び法第6条第1項第1号から第3号までに掲げる建築物以外の建築物に設置されるものを除く。）

(2)　エスカレーター（一般交通の用に供するもの、一戸建の住宅又は共同住宅若しくは長屋の住戸に設置されるもの及び法第6条第1項第1号から第3号までに掲げる建築物以外の建築物に設置されるものを除く。）

(3)　小荷物専用昇降機（出し入れ口の下端が床面より50cm以上上がった位置にあるもの、一戸建の住宅又は共同住宅若しくは長屋の住戸に設置されるもの及び法第6条第1項第1号から第3号までに掲げる建築物以外の建築物に設置されるものを除く。）

(4)　前条第1項の規定により指定する建築物に法第28条第2項ただし書又は同条第3項の規定により設けた換気設備（給気機及び排気機を設けた換気設備並びに空気調和設備に限る。）並びに法第35条の規定により設けた排煙設備（自然排煙設備を除く。）及び非常用の照明装置（照明器具内に予備電源を内蔵したものを除く。）

(5)　ウォーターシュート、コースターその他これらに類する高架の遊戯施設

(6)　メリーゴーラウンド、観覧車、オクトパス、飛行塔その他これらに類する回転運動をする遊戯施設で原動機を使用するもの

2　法第12条第3項の規定による報告の時期として省令第6条第1項の規定により市長が定める時期は、毎年、次の表の(あ)欄に掲げる建築設備等の区分に応じ、同表の(い)欄に掲げる時期とする。

	(あ)	(い)
(1)	前条第1項の表に規定する建築物に付属した前項第4号に該当する建築設備等	4月1日から10月31日まで
(2)	(1)項に規定する建築設備等以外の建築設備等	当該建築設備等の設置者又は築造主が法第7条第5項（法第87条の2又は法第88条第1項において準用する場合を含む。）及び法第7条の2第5項前段の規定による検査済

		証の交付を受けた日の属する月に応当する当該月の前1か月間

3　省令第6条第3項の規則で定める書類は、次の各号に掲げる建築設備等の区分に応じ、当該各号に定める書類とする。

(1)　第1項第1号から第3号まで、第5号及び第6号に規定する建築設備等　市長が別に定める定期検査成績票及び定期検査票

(2)　第1項第4号に規定する建築設備等　市長が別に定める定期検査票並びに各階平面図及び建築設備図

（建築設備等の設置の報告）

第5条の2　前条第1項の市長が指定する建築設備等を設置しようとする者は、法第6条第1項の規定による確認の申請と同時又は法第6条の2第1項の規定による確認を受けようとするときに、その概要を建築設備等設置概要書（様式第3）により市長に報告しなければならない。

（地盤の状況の報告等）

第6条　建築主又は築造主は、高さ13m又は延べ面積3,000㎡を超える建築物（法第88条第1項又は第2項の工作物を含む。以下この項において同じ。）で、当該建築物に作用する荷重が最下階の床面積1㎡につき100kNを超えるものを建築しようとする場合においては、地盤の状況について地盤状況報告書（様式第4）により建築主事に報告しなければならない。

2　建築主は、法第31条第2項の規定による屎尿浄化槽又は政令第32条第1項に規定する合併処理浄化槽（以下「屎尿浄化槽等」という。）を設ける場合においては、浄化槽調書（様式第5）により建築主事に報告しなければならない。

3　建築主は、前項に規定する屎尿浄化槽等の工事を完了した場合で法第7条第1項の検査の申請をしようとするときにおいては、浄化槽工事完了報告書（様式第6）により建築主事に報告しなければならない。

4　建築主は、第1種低層住居専用地域、第2種低層住居専用地域、第1種中高層住居専用地域、第2種中高層住居専用地域、第1種住居地域、第2種住居地域、準住居地域、近隣商業地域、商業地域又は準工業地域内において、工場を建築し、大規模の修繕をし、若しくは大規模の模様替をしようとする場合、建築物若しくは建築物の部分を工場に用途変更しようとする場合又は敷地内に工場がある場合で当該敷地内に工場の用途に供しない建築物を建築しようとするときにおいては、その旨を工場に関する報告書（様式第7）により建築主事に報告しなければならない。

5　建築主は、次の各号のいずれかに該当する場合は、その旨を不適合建築物に関する報告書（様式第8）により建築主事に報告しなければならない。

(1) 法第51条ただし書（法第87条第2項又は第3項において準用する場合を含む。）の規定により政令第130条の2の3に規定する規模の範囲内において建築物を新築し、増築し、又は用途変更しようとする場合

(2) 法第86条の7第1項の規定により政令第137条の2から第137条の12までに規定する範囲内において既存の建築物の増築、改築、大規模の修繕又は大規模の模様替をしようとする場合

(3) 法第87条第3項の規定により同項第2号又は第3号に規定する範囲内において建築物の用途を変更する場合

6 第1項、第2項、第4項及び前項の規定による報告は、法第6条第1項（法第87条第1項、法第87条の2第1項又は法第88条第1項若しくは第2項において準用する場合を含む。）の規定による確認の申請（法第18条第2項の規定による計画の通知を含む。）と同時にしなければならない。

7 第1項、第2項、第4項及び第5項の規定は、法第6条の2第1項の規定による確認を受けようとする場合については、適用しない。

（特定建築物に係る鉄骨の工事の報告）

第6条の2 建築主は、鉄骨造若しくは鉄骨鉄筋コンクリート造の建築物又は鉄骨造若しくは鉄骨鉄筋コンクリート造とその他の構造とを併用する建築物で、3階以上のもの又は床面積が500㎡を超えるもの（以下「特定建築物」という。）を建築しようとする場合において、法第6条第1項の規定による確認の申請をしようとするときは、溶接工事作業計画書（様式第9）により建築主事に報告しなければならない。

2 前項の場合において、特定建築物の鉄骨を製作する工場が決まっていないときは、溶接工事作業計画書に代えて鉄骨製作工場に関する報告書（様式第10）を提出し、当該工場が決まったときは、直ちに溶接工事作業計画書を提出しなければならない。

3 建築主は、特定建築物の鉄骨の工事を完了した場合において、法第7条第1項又は法第7条の3第1項の検査の申請をしようとするときは、鉄骨工事施工状況報告書（様式第11）により建築主事に報告しなければならない。ただし、当該工事の完了後法第7条の3第5項又は法第7条の4第3項の中間検査合格証の交付を受けた場合にあっては、この限りでない。

4 前3項の規定は、財団法人日本建築センターによる工業化住宅性能評定を受けた特定建築物については、適用しない。

（特殊建築物等に関する報告）

第7条 建築主は、次の各号に掲げる建築物の建築（増築をしようとする場合においては、増築後において当該各号に掲げる建築物となる場合を含む。）をし、大規模の修繕をし、若しくは大規模の模様替をしようとする場合又は建築物若しくは建築物の部分を当該各号に掲げる建築物に用途変更しようとする場合においては、法第6条第1項の規定によ

る確認の申請と同時又は法第６条の２第１項の規定による確認を受けようとするときに、その概要を特殊建築物等に関する報告書（様式第12）により市長に報告しなければならない。

(1) 劇場、映画館、演芸場、公会堂、集会場、病院、旅館、ホテル、政令第19条第１項に規定する児童福祉施設等、展示場、キャバレー、ナイトクラブ、バー、ダンスホール、遊技場、公衆浴場、料理店、飲食店、物品販売業を営む店舗（百貨店及びマーケットを含む。）又は事務所その他これに類するものの用途に供する部分の全部又は一部が３階以上の階又は地階にある建築物

(2) 観覧場の用途に供する建築物

（工事取りやめの報告）

第８条　建築主又は築造主は、法第６条第１項（法第87条第１項、法第87条の２又は法第88条第１項若しくは第２項において準用する場合を含む。）の規定による確認済証の交付を受けた建築物又は工作物の工事を取りやめた場合においては、その旨を工事取りやめ報告書（様式第13）により建築主事に報告しなければならない。

（垂直積雪量）

第９条　政令第86条第３項の規定により市長が定める垂直積雪量は、30cm以上とする。

（保存建築物の指定）

第９条の２　法第３条第１項第３号の規定による建築物の指定を受けようとする者は、適用除外保存建築物指定申請書（様式第14）の正本及び副本に、次に掲げる図書を添えて市長に提出しなければならない。

(1) 省令第１条の３第１項の表１に掲げる付近見取図、配置図及び各階平面図

(2) 省令第１条の３第１項の表１に掲げる立面図及び断面図

(3) 前２号に掲げるもののほか、市長が必要と認める図書

（建築物の屋根を不燃材料で造り、又はふかなければならない区域の指定）

第10条　法第22条第１項の規定により市長が防火地域及び準防火地域以外の市街地について指定する区域は、一宮市全域とする。ただし、防火地域及び準防火地域に指定された区域を除く。

（屎尿浄化槽等を設ける区域のうち衛生上特に支障がある区域の指定）

第11条　政令第32条第１項第１号の表に規定する屎尿浄化槽等を設ける区域のうち市長が衛生上特に支障があると認めて規則で指定する区域は、一宮市全域とする。ただし、下水道法（昭和33年法律第79号）第４条第１項の事業計画のある区域で特に市長が認めるものを除く。

（道路の位置の指定）

第12条　法第42条第１項第５号に規定する道路の位置の指定を受けようとする者は、道路位置指定申請書（様式第15）の正本及び副本に、省令第９条に定める図面等のほか、次

に掲げる図書又は書面を添えて市長に提出しなければならない。

(1) 道路平面図、土地利用計画平面図及び道路横断図

(2) 道路の位置の指定を受けようとする土地及び当該土地に接する建築物の敷地の求積表

(3) 省令第9条に規定する承諾書に押印された印に係る印鑑登録証明書

(4) 前3号に掲げるもののほか、市長が必要と認める図書

2 指定を受けた道路の位置を変更し、又は廃止しようとするときは、前項の規定を準用する。

(道の指定)

第13条 法第42条第2項の規定により市長が指定する道は、行政庁の管理に属する幅員1.8m以上4m未満の道とする。

(建築面積の敷地面積に対する割合の緩和される敷地の指定)

第14条 法第53条第3項第2号の規定により市長が指定する敷地は、次の各号のいずれかに該当する敷地とする。

(1) 街区の角にある敷地で、前面道路の幅員がそれぞれ6m以上、その和が15m以上あり、かつ、その道路によって形成される角度が内角120度以下で、敷地境界線の総延長の1／3以上がそれらの道路に接するもの

(2) 道路境界線の間隔が35m以内の道路の間にある敷地で、その道路の幅員がそれぞれ6m以上、その和が15m以上あり、敷地境界線の総延長の1／8以上がそれぞれの道路に、1／3以上が、それらの道路に接するもの

(3) 三方を道路に囲まれた敷地であって、前面道路の幅員がそれぞれ6m以上あり、かつ、それらの道路によって形成される角度がそれぞれ内角120度以下で、敷地境界線の総延長の1／3以上がそれらの道路に接するもの

(4) 公園、広場、水面その他これらに類するもの(以下「公園等」という。)に接する敷地又は敷地に接する道路の反対側に公園等のある敷地であって、その公園等を前3号の道路とみなし、前3号のいずれかに該当するもの

(建築物の後退距離の算定の特例に係る渡り廊下等の指定)

第14条の2 令第130条の12第5号の規定により市長が定める建築物の部分は、法第44条第1項第4号の規定により特定行政庁が許可をした渡り廊下その他の通行又は運搬の用途に供するものとする。

(許可申請書の添付図書等)

第15条 省令第10条の4第1項及び第4項に規定する規則で定める図書又は書面は、次の表の(あ)欄に掲げる法の規定による許可の申請の区分に応じ、同表の(い)欄に掲げるとおりとする。

	(あ)	(い)
(1)	第43条第１項ただし書、第44条第１項第２号若しくは第４号、第47条ただし書、第52条第９項若しくは第13項、第53条第４項若しくは第５項第３号、第53条の２第１項第３号若しくは第４号（第57条の２第３項において準用する場合を含む。）、第59条第１項第３号若しくは第４項、第59条の２第１項、第67条の２第３項第２号、第５項第２号若しくは第９項第２号、第68条の３第４項、第68条の５の２第２項、第68条の７第５項又は第85条第３項若しくは第５項	１　省令第１条の３第１項の表１に掲げる付近見取図、配置図及び各階平面図 ２　省令第１条の３第１項の表１に掲げる立面図及び断面図（法第43条第１項ただし書の規定による許可の申請にあっては、省令第１条の３第１項の表１に掲げる立面図） ３　その他市長が必要と認める図書
(2)	第48条第１項から第12項までのただし書（第87条第２項若しくは第３項又は第88条第２項において準用する場合を含む。）	１　(1)項(い)欄第１号及び第２号に掲げる図面 ２　申請に係る建築物の敷地境界線から50ｍ（建築物の用途、規模等により100ｍまで拡大することができる。）以内にある土地及び建築物の縮尺１／300から１／600までの現況図 ３　前号の土地及び建築物の所有権、地上権、永小作権又は賃借権を有する者の住所及び氏名を記載した書類 ４　その他市長が必要と認める図書
(3)	第51条ただし書（第87条第２項若しくは第３項又は第88条第２項において準用する場合を含む。）	１　(1)項(い)欄第１号及び第２号に掲げる図面 ２　申請に係る建築物の敷地境界線から500ｍ以内にある土地及び建築物の縮尺１／2,500

		の現況図 3　その他市長が必要と認める図書
(4)	第52条第10項	1　(1)項(い)欄第1号及び第2号に掲げる図面 2　申請に係る建築物がある街区内の土地及び建築物の縮尺1／300から1／600までの現況図 3　その他市長が必要と認める図書
(5)	第55条第3項第1号若しくは第2号、第56条の2第1項ただし書又は第60条の2第1項第3号	1　(1)項(い)欄第1号及び第2号に掲げる図面 2　省令第1条の3第1項の表1に掲げる日影図 3　申請に係る建築物の敷地の隣地又はこれに連接する土地で日影時間が2時間以上の範囲にある土地及びその土地に付属する建築物の縮尺1／200から1／500までの現況図 4　その他市長が必要と認める図書

（認定申請書の添付図書等）

第16条　省令第10条の4の2第1項に規定する規則で定める図書は、次の表の(あ)欄に掲げる法又は政令の規定による認定の申請の区分に応じ、同表の(い)欄に掲げるとおりとする。

	(あ)	(い)
(1)	法第44条第1項第3号又は政令第131条の2第2項若しくは第3項	1　省令第1条の3第1項の表1に掲げる付近見取図、配置図及び各階平面図 2　省令第1条の3第1項の表1に掲げる立面図及び断面図

		3　その他市長が必要と認める図書
(2)	法第55条第2項	1　(1)項(い)欄第1号及び第2号に掲げる図面 2　省令第1条の3第1項の表1に掲げる日影図 3　敷地断面図（平均地盤面を明示したもの） 4　その他市長が必要と認める図書
(3)	法第57条第1項	1　(1)項(い)欄第1号及び第2号に掲げる図面 2　(2)項(い)欄第2号及び第3号に掲げる図面 3　申請に係る建築物の敷地の隣地又はこれに連接する土地で日影時間が2時間以上の範囲にある土地及びその土地に付属する建築物の縮尺1／200から1／500までの現況図 4　その他市長が必要と認める図書
(4)	法第68条の3第1項から第3項まで、法第68条の4第1項、法第68条の5の4第4項若しくは第2項又は法第68条の5の5	1　(1)項(い)欄第1号及び第2号に掲げる図面 2　(2)項(い)欄第2号及び第3号に掲げる図面 3　申請に係る建築物の敷地の隣地又はこれに連接する土地で日影時間が2時間以上の範囲にある土地及び当該建築物がある街区内の土地並びにそれらの土地に付属する建築物の縮尺1／200から1／500までの現況図 4　その他市長が必要と

		認める図書
(5)	法第86条の6第2項	1　(1)項(い)欄第1号及び第2号に掲げる図面 2　その他市長が必要と認める図書

2　次の表の(あ)欄に掲げる法、政令又は条例の規定による認定の申請をしようとする者は、認定申請書（様式第16）の正本及び副本に、同表の(い)欄に掲げる図書を添えて市長に提出しなければならない。

	(あ)	(い)
(1)	法第3条第1項第4号	1　省令第1条の3第1項の表1に掲げる付近見取図、配置図及び各階平面図 2　省令第1条の3第1項の表1に掲げる立面図及び断面図 3　その他市長が必要と認める図書
(2)	政令第115条の2第1項第4号ただし書又は政令第129条の2の3第1項第2号	1　(1)項(い)欄第1号に掲げる図面 2　省令第1条の3第1項の表1に掲げる断面図 3　外壁及び軒裏の構造図 4　その他市長が必要と認める図書
(3)	条例第5条ただし書、第6条第1項ただし書、第7条ただし書、第9条第3項、第20条第1項ただし書、第25条ただし書又は第26条ただし書	1　省令第1条の3第1項の表1に掲げる付近見取図、配置図及び各階平面図 2　省令第1条の3第1項の表1に掲げる立面図及び断面図（条例第5条ただし書、第6条第1項ただし書又は第7条ただし書の規定に

		よる認定の申請にあっては、省令第1条の3第1項の表1に掲げる立面図） 3　その他市長が必要と認める図書
⑷	条例第19条第3項	1　⑴項(い)欄第1号及び第2号に掲げる図面 2　申請に係る建築物について、条例第13条から第18条までの規定に適合しているかどうかを明示した図書 3　その他市長が必要と認める図書
⑸	条例第31条ただし書、第32条、第34条、第35条又は第36条第2項	1　⑴項(い)欄第1号及び第2号に掲げる図面 2　政令第129条の2の2第1項の全館避難安全検証法により検証した際の計算書 3　その他市長が必要と認める図書

3　市長は、前項の表の(あ)欄に掲げる法及び政令の規定による認定をしたとき、又はその認定をしないときは、認定申請書の副本及びその添付図書を添えて、申請者にその旨を通知するものとする。

4　省令第10条の16第1項第3号及び第3項第2号に規定する書面は様式第17によるものとし、同条第1項第4号、第2項第3号及び第3項第3号に規定する規則で定める図書又は書面は地籍図、同条第1項第3号又は第3項第2号に規定する書面に押印された印に係る印鑑登録証明書及びその他市長が必要と認める図書とする。

5　省令第10条の21第1項第2号に規定する書面は様式第18によるものとし、同項第3号に規定する規則で定める図書又は書面は地籍図、同項第2号に規定する書面に押印された印に係る印鑑登録証明書及びその他市長が必要と認める図書とする。

（建築協定の認可の申請）

第17条　法第70条第1項の規定による認可を受けようとする者は、建築協定認可申請書（様式第19）の正本及び副本に、次に掲げる図書を添えて市長に提出しなければならない。

⑴ 建築協定書
⑵ 建築物に関する基準及び建築協定をしようとする理由を表示する書類
⑶ 建築協定区域内の土地の所有者等の全員の住所、氏名及び建築協定に関する合意を示す書類
⑷ 方位、道路及び目標となる地物を明示した付近見取図
⑸ 建築協定区域内及び建築協定区域隣接地内の土地の整理図
⑹ 建築協定区域及び建築協定区域隣接地の境界を明示した現況図（縮尺１／3,000以上のもの）
⑺ 開発計画があるときは、土地利用計画平面図（縮尺１／3,000以上のもの）
⑻ 認可の申請人が建築協定をしようとする者の代表者であることを証する書類
⑼ その他市長が必要と認める図書

2 法第74条第１項（法第76条の３第６項において準用する場合を含む。）の規定による認可を受けようとする者は、建築協定変更・廃止認可申請書（様式第20）の正本及び副本に、次に掲げる図書を添えて市長に提出しなければならない。

⑴ 変更に係る建築協定書及び法第73条第１項の認可を受けた建築協定書（法第74条第２項又は法第76条の３第４項の規定により法第73条第１項の規定を準用する場合のものを含む。）
⑵ 建築に関する基準の変更を示す書類及び建築協定の変更をしようとする理由を表示する書類
⑶ 建築協定区域内の土地の所有者等の全員の住所、氏名及び建築協定の変更に関する全員の合意を示す書類
⑷ 方位、道路及び目標となる地物を明示した付近見取図
⑸ 変更に係る建築協定区域内及び建築協定区域隣接地内の土地の整理図
⑹ 変更に係る建築協定区域及び建築協定区域隣接地の境界を明示した現況図（縮尺１／3,000以上のもの）
⑺ 開発計画があるときは、土地利用計画平面図（縮尺１／3,000以上のもの）
⑻ 許可の申請人が建築協定の変更をしようとする者の代表者であることを証する書類
⑼ その他市長が必要と認める図書

3 法第76条第１項（法第76条の３第６項において準用する場合を含む。）の認可を受けようとする者は、建築協定変更・廃止認可申請書の正本及び副本に、次に掲げる図書を添えて市長に提出しなければならない。

⑴ 法第73条第１項の認可を受けた建築協定書（法第74条第２項又は法第76条の３第４項の規定により法第73条第１項の規定を準用する場合のものを含む。）
⑵ 建築協定を廃止しようとする理由書

(3) 建築協定区域内の土地の所有者等の全員の住所、氏名及び建築協定の廃止に関する過半数の合意を示す書類
(4) 建築協定区域内の土地の整理図
(5) 認可の申請人が建築協定を廃止しようとする者の代表者であることを証する書類
(6) その他市長が必要と認める図書

4 市長は、前3項に規定する法の規定による認定をしたとき、又はその認定をしないときは、前3項の申請書の副本及びその添付図書を添えて、申請者にその旨を通知するものとする。

（建築協定の設定の特則）

第18条 法第76条の3第2項の認可を受けようとする者は、前条第1項に規定する建築協定認可申請書に、同項各号（第3号及び第8号を除く。）に掲げる図書を添えて市長に提出しなければならない。

2 市長は、前項に規定する法の規定による認可をしたとき、又はその認可をしないときは、同項の建築協定認可申請書の副本及びその添付図書を添えて、申請者にその旨を通知するものとする。

3 法第76条の3第4項において準用する法第73条第1項の認可を受けた者は、法第76条の3第5項に規定する期間内に当該建築協定区域内の土地に2以上の土地の所有権者等が存することとなった場合においては、速やかにその旨を一人建築協定効力発生届（様式第21）により市長に届け出なければならない。

（申請書等記載事項の変更）

第19条 法第6条第1項（法第87条第1項、法第87条の2又は法第88条第1項若しくは第2項において準用する場合を含む。）の規定による確認済証の交付を受けた者は、当該確認済証の交付に係る工事が完了するまでの間に、次に掲げる書類の記載事項に変更があった場合においては、その変更の日から5日以内に、申請書等記載事項変更届（様式第22）に変更後の内容を記載した当該書類を添えて建築主事に届け出なければならない。
(1) 省令別記第3号様式の建築計画概要書（第3面を除く。）
(2) 省令別記第4号様式による申請書の第2面
(3) 省令別記第10号様式による申請書の第2面
(4) 省令別記第11号様式による申請書の第2面

2 法第77条の21に規定する指定確認検査機関は、法第6条の2第1項（法第87条第1項、法第87条の2又は法第88条第1項若しくは第2項において準用する場合を含む。）の規定による確認済証の交付を受けた建築物について、当該確認済証の交付に係る工事が完了するまでの間に、省令第3条の4第1項各号に定める書類の記載事項に変更があったことを知ったときは、報告事項変更届（様式第22の2）に変更後の内容を記載した当該書類を添えて、速やかに市長に報告しなければならない。

3　前２項の規定は、これらの規定に規定する変更に関し、法第６条第１項又は法第６条の２第１項の規定による確認済証の交付を受けた場合については、適用しない。

（意見の聴取の請求）

第20条　法第９条第３項（法第10条第４項、法第45条第２項又は法第90条の２第２項において準用する場合を含む。）及び法第９条第８項（法第10条第４項又は法第90条の２第２項において準用する場合を含む。）の規定による意見の聴取の請求を行おうとする者は、意見の聴取請求書（様式第23）を市長に提出しなければならない。

（意見の聴取の通知）

第21条　法第９条第５項（同条第８項、法第10条第４項、法第45条第２項又は法第90条の２第２項において準用する場合を含む。）の規定による意見の聴取の通知は、意見の聴取通知書（様式第24）によって行うものとする。

（代理人の届出）

第22条　前条の通知を受けた者（以下「当事者」という。）又は法第46条第１項若しくは法第48条第13項に規定する利害関係を有する者が、代理人を出席させようとするときは、委任状を添えて意見の聴取の開始前までに市長にその旨を届け出なければならない。

（意見の聴取の期日及び場所の変更）

第23条　当事者又はその代理人が、やむを得ない事由により意見の聴取の期日又は場所に出席することができないときは、その期日の前日までに理由を付して市長にその旨を届け出なければならない。

2　市長は、前項の届出があった場合において、その事由が正当であると認めるときは、意見の聴取の期日又は場所を変更することができる。

（意見の聴取の主宰）

第24条　法第９条第４項（同条第８項、法第10条第４項、法第45条第２項又は法第90条の２第２項において準用する場合を含む。）、法第46条第１項及び法第48条第13項の規定による意見の聴取は、市長が指名する職員が主宰する。

（意見の聴取の記録）

第25条　前条の規定により意見の聴取を主宰する者（以下「主宰者」という。）は、関係職員に命じ、意見の聴取を受けた者の氏名及び意見の聴取の内容の要点を記録させなければならない。

（意見の聴取の期日における陳述の制限等）

第26条　主宰者は、意見の聴取の期日に出席した者が当該意見の聴取に係る事案の範囲を超えて発言するとき、その他審理の適正な進行を図るためやむを得ないと認めるときは、その者に対し、その発言を制限することができる。

2　主宰者は、前項に規定する場合のほか、意見の聴取の期日における審理の秩序を維持するために必要があると認めるときは、意見の聴取を妨害し、又は審理の秩序を乱す者に対し、退場を命ずる等適当な措置をとることができる。

（申請の取下げ）

第27条 法、政令及びこの規則の規定により申請をした者は、当該申請をした後において、その申請を取り下げようとするときは、申請取下げ届（様式第25）により市長又は建築主事に届け出なければならない。

（違反建築物の公告の方法）

第28条 法第９条第13項の規定による違反建築物の公告は、次に掲げる事項を一宮市役所尾西庁舎の掲示場に掲示する方法により行うものとする。

⑴ 違反建築物の所在地及び規模

⑵ 法第９条第１項又は第10項の規定による命令を受けた者の氏名

⑶ 前号の命令の内容

（計画通知への準用）

第29条 第２条及び第27条の規定は、法第18条第２項（法第87条第１項、法第87条の２又は法第88条第１項若しくは第２項において準用する場合を含む。）の規定に基づく計画通知について準用する。

2 第６条第３項、第８条及び第19条の規定は、法第18条第３項（法第87条第１項、法第87条の２又は法第88条第１項若しくは第２項において準用する場合を含む。）の規定に基づき確認済証の交付があった場合について準用する。

附 則

1 この規則は、昭和57年４月１日から施行する。

2 この規則の施行の際現に愛知県建築基準法施行細則（昭和46年愛知県規則第55号）及び改正前の一宮市建築基準法施行細則に基づいて提出されている申請書、報告書その他の書類は、この規則の相当規定に基づいて提出されたものとみなす。

附 則（昭和59年６月11日規則第27号）

この規則は、昭和59年６月15日から施行する。

附 則（昭和60年８月１日規則第29号）

この規則は、公布の日から施行する。

附 則（昭和60年11月８日規則第43号）

この規則は、公布の日から施行する。

附 則（昭和61年３月31日規則第15号）

この規則は、昭和61年４月１日から施行する。

附 則（昭和62年12月16日規則第46号）

この規則は、公布の日から施行する。

附 則（平成元年６月12日規則第25号）

この規則は、平成元年7月1日から施行する。

附　則（平成元年10月19日規則第39号）

この規則は、平成2年4月1日から施行する。

附　則（平成5年6月7日規則第36号）

1　この規則は、平成5年6月25日から施行する。

2　この規則の施行の際、現に改正前の一宮市建築基準法施行細則の規定により提出されている申請書、報告書その他の書類は、改正後の一宮市建築基準法施行細則の相当規定により提出されたものとみなす。

附　則（平成6年11月8日規則第42号）

（施行期日）

1　この規則は、公布の日から施行する。

（一宮市聴聞規則の廃止）

2　一宮市聴聞規則（昭和47年一宮市規則第19号）は、廃止する。

（経過措置）

3　この規則の施行の際、現に改正前の一宮市建築基準法施行細則の規定により提出されている申請書、報告書その他の書類は、改正後の一宮市建築基準法施行細則の相当規定により提出されたものとみなす。

附　則（平成9年5月19日規則第32号）

この規則は、公布の日から施行する。

附　則（平成11年7月26日規則第31号）

1　この規則は、公布の日から施行する。

2　この規則の施行の際、現に建築基準法（昭和25年法律第201号）第6条第1項の規定による確認の申請がされた建築物については、改正後の一宮市建築基準法施行細則（以下「新規則」という。）第6条の2第4項の規定は、適用しない。

3　前項に規定する建築物については、新規則第19条の規定にかかわらず、なお従前の例による。

附　則（平成12年3月27日規則第4号）

この規則は、平成12年4月1日から施行する。

附　則（平成12年9月29日規則第59号）

1　この規則は、公布の日から施行する。

2　この規則の施行の際、現に改正前の一宮市建築基準法施行細則の規定に基づき作成されている帳票は、当分の間、改正後の一宮市建築基準法施行細則の規定に適合するよう修正した上で使用することができる。

附　則（平成12年12月21日規則第69号）

この規則は、平成13年1月6日から施行する。

附　則（平成13年２月21日規則第４号）

この規則は、平成13年４月１日から施行する。

附　則（平成13年３月30日規則第32号）

1　この規則は、平成13年４月１日から施行する。

2　この規則の施行の際、現に改正前の一宮市建築基準法施行細則の規定に基づき作成されている帳票は、当分の間、改正後の一宮市建築基準法施行細則の規定に適合するよう修正した上で使用することができる。

附　則（平成14年１月24日規則第１号）

この規則は、公布の日から施行する。

附　則（平成16年５月12日規則第31号）

この規則は、公布の日から施行する。

附　則（平成16年10月14日規則第42号）

1　この規則は、平成16年11月１日から施行する。

2　この規則の施行の際現に改正前の各規則の規定に基づき作成されている帳票は、改正後の各規則の規定にかかわらず、当分の間、使用することができる。

附　則（平成17年７月１日規則第103号）

この規則は、公布の日から施行する。

附　則（平成18年３月31日規則第43号）

この規則は、平成18年４月１日から施行する。

附　則（平成18年８月２日規則第62号）

この規則は、公布の日から施行する。

様式第1及び様式第2　削除

様式第3（その1）（第5条の2関係）

建築設備等設置概要書（エレベーター／小荷物専用昇降機）

年　月　日

一宮市長　　様

報告者　住所

氏名

一宮市建築基準法施行細則第5条の2の規定に基づき、下記のとおり報告します。

記

設置場所		※確認済証交付年月日及び番号	年　月　日 第　　号
建物名称		建物用途・規模	
建物の確認済証交付年月日及び番号	年　月　日 第　　号	設計事務所名	（　）建築士事務所 （　）知事登録第　　号
所有者の住所及び氏名	〒　　電話		
管理者の住所及び氏名	〒　　電話		
製造会社名			
工事施工者名			
設置箇所		用途	
定員	人	積載量	kg
定格速度	m／分	積載荷重	N
かご	間口 m × 奥行 m × 高さ m	小荷物専用昇降機の出し入れ口の下端の床面よりの高さ	cm
※完了検査	年　月　日	※検査済証交付年月日及び番号	年　月　日 第　　号

備考　1　用紙の大きさは、日本工業規格A4とする。
　　　2　※印欄には、記入しないこと。

様式第3（その2）（第5条の2関係）

建築設備等設置概要書（エスカレーター）

年　月　日

一宮市長　　様

報告者　住所

氏名

一宮市建築基準法施行細則第5条の2の規定に基づき、下記のとおり報告します。

記

設置場所			※確認済証交付年月日及び番号	年　月　日 第　　号	
建物名称			建物用途・規模		
建物の確認済証交付年月日及び番号	年　月　日 第　　号		設計事務所名	（　）建築士事務所 （　）知事登録第　　号	
所有者の住所及び氏名	〒　　電話				
管理者の住所及び氏名	〒　　電話				
製造会社名					
工事施工者名					
設置箇所					
輸送能力			形式		
定格速度	m／分	階高	m	上下階床	階～　階
※完了検査	年　月　日		※検査済証交付年月日及び番号	年　月　日 第　　号	

備考　1　用紙の大きさは、日本工業規格A4とする。
　　　2　※印欄には、記入しないこと。

様式第３（その３）（第５条の２関係）

建築設備等設置概要書（換気設備／排煙設備／非常用の照明設備）

年　月　日

一宮市長　　様

報告者　住所

氏名

一宮市建築基準法施行細則第５条の２の規定に基づき、下記のとおり報告します。

記

設置場所				※確認済証交付年月日及び番号	年　月　日　第　号			
建物名称				建物用途・規模				
建物の確認済証交付年月日及び番号	年　月　日　第　号			設計事務所名	（　）建築士事務所　（　）知事登録第　号			
所有者の住所及び氏名	〒　電話							
管理者の住所及び氏名	〒　電話							
建築物の概要	用途		構造		階数	地上　階　地下　階		
	建築面積	㎡		延べ面積	㎡			
建築設備の概要　換気設備		自然換気	機械換気設備　給気機・排気機	給気機・排気口	給気口・排気機	空気調和設備	冷暖房設備	適用除外
	居室							
	火気使用室							
排煙設備		自然排煙	機械排煙	告示第1436号	適用除外			
	居室							
	居室以外の室							
	廊下等							
非常用の照明設備		電源　別置蓄電池	発電機	電池内蔵	併用	告示第1411号	適用除外	
	居室							
	廊下等							
	階段							
※完了検査	年　月　日			※検査済証交付年月日及び番号	年　月　日　第　号			

備考　１　用紙の大きさは、日本工業規格Ａ４とする。

２　換気設備のうち、空調調和設備又は冷暖房設備については、換気量等計算と機器の概要を記載した書面を添付すること。

３　※印欄には、記入しないこと。

様式第３（その４）（第５条の２関係）

建築設備等設置概要書（遊戯施設）

年　月　日

一宮市長　　様

報告者　住所

氏名

一宮市建築基準法施行細則第５条の２の規定に基づき、下記のとおり報告します。

記

設置場所		※確認済証交付年月日及び番号	年　月　日　第　号
建物名称		建物用途・規模	
建物の確認済証交付年月日及び番号	年　月　日　第　号	設計事務所名	（　）建築士事務所　（　）知事登録第　号
所有者の住所及び氏名	〒　電話		
管理者の住所及び氏名	〒　電話		
製造会社名			
工事施工者名			
遊戯施設種別		名称	
定員	人×台	速度	回・m／分
遊戯施設の概略図			
※完了検査	年　月　日	※検査済証交付年月日及び番号	年　月　日　第　号

備考　１　用紙の大きさは、日本工業規格Ａ４とする。

２　※印欄には、記入しないこと。

様式第4（第6条関係）

（表）

地　盤　状　況　報　告　書

年　　月　　日

一宮市建築主事　　様

建築主（築造主）　住所
　　　　　　　　　氏名　　　　　　　　　㊞
　　　　　　　　　電話

一宮市建築基準法施行細則第6条第1項の規定に基づき、下記のとおり地盤の状況について報告します。

記

建築物の名称		※整理番号	
建築場所		※確認済証交付年月日	年　月　日
地盤調査実施者氏名	電話	※確認済証番号	第　　号
		調査孔位置番号	
地質調査の方法		調査深度	m

ボーリング柱状図											標準貫入試験結果						
標尺（m）	標高	深度	孔内水位	層厚	資料採取位置	土質記号	土質名	色調	記事	相対密度及び軟度	N値	10センチメートルごとのN値 0～10	10～20	20～30	補正打撃数	許容地耐力度	N値折線（回）1020304050
0																	
5																	
10																	
15																	
20																	
25																	
30																	
35																	
40																	
45																	

（裏）

敷地案内図
敷地内調査位置及び番号

備考　1　用紙の大きさは、日本工業規格A4とする。
　　　2　※印欄には、記入しないこと。

様式第５（第６条関係）

浄　化　槽　調　書

年　　月　　日

一宮市建築主事　　様

建築主　住所
氏名　　　　㊞
電話

一宮市建築基準法施行細則第６条第２項の規定に基づき、下記のとおり報告します。

記

※ 確認済証番号及び確認済証交付年月日	第　　号　　年　　月　　日			
1 設置場所				
2 設計者の資格、住所及び氏名建築士事務所名	（　）建築士　　第　　号 電話 （　）建築士事務所　（　）第　　号			
3 浄化槽工事業者（特例浄化槽工事業者）の住所、氏名、登録（届出受理）番号等	電話 愛知県知事（登—届）第　　号 登録（届出受理）年月日　年　　月　　日			
4 浄化槽設備士の住所、氏名、免状交付番号等	電話 第　　号　交付年月日　年　　月　　日			
5 浄化槽を設置する建物の用途等	用途　　延べ面積又は戸数　　m² 戸			
6 昭和55年建設省告示第1292号の構造方法の区分	第　　第　　号 方式			
7 浄化槽の名称		8 処理能力	日平均汚水量	人槽 m³／日
9 浄化槽の型式認定番号及び年月日	-　-　- 年　　月　　日	10 水質	BOD	mg／ℓ以下
11 放流場所	側溝・その他（　）	12 放流方法	自然放流・汲上げ放流	
13 JISA3302による処理対象人員算定計算 （処理対象人員　　人）				

備考
1　用紙の大きさは、日本工業規格Ａ４とする。
2　※印欄には、記入しないこと。
3　便所及び浄化槽の位置並びに屋外排水管経路を明示した配置図を添付すること。ただし、確認申請図書に記載されている場合は、この限りでない。
4　認定型以外の浄化槽の場合は、３の添付図面のほかに各室の容量及び汚水量等の計算書、浄化槽構造詳細図を３部ずつ添付すること。

様式第６（第６条関係）

浄化槽工事完了報告書

年　　月　　日

一宮市建築主事　　様

建築主　住　所
氏　名　　　　㊞
電話

一宮市建築基準法施行細則第６条第３項の規定に基づき、下記の浄化槽の工事が完了したので報告します。

記

1 確認済証番号及び確認済証交付年月日	第　　号　　年　　月　　日			
2 設置場所				
3 昭和55年建設省告示第1292号の構造方法の区分	第　　第　　号 方式			
4 浄化槽の名称		5 処理能力	日平均汚水量	人槽 m³／日
6 浄化槽の型式認定番号及び年月日	－　－　－　年　　月　　日			
7 浄化槽工事業者（特例浄化槽工事業者）の住所、氏名、登録（届出受理）番号等	電話 愛知県知事（登—届）第　　号 登録（届出受理）年月日　年　　月　　日			
8 浄化槽設備士の住所、氏名、完了確認済印、免状交付番号等	㊞　電話 第　　号　交付年月日　年　　月　　日			
9 完了確認年月日	年　　月　　日			
10 使用開始予定年月日	年　　月　　日			

備考　1　用紙の大きさは、日本工業規格Ａ４とする。
2　建築主の押印は、氏名を自署する場合にあっては省略することができる。

様式第7（第６条関係）

工 場 に 関 す る 報 告 書

年　月　日

一宮市建築主事　　様

建築主　住　所

氏　名　　　　㊞

電話

一宮市建築基準法施行細則第６条第４項の規定に基づき、下記のとおり工場に関する報告をします。

記

工場の名称			
敷地の位置　地名及び地番			
敷地の位置　用途地域		防火地域	
業種			
製品名		原料名	
作業の概要			

	本工事部分	既存部分	計
作業場の床面積の合計（㎡）			
アセチレンガス発生器の容量（ℓ）			
るつぼ又はかまの容量（ℓ）			

	種類	台数　新増設	台数　既設	台数　計	原動機の出力　新増設	原動機の出力　既設	原動機の出力　計
主要な機械		台	台	台	kW	kW	kW
工場全体の原動機							

	種類	新増設	既設	計
危険物の数量				

その他参考事項			
※確認済証交付年月日	年　月　日	※確認済証番号	第　　号

備考　1　用紙の大きさは、日本工業規格Ａ４とする。
　　　2　※印欄には、記入しないこと。

様式第8（第６条関係）

不適合建築物に関する報告書

年　月　日

一宮市建築主事　　様

建築主　住　所

氏　名　　　　㊞

電話

一宮市建築基準法施行細則第６条第５項の規定に基づき、下記のとおり不適合建築物に関する報告をします。

記

工事の種別	増築　改築　大規模の修繕　大規模の模様替		
敷地の位置　地名及び地番			
敷地の位置　用途地域	防火地域	その他の区域・地域・地区・街区	
主要用途			
基準時	年　月　日	不適合条項	法第　条第　項第　号
主要構造部		外壁又はその屋内面及び軒裏の構造	

	ア 基準時	イ ア後の増減	ウ 本工事に係る部分	エ 本工事後	オ エ／ア
敷地面積（㎡）					
建築面積（㎡）					
床面積の合計（㎡）					
不適合部分の床面積の合計（㎡）					
不適合原動機の出力（kW）					
危険物の数量					
不適合機械（台）　種類					

その他参考事項			
※確認済証交付年月日	年　月　日	※確認済証番号	第　　号

備考　1　用紙の大きさは、日本工業規格Ａ４とする。
　　　2　建築主の押印は、氏名を自署する場合にあっては省略することができる。
　　　3　※印欄には、記入しないこと。

様式第9（第6条の2関係）

溶　接　工　事　作　業　計　画　書

年　月　日

一宮市建築主事　様

建築主　住　所
氏　名　㊞
電話

一宮市建築基準法施行細則第6条の2第1項の規定に基づき、下記のとおり報告します。

記

1 建築物、溶接工事概要	イ 建築工事の名称					ロ 主要用途			
	ハ 構造種別		ニ 軒の高さ　m			ホ 最大の張り間　m			
	ヘ 延べ面積　㎡	ト 建築面積　㎡	チ 階数						
	リ 架構型式	ル 主要鋼種及び重量	SS	SM					
	ヌ 溶接長　m		t	t	t	t	t		
2 工事関係者の住所、氏名等	イ 設計者	住所 〒	（　）建築士第　号 （　）建築士事務所名	（　）第　号	氏名 ㊞	電話			
	ロ 構造担当設計者	住所 〒	（　）建築士第　号 （　）建築士事務所名	（　）第　号	氏名 ㊞	電話			
	ハ 工事監理者	住所 〒	（　）建築士第　号 （　）建築士事務所名	（　）第　号	氏名 ㊞	電話			
	ニ 工事施工者	住所 〒			氏名	電話			
	ホ 鉄骨製作工場	住所 〒			代表者氏名				
		名称 大臣認定年月日　年　月　日	認定番号	建設省　住指発第　号	電話	ランク			
	ヘ 溶接管理責任者	所属			氏名	資格			
	ト 溶接検査責任者	所属			氏名	資格			
3 主要部材の形状	イ 柱								
	ロ はり								
	ハ その他								

4 搬入される設備、人員等	イ 溶接機器及び加工機器	自動溶接機の台数及び点数	台　点	半自動アーク溶接の台数及び点数	台　点	手動アーク溶接機の台数及び点数	台　点	イの点数の合計	点
		ガウジング機の台数及び点数	台　点	自動ガス切断機の台数及び点数	台　点	棒乾燥機の合計能力及び点数	kg／日　点		
	ロ 溶接管理技術者	換算率						ロの合計　換算人員	人
		該当技術者数	人	人	人	人		点数	点
	ハ 溶接技能者	換算率						ハの合計　換算人員	人
		該当技術者数	人	人	人	人		点数	点
	ニ 検査	非破壊検査機器の台数及び点数	台　点	検査技術者の換算率及び該当技術者数			検査技術者の合計　換算人員　人	ニの点数の合計	点
		機械的性質の試験機の台数及び点数	台　点		人	人	点数　点		
	ホ その他	上屋付作業場の面積及び点数	㎡　点	原寸場の面積及び点数　㎡　点	変電容量及び点数	kVA　点	ホの点数の合計　点	イ～ホの点数の合計	点

5 接合部の工作及び検査の要領		使用部位	鋼種	溶接棒	作業場所	姿勢	検査方法	特記事項
	イ 突合せ							
	ロ すみ肉							
	ハ その他							
6 根拠規準		検査規準			工作規準			
7 備考								

備考　1　用紙の大きさは、日本工業規格A4とする。
　　　2　建築主、設計者及び構造担当設計者の押印は、氏名を自署する場合にあっては省略することができる。

様式第10（第6条の2関係）

鉄骨製作工場に関する報告書

年　月　日

一宮市建築主事　　様

建築主　住　所
氏　名　㊞

下記の建築物の鉄骨を製作する工場については、現在決まっていません。
当該工場が決まったときは、直ちに溶接工事作業計画書を提出します。

記

建築物の名称				
建築場所				
建築物の用途			構　造	
建築物の規模	地上　階／地下　階		延べ面積	㎡
	軒の高さ	m	最大スパン	m
設計者	住所 氏名 資格　（　）級建築士登録第　号			

備考　1　用紙の大きさは、日本工業規格A4とする。
　　　2　建築主の押印は、氏名を自署する場合にあっては省略することができる。

様式第11（第６条の２関係）

（表）

鉄骨工事施工状況報告書

年　　月　　日

一宮市建築主事　様

建築主　住　所

氏　名　　　　　　　　㊞

電　話

一宮市建築基準法施行細則第６条の２第３項の規定に基づき、下記のとおり報告します。

記

工事監理者	住所〒	（　）建築士　第　　号 （　）建築士事務所（　）知事登録第　　号	氏名　　㊞	電話		
工事施工者	住所〒		氏名	電話		
建築物及び鉄骨工事の概要	建築工事の名称		確認済証交付年月日	年　月　日　第　　号		
	建築場所					
	主要用途		建築面積	㎡	延べ面積	㎡
	階　数	地上　階／地下　階	軒の高さ	m	最大スパン	m
	構造種別	S造　SRC造（　　）	架構型式	ラーメン　ブレース（　　）		
	確認に要した図書と設計図書との照合結果等	照合結果（　相違あり　相違なし　） 照合結果に相違があった場合、設計図書が訂正されたことの確認（　確認済　未確認　）				
	確認済証交付後の変更事項					
	主要部材の使用部位及び鋼種	部位 / 鋼材種別 / 重量	高力ボルトの種類	ＪＩＳ型 トルシア型	（F　T、　）・径（M　） （S　T、　）・径（M　）	
			高力ボルトの接合	接合方法 摩擦、引張	1.母材：　摩擦面の処理 2.スプライスPL	
	溶接継目の部位・鋼材の種類及び品質条件	工場溶接：部位 / 鋼材種別 / 品質条件等 （突合せ・すみ肉）（　F） （突合せ・すみ肉）（　F） （突合せ・すみ肉）（　F） （突合せ・すみ肉）（　F）		現場溶接：部位 / 鋼材種別 / 品質条件等 （突合せ・すみ肉）（　F） （突合せ・すみ肉）（　F） （突合せ・すみ肉）（　F） （突合せ・すみ肉）（　F）		
	鉄骨製作工場の名称等現場表示板の設置期間	年　月　日　から　年　月　日　まで				
工事関係者の住所及び氏名	設計者	住所〒 （　）建築士　第　　号 （　）建築士事務所知事登録第　　号	氏名	電話		
	構造設計担当者	住所〒 （　）建築士　第　　号 （　）建築士事務所知事登録第　　号	氏名	電話		
	検査機関（検査員）	検査機関の名称 代表者名	住所 （検査員氏名　　）	電話 資格		
	鉄骨製作工場	住所〒 名称 大臣認定年月日　年　月　日　認定番号　　省　住指発第　　号　ランク	代表者名	電話		

（裏）

鉄骨製作工場及び工事現場における試験、検査等の結果

試験、検査等の項目		試験、検査等の方法（記号を○で囲むこと）	検査年月日 工事施工者	工事監理者	検査機関
工場製作における試験、検査等の実施状況	鉄骨製作工場の決定	a　書類審査　b　工場実施調査			
	要領書・工作図の審査	a　設計図書との照合　b　図書審査承認			
	溶接方法の承認	a　要領書審査　b　承認試験			
	溶接工の承認	a　資格証の承認　b　技量確認試験			
	使用鋼材等の品質確認	a　ミルシートの確認　b　立ち会い検査			
	使用材料・製品の検査（HTB・スタッドボルト等）	a　ミルシートの確認　b　材料試験 c　立ち会い検査　d（　）			
	現寸検査等	a　立ち会い検査			
	切断後の鋼材材質確認	a　立ち会い検査　b　確認試験			
	組立検査	a　開先形状　b　ルート間隔　c　目違い d　裏当て・エンドタブ　e　仮付け溶接			
	製品の社内検査実施状況の確認	a　製品の社内検査報告書確認 b（　）c（　）			
	鉄骨製品の受入れ検査	a　溶接部外観検査（溶接部の精度・表面欠陥） b　超音波探傷検査　c　補正措置 d　部材表面検査　e　寸法検査 f　取合部検査　g（　）h（　）			
現場製作における試験、検査等の実施状況	RC部との接合（柱脚等）	a　設計図書との照合			
	アンカーボルトの埋込み等	a　設計図書との照合			
	建て方、建て方精度	a　建て方精度　b　建て入れ直し c　倒壊防止精度　d　仮締めボルト			
	トルシア型HTB受入れ検査	a　現場軸力導入確認試験			
	摩擦接合面の確認	a　目視　b（　）			
	食い違い、肌すき検査	a　目視　b（　）			
	高力ボルト本締め検査	a　目視　b（　）			
	共廻り、締め忘れ検査	a　目視　b（　）			
	要領書、工作図の承認	a　設計図書との照合			
	溶接方法の承認	a　要領書　b　承認試験			
	溶接工の承認	a　資格証　b　技量確認試験			
	溶接作業条件の承認	a　要領書			
	開先形状、ルート間隔、目違い、隙間	a　目視　b　溶接ゲージ c（　）d（　）			
	仮付け溶接、裏当て、エンドタブ	a　目視　b　溶接ゲージ c（　）d（　）			
	溶接部の検査	a　外観検査　b　内部欠陥検査			

所見	工場製作について	現場製作について	
		内部欠陥検査の方法	
		検査率	
		その他所見	

備考１　用紙の大きさは、日本工業規格Ａ４とする。
　２　建築主及び工事監理者の押印は、氏名を自署する場合にあっては省略することができる。
　３　「所見」欄は、試験、検査等の結果、不合格のあった場合には、当該項目及びその後の措置並びに再検査年月日及び再検査の結果の合否について記入すること。
　４　次に掲げる図書等を添付すること。
　(1)　鋼材の品質を証明し、かつ、流通経路を示す書類
　(2)　鉄骨製作に関する試験、検査等の実施状況を示す写真
　(3)　鉄骨製作に関する受入れ検査を第三者に委託した場合の契約書の写し
　(4)　建築現場における鉄骨製作工場の名称の現場表示板が設置されたことを確認できる写真（遠景・近景）

様式第12（第７条関係）

〔表〕

特殊建築物等に関する報告書

年　月　日

一宮市長　様

建築主　住所

氏名　㊞

一宮市建築基準法施行細則第７条の規定に基づき、下記のとおり報告します。

記

1　建築物の所在地	〒			
2　所有者の住所及び氏名	〒　電話			
3　管理者の住所及び氏名	〒　電話			
4 建築物の概要　イ　名称			ハ　主要用途	
ロ　敷地面積			ニ　全体の棟数	
	今回確認申請部分	既存部分	合計	
ホ　建築面積				
ヘ　延べ面積				

5　建築物別概要

イ　設計者の住所及び氏名	〒　電話					
ロ　施工者の住所及び氏名	〒　電話					
ハ　棟番号		ニ　工事種別		ホ　構造　造	ヘ　最高の高さ	
	今回確認申請部分	既存部分	合計			
ト　建築面積						
チ　延べ面積						

リ　建築設備の概要

昇降機等	エレベーター	エスカレーター	小荷物専用昇降機	遊戯施設			
換気設備		自然換気	機械換気　給気機 排気機	機械換気　給気機 排気口	機械換気　給気口 排気機	空気調和設備	適用除外
	居室						
	火気使用室						
	上記以外						
排煙設備		自然排煙	機械排煙	告示第1436号	適用除外		
	居室						
	居室以外の室						
	廊下等						
非常用の照明装置		別置蓄電池	発電機	電源内蔵	告示第1411号	適用除外	
	居室						
	階段						
	廊下等						

ヌ　階別用途別床面積　用途／階	階	階	階	階	階	階	階	合計
合計								

※　確認済証交付年月日及び確認済証番号	年　月　日第　号	※検査済証交付年月日及び検査済証番号	年　月　日　第　号

〔裏〕

付近見取図 (注)　付近見取図に明示すべき事項　方位、道路及び目標となる地物
配置図 (注)　配置図に明示すべき事項 縮尺、方位、敷地の境界線、敷地内における建築物の位置及び棟番号（「５欄」に記入を要する棟ごとに番号を付すること。）今回の確認申請に係る建築物とその他の建築物との別並びに敷地の接する道路の位置及び幅員

備考

1　用紙の大きさは、日本工業規格Ａ４とする。

2　面積については㎡、高さについてはｍを単位とし、各欄には数字のみを記入すること。

3　「５欄」については、棟ごとに記入し、今回申請に係る棟が２棟以上ある場合は、当該欄のみ別紙に記入して添付すること。

4　「５欄リ」については、該当する欄に○印を付すこと。

5　「５欄ヌ」については、「同欄ハ」に係る棟の「今回確認申請部分」及び「既存部分」の床面積の合計について用途別及び階別に区分して記入すること。

6　「３欄」及び「５欄ロ」については、未定の場合は記入を要しない。

7　※印欄には、記入しないこと。

8　各階平面図を添付すること。

様式第12（第7条関係）別紙

（表）

5 建築物別概要									
イ	設計者の住所及び氏名	〒 電話							
ロ	施工者の住所及び氏名	〒 電話							
ハ	棟番号		ニ 工事種別		ホ 構造	造	ヘ 最高の高さ		
		今回確認申請部分		既存部分		合計			
ト	建築面積								
チ	延べ面積								
リ 建築設備の概要	昇降機等	エレベーター		エスカレーター		小荷物専用昇降機		遊戯施設	
	換気設備		自然換気	機械換気 給気機 排気機	機械換気 給気機 排気口	機械換気 給気口 排気機	空気調和設備	適用除外	
		居室							
		火気使用室							
		上記以外							
	排煙設備		自然排煙	機械排煙	告示第1436号	適用除外			
		居室							
		居室以外の室							
		廊下等							
	非常用の照明装置		別置蓄電池	発電機	電源内蔵	告示第1411号	適用除外		
		居室							
		階段							
		廊下等							
ヌ 階別用途別床面積	用途＼階	階	階	階	階	階	階	階	合計
	合計								
※	確認済証交付年月日及び確認済証番号	年 月 日 第 号			※検査済証交付年月日及び検査済証番号	年 月 日 第 号			

（裏）

5 建築物別概要									
イ	設計者の住所及び氏名	〒 電話							
ロ	施工者の住所及び氏名	〒 電話							
ハ	棟番号		ニ 工事種別		ホ 構造	造	ヘ 最高の高さ		
		今回確認申請部分		既存部分		合計			
ト	建築面積								
チ	延べ面積								
リ 建築設備の概要	昇降機等	エレベーター		エスカレーター		小荷物専用昇降機		遊戯施設	
	換気設備		自然換気	機械換気 給気機 排気機	機械換気 給気機 排気口	機械換気 給気口 排気機	空気調和設備	適用除外	
		居室							
		火気使用室							
		上記以外							
	排煙設備		自然排煙	機械排煙	告示第1436号	適用除外			
		居室							
		居室以外の室							
		廊下等							
	非常用の照明装置		別置蓄電池	発電機	電源内蔵	告示第1411号	適用除外		
		居室							
		階段							
		廊下等							
ヌ 階別用途別床面積	用途＼階	階	階	階	階	階	階	階	合計
	合計								
※	確認済証交付年月日及び確認済証番号	年 月 日 第 号			※検査済証交付年月日及び検査済証番号	年 月 日 第 号			

備考 1 用紙の大きさは、日本工業規格Ａ４とする。
2 ※印欄には、記入しないこと。

様式第13（第８条関係）

工事取りやめ報告書

年　月　日

一宮市建築主事　様

建築主　住　所
（築造主）
氏　名　㊞

下記工事は、取りやめました。

記

確認済証交付年月日 確認済証番号	年　月　日 第　　号
建築場所	
取りやめ理由	

※受付	※決裁欄

備考　1　用紙の大きさは、日本工業規格Ａ４とする。
2　建築主又は築造主の押印は、氏名を自署する場合にあっては省略することができる。
3　※印欄には、記入しないこと。

様式第14（第９条の２関係）

適用除外保存建築物指定申請書

年　月　日

一宮市長　様

申請者　住所
氏名　㊞
電話

建築基準法第３条第１項第３号の規定による指定をしてください。

設計者の住所及び氏名	電話				
敷地の位置　地名及び地番					
敷地の位置　都市計画区域	用途地域	防火地域	その他の区域・地域・地区・街区		
敷地の位置　区域内・区域外					
主要用途			申請部分の用途		
工事種別	新築・増築・改築・移転・用途変更・大規模の修繕・大規模の模様替				
建築物の構造			建築物の階数	地上　階　地下　階	
建築物の最高の高さ（m）			建築物の軒の高さ（m）		
	申請部分	申請以外の部分	合計	敷地面積に対する割合	敷地面積に対する割合の限度
敷地面積（㎡）					
建築面積（㎡）				／10	／10
延べ面積（㎡）				／10	／10
工事着手予定日	年　月　日	工事完了予定日	年　月　日		
その他必要な事項	愛知県文化財保護条例等による指定状況 指定番号 名称　指定年月日　年　月　日				
※受付欄		※備考			
※指定番号	指令建指第　号	※指定年月日			

備考　1　用紙の大きさは、日本工業規格Ａ４とする。
2　申請者の押印は、氏名を自署する場合にあっては省略することができる。
3　※印欄には、記入しないこと。

様式第15（第12条関係）

（表）

道路位置指定申請書

年　月　日

一宮市長　様

申請者　住所

氏名　㊞

電話

建築基準法第42条第1項第5号に規定する道路の位置を指定してください。

	道路番号	幅員	延長	地名及び地番
指定道路		m	m	

	地名及び地番	面積	所有者の氏名	借主の氏名
道路位置		㎡		
	合計　筆			

工事着手予定年月日	年　月　日	工事完了予定年月日	年　月　日
標示の方法			
※　受付	※　備考		
※　指定番号	指令建指第　号	※　指定年月日	年　月　日

（裏）

	道路との関係	土地、建物又は工作物の所在地	関係者	
			住所	氏名
承諾欄				㊞
				㊞
				㊞
				㊞
				㊞
				㊞
				㊞
				㊞
				㊞
				㊞
				㊞
				㊞
				㊞
				㊞
				㊞
				㊞
				㊞
				㊞
				㊞
				㊞
				㊞
				㊞
設計者の住所及び氏名		電話		

備考
1　用紙の大きさは、日本工業規格Ａ４とする。
2　「道路との関係」欄は、土地の所有主、土地の借主、建物の所有主、建物の借主、工作物の所有主又は工作物の借主の別を記入すること。
3　関係者欄の印は、実印とする。
4　申請者の押印は、氏名を自署する場合にあっては省略することができる。
5　※印欄には、記入しないこと。

様式第16（第16条関係）

認　定　申　請　書

年　月　日

一宮市長　様

申請者　住所
氏名　㊞
電話

建築基準法
建築基準法施行令第　条第　項の規定による申請をしてください。
愛知県建築基準条例

設計者の住所及び氏名	電話					
敷地の位置	地名及び地番					
	都市計画区域	用途地域		防火地域		その他の区域・地域・地区・街区
	区域内・区域外					
主要用途			申請部分の用途			
工事種別	新築・増築・改築・移転・用途変更・大規模の修繕・大規模の模様替					
建築物の構造			建築物の階数		地上　階　地下　階	
建築物の最高の高さ（m）			建築物の軒の高さ（m）			
	申請部分	申請以外の部分	合計		敷地面積に対する割合	敷地面積に対する割合の限度
敷地面積（㎡）						
建築面積（㎡）					／10	／10
延べ面積（㎡）					／10	／10
工事着手予定日	年　月　日	工事完了予定日	年　月　日			
前面道路又は通路等	名称		幅員（m）		敷地と接している部分の長さ(m)	
その他必要な事項						
※受付欄			※備考			
※認定番号	指令建指第　号		※　認定年月日		年　月　日	

備考　1　用紙の大きさは、日本工業規格Ａ４とする。
2　申請者の押印は、氏名を自署する場合にあっては省略することができる。
3　「前面道路又は通路等」欄は、第16条第２項の表の(3)項及び(4)項の(あ)欄に掲げる条例の規定による認定の場合に記入をすること。
4　※印欄には、記入しないこと。

様式第17（第16条関係）

同　意　書

建築基準法第86条第１項又は第２項の規定による下記の認定の申請について、同条第６項の規定に基づき同意します。

記

1　申請者の住所及び氏名

電話

2　対象区域の位置

3　対象区域の面積

4　対象区域内の建築物の概要
(1)　用途
(2)　棟数
(3)　延べ床面積の合計

	対象区域との関係	土地の所在地	関係者 住所	関係者 氏名
同意欄				
設計者の住所及び氏名	電話			

備考　1　用紙の大きさは、日本工業規格Ａ４とする。
2　「対象区域との関係」欄は、土地の所有者又は借地権者の別を記入すること。
3　関係者の印は、実印とすること。

様式第18（第16条関係）

合　意　書

建築基準法第86条の５第１項の規定による下記の認定の取消しの申請について、同項の規定に基づき合意します。

記

1　申請者の住所及び氏名

電話

2　対象区域の位置

3　対象区域の面積

4　対象区域内の建築物の概要

(1)　用途

(2)　棟数

(3)　延べ床面積の合計

5　認定年月日及び番号

			関係者	
同意欄	対象区域との関係	土地の所在地	住所	氏名
設計者の住所及び氏名	電話			

備考　1　用紙の大きさは、日本工業規格Ａ４とする。

2　「対象区域との関係」欄は、土地の所有者又は借地権者の別を記入すること。

3　関係者の印は、実印とすること。

様式第19（第17条関係）

建築協定認可申請書

年　月　日

一宮市長様

住所

申請者

（代表者）氏名　㊞

電話

建築基準法第70条第１項／第76条の３第２項の規定により、建築協定の認可をしてください。

建築協定の概要	協定の目的					
	建築物に関する基準	建築物の敷地・位置・構造・用途・形態・意匠・設備に関する基準				
	有効期間	年　月　日から　年　月　日までの　年　月間				
	違反があった場合の措置					
建築協定区域等		建築協定区域			建築協定区域隣接地	
	地名地番					
	面積	㎡			㎡	
	地域地区	都市計画区域	用途地域	防火地域	その他の区域・地域・地区・街区	
		内・外				
土地の所有権者等の人数		土地の所有権者	建築物の所有を目的とする 地上権者	建築物の所有を目的とする 借地権者	法第77条に規定する建築物の借主	合計
		人	人	人	人	人
開発計画に関する事項		許認可日付・番号		工事完了（予定）日付	工事完了公告日付	
		年　月　日指令建指第　号		年　月　日	年　月　日	
※受付		※備考				
※認可の日付・番号		年　月　日指令建指第　号		※公告の日付	年　月　日	

備考　1　用紙の大きさは、日本工業規格Ａ４とする。

2　申請者の押印は、氏名を自署する場合にあっては省略することができる。

3　※印欄には、記入しないこと。

様式第20（第17条関係）

建築協定変更・廃止認可申請書

年　月　日

一　宮　市　長　様

住所
申請者
（代表者）　氏名　㊞
電話

建築基準法第$\frac{74}{76}$条第1項の規定により、建築協定の$\frac{変更}{廃止}$の認可をしてください。

(1) 建築協定	年　月　日　指令建指第　号				
建築協定及び建築協定区域等の変更の概要 (2) 協定の目的					
(3) 建築物に関する基準	建築物に関する敷地・位置・構造・用途・形態・意匠・設備に関する基準				
	建築物に関する敷地・位置・構造・用途・形態・意匠・設備に関する基準				
(4) 有効期間	年　月　日から　年　月　日までの　年　月間				
	年　月　日から　年　月　日までの　年　月間				
(5) 違反があった場合の措置					
	建築協定区域			建築協定区域隣接地	
(6) 地名及び地番					
(7) 面積	㎡			㎡	
	㎡			㎡	
(8) 地域地区	都市計画区域	用途地域	防火地域	その他の区域・地域・地区・街区	
	内・外				
	内・外				
(9) 土地の所有者等の人数（上段）及び協定の廃止に合意する土地の所有権者等の人数（下段）	土地の所有権者	建築物の所有を目的とする　地上権者	建築物の所有を目的とする　借地権者	法第77条に規定する建築物の借主	合計
	人	人	人	人	人
	人	人	人	人	人
(10) (9)の合計の下段の上段に対する割合	%				
※受付	※備考				
※認可の日付・番号	年　月　日　指令建指第　号	※公告の日付	年　月　日		

備考　1　用紙の大きさは、日本工業規格Ａ４とする。
2　申請者の押印は、氏名を自署する場合にあっては省略することができる。
3　(2)から(8)までの欄は、上段に変更前のもの、下段に変更後のものを記入すること。
4　(9)及び(10)は、協定を廃止する場合に記入すること。
5　※印欄には、記入しないこと。

様式第21（第18条関係）

一人建築協定効力発生届

年　月　日

一宮市長　様

申請者　住所
氏名　㊞
電話

一宮市建築基準法施行細則第18条第2項の規定に基づき、下記のとおり届け出ます。

記

認可の日付	年　月　日	認可番号	指令建指第　号
建築協定名		協定が効力を生じた日	年　月　日

番号	住所及び氏名	地名及び地番	土地に関する権利の種別	土地の所有権等の取得年月日
1	㊞		1所有権 2地上権 3賃借権	年　月　日
2	㊞		1所有権 2地上権 3賃借権	年　月　日
3	㊞		1所有権 2地上権 3賃借権	年　月　日
4	㊞		1所有権 2地上権 3賃借権	年　月　日
5	㊞		1所有権 2地上権 3賃借権	年　月　日

備考　1　用紙の大きさは、日本工業規格Ａ４とする。
2　申請者の押印は、氏名を自署する場合にあっては省略することができる。
3　建築協定書の写しを添付してください。

様式第22（第19条関係）

申請書等記載事項変更届

年　月　日

一宮市建築主事　様

申請者　住　所
氏　名　㊞
電話

下記に係る工事について、申請書等記載事項を変更しましたのでお届けします。

記

確認済証番号及び確認済証交付年月日			第　号　年　月　日
建築場所			
主要用途			工事種別
申請書等記載事項	建築主の住所、氏名等	新	氏名のフリガナ 氏名　㊞ 郵便番号 住所 電話番号
		旧	
	工事監理者の所在地、氏名等	新	資格　（　）建築士（　）登録第　号 氏名　㊞ 建築士事務所名（　）建築士事務所（　）知事登録第　号 郵便番号 所在地 電話番号
		旧	
	工事施工者の所在地、氏名等	新	氏名 営業所名　建設業の許可（　）第　号 郵便番号 所在地 電話番号
		旧	
	その他	新	
		旧	
変更事由			

※受付欄	※備考		※記簿欄	※決裁欄
	原本照合	年　月　日		

備考　1　用紙の大きさは、日本工業規格Ａ４とする。
2　申請者、建築主及び工事監理者の押印は、氏名を自署する場合にあっては省略することができる。
3　※印欄には、記入しないこと。

様式第22の２（第19条関係）

報告事項変更届

年　月　日

一宮市長　様

指定確認検査機関名　㊞

下記に係る工事について、報告事項に変更があったことを知りましたので報告します。

記

確認済証番号及び確認済証交付年月日			第　号　年　月　日
建築場所			
主要用途			工事種別
報告事項	建築主の住所、氏名等	新	氏名のフリガナ 氏名　㊞ 郵便番号 住所 電話番号
		旧	
	工事監理者の所在地、氏名等	新	資格　（　）建築士（　）登録第　号 氏名　㊞ 建築士事務所名（　）建築士事務所（　）知事登録第　号 郵便番号 所在地 電話番号
		旧	
	工事施工者の所在地、氏名等	新	氏名 営業所名　建設業の許可（　）第　号 郵便番号 所在地 電話番号
		旧	
	その他	新	
		旧	
変更事由			

※受付欄	※備考		※記簿欄	※決裁欄
	原本照合	年　月　日		

備考　1　用紙の大きさは、日本工業規格Ａ４とする。
2　※印欄には、記入しないこと。

様式第23（第20条関係）

意　見　の　聴　取　請　求　書

年　　月　　日

一宮市長　様

住所
氏名　　　　　　　㊞

年　　月　　日付けの建築基準法第　　条第　　項の規定による通知書（又は仮の命令書）を受領しましたが、意見の聴取を行うことを請求します。

備考　1　用紙の大きさは、日本工業規格Ａ４とする。
　　　2　意見の聴取の期日には、この通知書を持参すること。

様式第24（第21条関係）

意　見　の　聴　取　通　知　書

第　　号
年　月　日

様

一宮市長　　　　　㊞

建築基準法第　　条第　　項の規定による意見の聴取を下記のとおり行いますので、出席してください。

本人が出席できない場合は、委任状を持参した代理人を出席させてください。

記

1　期　日
2　場　所
3　意見の聴取に係る事項

備考　1　用紙の大きさは、日本工業規格Ａ４とする。
　　　2　請求者の押印は、氏名を自署する場合にあっては省略することができる。

様式第25（第27条関係）

申請取下げ届

年　月　日

一宮市長
一宮市建築主事　様

住所
氏名　㊞
電話

建築基準法
建築基準法施行令第　条第　項の規定に基づく下記の申
建築基準法施行細則

請は、取り下げます。

記

申請年月日	年　月　日
建築場所	
取下げ理由	

※受付	※備考

備考
1　用紙の大きさは、日本工業規格Ａ４とする。
2　届出者の押印は、氏名を自署する場合にあっては省略することができる。
3　※印欄には、記入しないこと。

春日井市関係

○春日井市建築基準法施行細則

（昭和58年３月30日
春日井市規則第20号）

改正

昭和59年３月31日春日井市規則	第16号	平成７年12月28日春日井市規則	第36号
同　60年６月11日同	第20号	同　11年４月30日同	第25号
同　60年９月30日同	第21号	同　12年３月31日同	第28号
同　61年３月31日同	第11号	同　12年９月１日同	第37号
同　62年11月14日同	第41号	同　12年11月13日同	第50号
平成元年５月22日同	第15号	同　13年３月23日同	第14号
同　元年12月１日同	第21号	同　13年８月27日同	第48号
同　５年６月18日同	第19号	同　15年３月20日同	第４号
同　６年９月30日同	第30号	同　16年３月16日同	第12号
同　６年12月19日同	第37号	同　18年３月15日同	第11号

（趣旨）

第１条　この規則は、建築基準法（昭和25年法律第201号。以下「法」という。）、建築基準法施行令（昭和25年政令第338号。以下「政令」という。）、建築基準法施行規則（昭和25年建設省令第40号。以下「省令」という。）及び愛知県建築基準条例（昭和39年愛知県条例第49号。以下「条例」という。）の施行について必要な事項を定めるものとする。

（確認申請書に添える図書）

第２条　法第６条第１項（法第87条第１項、法第87条の２又は法第88条第１項若しくは第２項において準用する場合を含む。）の規定に基づく確認の申請書（以下「確認申請書」という。）には、次に掲げる図書を添えなければならない。

⑴　申請に係る敷地が、道路面と建築物の地盤面とに高低差のある場合、同一敷地内に高低差のある場合、隣接する土地との間に高低差のある場合又はがけに近接する場合にあってはその状況を示す断面図

⑵　その他市長が必要と認めた図書

（確認申請書に添える図書等の省略）

第３条　確認申請書に添える図書等を省略することができる場合として次の各号に掲げる省令の規定により市長が規則で定める場合は、それぞれ当該各号に定める場合とする。

⑴　省令第１条の３第11項第３号　同項第２号に掲げる場合以外の建築物の建築の場合

⑵　省令第１条の３第14項第２号　建築物の建築の場合

２　申請に係る建築物が、法第68条の26第３項の規定による指定又は同条第６項の規定による承認を受けた者による構造に係る評価又は評定を受けたものであって、その工事計画が建築士の作成した設計図書によるものである場合においては、省令第１条の３第18項の規定により省令第１条の３第１項の表１の㈲項に掲げる図書並びに同項の表２の⑴項及び⑵項並びに同項の表３の⑴項の構造計算の計算書は、確認申請書に添えることを要しない。ただし、別に市長が必要と認めた場合にあっては、この限りでない。

3　申請に係る工作物が政令第138条第1項各号に掲げる工作物であって、その工事計画が1級建築士又は2級建築士の作成した設計図書によるものである場合においては、省令第3条第1項の表1に掲げる構造詳細図及び構造計算書を確認申請書に添えることを要しない。ただし、次に掲げる工作物にあっては、この限りでない。

(1)　高さが15mを超える煙突及び鉄筋コンクリート造の柱

(2)　高さが10mを超える広告塔、記念塔及び物見塔

(3)　高さが3mを超える擁壁

（定期調査）

第4条　法第12条第1項の規定により市長が指定する建築物は、次の表の(あ)欄各項に掲げる用途に供するもので、その規模が同表(い)欄当該各項に掲げる規模のものとし、法第12条第1項の規定による報告の時期として省令第5条第1項の規定により市長が定める時期は、同表(う)欄当該各項に掲げる期間とする。

	(あ)	(い)	(う)
	用　途	規　模	報告する時期
(1)	劇場、映画館、演芸場、公会堂、又は集会場	(あ)欄の用途に供する部分（客席部分に限る。）の床面積の合計が200㎡を超え、かつ、その用途に供する部分の全部又は一部が3階以上の階又は地階にあるもの	平成3年を始期として隔年の4月1日から10月31日まで
(2)	観覧場	(あ)欄の用途に供する部分の床面積の合計が1,000㎡を超えるもの	平成3年を始期として隔年の4月1日から10月31日まで
(3)	病院	(あ)欄の用途に供する部分の床面積の合計が500㎡を超え、かつ、その用途に供する部分の全部又は一部が3階以上の階にあるもの	平成2年を始期として隔年の4月1日から10月31日まで
(4)	旅館又はホテル	(あ)欄の用途に供する部分の床面積の合計が300㎡を超え、かつ、その用途に供する部分の全部又は一部が3階以上の階にあるもの	平成2年を始期として隔年の4月1日から10月31日まで
(5)	物品販売業を営む店舗（百貨店及びマーケット	(あ)欄の用途に供する部分の床面積の合計が500㎡を超え、かつ、その用途に供する部分	平成3年を始期として隔年の4月1日から10月31日まで

	を含む。)	の全部又は一部が３階以上の階又は地階にあるもの	
(6)	展示場、キャバレー、ナイトクラブ、バー、ダンスホール、遊技場、公衆浴場、料理店又は飲食店	㈭欄の用途に供する部分の床面積の合計が1,000㎡を超え、かつ、その用途に供する部分の全部又は一部が３階以上の階又は地階にあるもの	平成３年を始期として隔年の４月１日から10月31日まで
(7)	事務所その他これに類する用途（前各項に掲げる用途を除く。）	階数が５以上で、㈭欄の用途に供する部分の床面積の合計が1,000㎡を超え、かつ、その用途に供する部分の全部又は一部が３階以上の階又は地階にあるもの	平成３年を始期として隔年の４月１日から10月31日まで
(8)	前各項に掲げる用途のうち２以上の用途に供するもの	㈭欄の用途に供する部分の床面積の合計が1,000㎡を超え、かつ、その用途のいずれかに供する部分の全部又は一部が３階以上の階又は地階にあるもの（㈭欄の用途のいずれか一の用途が前項に掲げる用途にあって階数が４以下のものを除く。）	平成３年を始期として隔年の４月１日から10月31日まで

2　省令第５条第３項の規定により市長が定める書類は、付近見取図、配置図、各階平面図及び該当する建築設備図並びに別に定める定期調査票とする。

（定期検査）

第５条　法第12条第３項（法第88条第１項において準用する場合を含む。以下この条において同じ。）の規定により検査の結果を報告すべきものとして市長が指定する昇降機及びその他の建築設備並びに工作物（以下「建築設備等」という。）は、次に掲げるものとする。

(1)　エレベーター（一般交通の用に供するもの、かごの水平投影面積が１㎡を超え、かつ、天井の高さが1.2mを超えるもので労働基準法（昭和22年法律第49号）別表第１第１号から第５号までに掲げる事業の事業場に設置され、かつ、積載量が１t以上のもの、一戸建の住宅又は長屋若しくは共同住宅の住戸に設置されるもの及び法第６条第１項第１号から第３号までに掲げる建築物以外の建築物に設置されるものを除く。）

(2) エスカレーター（一般交通の用に供するもの、一戸建の住宅又は長屋若しくは共同住宅の住戸に設置されるもの及び法第6条第1項第1号から第3号までに掲げる建築物以外の建築物に設置されるものを除く。）

(3) 小荷物専用昇降機(出し入れ口の下端が床面より50cm以上上がった位置にあるもの、一戸建の住宅又は長屋若しくは共同住宅の住戸に設置されるもの及び法第6条第1項第1号から第3号までに掲げる建築物以外の建築物に設置されるものを除く。)

(4) 前条第1項の規定により市長が指定する建築物に法第28条第2項ただし書及び同条第3項の規定により設けた換気設備（給気機及び排気機を設けた換気設備並びに空気調和設備に限る。）並びに法第35条の規定により設けた排煙設備（自然排煙設備を除く。）及び非常用の照明装置（照明器具内に予備電源を内蔵したものを除く。）

(5) ウォーターシュート、コースターその他これらに類する高架の遊戯施設

(6) メリーゴーラウンド、観覧車、オクトパス、飛行塔その他これらに類する回転運動をする遊戯施設で原動機を使用するもの

2 法第12条第3項の規定による報告の時期として省令第6条第1項の規定により市長が定める時期は、毎年、次の表の(あ)欄各項に掲げる建築設備等の区分に応じ、同表(い)欄当該各項に掲げる時期とする。

	(あ)	(い)
(1)	前条第1項の表に規定する建築物に附属した前項第四号に規定する建築設備等	4月1日から10月31日まで
(2)	(1)項に規定する建築設備等以外の建築設備等	当該建築設備等の設置者又は築造主が法第7条第5項（法第87条の2又は法第88条第1項において準用する場合を含む。）及び法第7条の2第5項の規定による検査済証の交付を受けた日の属する月に応当する当該月の前1月間

3 省令第6条第3項の規定により市長が定める書類は、次に掲げるものとする。

(1) 昇降機（法第88条第1項に規定する昇降機等を含む。以下この条において同じ。）にあっては、別に定める検査票及び定期検査成績票とする。

(2) 建築設備等（昇降機を除く。）にあっては、各階平面図及び建築設備図並びに別に定める定期検査票とする。

（建築設備等設置の報告）

第5条の2 前条第1項の市長が指定する建築設備等を配置しようとする者は、法第6条第1項の規定による確認の申請と同時又は法第6条の2第1項の規定による確認を受けようとするときに、その概要を建築設備等設置概要書（第3号様式）により、市長に報

告しなければならない。

（確認の申請に伴う報告）

第6条　建築主又は築造主は、高さ13m又は延べ面積3,000㎡を超える建築物（法第88条第1項又は第2項の工作物を含む。以下この項において同じ。）で、当該建築物に作用する荷重が最下階の床面積1㎡につき100kNを超えるものを建築しようとする場合においては、地盤の状況について地盤状況報告書（第4号様式）により建築主事に報告しなければならない。

2　建築主は、第一種低層住居専用地域、第二種低層住居専用地域、第一種中高層住居専用地域、第二種中高層住居専用地域、第一種住居地域、第二種住居地域、準住居地域、近隣商業地域、商業地域又は準工業地域内において、工場を建築、大規模の修繕若しくは大規模の模様替をしようとする場合、建築物若しくは建築物の部分を工場に用途変更しようとする場合又は敷地内に工場がある場合で当該敷地内に工場の用途に供しない建築物を建築しようとする場合においては、その旨を工場調書（第5号様式）により建築主事に報告しなければならない。

3　建築主は、次に掲げる場合にあっては、その旨を不適合建築物に関する報告書（第6号様式）により建築主事に報告しなければならない。

(1)　法第51条ただし書（法第87条第2項又は第3項において準用する場合を含む。）の規定により政令第130条の2の3に規定する規模の範囲内において建築物を新築、増築又は用途変更しようとする場合

(2)　法第86条の7第1項の規定により政令第137条の2から第137条の12までに規定する範囲内において既存の建築物を増築、改築、大規模の修繕又は大規模の模様替をしようとする場合

(3)　法第87条第3項の規定により同項第2号又は第3号に規定する範囲内において建築物の用途を変更しようとする場合

4　建築主は、次の各号に掲げる建築物を建築（増築しようとする場合においては、増築後において当該各号に掲げる建築物となる場合を含む。）、大規模の修繕若しくは大規模の模様替をしようとする場合又は建築物若しくは建築物の部分を当該各号に掲げる建築物に用途変更しようとする場合においては、特殊建築物等に関する報告書（第7号様式）により市長に報告しなければならない。

(1)　劇場、映画館、演芸場、公会堂、集会場又は観覧場の用途に供する部分の床面積の合計が200㎡を超え、かつ、その用途に供する部分の全部又は一部が3階以上の階又は地階にある建築物

(2)　病院、旅館、ホテル又は政令第19条第1項に規定する児童福祉施設等の用途に供する部分の床面積の合計が300㎡を超え、かつ、その用途に供する部分の全部又は一部が3階以上の階又は地階にある建築物

(3) 展示場、キャバレー、ナイトクラブ、バー、ダンスホール、遊技場、公衆浴場、料理店、飲食店、物品販売業を営む店舗（百貨店及びマーケットを含む。）又は事務所その他これに類するものの用途に供する部分の床面積の合計が500㎡を超え、かつ、その用途に供する部分の全部又は一部が3階以上の階又は地階にある建築物

(4) 前各号に掲げる用途のうち2以上の用途に供する部分の床面積の合計が500㎡を超え、かつ、その用途のいずれかに供する部分の全部又は一部が3階以上の階又は地階にある建築物

5 第1項から第3項までの規定による報告は、法第6条第1項（法第87条第1項、法第87条の2又は法第88条第1項若しくは第2項において準用する場合を含む。）の規定による確認の申請と同時にしなければならない。

6 第4項の規定による報告は、法第6条第1項の規定による確認の申請と同時又は法第6条の2第1項の規定による確認を受けようとするときにしなければならない。

（建築物の構造計算に関する報告）

第6条の2 建築主は、法第6条第1項による確認申請書を提出する場合において、その申請に係る建築物が省令第1条の3第1項の規定により国土交通大臣の認定した構造計算プログラムを用いて構造計算を行ったものであるときは、当該確認申請書を提出する際に、当該構造計算について、当該構造計算に係る電磁的記録（電子的方式、磁気的方式その他人の知覚によっては認識することができない方式で作られている記録であって、電子計算機による情報の処理の用に供されるものをいう。）を記録した磁気ディスク（これに準ずる方法により一定の事項を確実に記録しておくことができる物を含む。以下同じ。）を提出することにより建築主事に報告しなければならない。この場合において、当該磁気ディスクには、建築主の氏名及び当該確認の申請の年月日を記載した書面を貼付しなければならない。

2 法第6条第1項第2号又は第3号に掲げる建築物の構造設計を行った設計者は、当該建築物の建築主が当該建築物に係る同項の規定による確認申請書を提出する際に当該構造設計について建築構造設計報告書（第7号様式の2）により、建築主事に報告しなければならない。

3 前2項の規定は、第3条第2項本文に掲げる場合には、適用しない。

（特定建築物に係る鉄骨の工事の報告）

第7条 建築主は、鉄骨造若しくは鉄骨鉄筋コンクリート造の建築物又はこれらの構造とその他の構造とを併用する建築物で、3階以上のもの又は床面積が500㎡を超えるもの（以下「特定建築物」という。）を建築しようとする場合において、法第6条第1項の規定による確認の申請をしようとするときは、溶接工事作業計画書（第8号様式）により建築主事に報告しなければならない。

2 前項の場合において、特定建築物の鉄骨を製作する工場が決まっていないときは、溶

接工事作業計画書に代えて鉄骨製作工場に関する報告書（第９号様式）を提出し、当該工場が決まったときは、直ちに溶接工事作業計画書を提出しなければならない。

3　建築主は、特定建築物の鉄骨の工事を完了した場合において、法第７条第１項又は法第７条の３第１項の検査の申請をしようとするときは、鉄骨工事施工状況報告書（第９号様式の２）により建築主事に報告しなければならない。ただし、当該工事の完了後法第７条の３第５項又は法第７条の４第３項の中間検査合格証の交付を受けた場合にあっては、この限りでない。

4　前３項の規定は、財団法人日本建築センターによる工業化住宅性能評定を受けた特定建築物には、適用しない。

（屎尿浄化槽等に関する調書等）

第８条　建築主は、法第31条第２項の規定による屎尿浄化槽又は令第32条第１項に規定する合併処理浄化槽（以下「屎尿浄化槽等」という。）を設ける場合においては、浄化槽調書（第10号様式）により建築主事に報告しなければならない。

2　建築主は、前項に規定する屎尿浄化槽等の工事を完了した場合で法第７条第１項の検査の申請をしようとするときにおいては、浄化槽工事完了報告書（第11号様式）により建築主事に報告しなければならない。

3　第１項の規定による報告は、法第６条第１項（法第87条第１項、法第87条の２又は法第88条第１項若しくは第２項において準用する場合を含む。）の規定による確認の申請と同時にしなければならない。

（工事取りやめの報告）

第９条　建築主又は築造主は、法第６条第１項（法第87条第１項、法第87条の２又は法第88条第１項若しくは第２項において準用する場合を含む。）の規定による確認済証の交付を受けた建築物、建築設備又は工作物の工事を取りやめた場合においては、その旨を工事取りやめ報告書（第12号様式）により建築主事に報告しなければならない。

（垂直積雪量）

第10条　政令第86条第３項の規定により市長が定める垂直積雪量は、30㎝以上とする。

（屋根）

第11条　法第22条第１項の規定により市長が指定する区域は、春日井市全域（防火地域及び準防火地域に指定された区域を除く。）とする。

（屎尿浄化槽又は合併処理浄化槽を設ける区域のうち衛生上特に支障がある区域の指定）

第12条　政令第32条第１項第１号の表に規定する屎尿浄化槽又は合併処理浄化槽を設ける区域のうち市長が衛生上特に支障があると認めて規則で指定する区域は、春日井市全域（下水道法（昭和33年法律第79号）第４条第１項の事業計画のある区域で特に市長が認めたものを除く。）とする。

（道路の位置の指定申請）

第13条　法第42条第１項第５号に規定する道路の位置の指定を受けようとする者は、道路位置指定申請書（第15号様式）の正本及び副本に、省令第９条に定める図面等のほか、次に掲げる図書又は書面を添えて市長に提出しなければならない。

(1)　道路平面図、土地利用計画平面図及び道路横断図

(2)　道路の位置の指定を受けようとする土地及び当該土地に接する建築物の敷地の求積表

(3)　省令第９条に規定する承諾書に押された印に係る印鑑証明書

(4)　その他市長が必要と認めた図書

２　指定を受けた道路の位置を変更又は廃止しようとするときは、前項の規定を準用する。

（道の指定）

第14条　法第42条第２項の規定により市長が指定する道は、行政庁の管理に属する幅員1.8m以上４m未満の道及び旧市街地建築物法（大正８年法律第37号）第７条ただし書の規定により指定した建築線でその間の距離が４m未満2.7m以上のものとする。

（建築面積の敷地面積に対する割合の緩和される敷地の指定）

第15条　法第53条第３項第２号の規定により市長が指定する敷地は、次の各号のいずれかに該当する敷地とする。

(1)　街区の角にある敷地で、前面道路の幅員がそれぞれ６m以上、その和が15m以上あり、かつ、その道路によって形成される角度が内角120度以下で、敷地境界線の総延長の１／３以上がそれらの道路に接するもの

(2)　道路境界線の間隔が35m以内の道路の間にある敷地で、その道路の幅員がそれぞれ６m以上、その和が15m以上あり、かつ、敷地境界線の総延長の１／８以上がそれぞれの道路に、１／３以上がそれらの道路に接するもの

(3)　３方を道路に囲まれた敷地であって、前面道路の幅員がそれぞれ６m以上あり、かつ、それらの道路によって形成される角度がそれぞれ内角120度以下で、敷地境界線の総延長の１／３以上がそれらの道路に接するもの

(4)　公園、広場、水面その他これらに類するもの（以下「公園等」という。）に接する敷地又は敷地に接する道路の反対側に公園等のある敷地は、その公園等を前各号の道路とみなし、前各号のいずれかに該当するもの

（建築物の後退距離の算定の特例に係る渡り廊下等の指定）

第16条　政令第130条の12第５号の規定により市長が定める建築物の部分は、法第44条第１項第４号の規定により許可をした渡り廊下その他の通行又は運搬の用途に供するものとする。

（保存建築物の指定）

第17条　法第３条第１項第３号の規定による建築物の指定を受けようとする者は、適用除外保存建築物指定申請書（第16号様式）の正本及び副本に、次に掲げる図書を添えて市

長に提出しなければならない。

(1) 省令第1条の3第1項の表1に掲げる付近見取図、配置図、各階平面図、2面以上の立面図及び2面以上の断面図

(2) その他市長が必要と認めた図書

(許可申請書)

第18条 省令第10条の4第1項及び第4項に規定する規則で定める図書又は書面は、次の表の(あ)欄に掲げる法の規定による許可の申請の区分に応じ、同表の(い)欄に掲げるとおりとする。

	(あ)	(い)
(1)	第43条第1項ただし書、第44条第1項第2号若しくは第4号、第47条ただし書、第52条第10項若しくは第14項、第53条第4項若しくは第5項第3号、第53条の2第1項第3号若しくは第4号（第57条の5第3項において準用する場合を含む。）、第59条第1項第3号若しくは第4項、第59条の2第1項、第60条の2第1項第3号、第67条の2第3項第2号、第67条の2第5項第2号、第67条の2第9項第2号、第68条の3第4項、第68条の5の2第2項、第68条の7第5項又は第85条第3項若しくは第5項	1 省令第1条の3第1項の表1に掲げる付近見取図、配置図、各階平面図、2面以上の立面図、及び2面以上の断面図（ただし、法第43条第1項ただし書に規定する許可の申請の場合は2面以上の断面図を除く。） 2 その他市長が必要と認めた図書
(2)	第48条第1項から第12項までのただし書（第87条第2項若しくは第3項又は第88条第2項において準用する場合を含む。）	1 (1)項(い)欄第1号に掲げる図面 2 申請に係る建築物の敷地境界線から50m（建築物の用途、規模等により100mまで拡大することができる。）以内にある土地及び建築物の縮尺1／300から1／600までの現況図 3 前号の土地及び建築物の所有権、地上権、永小作権又は賃借権を有する者の住所及び氏名を記載した書類 4 その他市長が必要と認めた図書
(3)	第51条ただし書（第87条第2項若しくは第3項又は第88条第2項において準用する場合を含む。）	1 (1)項(い)欄第1号に掲げる図面 2 申請に係る建築物の敷地境界線から500m以内にある土地及び建築物の現況図（縮尺1／2,500以上のも

		の） 3　その他市長が必要と認めた図書
(4)	第52条第11項	1　(1)項(い)欄第１号に掲げる図面 2　申請に係る建築物がある街区内の土地及び建築物の現況図（縮尺１／300から１／600までのもの） 3　その他市長が必要と認めた図書
(5)	第55条第３項第１号若しくは第２号又は第56条の２第１項ただし書	1　(1)項(い)欄第１号に掲げる図面 2　省令第１条の３第１項の表１に掲げる日影図 3　申請に係る建築物の敷地の隣地又はこれに連接する土地で日影時間が２時間以上の範囲にある土地及びその土地に附属する建築物現況図（縮尺１／200から１／500のもの） 4　その他市長が必要と認めた図書

（認定申請書）

第19条　省令第10条の４の２第１項に規定する規則で定める図書は、次の表の(あ)欄に掲げる法及び政令の規定による認定の申請の区分に応じ、同表の(い)欄に掲げるとおりとする。

	(あ)	(い)
(1)	法第44条第１項第３号又は政令第131条の２第２項若しくは第３項	1　省令第１条の３第１項の表１に掲げる付近見取図、配置図、各階平面図、２面以上の立面図及び２面以上の断面図 2　その他市長が必要と認めた図書
(2)	法第55条第２項	1　(1)項(い)欄第１号に掲げる図面 2　省令第１条の３第１項の表１に掲げる日影図 3　敷地の断面図（平均地盤面を明示したもの） 4　その他市長が必要と認めた図書
(3)	法第57条第１項	1　(2)項(い)欄第１号、第２号及び第３号に掲げる図面 2　申請に係る建築物の敷地の隣地又はこれに連接する土地で日影時間が２時間以上の範囲にある土地及びその土地に附属する建築物の縮尺

		1／200から1／500までの現況図 3　その他市長が必要と認めた図書
(4)	法第68条の3第1項から第3項まで、法第68条の4第1項、法第68条の5の4第1項若しくは第2項又は法第68条の5の5	1　(3)項(い)欄第1号に掲げる図面 2　申請に係る建築物の敷地の隣地又はこれに連接する土地で日影時間が2時間以上の範囲にある土地及び当該建築物がある街区内の土地並びにそれらの土地に附属する建築物の縮尺1／200から1／500までの現況図 3　その他市長が必要と認めた図書
(5)	法第86条の6第2項	1　(1)項(い)欄第1号に掲げる図面 2　その他市長が必要と認めた図書

2　次の表の(あ)欄に掲げる法、政令及び条例の規定による認定の申請をしようとする者は、認定申請書（第17号様式）の正本及び副本に同表の(い)欄に掲げる図書を添えて市長に提出しなければならない。

	(あ)	(い)
(1)	法第3条第1項第4号	1　省令第1条の3第1項の表1に掲げる付近見取図、配置図及び各階平面図 2　省令第1条の3第1項の表1に掲げる立面図及び断面図 3　その他市長が必要と認めた図書
(2)	政令第115条の2第1項第4号ただし書又は政令第129条の2の3第1項第2号	1　(1)項(い)欄第1号に掲げる図面 2　省令第1条の3第1項の表1に掲げる断面図 3　外壁及び軒裏の構造図 4　その他市長が必要と認めた図書
(3)	条例第5条ただし書、条例第6条第1項ただし書、条例第7条ただし書、条例第9条第3項、条例第20条第1項ただし書、条例第25条ただし書又は条例第26条ただし書	1　省令第1条の3第1項の表1に掲げる付近見取図、配置図及び各階平面図 2　省令第1条の3第1項の表1に掲げる立面図及び断面図（条例第5条ただし書、条例第6条第1項ただし書又は条例第7条ただし書の規定による認定の申請にあっては、省令第1条の3第1項の表1に掲げる立面図）

		3　その他市長が必要と認めた図書
(4)	条例第19条第3項	1　(3)項(い)欄第1号及び第2号に掲げる図面 2　申請に係る建築物について、条例第13条から第18条までの規定に適合しているかどうかを明示した図書 3　その他市長が必要と認めた図書
(5)	条例第31条ただし書、条例第32条、条例第34条、条例第35条又は条例第36条第2項	1　(3)項(い)欄第1号及び第2号に掲げる図面 2　政令第129条の2の2第1項の全館避難安全検証法により検証した際の計算書 3　その他市長が必要と認めた図書

3　市長は、前項の表の(い)欄に掲げる法及び令の規定による認定をしたとき又はその認定をしないときは、同項の認定申請書の副本及びその添付図書を添えて、申請者にその旨を通知するものとする。

（認定又は許可申請書）

第19条の2　省令第10条の16第1項第3号及び同条第3項第2号に規定する書面は、第18号様式によるものとし、同条第1項第4号、同条第2項第3号及び同条第3項第3号に規定する規則で定める図書又は書面は、地籍図、同条第1項第3号又は同条第3項第2号に規定する書面に押された印に係る印鑑証明書及びその他市長が必要と認めた図書とする。

2　省令第10条の21第1項第2号に規定する書面は、第18号様式の2によるものとし、同項第3号に規定する規則で定める図書又は書面は、地籍図、同項第2号に規定する書面に押された印に係る印鑑証明書及びその他市長が必要と認めた図書とする。

（建築協定の認可の申請等）

第20条　法第70条第1項の規定による認可を受けようとする者は、建築協定認可申請書（第19号様式）の正本及び副本に、次に掲げる図書を添えて市長に提出しなければならない。

(1)　建築協定書

(2)　建築物に関する基準及び建築協定をしようとする理由を示す書類

(3)　建築協定区域内の土地の所有者等の全員の住所、氏名及び建築協定に関する全員の合意を示す書類

(4)　方位、道路及び目標となる地物を明示した付近見取図

(5)　建築協定区域内及び建築協定区域隣接地内の土地の整理図

(6) 建築協定区域及び建築協定区域隣接地の境界を明示した現況図（縮尺１／2,500以上のもの）
(7) 開発計画があるときは、土地利用計画平面図（縮尺１／2,500以上のもの）
(8) 認可の申請人が建築協定をしようとする者の代表者であることを証する書類
(9) その他市長が必要と認めた図書

2　法第74条第１項（法第76条の３第６項において準用する場合を含む。）の規定による認可を受けようとする者は、建築協定変更・廃止認可申請書（第20号様式）の正本及び副本に次に掲げる図書を添えて市長に提出しなければならない。
(1) 変更に係る建築協定書及び法第73条第１項の認可を受けた建築協定書（法第74条第２項又は法第76条の３第４項の規定により法第73条第１項を準用する場合のものを含む。）
(2) 建築物に関する基準の変更及び建築協定の変更をしようとする理由を示す書類
(3) 建築協定区域内の土地の所有者等の全員の住所、氏名及び建築協定の変更に関する全員の合意を示す書類
(4) 方位、道路及び目標となる地物を明示した付近見取図
(5) 変更に係る建築協定区域内及び建築協定区域隣接地内の土地の整理図
(6) 変更に係る建築協定区域及び建築協定区域隣接地の境界を明示した現況図（縮尺１／2,500以上のもの）
(7) 開発計画があるときは、土地利用計画平面図（縮尺１／2,500以上のもの）
(8) 認可の申請人が建築協定の変更をしようとする者の代表者であることを証する書類
(9) その他市長が必要と認めた図書

3　法第76条第１項（法第76条の３第６項において準用する場合を含む。）の規定による認可を受けようとする者は、建築協定変更・廃止認可申請書の正本及び副本に、次に掲げる図書を添えて市長に提出しなければならない。
(1) 法第73条第１項の認可を受けた建築協定書（法第74条第２項又は法第76条の３第４項の規定により法第73条第１項を準用する場合のものを含む。）
(2) 建築協定の廃止をしようとする理由を示す書類
(3) 建築協定区域内の土地の所有者等の全員の住所、氏名及び建築協定の廃止に関する過半数の合意を示す書類
(4) 建築協定区域内の土地の整理図
(5) 認可の申請人が建築協定を廃止しようとする者の代表者であることを証する書類
(6) その他市長が必要と認めた図書

4　市長は、前３項に掲げる法の規定による認可をしたとき又はその認可をしないときは、前３項の申請書の副本及びその添付図書を添えて、申請者にその旨を通知するものとする。

（建築協定の設定の特例）

第21条　法第76条の３第２項の認可を受けようとする者は、前条第１項に規定する建築協定認可申請書に、同項各号（第３号及び第８号を除く。）に掲げる図書を添えて市長に提出しなければならない。

２　市長は、前項に掲げる法の規定による認可をしたとき又はその認可をしないときは、同項の建築協定認可申請書の副本及びその添付図書を添えて、申請者にその旨を通知するものとする。

３　法第76条の３第４項において準用する法第73条第１項の認可を受けた者は、法第76条の３第５項に規定する期間内に当該建築協定区域内の土地に２以上の土地の所有者等が存することとなった場合においては、速やかにその旨を１人建築協定効力発生届（第21号様式）により市長に届け出なければならない。

（申請の取下げ）

第21条の２　法、政令及びこの規則の規定により申請をした者は、当該申請をした後において、その申請を取り下げようとするときは、申請取下げ届（第22号様式）を建築主事又は市長に提出しなければならない。

（申請書等記載事項の変更）

第22条　法第６条第１項（法第87条第１項、法第87条の２又は法第88条第１項若しくは第２項において準用する場合を含む。）の規定による確認済証の交付を受けた者は、当該確認済証の交付に係る工事が完了するまでの間に、次に掲げる書類の記載事項に変更があった場合においては、その変更の日から５日以内に申請書等記載事項変更届（第23号様式）に変更後の内容を記載した当該書類を添えて建築主事に提出しなければならない。

⑴　省令別記第３号様式の建築計画概要書（第３面を除く。）

⑵　省令別記第４号様式による申請書の第２面

⑶　省令別記第10号様式による申請書の第２面

⑷　省令別記第11号様式による申請書の第２面

２　法第77条の21に規定する指定確認検査機関は、法第６条の２第１項（法第87条第１項、法第87条の２又は法第88条第１項若しくは第２項において準用する場合を含む。）の規定による確認済証の交付を受けた建築物について、当該確認済証の交付に係る工事が完了するまでの間に、省令第３条の４第１項各号に定める書類の記載事項に変更があったことを知ったときは、報告事項変更届（第23号様式の２）に変更後の内容を記載した当該書類を添えて、速やかに市長に報告しなければならない。

３　前２項の規定は、同項に規定する変更について、法第６条第１項又は法第６条の２第１項の規定による確認済証の交付を受けた場合にあっては、適用しない。

（意見の聴取の請求）

第23条　法第９条第３項（法第10条第４項、法第45条第２項又は法第90条の２第２項において準用する場合を含む。）及び法第９条第８項（法第10条第４項又は法第90条の２第２項において準用する場合を含む。）の規定による意見の聴取の請求を行おうとする者は、意見の聴取請求書（第24号様式）を市長に提出しなければならない。

（意見の聴取の通知）

第24条　法第９条第５項（同条第８項、法第10条第４項、法第45条第２項又は法第90条の２第２項において準用する場合を含む。）の規定による意見の聴取の通知は、意見の聴取通知書（第25号様式）により行うものとする。

（代理人の届出）

第25条　前条の通知を受けた者（以下「当事者」という。）又は法第46条第１項若しくは法第48条第13項に規定する利害関係を有する者が、代理人を出席させようとするときは、委任状を添えて意見の聴取の開始前までに市長にその旨を届け出なければならない。

（意見の聴取の期日の変更）

第26条　当事者又はその代理人が、やむを得ない事由により意見の聴取の期日に出席することができないときは、その期日の前日までに理由を付して市長にその旨を届け出なければならない。

２　市長は、前項の届出があった場合において、その事由が正当であると認めるときは、意見の聴取の期日を変更することができる。

（意見の聴取の主宰）

第27条　法第９条第４項（同条第８項、法第10条第４項、法第45条第２項又は法第90条の２第２項において準用する場合を含む。）、法第46条第１項及び法第48条第13項の規定による意見の聴取は、市長が指名する職員が主宰する。

（意見の聴取の記録）

第28条　前条の規定により意見の聴取を主宰する者（以下「主宰者」という。）は、関係職員に命じ、意見の聴取を受けた者の氏名及び意見の聴取の内容の要点を記録させなければならない。

（意見の聴取の期日における陳述の制限等）

第29条　主宰者は、意見の聴取の期日に出席した者が当該意見の聴取に係る事案の範囲を超えて発言するとき、その他審理の適正な進行を図るためやむを得ないと認めるときは、その者に対し、その発言を制限することができる。

２　主宰者は、前項に規定する場合のほか、意見の聴取の期日における審理の秩序を維持するために必要があると認めるときは、意見の聴取を妨害し、又は審理の秩序を乱す者に対し、退場を命ずる等適当な措置をとることができる。

（違反建築物の公告の方法）

第30条　法第９条第13項の規定による違反建築物の公告の方法は、次の各号に掲げる事項を春日井市公告式条例（昭和58年春日井市条例第２号）第２条第２項に掲げる掲示場に掲示する。

⑴　違反建築物の所在地及び規模

⑵　法第９条第１項又は第10条の規定による命令を受けた者の氏名

⑶　前号の命令の内容

（計画通知への準用）

第31条　第２条、第８条第３項及び第21条の２の規定は、法第18条第２項（法第87条第１項、法第87条の２又は法第88条第１項若しくは第２項において準用する場合を含む。）の規定に基づく計画通知に準用する。

2　第８条第２項、第９条及び第22条の規定は、法第18条第３項（法第87条第１項、法第87条の２又は法第88条第１項若しくは第２項において準用する場合を含む。）の規定に基づき確認済証の交付があった場合に準用する。

附　則

1　この規則は、昭和58年４月１日から施行する。

2　この規則施行の際現に愛知県建築基準法施行細則（昭和46年愛知県規則第55号）及び改正前の春日井市建築基準法施行細則に基づいて提出されている申請書、報告書その他の書類は、この規則の相当規定に基づいて提出されたものとみなす。

附　則（昭和59年規則第16号）

1　この規則は、昭和59年４月１日から施行する。

2　この規則施行の際、改正前の春日井市建築基準法施行細則の規定に基づいて調製されている用紙類で現に使用されているものは、改正後の春日井市建築基準法施行細則の規定にかかわらず、当分の間所要の訂正をして使用することができる。

附　則（昭和60年規則第20号）

1　この規則は、昭和60年７月１日から施行する。

2　この規則施行の際、改正前の春日井市建築基準法施行細則の規定に基づいて調製されている用紙類で現に使用されているものは、改正後の春日井市建築基準法施行細則の規定にかかわらず、当分の間所要の訂正をして使用することがある。

附　則（昭和60年規則第21号）

1　この規則は、昭和60年10月１日から施行する。

2　この規則施行の際、改正前の春日井市建築基準法施行細則の規定に基づいて調製されている用紙類で現に使用されているものは、改正後の春日井市建築基準法施行細則の規定にかかわらず、当分の間所要の訂正をして使用することができる。

附　則（昭和61年規則第11号）

1　この規則は、昭和61年４月１日から施行する。

2　この規則施行の際、改正前の春日井市建築基準法施行細則の規定に基づいて調製されている用紙類で現に使用されているものは、改正後の春日井市建築基準法施行細則の規定にかかわらず、当分の間、所要の訂正をして使用することができる。

附　則（昭和62年規則第41号）

1　この規則は、昭和62年11月16日から施行する。

2　この規則施行の際、改正前の春日井市建築基準法施行細則の規定に基づいて調製されている用紙類で現に使用されているものは、改正後の春日井市建築基準法施行細則の規定にかかわらず、当分の間、所要の訂正をして使用することができる。

附　則（平成元年規則第15号）

この規則は、平成元年6月1日から施行する。

附　則（平成元年規則第21号）

この規則は、平成2年4月1日から施行する。

附　則（平成5年規則第19号）

1　この規則は、平成5年6月25日から施行する。

2　この規則の施行の際現に改正前の春日井市建築基準法施行細則の規定に基づいて提出されている申請書、報告書その他の書類は、改正後の春日井市建築基準法施行細則の相当規定に基づいて提出されたものとみなす。

附　則（平成6年規則第30号）

1　この規則は、平成6年10月1日から施行する。

2　この規則施行の際、現に春日井市建築基準法施行細則の規定に基づいて提出されている申請書その他の書類は、改正後の春日井市建築基準法施行細則の相当規定に基づいて提出されたものとみなす。

附　則（平成6年規則第37号）

この規則は、公布の日から施行する。

附　則（平成7年規則第36号）

この規則は、平成8年2月2日から施行する。

附　則（平成11年規則第25号）

この規則は、平成11年5月1日から施行する。

附　則（平成12年規則第28号）

この規則は、平成12年4月1日から施行する。

附　則（平成12年規則第37号）

1　この規則は、公布の日から施行する。

2　この規則施行の際、改正前の春日井市建築基準法施行細則の規定に基づいて調製されている用紙類は、改正後の春日井市建築基準法施行細則の規定にかかわらず、当分の間、所要の訂正をして使用することがある。

附　則（平成12年規則第50号）

この規則は、平成13年1月6日から施行する。

附　則（平成13年規則第14号）

この規則は、平成13年4月1日から施行する。

附　則（平成13年規則第48号）

この規則は、公布の日から施行する。

附　則（平成15年規則第4号）

1　この規則は、公布の日から施行する。

2　この規則施行の際、現に改正前の春日井市建築基準法施行細則の規定に基づいて調製されている用紙類は、改正後の春日井市建築基準法施行細則の規定にかかわらず、当分の間、そのまま又は所要の訂正をして使用することがある。

附　則（平成16年規則第12号）

1　この規則は、平成16年4月1日から施行する。

2　この規則施行の際、現に改正前の春日井市建築基準法施行細則の規定に基づいて調製されている用紙類は、改正後の春日井市建築基準法施行細則の規定にかかわらず、当分の間、そのまま又は所要の訂正をして使用することがある。

附　則（平成18年規則第11号）

この規則は、公布の日から施行する。ただし、第3条及び第6条の2の改正規定は、平成18年4月1日から施行する。

第１号様式及び第２号様式　削除

第３号様式（第５条の２関係）（その１）

建築設備等設置概要書（エレベーター／小荷物専用昇降機）

年　月　日

春日井市長　　　様

報告者　住　所

氏　名

春日井市建築基準法施行細則第５条の２の規定に基づき、下記のとおり報告します。

記

設置場所		※確認済証交付年月日及び番号		年　月　日 第　　号
建物名称		建物用途・規模		
建物の確認済証交付年月日及び番号	年　月　日 第　　号	設計事務所名		登録第　　号
所有者の住所及び氏名	〒 電話　＜　＞（　）			
管理者の住所及び氏名	〒 電話　＜　＞（　）			
製造会社名				
工事施工者名				
設置箇所		用途		
定員	人	積載量		kg
定格速度	m／分	積載荷量		N
かご	間口　m ×　奥行　m ×　高さ　m	小荷物専用昇降機の出し入れ口の下端の床面よりの高さ		cm
※完了検査	年　月　日	※検査済証交付年月日及び番号		年　月　日 第　　号

（その２）

建築設備等設置概要書（エスカレーター）

年　月　日

春日井市長　　　様

報告者　住　所

氏　名

春日井市建築基準法施行細則第５条の２項の規定に基づき、下記のとおり報告します。

記

設置場所		※確認済証交付年月日及び番号			年　月　日 第　　号
建物名称		建物用途・規模			
建物の確認済証交付年月日及び番号	年　月　日 第　　号	設計事務所名	登録番　　号		
所有者の住所及び氏名	〒 電話＜　＞（　）番				
管理者の住所及び氏名	〒 電話＜　＞（　）番				
製造会社名					
工事施工者名					
設置箇所					
輸送能力		型式			
定格速度	m／分	階高	m	上下階床	階～　階
※完了検査	年　月　日	※検査済証交付年月日及び番号			年　月　日 第　　号

（その３）

建築設備等設置概要書（換気設備
排煙設置
非常用の照明装置）

年　月　日

春日井市長　　　様

報告者　住　所

氏　名

春日井市建築基準法施行細則第５条の２の規定に基づき、下記のとおり報告します。

記

設置場所				※確認済証交付年月日及び番号		年　月　日 第　号			
建物名称				建物用途・規模					
建物の確認済証交付年月日及び番号		年　月　日 第　号		設計事務所名		登録　第　号			
所有者の住所及び氏名		〒 電話（　）（　）番							
管理者の住所及び氏名		〒 電話（　）（　）番							
建築物の概要		用途		構造		階数	地上　階 地下　階		
		建築面積		㎡		延面積	㎡		
建築設備の概要	換気設備		自然換気	機械換気設備 給気機・排気機	機械換気設備 給気機・排気口	機械換気設備 給気口・排気機	空気調和設備	冷暖房設備	適用除外
		居室							
		火気使用室							
	排煙設備		自然排煙	機械排煙	告示第1436号	適用除外			
		居室							
		居室以外の室							
		廊下等							
	非常用の照明装置		電源 別置蓄電池	電源 発電機	電源 電池内蔵	電源 併用	告示第1411号	適用除外	
		居室							
		廊下等							
		階段							
※完了検査		年　月　日		※検査済証交付年月日及び番号		年　月　日 第　号			

（その４）

建築設備等設置概要書（遊戯施設）

年　月　日

春日井市長　　　様

報告者　住　所

氏　名

春日井市建築基準法施行細則第５条の２の規定に基づき、下記のとおり報告します。

記

設置場所		※確認済証交付年月日及び番号	年　月　日 第　号	
建物名称		建物用途・規模		
建物の確認済証交付年月日及び番号	年　月　日 第　号	設計事務所名	登録番　号	
所有者の住所及び氏名	〒 電話（　）（　）番			
管理者の住所及び氏名	〒 電話（　）（　）番			
製造会社名				
工事施工者名				
遊戯施設種別		名称		
定員	人×　台	速度	回・m／分	
遊戯施設の概略図				
※完了検査	年　月　日	※検査済証交付年月日及び番号	年　月　日 第　号	

第4号様式（第6条関係）

（表）

地　盤　状　況　報　告　書

年　　月　　日

春日井市建築主事　様

建　築　主　住　所
（築造主）　氏　名
電話〈　　〉（　）　　　番

春日井市建築基準法施行細則第6条第1項の規定に基づき、下記のとおり地盤の状況について報告します。

記

建築物の名称		※整理番号	
建築場所		※確認済証交付年月日	年　月　日
地盤調査実施者の氏名	電話〈　〉（　）　番	※確認済証番号	第　―　号
地質調査の方法		調査孔位置番号	
		調査深度	m

ボーリング柱状図											標準貫入試験結果						
標尺（m）	標高	深度	孔内水位	層厚	試料採取位置	土質記号	土質名	色調	記事	相対密度	N値	10cmごとのN値 0～10	10～20	20～30	補正打撃数	許容地耐力度	N値折線（回）10 20 30 40 50
0																	
5																	
10																	
15																	
20																	
25																	
30																	
35																	
40																	
45																	

（裏）

敷地案内図
敷地内調査位置及び番号

備考

第５号様式（第６条関係）

年　月　日

工　場　調　書

建築主の住所及び氏名		電話〈　　〉（　　）　番				
工場の名称						
敷地の位置	地名及び地番					
	用途地域		防火地域			
業種						
製品名			原料名			
作業の概要						
			本工事部分	既存部分	計	
作業場の床面積の合計（㎡）						
アセチレンガス発生器の容量（ℓ）						
るつぼ又はかまの容量（ℓ）						

主要な機械	種類	台数 新増設	台数 既設	台数 計	原動機の出力 新増設	原動機の出力 既設	原動機の出力 計
		台	台	台	kW	kW	kW
工場全体の原動機							

その他参考事項

※確認済証交付年月日	年　月　日	※確認済証番号	第　－　号

備考

第６号様式（第６条関係）

不適合建築物に関する報告書

年　月　日

春日井市建築主事　様

建築主　住所

氏名　　　　印

電話〈　　〉（　　）　番

春日井市建築基準法施行細則第６条第３項の規定に基づき、下記のとおり不適合建築物に関する報告をします。

記

工事の種別	増築　改築　大規模の修繕　大規模の模様替			
敷地の位置 地名及び地番				
敷地の位置 用途地域	高層住居誘導地区	防火地域	その他の区域・地域・地区・街区	
	地区内・地区外			
主要用途				
基準時	年　月　日	不適合条項	法第　条第　項第　号	
主要構造部		外壁又はその屋内面及び軒裏の構造		

	ア 基準時	イ ア後の増減	ウ 本工事に係る部分	エ 本工事後	オ エ／ア
敷地面積（㎡）					
建築面積（㎡）					
床面積の合計（㎡）					
不適合部分の床面積の合計（㎡）					
不適合原動機の出力（kW）					
危険物の数量					
不適合機械（台） 種類					

その他参考事項

※確認済証交付年月日	年　月　日	※確認済証番号	第　－　号

備考　建築主の氏名の記載を自署で行う場合においては、押印を省略することができます。

第７号様式（第６条関係）

（表）

特殊建築物等に関する報告書

年　月　日

春日井市長　様

建築主　住所
氏名　　　　印

春日井市建築基準法施行細則第６条第４項の規定に基づき、下記のとおり報告します。

記

1	建築物の所在地	〒			
2	所有者の住所及び氏名	〒　電話（　）（　）			
3	管理者の住所及び氏名	〒　電話（　）（　）			
4 建築物の概要	ア 名称			ウ 主要用途	
	イ 敷地面積			エ 全体の棟数	
		今回確認申請部分	既存部分	合計	
	オ 建築面積				
	カ 延べ面積				

5　建築物別概要

ア	設計者の住所及び氏名	〒　電話（　）（　）						
イ	施工者の住所及び氏名	〒　電話（　）（　）						
ウ	棟番号		エ 工事種別		オ 構造		カ 最高の高さ	
		今回確認申請部分	既存部分	合計				
キ	建築面積							
ク	延べ面積							

ケ　建築設備の概要

昇降機等	エレベーター	エスカレーター	小荷物専用昇降機	遊戯施設	

換気設備	自然換気	機械換気 給気機 排気機	機械換気 給気機 排気口	機械換気 給気口 排気機	空気調和設備	適用除外
居室						
火気使用室						
上記以外						

排煙設備	自然排煙	機械排煙	告示第1436号	適用除外
居室				
居室以外の室				
廊下等				

非常用の照明装置	別置蓄電池	発電機	電源内蔵	告示第1411号	適用除外
居室					
階段					
廊下等					

コ　階別用途別床面積

用途＼階	階	階	階	階	階	階	階	合計
合計								

※	確認証交付年月日及び確認済証番号	年　月　日　第　―　号	※検査済証交付年月日	年　月　日

（裏）

付近見取図

（注）付近見取図に明示すべき事項　方位、道路及び目標となる地物

配置図

（注）配置図に明示すべき事項

縮尺、方位、敷地の境界線、敷地内における建築物の位置及び棟番号（「５欄」に記入を要する棟ごとに番号を付すこと。）、今回確認申請に係る建築物とその他の建築物との別並びに敷地の接する道路の位置及び幅員

備考　建築主の氏名の記載を自署で行う場合においては、押印を省略することができます。

第7号様式の2（第6条の2関係）

建築構造設計報告書

年　月　日

春日井市建築主事　様

構造設計者　住所
氏名　印
電話

春日井市建築基準法施行細則第6条の2第2項の規定に基づき、下記のとおり報告します。確認申請書に添付する構造詳細図及び構造計算の計算書に記載の事項は、事実に相違ありません。

記

構造設計者の概要

構造設計者	資格		（　）建築士　（　）登録第　号
	氏名		
	建築士事務所	住所	〒　電話
		名称	（　）建築士事務所（　）知事登録第　号
	建築構造士等		登録第　号
			登録第　号
	備考		
構造担当者	資格		（　）建築士　（　）登録第　号
	氏名		
	建築士事務所	住所	〒　電話
		名称	（　）建築士事務所（　）知事登録第　号
	建築構造士等		登録第　号
			登録第　号
	備考		

記入上の注意

1　「構造設計者」とは、その者の責任において構造設計に係る設計図書を作成した者をいいます。

2　「建築士事務所」欄には、建築士事務所に所属している場合に、その建築士事務所について記入してください。

3　「建築構造士等」欄には、社団法人日本建築構造技術者協会の建築構造士又は社団法人日本建築士会連合会の構造専攻建築士として登録している場合に、その登録番号を記入してください。

4　「構造担当者」とは、構造設計者の指導監督の下に設計図書を作成した者をいい、構造担当者がいる場合には、「構造担当者」欄に記入してください。なお、「構造担当者」欄が不足する場合には、別葉に記載し、添付してください。

5　「備考」欄には、構造詳細図、構造計算の計算書等の作成等の構造設計に係る設計図書の作成において担当した具体的な業務の内容を記入してください。

備考　報告者の氏名の記載を自署で行う場合においては、押印を省略することができます。

第8号様式（第7条関係）

溶接工事作業計画書

年　月　日

春日井市建築主事　様

建築主　住所
氏名　印
電話〈　〉（　）　番

建築基準法施行細則第7条第1項の規定に基づき、下記のとおり報告します。

記

1建築物溶接工事概要	ア建築工事の名称					イ主要用途	
	ウ構造種別			エ軒の高さ	m	オ最大の張り間	m
	カ延べ面積	m²	キ建築面積	m²	ク階数		
	ケ架構形式		サ主要鋼種及び重量	SS	SM		
	コ溶接長	m		t	t	t	t　t

2工事関係者の住所・氏名等	ア設計者	住所〒　〔　〕建築士第　号　〔　〕建築士事務所名　〔　〕第　号　氏名　印　電話〈　〉〔　〕　番
	イ構造担当設計者	住所〒　〔　〕建築士第　号　〔　〕建築士事務所名　〔　〕第　号　氏名　印　電話〈　〉〔　〕　番
	ウ工事監理者	住所〒　〔　〕建築士第　号　〔　〕建築士事務所名　〔　〕第　号　氏名　印　電話〈　〉〔　〕　番
	エ工事施工者	住所〒　氏名　印　電話〈　〉〔　〕　番
	オ鉄骨製作工場	住所〒　代表者氏名
		名称　（　）認定年月日　年　月　日　認定番号（　）第　号　ランク　電話〈　〉〔　〕　番
	カ溶接管理責任者	所属　氏名　資格
	キ溶接検査責任者	所属　氏名　資格
3主要部材の形状	ア柱	
	イはり	
	ウその他	

4搬入される設備・人員等	ア溶接機器及び加工機器	自動溶接機の台数及び点数	台　点	半自動アーク溶接機の台数及び点数	台　点	手動アーク溶接機の台数及び点数	台　点	アの点数の合計	点
		ガウジング機の台数及び点数	台　点	自動ガス切断機の台数及び点数	台　点	棒乾燥器の合計能力及び点数	kg／日　点		
	イ溶接管理技術者	換算率						イの合計　換算人員	人
		該当技術者数	人	人	人	人		点数	点
	ウ溶接技能者	換算率						ウの合計　換算人員	人
		該当技術者数	人	人	人	人		点数	点
	エ検査	被破壊検査機器の台数及び点数	台　点	検査技術者の換算率及び該当技術者数		検査技術者の合計　換算人員	人	エの点数の合計	点
		機械的性質の試験機の台数及び点数	台　点		人	人　点数	点		
	オその他	上屋付作業場の面積及び点数	m²　点	原寸場の面積及び点数	m²　点	変電容量及び点数	KVA　点	オの点数の合計　点	ア～オの点数の合計　点

5接合部の工作及び検査要領		使用部位	鋼種	溶接棒	作業場所	姿勢	検査方法	特記事項
	ア突合せ							
	イすみ肉							
	ウその他							
6根拠規準		検査規準				工作規準		
7備考								

備考　建築主、設計者及び構造担当設計者の氏名の記載を自署で行う場合においては、押印を省略することができます。

第９号様式（第７条関係）

鉄骨製作工場に関する報告書

年　月　日

春日井市建築主事　様

建築主　住　所

氏　名　　　印

下記の建築物の鉄骨を製作する工場については、現在決まっていません。

当該工場が決まったときは、直ちに溶接工事作業計画書を提出します。

記

建築物名称			
建築場所	春日井市		
建築物用途		構造	
建築物規模	地上　階／地下　階	延べ面積	m²
	軒の高さ　m	最大スパン	m
設計者	住　所 氏　名 資　格　（　）級建築士登録第　　号		

備考　建築主の氏名の記載を自署で行う場合においては、押印を省略することができます。

第９号様式の２（第７条関係）

（表）

鉄骨工事施工状況報告書

年　月　日

春日井市建築主事　様

建築主　住所

氏名　　　印

電話＜　＞（　　）　番

建築基準法施行細則第７条第４項の規定に基づき、下記のとおり報告します。

記

工事監理者	住所〒	（　）建築士　第　号 （　）建築事務所名　（　）第　号	氏名	印	電話〈　〉（　）番	
工事施工者	住所〒		氏名		電話〈　〉（　）番	
建築物及び鉄骨工事概要	建築工事の名称		確認済証交付年月日及び番号	年　月　日　第　号		
	建築場所					
	主要用途		建築面積	m²	延べ面積	m²
	階数	地上　階／地下　階	軒の高さ	m	最大スパン	m
	構造種別	Ｓ造　ＳＲＣ造（　）	架構形式	ラーメン　ブレース（　）		
	確認に要した図書と設計図書との照合結果等	照合結果（　相違あり　相違なし　） 照合結果に相違があった場合、設計図書が訂正されたことの確認（　確認済　未確認　）				
	確認済証交付後の変更事項					
	主要部材の使用部位及び鋼種	部位	鋼材種別	重量	高力ボルトの種類：ＪＩＳ型　トルシア型	（Ｆ　Ｔ、　）：径（Ｍ　） （Ｓ　Ｔ、　）：径（Ｍ　）
					高力ボルトの接合：接合方法　摩擦、引張	摩擦面の処理 1.母材：　2.スプライスＰＬ：
	溶接継目の部位・鋼材の種類及び品質条件	工場溶接：部位／鋼材種別／品質条件等	（突合、すみ肉）（　Ｆ） （突合、すみ肉）（　Ｆ） （突合、すみ肉）（　Ｆ） （突合、すみ肉）（　Ｆ）	現場溶接：部位／鋼材種別／品質条件等	（突合、すみ肉）（　Ｆ） （突合、すみ肉）（　Ｆ） （突合、すみ肉）（　Ｆ） （突合、すみ肉）（　Ｆ）	
	鉄骨製作工場の名称等の現場表示板の設置期間	年　月　日　から　年　月　日　まで				
工事関係者の住所及び氏名	設計者	住所〒	（　）建築士　第　号 （　）建築事務所名　（　）第　号	氏名	電話〈　〉（　）番	
	構造設計担当者	住所〒	（　）建築士　第　号 （　）建築事務所名　（　）第　号	氏名	電話〈　〉（　）番	
	検査機関（検査員）	検査機関の名称 代表者名	住所 （検査員氏名		電話〈　〉（　）号 資格　）	
	鉄骨製作工場	工場の名称 住　所 （　）大臣認定年月日　年　月　日　認定番号（　）　号　ランク	代表者名		電話〈　〉（　）番	

第10号様式（第８条関係）

浄　化　槽　調　書

年　月　日

春日井建築主事　　　様

建築主　住　所

氏　名

電　話〈　〉（　）　番

春日井市建築基準法施行細則第８条第１項の規定に基づき、下記のとおり報告します。

記

※ 確認済証番号及び確認済証交付年月日	第　一　号　　年　月　日			
1 設置場所				
2 設計者の資格、住所及び氏名建築士事務所名	（ ）建築士（ ）登録第　号 電話〈　〉（　）　番 （ ）建築士事務所　（ ）第　号			
3 浄化槽工事業者（特例浄化槽工事業者）の住所、氏名、登録(届出受理）番号等	電話〈　〉（　）　番 愛知県知事（登—／届—）第　号 登録（届出受理）年月日　年　月　日			
4 浄化槽設備士の住所、氏名、免状交付番号等	電話〈　〉（　）　番 第　号　交付年月日　年　月　日			
5 浄化槽を設置する建物の用途等	用途　　延べ面積又は戸数　㎡ 戸			
6 昭和55年建設省告示第1292号の構造方法の区分	第　第　号 方式			
7 浄化槽の名称		8 処理能力	日平均汚水量	人槽 ㎥／日
9 浄化槽の型式認定番号及び年月日	———　年　月　日	10 水質	BOD	mg／ℓ以下
11 放流場所	側溝・その他（　）	12 放流方法	自然放流・汲上げ放流	
13 JISA3302による処理対象人員算定計算 （処理対象人員　　人）				

備考

（裏）

鉄骨製作工場及び工事現場における試験・検査等の結果

試験、検査等の項目		試験、検査等の方法（記号を○印で囲むこと。）	検査年月日 工事施工者	工事監理者	検査機関
工場製作における試験検査等の実施状況	鉄骨製作工場の決定	a 書類審査　b 工場実地調査			
	要領書・工作図の審査	a 設計図書との照合　b 図書審査承認			
	溶接方法の承認	a 要領書審査　b 承認試験			
	溶接工の承認	a 資格証の承認　b 技量確認試験			
	使用鋼材等の品質確認	a ミルシートの確認　b 立ち会い検査			
	使用材料・製品の検査（HTB・スタッドボルト等）	a ミルシートの確認　b 材料試験 c 立ち会い検査　d（　）			
	現寸検査等	a 立ち会い検査			
	切断後の鋼材材質確認	a 立ち会い検査　b 確認試験			
	組立検査	a 開先形状　b ルート間隔　c 目違い d 裏当て・エンドタブ　e 仮付け溶接			
	製品の社内検査実施状況の確認	a 製品の社内検査報告書確認 b（　）c（　）			
	鉄骨製品の受入れ検査	a 溶接部外観検査（溶接部の精度・表面欠陥） b 超音波探傷検査　c 補正措置 d 部材表面検査　e 寸法検査 f 取合部検査　g（　）h（　）			
現場製作における試験検査等の実施状況	RC部との接合（柱脚等）	a 設計図書との照合			
	アンカーボルトの埋込み等	a 設計図書との照合			
	建て方、建て方精度	a 建て方精度　b 建て入れ直し c 倒壊防止精度　d 仮締めボルト			
	トルシア型HTB受入れ検査	a 現場軸力導入確認試験			
	摩擦接合面の確認	a 目視　b（　）			
	食い違い、肌すき検査	a 目視　b（　）			
	高力ボルト本締め検査	a 目視　b（　）			
	共廻り、締め忘れ検査	a 目視　b（　）			
	要領書、工作図の承認	a 設計図書との照合			
	溶接方法の承認	a 要領書　b 承認試験			
	溶接工の承認	a 資格証　b 技量確認試験			
	溶接作業条件の承認	a 要領書			
	開先形状 ルート間隔、目違い、隙間	a 目視　b 溶接ゲージ c（　）d（　）			
	仮付け溶接、裏当て、エンドタブ	a 目視　b 溶接ゲージ c（　）d（　）			
	溶接部の検査	a 外観検査　b 内部欠陥検査			

所見	工場製作について		現場製作について	
			内部欠陥検査の方法	
			検査率	
			その他所見	

備考　建築主及び工事監理者の押印は、氏名を自署する場合にあっては省略することができる。

第11号様式（第８条関係）

浄化槽工事完了報告書

年　月　日

春日井市建築主事　　様

建築主　住　所

氏　名　　　　印

春日井市建築基準法施行細則第８条第２項の規定に基づき、下記の浄化槽の工事が完了したので報告します。

記

1	確認済証番号及び確認済証交付年月日	第　　号　　年　月　日		
2	設置場所			
3	昭和55年建設省告示第1292号の構造方法の区分	第　第　号　　　方式		
4	浄化槽の名称		5　処理能力	日平均汚水量　人槽 ㎥／日
6	浄化槽の型式認定番号及び年月日	－　－　－　年　月　日		
7	浄化槽工事業者（特例浄化槽工事業者）の住所、氏名、登録（届出受理）番号等	電話（　）（　）番 愛知県知事（登・届－）第　号 登録（届出受理）年月日　年　月　日		
8	浄化槽設備士の住所、氏名、完了確認済印、免状交付番号等	印　電話（　）（－）番 第　号 交付年月日　年　月　日		
9	完了確認年月日	年　月　日		
10	使用開始予定年月日	年　月　日		

備考　建築主の氏名の記載を自署で行う場合においては、押印を省略することができます。

第12号様式（第９条関係）

工事取りやめ報告書

年　月　日

春日井市建築主事　様

建築主　住　所

（築造主）氏　名　　　　印

下記工事は、取りやめました。

記

確認済証交付年月日 確認済証番号	年　月　日 第　　－　　号
建築場所	
取りやめ理由	

※受付	※決裁欄

備考　建築主又は築造主の氏名の記載を自署で行う場合においては、押印を省略することができます。

第13号様式及び第14号様式　削除

第15号様式（第13条関係）

（表）

道路位置指定申請書

年　月　日

春日井市長　　　　　様

申請者　住所
氏名　　　　　　　　　　印
電話〈　　〉（　　）　　番

建築基準法第42条第１項第５号に規定する道路の位置を指定してください。

	道 路 番 号	幅　員	延　長	地名及び地番
指定道路	号	m	m	

	地名及び地番	面　積	所有主の氏名	借 主 の 氏 名
道路位置		㎡		
	合計　　筆			

工事着手予定年月日	年　月　日	工事完了予定年月日	年　月　日
標 示 の 方 法			
※　受　付	※ 備　考		
※　指定番号	第 一 号	※　指定年月日	年　月　日

（裏）

	道路との関係	土地、建物又は工作物の所在地	関係者 住所	関係者 氏名
承諾欄				印
				印
				印
				印
				印
				印
				印
				印
				印
				印
				印
				印
				印
				印
				印
				印
				印
				印
				印
				印
				印
設計者の住所及び氏名		電話〈　　〉（　　）　番		印

備考　申請者及び設計者の氏名の記載を自署で行う場合においては、押印を省略することができます。

第16号様式（第17条関係）

適用除外保存建築物指定申請書

年　月　日

春日井市長　　様

住所
氏名　　　　印
電話〈　〉（　）番

建築基準法第３条第１項第３号の規定による指定をしてください。

設計者の住所及び氏名		電話〈　〉（　）番				
敷地の位置	地名及び地番					
	都市計画区域	用途地域	防火地域	その他の区域・地域・地区・街区		
	区域内・区域外					
主要用途		申請部分の用途				
工事種別	新築・増築・改築・移転・用途変更・大規模の修繕・大規模の模様替					
建築物の構造		建築物の階数	地上　階　地下　階			
建築物の最高の高さ（m）		建築物の軒の高さ（m）				
	申請部分	申請以外の部分	合計	敷地面積に対する割合	敷地面積に対する割合の限度	
敷地面積（㎡）						
建築面積（㎡）				/10	/10	
延べ面積（㎡）				/10	/10	
工事着手予定日	年　月　日	工事完了予定日	年　月　日			
その他必要な事項	春日井市文化財保護条例等による指定状況 指定番号 名称　　指定年月日　　年　月　日					
※受付欄		※備考				
※指定番号	第　号	※指定年月日	年　月　日			

備考　申請者の氏名の記載を自署で行う場合においては、押印を省略することができます。

第17号様式（第19条関係）

認定申請書

年　月　日

春日井市長　　様

申請者　住所
氏名　　　　印
電話〈　〉（　）番

建築基準法
建築基準法施行令　第　条第　項の規定による認定をしてください。
愛知県建築基準条例

設計者の住所及び氏名		電話〈　〉（　）番				
敷地の位置	地名及び地番					
	都市計画区域	用途地域	高層住居誘導地区	防火地域	その他の区域・地域・地区・街区	
	区域内・区域外		地区内・地区外			
主要用途		申請部分の用途				
工事種別	新築・増築・改築・移転・用途変更・大規模の修繕・大規模の模様替					
建築物の構造		建築物の階数	地上　階　地下　階			
建築物の最高の高さ（m）		建築物の軒の高さ（m）				
	申請部分	申請以外の部分	合計	敷地面積に対する割合	敷地面積に対する割合の限度	
敷地面積（㎡）						
建築面積（㎡）				／10	／10	
延べ面積（㎡）				／10	／10	
工事着手予定日	年　月　日	工事完了予定日	年　月　日			
前面道路又は通路等	名称		幅員（メートル）		敷地と接している部分の長さ（メートル）	
その他必要な事項						
※受付欄		※備考				
※認定番号	第　号	※認定年月日	年　月　日			

備考　申請者の氏名の記載を自署で行う場合においては、押印を省略することができます。

第18号様式（第19条関係）

同　意　書

建築基準法第86条第1項又は第2項の規定による下記の認定の申請について、同条第3項の規定に基づき同意します。

記

1　申請者の住所及び氏名　　　電話（　　）（　　）
2　対象区域の位置
3　対象区域の面積
4　対象区域内の建築物の概要
(1)　用途
(2)　棟数
(3)　延べ床面積の合計

	対象区域との関係	土地の所在地	関係者 住所	関係者 氏名
同意欄				印
				印
				印
				印
				印
				印
				印
				印
				印
				印
				印
				印
設計者の住所及び氏名	電話（　）（　）			

備考

第18号様式の2（第19条関係）

合　意　書

建築基準法第86条の5第1項の規定による下記の認定の取消しの申請について、同項の規定に基づき合意します。

記

1　申請者の住所及び氏名　　　電話（　　）（　　）
2　対象区域の位置
3　対象区域の面積
4　対象区域内の建築物の概要
(1)　用途
(2)　棟数
(3)　延べ床面積の合計
5　確認の年月日及び番号

	対象区域との関係	土地の所在地	関係者 住所	関係者 氏名
合意欄				印
				印
				印
				印
				印
				印
				印
				印
				印
				印
				印
				印
設計者住所及び氏名	電話（　）（　）			

備考

第19号様式（第20条関係）

建築協定認可申請書

年　月　日

春日井市長　様

申請者　住　所
(代表者) 氏　名　　　印
電話〈　〉(　)　番

建築基準法第70条第１項／第76条の３第２項の規定により、建築協定の認可をしてください。

建築協定の概要	協定の目的					
	建築物に関する基準	建築物の敷地・位置・構造・用途・形態・意匠・設備に関する基準				
	有効期間	年　月　日から　年　月　日までの　年　月間				
	違反があった場合の措置					
建築協定区域等		建築協定区域			建築協定区域隣接地	
	地名及び地番					
	面積	㎡			㎡	
	地域及び地区	都市計画区域	用途地域	防火地域	その他の区域・地域・地区・街区	
		内・外				
土地の所有権者等の人数		土地の所有権者	建築物の所有を目的とする		法第77条に規定する建築物の借主	合計
			地上権者	賃借権者		
		人	人	人	人	人
開発計画に関する事項		許認可等年月日・番号		工事完了(予定)年月日	工事完了公告年月日	
		年　月　日　第一号		年　月　日	年　月　日	
※　受　付　欄		※その他事項				
※認可の年月日・番号		年　月　日第一号		※公告の年月日	年　月　日	

備考　申請者の氏名の記載を自署で行う場合においては、押印を省略することができます。

第20号様式（第20条関係）

建築協定変更・廃止認可申請書

年　月　日

春日井市長　様

申請者　住　所
(代表者) 氏　名　　　印
電　話〈　〉(　)　番

建築基準法第74条／76条第１項の規定により、建築協定の変更／廃止の認可をしてください。

(1)	建築協定の認可の日付・番号		年　月　日　第　一　号				
建築協定及び建築協定区域等の変更の概要	(2)	協定の目的					
	(3)	建築物に関する基準	建築物に関する敷地・位置・構造・用途・形態・意匠・設備に関する基準 建築物に関する敷地・位置・構造・用途・形態・意匠・設備に関する基準				
	(4)	有効期間	年　月　日から　年　月　日までの　年　月間 年　月　日から　年　月　日までの　年　月間				
	(5)	違反があった場合の措置					
			建築協定区域			建築協定区域隣接地	
	(6)	地名及び地番					
	(7)	面積	㎡ ㎡			㎡ ㎡	
	(8)	地域地区	都市計画区域	用途地域	防火地域	その他の区域・地域・地区・街区	
			内・外				
			内・外				
(9)	土地の所有権者等の人数(上段)及び協定の廃止に合意する土地の所有権者等の人数(下段)		土地の所有権者	建築物の所有を目的とする		法第77条に規定する建築物の借主	合計
				地上権者	賃借権者		
			人	人	人	人	人
			人	人	人	人	人
(10)	(9)の合計の下段の上段に対する割合		%				
※　受　付　欄			※　そ　の　他　事　項				
※認可の年月日・番号			年　月　日第一号		※公告の年月日	年　月　日	

備考　申請者の氏名の記載を自署で行う場合においては、押印を省略することができます。

第21号様式（第21条関係）

1人建築協定効力発生届

年　月　日

春日井市長　様

申請者　住　所

氏　名　　　印

電　話〈　〉（　）　番

春日井市建築基準法施行細則第21条第2項の規定に基づき、下記のとおり届け出ます。

記

認可の日付	年　月　日	認可番号	第　一　号
建築協定名		協定が効力を生じた日	年　月　日

番号	住所及び氏名	地名及び地番	土地に関する権利の種別	土地の所有権等の取得年月日
1	印		1所有権 2地上権 3賃借権	年　月　日
2	印		1所有権 2地上権 3賃借権	年　月　日
3	印		1所有権 2地上権 3賃借権	年　月　日
4	印		1所有権 2地上権 3賃借権	年　月　日
5	印		1所有権 2地上権 3賃借権	年　月　日

備考　申請者の氏名の記載を自署で行う場合においては、押印を省略することができます。

第22号様式（第21条の2関係）

申請取下げ届

年　月　日

春日井市長
春日井市建築主事　様

住所

氏名　　　印

電話〈　〉（　）　番

建築基準法
建築基準法施行令　第　　条第　　項の規定に基づく次の申請は、取り下げます。

申請年月日	年　月　日
建築場所	
取下げ理由	

※受付	※備考

備考　届出者の氏名の記載を自署で行う場合においては、押印を省略することができます。

第23号様式（第22条関係）

申請書等記載事項変更届

年　月　日

春日井市建築主事　　様

申請者　住　所
氏　名　　　　印
電　話〈　〉（　）　番

下記に係る工事について、申請書等記載事項を変更しましたのでお届けします。

記

確認済証番号及び確認済証交付年月日			年　月　日　第　－　号
建築場所			春日井市
主要用途			工事種別
変更事項	建築主の住所・氏名	新	電話〈　〉（　）　番　印
		旧	印
	工事監理者の住所・氏名	新	（　）建築士（　）登録　第　号 （　）建築士事務所登録　第　号　電話〈　〉（　）番
		旧	
	工事施工者の住所・氏名	新	建設業の許可（　）第　号 電話〈　〉（　）　番
		旧	
	その他	新	
		旧	
変更理由			

※受付欄	※備考		※記簿欄	※決裁欄
	原本照合	年　月　日		

備考　申請者、建築主及び工事監理者の氏名の記載を自署で行う場合においては、押印を省略することができます。

第23号様式の2（第22条関係）

報告事項変更届

年　月　日

春日井市長　様

指定確認検査機関名　　　　印

下記に係る工事について、報告事項に変更があったことを知りましたので報告します。

記

確認済証番号及び確認済証交付年月日			第　　号　年　月　日
建築場所			
主要用途			工事種別
報告事項	建築主の住所、氏名等	新	氏名のフリガナ 氏名 郵便番号 住所 電話番号〈　　〉（　　）　番
		旧	
	工事監理者の所在地、氏名等	新	資格（　）建築士（　）登録第　号 氏名 建築士事務所名 （　）建築士事務所（　）知事登録第　号 郵便番号 所在地 電話番号〈　　〉（　　）　番
		旧	
	工事施工者の所在地、氏名等	新	氏名 営業所名　建設業の許可（　）登録第　号 郵便番号 所在地 電話番号〈　　〉（　　）　番
		旧	
	その他	新	
		旧	
変更事由			

※受付欄	※備考		※記載欄	※決裁欄
	原本照合	年　月　日		

第24号様式（第23条関係）

意見の聴取請求書

年　月　日

春日井市長　　様

住所

氏名　　　　　　　　　　印

年　月　日付けの建築基準法第　条第　項の規定による通知書（又は仮の命令書）を受領しましたが、意見の聴取を行うことを請求します。

第25号様式（第24条関係）

意見の聴取通知書

第　　号
年　月　日

様

春日井市長　　　　　　印

建築基準法第　条第　項の規定による意見の聴取を次のとおり行いますので、出席してください。

本人が出席できない場合は、委任状を持参した代理人を出席させてください。

1　期日

2　場所

3　意見の聴取に係る事項

○春日井市建築物における駐車施設の附置等に関する条例

（平成3年3月28日
春日井市条例第11号）

改正　平成11年3月24日春日井市条例第14号

（目的）

第1条　この条例は、駐車場法（昭和32年法律第106号。以下「法」という。）第20条から第20条の3までの規定に基づき、駐車施設の附置及び管理について必要なことを定めることにより、道路交通の円滑化を図り、もって公衆の利便に資するとともに、都市機能の維持及び増進に寄与することを目的とする。

（定義）

第2条　この条例において、次の各号に掲げる用語の意義は、当該各号に定めるところによる。

1　建築物　建築基準法（昭和25年法律第201号）第2条第1号に規定する建築物をいう。

2　駐車場整備地区　法第3条第1項に規定する区域をいう。

3　駐車施設　法第20条第1項に規定する駐車施設をいう。

4　特定用途　法第20条第1項に規定する特定用途をいう。

5　非特定用途　特定用途以外の用途をいう。

（適用区域）

第3条　この条例を適用する区域は、駐車場整備地区とする。

（建築物の新築の場合の駐車施設の附置）

第4条　前条の適用区域（以下「適用区域」という。）において、別表第1⑴項に掲げる面積が1,000㎡を超える建築物を新築しようとする者は、同表⑵項に掲げる建築物の部分の床面積をそれぞれ150㎡で除して得た数値を合計した数値（同表⑶項に規定する延べ面積が、6,000㎡に満たない場合においては、当該合計した数値に同表⑶項に掲げる式により算出して得た数値を乗じて得た数値とし、小数点以下の端数があるときは、切り上げるものとする。）の台数以上の規模を有する駐車施設を当該建築物又は当該建築物の敷地内に附置しなければならない。ただし、適用区域内において、非特定用途に供する建築物で、市長が特に必要がないと認めたものについては、この限りでない。

（建築物の新築の場合の荷さばきのための駐車施設の附置）

第4条の2　適用区域内において、特定用途に供する部分の床面積が2,000㎡を超える建築物を新築しようとする者は、別表第2⑴項に掲げる建築物の部分の床面積をそれぞれ同表⑵項に掲げる面積で除して得た数値を合計した数値（同表⑶項に規定する延べ面積が6,000㎡に満たない場合においては、当該合計した数値に同表⑶項に掲げる式により算出して得た数値を乗じて得た数値とし、小数点以下の端数があるときは、切り上げるものとする。）の台数以上の規模を有する荷さばきのための駐車施設を当該建築物又は当該建築物の敷地内に附置しなければならない。ただし、当該建築物の敷地の面積が市長が定める面積を下回る場合又は共同で荷さばきを行うための駐車施設の計画的な整備及び活用その他の代替措置により本条による荷さばきのための駐車施設の整備と同等以上の効力があると市長が認める場合においては、この限りでない。

2　前項の規定により附置しなければならない荷さばきのための駐車施設の台数は、前条の規定により附置しなければならない駐車施設の台数に含めることができる。

（大規模な事務所の特例に係る大規模逓減）

第５条　前２条の規定にかかわらず、床面積が１万㎡を超える事務所の用途に供する部分を有する建築物にあっては、当該事務所の用途に供する部分の床面積のうち、１万㎡を超え５万㎡までの部分の床面積に0.7を、５万㎡を超え10万㎡までの部分の床面積に0.6を、10万㎡を超える部分の床面積に0.5をそれぞれ乗じたものの合計に１万㎡を加えた面積を当該用途に供する部分の床面積とみなして、前２条の規定を適用する。

（建築物の増築又は用途の変更の場合の駐車施設の附置）

第６条　建築物を増築しようとする者又は建築物の部分の用途の変更で、当該用途の変更により特定部分が増加することとなるもののために法第20条の２に規定する大規模の修繕又は大規模の模様替をしようとする者は、当該増築又は用途の変更後の建築物を新築した場合において前３条の規定により附置しなければならない駐車施設の規模から、当該増築又は用途の変更前の建築物を新築した場合においてこれらの規定により附置しなければならない駐車施設の規模を減じた規模の駐車施設を、当該増築又は用途の変更に係る建築物又は当該建築物の敷地内に附置しなければならない。

（建築物が地域の内外にわたる場合）

第７条　建築物の敷地が適用区域の内外にわたるときは、当該敷地の最も大きな部分が属する区域に当該建築物があるものとみなして、前４条の規定を適用する。

（駐車施設の規模）

第８条　第４条、第５条及び第６条の規定により附置しなければならない駐車施設のうち自動車の駐車の用に供する部分の規模は、駐車台数１台につき概ね11.5㎡以上とし、自動車を安全に駐車させ、及び出入りさせることができるものとしなければならない。

2　前項の規定にかかわらず、第４条、第５条及び第６条の規定により附置しなければならない駐車施設の台数に0.3を乗じて得た台数（小数点以下の端数があるときは、切り上げるものとする。）に係る自動車の駐車の用に供する部分の規模は、駐車台数１台につき概ね15㎡以上としなければならず、かつ、附置しなければならない台数の50台当たりに１台の割合で、車イス利用者のための駐車施設として、幅3.5m以上、奥行６m以上としなければならない。

3　前２項の規定は、特殊の装置を用いる駐車施設で、自動車を安全に駐車させ、及び出入りさせることができるものであると市長が認めるものについては、適用しない。

4　第4条の2から第6条までの規定により附置しなければならない荷さばきのための駐車施設のうち自動車の駐車の用に供する部分の規模は、幅3m以上、奥行7.7m以上、はり下の高さ3m以上とし、自動車を安全に駐車させ、出入りさせることができるものでなければならない。ただし、当該建築物の構造又は敷地の状態から市長がやむを得ないと認める場合においては、この限りでない。

（駐車施設の附置の特例）

第9条　第4条から第6条までの規定により駐車施設を附置すべき者が、当該建築物の構造又は敷地の状態から市長がやむを得ないと認める場合において、当該建築物の敷地から概ね200m以内の場所に駐車施設を設けたときは、当該建築物又は当該建築物の敷地内に駐車施設を附置したものとみなす。

2　第4条から第6条までの規定により駐車施設を附置すべき者が、前項に規定する駐車施設を設けようとする場合は、あらかじめ、規則で定めるところにより、当該駐車施設の位置、規模等を市長に届け出なければならない。届け出た事項を変更しようとする場合もまた同様とする。

（適用の除外）

第10条　建築基準法第85条に規定する仮設建築物を新築し、若しくは増築し、又は当該建築物の用途の変更をしようとする者については、第4条から第6条までの規定は適用しない。

2　この条例の施行後新たに指定された区域内において、当該地区に指定された日から起算して6月以内に建築物の新築、増築又は用途の変更の工事に着手した者については、第4条から第6条までの規定にかかわらず、当該地域の指定前の例による。

（駐車施設の管理）

第11条　第4条から第6条までの規定により設置された駐車施設（第9条第1項の規定により建築物又はその敷地内に附置したものとみなされる駐車施設を含む。）の所有者又は管理者は、当該駐車施設をその目的に適合するように管理しなければならない。

（立入検査）

第12条　市長は、この条例を施行するため必要と認める場合は、建築物又は駐車施設の所有者又は管理者に対し、報告若しくは資料の提出を求め、又は職員をして建築物若しくは駐車施設に立ち入り、若しくは検査をさせることができる。

2　前項の規定により立入検査をする職員は、その身分を示す証明書を携帯し、関係人の請求があったときは、これを提示しなければならない。

（措置命令）

第13条　市長は、第4条から第6条まで、第8条又は第11条の規定に違反した者に対して、相当の期限を定めて、駐車施設の附置、原状回復その他当該違反を是正するために必要な措置を命じることができる。

2　前項の規定による措置の命令は、その命じようとする措置及び理由を記載した措置命令書により行うものとする。

（委任）

第14条　この条例の施行について必要な事項は、規則で定める。

（罰則）

第15条　第13条第１項の規定による市長の命令に従わなかった者は、50万円以下の罰金に処する。

2　第12条第１項の規定による報告をせず、若しくは虚偽の報告をし、又は同項の規定による検査を拒み、若しくは妨げた者は、20万円以下の罰金に処する。

3　第９条第２項の規定に違反した者は、10万円以下の罰金に処する。

第16条　法人の代表者又は法人若しくは人の代理人、使用人その他の従業者がその法人又は人の業務又は財産について、前条の違反行為をしたときは、その行為者を罰するほか、その法人又は人に対して前条の罰金刑を科する。ただし、法人又は人の代理人、使用人その他の従業者の当該違反行為を防止するため、当該業務又は財産に対し、相当の注意及び監督が尽くされたことの証明があったときは、その法人又は人については、この限りでない。

附　則

（施行期日）

1　この条例は、春日井都市計画駐車場整備地区の決定に係る都市計画法（昭和43年法律第100号）第20条第１項の規定に基づく告示の日から施行する。

（平成３年告示第72号により平成３年９月９日から施行）

（経過措置）

2　この条例が施行された日から起算して６月以内に建築物の新築、増築又は用途の変更の工事に着手した者については、この条例を適用しない。

附　則（平成11年条例第14号）

1　この条例は、平成11年10月１日から施行する。

2　この条例施行の際、現に改正前の春日井市建築物における駐車施設の附置等に関する条例の規定に基づき建築物の新築、増築又は用途の変更の工事に着手した者に関する取扱いについては、なお従前の例による。

別表第1（第4条関係）

(1)	特定用途に供する部分の床面積と非特定用途に供する部分の床面積に1／2を乗じて得たものとの合計	
(2)	特定用途に供する部分	非特定用途に供する部分
(3)	$1-\dfrac{1{,}000\text{㎡}\times(6{,}000\text{㎡}-\text{延べ面積（㎡）})}{6{,}000\text{㎡}\times\text{(1)項に掲げる面積（㎡）}-1{,}000\text{㎡}\times\text{延べ面積（㎡）}}$	

備考
1　(1)項に規定する部分及び(2)項に掲げる部分は、駐車施設の用途に供する部分を除き、観覧場にあっては、屋外観覧席の部分を含む。
2　(3)項に規定する延べ面積は、駐車施設の用途に供する部分の面積を除き、観覧場にあっては、屋外観覧席の部分の面積を含む。

別表第2（第4条の2関係）

(1)	百貨店その他の店舗の用途に供する部分	事務所の用途に供する部分	倉庫の用途に供する部分	特定用途（百貨店その他の店舗、事務所及び倉庫を除く。）に供する部分
(2)	3,000㎡	5,000㎡	1,500㎡	4,000㎡
(3)	$1-\dfrac{6{,}000\text{㎡}-\text{延べ面積（㎡）}}{2\times\text{延べ面積（㎡）}}$			

備考
1　(1)項に掲げる部分は、駐車施設の用途に供する部分を除き、観覧場にあっては、屋外観覧席の部分を含む。
2　(3)項に規定する延べ面積は、駐車施設の用途に供する部分の面積を除き、観覧場にあっては、屋外観覧席の部分の面積を含む。

○春日井市建築物における駐車施設の附置等に関する条例施行規則

（平成３年３月28日
春日井市規則第10号）

改正　平成11年３月29日春日井市規則第20号
同　17年３月31日　同　規則第22号

（趣旨）

第１条　この規則は、春日井市建築物における駐車施設の附置等に関する条例（平成３年春日井市条例第11号。以下「条例」という。）の施行について必要な事項を定めるものとする。

（駐車施設を要しない建築物）

第２条　条例第４条の規定による駐車施設を要しない建築物は、学校教育法（昭和22年法律第26号）に規定する小学校、中学校、高等学校、中等教育学校及び幼稚園並びに児童福祉法（昭和22年法律第164号）に規定する乳児院及び保育所とする。

（届出書等）

第３条　条例第４条から第６条までの規定により駐車施設を設置し、又は変更しようとする者は、駐車施設設置（変更）届出書（第１号様式）正副２通にそれぞれ別表に掲げる図面を添付して市長に提出しなければならない。ただし、変更の届出書に添える図面は、変更しようとする事項に係る図面でもって足りるものとする。

（工事完了届）

第４条　前条の規定により届出をした者は、工事完了後、速やかに工事完了届（第２号様式）２通を市長に届け出なければならない。

（駐車施設の区画）

第５条　条例第８条の規定により附置しなければならない駐車施設は、駐車の用に供する部分及び車路は明確に区分するとともに、駐車の用に供する部分を１台ごとに区分しなければならない。

（承認申請）

第６条　条例第９条第２項の規定による駐車施設の設置の承認を受けようとする者は、駐車施設設置（変更）承認申請書（第３号様式）正１通及び副２通にそれぞれ駐車施設調書（第４号様式）及び別表に掲げる図面を添付して市長に提出しなければならない。承認を受けた事項を変更しようとするときも同様とする。

（承認の通知）

第７条　市長は、前条の規定により提出された申請書について、承認又は不承認を決定したときは、駐車施設承認・不承認通知書（第５号様式）により、前条の申請者に通知するものとする。

（立入検査の身分証明）

第8条　条例第12条第２項の規定による職員の身分を示す証票は、第６号様式に定めるところによる。

（措置命令）

第9条　条例第13条に規定する駐車施設の附置、設置又は原状回復その他当該違反を是正するための措置命令は、第７号様式に定めるところによる。

附　則

この規則は、春日井都市計画駐車場整備地区の決定に係る都市計画法（昭和43年法律第100号）第20条第１項の規定に基づく告示の日から施行する。

附　則（平成11年３月29日規則第20号）

この規則は、平成11年10月１日から施行する。ただし、第２条の改正規定は、平成11年４月１日から施行する。

附　則（平成17年３月31日規則第22号）

この規則は、公布の日から施行する。

別表（第３条、第６条関係）

図面の種類		明示すべき事項
駐車施設	附近見取図	縮尺、方位、道路、目標となる地物及び位置並びに条例第９条第１項の建築物との距離
	配置図	縮尺、方位、位置、規模、駐車施設内外の自動車の通路及び幅員並びに敷地が接する道路の位置及び幅員
	各階平面図	縮尺、方位、間取及び規模並びに駐車施設内外の自動車の通路及び幅員
建築物	配置図	縮尺、方位、敷地の境界線及び敷地内における建築物の位置並びに敷地が接する道路の位置及び幅員
	各階平面図	縮尺、方位、間取及び各室の用途

第1号様式（第3条関係）

駐車施設設置（変更）届出書

年　月　日

春日井市長　　様

設置者　住　所(所在地)

氏　名(名　称)　　　　　印

春日井市建築物における駐車施設の附置等に関する条例第4条から第6条までの規定により、次のとおり届け出ます。

1　建築物の建築場所						
2　建築物の規模	敷地面積					㎡
	建築面積	㎡	延べ面積			㎡
3　建築物の用途別延べ面積	特定用途部分の延べ面積					㎡
	内訳	百貨店その他の店舗の用途に供する部分				㎡
		事務所の用途に供する部分				㎡
		倉庫の用途に供する部分				㎡
		その他の用途に供する部分				㎡
	非特定用途部分の延べ面積					㎡
4　条例により附置すべき駐車施設の台数	11.5㎡	台	3.5m × 6 m			台
	15㎡	台	3 m × 7.7m × 3 m			台
5　駐車施設を附置できない理由						
6　実際に附置する駐車施設	設置場所					
	権利区分	(1) 所有地　(2) 借地 (3) その他（　　　）				
	所有地以外の場合の使用承諾者	住所（所在地）				
		氏名（名称）				
	駐車ますの大きさ	敷地内		敷地外	合計	
		建築物内	その他			
	11.5㎡	台	台	台	台	
	15㎡	台	台	台	台	
	3.5m × 6 m	台	台	台	台	
	3 m×7.7m× 3 m	台	台	台	台	
	その他（　　）	台	台	台	台	
受付欄	＊受付年月日	年　月　日	建築物	＊確認申請受付年月日	年　月　日	
	＊受付番号	第　　号		＊確認申請受付番号	第　　号	

備考　1　駐車施設設置変更届出書にあっては、変更しようとする事項を朱記すること。

2　第6項の事項について、権利関係を証するため、登記簿謄本又は使用権等については賃貸借契約書等を添付すること。

3　＊印欄は、記入しないこと。

第2号様式（第4条関係）

工　事　完　了　届

年　月　日

春日井市長　　様

設置者　住　所(所在地)

氏　名(名　称)　　　　　印

春日井市建築物における駐車施設の附置等に関する条例施行規則第4条の規定により、次のように届け出ます。

駐車施設届出書受付年月日						
承認年月日						
所在地	建築物					
	駐車施設					
区分		11.5㎡	15㎡	3.5m×6m	3m×7.7m × 3 m	合計
敷地内	建築物内	台	台	台	台	台
	その他	台	台	台	台	台
敷地外		台	台	台	台	台
合計		台	台	台	台	台
条例により附置すべき台数		台	台	台	台	台
＊検査欄						

＊印の欄には記入しないこと。

第3号様式（第6条関係）

駐車施設設置（変更）承認申請書

年　月　日

春日井市長　　様

設置者　住　所(所在地)

氏　名(名　称)　　　　印

春日井市建築物における駐車施設の附置等に関する条例第9条第2項の規定により、次のとおり設置（変更）承認を申請します。

建築物の建築場所					
建築物の規模	敷地面積				㎡
	建築面積	㎡	延べ面積		㎡
建築物の用途別延べ面積	特定用途部分の延べ面積				㎡
	内訳	百貨店その他の店舗の用途に供する部分			㎡
		事務所の用途に供する部分			㎡
		倉庫の用途に供する部分			㎡
		その他の用途に供する部分			㎡
	非特定用途部分の延べ面積				㎡
条例により附置すべき駐車施設の台数	11.5㎡	台	3.5m × 6 m		台
	15㎡	台	3 m×7.7m× 3 m		台

実際に附置する駐車施設	駐車ますの大きさ	敷地内 建築物内	敷地内 その他	敷地外	合計
	11.5㎡	台	台	台	台
	15㎡	台	台	台	台
	3.5m × 6 m	台	台	台	台
	3 m×7.7m× 3 m	台	台	台	台
	その他（　　）	台	台	台	台

条例第9条に係る駐車施設	設置場所				
	権利区分	(1) 所有地　(2) 借地　(3) その他（　　）			
	所有地以外の場合の使用承諾者	住所(所在地)			
		氏名(名　称)			
	駐車施設の規模	収容台数	収容面積	使用台数	使用面積
		台	㎡	台	㎡
	敷地内に駐車施設を附置できない理由				
受付	＊受付年月日	年　月　日			
	＊受付番号	第　号			
建築物	＊確認（許可）申請受付年月日	年　月　日　第　号			
	＊確認（許可）年月日	年　月　日　第　号			

備考　1　駐車施設設置変更承認申請書にあっては、変更しようとする事項を朱記すること。

2　条例第9条に係る駐車施設について、権利関係を証するため、登記簿謄本又は使用権等については、賃貸借契約書等を添付すること。

3　＊印欄は、記入しないこと。

第4号様式（第6条関係）

駐　車　施　設　調　書

建築主住所氏名							
建築物所在地							
駐車施設所在地							
設計者住所氏名							
施工者住所氏名							
主要用途		構造		階数			
	申請部分	申請以外の部分	合計	備考			
敷地面積							
建築面積							
延面積							
	新築	地域地区					
	増築						
	用途変更						
	階	階	階	階	階	階	計
駐車する部分の面積							
車路の面積							
その他の面積							
合計							
駐車台数							
備考							

第5号様式（第7条関係）

駐車施設承認・不承認通知書

平成　　年　　月　　日

様

春日井市長　　　　印

平成　　年　　月　　日付けで申請のありました次の駐車施設については、春日井市建築物における駐車施設の附置等に関する条例第9条により、その位置、規模等について適当、不適当とみなし、承認、不承認したことを通知します。

条例第9条の建築物	
所在地	
床面積	
区分・構造	
建築確認（承認）年月日	平成　　年　　月　　日　　第　　　号
承認申請受付年月日	平成　　年　　月　　日　　第　　　号
条例第9条の駐車施設	
所在地	
規模	
備考	条例による駐車施設の最小規模　　㎡　　台

第6号様式（第8条関係）

（表）

第　　　号

身　分　証　明　書

職名	氏名	生年月日
		年　月　日

上記の者は、春日井市建築物における駐車施設の附置等に関する条例（平成3年春日井市条例第11号）第12条の規定により、立入検査をすることができる者であることを証明する。

年　　月　　日

春日井市長　　　　印

（裏）

1　本証は、建築物又は駐車施設の立入検査をする場合は、常時携帯し、関係人の請求があつた場合には、これを提示しなければならない。
2　本証は、他人に貸与し、又は譲渡してはならない。
3　本証を損傷し、又は紛失したときは、理由を付して直ちに届け出なければならない。
4　本証は、資格を失つたときは直ちに返還しなければならない。

＊　春日井市建築物における駐車施設の附置等に関する条例（抜粋）

（立入検査）

第12条　市長は、この条例を施行するため必要と認める場合は、建築物又は駐車施設の所有者又は管理者に対し、報告若しくは資料の提出を求め、又は職員をして建築物若しくは駐車施設に立ち入り、若しくは検査をさせることができる。

2　前項の規定により立入検査をする職員は、その身分を示す証明書を携帯し、関係人の請求があつたときは、これを提示しなければならない。

第7号様式（第9条関係）

第　　　号

平成　年　月　日

住所
氏名　　　　　　　　様

春日井市長　　　　　印

措　置　命　令　書

建築物の所在地

建築物の用途及び規模

上記の建築物は、春日井市建築物における駐車施設の附置に関する条例（平成3年春日井市条例第11号）第　　条の規定に違反しているので、同条13条の規定により、次のとおり命じます。

1. 措　置

2. 理　由

豊田市関係

○豊田市建築基準法施行細則

（昭和53年３月31日
豊田市規則第13号）

改正				
	昭和53年６月20日豊田市規則	第24号	平成６年12月21日豊田市規則	第39号
	同　54年９月10日同	第14号	同　７年12月１日同	第42号
	同　55年６月26日同	第16号	同　８年６月25日同	第34号
	同　56年３月31日同	第11号	同　11年３月29日同	第19号
	同　57年３月30日同	第９号	同　11年６月28日同	第34号
	同　59年３月31日同	第15号	同　12年10月27日同	第67号
	同　60年６月28日同	第15号	同　13年３月30日同	第32号
	同　61年３月31日同	第15号	同　13年９月27日同	第47号
	同　63年１月12日同	第３号	同　15年３月28日同	第38号
	平成元年９月29日同	第30号	同　16年３月31日同	第20号
	同　４年12月21日同	第25号	同　17年３月29日同	第56号
	同　５年６月25日同	第21号	同　18年３月30日同	第40号

（趣旨）

第１条　この規則は、建築基準法（昭和25年法律第201号。以下「法」という。）、建築基準法施行令（昭和25年政令第338号。以下「政令」という。）、建築基準法施行規則（昭和25年建設省令第40号。以下「省令」という。）、愛知県建築基準条例（昭和39年愛知県条例第49号。以下「県条例」という。）、豊田市特別用途地区建築条例（平成11年条例第３号）及び豊田都市計画高度地区の規定の施行に関し、必要な事項を定めるものとする。

第２条　削除

第３条　削除

（確認申請書に添付する図書）

第４条　法第６条第１項（法第87条第１項、法第87条の２第１項及び法第88条第１項及び第２項において準用する場合を含む。）の規定に基づく確認の申請書（以下「確認申請書」という。）には、次に掲げる図書を添えなければならない。

⑴　し尿浄化槽を設ける場合にあっては、し尿浄化槽調書（様式第１号）

⑵　道路面と建築物の地盤面とに著しく高低差のある敷地又は高さ２ｍを超えるがけに近接する敷地（がけの斜面のこう配が30度以下の場合を除く。）にあってはその状況を示す断面図

⑶　豊田市における建築物に附置する駐車施設に関する条例（昭和56年条例第37号）第３条から第６条までの規定に基づく駐車施設を設ける場合又は自動車車庫で床面積の合計が500㎡以上となるものを設ける場合にあっては、駐車場調書（様式第１号の２）

⑷　土地整理図

⑸　案内図（縮尺１／2,500の国土基本図の写し又は同程度のもの）

⑹　その他市長が必要と認めた図書

２　前項の規定は、法第18条第２項の規定に基づく通知について準用する。

（確認申請書に添付する図書等の省略）

第5条　確認申請書に添える図書等を省略することができる場合として次の各号に掲げる省令の規定により市長が規則で定める場合は、それぞれ当該各号に定める場合とする。ただし、第4号に掲げる省令の規定により同号に定める場合にあっては、都市計画法（昭和43年法律第100号）第53条第1項又は流通業務市街地の整備に関する法律（昭和41年法律第110号）第5条第1項の規定に適合していることを証する書面については、この限りでない。

(1)　省令第1条の3第11項第3号　同項第2号に掲げる場合以外の建築物の建築の場合
(2)　省令第1条の3第12項第3号　同項第2号に掲げる場合以外の建築物の建築の場合
(3)　省令第1条の3第13項第4号　同項第2号及び第3号に掲げる場合以外の建築物の建築の場合
(4)　省令第1条の3第14項第2号　建築物の建築の場合

2　申請に係る建築物が、次の表の(あ)欄に掲げる建築物であって、その工事計画が建築士の作成した設計図書によるものである場合においては、同表(い)欄に掲げる図書は、確認申請書に添えることを要しない。ただし、別に市長が定める場合にあっては、この限りでない。

	(あ)	(い)
(1)	法第68条の26第3項の規定による指定又は同条第6項の規定による承認を受けた者による構造に係る評価又は評定を受けた建築物	省令第1条の3第1項の表1の(は)項に掲げる図書並びに同項の表2の(1)項及び(2)項並びに同項の表3の(1)項の構造計算の計算書
(2)	法第6条第1項第3号（建築士法第3条の2第1項に規定する建築物を除く。）に規定する建築物で、木造以外の部分の床面積の合計が30㎡以内のもので、その工事計画が一級建築士又は二級建築士の作成した設計図書によるもの（法第7条の3第1項の規定に基づき市長が指定する特定工程を含む工事に係るものを除く。）	省令第1条の3第1項の表1の(は)項に掲げる図書並びに同項の表2の(1)項及び(2)項並びに同項の表3の(1)項の構造計算の計算書

3　申請に係る工作物が政令第138条第1項各号に掲げる工作物であって、その工事計画が一級建築士又は二級建築士の作成した設計図書によるものである場合においては、省令第3条第1項の表1に掲げる構造詳細図及び構造計算書は、確認申請書に添えることを要しない。ただし、次に掲げる工作物にあってはこの限りでない。

(1)　高さが15mを超える煙突及び鉄筋コンクリート造の柱
(2)　高さが10mを超える広告塔、記念塔及び物見塔

(3) 高さが３ｍを超える擁壁

（定期調査）

第６条 法第12条第１項の規定により市長が指定する建築物は、次の表の(あ)欄に掲げる用途に供するもので、その規模が同表(い)欄の当該各項に掲げる規模のものとし、法第12条第１項の規定による報告の時期として省令第５条第１項の規定により市長が定める時期は、同表(う)欄の当該各項に掲げる期間とする。

	(あ)	(い)	(う)
	用　途	規　模	報告する時期
(1)	劇場、映画館、演芸場、公会堂又は集会場	(あ)欄の用途に供する部分（客席部分に限る。）の床面積の合計が200㎡を超え、かつ、その用途に供する部分の全部又は一部が３階以上の階又は地階にあるもの	平成３年を始期として隔年の４月１日から10月31日まで
(2)	観覧場	(あ)欄の用途に供する部分の床面積の合計が1,000㎡を超えるもの	平成３年を始期として隔年の４月１日から10月31日まで
(3)	病院	(あ)欄の用途に供する部分の床面積の合計が500㎡を超え、かつ、その用途に供する部分の全部又は一部が３階以上の階にあるもの	平成２年を始期として隔年の４月１日から10月31日まで
(4)	旅館又はホテル	(あ)欄の用途に供する部分の床面積の合計が300㎡を超え、かつ、その用途に供する部分の全部又は一部が３階以上の階にあるもの	平成２年を始期として隔年の４月１日から10月31日まで
(5)	物品販売業を営む店舗（百貨店及びマーケットを含む。）	(あ)欄の用途に供する部分の床面積の合計が500㎡を超え、かつ、その用途に供する部分の全部又は一部が３階以上の階又は地階にあるもの	平成３年を始期として隔年の４月１日から10月31日まで
(6)	展示場、キャバレー、ナイトクラブ、バー、ダンスホール、遊技場、公衆浴場、料理店又は飲食店	(あ)欄の用途に供する部分の床面積の合計が1,000㎡を超え、かつ、その用途に供する部分の全部又は一部が３階以上の階又は地階にあるもの	平成３年を始期として隔年の４月１日から10月31日まで
(7)	事務所その他これに類する用途（前各項に掲げる用途を除く。）	階数が５以上で、(あ)欄の用途に供する部分の床面積の合計が1,000㎡を超え、かつ、その用途に供する部分の全部又は一部が３階以上の階又は地階にあるもの	平成３年を始期として隔年の４月１日から10月31日まで

(8)	前各項に掲げる用途のうち２以上の用途に供するもの	(あ)欄の用途に供する部分の床面積の合計が1,000㎡を超え、かつ、その用途のいずれかに供する部分の全部又は一部が３階以上の階又は地階にあるもの（(あ)欄の用途のいずれか一の用途が前項に掲げる用途であって階数が４以上のものを除く。）	平成３年を始期として隔年の４月１日から10月31日まで

2　省令第５条第３項の規定により規則で定める書類は、付近見取図、配置図、各階平面図及び建築設備図並びに市長が別に定める定期調査票とする。

（定期検査）

第７条　法第12条第３項（法第88条第１項において準用する場合を含む。以下この条において同じ。）の規定により検査の結果を報告すべきものとして、市長が指定する昇降機その他の建築設備及び工作物（以下「建築設備等」という。）は、次に掲げるものとする。

(1)　エレベーター（一般交通の用に供するもの、かごの水平投影面積が１㎡を超え、かつ、天井の高さが1.2mを超えるもので労働基準法（昭和22年法律第49号）別表第１第１号から第５号までに掲げる事業又は事業場に設置され、かつ、積載量が１ｔ以上のもの、一戸建ての住宅又は共同住宅若しくは長屋の住戸に設置されるもの及び法第６条第１項第１号から第３号までに掲げる建築物以外の建築物に設置されるものを除く。）

(2)　エスカレーター（一般交通の用に供するもの、一戸建ての住宅又は共同住宅若しくは長屋の住戸に設置されるもの及び法第６条第１項第１号から第３号までに掲げる建築物以外の建築物に設置されるものを除く。）

(3)　小荷物専用昇降機（出し入れ口の下端が床面より50㎝以上上がった位置にあるもの、一戸建ての住宅又は共同住宅若しくは長屋の住戸に設置されるもの及び法第６条第１項第１号から第３号までに掲げる建築物以外の建築物に設置されるものを除く。）

(4)　前条第１項の規定により市長が指定する建築物に設けた建築設備等のうち法第28条第２項ただし書及び同条第３項の規定により設けた換気設備（給気機及び排気機を設けた換気設備並びに空気調和設備に限る。）並びに法第35条の規定により設けた排煙設備（自然排煙設備を除く。）及び非常用の照明装置（照明器具内に予備電源を内蔵したものを除く。）

(5)　ウォーターシュート、コースターその他これらに類する高架の遊戯施設

(6)　メリーゴーラウンド、観覧車、オクトパス、飛行塔その他これらに類する回転運動をする遊戯施設で原動機を使用するもの

2　法第12条第３項の規定による報告の時期として省令第６条第１項の規定により市長が定める時期は、毎年次の表の(あ)欄に掲げる建築設備等の区分に応じ、同表(い)欄に掲げる時期とする。

	(あ)	(い)
(1)	前条第１項の表に規定する建築物に附属した前項第４号に規定する建築設備等	４月１日から10月31日まで
(2)	(1)項に規定する建築設備等以外の建築設備等	当該建築設備等の設置者又は築造主が法第７条第５項（法第87条の２又は法第88条第１項において準用する場合を含む。）及び法第７条の２第５項前段の規定による検査済証の交付を受けた日の属する月に応当する当該月の前１月間

3　省令第６条第３項の規定により規則で定める書類は、次の各号に掲げる区分に応じ、当該各号に定める書類とする。

(1)　昇降機等（法第88条第１項に規定する昇降機等を含む。次号において同じ。）市長が別に定める検査票及び定期検査成績票

(2)　建築設備等（昇降機等を除く。）各階平面図及び建築設備図並びに市長が別に定める定期検査票

（建築設備等の設置の報告）

第７条の２　前条第１項の市長が指定する建築設備等を設置しようとする者は、法第６条第１項の規定による確認の申請と同時又は法第６条の２第１項の規定による確認を受けようとするときに、その概要を建築設備等設置計画概要書（様式第４号）により市長に報告しなければならない。

（確認申請に伴う報告）

第８条　建築主又は築造主は、高さ13ｍ又は延べ面積3,000㎡を超える建築物で、当該建築物に作用する荷重が最下階の床面積１㎡につき100kNを超えるもの（法第88条第１項及び第２項において準用する場合を含む。）を建築しようとする場合においては、地盤の状況について地盤状況報告書（様式第５号）により建築主事に報告しなければならない。

2　建築主は、第１種低層住居専用地域、第２種低層住居専用地域、第１種中高層住居専用地域、第２種中高層住居専用地域、第１種住居地域、第２種住居地域、準住居地域、

近隣商業地域、商業地域又は準工業地域内において工場を建築し、大規模の修繕をし、若しくは大規模の模様替えをしようとする場合、建築物若しくは建築物の部分を工場に用途変更しようとする場合又は敷地内に工場がある場合で当該敷地内に工場の用途に供しない建築物を建築しようとするときは、その旨を工場に関する報告書（様式第６号）により建築主事に報告しなければならない。

3　建築主は、次に掲げる場合にあっては、その旨を不適合建築物に関する報告書（様式第７号）により建築主事に報告しなければならない。

(1)　法第51条ただし書（法第87条第２項及び第３項において準用する場合を含む。）の規定により政令第130条の２の３に規定する規模の範囲内において建築物を新築し、増築し、又は用途変更する場合

(2)　法第86条の７第１項の規定により政令第137条の２から第137条の12までに規定する範囲内において既存の建築物を増築、改築、大規模の修繕又は大規模の模様替えをしようとする場合

(3)　法第87条第３項の規定により同項第２号又は第３号に規定する規模の範囲内において建築物の用途を変更する場合

4　前各項の規定による報告は、法第６条第１項（法第87条第１項、法第87条の２第１項並びに法第88条第１項及び第２項において準用する場合を含む。）の規定による確認の申請（法第18条第２項の規定による計画の通知を含む。）と同時にしなければならない。

5　第１項から第３項までの規定は、法第６条の２第１項の規定による確認を受けようとする場合にあっては適用しない。

（建築物の構造計算に関する報告）

第８条の２　建築主は、確認申請書を提出する場合において、その申請に係る建築物が省令第１条の３第１項の規定により国土交通大臣の認定を受けた構造計算プログラムを用いて構造計算を行ったものであるときは、当該確認申請書を提出する際に、当該構造計算について、当該構造計算に係る電磁的記録（電子的方式、磁気的方式その他人の知覚によっては認識することができない方式で作られる記録であって、電子計算機による情報処理の用に供されるものをいう。）を記録した磁気ディスク（これに準ずる方法により一定の事項を確実に記録しておくことができる物を含む。以下同じ。）を提出することにより建築主事に報告しなければならない。この場合において、当該磁気ディスクには、建築主の氏名及び当該確認の申請の年月日を記載した書面をはり付けなければならない。

2　法第６条第１項第２号又は第３号に掲げる建築物の構造設計を行った設計者は、当該建築物の建築主が当該建築物に係る確認申請書を提出する際に、当該構造設計について、市長が別に定める書類により建築主事に報告しなければならない。

3　前２項の規定は、第５条第２項本文に規定する場合にあっては、適用しない。

（特殊建築物等に関する報告書）

第９条　建築主は、次の各号に掲げる特殊建築物を建築（増築しようとする場合は、増築後において当該各号に掲げる建築物となる場合を含む。）し、大規模の修繕若しくは大規模の模様替えをしようとする場合又は建築物若しくは建築物の部分を当該各号に掲げる建築物に変更しようとする場合においては、法第６条第１項の規定による確認の申請と同時又は法第６条の２第１項の規定による確認を受けようとするときに、その概要を特殊建築物等に関する報告書（様式第７号の２）により市長に報告しなければならない。

⑴　劇場、映画館、演芸場、公会堂、集会場、病院、旅館、ホテル、政令第19条第１項に規定する児童福祉施設等、展示場、キャバレー、ナイトクラブ、バー、ダンスホール、遊技場、公衆浴場、料理店、飲食店、物品販売業を営む店舗（百貨店及びマーケットを含む。）又は事務所その他これに類するものの用途に供する部分の全部又は一部が３階以上の階又は地階にある建築物

⑵　観覧場の用途に供する建築物

（工事取やめの報告）

第10条　建築主又は築造主は、法第６条第１項（法第87条第１項、法第87条の２第１項又は法第88条第１項若しくは第２項において準用する場合を含む。）の規定による確認済証の交付を受けた建築物又は工作物の工事を取りやめた場合においては、その旨を工事取やめ報告書（様式第８号）により建築主事に報告しなければならない。

（工程の報告）

第11条　工事監理者は、法第６条第１項（法第88条第１項及び第２項において準用する場合を含む。）の規定による確認を受けた建築物又は工作物の工事が建築主事があらかじめ指定した工程に達したときは、直ちにその旨を建築主事に報告しなければならない。

（特定建築物に係る鉄骨の工事の報告）

第12条　建築主は、鉄骨造若しくは鉄骨鉄筋コンクリート造の建築物又はこれらの構造とその他の構造とを併用する建築物で、３階以上のもの又は床面積が500㎡を超えるもの（以下「特定建築物」という。）を建築しようとする場合において、法第６条第１項の規定による確認の申請をしようとするときは、溶接工事作業計画書（様式第９号）により建築主事に報告しなければならない。

２　前項の場合において、特定建築物の鉄骨を製作する工場が決まっていないときは、溶接工事作業計画書に代えて鉄骨製作に関する報告書（様式第９号の２）を提出し、当該工場が決まったときは、直ちに溶接工事作業計画書を提出しなければならない。

３　建築主は、特定建築物の鉄骨の工事を完了した場合において、法第７条第１項又は法第７条の３第１項の検査の申請をしようとするときは、鉄骨工事施工状況報告書（様式第９号の３）により建築主事に報告しなければならない。ただし、当該工事の完了後法第７条の３第５項又は法第７条の４第３項の中間検査合格証の交付を受けた場合にあっ

ては、この限りでない。

4　前3項の規定は、財団法人日本建築センターによる工業化住宅性能評定を受けた特定建築物には、適用しない。

（し尿浄化槽工事完了の報告）

第12条の2　建築主は、し尿浄化槽の設置工事が完了したときは、その旨をし尿浄化槽工事完了報告書（様式第10号）により建築主事に報告しなければならない。

（し尿浄化槽を設ける区域のうち、衛生上特に支障がある区域の指定）

第13条　政令第32条第1項第1号の表に規定するし尿浄化槽を設ける区域のうち、市長が衛生上特に支障があると認めて規則で指定する区域は、豊田市全域（下水道法（昭和33年法律第79号）第4条第1項の事業計画のある区域及び水質汚濁防止法（昭和45年法律第138号）第5条に基づく特定施設を設置し、かつ、生活環境の保全上又は利水上支障を生ずるおそれがない水域にし尿浄化槽の放流水を放流することができる区域で特に市長が認めるものを除く。）とする。

（垂直積雪量）

第14条　政令第86条第3項の規定により市長が定める垂直積雪量は、次の表の(あ)欄に掲げる区域の区分に応じ、同表(い)欄に掲げる数値とする。ただし、多雪区域を指定する基準及び垂直積雪量を定める基準を定める件（平成12年建設省告示第1455号）第2に掲げる式又は同告示第2ただし書に規定する手法により、建築物の敷地の区域を同告示第2本文に規定する市町村の区域又は同告示第2ただし書に規定する当該区域とみなして計算することができる場合にあっては、当該式又は手法により計算した数値とする。

	(あ)	(い)
(1)	石畳町、石飛町、大岩町、折平町、上川口町、上渡合町、木瀬町、北一色町、三箇町、下川口町、白川町、田茂平町、西市野々町、西中山町、迫町、深見町、藤岡飯野町、北曽木町、御作町、安実京町、明川町、足助町、足助白山町、綾渡町、井ノ口町、岩谷町、有洞町、上八木町、漆畑町、大井町、大河原町、大蔵町、大蔵連町、大多賀町、大塚町、国閑町、篭林町、上切山町、上小田町、上佐切町、上脇町、川面町、北小田町、霧山町、国谷町、桑田和町、桑原田町、小町、五反田町、小手沢町、沢ノ堂町、塩ノ沢町、下国谷町、下佐切町、下平町、白倉町、新盛町、菅生町、摺町、千田町、竜岡町、田振町、玉野町、近岡町、葛町、葛沢町、椿立町、栃ノ沢町、栃本町、戸中町、富岡町、中立町、永野町、西樫尾町、怒田沢町、野林町、則定町、冷田町、東大島町、東大見町、東川端町、東渡合町、東中山町、久木町、平沢町、平折町、二タ宮町、細田町、御内町、御蔵町、実栗町、室口町、岩神町、山谷町、山ノ中立町、四ツ松町、連谷町、月原町	35cm以上

(2)	浅谷町、旭八幡町、明賀町、有間町、伊熊町、池島町、一色町、市平町、牛地町、太田町、大坪町、押井町、小滝野町、小渡町、伯母沢町、加塩町、上切町、上中町、日下部町、小田町、小畑町、榊野町、笹戸町、三分山町、閑羅瀬町、島崎町、下切町、下中町、杉本町、須渕町、惣田町、田津原町、坪崎町、時瀬町、東萩平町、槙本町、万町町、万根町、余平町	40cm以上
(3)	市場町、岩下町、永太郎町、大ケ蔵連町、大坂町、大平町、大洞町、乙ケ林町、小原町、小原大倉町、小原北町、小原田代町、柏ケ洞町、鍛治屋敷町、上仁木町、苅萱町、川下町、喜佐平町、北大野町、北篠平町、榑俣町、雑敷町、沢田町、下仁木町、李町、川見町、千洗町、寺平町、東郷町、百月町、荷掛町、西丹波町、西萩平町、西細田町、日面町、平岩町、平畑町、前洞町、松名町、三ツ久保町、宮代町、簗平町、遊屋町	45cm以上
(4)	阿蔵町、蘭町、宇連野町、大桑町、大沼町、蕪木町、神殿町、黒坂町、小松野町、下山田代町、田折町、高野町、立岩町、田平沢町、杤立町、梨野町、野原町、花沢町、羽布町、東大林町、平瀬町、和合町	50cm以上
(5)	稲武町、大野瀬町、押山町、小田木町、川手町、黒田町、桑原町、御所貝津町、富永町、中当町、夏焼町、野入町、武節町	55cm以上
(6)	上記を除く豊田市全域	30cm以上

（道路の位置の指定）

第15条　法第42条第１項第５号に規定する道路の位置の指定を受けようとする者は、道路位置指定申請書（様式第11号）の正本及び副本に、省令第９条に定める図面等のほか、次に掲げる図書又は書面を添えて市長に提出しなければならない。

(1)　道路平面図、土地利用計画平面図及び道路横断図

(2)　道路の位置の指定を受けようとする土地及び当該土地に接する建築物の敷地の求積表

(3)　省令第９条に規定する承諾書に押された印に係る印鑑証明書

(4)　その他市長が必要と認める図書

2　前項の規定は、指定を受けた道路の位置の変更又は廃止について準用する。

（前面道路との関係についての建築物の各部分の高さの制限に係る建築物の後退距離の算定の特例）

第15条の２　政令第130条の12第５号の規定により市長が規則で定める建築物の部分は、法第44条第１項第４号の規定により特定行政庁が許可をした道路の上空に設けられる渡り廊下その他の通行又は運搬の用途に供するものとする。

（保存建築物の指定）

第15条の３　法第３条第１項第３号の規定による建築物の指定を受けようとする者は、適用除外保存建築物指定申請書（様式第11号の２）の正本及び副本に、次に掲げる図書を添えて市長に提出しなければならない。

(1)　省令第１条の３第１項の表１に掲げる付近見取図、配置図及び各階平面図

(2)　省令第１条の３第１項の表１に掲げる立面図及び断面図

(3)　その他市長が必要と認める図書

（許可申請書の添付図書等）

第16条　許可申請書（様式第12号）の正本及び副本に添付する省令第10条の４第１項及び第４項に規定する規則で定める図書又は書面は、次の表の(あ)欄に掲げる法、豊田市特別用途地区建築条例及び豊田都市計画高度地区の規定による許可の申請の区分に応じ、同表の(い)欄に掲げるとおりとする。

	(あ)	(い)
(1)	法第43条第１項ただし書、法第44条第１項第２号若しくは第４号、法第47条ただし書、法第52条第10項若しくは第14項、法第53条第４項若しくは第５項第３号、法第53条の２第１項第３号若しくは第４号（第57条の５第３項において準用する場合を含む。）、法第59条第１項第３号若しくは第４項、法第59条の２第１項、第67条の２第３項第２号、第５項第２号若しくは第９項第２号、法第68条の３第４項、法第68条の５の２第２項、法第68条の７第５項又は法第85条第３項若しくは第５項	(1)　省令第１条の３第１項の表１に掲げる付近見取図、配置図及び各階平面図 (2)　省令第１条の３第１項の表１に掲げる立面図 (3)　省令第１条の３第１項の表１に掲げる断面図（法第43条第１項ただし書の規定による許可の申請の場合を除く。） (4)　許可を必要とする理由の陳述書 (5)　その他市長が必要と認める図書
(2)	法第48条第１項から第12項（法第87条第２項若しくは第３項又は法第88条第２項において準用する場合を含む。）又は豊田市特別用途地区建築条例	(1)　(1)項(い)欄第１号及び第２号に掲げる図面 (2)　申請に係る建築物の敷地境界線から50m（建築物の用途、規模等により100mまで拡大することができる。）以内にある土地及び建築物の縮尺１／300から１／600までの現況図 (3)　前号の土地及び建築物の所在番地並びに所有

	第3条第1項ただし書（法第87条第2項又は第3項において準用する場合を含む。）	権、地上権、永小作権又は賃借権を有する者の住所及び氏名を記載した書類 (4)　許可を必要とする理由の陳述書 (5)　その他市長が必要と認める図書
(3)	法第51条ただし書（法第87条第2項若しくは第3項又は法第88条第2項において準用する場合を含む。）	(1)　(1)項(い)欄第1号及び第2号に掲げる図面 (2)　申請に係る建築物の敷地境界線から500m以内にある土地及び建築物の縮尺1／2,500の現況図 (3)　許可を必要とする理由の陳述書 (4)　その他市長が必要と認める図書
(4)	法第52条第11項	(1)　(1)項(い)欄第1号及び第2号に掲げる図面 (2)　申請に係る建築物がある街区内の土地及び建築物の縮尺1／300から1／600までの現況図 (3)　許可を必要とする理由の陳述書 (4)　その他市長が必要と認める図書
(5)	法第55条第3項第1号若しくは第2号、法第56条の2第1項、第60条の2第1項第3号又は豊田都市計画高度地区の規定ただし書	(1)　(1)項(い)欄第1号及び第2号に掲げる図面 (2)　省令第1条の3第1項の表1に掲げる日影図 (3)　申請に係る建築物の敷地の隣地又はこれに連接する土地で日影時間が2時間以上の範囲にある土地及びその土地に附属する建築物の縮尺1／200から1／500までの現況図 (4)　許可を必要とする理由の陳述書 (5)　その他市長が必要と認める図書

（認定申請書の添付図書等）

第17条　認定申請書（様式第13号）の正本及び副本に添付する省令第10条の4の2第1項に規定する規則で定める図書は、次の表の(あ)欄に掲げる法及び政令の規定による認定の申請の区分に応じ、同表の(い)欄に掲げるとおりとする。

	(あ)	(い)
(1)	法第44条第1項第3号又は政令第131条の2第2項若しくは第3項	(1)　省令第1条の3第1項の表1に掲げる付近見取図、配置図及び各階平面図 (2)　省令第1条の3第1項の表1に掲げる立面図及び断面図 (3)　その他市長が必要と認める図書
(2)	法第55条第2項	(1)　(1)項(い)欄第1号及び第2号に掲げる図面 (2)　省令第1条の3第1項の表1に掲げる日影図 (3)　敷地断面図（平均地盤面を明示したもの） (4)　その他市長が必要と認める図書
(3)	法第57条第1項	(1)　(1)項(い)欄第1号及び第2号に掲げる図面

		(2) (2)項(い)欄第２号及び第３号に掲げる図面 (3) 申請に係る建築物の敷地の隣地又はこれに連接する土地で日影時間が２時間以上の範囲にある土地及びその土地に附属する建築物の縮尺１／200から１／500までの現況図 (4) その他市長が必要と認める図書
(4)	法第68条の３第１項から第３項まで、法第68条の４第１項、法第68条の５の４第１項若しくは第２項又は法第68条の５の５	(1) (1)項(い)欄第１号及び第２号に掲げる図面 (2) (2)項(い)欄第２号及び第３号に掲げる図面 (3) 申請に係る建築物の敷地の隣地又はこれに連接する土地で日影時間が２時間以上の範囲にある土地及び当該建築物がある街区内の土地並びにそれらの土地に附属する建築物の縮尺１／200から１／500までの現況図 (4) その他市長が必要と認める図書
(5)	法第86条の６第２項	(1) (1)項(い)欄第１号及び第２号に掲げる図面 (2) その他市長が必要と認める図書

2　次の表の(あ)欄に掲げる法、政令及び県条例の規定による認定の申請をしようとする者は、認定申請書の正本及び副本に、同表の(い)欄に掲げる図書を添えて市長に提出しなければならない。

	(あ)	(い)
(1)	法第３条第１項第４号	(1) 省令第１条の３第１項の表１に掲げる付近見取図、配置図及び各階平面図 (2) 省令第１条の３第１項の表１に掲げる立面図及び断面図 (3) その他市長が必要と認める図書
(2)	政令第115条の２第１項第４号ただし書又は政令第129条の２第１項第２号	(1) (1)項(い)欄第１号及び第２号に掲げる図面 (2) 省令第１条の３第１項の表１に掲げる日影図 (3) 外壁及び軒裏の構造図 (4) その他市長が必要と認める図書
(3)	県条例第５条ただし書、第６条第１項ただし書、第７条ただし書、第９条第３項、第20条第１項ただし書、第25条ただし書又は第26条ただし書	(1) (1)項(い)欄第１号及び第２号に掲げる図面（県条例第５条ただし書、第６条第１項ただし書又は第７条ただし書の規定による認定の申請にあっては、省令第１条の３第１項の表１に掲げる立面図） (2) その他市長が必要と認める図書
(4)	県条例第19条第３項	(1) (1)項(い)欄第１号及び第２号に掲げる図面 (2) 申請に係る建築物について、県条例第13条から

		第18条までの規定に適合しているかどうか明示した図書 (3) その他市長が必要と認める図書
(5)	県条例第31条ただし書、第32条、第34条、第35条又は第36条第2項	(1) (1)項(い)欄第1号及び第2号に掲げる図面 (2) 政令第129条の2の2第1項の全館避難安全検証法により検証した際の計算書 (3) その他市長が必要と認める図書

（認定又は許可の申請書等の添付図書等）

第17条の2 省令第10条の16第1項第3号及び同条第3項第2号に規定する書面は、様式第13号の2によるものとし、同条第1項第4号、同条第2項第3号及び同条第3項第3号に規定する規則で定める図書又は書面は、地籍図、同条第1項第3号又は同条第3項第2号に規定する書面に押された印に係る印鑑証明書及びその他市長が必要と認める図書とする。

2 省令第10条の21第1項第2号に規定する書面は、様式第13号の3によるものとし、同項第3号に規定する規則で定める図書又は書面は、地籍図、同項第2号に規定する書面に押された印に係る印鑑証明書及びその他市長が必要と認める図書とする。

（申請の取下げ）

第17条の3 法、政令及びこの規則の規定により申請をした者は、当該申請をした後において、その申請を取り下げようとするときは、申請取下げ届（様式第14号）を当該申請に係る市長又は建築主事に提出しなければならない。

（建築協定の認可の申請）

第18条 法第70条第1項の認可を受けようとする者は、建築協定認可申請書（様式第15号）の正本及び副本に、次に掲げる図書を添えて市長に提出しなければならない。

(1) 建築協定書

(2) 建築物に関する基準及び建築協定をしようとする理由を表示する書類

(3) 建築協定区域内の土地の所有権者等の全員の住所、氏名及び建築協定に関する合意を示す書類

(4) 方位、道路及び目標となる地物を明示した付近見取図

(5) 建築協定区域内及び建築協定区域隣接地内の土地の整理図

(6) 建築協定区域及び建築協定区域隣接地の境界を明示した現況図（縮尺1／3,000以上のもの）

(7) 開発計画があるときは、土地利用計画平面図（縮尺1／3,000以上のもの）

(8) 認可の申請人が建築協定をしようとする者の代表者であることを証する書類

(9) その他市長が必要と認める図書

2 法第74条第1項（法第76条の3第6項において準用する場合を含む。）の認可を受け

ようとする者は、建築協定変更・廃止認可申請書（様式第16号）の正本及び副本に次に掲げる図書を添えて市長に提出しなければならない。

(1) 変更に係る建築協定書及び法第73条第１項の認可を受けた建築協定書（法第74条第２項又は法第76条の３第４項の規定により法第73条第１項を準用する場合のものを含む。）

(2) 建築物に関する基準の変更を示す書類及び建築協定の変更をしようとする理由を表示する書類

(3) 建築協定区域内の土地の所有権者等の全員の住所、氏名及び建築協定の変更に関する全員の合意を示す書類

(4) 方位、道路及び目標となる地物を明示した付近見取図

(5) 変更に係る建築協定区域内及び建築協定区域隣接地内の土地の整理図

(6) 変更に係る建築協定区域及び建築協定区域隣接地の境界を明示した現況図（縮尺１／3,000以上のもの）

(7) 開発計画があるときは、土地利用計画平面図（縮尺１／3,000以上のもの）

(8) 認可の申請人が建築協定の変更をしようとする者の代表者であることを証する書類

(9) その他市長が必要と認める図書

3　法第76条第１項（法第76条の３第６項において準用する場合を含む。）の認可を受けようとする者は、建築協定変更・廃止認可申請書の正本及び副本に次に掲げる図書を添えて市長に提出しなければならない。

(1) 法第73条第１項の認可を受けた建築協定書（法第74条第２項及び法第76条の３第４項の規定により法第73条第１項を準用するものを含む。）

(2) 建築協定を廃止しようとする理由書

(3) 建築協定区域内の土地の所有権者等の全員の住所、氏名及び建築協定の廃止に関する過半数の合意を示す書類

(4) 建築協定区域内の土地の整理図

(5) 認可の申請人が建築協定を廃止しようとする者の代表者であることを証する書類

(6) その他市長が必要と認める図書

（建築協定の設定の特則）

第19条　法第76条の３第２項の認可を受けようとする者は、前条第１項に規定する建築協定認可申請書に、同項各号（第３号及び第８号を除く。）に掲げる図書を添えて市長に提出しなければならない。

2　法第76条の３第４項において準用する法第73条第１項の認可を受けた者は、法第76条の３第５項に規定する期間内に当該建築協定区域内の土地に２以上の土地の所有権者等が存することとなった場合においては、速やかにその旨を建築協定に関する報告書（様式第17号）により市長に報告しなければならない。

（建築協定に加わる場合の届出）

第19条の２　法第75条の２第１項又は第２項の規定による建築協定区域内の土地の所有者又は建築協定区域隣接地の区域内の土地に係る土地の所有者等が建築協定に加わる意思を表示しようとするときは、建築協定加入届（様式第17号の２）を市長に提出しなければならない。

（申請書記載事項の変更）

第20条　法第６条第１項（法第87条第１項、法第87条の２又は法第88条第１項若しくは第２項において準用する場合を含む。）の規定による確認済証の交付を受けた者は、当該確認に係る工事が完了するまでの間に、その住所又は氏名を変更した場合、工事監理者又は工事施工者の住所又は氏名に変更があった場合その他建築主事が重要でないと認める事項の変更があった場合は、速やかに申請書記載事項変更届（様式第18号）に変更後の内容を記載した書類を添えて建築主事に提出しなければならない。

2　法第77条の21に規定する指定確認検査機関は、法第６条の２第１項（法第87条第１項、法第87条の２又は法第88条第１項若しくは第２項において準用する場合を含む。）の規定による確認済証の交付を受けた建築物について、当該確認済証の交付に係る工事が完了するまでの間に、省令第３条の４第１項各号に定める書類の記載事項に変更があったことを知ったときは、報告事項変更届（様式第18号の２）に変更後の内容を記載した当該書類を添えて、速やかに市長に報告しなければならない。

3　前２項の規定は、同項に規定する変更について、法第６条第１項又は法第６条の２第１項の規定による確認済証の交付を受けた場合にあっては、適用しない。

（違反建築物の公告の方法）

第21条　法第９条第13項の規定による違反建築物の公告の方法は、次に掲げる事項を市役所の掲示場に表示する。

(1)　違反建築物の所在地及び規模

(2)　法第９条第１項及び第10項の規定による命令を受けた者の氏名

(3)　前号の命令の内容

（意見の聴取の請求）

第22条　法第９条第３項（法第10条第４項、法第45条第２項又は法第90条の２第２項において準用する場合を含む。）及び法第９条第８項（法第10条第４項又は法第90条の２第２項において準用する場合を含む。）の規定による意見の聴取の請求を行おうとする者は、意見の聴取請求書（様式第19号）を市長に提出しなければならない。

（意見の聴取の通知）

第23条　法第９条第５項（同条第８項、法第10条第４項、法第45条第２項又は法第90条の２第２項において準用する場合を含む。）の規定による意見の聴取の通知は、意見の聴取通知書（様式第20号）によって行うものとする。

（代理人の届出）

第24条　前条の通知を受けた者（以下「当事者」という。）又は法第46条第１項若しくは法第48条第13項に規定する利害関係を有する者が、代理人を出席させようとするときは、委任状を添えて意見の聴取の開始前までに市長にその旨を届け出なければならない。

（意見の聴取の期日及び場所の変更）

第25条　当事者又はその代理人が、やむを得ない事由により意見の聴取の期日又は場所に出席することができないときは、その期日の前日までに理由を付して市長にその旨を届け出なければならない。

２　市長は、前項の規定による届出があった場合において、その事由が正当であると認めるときは、意見の聴取の期日又は場所を変更することができる。

（意見の聴取の主宰）

第26条　法第９条第４項（同条第８項、法第10条第４項、法第45条第２項又は法第90条の２第２項において準用する場合を含む。）、法第46条第１項及び法第48条第13項の規定による意見の聴取は、市長が指名する職員が主宰する。

（意見の聴取の記録）

第27条　前条の規定により意見の聴取を主宰する者（以下「主宰者」という。）は、関係職員に命じ、意見の聴取を受けた者の氏名及び意見の聴取の内容の要点を記録させなければならない。

（意見の聴取の期日における陳述の制限等）

第28条　主宰者は、意見の聴取の期日に出席した者が当該意見の聴取に係る事案の範囲を超えて発言するときその他審理の適正な進行を図るためやむを得ないと認めるときは、その者に対し、その発言を制限することができる。

２　主宰者は、前項に規定する場合のほか、意見の聴取の期日における審理の秩序を維持するために必要があると認めるときは、意見の聴取を妨害し、又は審理の秩序を乱す者に対し、退場を命ずる等適当な措置をとることができる。

（計画の通知への準用）

第29条　第17条の２の規定は、法第18条第２項（法第87条第１項、法第87条の２又は法第88条第１項若しくは第２項において準用する場合を含む。）の規定に基づき計画の通知をする場合に準用する。

２　第10条、第12条の２及び第20条の規定は、法第18条第３項（法第87条第１項、法第87条の２又は法第88条第１項若しくは第２項において準用する場合を含む。）の規定に基づき確認済証の交付があった場合に準用する。

附　則

（施行期日）

第１条　この規則は、昭和53年４月１日から施行する。

2　この規則施行の際現に愛知県建築基準法施行細則（昭和46年愛知県規則第55号）及び改正前の豊田市建築基準法施行細則の規定に基づいて提出されている申請書、報告書その他の書類は、この規則の相当規定に基づいて提出されたものとみなす。

（し尿浄化槽を設ける区域に関する規則の廃止）

第2条　し尿浄化槽を設ける区域に関する規則（昭和48年規則第35号）は、廃止する。

〔昭和53年規則第24号～平成元年規則第30号の改正附則　省略〕

附　則（平成4年12月21日規則第25号）

（施行期日）

1　この規則は、公布の日から施行する。

（経過措置）

2　この規則による改正前の各規則の規定に基づいて作成されている帳票、用紙等は、当分の間、使用することができる。

附　則（平成5年6月25日規則第21号）

この規則は、平成5年6月25日から施行する。

附　則（平成6年12月21日規則第39号）

（施行期日）

1　この規則は、公布の日から施行する。

（経過措置）

2　この規則の施行の際現に改正前の豊田市建築基準法施行細則の規定に基づいて提出されている認定申請書は、改正後の豊田市建築基準法施行細則の規定に基づいて提出されたものとみなす。

附　則（平成7年12月1日規則第42号）

この規則は、平成7年12月1日から施行する。

附　則（平成8年6月25日規則第34号）

この規則は、公布の日から施行する。

附　則（平成11年3月29日規則第19号）

（施行期日）

1　この規則は、都市計画法（昭和43年法律第100号）第20条第1項の規定に基づく浄水学術研究特別用途地区及び浄水国道沿道サービス特別用途地区に関する都市計画の決定の告示の日から施行する。

（経過措置）

2　この規則の施行の際現に改正前の豊田市建築基準法施行細則の規定に基づいて作成されている帳票、用紙等は、当分の間、使用することができる。

附　則（平成11年6月28日規則第34号）

この規則は、公布の日から施行する。

附　則（平成12年10月27日規則第67号）

（施行期日）

1　この規則は、公布の日から施行する。

（経過措置）

2　この規則の施行の際現に改正前の豊田市建築基準法施行細則の規定に基づいて作成されている帳票、用紙等は、改正後の豊田市建築基準法施行細則の規定にかかわらず、当分の間、使用することができる。

附　則（平成13年３月30日規則第32号）

この規則は、公布の日から施行する。

附　則（平成13年９月27日規則第47号）

この規則は、公布の日から施行する。

附　則（平成15年３月28日規則第38号）

（施行期日）

1　この規則は、公布の日から施行する。

（経過措置）

2　この規則の施行の際現に改正前の豊田市建築基準法施行細則の規定に基づいて作成されている帳票、用紙等は、改正後の豊田市建築基準法施行細則の規定にかかわらず、当分の間、使用することができる。

附　則（平成16年３月31日規則第20号）

この規則は、平成16年４月１日から施行する。

附　則（平成17年３月29日規則第56号）

この規則は、平成17年４月１日から施行する。

附　則（平成18年３月30日規則第40号）

この規則は、平成18年４月１日から施行する。

様式第１号（第４条関係）

尿 尿 浄 化 槽 調 書

平成　年　月　日

豊田市建築主事　様

建築主　住　所

氏　名　　　　印

電　話　（　）

豊田市建築基準法施行細則第４条第１項の規定に基づき、下記のとおり報告します。

記

※	確認済証番号及び確認済証交付年月日	第　号　年　月　日
1	設置場所	
2	設計者の資格 住所及び氏名 建築士事務所名	（　）建築士　第　号 電話　（　） （　）建築士事務所（　）第　号
3	浄化槽工事業者（特例浄化槽工事業者）の住所、氏名、登録（届出受理）番号等	電話　（　） 愛知県知事　登 届　（　―　）第　号 登録（届出受理）　年月日　年　月　日
4	浄化槽設備士の住所、氏名、免状交付番号等	電話　（　） 第　号　交付年月日　年　月　日
5	尿尿浄化槽を設置する建物の用途等	用途　延べ面積又は戸数　㎡ 戸
6	浄化槽の名称	
7	構造方法の区分	□ 昭和55年建設省告示第1292号第　第　号 □ 建築基準法第68条の26に基づく構造方法等の認定 認定番号　認定日　年　月　日
8	処理方法	方式
9	処理能力	日平均汚水量　㎥／日　人槽　｜10　水質　BOD（　）mg／ℓ以下
11	JISA3302による処理対象人員算定計算	（処理対象人員　人）
12	放流場所	□ 側溝 □ その他（　）　｜13　放流方法　□ 自然放流　□ 汲上げ放流
14	建築基準法に基づく型式適合認定等	□ 型式適合認定（法第68条の10） □ 型式部材等製造者の認証（法第68条の11） 認定(認証)番号　認定(認証)日　年　月　日
15	浄化槽法に基づく型式認定	認定番号　認定日　年　月　日

備考１　※印の欄には、記入しないでください。

２　便所及び浄化槽の位置並びに屋外排水管経路を明示した配置図を添付してください。ただし、確認申請図書に記載されている場合には不要です。

３　認定型以外の浄化槽の場合は、２の添付図面のほかに各室の容量及び汚水量等の計算書並びに尿尿浄化槽構造詳細図を３部ずつ添付してください。

様式第１号の２（第４条関係）

（表）

駐　車　場　調　書

豊田市長
豊田市建築主事　様

※確　認	第　　号 年　月　日
1 建築物の名称	

年　月　日

建築主　住所
氏名　　　　　印
電話

豊田市建築基準法施行細則第４条第１項の規定に基づき、下記のとおり報告します。

記

2	設計者の資格、住所、氏名	（ ）級建築士（ ）登録　第　号　電話　　　印				
3 駐車場を附置する建築物	ア 建築物の所在地	豊田市				駐車場整備地区内 区　域　内
	イ 用途地域		ウ 防火地域			
	エ 主要用途		オ 工事種別	新築・増築・改築・用途変更		
	カ 構造		キ 階数	地上　階　地下　階		
		申請部分	申請以外の部分	合計	台数算定欄	
	ク 敷地面積	㎡	㎡	㎡		
	ケ 建築面積	㎡	㎡	㎡		
	コ 延べ面積	㎡	㎡	㎡		
	サ 対象面積	㎡	㎡	㎡		
	シ 法定台数	台	台	台		
	ス 可能台数	台	台	台		

4 駐車施設			駐車部分面積	車路部分面積	合計	台数
	ア 駐車施設の種別	上記建築物内	㎡	㎡	㎡	台
		敷地内空地	㎡	㎡	㎡	台
		隔地駐車場	㎡	㎡	㎡	台
		合計	㎡	㎡	㎡	台
	イ 前面道路	幅員　m　こう配　%	ウ 出口の見通し	度		
	エ 車路のはり下高	m	オ 車路の幅員	m		
	カ 傾斜車路のこう配	%	キ 屈曲部回転半径	m		
	ク 駐車部分はり下高	m	ケ 換気回数	回／時		
	コ 照明	駐車部分　ルックス 車路部分　ルックス	サ 警報装置	有（　　　）・無		
5 工事期間	ア 工事着工予定	年　月　日	イ 工事完了予定	年　月　日		

注意　特殊装置がある場合には裏面にも記入して下さい。

（裏）

特殊装置	ア 製作者（メーカー）		装置名称又は製品名	認定番号		
	イ 特殊装置の種別		方式		装置基数	駐車台数
		駐車部分に該当するもの	垂直循環方式 多層循環方式	水平循環方式 二段方式	基	台
		車路に該当するもの	自動エレベーター（リフト）	方向転換装置（ターンテーブル）	基	台
		駐車部分及び車路に該当するもの	エレベーター方式 平面往復方式	エレベータースライド方式 〃　方式	基	台
	ウ 駐車部分面積	㎡	エ 車路部分面積	㎡		
	オ 前面空地	間口　m	奥行　m			
	カ 操作	特定の管理者・乗入者・その他（　　　）				
	キ 平均出（入）庫時間（オ）	分	ク 1基当り収容台数	台		
備考						

（注意）1　本調書は豊田市における建築物に附置する駐車施設に関する条例第３条から第５条の規定により、駐車施設を附置する場合又は自動車車庫で床面積の合計が500㎡以上となるものを設置する場合に提出してください。なお後者の場合には、３の見出しを「自動車車庫又はこれを含む建築物」と読み替えて記入してください。

2　３エ欄の主要用途は、駐車場法施行令第18条の特定用途及び学校住宅等によって記入してください。

添付図書

1　案内図　（方位、道路、その他目標物を記入）
2　配置図　（縮尺、方位、位置、規模、進入口、前面道路幅員を記入）
3　建築物の１階平面図　（縮尺、方位、間取りを記入）
4　駐車施設平面図　（縮尺、方位、駐車位置、車路、進入口を記入）
5　断面図　（縮尺、断面の位置、はり下高、車路こう配を記入）
6　その他の指示する図書

備考　※印欄には、記入しないこと。

様式第２号及び様式第３号　削除

様式第４号（その１）（第７条の２関係）

建築設備等設置計画概要書（エレベーター／小荷物専用昇降機）

年　月　日

豊田市長　様

報告者　住　所

氏　名

豊田市建築基準法施行細則第７条の２の規定に基づき、下記のとおり報告します。

記

設置場所		※確認済証交付年月日及び番号		年　月　日 第　　号	
建物名称		建物用途・規模			
建物の確認済証交付年月日及び番号	年　月　日 第　　号	設計事務所名		（　）建築士事務所 知事登録第　　号	
所有者の住所及び氏名	〒 電話　（　）				
管理者の住所及び氏名	〒 電話　（　）				
製造会社名					
工事施工者名					
設置箇所		用途			
定員	人	積載量		kg	
定格速度	m／分	積載荷重		N	
かご	間口　奥行　高さ m × m × m	小荷物専用昇降機の出し入れ口の下端の床面よりの高さ		cm	
※完了検査	年　月　日	※検査済証交付年月日及び番号		年　月　日 第　　号	

備考　※印の欄には、記入しないでください。

様式第４号（その２）（第７条の２関係）

建築設備等設置計画概要書（エスカレーター）

年　月　日

豊田市長　様

報告者　住所

氏名

豊田市建築基準法施行細則第７条の２の規定に基づき、下記のとおり報告します。

記

設置場所			※確認済証交付年月日及び番号		年　月　日 第　　号	
建物名称			建物用途・規模			
建物の確認済証交付年月日及び番号	年　月　日 第　　号		設計事務所名		（　）建築士事務所 （　）知事登録第　　号	
所有者の住所及び氏名	〒 電話　（　）					
管理者の住所及び氏名	〒 電話　（　）					
製造会社名						
工事施工者名						
設置箇所						
輸送能力			形式			
定格速度	m／分	階高	m	上下階床	階～　階	
※完了検査	年　月　日		※検査済証交付年月日及び番号		年　月　日 第　　号	

備考　※印の欄には、記入しないでください。

様式第４号（その３）（第７条の２関係）

建築設備等設置計画概要書（換気設備／排煙設備／非常用の照明装置）

年　月　日

豊田市長　様

報告者　住　所

氏　名

豊田市建築基準法施行細則第７条の２の規定に基づき、下記のとおり報告します。

記

設置場所		※確認済証交付年月日及び番号	年　月　日　第　号
建物名称		建物用途・規模	
建物の確認済証交付年月日及び番号	年　月　日　第　号	設計事務所名	（　）建築士事務所（　）知事登録第　号
所有者の住所及び氏名	〒　電話（　）		
管理者の住所及び氏名	〒　電話（　）		
建築物の概要	用途	構造	階数　地上　階　地下　階
	建築面積　㎡	延面積　㎡	

建築設備の概要

		自然換気	機械換気設備 給気機・排気機	機械換気設備 給気機・排気口	機械換気設備 給気口・排気機	空気調和設備	冷暖房設備	適用除外
換気設備	居室							
	火気使用室							

		自然排煙	機械排煙	告示第1436号	適用除外
排煙設備	居室				
	居室以外の室				
	廊下等				

		電源 別置蓄電池	電源 発電機	電源 電池内蔵	電源 併用	告示第1411号	適用除外
非常用の照明装置	居室						
	廊下等						
	階段						

※完了検査	年　月　日	※検査済証交付年月日及び番号	年　月　日　第　号

備考　1　※印の欄には、記入しないでください。

2　換気設備のうち、空気調和設備又は冷暖房設備については、換気量等計算と機器の概要を記載した書面を添付してください。

様式第４号（その４）（第７条の２関係）

建築設備等設置計画概要書（遊戯施設）

年　月　日

豊田市長　様

報告者　住　所

氏　名

豊田市建築基準法施行細則第７条の２の規定に基づき、下記のとおり報告します。

記

設置場所		※確認済証交付年月日及び番号	年　月　日　第　号
建物名称		建物用途・規模	
建物の確認済証交付年月日及び番号	年　月　日　第　号	設計事務所名	（　）建築士事務所（　）知事登録第　号
所有者の住所及び氏名	〒　電話（　）		
管理者の住所及び氏名	〒　電話（　）		
製造会社名			
工事施工者名			
遊戯施設種別		名称	
定員	人×　台	速度	回・m／分
遊戯施設の概略図			
※完了検査	年　月　日	※検査済証交付年月日及び番号	年　月　日　第　号

備考　※印の欄には、記入しないでください。

様式第5号（第8条関係）

（表）

地　盤　状　況　報　告　書

年　月　日

豊田市建築主事　様

建築主（築造主）　住所
　　　　　　　　　氏名
　　　　　　　　　電話

豊田市建築基準法施行細則第8条第1項の規定に基づき、下記のとおり地盤の状況について報告します。

記

建築物の名称		※整理番号	
建築場所		※確認済証交付年月日	平成　年　月　日
地盤調査実施者氏名	電話	※確認済証番号	第　　号
地質調査の方法		調査孔位置番号	
		調査深度	m

ボーリング柱状図											標準貫入試験結果						
標尺 (m)	標高	深度	孔内水位	層厚	試料採取位置	土質記号	土質名	色調	記事	相対密度及び軟度	N値	10cmごとのN値 0～10	10～20	20～30	補正打撃数	許容地耐力度	N値折線（回） 10 20 30 40 50
0																	
5																	
10																	
15																	
20																	
25																	
30																	
35																	
40																	
45																	

（裏）

敷地案内図
敷地内調査位置及び番号

備考　※印の欄には、記入しないでください。

様式第6号（第８条関係）

工 場 に 関 す る 報 告 書

年　月　日

豊田市建築主事　様

建築主　住所
氏名
電話

豊田市建築基準法施行細則第８条第２項の規定に基づき、下記のとおり工場に関する報告をします。

記

工場の名称							
敷地の位置	地名及び地番						
	用途地域			防火地域			
業種							
製品名				原料名			
作業の概要							
			本工事部分		既存部分		計
作業の床面積の合計（㎡）							
アセチレンガス発生器の容量（ℓ）							
るつぼ又はかまの容量（ℓ）							
主要な機械	種類	台数			原動機の出力		
		新増設	既設	計	新増設	既設	計
		台	台	台	kW	kW	kW
工場全体の原動機					kW	kW	kW
危険物の数量		種類			新増設	既設	計
その他参考事項							
※確認済証交付年月日	年　月　日	※確認済証番号	第　号				

備考　※印の欄には、記入しないでください。

様式第7号（第８条関係）

不適合建築物に関する報告書

年　月　日

豊田市建築主事　様

建築主　住　所
氏　名　　　印
電話

豊田市建築基準法施行細則第８条第３項の規定に基づき、下記のとおり不適合建築物に関する報告をします。

記

工事の種別	増築　改築　大規模の修繕　大規模の模様替					
敷地の位置	地名及び地番					
	用途地域	高層住居誘導地区	防火地域	その他の区域・地域・地区・街区		
		地区内・地区外				
主要用途						
基準時	年　月　日	不適合条項	法第　条第　項第　号			
主要構造部	造	外壁又はその屋内面及び軒裏の構造				
	ア 基準時	イ ア後の増減	ウ 本工事に係る部分	エ 本工事後	オ エ/ア	
敷地面積（㎡）						
建築面積（㎡）						
床面積の合計（㎡）						
不適合部分の床面積の合計（㎡）						
不適合原動機の出力（kW）						
危険物の数量						
不適合機械（台） 種類						
その他参考事項						
※確認済証交付年月日	年　月　日	※確認済証番号	第　号			

備考１　建築主の押印は、氏名を自署する場合にあっては省略することができます。
※印の欄には、記入しないでください。

様式第７号の２（第９条関係）

（表）

特殊建築物等に関する報告書

年　月　日

豊田市長　様

建築主　住所
氏名

豊田市建築基準法施行細則第９条の規定のに基づき、下記のとおり報告します。

記

1 建築物の所在地	〒			
2 所有者の住所及び氏名	〒	電話（　）		
3 管理者の住所及び氏名	〒	電話（　）		
4 建築物の概要　ア 名称		ウ 主要用途		
イ 敷地面積		エ 全体の棟数		
	今回確認申請部分	既存部分	合計	
オ 建築面積				
カ 延べ面積				

5 建築物別概要

ア 設計者の住所及び氏名	〒	電話（　）				
イ 施工者の住所及び氏名	〒	電話（　）				
ウ 棟番号		エ 工事種別		オ 構造　造	カ 最高の高さ	
	今回確認申請部分	既存部分	合計			
キ 建築面積						
ク 延べ面積						

ケ 建築設備の概要							
昇降機等	エレベーター	エスカレーター	小荷物専用昇降機	遊戯施設			
換気設備		自然換気	機械換気 給気機 排気機	機械換気 給気機 排気口	機械換気 給気口 排気機	空気調和設備	適用除外
	居室						
	火気使用室						
	上記以外						
排煙設備		自然排煙	機械排煙	告示第1436号	適用除外		
	居室						
	居室以外の室						
	廊下等						
非常用の照明装置		別置蓄電池	発電機	電源内蔵	告示第1411号	適用除外	
	居室						
	階段						
	廊下等						

コ 階別用途別床面積　用途＼階	階	階	階	階	階	階	階	合計
合計								

※確認済証交付年月日及び確認済証番号	第　号　年　月　日	※検査済証交付年月日及び検査済証番号	年　月　日　第　号

（裏）

付近見取図

（注）付近見取図に明示すべき事項　方位、道路及び目標となる地物

配置図

（注）　配置図に明示すべき事項
縮尺、方位、敷地の境界線、敷地内における建築物の位置及び棟番号（「５欄」に記入を要する棟ごとに番号を付すこと。）、今回の確認申請に係る建築物とその他の建築物との別並びに敷地の接する道路の位置及び幅員

備考
1　面積についてはm²、高さについてはmを単位とし、各欄には数字のみを記入してください。
2　「５欄」については、棟ごとに記入し、今回申請に係る棟が２棟以上ある場合は、当該欄のみ別紙に記入して添付してください。
3　「５欄ケ」については、該当する欄に○印を付けてください。
4　「５欄コ」については、「同欄ウ」に係る棟の「今回確認申請部分」及び「既存部分」の床面積の合計について用途別及び階別に区分して記入してください。
5　「３欄」及び「５欄イ」については、未定の場合は記入の必要はありません。
6　※印の欄には、記入しないでください。
7　各階平面図を添付してください。

様式第8号（第10条関係）

工事取りやめ報告書

年　月　日

豊田市建築主事　様

建築主（築造主）　住所
氏名　　　　印

下記工事は、取りやめました。

記

確認済証交付年月日 確認済証番号	年　月　日 第　　号
建築場所	
取りやめの理由	
※受付	※決裁欄

備考　1　建築主又は築造主の押印は、氏名を自署する場合にあっては省略することができます。
　　　2　※印の欄には、記入しないでください。

別紙

5　建築物別概要

ア　設計者の住所及び氏名	〒　電話					
イ　施工者の住所及び氏名	〒　電話					
ウ　棟番号		エ　工事種別		オ　構造　造	カ　最高の高さ	
	今回確認申請部分	既存部分	合計			
キ　建築面積						
ク　延べ面積						

ケ　建築設備の概要

昇降機等	エレベーター	エスカレーター	小荷物専用昇降機	遊戯施設			
換気設備		自然換気	機械換気　給気機 排気機	機械換気　給気機 排気口	機械換気　給気口 排気機	空気調和設備	適用除外
	居室						
	火気使用室						
	上記以外						
排煙設備		自然排煙	機械排煙	告示第1436号	適用除外		
	居室						
	居室以外の室						
	廊下等						
非常用の照明装置		別置蓄電池	発電機	電源内蔵	告示第1411号	適用除外	
	居室						
	階段						
	廊下等						

コ　階別用途別床面積

用途＼階	階	階	階	階	階	階	階	合計
合計								

※確認済証交付年月日及び確認済証番号	第　号　年　月　日	※検査済証交付年月日及び検査済証番号	年　月　日 第　号

様式第9号の2（第12条関係）

鉄骨製作に関する報告書

年　月　日

豊田市建築主事　様

建築主　住所

氏名　㊞

下記の建築物に係る鉄骨を製作する工場については、現在決まっていませんので、報告します。なお、当該工場が決まったときには、直ちに溶接工事作業計画書を提出します。

記

建築物の名称			
建築場所			
建築物の用途		構造	
建築物の規模	地上　階／地下　階	延べ面積	㎡
	軒の高さ　m	最大スパン	m
溶接部の強度	1.0（全強設計）　0.9（9掛け設計）		
設計者	住所		
	氏名		
	資格　（　）級建築士登録　第　号		

備考　1　建築主の押印は、氏名を自署する場合にあっては省略することができます。
　　　2　下の※印の欄には、記入しないでください。

※	確認番号	―	確認日	年　月　日
	電話番号	（　）		
	予定工期	年　月　日～　年　月　日		

様式第9号（第12条関係）

溶接工事作業計画書

年　月　日

豊田市建築主事　様

建築主　住所
氏名　㊞
電話　（　）

豊田市建築基準法施行細則第12条の規定に基づき、下記のとおり報告します。

記

1 建築物溶接工事概要	ア建築工事の名称				イ主要用途	
	ウ構造種別		エ軒の高さ	m	オ最大の張り間	m
	カ延べ面積	㎡	キ建築面積	㎡	ク階数	
	ケ架構形式		サ主要鋼種及び重量	SS　t	SM　t	t　t　t
	コ溶接長	m				

2 工事関係者の住所・氏名等	ア設計者	住所　〒　（　）建築士　第　号　（　）建築士事務所名　（　）第　号　氏名　電話（　）　㊞
	イ構造担当設計者	住所　〒　（　）建築士　第　号　（　）建築士事務所名　（　）第　号　氏名　電話（　）　㊞
	ウ工事監理者	住所　〒　（　）建築士　第　号　（　）建築士事務所名　（　）第　号　氏名　電話（　）
	エ工事施工者	住所　〒　氏名　電話（　）
	オ鉄鋼製作工場	住所　〒　代表者氏名　電話（　）
		名称　大臣認定年月日　年　月　日　認定番号　国土交通省住指発第　号　ランク
	カ溶接管理責任者	所属　氏名　資格
	キ溶接検査責任者	所属　氏名　資格
3 主要部材の形状	ア柱	
	イはり	
	ウその他	

4 搬入される設備・人員等	ア溶接機器及び加工機器	自動溶接機の台数及び点数	台　点	半自動アーク溶接機の台数及び点数	台　点	手動アーク溶接機の台数及び点数	台　点	アの点数の合計	点
		ガウジング機の台数及び点数	台　点	自動ガス切断機の台数及び点数	台　点	棒乾燥機の合計能力及び点数	kg／日　点		
	イ溶接管理技術者	換算率						イの合計　換算人員	人
		該当技術者数	人	人	人	人	人	点数	点
	ウ溶接技能者	換算率						ウの合計　換算人員	人
		該当技術者数	人	人	人	人	人	点数	点
	エ検査	非破壊検査機器の台数及び点数	台　点	検査技術者の換算率及び該当技術者数			検査技術者の合計　換算人員　人	エの点数の合計	点
		機械的性質の試験機の台数及び点数	台　点		人	人	点数　点		
	オその他	上屋付作業場の面積及び点数	㎡　点	原寸場面積及び点数	㎡　点	変電容量及び点数	KVA　点	オの点数の合計　点	ア～オの点数の合計　点

		仕様部位	鋼種	溶接棒	作業場所	姿勢	検査方法	特記事項
5 接合部の工作及び検査要領	ア突合せ							
	イすみ肉							
	ウその他							
6 根拠基準		検査基準			工作基準			
7 備考								

備考　建築主、設計者及び構造担当設計者の押印は、氏名を自署する場合にあっては省略することができます。

様式第９号の３（第12条関係）

（表）

鉄 骨 工 事 施 工 状 況 報 告 書

年　　月　　日

豊田市建築主事　様

建築主　住所
氏名　　　　㊞
電話

豊田市建築基準法施行細則第12条第３項の指定に基づき、下記のとおり報告します。

記

工事監理者	（　）建築士第　　号 住所 〒　　　　氏名　　㊞ 電話 （　）建築事務所名　　（　）知事登録第　　号				
工事施工者	住所 〒　　　　氏名 電話				
建築物・鉄骨工事概要	工事名称		確認済証交付年月日及び番号	年　月　日第　号	
	建築場所				
	主要用途		建築面積　　㎡	延べ面積　　㎡	
	階数	地上　　階／地下　　階	軒の高さ　　m	最大スパン　　m	
	構造種別	S造　SRC造（　　）	架構形式	ラーメン　　ブレース（　　　）	
	建築確認済証と設計図書との照合		訂正箇所（有・無）	設計図書の訂正（確認済・未確認）	
	建築確認後の変更事項				
	主要部材の使用部位及び鋼種	部位／鋼材の種別／重量	高力ボルトの種類	JIS型（F　T　）径（M　） トルシア型（F　T　）径（M　）	
			高力ボルトの接合	接合方法　摩擦、引張	摩擦面の処理　1母材：　2スプライスPL：
	溶接継目の部位・鋼材の種類及び品質条件	工場溶接：部位／鋼材の種別／品質条件等 （突合、スミ肉）（　F） （突合、スミ肉）（　F） （突合、スミ肉）（　F） （突合、スミ肉）（　F）		現場溶接：部位／鋼材の種別／品質条件等 （突合、スミ肉）（　F） （突合、スミ肉）（　F） （突合、スミ肉）（　F） （突合、スミ肉）（　F）	
	鉄骨製作工場の現場表示板の設置期間		年　月　日から　年　月　日まで		
工事関係者住所・氏名	設計者	（　）建築士第　　号 住所 〒 氏名　　　　電話 （　）建築事務所　（　）知事登録第　号			
	構造設計担当者	（　）建築士第　　号 住所 〒 氏名　　　　電話 （　）建築事務所　（　）知事登録第　号			
	検査機関（検査員）	住所 〒 名称　　　　電話 代表者名　　（検査員氏名　　資格　　）			
	鉄骨製作工場	住所 〒 名称　　　　電話 代表者名 大臣認定年月日　年　月　日　認定番号　　発第　　号　ランク			

（裏）

鉄骨製作工場及び工事現場における試験・検査等の結果

試験・検査等の項目		試験・検査等の方法（記号○で囲んでください。）	検査年月日 工事施工者	工事監理者	検査機関
工場製作における検査等の実施状況	鉄骨製作工場の決定	a 書類審査　b 工場実施調査			
	要領書・工作図の審査	a 設計図書との照合　b 図書審査承認			
	溶接方法の承認	a 要領書審査　b 承認試験			
	溶接工の承認	a 資格証の承認　b 技量確認試験			
	使用鋼材等の品質確認	a ミルシートの確認　b 立合い検査			
	使用材料・製品の検査（HTB・スタッドボルト等）	a ミルシートの確認　b 材料試験 c 立合い検査　d（　　）			
	現寸検査等	a 立合い検査			
	切断後の鋼材材質確認	a 立合い検査　b 確認試験			
	組立検査	a 開先形状　b ルート間隔　c 目違い d 裏当て・エンドタブ　e 仮付け溶接			
	製品の社内検査実施状況の確認	a 製品の社内検査報告書確認 b（　　）　c（　　）			
	鉄骨製品の受入れ検査	a 溶接部外観検査（溶接部の精度・表面欠陥） b 超音波探傷検査　c 補正措置 d 部材表面検査　e 寸法検査 f 取合部検査　g（　）　h（　）			
現場製作における検査等の実施状況	RC部との接合（柱脚等）	a 設計図書との照合			
	アンカーボルトの埋込等	a 設計図書との照合			
	建て方、建て方精度	a 建て方精度　b 建て入れ直し c 倒壊防止精度　d 仮締めボルト			
	トルシア型HTB受入れ検査	a 現場軸力導入確認試験			
	摩擦接合面の確認	a 目視　b（　　）			
	食い違い、肌すき検査	a 目視　b（　　）			
	高力ボルト本締め検査	a 目視　b（　　）			
	共廻り、締め忘れ検査	a 目視　b（　　）			
	要領書、工作図の承認	a 設計図書との照合			
	溶接方法の承認	a 要領書　b 承認試験			
	溶接工の承認	a 資格証　b 技量確認試験			
	溶接作業条件の承認	a 要領書			
	開先形状、ルート間隔、目違い、隙間	a 目視　b 溶接ゲージ c（　）　d（　）			
	仮付け溶接、裏当て、エンドタブ	a 目視　b 溶接ゲージ c（　）　d（　）			
	溶接部の検査	a 外観検査　b 内部欠陥検査			
所見	工場製作について		現場製作について		
			内部欠陥検査の方法		
			検査率		
			その他所見		

備考
1　建築主及び工事監理者の押印は、氏名を自署する場合にあっては省略することができます。
2　検査等を実施したときに不合格部分があった場合は、「不可」と記入し、再検査年月日及び可否を記入してください。
3　「所見」欄には、検査結果に不合格のあった場合の処置等を記入してください。
4　添付図書
(1)　鋼材の品質を証明し、かつ、流通経路を示す書類
(2)　鉄骨製作に関する検査の実施状況を示す写真
(3)　鉄骨製作に関する受入れ検査を第三者に委託した場合の契約書の写し
(4)　建築現場における鉄骨製作工場名の表示板が設置されたことを確認できる写真（遠景・近景）

様式第10号（第12条の２関係）

屎尿浄化槽工事完了報告書

年　月　日

豊田市建築主事　様

建築主　住　所

氏　名　　㊞

豊田市建築基準法施行細則第12条の２の規定に基づき、下記のし尿浄化槽の工事が完了したので報告します。

記

1	確認済証番号及び確認済証交付年月日	第　号　　年　月　日			
2	設置場所				
3	浄化槽の名称				
4	構造方法の区分	□ 昭和55年建設省告示第1292号第　第　号 □ 建築基準法第68条の26に基づく構造方法等の認定 認定番号　認定日　年　月　日			
5	処理方法	方式			
6	処理能力	日平均汚水量　㎥／日　人槽	7	水質	BOD　mg／ℓ以下
8	建築基準法に基づく型式適合認定等	□ 型式適合認定（法第68条の10） □ 型式部材等製造者の認証（法第68条の11） 認定（認証）番号　認定（認証）日　年　月　日			
9	浄化槽法に基づく型式認定	認定番号　認定日　年　月　日			
10	浄化槽工事業者（特例浄化槽工事業者）の住所、氏名、登録（届出受理）番号等	〒　電話（　） 愛知県知事［登—／届］第　号 登録（届出受理）年月日　年　月　日			
11	浄化槽設備士の住所、氏名、免状交付番号等	〒　電話（　） 第　号　交付年月日　年　月　日			
12	完了確認年月日	年　月　日			
13	使用開始予定年月日	年　月　日			

備考　建築主の押印は、氏名を自署する場合にあっては省略することができます。

様式第11号（第15条関係）

（表）

道路位置指定申請書

平成　年　月　日

豊田市長　様

申請者　住所
氏名　㊞
電話（　）

建築基準法第42条第1項第5号に規定する道路の位置を下記のとおり指定してください。

	道路番号	幅員	延長	地名及び地番
指定道路	号	m	m	

	地名及び地番	面積	所有者の氏名	借主の氏名
道路位置		㎡		
	合計　筆			

工事着手予定年月日	年　月　日	工事完了予定年月日	年　月　日
標示の方法			
※受付	※備考		
※指定番号	第　号	※指定年月日	年　月　日

（裏）

	道路との関係	土地、建物又は工作物の所在地	関係者 住所	関係者 氏名
承諾書				㊞
				㊞
				㊞
				㊞
				㊞
				㊞
				㊞
				㊞
				㊞
				㊞
				㊞
				㊞
				㊞
設計者の住所及び氏名	電話（　）			

備考
1　「道路との関係」欄には、土地の所有者、土地の借主、建物の所有者、建物の借主、工作物の所有者又は工作物の借主の別を記入してください。
2　「関係者」欄の印は、実印を押してください。
3　申請者の押印は、氏名を自署する場合にあっては省略することができます。
4　※印の欄には、記入しないでください。

様式第11号の2（第15条の３関係）

適用除外保存建築物指定申請書

年　月　日

豊田市長　様

住所
氏名　　　　　㊞
電話　（　）

建築基準法第３条第１項第３号の規定による指定をしてください。

設計者の住所及び氏名	電話（　）					
敷地の位置：地名及び地番						
敷地の位置：都市計画区域	用途地域	防火地域	その他の区域・地域・地区・街区			
敷地の位置：区域内・区域外						
主要用途		申請部分の用途				
工事種別	新築・増築・改築・移転・用途変更・大規模の修繕・大規模の模様替					
建築物の構造		建築物の階数	地上　階／地下　階			
建築物の最高の高さ	m	建築物の軒の高さ	m			
	申請部分	申請以外の部分	合計	敷地面積に対する割合	敷地面積に対する割合の限度	
敷地面積（㎡）						
建築面積（㎡）				／10	／10	
延べ面積（㎡）				／10	／10	
工事着手予定日	年　月　日	工事完了予定日	年　月　日			
その他必要な事項	豊田市文化財保護条例等による指定状況 指定番号　　指定年月日　年　月　日 名称					
※受付欄		※備考				
※指定番号	第　　号	※指定年月日	年　月　日			

備考　1　申請者の押印は、氏名を自署する場合にあっては省略することができます。
　　　2　※印の欄には、記入しないでください。

様式第12号（第16条関係）

（表）

許　可　申　請　書

年　月　日

豊田市長　様

住所
氏名　　　　　㊞
電話　（　　　）

建築基準法
豊田市特別用途地区建築条例　第　条第　項の規定による許可をしてください。
豊田都市計画高度地区

設計者の住所及び氏名	電話　（　　　）					
敷地の位置	地名及び地番					
	都市計画区域	用途地域	高層住居誘導地区	防火地域	その他の区域・地域・地区・街区	
	区域内 区域外		地区内 地区外			
用途		工事種別	新築・増築・改築・移転・用途変更			
建築物の構造	造　地上 階 地下 階		建築物の高さ	m		
	申請部分	申請以外の部分	合計	※敷地面積との比		
敷地面積(㎡)						
建築面積(㎡)						
延べ面積(㎡)						
許可を求める理由						
※消防同意欄		※手数料欄				
※　許可番号	第　　号	※　許可年月日	年　月　日			

（裏）

許可条項別申請内容								
1　豊田市特別用途地区建築条例第3条第1項ただし書の規定による許可								
業種								
製品名		原料名						
作業の概要								
(1) 工場		本工事部分	既存部分	計				
	作業場の床面積の合計　(㎡)							
	アセチレンガス発生器の容量　(ℓ)							
	るつぼ又はかまの容量　(ℓ)							
	不適合機械　種類	台数 新増設	既設	計	原動機の出力 新増設	既設	計	
		台	台	台	kW	kW	kW	
					.	.	.	
					.	.	.	
					.	.	.	
					.	.	.	
	工場全体の原動機				kW	kW	kW	
	法別表第2中不適合項号	項　号(　)	項　号(　)	項　号(　)				
(2) 危険物	貯蔵又は処理する危険物　種類	数量 申請部分	申請以外の部分	合計				
2　法第51条ただし書の規定による許可								
汚物処理場、ごみ焼却場その他の処理施設	申請部分　人・申請以外の部分　人・合計　人							
3　法第85条第3項又は第4項の規定による許可								
存続期間	年　月　日から　年　月　日まで							

備考　1　申請者の押印は、氏名を自署する場合にあっては省略することができます。
2　※印の欄には、記入しないでください。

様式第13号の2（第17条の2関係）

同　意　書

建築基準法第86条第1項／第86条第2項／第86条第3項／第86条第4項／第86条の2第2項の規定による下記の認定／許可の申請について、同条第4項／第6項の規定に基づき同意します。

記

1　申請者の住所及び氏名

電話（　）

2　対象区域の位置
3　対象区域の面積
4　対象区域内の建築物の概要
(1)　用途
(2)　棟数
(3)　延べ床面積の合計

	対象区域との関係	土地の所在地	関係者 住所	関係者 氏名
同意者				印
				印
				印
				印
				印
				印
				印
				印
				印
				印
設計者住所及び氏名	電話（　）			

備考　1　「対象区域との関係」欄は、土地の所有者又は借地権者の別を記入してください。
2　「関係者」欄の印は、実印を押してください。

様式第13号（第17条関係）

認定申請書

年　月　日

豊田市長　様

申請者　住所
氏名　印
電話（　）

建築基準法／建築基準法施行令第　条第　項／愛知県建築基準条例の規定による認定をしてください。

設計者の住所及び氏名	電話（　）					
敷地の位置 地名及び地番						
敷地の位置 都市計画区域	用途地域	高層住宅誘導地区	防火地域	その他の区域・地域・地区・街区		
区域内 区域外		地区内 地区外				
主要用途		申請部分の用途				
工事種別	新築・増築・改築・移転・用途変更・大規模の修繕・大規模の模様替					
建築物の構造		建築物の階数	地上　階／地下　階			
建築物の最高の高さ	m	建築物の軒の高さ	m			
	申請部分	申請以外の部分	合計	敷地面積に対する割合	敷地面積に対する割合の限度	
敷地面積（㎡）						
建築面積（㎡）				／10	／10	
延べ面積（㎡）				／10	／10	
工事着手予定日	年　月　日	工事完了予定日	年　月　日			
外壁及び軒裏の構造						
その他必要な事項						
※受付欄		※備考				
※認定番号	第　号	※認定年月日	年　月　日			

備考　1　申請者の押印は、氏名を自署する場合にあっては省略することができます。
2　「外壁及び軒裏の構造」欄は、建築基準法第3条第1項第4号の規定による認定の申請の場合にあっては、記入をする必要はありません。
3　豊田市建築基準法施行細則第17条第2項の表中(3)、(4)及び(5)については、前面道路の幅員及び敷地と接している部分の長さを「その他必要な事項」欄に記入してください。
4　※印の欄には、記入しないでください。

様式第13号の3（第17条の2関係）

合　意　書

建築基準法第86条の5第1項の規定による下記の認定又は許可の取消しの申請について、同項の規定に基づき合意します。

記

1　申請者の住所及び氏名

電話　（　）

2　対象区域の位置
3　対象区域の面積
4　対象区域内の建築物の概要
(1)　用途
(2)　棟数
(3)　延べ床面積の合計
5　既認定番号等
(1)　認定番号
(2)　認定年月日

	対象区域との関係	土地の所在地	関係者 住所	関係者 氏名
合意者				㊞
				㊞
				㊞
				㊞
				㊞
				㊞
				㊞
				㊞
設計者住所及び氏名	電話　（　）			

備考　1　「対象区域との関係」欄には、土地の所有者又は借地権者の別を記入してください。
　　　2　「関係者」欄の印は、実印を押してください。

様式第14号（第17条の3関係）

申請取下げ届

年　月　日

豊田市長
豊田市建築主事　様

住所
氏名　㊞
電話　（　）

建築基準法
建築基準法施行令　第　条第　項の規定に基づく下記の
豊田市建築基準法施行細則
申請は、取り下げます。

記

申請年月日	年　月　日	
建築場所		
取下げ理由		
※受付	※決裁欄	

備考　1　届出者の押印は、氏名を自署する場合にあっては省略することができます。
　　　2　※印の欄には、記入しないでください。

様式第15号（第18条関係）

建築協定認可申請書

年　月　日

豊田市長　様

申請者　住　所
(代表者)　氏　名　　　　㊞
電　話

建築基準法第70条第1項／第76条の3第2項の規定により、建築協定の認可をしてください。

建築協定の概要	協定の目的						
	建築物に関する基準	建築物の敷地・位置・構造・用途・形態・意匠・設備に関する基準					
	有効期間	年　月　日から　年　月　日までの　年　月間					
	違反があった場合の措置						
建築協定区域等		建築協定区域			建築協定区域隣接地		
	地名地番						
	面積	㎡			㎡		
	地域地区	都市計画区域	用途地域		防火地域	その他の区域・地域・地区・街区	
		内・外					
土地の所有権者等の人数		土地の所有権者	建築物の所有を目的とする 地上権者	建築物の所有を目的とする 賃借権者	法第77条に規定する建築物の借主	合計	
		人	人	人	人	人	
開発計画に関する事項		許認可等日付・番号			工事完了(予定)日付	工事完了公告日付	
		年　月　日　第　号			年　月　日	年　月　日	
※受付欄		その他事項					
※認可の日付・番号		年　月　日　第　号		※公告の日付	年　月　日		

備考　1　申請者の押印は、氏名を自署する場合にあっては省略することができます。
2　※印の欄には、記入しないでください。

様式第16号（第18条関係）

建築協定変更・廃止認可申請書

年　月　日

豊田市長　様

申請者　住　所
(代表者)　氏　名　　　　㊞
電　話　（　　）

建築基準法第74条／第76条第1項の規定により、建築協定の変更／廃止の認可をしてください。

(1) 建築協定の認可の日付、番号		年　月　日　第　号					
建築協定及び建築協定区域等の変更の概要	(2) 協定の目的						
	(3) 建築物に関する基準	建築物に関する敷地・位置・構造・用途・形態・意匠・設備に関する基準					
	(4) 有効期間	年　月　日から　年　月　日までの　年　月間					
		年　月　日から　年　月　日までの　年　月間					
	(5) 違反があった場合の措置						
		建築協定区域			建築協定区域隣接地		
	(6) 地名地番						
	(7) 面積	㎡			㎡		
		㎡			㎡		
	(8) 地域地区	都市計画区域	用途地域	防火地域	その他の区域、地域、地区、街区		
		内・外					
		内・外					
(9) 土地の所有権者等の人数（上段）及び協定の廃止に合意する土地の所有権者等の人数（下段）		土地の所有権者	建築物の所有を目的とする 地上権者	建築物の所有を目的とする 賃借権者	法第77条に規定する建築物の借主	合計	
		人	人	人	人	人	
		人	人	人	人	人	
(10) 上欄の合計の下段の上段に対する割合		%					
※受付欄		その他事項					
※認可の日付・番号		年　月　日　第　号		※公告の日付	年　月　日		

備考　1　申請者の押印は、氏名を自署する場合にあっては省略することができます。
2　※印の欄には、記入しないでください。
3　(2)から(8)までの欄は、上段に変更前のもの、下段に変更後のものを記入してください。
4　(9)及び(10)の欄は、建築協定を廃止する場合に記入してください。

様式第17号（第19条関係）

建築協定に関する報告書

年　月　日

豊田市長　様

申請者　住　所
氏　名　㊞
電　話

豊田市建築基準法施行細則第19条第２項の規定に基づき、下記のとおり報告します。

記

認可の日付	年　月　日	認可番号	第　　号
建築協定名		協定が効力を生じた日	年　月　日

番号	住所及び氏名	地名及び地番	土地に関する権利の種別	土地の所有権等の取得年月日
1	㊞		1所有権 2地上権 3賃借権	年　月　日
2	㊞		1所有権 2地上権 3賃借権	年　月　日
3	㊞		1所有権 2地上権 3賃借権	年　月　日
4	㊞		1所有権 2地上権 3賃借権	年　月　日
5	㊞		1所有権 2地上権 3賃借権	年　月　日

備考　1　申請者の押印は、氏名を自署する場合にあっては省略することができます。
　　　2　建築協定の写しを添付してください。

様式第17号の２（第19条の２関係）

建築協定加入届

年　月　日

豊田市長　様

届出者　住所
氏名　㊞
電話　（　　）

建築基準法第75条の２第１項／第２項の規定に基づき、下記のとおり届け出ます。

記

建築協定名			
許可の日付		許可番号	第　　号
土地の地名及び地番			
権利関係	・土地の所有者　・地上権者　・土地の賃借権者　・建築物の所有者		
敷地面積	㎡		
建築物の用途、延床面積及び階数	用途	延床面積	㎡
		階数（地上／地下）	／
その他事項	（地区内で他に所有される土地又は家屋がある場合は記入してください。）		
※受付欄		※備考	

備考　1　届出者の押印は、氏名を自署する場合にあっては省略することができます。
　　　2　※印のある欄には、記入しないでください。

様式第18号（第20条関係）

申請書記載事項変更届

年　月　日

豊田市長　様

申請者　住所

氏名　㊞

下記に係る工事について、申請書記載事項を変更したので届け出ます。

記

確認済証番号及び確認済証交付年月日			第　号　年　月　日
建築場所			
主要用途			工事種別
申請書記載事項	建築主の住所、氏名等	新	ふりがな 氏名　㊞ 郵便番号 住所 電話番号
		旧	
	工事監理者の所在地、氏名等	新	資格（　）建築士（　）登録　第　号 氏名　㊞ 建築士事務所名　（　）建築士事務所 （　）知事　登録　第　号 郵便番号 所在地 電話番号
		旧	
	工事施工者の所在地、氏名等	新	氏名 営業所名　建設業の許可（　）登録第　号 郵便番号 所在地 電話番号
		旧	
	その他	新	
		旧	
変更事由			

※受付欄	※備考		※記簿欄	※決裁欄
	原本照合	年　月　日		

備考　1　申請者、建築主及び工事監理者の押印は、氏名を自署する場合にあっては省略することができます。

2　※印の欄には、記入しないでください。

様式第18号の2（第20条関係）

報告事項変更届

年　月　日

豊田市長　様

指定確認検査機関名　㊞

下記に係る工事について、台帳記載事項を変更したので報告します。

記

確認済証番号及び確認済証交付年月日			第　号　年　月　日
建築場所			
主要用途			工事種別
台帳記載事項	建築主の住所、氏名等	新	ふりがな 氏名 郵便番号 住所 電話番号
		旧	
	工事監理者の所在地、氏名等	新	資格（　）建築士（　）登録　第　号 氏名 建築士事務所名　（　）建築士事務所 （　）知事　登録　第　号 郵便番号 所在地 電話番号
		旧	
	工事施工者の所在地、氏名等	新	氏名 営業所名　建設業の許可（　）登録第　号 郵便番号 所在地 電話番号
		旧	
	その他	新	
		旧	
変更事由			

※受付欄	※備考		※記簿欄	※決裁欄
	原本照合	年　月　日		

備考　※印の欄には、記入しないでください。

様式第19号（第22条関係）

意 見 の 聴 取 請 求 書

年　　月　　日

豊田市長　様

住 所

氏 名　　　　　　　印

年　　月　　日付けの建築基準法第　　条第　　項の規定による通知書（又は仮の命令書）を受領しましたが、意見の聴取を行うことを請求します。

備考　請求者の押印は、氏名を自署する場合にあっては、省略することができます。

様式第20号（第23条関係）

意 見 の 聴 取 通 知 書

第　　　号

年　　日　　日

様

豊田市長　　　　　印

建築基準法第　　条第　　項の規定による意見の聴取を下記のとおり行いますので、出席してください。

本人が出席できない場合は、委任状を持参した代理人を出席させてください。

記

1　期　日

2　場　所

3　意見の聴取に係る事項

備考　意見の聴取の期日には、この通知書を持参してください。

瀬戸市関係

○瀬戸市建築基準法施行条例

（平成12年３月31日
瀬戸市条例第17号）

改正　平成13年６月29日瀬戸市条例第17号

（趣旨）

第１条　この条例は、建築基準法（昭和25年法律第201号。以下「法」という。）、建築基準法施行令（昭和25年政令第338号。以下「政令」という。）及び建築基準法施行規則（昭和25年建設省令第40号。以下「省令」という。）の施行に関する事項を定めるものとする。

（報告）

第２条　建築主は、第１種低層住居専用地域、第２種低層住居専用地域、第１種中高層住居専用地域、第２種中高層住居専用地域、第１種住居地域、第２種住居地域、準住居地域、近隣商業地域、商業地域又は準工業地域内において、工場を建築し、大規模の修繕をし、若しくは大規模の模様替をしようとする場合、建築物若しくは建築物の部分を工場に用途変更しようとする場合又は敷地内に工場がある場合で当該敷地内に工場の用途に供しない建築物を建築しようとする場合においては、その旨を工場に関する報告書により建築主事に報告しなければならない。

2　建築主は、次に掲げる場合にあつては、その旨を不適合建築物に関する報告書により建築主事に報告しなければならない。

(1)　法第51条ただし書（法第87条第２項又は第３項において準用する場合を含む。）の規定により政令第130条の２に規定する規模の範囲内において建築物を新築し、増築し、又は用途変更する場合

(2)　法第86条の７の規定により政令第137条の２から第137条の９までに規定する範囲内において既存の建築物を増築、改築、大規模の修繕又は大規模の模様替をしようとする場合

(3)　法第87条第３項の規定により同項第２号又は第３号に規定する規模の範囲内において建築物の用途を変更する場合

3　建築主は、法第31条第２項の規定による屎尿浄化槽又は令第32条第１項に規定する合併処理浄化槽（以下「屎尿浄化槽」という。）を設ける場合においては、浄化槽調書により建築主事に報告しなければならない。

4　建築主は、前項に規定する屎尿浄化槽等の工事を完了した場合において、法第７条第１項の検査の申請をしようとするときは、浄化槽工事完了報告書により建築主事に報告しなければならない。

5　第１項から第３項までの規定による報告は、法第６条第１項（法第88条第１項におい

て準用する場合を含む。）の規定による確認の申請（法第18条第２項の規定による計画の通知を含む。）と同時にしなければならない。

6　第１項から第３項までの規定は、法第６条の２第１項の規定による確認を受けようとする場合については、適用しない。

（工事取りやめの報告）

第３条　建築主又は築造主は、法第６条第１項（法第88条第１項において準用する場合を含む。）の規定による確認済証の交付を受けた建築物又は工作物の工事を取りやめた場合においては、その旨を工事取りやめ報告書により建築主事に報告しなければならない。

（道路の位置の指定）

第４条　法第42条第１項第５号に規定する道路の位置の指定を受けようとする者は、道路位置指定申請書の正本及び副本に、省令第９条に定める図面等のほか、次に掲げる図書を添えて市長に提出しなければならない。

(1)　道路平面図、土地利用計画平面図及び道路横断図

(2)　道路の位置の指定を受けようとする部分及び当該部分を利用しようとする敷地の求積表

(3)　省令第９条に規定する承諾書に押印された印に係る印鑑証明書

(4)　その他市長が必要と認める図書

2　前項の規定は、指定を受けた道路の位置を変更し、又は廃止しようとする場合について準用する。

（申請の取下げ）

第５条　法、政令及びこの条例の規定により申請をした者は、当該申請をした後において、その申請を取り下げようとするときは、申請取下げ届を当該申請に係る市長又は建築主事に提出しなければならない。

（申請書等記載事項の変更）

第６条　法第６条第１項（法第88条第１項において準用する場合を含む。）の規定による確認済証の交付を受けた者は、当該確認済証の交付に係る工事が完了するまでの間に、次に掲げる書類の記載事項に変更があつた場合においては、その変更の日から５日以内に申請書等記載事項変更届に変更後の内容を記載した当該書類を添えて建築主事に提出しなければならない。

(1)　省令別記第３号様式の建築計画概要書（第３面を除く。）

(2)　省令別記第10号様式による申請書の第２面

2　法第77条の21に規定する指定確認検査機関は、法第６条の２第１項（法第88条第１項において準用する場合を含む。）の規定による確認済証の交付を受けた建築物について、当該確認済証の交付に係る工事が完了するまでの間に、省令第３条の４第１項各号に定める書類の記載事項に変更があつたことを知つたときは、報告事項変更届に変更後の内

容を記載した当該書類を添えて、速やかに市長に報告しなければならない。

3　前2項の規定は、確認を受けた建築物の計画に変更があつた場合において、法第6条第1項又は第6条の2第1項の規定による確認済証の交付を受けた場合については、適用しない。

（計画の通知への準用）

第7条　第2条の規定は、法第18条第2項（法第88条第1項において準用する場合を含む。）の規定に基づく計画通知に準用する。

2　第3条、第5条及び前条第1項の規定は、法第18条第3項（法第88条第1項において準用する場合を含む。）の規定に基づき確認済証の交付があつた場合に準用する。

（意見の聴取の請求）

第8条　法第9条第3項（法第10条第2項又は法第45条第2項において準用する場合を含む。）及び法第9条第8項（法第10条第2項において準用する場合を含む。）の規定による意見の聴取の請求を行おうとする者は、意見の聴取請求書を市長に提出しなければならない。

（意見の聴取の通知）

第9条　法第9条第5項（同条第8項、法第10条第2項又は法第45条第2項において準用する場合を含む。）及び法第72条第1項（法第74条第2項又は法第76条の3第4項において準用する場合を含む。）の規定による意見の聴取の通知は、意見の聴取通知書により行うものとする。

（代理人の届出）

第10条　前条の通知を受けた者（以下「当事者」という。）が、代理人を出席させようとするときは、委任状を添えて意見の聴取の開始前までに市長にその旨を届け出なければならない。

（意見の聴取の期日及び場所の変更）

第11条　当事者又はその代理人が、やむを得ない事由により意見の聴取の期日又は場所に出席することができないときは、その期日の前日までに理由を付して市長にその旨を届け出なければならない。

2　市長は、前項の届出があつた場合において、その事由が正当であると認めるときは、意見の聴取の期日又は場所を変更することができる。

（意見の聴取の主宰）

第12条　法第9条第4項（同条第8項、法第10条第2項又は法第45条第2項において準用する場合を含む。）及び法第72条第1項（法第74条第2項又は法第76条の3第4項において準用する場合を含む。）の規定による意見の聴取は、市長が指名する職員が主宰する。

（意見の聴取の記録）

第13条　前条の規定により意見の聴取を主宰する者（以下「主宰者」という。）は、関係職員に命じ、意見の聴取を受けた者の氏名及び意見の聴取の内容の要点を記録させなければならない。

（意見の聴取の期日における陳述の制限等）

第14条　主宰者は、意見の聴取の期日に出席した者が当該意見の聴取に係る事案の範囲を超えて発言するときその他審理の適正な進行を図るためやむを得ないと認めるときは、その者に対し、その発言を制限することができる。

2　主宰者は、前項に規定する場合のほか、意見の聴取の期日における審理の秩序を維持するために必要があると認めるときは、意見の聴取を妨害し、又は審理の秩序を乱す者に対し、退場を命ずる等適当な措置をとることができる。

（諸書類の様式）

第15条　この条例に定める諸書類の様式は、市長が別に定める。

附　則

（施行期日）

1　この条例は、平成12年４月１日から施行する。

（経過措置）

2　この条例の施行の際現に瀬戸市建築基準法施行細則（平成３年瀬戸市規則第２号）の規定に基づき提出された申請書、報告書その他の書類は、この条例の相当規定に基づく申請書、報告書その他の書類とみなす。

附　則　（平成13年６月29日瀬戸市条例第17号）

この条例は、公布の日から施行する。

○瀬戸市建築基準法施行細則

（平成３年２月27日
瀬戸市規則第２号）

改正　平成５年　６月24日瀬戸市規則第15号
同　７年　３月31日同　第８号
同　８年　５月１日同　第11号
同　11年　４月30日同　第21号
同　12年　３月31日同　第14号
同　13年　３月30日同　第17号
同　18年　３月23日同　第６号

（趣旨）

第１条　この規則は、建築基準法（昭和25年法律第201号。以下「法」という。）、建築基準法施行令（昭和25年政令第338号。以下「政令」という。）、建築基準法施行規則（昭和25年建設省令第40号。以下「省令」という。）及び愛知県建築基準条例（昭和39年愛知県条例第49号。以下「県条例」という。）の施行に関する事項を定めるものとする。

（確認の申請書に添える図書等）

第２条　法第６条第１項の規定による確認の申請書には、省令第１条の３第17項の規定によりその計画に係る建築物の敷地が、高さ２ｍを超えるがけに接し、又は近接する場合（がけの斜面のこう配が30度以下の場合を除く。）においては、その敷地とがけとの状況を示す断面図を添えなければならない。ただし、当該敷地が宅地造成等規制法（昭和36年法律第191号）第８条第１項の規定による許可を受けたものである場合にあつては、この限りでない。

（確認の申請書に添える図書等の省略）

第３条　確認の申請書に添える図書等を省略することができる場合として次の各号に掲げる省令の規定により市長が規則で定める場合は、それぞれ当該各号に定める場合とする。ただし、第４号に掲げる省令の規定により同号に定める場合にあつては、都市計画法（昭和43年法律第100号）第53条の規定に適合していることを証する書面については、この限りでない。

(1)　省令第１条の３第11項第３号　同項第２号に掲げる場合以外の建築物の場合

(2)　省令第１条の３第12項第３号　同項第２号に掲げる場合以外の建築物の場合

(3)　省令第１条の３第13項第４号　同項第２号及び第３号に掲げる場合以外の建築物の場合

(4)　省令第１条の３第14項第２号　建築物の建築の場合

2　申請に係る工作物が政令第148条第１項第２号に掲げる工作物であつて、その工事計画が一級建築士又は二級建築士の作成した設計図書によるものである場合においては、省令第３条第７項の規定により同条第１項の表１に掲げる構造詳細図及び構造計算書を、確認の申請書に添えることを要しない。

（仮設建築物許可申請書）

第４条　法第85条第３項又は第５項に規定する許可の申請をしようとする者は、仮設建築物許可申請書の正本及び副本に、次に掲げる図書を添えて市長に提出しなければならない。

(1)　省令第１条の３第１項の表１の(い)項に掲げる付近見取図、配置図及び各階平面図

(2)　省令第１条の３第１項の表１の(ろ)項に掲げる立面図及び断面図

(3)　その他市長が必要と認める図書

（認定申請書）

第５条　次の表の左欄に掲げる法、政令及び県条例の規定による認定の申請をしようとする者は、認定申請書の正本及び副本に、同表の右欄に掲げる図書を添えて市長に提出しなければならない。

法及び県条例の規定	図書
法第86条第１項若しくは第２項、第86条の２第１項、第86条の５第１項又は第86条の６第２項	(1)　第４条第一号及び第二号に掲げる図書 (2)　法第86条第６項に規定する同意書又は第86条の５第１項に規定する合意書 (3)　前号に規定する書面に押印された印に係る印鑑証明書 (4)　地籍図 (5)　その他市長が必要と認める図書
県条例第６条第１項ただし書及び第25条ただし書	第４条各号に掲げる図書

（諸書類の様式）

第６条　この規則に定める諸書類の様式は、市長が別に定める。

附　則

（施行期日）

1　この規則は、平成３年４月１日から施行する。

（経過措置）

2　この規則の施行の際現に建築基準法施行細則（昭和46年愛知県規則第55号）に基づいて提出されている申請書、報告書その他の書類は、この規則の相当規定に基づいて提出されたものとみなす。

附　則　（平成５年６月24日瀬戸市規則第15号）

（施行期日）

1　この規則は、平成５年６月25日から施行する。

（経過措置）

2　この規則の施行の際現に改正前の瀬戸市建築基準法施行細則の規定に基づいて提出されている申請書、報告書その他の書類は、改正後の瀬戸市建築基準法施行細則の相当規定に基づいて提出されたものとみなす。

附　則（平成７年３月31日瀬戸市規則第８号）

この規則は、公布の日から施行する。

附　則（平成８年５月１日瀬戸市規則第11号）

この規則は、平成８年５月31日から施行する。

附　則（平成11年４月30日瀬戸市規則第21号）

この規則は、平成11年５月１日から施行する。

附　則（平成12年３月31日瀬戸市規則第14号）

この規則は、平成12年４月１日から施行する。

附　則（平成13年３月30日瀬戸市規則第17号）

この規則は、平成13年４月１日から施行する。

附　則（平成18年３月23日瀬戸市規則第６号）

この規則は、公布の日から施行する。

半田市関係

○半田市建築基準法施行細則

（昭和58年２月28日
半田市規則第６号）

改正　昭和59年　３月26日半田市規則第12号
同　62年　12月25日同　第41号
平成３年　４月10日同　第16号
同　５年　６月25日同　第18号
同　８年　６月18日同　第19号
同　11年　４月30日同　第16号
同　13年　３月30日同　第19号
同　18年　９月８日同　第44号

（趣旨）

第１条　この規則は、建築基準法（昭和25年法律第201号。以下「法」という。）、建築基準法施行令（昭和25年政令第338号。以下「政令」という。）、建築基準法施行規則（昭和25年建設省令第40号。以下「省令」という。）及び愛知県建築基準条例（昭和39年愛知県条例第49号）の施行について必要な事項を定めるものとする。

（確認申請書に添える図書）

第２条　法第６条第１項及び第６条の２第１項の規定による確認の申請書には、省令第１条の３第17項及び建築基準法に基づく指定資格検定機関等に関する省令（平成11年建設省令第13号）第23条第１項第一号チの規定によりその計画に係る建築物の敷地が、高さ２ｍを超えるがけに接し、又は近接する場合（がけの斜面の勾配が30度以下の場合を除く。）においては、その敷地とがけとの状況を示す断面図を添えなければならない。

（確認申請書に添える図書等の省略）

第３条　申請に係る工作物が政令第138条第１項各号に掲げる工作物であつて、その工事計画が一級建築士又は二級建築士の作成した設計図書によるものである場合においては、省令第３条第６項の規定により同条第１項の表に掲げる構造詳細図を、確認の申請書に添えることを要しない。

（報告）

第４条　建築主は、第一種低層住居専用地域、第二種低層住居専用地域、第一種中高層住居専用地域、第二種中高層住居専用地域、第一種住居地域、第二種住居地域、準住居地域、近隣商業地域、商業地域又は準工業地域内において、工場を建築し又は敷地内に工場がある場合で当該敷地内に工場の用途に供しない建築物を建築しようとするときにおいては、その旨を工場に関する報告書（様式第１）により建築主事に報告しなければならない。

２　建築主は、次の各号に掲げる場合にあつては、その旨を不適合建築物に関する報告書（様式第２）により建築主事に報告しなければならない。

一　法第51条ただし書（法第87条第２項又は第３項において準用する場合を含む。）の規定により政令第130条の２の３に規定する規模の範囲内において建築物を新築又は増築する場合

二　法第86条の7第1項の規定により政令第137条の2から第137条の12までに規定する範囲内において既存の建築物を増築又は改築する場合

3　建築主は、法第31条第2項の規定による屎尿浄化槽又は政令第32条第1項に規定する合併処理浄化槽（以下「屎尿浄化槽等」という。）を設ける場合においては、浄化槽調書（様式第3）により建築主事に報告しなければならない。ただし、法第6条の2第1項の規定による確認を受けた場合については、この限りでない。

4　建築主は、前項に規定する屎尿浄化槽等の工事を完了した場合においては、浄化槽工事完了報告書（様式第4）により建築主事に報告しなければならない。

5　第1項から第3項までの規定による報告は、法第6条第1項（法第88条第1項において準用する場合を含む。）の規定による確認の申請（法第18条第12項による計画の通知を含む。）と同時にしなければならない。

（工事取りやめの報告）

第5条　建築主又は築造主は、法第6条第1項（法第88条第1項において準用する場合を含む。）の規定による確認済証の交付を受けた建築物又は工作物の工事を取りやめた場合においては、その旨を工事取りやめ報告書（様式第5）により建築主事に報告しなければならない。

（道路位置の指定）

第6条　法第42条第1項第五号に規定する道路の位置の指定を受けようとするものは、道路位置指定申請書（様式第6）の正本及び副本に、次に掲げる図書を添えて市長に提出しなければならない。

一　土地利用計画平面図、道路平面図、道路横断図

二　求積表

三　その他市長が必要と認める図書

2　指定を受けた道路の位置を変更し、又は廃止しようとするときは、前項の規定を準用する。

（仮設建築物許可申請書）

第7条　法第85条第3項又は第5項に規定する許可の申請をしようとするものは、許可申請書の正本及び副本に、次の各号に掲げる図書を添えて市長に提出しなければならない。

一　省令第1条の3第1項の表の(い)項に掲げる付近見取図、配置図及び各階平面図

二　省令第1条の3第1項の表の(ろ)項に掲げる立面図及び断面図

三　その他市長が必要と認める図書

（一の敷地とみなすこと等による制限の緩和の認定申請書等）

第8条　法第86条第1項若しくは第2項、第86条の2第1項、第86条の5第1項又は第86条の6第2項の規定による認定を申請しようとする者は、認定申請書の正本及び副本に、次に掲げる図書を添えて市長に提出しなければならない。

一　法第86条第６項に規定する同意書又は法第86条の５第１項に規定する合意書（様式第７）

二　前号に規定する書面に押印された印に係る印鑑証明書

三　地籍図

四　その他市長が必要と認める図書

2　法第86条第８項、第86条の２第６項及び第86条の５第４項の規定による公告は、半田市公告式条例（昭和25年半田市条例第23号）に規定する掲示場に掲示して公告するものとする。

（敷地と道路との関係に係る認定の申請）

第９条　愛知県建築基準条例第６条第１項ただし書及び第25条ただし書の規定による認定の申請をしようとする者は、認定申請書（様式第８）の正本及び副本に、次に掲げる図書を添えて市長に提出しなければならない。

一　省令第１条の３第１項の表１に掲げる付近見取図、配置図及び各階平面図

二　その他市長が必要と認める図書

（申請の取下げ）

第10条　建築主又は築造主は、法第６条第１項（法第88条第１項において準用する場合を含む。）の規定による確認の申請をした後において、その申請を取り下げようとするときは、申請取り下げ届（様式第９）により建築主事に届け出なければならない。

（申請書等記載事項の変更）

第11条　法第６条第１項（法第88条第１項において準用する場合を含む。）の規定による確認済証の交付を受けたものは、当該確認に係る工事が完了するまでの間に、その住所若しくは氏名を変更した場合、工事監理者若しくは工事施工者の住所若しくは氏名を変更した場合又は建築主事が重要でないと認める事項を変更した場合においては、その変更の日から５日以内に申請書等記載事項変更届（様式第10）を建築主事に提出しなければならない。ただし、計画変更確認を申請する場合は、この限りでない。

（台帳記載事項の報告）

第12条　法第77条の21に規定する指定確認検査機関は、法第６条の２（法第88条第１項において準用する場合を含む。）の規定による確認済証の交付を受けた建築物で、当該確認に係る工事が完了するまでの間に、建築主、工事監理者又は工事施工者の住所若しくは氏名の変更その他省令第６条の２第１項に定めのある台帳記載事項の変更を知つたときは台帳記載事項変更報告書（様式第11）に省令第３条の４第１項各号に掲げる書類を添えて、速やかに市長に報告しなければならない。

（計画通知への準用）

第13条　この規則の第２条及び第５条第１項の規定は、法第18条第２項（法第88条第１項において準用する場合を含む。）の規定に基づく計画通知に準用する。

2　この規則の第５条第２項、第７条及び第12条の規定は、法第18条第３項（法第88条第１項において準用する場合を含む。）の規定に基づき計画が適合する旨の通知があつた場合に準用する。

附　則

（施行期日）

1　この規則は、昭和58年４月１日から施行する。

（経過規定）

2　この規則の施行の際現に愛知県建築基準法施行細則（昭和46年愛知県規則第55号）に基づいて提出されている申請書、報告書その他の書類は、この規則の相当規定に基づいて提出されたものとみなす。

附　則（昭和59年３月26日半田市規則第12号）

この規則は、昭和59年４月１日から施行する。

附　則（昭和62年12月25日半田市規則第41号）

この規則は、公布の日から施行し、昭和62年11月16日から適用する。

附　則（平成３年４月10日半田市規則第16号）

この規則は、平成３年４月15日から施行する。

附　則（平成５年６月25日半田市規則第18号）

（施行期日）

1　この規則は、平成５年６月25日から施行する。

（経過措置）

2　この規則の施行の際現に改正前の半田市建築基準法施行細則の規定に基づいて提出されている申請書、報告書その他の書類は、改正後の半田市建築基準法施行細則の規定に基づいて提出されたものとみなす。

附　則（平成８年６月18日半田市規則第19号）

この規則は、公布の日から施行し、平成８年２月２日から適用する。

附　則（平成11年４月30日半田市規則第16号）

この規則は、平成11年５月１日から施行する。

附　則（平成13年３月30日半田市規則第19号）

この規則は、平成13年４月１日から施行する。

附　則（平成18年９月８日半田市規則第44号）

この規則は、公布の日から施行する。

様式第1　工場に関する報告書〔省略〕

様式第2　不適合建築物に関する報告書〔省略〕

様式第3　浄化槽調書〔省略〕

様式第4　浄化槽工事完了報告書〔省略〕

様式第5　工事取りやめ報告書〔省略〕

様式第6　道路位置指定申請書（正）〔省略〕

様式第6　道路位置指定申請書（副）〔省略〕

様式第7　同意書（合意書）〔省略〕

様式第8　認定申請書〔省略〕

様式第9　申請取り下げ届〔省略〕

様式第10　申請書等記載事項変更届〔省略〕

様式第11　台帳記載事項変更報告書〔省略〕

豊川市関係

○豊川市建築基準法施行細則

（平成7年2月28日
豊川市規則第1号）

改正　平成　7年11月30日豊川市規則第 42号
同　11年4月30日同　第 32号
同　13年3月30日同　第 31号
同　18年11月6日同　第150号

（趣旨）

第1条　この規則は、建築基準法（昭和25年法律第201号。以下「法」という。）、建築基準法施行令（昭和25年政令第338号。以下「政令」という。）、建築基準法施行規則（昭和25年建設省令第40号。以下「省令」という。）及び愛知県建築基準条例（昭和39年愛知県条例第49号。以下「県条例」という。）の施行に関し必要な事項を定めるものとする。

（確認の申請書に添える図書等）

第2条　法第6条第1項の規定による確認の申請書には、省令第1条の3第17項の規定によりその計画に係る建築物の敷地が、高さ2mを超えるがけに接し、又は近接する場合（がけの斜面のこう配が30度以下の場合を除く。）においては、その敷地とがけとの状況を示す断面図を添えなければならない。

（確認の申請書に添える図書等の省略）

第3条　申請に係る工作物が政令第148条第1項第2号に掲げる工作物であって、その工事計画が一級建築士又は二級建築士の作成した設計図書によるものである場合においては、省令第3条第7項の規定により同条第1項の表1に掲げる構造詳細図及び構造計算書を、確認の申請書に添えることを要しない。

（報告）

第4条　建築主は、第一種低層住居専用地域、第二種低層住居専用地域、第一種中高層住居専用地域、第二種中高層住居専用地域、第一種住居地域、第二種住居地域、準住居地域、近隣商業地域、商業地域又は準工業地域内において、工場を建築し、大規模の修繕をし、若しくは大規模の模様替をしようとする場合、建築物若しくは建築物の部分を工場に用途変更しようとする場合又は敷地内に工場がある場合で当該敷地内に工場の用途に供しない建築物を建築しようとするときは、その旨を工場に関する報告書（様式第1号）により建築主事に報告しなければならない。

2　建築主は、次に掲げる場合にあっては、その旨を不適合建築物に関する報告書（様式第2号）により建築主事に報告しなければならない。

(1)　法第51条ただし書（法第87条第2項から第4項において準用する場合を含む。）の規定により政令第130条の2の3に規定する規模の範囲内において建築物を新築し、増築し、又は用途変更する場合

(2)　法第86条の7第1項の規定により政令第137条の2から第137条の12までに規定する

範囲内において既存の建築物を増築、改築、大規模の修繕又は大規模の模様替をしようとする場合

(3) 法第87条第3項の規定により同項第2号又は第3号に規定する規模の範囲内において建築物の用途を変更する場合

3 建築主は、法第31条第2項の規定による屎尿浄化槽又は政令第32条第1項に規定する合併処理浄化槽（以下「屎尿浄化槽等」という。）を設ける場合においては、浄化槽調書（様式第3号）により建築主事に報告しなければならない。

4 建築主は、前項に規定する屎尿浄化槽等の工事を完了した場合においては、浄化槽工事完了報告書（様式第4号）により建築主事に報告しなければならない。

5 第1項から第3項までの規定による報告は、法第6条第1項（法第88条第1項において準用する場合を含む。）の規定による確認の申請（法第18条第2項の規定による計画の通知を含む。）と同時にしなければならない。

6 第1項から第3項までの規定は、法第6条の2第1項の規定による確認を受けようとする場合にあっては、適用しない。

（工事取りやめの報告）

第5条 建築主又は築造主は、法第6条第1項（法第88条第1項において準用する場合を含む。）の規定による確認済証の交付を受けた建築物又は工作物の工事を取りやめた場合においては、その旨を工事取りやめ報告書（様式第5号）により建築主事に報告しなければならない。

（道路の位置の指定）

第6条 法第42条第1項第5号に規定する道路の位置の指定を受けようとする者は、道路位置指定申請書（様式第6号）の正本及び副本に、省令第9条に定める図書等のほか、次に掲げる図書を添えて市長に提出しなければならない。

(1) 土地利用計画平面図、道路平面図及び道路横断図

(2) 道路の位置の指定を受けようとする土地及び当該土地に接する建築物の敷地の求積表

(3) 省令第9条に規定する承諾書に押された印に係る印鑑証明書

(4) その他市長が必要と認める図書

2 前項の規定は、指定を受けた道路の位置を変更し、又は廃止しようとする場合について準用する。

（仮設建築物許可申請書に添える図書等）

第7条 省令第10条の4第1項に規定する規則で定める図書又は書面は、次に掲げるとおりとする。

(1) 省令第1条の3第1項の表1に掲げる付近見取図、配置図、各階平面図、立面図及び断面図

(2) その他市長が必要と認める図書

（認定申請書に添える図書等）

第8条 省令第10条の4の2第1項の規定する規則で定める図書は、次に掲げるとおりとする。

(1) 省令第1条の3第1項の表1に掲げる付近見取図、配置図及び各階平面図

(2) 省令第1条の3第1項の表1に掲げる立面図及び断面図

(3) その他市長が必要と認める図書

2 省令第10条の16第1項第3号に規定する書面は同意書（様式第7号）とし、同項第4号、同条第2項第3号及び同条第3項第3号に規定する規則で定める図書又は書面は、次に掲げるとおりとする。

(1) 地積図

(2) 省令第10条の16第1項第3号に規定する書面に押された印に係る印鑑証明書

(3) その他市長が必要と認める図書

3 省令第10条の21第1項第2号の規定する書面は合意書（様式第8号）とし、同項第3号に規定する規則で定める図書又は書面は、次に掲げるとおりとする。

(1) 地積図

(2) 省令第10条の21第1項第2号に規定する書面に押された印に係る印鑑証明書

(3) その他市長が必要と認める図書

4 県条例第6条第1項ただし書又は第25条ただし書の規定による認定の申請をしようとする者は、認定申請書（様式第9号）の正本及び副本に、次に掲げる図書を添えて市長に提出しなければならない。

(1) 省令第1条の3第1項の表1に掲げる付近見取図、配置図及び各階平面図

(2) 省令第1条の3第1項の表1に掲げる立面図及び断面図（県条例第6条第1項ただし書の規定による認定の申請にあっては、省令第1条の3第1項の表1に掲げる立面図）

(3) その他市長が必要と認める図書

（申請書等記載事項の変更）

第9条 法第6条第1項（法第88条第1項において準用する場合を含む。）の規定による確認済証の交付を受けた者は、当該確認済証の交付に係る工事が完了するまでの間に、次に掲げる書類の記載事項に変更があった場合においては、その変更の日から5日以内に申請書等記載事項変更届（様式第10号）に変更後の内容を記載した当該書類を添えて建築主事に提出しなければならない。

(1) 省令別記第3号様式の建築計画概要書

(2) 省令別記第10号様式による申請書の第2面

2 法第77条の21に規定する指定確認検査機関は、法第6条の2第1項（法第88条第1項

において準用する場合を含む。）の規定による確認済証の交付を受けた建築物について、当該確認済証の交付に係る工事が完了するまでの間に、省令第３条の４第１項各号に定める書類の記載事項に変更があったことを知ったときは、報告事項変更届（様式第11号）に変更後の内容を記載した当該書類を添えて、速やかに市長に報告しなければならない。

3　前２項の規定は、同項に規定する変更について、法第６条第１項又は法第６条の２第１項の規定による確認済証の交付を受けた場合にあっては、適用しない。

（意見の聴取の請求）

第10条　法第９条第３項（法第10条第４項又は法第45条第２項において準用する場合を含む。）及び法第９条第８項（法第10条第４項において準用する場合を含む。）の規定による意見の聴取の請求を行おうとする者は、意見の聴取請求書（様式第12号）を市長に提出しなければならない。

（意見の聴取の通知）

第11条　法第９条第５項（同条第８項、法第10条第４項又は法第45条第２項において準用する場合を含む。）の規定による意見の聴取の通知は、意見の聴取通知書（様式第13号）によって行うものとする。

（代理人の届出）

第12条　前条の通知を受けた者（以下「当事者」という。）が、代理人を出席させようとするときは、委任状を添えて意見の聴取の開始前までに市長にその旨を届け出なければならない。

（意見の聴取の期日及び場所の変更）

第13条　当事者又はその代理人が、やむをえない事由により意見の聴取の期日又は場所に出席することができないときは、その期日の前日までに理由を付して市長にその旨を届け出なければならない。

2　市長は、前項の届出があった場合において、その事由が正当であると認めるときは、意見の聴取の期日又は場所を変更することができる。

（意見の聴取の主宰）

第14条　法第９条第４項（同条第８項、法第10条第４項又は法第45条第２項において準用する場合を含む。）の規定による意見の聴取は、市長が指名する職員が主宰する。

（意見の聴取の記録）

第15条　前条の規定により意見の聴取を主宰する者（以下「主宰者」という。）は、関係職員に命じ、意見の聴取を受けた者の氏名及び意見の聴取の内容の要点を記録させなければならない。

（意見の聴取の期日における陳述の制限等）

第16条　主宰者は、意見の聴取の期日に出席した者が当該意見の聴取に係る事案の範囲を超えて発言するとき、その他審理の適正な進行を図るためやむを得ないと認めるときは、その者に対し、その発言を制限することができる。

2　主宰者は、前項に規定する場合のほか、意見の聴取の期日における審理の秩序を維持するために必要があると認めるときは、意見の聴取を妨害し、又は審理の秩序を乱す者に対し、退場を命ずる等適当な措置をとることができる。

（申請の取下げ）

第17条　法、政令及びこの規則の規定により申請をした者は、当該申請をした後において、その申請を取り下げようとするときは、申請取下げ届（様式第14号）を当該申請に係る市長又は建築主事に提出しなければならない。

（計画の通知への準用）

第18条　第２条及び前条の規定は、法第18条第２項（法第88条第１項において準用する場合を含む。）の規定に基づく計画通知に準用する。

2　第４条第４項、第５条及び第９条の規定は、法第18条第３項（法第88条第１項において準用する場合を含む。）の規定に基づき確認済証の交付があった場合に準用する。

（公告の方法）

第19条　省令第４条の17及び省令第10条の20の規定による市長が定める方法は、豊川市公告式条例（昭和25年豊川市条例第13号）第２条第２項の掲示場に掲示するものとする。

附　則

1　この規則は、平成７年４月１日から施行する。

2　この規則の施行の際現に愛知県建築基準法施行細則（昭和46年愛知県規則第55条）の規定によりされた届出、報告、申請その他の手続は、この規則の相当規定によりされた届出、報告、申請その他の手続とみなす。

附　則（平成７年11月30日豊川市規則第42号）

この規則は、公布の日から施行する。ただし、第５条第２項の改正規定は、都市計画法及び建築基準法の一部を改正する法律（平成４年法律第82号）第１条の規定による改正後の都市計画法（昭和43年法律第100号）第２章の規定により行う宝飯都市計画用途地域に関する都市計画の決定の告示の日から施行する。

附　則（平成11年４月30日豊川市規則第32号）

1　この規則は、平成11年５月１日から施行する。

2　この規則の施行の際現に建築基準法（昭和25年法律第201号）第６条第１項の規定による確認の申請がされた建築物については、第１条の規定による改正後の豊川市建築基準法施行細則第９条の規定にかかわらず、なお従前の例による。

附　則（平成13年３月30日豊川市規則第31号）

この規則は、平成13年４月１日から施行する。

附　則（平成18年11月６日豊川市規則第150号）

この規則は、公布の日から施行する。

様式第１号　工場に関する報告書〔省略〕
様式第２号　不適合建築物に関する報告書〔省略〕
様式第３号　浄化槽調書〔省略〕
様式第４号　浄化槽工事完了報告書〔省略〕
様式第５号　工事取りやめ報告書〔省略〕
様式第６号　道路位置指定申請書〔省略〕
様式第７号　同意書〔省略〕
様式第８号　合意書〔省略〕
様式第９号　認定申請書〔省略〕
様式第10号　申請書等記載事項変更届〔省略〕
様式第11号　報告事項変更届〔省略〕
様式第12号　意見の聴取請求書〔省略〕
様式第13号　意見の聴取通知書〔省略〕
様式第14号　申請取下げ届〔省略〕

刈谷市関係

○刈谷市建築基準法施行細則

（昭和56年2月28日
刈谷市規則第1号）

改正 昭和59年 5月11日刈谷市規則第9号
同 60年 9月27日同 第13号
同 62年 11月16日同 第29号
平成元年 6月1日同 第10号
同 3年 4月1日同 第10号
同 5年 4月30日同 第22号
同 7年 9月29日同 第26号
同 11年 4月30日同 第22号
同 13年 3月30日同 第33号
同 17年 3月28日同 第7号
同 17年 6月22日同 第35号
同 17年 7月14日同 第37号

（趣旨）

第1条 この規則は、建築基準法（昭和25年法律第201号。以下「法」という。）、建築基準法施行令（昭和25年政令第338号。以下「政令」という。）、建築基準法施行規則（昭和25年建設省令第40号。以下「省令」という。）及び愛知県建築基準条例（昭和39年愛知県条例第49号。以下「県条例」という。）の施行について必要な事項を定めるものとする。

（確認の申請書に添える図書）

第2条 法第6条第1項の規定による確認の申請書には、省令第1条の3第10項の規定によりその計画に係る建築物の敷地が、高さ2mを超えるがけに接し、又は近接する場合（がけの斜面の勾配が30度以下の場合を除く。）においては、その敷地とがけとの状況を示す断面図を添えなければならない。

（確認申請書に添える図書等の省略）

第3条 申請に係る工作物が政令第138条第1項各号に掲げる工作物であって、その工事計画が一級建築士又は二級建築士の作成した設計図書によるものである場合においては、省令第3条第7項の規定により同条第1項の表1に掲げる構造詳細図及び構造計算書を、確認の申請書に添えることを要しない。

（報告）

第4条 建築主は、第1種低層住居専用地域、第2種低層住居専用地域、第1種中高層住居専用地域、第2種中高層住居専用地域、第1種住居地域、第2種住居地域、準住居地域、近隣商業地域、商業地域又は準工業地域内において、工場を建築し、大規模の修繕をし、若しくは大規模の模様替をしようとする場合、建築物若しくは建築物の部分を工場に用途変更しようとする場合又は敷地内に工場がある場合で当該敷地内に工場の用途に供しない建築物を建築しようとするときにおいては、その旨を工場に関する報告書（様式第1号）により建築主事に報告しなければならない。

2 建築主は、次に掲げる場合にあっては、その旨を不適合建築物に関する報告書（様式第2号）により建築主事に報告しなければならない。

(1) 法第51条ただし書（法第87条第2項又は第3項において準用する場合を含む。）の規

定により政令第130条の2に規定する規模の範囲内において建築物を新築し、増築し、又は用途変更する場合

(2) 法第86条の7第1項の規定により政令第137条の3から第137条の12までに規定する範囲内において既存の建築物を増築、改築、大規模の修繕又は大規模の模様替をしようとする場合

(3) 法第87条第3項の規定により同項第2号又は第3号に規定する規模の範囲内において建築物の用途を変更する場合

3 建築主は、法第31条第2項の規定によるし尿浄化槽を設ける場合においては、し尿浄化槽調書（様式第3号）により建築主事に報告しなければならない。

4 建築主は、前項に規定するし尿浄化槽の工事を完了した場合で法第7条第1項の検査の申請をしようとするときにおいては、し尿浄化槽工事完了報告書（様式第4号）により建築主事に報告しなければならない。

5 第1項から第3項までの規定による報告は、法第6条第1項（法第88条第1項において準用する場合を含む。）の規定による確認の申請（法第18条第2項の規定による計画の通知を含む。）と同時にしなければならない。

6 第1項から第3項までの規定は、法第6条の2第1項の規定による確認を受けようとする場合にあっては、適用しない。

（工事取りやめの報告）

第5条 建築主又は築造主は、法第6条第1項（法第88条第1項において準用する場合を含む。）の規定による確認済証の交付を受けた建築物又は工作物の工事を取りやめた場合においては、その旨を工事取りやめ報告書（様式第5号）により建築主事に報告しなければならない。

（道路位置の指定）

第6条 法第42条第1項第5号に規定する道路の位置の指定を受けようとする者は、道路位置指定申請書（様式第6号）の正本及び副本に、省令第9条に定める図面等のほか、次に掲げる図書又は書面を添えて市長に提出しなければならない。

(1) 道路平面図、土地利用計画平面図及び道路横断図

(2) 道路の位置の指定を受けようとする土地及び当該土地に接する建築物の敷地の求積表

(3) 省令第9条に規定する承諾書に押された印に係る印鑑証明書

(4) その他市長が必要と認める図書

2 指定を受けた道路の位置を変更し、又は廃止しようとするときは、前項の規定を準用する。

（仮設建築物許可申請書に添える図書）

第7条 省令第10条の4第1項に規定する規則で定める図書又は書面は、次のとおりとす

る。

(1) 省令第1条の3第1項の表1に掲げる付近見取図、配置図、各階平面図、立面図及び断面図

(2) その他市長が必要と認める図書

(認定申請書に添える図書等)

第8条 省令第10条の5第1項に規定する規則で定める図書は、次のとおりとする。

(1) 省令第1条の3第1項の表に掲げる付近見取図、配置図、各階平面図、立面図及び断面図

(2) その他市長が必要と認める図書

2 省令第10条の16第1項第3号に規定する書面は、同意書(様式第7号)によるものとし、同項第4号及び同条第2項第3号に規定する規則で定める図書又は書面は、次のとおりとする。

(1) 地積図

(2) 省令第10条の16第1項第3号に規定する書面に押された印に係る印鑑証明書

(3) その他市長が必要と認める図書

3 省令第10条の21第1項第2号に規定する書面は、合意書(様式第8号)によるものとし、同項第3号に規定する規則で定める図書又は書面は、次のとおりとする。

(1) 地積図

(2) 省令第10条の21第1項第2号に規定する書面に押された印に係る印鑑証明書

(3) その他市長が必要と認める図書

4 県条例第6条第1項ただし書及び第25条ただし書の規定による認定の申請をしようとする者は、認定申請書(様式第8号の2)の正本及び副本に、次に掲げる図書又は書面を添えて市長に提出しなければならない。

(1) 省令第1条の3第1項の表1に掲げる付近見取図、配置図、各階平面図及び立面図

(2) その他市長が必要と認める図書

5 市長は前項の規定による認定をした時は、認定通知書(様式第8号の3)に、同項の認定申請書の副本及びその添付図書を添えて、申請者に通知するものとする。

6 市長は、第4項の規定による認定をしないときは、認定をしない旨の通知書(様式第8号の4)に、同項の認定申請書の副本及びその添付図書を添えて、申請者に通知するものとする。

(申請書等記載事項の変更)

第9条 法第6条第1項(法第88条第1項において準用する場合を含む。)の規定による確認済証の交付を受けた者は、当該確認済証の交付に係る工事が完了するまでの間に、次に掲げる書類の記載事項に変更があった場合においては、その変更の日から5日以内に申請書等記載事項変更届(様式第9号)に変更後の内容を記載した当該書類を添

えて建築主事に提出しなければならない。

(1) 省令別記第3号様式の建築計画概要書（第3面を除く。）

(2) 省令別記第10号様式による申請書の第2面

2 法第77条の21に規定する指定確認検査機関は、法第6条の2（法第88条第1項において準用する場合を含む。）の規定による確認済証の交付を受けた建築物について、当該確認済証の交付に係る工事が完了するまでの間に、省令第3条の4第1項各号に定める書類の記載事項に変更があったことを知ったときは、報告事項変更届（様式第10号）に変更後の内容を記載した当該書類を添えて、速やかに市長に報告しなければならない。

3 前2項の規定は、同項に規定する変更について、法第6条第1項又は法第6条の2第1項の規定により確認済証の交付を受けた場合にあっては、適用しない。

（意見の聴取の請求）

第10条 法第9条第3項（法第10条第4項又は法第45条第2項において準用する場合を含む。）及び法第9条第8項（法第10条第4項において準用する場合を含む。）の規定による意見の聴取を請求しようとする者は、意見の聴取請求書（様式第11号）を市長に提出しなければならない。

（意見の聴取の通知）

第11条 法第9条第5項（同条第8項、法第10条第4項又は法第45条第2項において準用する場合を含む。）の規定による意見の聴取の通知は、意見の聴取通知書（様式第12号）により行うものとする。

（代理人の届出）

第12条 前条の通知を受けた者（以下「当事者」という。）が、代理人を出席させようとするときは、意見の聴取の開始前までに市長にその旨を届け出なければならない。

（意見の聴取の期日及び場所の変更）

第13条 当事者又はその代理人が、やむを得ない理由により意見の聴取の期日又は場所に出席することができないときは、その期日の前日までに理由を付して市長にその旨を届け出なければならない。

2 市長は、前項の届出があった場合において、その理由が正当であると認めるときは、意見の聴取の期日又は場所を変更することができる。

（意見の聴取の主宰）

第14条 法第9条第4項（同条第8項、法第10条第4項又は法第45条第2項において準用する場合を含む。）の規定による意見の聴取は、市長が指名する職員が主宰する。

（意見の聴取の記録）

第15条 前条の規定により意見の聴取を主宰する者（以下「主宰者」という。）は、関係職員に命じ、意見の聴取を受けた者の氏名及び意見の聴取の内容の要点を記録させなければならない。

（意見の聴取の期日における陳述の制限等）

第16条　主宰者は、意見の聴取の期日に出席したものが当該意見の聴取に係る事実の範囲を超えて発言するとき、その他審理の適正な進行を図るためやむを得ないと認めるときは、その者に対し、その発言を制限することができる。

2　主宰者は、前項に規定する場合のほか、意見の聴取の期日における審理の秩序を維持するために必要があると認めるときは、意見の聴取を妨害し、又は審理の秩序を乱す者に対し、退場を命ずる等適当な措置をとることができる。

（申請の取下げ）

第17条　法及び政令の規定により申請をした者は、当該申請をした後において、その申請を取下げようとするときは、申請取下げ届（様式第13号）を市長又は建築主事に提出しなければならない。

（計画の通知への準用）

第18条　第２条の規定は、法第18条第２項（法第88条第１項において準用する場合を含む。）の規定に基づく計画通知に準用する。

2　第４条第４項、第５条及び第９条の規定は、法第18条第３項（法第88条第１項において準用する場合を含む。）の規定に基づき確認済証の交付があった場合に準用する。

附　則

（施行期日）

1　この規則は、昭和56年４月１日から施行する。

（経過措置）

2　この規則の施行の際現に愛知県建築基準法施行細則（昭和46年愛知県規則第55号）に基づいて提出されている申請書、報告書その他の書類は、この規則の相当規定に基づいて提出されたものとみなす。

附　則（昭和59年５月11日刈谷市規則第９号）

この規則は、公布の日から施行する。

附　則（昭和60年９月27日刈谷市規則第13号）

この規則は、昭和60年10月１日から施行する。

附　則（昭和62年11月16日刈谷市規則第29号）

この規則は、公布の日から施行する。

附　則（平成元年６月１日刈谷市規則第10号）

この規則は、公布の日から施行する。

附　則（平成３年４月１日刈谷市規則第10号）

この規則は、公布の日から施行する。

附　則（平成５年４月30日刈谷市規則第22号）

（施行期日）

1　この規則は、都市計画法及び建築基準法の一部を改正する法律（平成４年法律第82号）の施行の日から施行する。

（経過措置）

2　この規則の施行の際現に改正前の刈谷市建築基準法施行細則の規定に基づいて提出されている申請書、報告書その他の書類は、改正後の刈谷市建築基準法施行細則の相当規定に基づいて提出されたものとみなす。

附　則（平成７年９月29日刈谷市規則第26号）

（施行期日）

1　この規則は、平成７年10月１日から施行する。

（経過措置）

2　この規則の施行の際現に都市計画法及び建築基準法の一部を改正する法律（平成４年法律第82号。以下「改正法」という。）第１条の規定による改正前の都市計画法（昭和43年法律第100号）第８条第１項の規定により都市計画において定められている第１種住居専用地域、第２種住居専用地域及び住居地域内の建築物については、改正法附則第３条に規定する日までの間は、改正前の刈谷市建築基準法施行細則の規定は、なおその効力を有する。

附　則（平成11年４月30日刈谷市規則第22号）

（施行期日）

1　この規則は、平成11年５月１日から施行する。

（経過措置）

2　改正後の第９条の規定は、平成11年５月１日以後に建築基準法（昭和25年法律第201号）第６条第１項の規定による確認の申請がされた建築物について適用し、同日前に当該確認の申請がされた建築物については、なお従前の例による。

附　則（平成12年７月26日刈谷市規則第30号）

この規則は、公布の日から施行する。

附　則（平成13年３月30日刈谷市規則第33号）

この規則は、平成13年４月１日から施行する。

附　則（平成17年３月28日規則第７号）

この規則は、平成17年４月１日から施行する。

附　則（平成17年６月22日規則第35号）

この規則は、建築物の安全性及び市街地の防災機能の確保等を図るための建築基準法等の一部を改正する法律（平成16年法律第67号）の施行の日から施行する。

附　則（平成17年７月14日規則第37号）

この規則は、公布の日から施行する。

様式第１号（第４条関係）　工場に関する報告書〔省略〕

様式第２号（第４条関係）　不適合建築物に関する報告書〔省略〕

様式第３号（第４条関係）　し尿浄化槽調書〔省略〕

様式第４号（第４条関係）　し尿浄化槽工事完了報告書〔省略〕

様式第５号（第５条関係）　工事取りやめ報告書〔省略〕

様式第６号（第６条関係）　道路位置指定申請書〔省略〕

様式第７号（第８条関係）　同意書〔省略〕

様式第８号（第８条関係）　合意書〔省略〕

様式第８号の２（第８条関係）　認定申請書〔省略〕

様式第８号の３（第８条関係）　認定通知書〔省略〕

様式第８号の４（第８条関係）　認定しない旨の通知書〔省略〕

様式第９号（第９条関係）　申請書等記載事項変更届〔省略〕

様式第10号（第９条関係）　報告事項変更届〔省略〕

様式第11号（第10条関係）　意見の聴取請求書〔省略〕

様式第12号（第11条関係）　意見の聴取通知書〔省略〕

様式第13号（第17条関係）　申請取下げ届〔省略〕

安城市関係

○安城市建築基準法施行細則

（昭和58年３月３日
安城市規則第７号）

改正　昭和59年４月１日安城市規則第９号
同　60年10月１日同　第14号
同　61年６月７日同　第19号
同　62年11月14日同　第23号
平成元年５月19日同　第19号
同　３年３月26日同　第13号
同　５年６月18日同　第54号
同　７年３月28日同　第27号
同　８年２月２日同　第４号
平成11年４月30日安城市規則第23号
同　12年８月２日同　第48号
同　13年３月23日同　第30号
同　13年８月23日同　第42号
同　15年３月25日同　第21号
同　17年３月30日同　第45号
同　17年６月８日同　第50号
同　17年７月28日同　第65号

（趣旨）

第１条　この規則は、建築基準法（昭和25年法律第201号。以下「法」という。）、建築基準法施行令（昭和25年政令第338号。以下「政令」という。）、建築基準法施行規則（昭和25年建設省令第40号。以下「省令」という。）及び愛知県建築基準条例（昭和39年愛知県条例第49号。以下「愛知県条例」という。）の施行について必要な事項を定めるものとする。

（確認の申請書に添える図書）

第２条　法第６条第１項の規定による確認の申請書には、省令第１条の３第13項の規定によりその計画に係る建築物の敷地が、高さ２ｍを超えるがけに接し、又は近接する場合（がけの斜面のこう配が30度以下の場合を除く。）においては、その敷地とがけとの状況を示す断面図を添えなければならない。

（確認の申請書に添える図書等の省略）

第３条　確認の申請書に添える図書等を省略することができる場合として次の各号に掲げる省令の規定により市長が規則で定める場合は、それぞれ当該各号に定める場合とする。ただし、第２号に掲げる省令の規定により同号に定める場合にあっては、都市計画法（昭和43年法律第100号）第53条の規定に適合していることを証する書面については、この限りでない。

⑴　省令第１条の３第９項第３号　同項第２号に掲げる場合以外の建築物の建築の場合

⑵　省令第１条の３第12項第２号　建築物の建築の場合

２　申請に係る工作物が政令第138条第１項各号に掲げる工作物であって、その工事計画が１級建築士又は２級建築士の作成した設計図書によるものである場合においては、省令第３条第７項の規定により同条第１項の表１に掲げる構造詳細図及び構造計算書を、確認の申請書に添えることを要しない。

（報告）

第４条　建築主は、第１種低層住居専用地域、第２種低層住居専用地域、第１種中高層住居専用地域、第２種中高層住居専用地域、第１種住居地域、第２種住居地域、準住居地域、近隣商業地域、商業地域又は準工業地域内において、工場を建築しようとする場合又は敷地内に工場がある場合で当該敷地内に工場の用途に供しない建築物を建築しようとするときにおいては、その旨を工場に関する報告書（様式第1）により建築主事に報告しなければならない。

2　建築主は、次に掲げる場合にあっては、その旨を不適合建築物に関する報告書（様式第2）により建築主事に報告しなければならない。

(1)　法第51条ただし書（法第87条第2項又は第3項において準用する場合を含む。）の規定により政令第130条の2に規定する規模の範囲内において建築物を新築又は増築する場合

(2)　法第86条の7第1項の規定により政令第137条の2から第137条の12までに規定する範囲内において既存の建築物を増築又は改築する場合

3　建築主は、法第31条第2項の規定によるし尿浄化槽又は政令第32条第1項に規定する合併処理浄化槽（以下「し尿浄化槽等」という。）を設ける場合においては、浄化槽調書（様式第3）により建築主事に報告しなければならない。

4　建築主は、前項に規定するし尿浄化槽等の工事を完了した場合で、法第7条第1項の検査の申請をしようとするときにおいては、浄化槽工事完了報告書（様式第4）により建築主事に報告しなければならない。

5　第1項から第3項までの規定による報告は、法第6条第1項（法第88条第1項において準用する場合を含む。）の規定による確認の申請（法第18条第2項の規定による計画の通知を含む。）と同時にしなければならない。

6　第1項から第3項までの規定は、法第6条の2第1項の規定による確認を受けようとする場合にあっては、適用しない。

（工事取りやめの報告）

第5条　建築主又は建造主は、法第6条第1項（法第88条第1項において準用する場合を含む。）の規定による確認済証の交付を受けた建築物又は工作物の工事を取りやめた場合においては、その旨を工事取りやめ報告書（様式第5）により建築主事に報告しなければならない。

（道路の位置の指定）

第6条　法第42条第1項第5号に規定する道路の位置の指定を受けようとする者は、道路位置指定申請書（様式第6）の正本及び副本に、省令第9条に定める図面等のほか、次に掲げる図書又は書面を添えて市長に提出しなければならない。

(1)　道路平面図、土地利用計画平面図及び道路横断図

(2)　道路の位置の指定を受けようとする土地及び当該土地に接する建築物の敷地の求積表

(3)　省令第9条に規定する承諾書に押された印に係る印鑑証明書

(4)　その他市長が必要と認める図書

2　指定を受けた道路の位置を変更し、又は廃止しようとするときは、前項の規定を準用する。

（仮設建築物許可申請書の添付図書）

第7条　省令第10条の4第1項に規定する規則で定める図書又は書面は、次のとおりとする。

(1)　省令第1条の3第1項の表1に掲げる付近見取図、配置図、各階平面図、立面図及び断面図

(2)　その他市長が必要と認める図書

（認定申請書の添付図書等）

第8条　省令第10条の4の2第1項に規定する規則で定める図書は、次のとおりとする。

(1)　省令第1条の3第1項の表1に掲げる付近見取図、配置図、各階平面図、立面図及び断面図

(2)　その他市長が必要と認める図書

2　省令第10条の16第1項第3号に規定する書面は、様式第7によるものとし、同項第4号及び同条第2項第3号に規定する規則で定める図書又は書面は、次のとおりとする。

(1)　地籍図

(2)　省令第10条の16第1項第3号に規定する書面に押された印に係る印鑑証明書

(3)　その他市長が必要と認める図書

3　省令第10条の21第1項第2号に規定する書面は、様式第8によるものとし、同項第3号に規定する規則で定める図書又は書面は、次のとおりとする。

(1)　地籍図

(2)　省令第10条の21第1項第2号に規定する書面に押された印に係る印鑑証明書

(3)　その他市長が必要と認める図書

4　愛知県条例第6条第1項ただし書又は愛知県条例第25条ただし書の規定による認定を申請しようとする者は、認定申請書（様式第8の2）の正本及び副本に、それぞれ次の図書を添えて市長に提出するものとする。

(1)　省令第1条の3第1項の表1に掲げる付近見取図、配置図及び各階平面図

(2)　省令第1条の3第1項の表1に掲げる立面図及び断面図（愛知県条例第6条第1項ただし書の規定による認定の申請にあっては、省令第1条の3第1項の表1に掲げる立面図）

(3)　その他市長が必要と認める図書

5　市長は、前項の規定による申請を認定したときは、認定通知書（様式第8の3）により、同項の申請書の副本及びその添付図書を添えて、申請者に通知するものとする。

6　市長は、第4項の規定による申請を認定しないときは、認定しない旨の通知書（様式第8の4）により、同項の申請書の副本及びその添付図書を添えて、申請者に通知する

ものとする。

（申請書等記載事項の変更）

第9条　法第6条第1項（法第88条第1項において準用する場合を含む。）の規定による確認済証の交付を受けた者は、当該確認済証の交付に係る工事が完了するまでの間に、次に掲げる書類の記載事項に変更があった場合においては、その変更の日から5日以内に申請書等記載事項変更届（様式第9）に変更後の内容を記載した当該書類を添えて建築主事に提出しなければならない。

(1)　省令別記第3号様式の建築計画概要書（第3面を除く。）

(2)　省令別記第10号様式による申請書の第2面

2　法第77条の21に規定する指定確認検査機関は、法第6条の2第1項（法第88条第1項において準用する場合を含む。）の規定による確認済証の交付を受けた建築物について、当該確認済証の交付に係る工事が完了するまでの間に、省令第3条の4第1項各号に定める書類の記載事項に変更があったことを知ったときは、報告事項変更届（様式第10）に変更後の内容を記載した当該書類を添えて、速やかに市長に報告しなければならない。

3　前2項の規定は、同項に規定する変更について、法第6条第1項又は法第6条の2第1項の規定による確認済証の交付を受けた場合にあっては、適用しない。

（意見の聴取の請求）

第10条　法第9条第3項（法第10条第4項又は法第45条第2項において準用する場合を含む。）及び法第9条第8項（法第10条第4項において準用する場合を含む。）の規定による意見の聴取の請求を行おうとする者は、意見の聴取請求書（様式第11）を市長に提出しなければならない。

（意見の聴取の通知）

第11条　法第9条第5項（同条第8項、法第10条第4項又は法第45条第2項において準用する場合を含む。）の規定による意見の聴取の通知は、意見の聴取通知書（様式第12）によって行うものとする。

（代理人の届出）

第12条　前条の通知を受けた者（以下「当事者」という。）が、代理人を出席させようとするときは、委任状を添えて意見の聴取の開始前までに市長にその旨を届け出なければならない。

（意見の聴取の期日及び場所の変更）

第13条　当事者又はその代理人が、やむを得ない事由により意見の聴取の期日又は場所に出席することができないときは、その期日の前日までに理由を付して市長にその旨を届け出なければならない。

2　市長は、前項の届け出があった場合において、その事由が正当であると認めるときは、意見の聴取の期日又は場所を変更することができる。

（意見の聴取の主宰）

第14条　法第９条第４項（同条第８項、法第10条第４項又は法第45条第２項において準用する場合を含む。）の規定による意見の聴取は、市長が指名する職員が主宰する。

（意見の聴取の記録）

第15条　前条の規定により意見の聴取を主宰する者（以下「主宰者」という。）は、関係職員に命じ、意見の聴取を受けた者の氏名及び意見の聴取の内容の要点を記録させなければならない。

（意見の聴取の期日における陳述の制限等）

第16条　主宰者は、意見の聴取の期日に出席した者が当該意見の聴取に係る事案の範囲を超えて発言するとき、その他審理の適正な進行を図るためやむを得ないと認めるときは、その者に対し、その発言を制限することができる。

2　主宰者は、前項に規定する場合のほか、意見の聴取の期日における審理の秩序を維持するために必要があると認めるときは、意見の聴取を妨害し、又は審理の秩序を乱す者に対し、退場を命ずる等適当な措置をとることができる。

（申請の取下げ）

第17条　法及び政令の規定により申請をした者は、当該申請をした後において、その申請を取り下げようとするときは、申請取下げ届（様式第13）を市長又は建築主事に提出しなければならない。

（計画の通知への準用）

第18条　第２条及び前条の規定は、法第18条第２項（法第88条第１項において準用する場合を含む。）の規定に基づく計画の通知に準用する。

2　第４条第４項、第５条及び第９条の規定は、法第18条第３項（法第88条第１項において準用する場合を含む。）の規定に基づき確認済証の交付があった場合に準用する。

附　則

1　この規則は、昭和58年４月１日から施行する。

2　この規則の施行の際現に建築基準法施行細則（昭和46年愛知県規則第55号）に基づいて提出されている申請書、報告書その他の書類は、この規則の相当規定に基づいて提出されたものとみなす。

附　則（昭和59年４月１日安城市規則第９号）

この規則は、昭和59年４月１日から施行する。

附　則（昭和60年10月１日安城市規則第14号）

この規則は、公布の日から施行する。

附　則（昭和61年６月７日安城市規則第19号）

この規則は、公布の日から施行する。

附　則（昭和62年11月14日安城市規則第23号）

この規則は、昭和62年11月16日から施行する。

附　則（平成元年５月19日安城市規則第19号）

この規則は、平成元年６月１日から施行する。

附　則（平成３年３月26日安城市規則第13号）

この規則は、平成３年４月１日から施行する。

附　則（平成５年６月18日安城市規則第54号）

1　この規則は、平成５年６月25日から施行する。

2　この規則の施行の際、現に改正前の建築基準法施行細則の規定に基づいて提出されている申請書、報告書その他の書類は、改正後の建築基準法施行細則の相当規定に基づいて提出されたものとみなす。

附　則（平成７年３月28日安城市規則第27号）

この規則は、平成７年４月１日から施行する。

附　則（平成８年２月２日安城市規則第４号）

この規則は、公布の日から施行する。

附　則（平成11年４月30日安城市規則第23号）

1　この規則は、平成11年５月１日から施行する。

2　この規則の施行の際現に建築基準法（昭和25年法律第201号）第６条第１項の規定による確認の申請がされた建築物については、改正後の安城市建築基準法施行細則第９条の規定にかかわらず、なお従前の例による。

附　則（平成12年８月２日安城市規則第48号）

1　この規則は、公布の日から施行する。

2　この規則の施行の際現に改正前の安城市建築基準法施行細則の規定により作成されている様式は、改正後の安城市建築基準法施行細則の規定にかかわらず、当分の間、使用することができる。

附　則（平成13年３月23日安城市規則第30号）

1　この規則は、平成13年４月１日から施行する。

2　この規則の施行の際現に改正前の安城市建築基準法施行細則の規定により作成されている様式は、改正後の安城市建築基準法施行細則の規定にかかわらず、当分の間、使用することができる。

附　則（平成13年８月23日安城市規則第42号）

1　この規則は、公布の日から施行する。

2　この規則の施行の際現に改正前の安城市建築基準法施行細則の規定により作成されている様式は、改正後の安城市建築基準法施行細則の規定にかかわらず、当分の間、使用することができる。

附　則（平成15年３月25日安城市規則第21号）

1　この規則は、公布の日から施行する。

2　この規則の施行の際現に改正前の安城市建築基準法施行細則の規定により作成されている様式は、改正後の安城市建築基準法施行細則の規定にかかわらず、当分の間、使用することができる。

附　則（平成17年３月30日安城市規則第45号）

この規則は、平成17年４月１日から施行する。

附　則（平成17年６月８日安城市規則第50号）

この規則は、公布の日から施行する。

附　則（平成17年７月28日安城市規則第65号）

この規則は、公布の日から施行する。

様式第１（第４条関係）　工場に関する報告書〔省略〕
様式第２（第４条関係）　不適合建築物に関する報告書〔省略〕
様式第３（第４条関係）　浄化槽調書〔省略〕
様式第４（第４条関係）　浄化槽工事完了報告書〔省略〕
様式第５（第５条関係）　工事取りやめ報告書〔省略〕
様式第６（第６条関係）　道路位置指定申請書〔省略〕
様式第７（第８条関係）　同意書〔省略〕
様式第８（第８条関係）　合意書〔省略〕
様式第８の２（第８条関係）　認定申請書〔省略〕
様式第８の３（第８条関係）　認定通知書〔省略〕
様式第８の４（第８条関係）　認定しない旨の通知書〔省略〕
様式第９（第９条関係）　申請書等記載事項変更届〔省略〕
様式第10（第９条関係）　報告事項変更届〔省略〕
様式第11（第10条関係）　意見の聴取請求書〔省略〕
様式第12（第11条関係）　意見の聴取通知書〔省略〕
様式第13（第17条関係）　申請取下げ届〔省略〕

西尾市関係

○西尾市建築基準法施行細則

（平成11年5月14日
西尾市規則第21号）

改正　平成12年6月30日西尾市規則第31号
同　13年3月26日同　第16号
同　13年12月25日同　第33号
同　16年3月24日同　第17号

（趣旨）

第1条　この規則は、建築基準法（昭和25年法律第201号。以下「法」という。）、建築基準法施行令（昭和25年政令第338号。以下「政令」という。）、建築基準法施行規則（昭和25年建設省令第40号。以下「省令」という。）及び愛知県建築基準条例（昭和39年愛知県条例第49号。以下「条例」という。）の施行について必要な事項を定めるものとする。

（確認の申請書に添える図書）

第2条　法第6条第1項の規定による確認の申請書には、省令第1条の3第13項の規定によりその計画に係る建築物の敷地が、高さ2ｍを超えるがけに接し、又は近接する場合（がけの斜面のこう配が30度以下の場合を除く。）においては、その敷地とがけとの状況を示す断面図を添えなければならない。

（確認の申請書に添える図書等の省略）

第3条　申請に係る工作物が政令第138条第1項各号に掲げる工作物であって、その工事計画が1級建築士又は2級建築士の作成した設計図書によるものである場合においては、省令第3条第7項の規定により同条第1項の表1に掲げる構造詳細図及び構造計算書を、確認の申請書に添えることを要しない。

（報告）

第4条　建築主は、第1種低層住居専用地域、第2種低層住居専用地域、第1種中高層住居専用地域、第2種中高層住居専用地域、第1種住居地域、第2種住居地域、準住居地域、近隣商業地域、商業地域又は準工業地域内において、工場を建築し、大規模の修繕をし、若しくは大規模の模様替をしようとする場合、建築物若しくは建築物の部分を工場に用途変更しようとする場合又は敷地内に工場がある場合で当該敷地内に工場の用途に供しない建築物を建築しようとするときは、その旨を工場に関する報告書（様式第1号）により建築主事に報告しなければならない。

2　建築主は、次に掲げる場合にあっては、その旨を不適合建築物に関する報告書（様式第2号）により建築主事に報告しなければならない。

(1)　法第51条ただし書（法第87条第2項又は第3項において準用する場合を含む。）の規定により政令第130条の2に規定する規模の範囲内において建築物を新築し、増築し、又は用途変更する場合

⑵　法第86条の7の規定により政令第137条の2から第137条の9までに規定する範囲内において既存の建築物を増築、改築、大規模の修繕又は大規模の模様替をしようとする場合

⑶　法第87条第3項の規定により同項第2号又は第3号に規定する規模の範囲内において建築物の用途を変更する場合

3　建築主は、法第31条第2項の規定によるし尿浄化槽又は政令第32条第1項に規定する合併処理浄化槽（以下「し尿浄化槽等」という。）を設ける場合においては、浄化槽調書（様式第3号）により建築主事に報告しなければならない。

4　建築主は、前項に規定するし尿浄化槽等の工事を完了した場合で、法第7条第1項の検査の申請をしようとするときにおいては、浄化槽工事完了報告書（様式第4号）により建築主事に報告しなければならない。

5　第1項から第3項までの規定による報告は、法第6条第1項（法第88条第1項において準用する場合を含む。）の規定による確認の申請（法第18条第2項の規定による計画の通知を含む。）と同時にしなければならない。

6　第1項から第3項までの規定は、法第6条の2第1項の規定による確認を受けようとする場合にあっては、適用しない。

（工事取りやめの報告）

第5条　建築主又は築造主は、法第6条第1項（法第88条第1項において準用する場合を含む。）の規定による確認済証の交付を受けた建築物又は工作物の工事を取りやめた場合においては、その旨を工事取りやめ報告書（様式第5号）により建築主事に報告しなければならない。

（道路の位置の指定）

第6条　法第42条第1項第5号に規定する道路の位置の指定を受けようとする者は、道路位置指定申請書（様式第6号）の正本及び副本に、省令第9条に定める図書等のほか、次に掲げる図書又は書面を添えて市長に提出しなければならない。

⑴　道路平面図、土地利用計画平面図及び道路横断図

⑵　道路の位置の指定を受けようとする土地及び当該土地に接する建築物の敷地の求積表

⑶　省令第9条に規定する承諾書に押された印に係る印鑑証明書

⑷　その他市長が必要と認める図書

2　前項の規定は、指定を受けた道路の位置を変更し、又は廃止しようとする場合について準用する。

（仮設建築物許可申請書に添える図書等）

第7条　省令第10条の4第1項に規定する規則で定める図書又は書面は、次のとおりとする。

(1) 省令第1条の3第1項の表1に掲げる付近見取図、配置図、各階平面図、立面図及び断面図
(2) その他市長が必要と認める図書

（認定申請書に添える図書等）

第8条 省令第10条の5第1項に規定する規則で定める図書は、次のとおりとする。
(1) 省令第1条の3第1項の表1に掲げる付近見取図、配置図、各階平面図、立面図及び断面図
(2) その他市長が必要と認める図書

2 省令第10条の16第1項第3号に規定する書面は、様式第7号によるものとし、同項第4号及び同条第2項第3号に規定する規則で定める図書又は書面は、次のとおりとする。
(1) 地籍図
(2) 省令第10条の16第1項第3号に規定する書面に押された印に係る印鑑証明書
(3) その他市長が必要と認める図書

3 省令第10条の21第1項第2号に規定する書面は、様式第8号によるものとし、同項第3号に規定する規則で定める図書又は書面は、次のとおりとする。
(1) 地籍図
(2) 省令第10条の21第1項第2号に規定する書面に押された印に係る印鑑証明書
(3) その他市長が必要と認める図書

4 条例第6条第1項ただし書及び第25条ただし書の規定による認定の申請をしようとする者は、認定申請書（様式第9号）の正本及び副本に、次に掲げる図書を添えて提出するものとする。
(1) 省令第1条の3第1項の表1に掲げる付近見取図、配置図、各階平面図、立面図及び断面図（条例第6条第1項ただし書の規定による認定の申請の場合は、断面図を除く。）
(2) その他市長が必要と認める図書

（申請書等記載事項の変更）

第9条 法第6条第1項（法第88条第1項において準用する場合を含む。）の規定による確認済証の交付を受けた者は、当該確認済証の交付に係る工事が完了するまでの間に、次に掲げる書類の記載事項に変更があった場合においては、その変更の日から5日以内に申請書等記載事項変更届（様式第10号）に変更後の内容を記載した当該書類を添えて建築主事に提出しなければならない。
(1) 省令別記第3号様式の建築計画概要書（第3面を除く。）
(2) 省令別記第10号様式による申請書の第2面

2 法第77条の21に規定する指定確認検査機関は、法第6条の2第1項（法第88条第1項において準用する場合を含む。）の規定による確認済証の交付を受けた建築物について、

当該確認済証の交付に係る工事が完了するまでの間に、省令第3条の4第1項各号に定める書類の記載事項に変更があったことを知ったときは、報告事項変更届（様式第11号）に変更後の内容を記載した当該書類を添えて、速やかに市長に報告しなければならない。

3　前2項の規定は、同項に規定する変更について、法第6条第1項又は法第6条の2第1項の規定による確認済証の交付を受けた場合にあっては、適用しない。

（意見の聴取の請求）

第10条　法第9条第3項（法第10条第2項又は法第45条第2項において準用する場合を含む。）及び法第9条第8項（法第10条第2項において準用する場合を含む。）の規定による意見の聴取の請求を行おうとする者は、意見の聴取請求書（様式第12号）を市長に提出しなければならない。

（意見の聴取の通知）

第11条　法第9条第5項（同条第8項、法第10条第2項又は法第45条第2項において準用する場合を含む。）の規定による意見の聴取の通知は、意見の聴取通知書（様式第13号）によって行うものとする。

（代理人の届出）

第12条　前条の通知を受けた者（以下「当事者」という。）が、代理人を出席させようとするときは、委任状を添えて意見の聴取の開始前までに市長にその旨を届け出なければならない。

（意見の聴取の期日及び場所の変更）

第13条　当事者又はその代理人が、やむを得ない事由により意見の聴取の期日又は場所に出席することができないときは、その期日の前日までに理由を付して市長にその旨を届け出なければならない。

2　市長は、前項の届出があった場合において、その事由が正当であると認めるときは、意見の聴取の期日又は場所を変更することができる。

（意見の聴取の主宰）

第14条　法第9条第4項（同条第8項、法第10条第2項又は法第45条第2項において準用する場合を含む。）の規定による意見の聴取は、市長が指名する職員が主宰する。

（意見の聴取の記録）

第15条　前条の規定により意見の聴取を主宰する者（以下「主宰者」という。）は、関係職員に命じ、意見の聴取を受けた者の氏名及び意見の聴取の内容の要点を記録させなければならない。

（意見の聴取の期日における陳述の制限等）

第16条　主宰者は、意見の聴取の期日に出席した者が当該意見の聴取に係る事案の範囲を超えて発言するとき、その他審理の適正な進行を図るためやむを得ないと認めるときは、その者に対し、その発言を制限することができる。

2　主宰者は、前項に規定する場合のほか、意見の聴取の期日における審理の秩序を維持するために必要があると認めるときは、意見の聴取を妨害し、又は審理の秩序を乱す者に対し、退場を命ずる等適当な措置をとることができる。

（申請の取下げ）

第17条　法、政令及びこの規則の規定により申請をした者は、当該申請をした後において、その申請を取り下げようとするときは、申請取下げ届（様式第14号）を当該申請に係る市長又は建築主事に提出しなければならない。

（計画の通知への準用）

第18条　第２条及び前条の規定は、法第18条第２項（法第88条第１項において準用する場合を含む。）の規定に基づく計画通知に準用する。

2　第４条第４項、第５条及び第９条の規定は、法第18条第３項（法第88条第１項において準用する場合を含む。）の規定に基づき確認済証の交付があった場合に準用する。

（公告の方法）

第19条　省令第４条の17及び省令第10条の20の規定による市長が定める方法は、市役所前掲示場に掲示する方法とする。

附　則

1　この規則は、公布の日から施行し、平成11年５月１日から適用する。

2　改正後の第９条の規定は、平成11年５月１日以後に法第６条第１項の規定による確認の申請がされた建築物について適用し、同日前に当該確認の申請がされた建築物については、なお従前の例による。

附　則（平成12年６月30日西尾市規則第31号）

この規則は、公布の日から施行し、平成12年６月１日から適用する。

附　則（平成13年３月26日西尾市規則第16号）

この規則は、平成13年４月１日から施行する。

附　則（平成13年12月25日規則第33号）

この規則は、公布の日から施行する。

附　則（平成16年３月24日規則第17号）

この規則は、公布の日から施行する。

様式第１号（第４条関係）　工場に関する報告書〔省略〕
様式第２号（第４条関係）　不適合建築物に関する報告書〔省略〕
様式第３号（第４条関係）　浄化槽調書〔省略〕
様式第４号（第４条関係）　浄化槽工事完了報告書〔省略〕
様式第５号（第５条関係）　工事取りやめ報告書〔省略〕
様式第６号（第６条関係）　道路位置指定申請書〔省略〕
様式第７号（第８条関係）　同意書〔省略〕
様式第８号（第８条関係）　合意書〔省略〕
様式第９号（第８条関係）　認定申請書〔省略〕
様式第10号（第９条関係）　申請書等記載事項変更届〔省略〕
様式第11号（第９条関係）　報告事項変更届〔省略〕
様式第12号（第10条関係）　意見の聴取請求書〔省略〕
様式第13号（第11条関係）　意見の聴取通知書〔省略〕
様式第14号（第17条関係）　申請取下げ届〔省略〕

江南市関係

○江南市建築基準法施行細則

（平成元年３月１日
江南市規則第４号）

改正　平成元年12月14日江南市規則第26号
同　３年２月４日同　第１号
同　５年６月24日同　第18号
同　８年３月29日同　第５号
同　11年４月30日同　第29号
同　12年８月22日同　第30号
同　13年３月15日同　第３号
同　18年８月１日同　第47号

（趣旨）

第１条　この規則は、建築基準法（昭和25年法律第201号。以下「法」という。）、建築基準法施行令（昭和25年政令第338号。以下「政令」という。）、建築基準法施行規則（昭和25年建設省令第40号。以下「省令」という。）及び愛知県建築基準条例（昭和39年愛知県条例第49号。以下「県条例」という。）の施行について必要な事項を定めるものとする。

（確認の申請書に添える図書）

第２条　法第６条第１項の規定による確認の申請書には、省令第１条の３第17項の規定によりその計画に係る建築物の敷地が、高さ２mを超えるがけに接し、又は近接する場合（がけの斜面のこう配が30度以下の場合を除く。）においては、その敷地とがけとの状況を示す断面図を添えなければならない。

（確認の申請書に添える図書の省略）

第３条　申請に係る工作物が政令第148条第１項第２号に掲げる工作物であって、その工事計画が１級建築士又は２級建築士の作成した設計図書によるものである場合においては、省令第３条第７項の規定により同条第１項の表１に掲げる構造詳細図及び構造計算書を、確認の申請書に添えることを要しない。

（報告）

第４条　建築主は、第１種低層住居専用地域、第２種低層住居専用地域、第１種中高層住居専用地域、第２種中高層住居専用地域、第１種住居地域、第２種住居地域、準住居地域、近隣商業地域、商業地域又は準工業地域内において、工場を建築しようとする場合又は敷地内に工場がある場合で当該敷地内に工場の用途に供しない建築物を建築しようとするときにおいては、その旨を工場に関する報告書（様式第１）により建築主事に報告しなければならない。

２　建築主は、次に掲げる場合にあっては、その旨を不適合建築物に関する報告書（様式第２）により建築主事に報告しなければならない。

⑴　法第51条ただし書（法第87条第２項又は第３項において準用する場合を含む。）の規

定により政令第130条の2の3に規定する規模の範囲内において建築物を新築し、又は増築する場合

(2) 法第86条の7第1項の規定により政令第137条の2から第137条の12までに規定する範囲内において既存の建築物を増築し、又は改築する場合

3 建築主は、法第31条第2項に規定する屎尿浄化槽又は政令第32条第1項に規定する合併処理浄化槽（以下「屎尿浄化槽等」という。）を設ける場合においては、浄化槽調書（様式第3）により建築主事に報告しなければならない。

4 建築主は、前項に規定する屎尿浄化槽等の工事を完了した場合において、法第7条第1項の検査の申請をしようとするときは、浄化槽工事完了報告書（様式第4）により建築主事に報告しなければならない。

5 第1項から第3項までの規定による報告は、法第6条第1項の規定による確認の申請（法第18条第2項の規定による計画の通知を含む。）と同時にしなければならない。

6 第1項から第3項までの規定は、法第6条の2第1項の規定による確認を受けようとする場合にあっては、適用しない。

（工事取りやめの報告）

第5条 建築主又は築造主は、法第6条第1項（法第88条第1項において準用する場合を含む。）の規定による確認済証の交付を受けた建築物又は工作物の工事を取りやめた場合においては、その旨を工事取りやめ報告書（様式第5）により建築主事に報告しなければならない。

（道路の位置の指定）

第6条 法第42条第1項第5号に規定する道路の位置の指定を受けようとする者は、道路位置指定申請書（様式第6）の正本及び副本に、省令第9条に定める図面等のほか、次に掲げる図書又は書面を添えて市長に提出しなければならない。

(1) 道路平面図、土地利用計画平面図及び道路横断図

(2) 道路の位置の指定を受けようとする土地及び当該土地に接する建築物の敷地の求積表

(3) 省令第9条に規定する承諾書に押印された印に係る印鑑証明書

(4) その他市長が必要と認める図書

2 指定を受けた道路の位置を変更し、又は廃止しようとするときは、前項の規定を準用する。

（仮設建築物許可申請書の添付書類等）

第7条 法第85条第3項又は第5項に規定する許可の申請をしようとする者は、許可申請書の正本及び副本に、次に掲げる図書を添えて市長に提出しなければならない。

(1) 省令第1条の3第1項の表1に掲げる付近見取図、配置図及び各階平面図

(2) 省令第1条の3第1項の表1に掲げる立面図及び断面図

(3)　その他市長が必要と認める図書

（認定申請書の添付書類等）

第8条　法第86条の6第2項の規定による認定を申請をしようとする者は、認定申請書の正本及び副本に、次に掲げる図書を添えて市長に提出しなければならない。

(1)　省令第1条の3第1項の表1に掲げる付近見取図、配置図及び各階平面図

(2)　省令第1条の3第1項の表1に掲げる立面図及び断面図

(3)　その他市長が必要と認める図書

2　省令第10条の16第1項第3号に規定する書面は様式第7によるものとし、同項第4号及び同条第2項第3号に規定する規則で定める図書又は書面は地籍図、同条第1項第3号に規定する書面に押印された印に係る印鑑証明書及びその他市長が必要と認める図書とする。

3　省令第10条の21第1項第2号に規定する書面は様式第7の2によるものとし、同項第3号に規定する規則で定める図書又は書面は地籍図、同項第二号に規定する書面に押印された印に係る印鑑証明書及びその他市長が必要と認める図書とする。

（県条例に基づく認定申請）

第8条の2　県条例第6条第1項ただし書及び第25条ただし書の規定による認定の申請をしようとする者は、認定申請書（様式第7の3）の正本及び副本に、次に掲げる図書を添えて市長に提出しなければならない。

(1)　省令第1条の3第1項の表1に掲げる付近見取図、配置図及び各階平面図

(2)　省令第1条の3第1項の表1に掲げる立面図及び断面図（県条例第6条第1項ただし書の規定による認定の申請にあっては、省令第1条の3第1項の表1に掲げる立面図）

(3)　その他市長が必要と認める図書

（申請の取下げ）

第9条　法、政令及びこの規則の規定により申請をした者は、当該申請をした後において、その申請を取り下げようとするときは、申請取下げ届（様式第8）を市長又は建築主事に提出しなければならない。

（申請書等記載事項の変更）

第10条　法第6条第1項（法第88条第1項において準用する場合を含む。）の規定による確認済証の交付を受けた者は、当該確認済証の交付に係る工事が完了するまでの間に、次に掲げる書類の記載事項に変更があった場合においては、その変更の日から5日以内に申請書等記載事項変更届（様式第9）に変更後の内容を記載した当該書類を添えて建築主事に提出しなければならない。

(1)　省令別記第3号様式の建築計画概要書（第3面を除く。）

(2)　省令別記第10号様式による申請書の第2面

2　法第77条の21に規定する指定確認検査機関は、法第6条の2第1項（法第88条第1項において準用する場合を含む。）の規定による確認済証の交付を受けた建築物について、当該確認済証の交付に係る工事が完了するまでの間に、省令第3条の4第1項各号に定める書類の記載事項に変更があったことを知ったときは、報告事項変更届（様式第10）に変更後の内容を記載した当該書類を添えて、速やかに市長に報告しなければならない。

3　前2項の規定は、同項に規定する変更について、法第6条第1項又は法第6条の2第1項の規定による確認済証の交付を受けた場合にあっては、適用しない。

（計画通知への準用）

第11条　第2条及び第9条の規定は、法第18条第2項（法第88条第1項において準用する場合を含む。）の規定に基づく計画通知に準用する。

2　第4条第4項、第5条及び第10条の規定は、法第18条第3項（法第88条第1項において準用する場合を含む。）の規定に基づき確認済証の交付があった場合に準用する。

附　則

1　この規則は、平成元年4月1日から施行する。

2　この規則の施行の際現に建築基準法施行細則（昭和46年愛知県規則第55号）に基づいて提出されている申請書、報告書その他の書類は、この規則の相当規定に基づいて提出されたものとみなす。

附　則（平成元年12月14日江南市規則第26号）

この規則は、公布の日から施行する。

附　則（平成3年2月4日江南市規則第1号）

この規則は、平成3年4月1日から施行する。

附　則（平成5年6月24日江南市規則第18号）

1　この規則は、平成5年6月25日から施行する。

2　この規則の施行の際現に改正前の江南市建築基準法施行細則の規定に基づいて提出されている申請書、報告書その他の書類は、改正後の江南市建築基準法施行細則の相当規定に基づいて提出されたものとみなす。

附　則（平成8年3月29日江南市規則第5号）

この規則は、尾張北部都市計画用途地域に係る都市計画法（昭和43年法律第100号）第20条第1項の規定に基づく告示の日から施行する。

附　則（平成11年4月30日江南市規則第29号）

1　この規則は、平成11年5月1日から施行する。

2　この規則の施行の際現に法第6条第1項の規定による確認の申請がされた建築物については、改正後の江南市建築基準法施行細則の第10条の規定にかかわらず、なお従前の例による。

附　則（平成12年8月22日江南市規則第30号）

1　この規則は、公布の日から施行する。

2　この規則の施行の日から平成12年11月30日までの間に設置されるし尿浄化槽については、改正後の江南市建築基準法施行細則第4条第3項及び第4項の規定にかかわらず、なお従前の例による。

附　則（平成13年3月15日江南市規則第3号）

この規則は、平成13年4月1日から施行する。

附　則（平成18年8月1日江南市規則第47号）

この規則は、公布の日から施行する。

様式第1（第4条関係）	工場に関する報告書〔省略〕
様式第2（第4条関係）	不適合建築物に関する報告書〔省略〕
様式第3（第4条関係）	浄化槽調書〔省略〕
様式第4（第4条関係）	浄化槽工事完了報告書〔省略〕
様式第5（第5条関係）	工事取りやめ報告書〔省略〕
様式第6（第6条関係）	道路位置指定申請書〔省略〕
様式第7（第8条関係）	同意書〔省略〕
様式第7の2（第8条関係）	合意書〔省略〕
様式第7の3（第8条の2関係）	認定申請書〔省略〕
様式第8（第9条関係）	申請取下げ届〔省略〕
様式第9（第10条関係）	申請書等記載事項変更届〔省略〕
様式第10（第10条関係）	報告事項変更届〔省略〕

小牧市関係

○小牧市建築基準法施行細則

（昭和57年９月１日
小牧市規則第20号）

改正	昭和59年３月30日小牧市規則第15号		平成10年３月27日小牧市規則第２号	
	同　60年３月30日同	第14号	同　11年４月30日同	第24号
	同　60年９月30日同	第27号	同　12年８月15日同	第40号
	同　62年11月16日同	第31号	同　13年３月28日同	第24号
	平成元年６月26日同	第15号	同　13年10月１日同	第29号
	同　３年３月29日同	第19号	同　15年３月28日同	第９号
	同　５年６月25日同	第22号	同　15年５月27日同	第26号
	同　５年12月24日同	第30号	同　16年８月31日同	第31号
	同　６年11月14日同	第36号	同　17年２月18日同	第13号
	同　８年３月29日同	第17号		

（趣旨）

第１条　この規則は、建築基準法（昭和25年法律第201号。以下「法」という。）、建築基準法施行令（昭和25年政令第338号。以下「政令」という。）及び建築基準法施行規則（昭和25年建設省令第40号。以下「省令」という。）の施行について必要な事項を定めるものとする。

（適用除外）

第２条　法第６条の２、第７条の２又は第７条の４の規定に基づく申請をする場合は、第４条、第５条、第６条、第10条及び第11条の規定は、適用しない。

（確認の申請書に添える図書）

第３条　法第６条第１項の規定による確認の申請書には、省令第１条の３第13項の規定によりその計画に係る建築物の敷地が、高さ２ｍを超えるがけに接し、又は近接する場合（がけの斜面のこう配が30度以下の場合を除く。）においては、その敷地とがけとの状況を示す断面図を添えなければならない。

２　前項の規定は、法第18条第２項（法第88条第１項において準用する場合を含む。）の規定による計画の通知に準用する。

（確認の申請書に添える図書の省略）

第４条　申請に係る工作物が政令第138条第１項各号に掲げる工作物であって、その工事計画が１級建築士又は２級建築士の作成した設計図書によるものである場合においては、省令第３条第７項の規定により同条第１項の表１に掲げる構造詳細図及び構造計算書を、確認の申請書に添えることを要しない。

（報告）

第５条　建築主は、第１種低層住居専用地域、第２種低層住居専用地域、第１種中高層住居専用地域、第２種中高層住居専用地域、第１種住居地域、第２種住居地域、準住居地域、近隣商業地域、商業地域又は準工業地域内において、工場を建築し、大規模の修繕をし、若しくは大規模の模様替をしようとする場合、建築物若しくは建築物の部分を工場に用途変更しようとする場合又は敷地内に工場がある場合で当該敷地内に工場の用途に供しない建築物を建築しようとするときにおいては、その旨を工場に関する報告書（様式第１）により建築主事に報告しなければならない。

2　建築主は、次に掲げる場合にあっては、その旨を不適合建築物に関する報告書（様式第２）により建築主事に報告しなければならない。

(1)　法第51条ただし書（法第87条第２項又は第３項において準用する場合を含む。）の規定により政令第130条の２の３に規定する規模の範囲内において建築物を新築し、増築し、又は用途変更する場合

(2)　法第86条の７の規定により政令第137条の２、第137条の３の２、第137条の４、第137条の５及び第137条の７から第137条の９までに規定する範囲内において既存の建築物を増築、改築、大規模の修繕又は大規模の模様替をしようとする場合

(3)　法第87条第３項の規定により同項第２号又は第３号に規定する規模の範囲内において建築物の用途を変更する場合

3　建築主は、法第31条第２項に規定するし尿浄化槽又は政令第32条第１項に規定する合併処理浄化槽（以下「し尿浄化槽等」という。）を設ける場合においては、浄化槽調書（様式第３）により建築主事に報告しなければならない。

4　建築主は、前項に規定するし尿浄化槽等の工事を完了した場合においては、浄化槽工事完了報告書（様式第４）により建築主事に報告しなければならない。

5　第１項から第３項までの規定による報告は、法第６条第１項（法第88条第１項において準用する場合を含む。）の規定による確認の申請（法第18条第２項の規定による計画の通知を含む。）と同時にしなければならない。

（工事取りやめの報告）

第６条　建築主又は築造主は、法第６条第１項（法第88条第１項において準用する場合を含む。）の規定による確認済証の交付を受けた建築物又は工作物の工事を取りやめた場合においては、その旨を工事取りやめ報告書（様式第５）により建築主事に報告しなければならない。

2　前項の規定は、法第18条第３項（法第88条第１項において準用する場合を含む。）の規定による確認済証の交付があつた場合に準用する。

（道路位置の指定）

第７条　法第42条第１項第５号に規定する道路の位置の指定を受けようとする者は、道路位置指定申請書（様式第６）の正本及び副本に、次に掲げる図書を添えて市長に提出しなければならない。

(1)　土地利用計画平面図、道路平面図及び道路横断図

(2)　求積表

(3)　土地の登記事項証明書

⑷　その他市長が必要と認める図書

2　指定を受けた道路の位置を変更し、又は廃止しようとするときは、前項の規定を準用する。

（仮設建築物許可申請書）

第8条　法第85条第3項又は第4項に規定する許可の申請をしようとする者は、許可申請書の正本及び副本に、次に掲げる図書を添えて市長に提出しなければならない。

⑴　省令第1条の3第1項の表1に掲げる付近見取図、配置図及び各階平面図

⑵　省令第1条の3第1項の表1に掲げる立面図及び断面図

⑶　その他市長が必要と認める図書

（一定の複数建築物に対する制限の特例等の認定申請）

第9条　法第86条第1項若しくは第2項、第86条の2第1項、第86条の5第1項又は第86条の6第2項の規定による認定を申請しようとする者は、認定申請書の正本及び副本に、次に掲げる図書を添えて市長に提出しなければならない。

⑴　法第86条第6項に規定する同意書又は法第86条の5第1項に規定する合意書（様式第7）

⑵　地籍図

⑶　その他市長が必要と認める図書

2　法第86条第8項、第86条の2第6項及び第86条の5第4項の規定による公告は、小牧市公告式条例（昭和30年小牧市条例第3号）第2条第2項の掲示場（以下「掲示場」という。）への掲示により行うものとする。

（申請の取下げ）

第10条　法、政令及びこの規則の規定により申請をした者は、当該申請をした後において、その申請を取り下げようとするときは、申請取下げ届（様式第8）を当該申請に係る市長又は建築主事に提出しなければならない。

（申請書記載事項の変更）

第11条　法第6条第1項（法第88条第1項において準用する場合を含む。）の規定による確認済証の交付を受けた者は、当該確認に係る工事が完了するまでの間に、その住所若しくは氏名を変更した場合、工事監理者若しくは工事施工者の住所若しくは氏名に変更があつた場合、建築主事が重要でないと認める事項を変更した場合又は浄化槽調書の記載事項に変更があつた場合においては、その変更の日から5日以内に申請書等記載事項変更届（様式第9）に、省令別記第3号様式による建築計画概要書の記載内容に変更がある場合は変更後の内容を記載した建築計画概要書を添付し、建築主事に提出しなければならない。ただし、計画変更確認を申請する場合は、この限りでない。

2　前項の規定は、法第18条第3項（法第88条第1項において準用する場合を含む。）の規定による確認済証の交付があつた場合に準用する。

（台帳記載事項の報告）

第12条　法第77条の21に規定する指定確認検査機関は、法第６条の２（法第88条第１項において準用する場合を含む。）の規定による確認済証の交付を受けた建築物について、当該確認に係る工事が完了するまでの間に、建築主、工事監理者又は工事施工者の住所若しくは氏名の変更その他省令第６条の２第１項に定めのある台帳記載事項の変更を知つたときは、台帳記載事項変更報告書（様式第10）に省令第３条の４第１項各号に掲げる書類を添えて、速やかに市長に報告しなければならない。

（意見の聴取の請求）

第13条　法第９条第３項（法第10条第２項又は法第45条第２項において準用する場合を含む。）又は法第９条第８項（法第10条第２項において準用する場合を含む。）の規定による意見の聴取の請求を行おうとする者は、意見の聴取請求書（様式第11）を市長に提出しなければならない。

（意見の聴取の通知及び公告）

第14条　法第９条第５項（同条第８項、法第10条第２項又は法第45条第２項において準用する場合を含む。）又は法第72条第１項（法第74条第２項又は法第76条の３第４項において準用する場合を含む。）の規定による意見の聴取の通知は、意見の聴取通知書（様式第12）により行うものとし、かつ、意見の聴取の日時及び場所その他必要な事項を掲示場に掲示して公告するものとする。

2　住所不明その他やむを得ない理由により意見の聴取を受ける者に通知することができないときは、前項の公告をもつて意見の聴取の通知に代えるものとする。

（代理人の届出）

第15条　意見の聴取を受ける者が、意見の聴取に代理人を出席させようとするときは、委任状を添えて意見の聴取の開始前までに市長にその旨を届け出なければならない。

（意見の聴取の日時又は場所の変更）

第16条　意見の聴取を受ける者又はその代理人（以下「当事者」という。）が、病気その他やむを得ない理由により意見の聴取の日時又は場所に出席できないときは、意見の聴取の期日の前日までに理由を付して市長にその旨を届け出なければならない。

2　市長は、前項の届出があつた場合において、その理由が正当であると認めるときは、意見の聴取の日時又は場所を変更することができる。

3　市長は、災害その他やむを得ない理由により意見の聴取を行うことができないときは、意見の聴取の日時又は場所を変更するものとする。

4　第14条の規定は、前２項の場合に準用する。

（意見の聴取委員）

第17条　意見の聴取を行うため意見の聴取委員（以下「委員」という。）若干人を置く。

2　委員は、関係職員のうちから市長が任命する。

（議長）

第18条　市長の指定する委員は、議長として議事を主宰する。

2　議長に事故があるときは、議長があらかじめ指定する委員がその職務を代理する。

（意見の聴取の開始）

第19条　意見の聴取は、議長及び委員、関係職員並びに当事者が出席して開始する。

2　当事者が出席しない場合においても陳述書等があるときは、当事者が出席したものとみなして開始する。

（当事者の欠席の効果）

第20条　当事者が正当な理由なく意見の聴取に出席しないときは、意見の聴取を行わないで処分することができる。

（意見の聴取の方法）

第21条　意見の聴取は、議長が当事者に対して口頭で審問して行うものとする。ただし、第19条第２項の場合においては、陳述書等を朗読させ審理するものとする。

2　関係職員は、議長の承認を得て発言することができる。

3　議長は、必要があると認めるときは、国又は他の地方公共団体の職員の出席を求め意見を聞くことができる。

（当事者の釈明等）

第22条　当事者は、釈明し、かつ、有利な証拠を提出することができる。

2　当事者は、議長の承認を得て証人、参考人等を出席させ意見又は事実を陳述させることができる。

（意見の聴取の秩序維持）

第23条　議長は、当事者、証人、参考人等が意見の聴取の秩序を乱すときは、その発言を禁止し、又は退場させることができる。

2　議長は、意見の聴取の秩序を維持することが困難であると認めるときは、その意見の聴取を終了し、又は中止することができる。

（傍聴人の制限等）

第24条　議長は、意見の聴取の会場を整理し、又は意見の聴取の秩序を維持するために必要があると認めるときは、傍聴人の入場を制限することができる。

2　議長は、意見の聴取を妨害し、又は会場の秩序を乱す者に対して退場その他必要な処置を命ずることができる。

（意見の聴取の記録）

第25条　議長は、意見の聴取の出席者の氏名及び意見の聴取の内容の要点を、あらかじめ指定した職員に記録させなければならない。

（意見の聴取の報告）

第26条　議長は、意見の聴取の終了後遅滞なく意見の聴取の結果を市長に報告しなければならない。

附　則

1　この規則は、昭和57年10月1日から施行する。

2　この規則の施行の際現に建築基準法施行細則（昭和46年愛知県規則第55号）に基づいて提出されている申請書、報告書その他の書類は、この規則の相当規定に基づいて提出されたものとみなす。

附　則（昭和59年3月30日小牧市規則第15号）

この規則は、昭和59年4月1日から施行する。

附　則（昭和60年3月30日小牧市規則第14号）

この規則は、昭和60年4月1日から施行する。

附　則（昭和60年9月30日小牧市規則第27号）

この規則は、昭和60年10月1日から施行する。

附　則（昭和62年11月16日小牧市規則第31号）

この規則は、公布の日から施行する。

附　則（平成元年6月26日小牧市規則第15号）

この規則は、公布の日から施行する。

附　則（平成3年3月29日小牧市規則第19号）

この規則は、平成3年4月1日から施行する。

附　則（平成5年6月25日小牧市規則第22号）

1　この規則は、公布の日から施行する。

2　この規則の施行の際現に改正前の小牧市建築基準法施行細則の規定に基づいて提出されている申請書、報告書その他の書類は、改正後の小牧市建築基準法施行細則の相当規定に基づいて提出されたものとみなす。

附　則（平成5年12月24日小牧市規則第30号）

1　この規則は、平成6年4月1日から施行する。ただし、第2条の改正規定は、公布の日から施行する。

2　この規則の施行の際現に改正前の小牧市建築基準法施行細則の規定に基づいて作成されている用紙は、改正後の小牧市建築基準法施行細則の規定にかかわらず、当分の間、使用することができる。

附　則（平成6年11月14日小牧市規則第36号）

この規則は、公布の日から施行する。

附　則（平成8年3月29日小牧市規則第17号）

1　この規則は、公布の日から施行する。

2　この規則の施行の際現に都市計画法及び建築基準法の一部を改正する法律（平成4年法律第82号。以下「改正法」という。）第1条の規定による改正前の都市計画法（昭和

43年法律第100号）第８条第１項の規定により都市計画において定められている第１種住居専用地域、第２種住居専用地域及び住居地域内の建築物については、改正法附則第３条に規定する日までの間は、改正前の小牧市建築基準法施行細則第５条第２項の規定は、なおその効力を有する。

附　則（平成10年３月27日小牧市規則第２号）

1　この規則は、平成10年４月１日から施行する。

2　この規則の施行の際現に改正前の各規則の規定に基づいて作成されている用紙は、改正後の各規則の規定にかかわらず、当分の間、使用することができる。

附　則（平成11年４月30日小牧市規則第24号）

この規則は、平成11年５月１日から施行する。

附　則（平成12年８月15日小牧市規則第40号）

1　この規則は、公布の日から施行する。

2　平成12年建設省告示第1465号（以下「改正告示」という。）の施行の際現に設置されているし尿浄化槽若しくは現に建築、修繕若しくは模様替えの工事中の建築物のし尿浄化槽又は改正告示の施行の日から６月を経過しない間に設置されるし尿浄化槽で、改正告示による改正前の昭和55年建設省告示第1292号第１第１号から第３号までの規定に適合する構造のものについては、改正後の小牧市建築基準法施行細則様式第３及び様式第４の規定にかかわらず、なお従前の例による。

附　則（平成13年３月28日小牧市規則第24号）

この規則は、平成13年４月１日から施行する。

附　則（平成13年10月１日小牧市規則第29号）

この規則は、公布の日から施行する。

附　則（平成15年３月28日小牧市規則第９号）

この規則は、公布の日から施行する。

附　則（平成15年５月27日小牧市規則第26号）

1　この規則は、平成15年６月１日から施行する。

2　この規則の施行の際現に改正前の小牧市建築基準法施行細則の規定に基づいて作成されている用紙は、改正後の小牧市建築基準法施行細則規定にかかわらず、当分の間、使用することができる。

附　則（平成16年８月31日小牧市規則第31号）

この規則は、公布の日から施行する。

附　則（平成17年２月18日小牧市規則第13号）

この規則は、公布の日から施行する。

様式第１（第５条関係）　工場に関する報告書〔省略〕

様式第２（第５条関係）　不適合建築物に関する報告書〔省略〕
様式第３（第５条関係）　浄化槽調書〔省略〕
様式第４（第５条関係）　浄化槽工事完了報告書〔省略〕
様式第５（第６条関係）　工事取りやめ報告書〔省略〕
様式第６（第７条関係）　道路位置指定申請書〔省略〕
様式第７（第９条関係）　同意書（合意書）〔省略〕
様式第８（第10条関係）　申請取下げ届〔省略〕
様式第９（第11条関係）　申請書等記載事項変更届〔省略〕
様式第10（第12条関係）　台帳記載事項変更報告書〔省略〕
様式第11（第13条関係）　意見の聴取請求書〔省略〕
様式第12（第14条関係）　意見の聴取通知書〔省略〕

○小牧市における愛知県建築基準条例の規定による認定に伴う事務処理に関する規則

（平成13年３月28日
小牧市規則第15号）

（趣旨）

第１条　この規則は、小牧市における愛知県建築基準条例（昭和39年愛知県条例第49号。以下「条例」という。）の規定による認定に伴う事務処理に関し必要な事項を定めるものとする。

（認定申請）

第２条　条例第６条第１項ただし書又は第25条ただし書の規定による認定を受けようとする者は、認定申請書（様式第１）の正本及び副本に、それぞれ次に掲げる図書を添えて市長に提出しなければならない。

⑴　建築基準法施行規則（昭和25年建設省令第40号。以下「省令」という。）第１条の３第１項の表１に掲げる付近見取図、配置図及び各階平面図

⑵　省令第１条の３第１項の表１に掲げる立面図及び断面図（条例第６条第１項ただし書の規定による認定の申請にあっては、省令第１条の３第１項の表１に掲げる立面図）

⑶　その他市長が必要と認める図書

（認定通知）

第３条　市長は、前条の申請に対する認定をしたときは、認定通知書（様式第２）に同条の申請書の副本及びその添付図書を添えて、申請者に通知するものとする。

附　則

この規則は、平成13年４月１日から施行する。

様式第１（第２条関係）

認　定　申　請　書

年　月　日

（あて先）小牧市長

申請者　住所

氏名　　　　　㊞

電話

愛知県建築基準条例第　　条第　　項ただし書の規定による認定をしてください。

設計者の住所及び氏名	電話（　）					
敷地の位置　地名及び地番						
敷地の位置　都市計画区域	用途地域	高層住居誘導地区	防火地域	その他の区域・地域・地区・街区		
区域内・区域外		地区内・地区外				
主要用途			申請部分の用途			
工事種別	新築・増築・改築・移転・用途変更・大規模の修繕・大規模の模様替					
建築物の構造			建築物の階数	地上　階 地下　階		
建築物の最高の高さ（m）			建築物の軒の高さ（m）			
	申請部分	申請以外の部分	合計	敷地面積に対する割合	敷地面積に対する割合の限度	
敷地面積（㎡）						
建築面積（㎡）				／10	／10	
延べ面積（㎡）				／10	／10	
工事着手予定日	年　月　日		工事完了予定日	年　月　日		
前面道路又は通路等	名称		幅員（m）		敷地に接する部分の長さ（m）	
その他必要な事項						
※受付欄			※備考			
※認定番号	第　　号		※認定年月日	年　月　日		

（注）1　※印欄は、記入しないこと。
　　2　申請者の氏名の記載を自署で行う場合においては、押印を省略することができる。

備考　用紙の大きさは、日本工業規格Ａ４とする。

様式第２（第３条関係）

認定通知書

第　　　号

年　　月　　日

様

小牧市長　　印

下記の計画について、愛知県建築基準条例第　　条第　　項ただし書の規定に基づき認定しましたので通知します。

記

1　申請年月日　　　　　　年　　月　　日

2　建築場所

3　建築物又はその部分の概要

（注）この通知書は、大切に保存してください。

備考　用紙の大きさは、日本工業規格Ａ４とする。

稲沢市関係

○稲沢市建築基準法施行細則

（平成12年12月26日
稲沢市規則第66号）

改正 平成13年３月28日稲沢市規則第31号
同　18年12月27日同　　規則第77号

（趣旨）

第１条　この規則は、建築基準法（昭和25年法律第201号。以下「法」という。）、建築基準法施行令（昭和25年政令第338号。以下「政令」という。）、建築基準法施行規則（昭和25年建設省令第40号。以下「省令」という。）及び愛知県建築基準条例（昭和39年愛知県条例第49号。以下「県条例」という。）の施行に関し必要な事項を定める。

（確認の申請書に添える図書等）

第２条　法第６条第１項の規定による確認の申請書には、省令第１条の３第17項の規定によりその計画に係る建築物の敷地が、高さ２ｍを超えるがけに接し、又は近接する場合（がけの斜面のこう配が30度以下の場合を除く。）においては、その敷地とがけの状況を示す断面図を添えなければならない。

（確認の申請書に添える図書等の省略）

第３条　申請に係る工作物が政令第148条第１項第２号に掲げる工作物であって、その工事計画が一級建築士又は二級建築士の作成した設計図書によるものである場合においては、省令第３条第７項の規定により同条第１項の表１に掲げる構造詳細図及び構造計算書を、確認の申請書に添えることを要しない。

（報告）

第４条　建築主は、第１種低層住居専用地域、第２種低層住居専用地域、第１種中高層住居専用地域、第２種中高層住居専用地域、第１種住居地域、第２種住居地域、準住居地域、近隣商業地域、商業地域又は準工業地域内において、工場を建築し、又は敷地内に工場がある場合で当該敷地内に工場の用途に供しない建築物を建築しようとするときは、その旨を工場に関する報告書（様式第１）により建築主事に報告しなければならない。

２　建築主は、次に掲げる場合にあっては、その旨を不適合建築物に関する報告書（様式第２）により建築主事に報告しなければならない。

⑴　法第51条ただし書（法第87条第２項又は第３項において準用する場合を含む。）の規定により政令第130条の２の３に規定する規模の範囲内において建築物を新築し、又は増築する場合

⑵　法第86条の７第１項の規定により政令第137条の２から第137条の12までに規定する範囲内において既存の建築物を増築又は改築をしようとする場合

３　建築主は、法第31条第２項の規定による屎尿浄化槽又は政令第32条第１項に規定する

合併処理浄化槽（以下「屎尿浄化槽等」という。）を設ける場合においては、浄化槽調書（様式第３）により建築主事に報告しなければならない。

4　建築主は、前項に規定する屎尿浄化槽等の工事を完了した場合で、法第７条第１項の検査の申請をしようとするときは、浄化槽工事完了報告書（様式第４）により建築主事に報告しなければならない。

5　第１項から第３項までの規定による報告は、法第６条第１項（法第88条第１項において準用する場合を含む。）の規定による確認の申請（法第18条第２項の規定による計画の通知を含む。）と同時にしなければならない。

6　第１項から第３項までの規定は、法第６条の２第１項の規定による確認を受けようとする場合にあっては、適用しない。

（工事取りやめの報告）

第5条　建築主又は築造主は、法第６条第１項（法第88条第１項において準用する場合を含む。）の規定による確認済証の交付を受けた建築物又は工作物の工事を取りやめた場合においては、その旨を工事取りやめ報告書（様式第５）により建築主事に報告しなければならない。

（道路の位置の指定）

第6条　法第42条第１項第５号に規定する道路の位置の指定を受けようとする者は、道路位置指定申請書（様式第６）の正本及び副本に、省令第９条に定める図書等のほか、次に掲げる図書又は書面を添えて市長に提出しなければならない。

⑴　道路平面図、土地利用計画平面図及び道路横断図

⑵　道路の位置の指定を受けようとする土地及び当該土地に接する建築物の敷地の求積表

⑶　省令第９条に規定する承諾書に押された印に係る印鑑証明書

⑷　その他市長が必要と認める図書

2　前項の規定は、指定を受けた道路の位置を変更し、又は廃止しようとする場合について準用する。

（仮設建築物許可申請書に添える図書等）

第7条　省令第10条の４第１項に規定する規則で定める図書又は書面は、次のとおりとする。

⑴　省令第１条の３第１項の表に掲げる付近見取図、配置図、各階平面図、立面図及び断面図

⑵　その他市長が必要と認める図書

（認定申請書に添える図書等）

第8条　省令第10条の４の２第１項に規定する規則で定める図書は、次のとおりとする。

⑴　省令第１条の３第１項の表に掲げる付近見取図、配置図、各階平面図、立面図及び

断面図

⑵　その他市長が必要と認める図書

2　省令第10条の16第１項第３号に規定する書面は、同意書（様式第７）によるものとし、同項第四号及び同条第２項第３号に規定する規則で定める図書又は書面は、次のとおりとする。

⑴　地籍図

⑵　同意書中の関係者の氏名欄に押された印に係る印鑑証明書

⑶　その他市長が必要と認める図書

3　省令第10条の21第１項第２号に規定する書面は、合意書（様式第８）によるものとし、同項第３号に規定する規則で定める図書又は書面は、次のとおりとする。

⑴　地籍図

⑵　合意書中の関係者の氏名欄に押された印に係る印鑑証明書

⑶　その他市長が必要と認める図書

（県条例に基づく認定申請）

第８条の２　県条例第６条第１項ただし書及び県条例第25条ただし書の規定による認定の申請をしようとする者は、認定申請書（様式第８の２）の正本及び副本に、次に掲げる図書を添えて、市長に提出しなければならない。

⑴　省令第１条の３第１項の表１に掲げる付近見取図、配置図及び各階平面図

⑵　省令第１条の３第１項の表１に掲げる立面図及び断面図（県条例第６条第１項ただし書の規定による申請にあっては、省令第１条の３第１項の表１に掲げる立面図）

⑶　その他市長が必要と認める図書

（申請書等記載事項の変更）

第９条　法第６条第１項（法第88条第１項において準用する場合を含む。）の規定による確認済証の交付を受けた者は、当該確認済証の交付に係る工事が完了するまでの間に、次に掲げる書類の記載事項に変更があった場合においては、その変更の日から５日以内に申請書等記載事項変更届（様式第９）に変更後の内容を記載した当該書類を添えて建築主事に提出しなければならない。

⑴　省令別記第３号様式の建築計画概要書（第３面を除く。）

⑵　省令別記第10号様式による申請書の第２面

2　法第77条の21に規定する指定確認検査機関は、法第６条の２第１項（法第88条第１項において準用する場合を含む。）の規定による確認済証の交付を受けた建築物について、当該確認済証の交付に係る工事が完了するまでの間に、省令第３条の４第１項各号に定める書類の記載事項に変更があったことを知ったときは、速やかに報告事項変更届（様式第10）に変更後の内容を記載した当該書類を添えて、市長に報告しなければならない。

3　前２項の規定は、同項に規定する変更について、法第６条第１項又は法第６条の２第

1項の規定による確認済証の交付を受けた場合にあっては、適用しない。

（意見の聴取の請求）

第10条　法第9条第3項（法第10条第2項又は法第45条第2項において準用する場合を含む。）及び法第9条第8項（法第10条第2項において準用する場合を含む。）の規定による意見の聴取の請求を行おうとする者は、意見の聴取請求書（様式第11）を市長に提出しなければならない。

（意見の聴取の通知）

第11条　法第9条第5項（同条第8項、法第10条第2項又は法第45条第2項において準用する場合を含む。）の規定による意見の聴取の通知は、意見の聴取通知書（様式第12）によって行うものとする。

（代理人の届出）

第12条　前条の通知を受けた者（以下「当事者」という。）が、代理人を出席させようとするときは、委任状を添えて意見の聴取の開始前までに市長にその旨を届け出なければならない。

（意見の聴取の期日及び場所の変更）

第13条　当事者又はその代理人が、やむを得ない事由により意見の聴取の期日又は場所に出席することができないときは、その期日の前日までに理由を付して市長にその旨を届け出なければならない。

2　市長は、前項の届出があった場合において、その事由が正当であると認めるときは、意見の聴取の期日又は場所を変更することができる。

（意見の聴取の主宰）

第14条　法第9条第4項（同条第8項、法第10条第2項又は法第45条第2項において準用する場合を含む。）の規定による意見の聴取は、市長が指名する職員が主宰する。

（意見の聴取の記録）

第15条　前条の規定により意見の聴取を主宰する者（以下「主宰者」という。）は、関係職員に命じ、意見の聴取を受けた者の氏名及び意見の聴取の内容の要点を記録させなければならない。

（意見の聴取の期日における陳述の制限等）

第16条　主宰者は、意見の聴取の期日に出席した者が当該意見の聴取に係る事案の範囲を超えて発言するとき、その他審理の適正な進行を図るためやむを得ないと認めるときは、その者に対し、その発言を制限することができる。

2　主宰者は、前項に規定する場合のほか、意見の聴取の期日における審理の秩序を維持するため、意見の聴取の期日における審理を妨害し、又はその秩序を乱す者に対し、退場を命ずる等適当な措置をとることができる。

（申請の取下げ）

第17条　法、政令、県条例及びこの規則の規定により申請をした者は、当該申請をした後において、その申請を取り下げようとするときは、申請取下げ届（様式第13）を市長又は建築主事に提出しなければならない。

（計画の通知への準用）

第18条　第２条及び前条の規定は、法第18条第２項（法第88条第１項において準用する場合を含む。）の規定に基づく計画通知に準用する。

2　第４条第４項、第５条及び第９条の規定は、法第18条第３項（法第88条第１項において準用する場合を含む。）の規定に基づき確認済証の交付があった場合に準用する。

（公告の方法）

第19条　省令第４条の17及び省令第10条の20の規定による市長が定める方法は、稲沢市公告式条例（昭和30年稲沢市条例第１号）に規定する掲示場所に掲示する方法とする。

付　則

1　この規則は、平成13年４月１日から施行する。

2　この規則の施行の際現に愛知県建築基準法施行細則（昭和46年愛知県規則第55号）の規定に基づいて提出されている申請書、報告書その他の書類は、この規則の相当規定に基づいて提出されたものとみなす。

付　則（平成18年12月27日規則第77号）

この規則は、公布の日から施行する。

様式第１（第４条関係）	工場に関する報告書〔省略〕
様式第２（第４条関係）	不適合建築物に関する報告書〔省略〕
様式第３（第４条関係）	屎尿浄化槽調書〔省略〕
様式第４（第４条関係）	屎尿浄化槽工事完了報告書〔省略〕
様式第５（第５条関係）	工事取りやめ報告書〔省略〕
様式第６（第６条関係）	道路位置指定申請書〔省略〕
様式第７（第８条関係）	同意書〔省略〕
様式第８（第８条関係）	合意書〔省略〕
様式第８の２（第８条の２関係）	認定申請書〔省略〕
様式第９（第９条関係）	申請書等記載事項変更届〔省略〕
様式第10（第９条関係）	報告事項変更届〔省略〕
様式第11（第10条関係）	意見の聴取請求書〔省略〕
様式第12（第11条関係）	意見の聴取通知書〔省略〕
様式第13（第17条関係）	申請取下げ届〔省略〕

東海市関係

○東海市建築基準法施行細則

（昭和58年9月30日
東海市規則第18号）

改正	昭和59年	3月31日東海市規則	第12号
	同　60年	11月5日同	第18号
	平成3年	6月10日同	第22号
	同　5年	6月25日同	第27号
	同　8年	1月29日同	第2号
	同　11年	4月30日同	第30号
	同　11年	8月31日同	第38号
	同　12年	3月31日同	第26号
	同　12年	9月4日同	第54号
	同　13年	3月30日同	第13号
	同　15年	5月28日同	第31号
	同　18年	8月22日同	第40号

（趣旨）

第1条　この規則は、建築基準法（昭和25年法律第201号。以下「法」という。）、建築基準法施行令（昭和25年政令第338号。以下「政令」という。）、建築基準法施行規則（昭和25年建設省令第40号。以下「省令」という。）及び愛知県建築基準条例（昭和39年愛知県条例第49号）の施行について必要な事項を定めるものとする。

（確認申請書に添える図書）

第2条　法第6条第1項の規定による確認の申請書（以下「確認申請書」という。）には、省令第1条の3第17項の規定によりその計画に係る建築物の敷地が、高さ2mを超えるがけに接し、又は近接する場合（がけの斜面のこう配が30度以下の場合を除く。）においては、その敷地とがけとの状況を示す断面図を添えなければならない。ただし、当該敷地が宅地造成等規制法（昭和36年法律第191号）第8条第1項の規定による許可を受けたものである場合にあっては、この限りでない。

（確認申請書に添える図書等の省略）

第3条　申請に係る工作物が政令第148条第1項第2号に掲げる工作物であって、その工事計画が1級建築士又は2級建築士の作成した設計図書によるものである場合においては、省令第3条第7項の規定により同条第1項の表1に掲げる構造詳細図及び構造計算書を、確認申請書に添えることを要しない。

（報告）

第4条　建築主は、第1種低層住居専用地域、第2種低層住居専用地域、第1種中高層住居専用地域、第2種中高層住居専用地域、第1種住居地域、第2種住居地域、準住居地域、近隣商業地域、商業地域又は準工業地域内において、工場を建築しようとする場合又は敷地内に工場がある場合で当該敷地内に工場の用途に供しない建築物を建築しようとするときにおいては、その旨を工場に関する報告書（様式第1）により建築主事に報告しなければならない。

2　建築主は、次に掲げる場合にあっては、その旨を不適合建築物に関する報告書（様式第２）により建築主事に報告しなければならない。

(1)　法第51条ただし書（法第87条第２項又は第３項において準用する場合を含む。）の規定により政令第130条の２の３に規定する規模の範囲内において建築物を新築し、又は増築する場合

(2)　法第86条の７第１項の規定により政令第137条の２から第137条の12までに規定する範囲内において既存の建築物を増築し、又は改築する場合

3　建築主は、法第31条第２項の規定による屎尿浄化槽又は政令第32条第１項に規定する合併処理浄化槽（以下「屎尿浄化槽等」という。）を設ける場合においては、浄化槽調書（様式第３）により建築主事に報告しなければならない。

4　建築主は、前項に規定する屎尿浄化槽等の工事を完了した場合で、法第７条第１項の検査の申請をしようとするときにおいては、浄化槽工事完了報告書（様式第４）により建築主事に報告しなければならない。

5　第１項から第３項までの規定による報告は、法第６条第１項の規定による確認の申請（法第18条第２項の規定による計画の通知を含む。）と同時にしなければならない。

6　第１項から第３項までの規定は、法第６条の２第１項の規定による確認を受けようとする場合にあっては、適用しない。

（工事取りやめの報告）

第５条　建築主又は築造主は、法第６条第１項（法第88条第１項において準用する場合を含む。）の規定による確認済証の交付を受けた建築物又は工作物の工事を取りやめた場合においては、その旨を工事取りやめ報告書（様式第５）により建築主事に報告しなければならない。

（道路位置指定申請書）

第６条　法第42条第１項第５号に規定する道路の位置の指定を受けようとする者は、道路位置指定申請書（様式第６）の正本及び副本に、省令第９条に定める図面等のほか、次に掲げる図書又は書面を添えて市長に提出しなければならない。

(1)　道路平面図、土地利用計画平面図及び道路横断図

(2)　道路の位置の指定を受けようとする土地及び当該土地に接する建築物の敷地の求積表

(3)　省令第９条に規定する承諾書に押印された印に係る印鑑証明書

(4)　その他市長が必要と認める図書

2　指定を受けた道路の位置を変更し、又は廃止しようとするとするときは、前項の規定を準用する。

（仮設建築物許可申請書）

第７条　法第85条第３項又は第５項に規定する許可の申請をしようとする者は、仮設建築

物許可申請書の正本及び副本に、次に掲げる図書を添えて市長に提出しなければならない。

(1) 省令第1条の3第1項の表1に掲げる付近見取図、配置図及び各階平面図

(2) 省令第1条の3第1項の表1に掲げる立面図及び断面図

(3) その他市長が必要と認める図書

（認定申請書の添付図書等）

第8条 法第86条の6第2項の規定による認定の申請をしようとする者は、認定申請書の正本及び副本に、次に掲げる図書を添えて市長に提出しなければならない。

(1) 省令第1条の3第1項の表1に掲げる付近見取図、配置図及び各階平面図

(2) 省令第1条の3第1項の表1に掲げる立面図及び断面図

(3) その他市長が必要と認める図書

2 省令第10条の16第1項第3号に規定する書面は様式第7によるものとし、同項第4号及び同条第2項第3号に規定する規則で定める図書又は書面は地籍図、同条第1項第3号に規定する書面に押印された印に係る印鑑証明書及びその他市長が必要と認める図書とする。

3 省令第10条の21第1項第2号に規定する書面は様式第7の2によるものとし、同項第3号に規定する規則で定める図書又は書面は地籍図、同項第2号に規定する書面に押印された印に係る印鑑証明書及びその他市長が必要と認める図書とする。

（敷地と道路との関係に係る認定の申請）

第9条 愛知県建築基準条例第6条第1項ただし書及び第25条ただし書の規定による認定の申請をしようとする者は、認定申請書（様式第8）の正本又は副本に、次に掲げる図書を添えて市長に提出しなければならない。

(1) 省令第1条の3第1項の表1に掲げる付近見取図、配置図及び各階平面図

(2) 省令第1条の3第1項の表1に掲げる立面図及び断面図（愛知県建築基準条例第6条第1項ただし書の規定による認定の申請にあっては、省令第1条の3第1項の表1に掲げる立面図）

(3) その他市長が必要と認める図書

（申請の取下げ）

第10条 法、省令及び愛知県建築基準条例の規定により申請をした者は、当該申請をした後において、その申請を取り下げようとするときは、申請取下げ届（様式第9）を市長又は建築主事に提出しなければならない。

（申請書等記載事項の変更）

第11条 法第6条第1項（法第88条第1項において準用する場合を含む。）の規定による確認済証の交付を受けた者は、当該確認済証の交付に係る工事が完了するまでの間に、次に掲げる書類の記載事項に変更があった場合においては、その変更の日から5日以

内に確認済証とともに申請書等記載事項変更届（様式第10）に変更後の内容を記載した当該書類を添えて、建築主事に提出しなければならない。

⑴　省令別記第３号様式の建築計画概要書（第３面を除く。）

⑵　省令別記第10号様式による申請書の第２面

2　法第77条の21に規定する指定確認検査機関は、法第６条の２第１項（法第88条第１項において準用する場合を含む。）の規定による確認済証の交付を受けた建築物について、当該確認済証の交付に係る工事が完了するまでの間に、省令第３条の４第１項各号に定める書類の記載事項に変更があったことを知ったときは、報告事項変更届（様式第11）に変更後の内容を記載した当該書類を添えて、速やかに市長に報告しなければならない。

3　前２項の規定は、同項に規定する変更について、法第６条第１項又は法第６条の２第１項の規定による確認済証の交付を受けた場合にあっては、適用しない。

（違反建築物の公告の方法）

第12条　省令第４条の17の規定による市長が定める方法は、東海市公告式条例（昭和44年東海市条例第３号）第２条第２項に掲げる掲示場に掲示するものとする。

（計画通知への準用）

第13条　第２条及び第10条の規定は、法第18条第２項（法第88条第１項において準用する場合を含む。）の規定に基づく計画通知に準用する。

2　第４条第４項、第５条及び第11条の規定は、法第18条第３項（法第88条第１項において準用する場合を含む。）の規定に基づき確認済証の交付があった場合に準用する。

附　則

1　この規則は、昭和58年10月１日から施行する。

2　この規則の施行の際、現に建築基準法施行細則（昭和46年愛知県規則第55号）に基づいて提出されている申請書、報告書その他の書類は、この規則の規定に基づいて提出されたものとみなす。

附　則　（昭和59年３月31日東海市規則第12号）

1　この規則は、昭和59年４月１日から施行する。

2　改正前の東海市建築基準法施行細則の規定による調書その他の用紙は、改正後の東海市建築基準法施行細則の規定にかかわらず、当分の間、使用することができる。

附　則　（昭和60年11月５日東海市規則第18号）

1　この規則は、公布の日から施行する。

2　この規則の施行の際、現に作成されている様式第１、様式第９（その２）、様式第10（その２）及び様式第11（その２）で残量のあるものについては、改正後の東海市建築基準法施行細則の規定にかかわらず、当分の間、これを取り繕い使用することができる。

附　則　（平成３年６月10日東海市規則第22号）

この規則は、平成３年６月10日から施行する。

附　則（平成５年６月25日東海市規則第27号）

1　この規則は、公布の日から施行する。

2　この規則の施行の際、現に改正前の東海市建築基準法施行細則の規定に基づいて提出されている申請書、報告書その他の書類は、改正後の東海市建築基準法施行細則の規定に基づいて提出されたものとみなす。

附　則（平成８月１月29日東海市規則第２号）

この規則は、平成８年２月２日から施行する。

附　則（平成11年４月30日東海市規則第30号）

1　この規則は、平成11年５月１日から施行する。

2　この規則の施行の際、現に改正前の東海市建築基準法施行細則の規定に基づいて提出されている申請書、報告書その他の書類は、改正後の東海市建築基準法施行細則の規定に基づいて提出されたものとみなす。

附　則（平成11年８月31日東海市規則第38号）

この規則は、平成11年９月１日から施行する。

附　則（平成12年３月31日東海市規則第26号）

この規則は、平成12年４月１日から施行する。

附　則（平成12年９月４日東海市規則第54号）

この規則は、公布の日から施行する。

附　則（平成13年３月30日東海市規則第13号）

この規則は、平成13年４月１日から施行する。

附　則（平成15年５月28日東海市規則第31号）

1　この規則は、公布の日から施行する。

2　この規則の施行の際現に改正前の東海市建築基準法施行細則の規定に基づいて作成されている浄化槽調書及び浄化槽工事完了報告書の用紙は、改正後の東海市建築基準法施行細則の規定にかかわらず、当分の間、使用することができる。

附　則（平成18年８月22日東海市規則第40号）

この規則は、公布の日から施行する。

様式第１（第４条関係）　工場に関する報告書〔省略〕
様式第２（第４条関係）　不適合建築物に関する報告書〔省略〕
様式第３（第４条関係）　浄化槽調書〔省略〕
様式第４（第４条関係）　浄化槽工事完了報告書〔省略〕
様式第５（第５条関係）　工事取りやめ報告書〔省略〕
様式第６（第６条関係）　道路位置指定申請書〔省略〕
様式第７（第８条関係）　同意書〔省略〕

様式第７の２（第８条関係）　合意書〔省略〕
様式第８（第９条関係）　認定申請書〔省略〕
様式第９（第10条関係）　申請取下げ届〔省略〕
様式第10（第11条関係）　申請書等記載事項変更届〔省略〕
様式第11（第11条関係）　報告事項変更届〔省略〕

建築基準法に基づく
特定行政庁の指定等

○中間検査の特定工程の指定

平成18年２月28日愛知県告示第161号
平成18年５月17日名古屋市告示第248号
平成18年２月28日豊橋市告示第34号
平成18年２月28日岡崎市告示第73号
平成18年２月28日一宮市告示第101号
平成18年２月28日春日井市告示第28号
平成18年２月28日豊田市告示第105号

上記告示により、建築基準法第７条の３第１項及び第６項の規定により特定工程及び特定工程後の工程が次のように指定されている。

1.中間検査を行う区域

全域

2.中間検査を行う期間

平成18年４月１日〔名古屋市は平成18年７月１日〕～平成21年３月31日

（平成18年４月１日〔名古屋市は平成18年７月１日〕前に確認の申請がされたものについては、なお従前の例による。）

3.中間検査を行う建築物の構造、用途又は規模

次に掲げる建築物で新築するもの

(1) 住宅（住宅以外の用途を兼ねる建築物にあっては、住宅の用途に供する部分の床面積の合計が、延べ面積の１/２以上であるものに限る。）又は共同住宅の用途に供する建築物で、地階を除く階数が２以上であり、かつ、床面積の合計が50㎡を超えるもの

(2) 法別表第１(い)欄(1)項から(4)項までに掲げる用途（共同住宅を除く。）に供する特殊建築物で、階数が３以上であり、かつ、その用途に供する部分の床面積の合計が1,000㎡を超えるもの

4.指定する特定工程及び特定工程後の工程

次の表のとおりとする。

なお、特定工程及び特定工程後の工程は、建築物が２以上ある場合又は１の建築物の工区を分けた場合は、初めて特定工程に係る工事を行った建築物又は工区の工事の工程に係るものとする。

主要な構造	特定工程	特定工程後の工程
ア　木造（オに係るものを除く。）	屋根ふき工事及び構造耐力上主要な軸組（枠組壁工法の場合は、耐力壁）の工事	構造耐力上主要な軸組及び耐力壁を覆う外装工事及び内装工事
イ　鉄骨造	鉄骨造の部分において、初めて	構造耐力上主要な部分の鉄骨を

（オに係るものを除く。）	工事を施工する階の建方工事	覆う耐火被覆を設ける工事、外装工事（屋根ふき工事を除く。）及び内装工事
ウ　RC造（オに係るものを除く。）	RC造の部分において、初めて工事を施工する階の直上の階の主要構造部である床版の配筋（PC部材にあっては、接合部）の工事	特定工程の配筋（PC部材にあっては、接合部）を覆うコンクリートを打設する工事
エ　ＳＲＣ造（オに係るものを除く。）	鉄骨造の部分において、初めて工事を施工する階の建方工事	構造耐力上主要な部分の鉄骨を覆うコンクリートを打設する工事
オ　工場生産による一体型又は組立式のもの	構造耐力上主要な軸組を構成する各部材を接続する接合部の工事	構造耐力上主要な軸組を構成する各部材を接続する接合部を覆う工事

5.適用の除外

次に掲げる建築物については、この告示の規定は、適用しない。

⑴　法第68条の10第1項に規定する型式適合認定を受けた建築物の部分（建築基準法施行令第136条の2の11第1号に掲げるものに限る。）を有する住宅又は共同住宅

⑵　法第85条第5項の許可を受けた建築物

⑶　住宅の品質確保の促進等に関する法律施行規則第5条第1項の規定により建設住宅性能評価の申請をした者の当該申請に係る建築物

⑷　建築主が国、地方公共団体〔名古屋市は県・建築主事設置市町村〕又は法令の規定により法第18条（他の法令の規定において準用する場合を含む。）の規定の適用について国若しくは国の行政機関若しくは地方公共団体とみなされる者である建築物

⑸　3.⑴に規定する住宅又は共同住宅の附属建築物で、住居の用に供さないもの〔名古屋市のみ〕

○屋根の防火性能に関する区域の指定

昭和45年12月23日愛知県告示第1026号
平成12年３月29日名古屋市条例第40号
昭和45年４月１日豊橋市告示第40号
昭和56年９月30日岡崎市規則第41号
昭和57年３月31日一宮市規則第11号
昭和58年３月30日春日井市規則第20号
昭和53年３月８日豊田市告示第19号

上記条例・規則・告示により、建築基準法第22条の規定による建築物の屋根を不燃材料で造り又はふかなければならない区域として次の区域が指定されている。

愛知県内の都市計画区域の全域(防火地域及び準防火地域に指定された区域を除く。)

○法第42条第２項に基づく道路の指定

昭和25年12月26日愛知県告示第715号
平成12年３月29日名古屋市条例第40号
昭和45年４月１日豊橋市告示第38号
昭和56年９月30日岡崎市規則第41号
昭和57年３月31日一宮市規則第11号
昭和58年３月30日春日井市規則第20号
昭和53年３月８日豊田市告示第20号

上記条例・規則・告示により、建築基準法第42条第２項の規定による道路として、次の道路が指定されている。

1.行政庁の管理に属する幅員1.8m以上４m未満の道 2.市街地建築物法（大正８年法律第37号）第７条ただし書の規定により指定した建築線で、その間の距離が2.7m以上４m未満のもの

○用途地域の指定のない区域内の容積率、建ぺい率及び高さの指定

平成16年３月26日愛知県告示第297号
平成16年２月13日名古屋市告示第71号
平成16年４月30日豊橋市告示第110号
昭和56年９月30日岡崎市規則第41号
平成16年３月30日一宮市告示第76号
平成16年３月24日春日井市告示第33号
平成16年４月１日豊田市告示第184号

上記規則・告示により、建築基準法第52条第１項第６号及び第２項第３号の規定による用途地域の指定のない区域内の容積率、同法第53条第１項第６号の規定による用途地域の指定のない区域内の建ぺい率並びに同法第56条第１項第１号の規定による同法別表第３の５の項㈡欄及び同条第１項第２号ニの規定による用途地域内の指定のない区域内の高さの制限について、次のように指定されている。

	区域	容積率	法第52条第２項第３号の数値	建ぺい率	道路斜線	隣地斜線
1	名古屋市内の用途地域の指定のない区域。ただし、２の項及び３の項の区域を除く。	20 / 10	4/10	6 / 10	1.25	1.25
2	名古屋市守山区及び緑区内の用途地域の指定のない区域。ただし、３の項の区域及び河川法第６条に規定する河川区域を除く。	10/10	4/10	5/10	1.25	1.25
3	名古屋市守山区及び緑区内の用途地域の指定のない区域のうち、都市計画法第８条第１項第７号の規定により、都市計画において、風致地区と定められた区域	10 / 10	4/10	3 / 10	1.25	1.25
4	豊橋市、岡崎市、一宮市、春日井市、豊田市、瀬戸市、半田市、豊川市、刈谷市、安城市、西尾市、江南市、小牧市、稲沢市、東海市、津島市、碧南市、蒲郡市、犬山市、常滑市、新城市、大府市、知多市、知立市、尾張旭市、高浜市、岩倉市、豊明市、日進市、田原市、愛西市、清須市、北名古屋市、弥富市、愛知郡、西春日井郡、丹羽郡、海部郡、知多郡、幡豆郡、額田郡、西加茂郡及び宝飯郡の都市計画区域のうち用途地域の指定のない区域で５の項の区域を除く区域	20 / 10	6/10 （区域の指定はしていない。）	6 / 10	1.5	2.5
5	蒲郡市三谷温泉地区 蒲郡市蒲郡温泉地区 蒲郡市形原温泉地区 蒲郡市西浦温泉地区 田原市伊良湖町地区 吉良町吉良温泉地区 （各区域図は、愛知県建設部建築担当局建築指導課、関係県建設事務所、関係市町に備え付けて縦覧に供する。）	40/10	6/10 （区域の指定はしていない。）	7/10	1.5	2.5

○住宅の用途に供する建築物の容積率緩和についての特定行政庁の指定

平成14年12月24日愛知県告示第891号
平成14年12月27日名古屋市告示第496号
平成14年12月24日豊橋市告示第291号
平成15年3月6日一宮市告示第63号
平成14年12月24日春日井市告示第152号

上記告示により、建築基準法第52条第8項の規定により住宅の用途に供する建築物の容積率緩和について、次のように指定されている。

1　名古屋市、岡崎市及び豊田市の区域以外の区域

建築基準法第52条第8項第1号の規定により都市計画区域のうち、第一種住居地域、第二種住居地域、準住居地域、近隣商業地域、準工業地域及び商業地域の全域を住宅の用途に供する建築物の容積率緩和について適用除外区域として指定

2　名古屋市の区域

(1)　建築基準法第52条第8項本文の規定により容積率緩和を適用する区域として指定した区域

名古屋市東区　葵一丁目（名古屋市道平田新栄町線以東の区域を除く）、泉一丁目、泉二丁目、泉三丁目、代官町（名古屋市道平田新栄町線以東の区域を除く）、西新町、東桜一丁目、東桜二丁目、東新町、久屋町及び武平町

名古屋市西区　牛島町、那古野一丁目、那古野二丁目、名駅一丁目、名駅二丁目及び名駅三丁目、

名古屋市中村区　那古野一丁目、名駅一丁目、名駅二丁目、名駅三丁目、名駅四丁目、名駅五丁目、名駅南一丁目、名駅南二丁目、名駅南三丁目及び名駅四丁目

名古屋市中区　葵一丁目（名古屋市道平田新栄町線以東の区域を除く）、伊勢山一丁目、伊勢山二丁目、大井町、大須一丁目、大須二丁目、大須三丁目、大須四丁目、金山一丁目、金山二丁目、金山三丁目、金山四丁目、金山町一丁目、上前津一丁目、上前津二丁目、栄一丁目、栄二丁目、栄三丁目、栄四丁目、栄五丁目、新栄一丁目、新栄二丁目（名古屋市道新栄老松町線以東の区域を除く）、新栄町、橘一丁目、橘二丁目、千代田一丁目、千代田二丁目、千代田三丁目、千代田四丁目、千代田五丁目、錦一丁目、錦二丁目、錦三丁目、東桜二丁目、富士見町、古渡町（一般国道19号線以西の区域を除く）、平和一丁目、平和二丁目、丸の内一丁目、丸の内二丁目、丸の内三丁目及び門前町

ただし、次に掲げる区域を除くものとする。

ア　都市計画法第８条第３項第１号の規定により、都市計画において、中高層住居専用地区と定められた区域

イ　都市計画法第８条第３項第２号イの規定により、都市計画において、建築物の容積率が80／10又は100／10と定められた区域

(2)　建築基準法第52条第8項本文の規定により(1)の区域内における容積率緩和の上限として指定した数値

次の式によって計算したものとする。

$Vr = (1+0.1 \times R_1 \times R_2) Vc$

Vr　容積率制限の緩和の上限の数値

R_1　建築物の住宅の用途に供する部分の床面積の合計のその延べ面積に対する割合

R_2　住戸の床面積が50㎡以上240㎡以下の住戸の数のその建築物全体の住戸の数に対する割合

Vc　建築物がある用途地域に関する都市計画において定められた容積率の数値

(3)　建築基準法第52条第８項第１号の規定により容積率緩和について適用除外区域として指定した区域

(1)の区域以外の区域

3　岡崎市及び豊田市の区域

建築基準法第52条第８項本文及び第１号の規定により指定しているものはなし（法令どおりの容積率緩和の適用）。

○建ぺい率の角地緩和の指定

昭和25年12月26日愛知県告示第715号
平成12年３月29日名古屋市条例第40号
昭和45年４月１日豊橋市告示第39号
昭和56年９月30日岡崎市規則第41号
昭和57年３月31日一宮市規則第11号
昭和58年３月30日春日井市規則第20号
昭和53年３月８日豊田市告示第20号

上記条例・規則・告示により、建築基準法第53条第３項第２号の規定による敷地として、次の敷地が指定されている。

1. 街区の角にある敷地であって、前面道路の幅員がそれぞれ６m以上でその和が15m以上あり、かつ、その道路によって形成される角度が内角120度以下で、敷地境界線の総延長の1/3以上がそれらの道路に接するもの
2. 道路境界線の間隔が35m以内の道路の間にある敷地であって、その道路の幅員がそれぞれ６m以上でその和が15m以上あり、かつ、敷地境界線の総延長の1/8以上がそれぞれの道路に、1/3以上がそれらの道路に接するもの
3. 三方を道路に囲まれた敷地であって、前面道路の幅員がそれぞれ６m以上あり、かつ、それらの道路によって形成される角度がそれぞれ内角120度以下で、敷地境界線の総延長の1/3以上がそれらの道路に接するもの
4. 公園、広場、水面その他これらに類するもの（公園等）に接する敷地又は敷地に接する道路の反対側に公園等のある敷地であって、その公園等を１～３の道路とみなし、１～３のいずれかに該当するもの

○建築基準法施行規則の規定による磁気ディスク等による手続ができる区域の指定

平成５年３月10日愛知県告示第276号
平成12年３月29日名古屋市条例第40号
平成５年３月12日豊橋市告示第42号
平成７年６月20日岡崎市規則第28号
平成５年３月25日一宮市告示第52号
平成５年３月31日春日井市告示第35号
平成７年５月25日豊田市告示第144号
平成５年５月１日瀬戸市告示第28号
平成５年４月２日半田市告示第41号
平成７年２月16日豊川市告示第13号
平成６年３月１日刈谷市告示第９号
平成６年３月１日安城市告示第83号
平成11年２月10日西尾市告示第７号
平成５年９月14日江南市告示第20号
平成５年４月28日小牧市告示第31号
平成13年２月１日稲沢市告示第８号
平成５年４月14日東海市告示第54号

上記条例・規則・告示により、建築基準法施行規則第11条の３第１項の規定による磁気ディスク等による手続ができる区域として次の区域が指定されている。

愛知県の全域

付　録

○建築士法施行細則

（昭和26年１月13日
愛知県規則第８号）

改正	昭和27年５月27日愛知県規則	第25号
	同　29年４月１日同	第20号
	同　30年７月23日同	第40号
	同　33年１月７日同	第１号
	同　33年５月27日同	第39号
	同　34年６月27日同	第34号
	同　41年９月12日同	第47号
	同　47年４月19日同	第39号
	同　47年10月13日同	第85号
	同　50年１月31日同	第４号
	同　51年４月26日同	第52号
	同　52年４月25日同	第46号
	同　53年７月14日同	第74号
	同　59年３月28日同	第30号
	同　60年３月29日同	第33号
	同　60年10月11日同	第79号
	平成６年３月４日同	第９号
	同　12年３月28日同	第27号
	同　13年12月28日同	第91号
	同　16年３月30日同	第36号
	同　17年３月１日同	第７号
	同　18年３月31日同	第50号

目次

第１章　免　許

（免許の申請）

第１条　建築士法（昭和25年法律第202号。以下「法」という。）第４条第２項又は第３項の規定により二級建築士又は木造建築士の免許を受けようとする者は、二級/木造建築士免許申請書（様式第１）に、戸籍抄本又は戸籍事項記載証明書を添え、知事に提出しなければならない。

２　前項の場合において、法第４条第３項の規定により二級建築士又は木造建築士の免許を受けようとする者は、前項の免許申請書に、外国の建築士免許証の写しを添えなければならない。

（免許）

第２条　知事は、前条の規定による申請があつた場合においては、免許申請書の記載事項を審査し、申請者が二級建築士又は木造建築士となる資格を有すると認めたときは、法第５条第１項の二級建築士名簿又は木造建築士名簿（以下「名簿」という。）に登録し、かつ、申請者に二級/木造建築士免許証（様式第２）を交付する。

2　知事は、前項の場合において、申請者が二級建築士又は木造建築士となる資格を有しないと認めたときは、理由を付し、免許申請書を申請者に返却する。

（登録事項）

第3条　名簿に登録する事項は、次のとおりとする。

一　登録番号及び登録年月日

二　本籍地の都道府県名（日本の国籍を有しない者にあつては、その者の有する国籍名）、氏名、生年月日及び性別

三　二級建築士試験合格又は木造建築士試験の合格年月日及び合格番号（外国の建築士免許を受けた者にあつては、その免許の名称、免許者名及び免許の年月日）

四　法第10条第1項の規定による戒告又は業務停止の処分及びこれらの処分を受けた年月日

（登録事項の変更）

第4条　二級建築士又は木造建築士は、前条第二号に掲げる登録事項に変更を生じた場合においては、その変更を生じた日から30日以内に、免許証及び戸籍抄本又は戸籍事項記載証明書を添え、その旨を知事に届け出なければならない。

2　知事は、前項の届出があつた場合においては、名簿を訂正し、かつ、免許証を書き換えて、申請者に交付する。

（再交付の申請）

第5条　二級建築士又は木造建築士は、免許証を汚損し、又は失つた場合においては、速やかに免許証再交付申請書にその理由を記載し、汚損した場合にあつてはその免許証を添え、知事に提出しなければならない。

2　二級建築士又は木造建築士は、前項の規定により免許証の再交付を申請した後、失つた免許証を発見した場合においては、発見した日から10日以内に、知事に返納しなければならない。

（免許の取消しの申請及び免許証の返納）

第6条　二級建築士又は木造建築士は、免許の取消しを申請する場合においては、免許取消申請書に、免許証を添え、知事に提出しなければならない。

2　二級建築士又は木造建築士が死亡し、又は失そう宣告を受けた場合においては、戸籍法（昭和22年法律第224号）による死亡又は失そうの届出義務者は、死亡又は失そう宣告の日から30日以内に、その旨を知事に届け出なければならない。

3　二級建築士又は木造建築士が後見開始又は保佐開始の審判を受けた場合においては、それぞれ成年後見人又は保佐人は、その宣告の日から30日以内に、その旨を知事に届け出なければならない。

4　二級建築士又は木造建築士が法第9条前段又は法第10条第1項の規定により免許を取り消された場合においては、取消しの通知を受けた日から10日以内に、免許証を知事に

返納しなければならない。

（登録のまつ消）

第7条　知事は、免許を取り消した場合又は前条第2項の届出があつた場合においては、登録をまつ消し、その名簿にまつ消の事由及び年月日を記載する。

2　知事は、前項の規定によつて登録をまつ消した名簿をまつ消した日から5年間保存する。

（住所等の届出）

第8条　二級建築士又は木造建築士は、法第5条の2第1項又は第3項の規定による届出をする場合にあつては、二級/木造建築士住所等届（様式第3）により、同条第2項の規定による届出をする場合にあつては、二級/木造建築士住所等変更届（様式第4）により届け出なければならない。

（免許証の領置）

第9条　知事は、法第10条第1項の規定により二級建築士又は木造建築士の業務の停止を命じた場合においては、当該建築士に対して免許証の提出を求め、かつ、処分期間満了までこれを領置することができる。

第2章　試　験

（実務の経験の内容）

第10条　法第15条第一号、第二号及び第四号の各号にいう建築に関する実務の経験には、単なる写図工若しくは労務者としての経験又は単なる庶務、会計その他これらに類する事務に関する経験を含まないものとする。

（二級建築士試験及び木造建築士試験の方法）

第11条　二級建築士試験及び木造建築士試験は、学科及び設計製図について、筆記試験により行う。

2　前項に規定する学科の試験は、次に掲げる科目について行う。

一　建築計画（建築設備の概要を含む。）

二　建築施工（施工契約及び敷地測量を含む。）

三　建築法規（建築基準法及び建築士法並びにこれらの関係法令をいう。）

四　建築構造（二級建築士試験にあつては構造計算及び建築材料を含み、木造建築士試験にあつては建築材料を含む。）

3　設計製図の試験は、学科の試験に合格した者に限り、受けることができる。

（学科の試験の免除）

第12条　学科の試験（他の都道府県知事が行うものを含む。次項において同じ。）に合格した者については、その申請により、当該学科の試験に合格した二級建築士試験又は木造建築士試験に引き続いて行われる次の2回の二級建築士試験又は木造建築士試験に限り、当該二級建築士試験又は木造建築士試験の学科の試験を免除する。

2　前項に規定する申請は、第14条に規定する受験申込書に、学科の試験に合格したことを証する書面を添付して行うものとする。

（試験期日等の公告）

第13条　二級建築士試験及び木造建築士試験を施行する期日、場所その他試験の施行に関して必要な事項は、知事があらかじめ公告する。

（受験申込書及び添付書類）

第14条　二級建築士試験又は木造建築士試験（法第15条の17第1項の規定に基づき知事が指定する者（以下「指定試験機関」という。）が二級建築士試験及び木造建築士試験の実施に関する事務（以下「二級建築士等試験事務」という。）を行うものを除く。）を受けようとする者は、受験申込書に、次に掲げる書類（法第15条第一号に該当する者（正規の建築に関する課程を修めて卒業した者に限る。以下この項において同じ。）並びに同条第三号に該当する者のうち同条第一号に該当する者と同等以上の知識及び技能を有すると知事が認める者にあつては第一号及び第三号に掲げる書類、同条第四号に該当する者にあつては第二号及び第三号に掲げる書類）を添え、知事に提出しなければならない。

一　次のイからハまでのいずれかに掲げる書類

イ　法第15条第一号又は第二号に該当する者にあつては、同条第一号又は第二号に規定する学校の卒業証明書（卒業証明書を得られない正当な理由がある場合は、これに代わる適当な書類）

ロ　知事が別に定める法第15条第三号に該当する者の基準に適合するものにあつては、その基準に適合することを証するに足る書類

ハ　イ及びロに該当する者以外の者にあつては、法第15条第三号の規定により同条第一号又は第二号に掲げる者と同等以上の知識及び技能を有することを認定するに必要な資料となるべき書類

二　実務の経験を記載した書類

三　申請前6月以内に、脱帽し正面から上半身を写した写真で、縦5.5cm、横4cmのもの

2　指定試験機関が二級建築士等試験事務を行う二級建築士試験又は木造建築士試験を受けようとする者は、指定試験機関の定めるところにより、指定試験機関に申し込まなければならない。

（合格発表）

第15条　知事又は指定試験機関は、二級建築士試験又は木造建築士試験に合格した者の受験番号を公表し、本人に合格した旨を通知する。

2　知事又は指定試験機関は、学科の試験に合格した者に、その旨を通知する。

（受験者の不正行為に対する措置）

第16条　知事は、不正の方法により二級建築士試験又は木造建築士試験を受け、又は受け

ようとした者に対して、当該試験を受けることを禁じ、又はその合格を無効とすることができる。

2　指定試験機関は、二級建築士等試験事務の実施に関し、前項に規定する知事の職権を行うことができる。

3　指定試験機関は、前項の規定により第1項に規定する知事の職権を行つたときは、遅滞なく次に掲げる事項を記載した報告書を知事に提出しなければならない。

一　不正行為者の氏名、住所及び生年月日

二　不正行為に係る試験年月日及び試験地

三　不正行為の事実

四　処分の内容及び年月日

五　その他参考事項

（指定の申請）

第17条　法第15条の17第2項に規定する指定を受けようとする者は、次に掲げる事項を記載した申請書を知事に提出しなければならない。

一　名称及び住所

二　二級建築士等試験事務を行おうとする事務所の名称及び所在地

三　二級建築士等試験事務を開始しようとする年月日

2　前項の申請書には、次に掲げる書類を添えなければならない。

一　定款又は寄附行為及び登記事項証明書

二　申請の日の属する事業年度の前事業年度における財産目録及び貸借対照表。ただし、申請の日の属する事業年度に設立された法人にあつては、その設立時における財産目録とする。

三　申請の日の属する事業年度及び翌事業年度における事業計画書及び収支予算書

四　申請に係る意思の決定を証する書類

五　役員の氏名及び略歴を記載した書類

六　組織及び運営に関する事項を記載した書類

七　二級建築士等試験事務を行おうとする事務所ごとの試験用設備の概要及び整備計画を記載した書類

八　現に行つている業務の概要を記載した書類

九　二級建築士等試験事務の実施の方法に関する計画を記載した書類

十　法第15条の17第5項において準用する法第15条の6第1項に規定する試験委員の選任に関する事項を記載した書類

十一　法第15条の17第5項において準用する法第15条の3第2項第四号イ又はロの規定に関する役員の誓約書

十二　その他参考となる事項を記載した書類

（名称等の変更の届出）

第18条　指定試験機関は、法第15条の17第５項において準用する法第15条の４第２項の規定による届出をしようとするときは、次に掲げる事項を記載した届出書を知事に提出しなければならない。

一　変更後の指定試験機関の名称若しくは住所又は二級建築士等試験事務を行う事務所の所在地

二　変更しようとする年月日

三　変更の理由

（役員の選任及び解任の認可の申請）

第19条　指定試験機関は、法第15条の17第５項において準用する法第15条の５第１項の規定により認可を受けようとするときは、次に掲げる事項を記載した申請書を知事に提出しなければならない。

一　役員として選任しようとする者又は解任しようとする役員の氏名

二　選任又は解任の理由

三　選任の場合にあつては、その者の略歴

2　前項の場合において、選任の認可を受けようとするときは、同項の申請書に、当該選任に係る者の就任承諾書及び法第15条の17第５項において準用する法第15条の３第２項第四号イ又はロの規定に関する誓約書を添えなければならない。

（試験委員の選任及び解任の届出）

第20条　指定試験機関は、法第15条の17第５項において準用する法第15条の６第３項の規定による届出をしようとするときは、次に掲げる事項を記載した届出書を知事に提出しなければならない。

一　試験委員の氏名

二　選任又は解任の理由

三　選任の場合にあつては、その者の略歴

（試験事務規程の認可の申請）

第21条　指定試験機関は、法第15条の17第５項において準用する法第15条の８第１項前段の規定により認可を受けようとするときは、申請書に、当該認可に係る試験事務規程を添え、これを知事に提出しなければならない。

2　指定試験機関は、法第15条の17第５項において準用する法第15条の８第１項後段の規定により認可を受けようとするときは、次に掲げる事項を記載した申請書を知事に提出しなければならない。

一　変更しようとする事項

二　変更しようとする年月日

三　変更の理由

（事業計画等の認可の申請）

第22条　指定試験機関は、法第15条の17第５項において準用する法第15条の９第１項前段の規定により認可を受けようとするときは、申請書に、当該認可に係る事業計画書及び収支予算書を添え、知事に提出しなければならない。

2　指定試験機関は、法第15条の17第５項において準用する法第15条の９第１項後段の規定により認可を受けようとするときは、次に掲げる事項を記載した申請書を知事に提出しなければならない。

一　変更しようとする事項

二　変更しようとする年月日

三　変更の理由

（二級建築士等試験事務の実施結果の報告）

第23条　指定試験機関は、二級建築士等試験事務を実施したときは、遅滞なく次に掲げる事項を試験の区分ごとに記載した報告書を知事に提出しなければならない。

一　試験年月日

二　試験地

三　受験申請者数

四　受験者数

五　合格者数

六　合格年月日

2　前項の報告書には、合格者の受験番号、氏名及び生年月日を記載した合格者一覧表を添えなければならない。

（二級建築士等試験事務の休廃止の許可）

第24条　指定試験機関は、法第15条の17第５項において準用する法第15条の13第１項の規定により許可を受けようとするときは、次に掲げる事項を記載した申請書を知事に提出しなければならない。

一　休止し、又は廃止しようとする二級建築士等試験事務の範囲

二　休止し、又は廃止しようとする年月日及び休止しようとする場合にあっては、その期間

三　休止又は廃止の理由

（公示）

第25条　法第15条の17第５項において準用する法第15条の４第１項及び第３項、法第15条の13第２項、法第15条の14第４項並びに法第15条の15第２項の規定による公示は、告示することによつて行う。

第３章　建築士事務所

（登録申請書の添付書類）

第26条　法第23条の２の登録申請書の正本及び副本には、建築士法施行規則（昭和25年建設省令第38号）第19条各号に掲げる書類のほか、それぞれ次に掲げる書類を添付しなければならない。

一　建築士事務所を管理する建築士の就任承諾書（様式第５）（法第23条第１項又は第３項の規定により建築士事務所について登録を受けようとする者と法第24条第１項の規定により当該建築士事務所を管理する建築士が異なる場合に限る。）

二　その他知事が必要と認める書類

（変更の届出）

第27条　法第23条の５第１項の規定による変更の届出は、様式第６によりしなければならない。

（廃業等の届出）

第28条　法第23条の６の規定による廃業等の届出は、様式第７によりしなければならない。

（閲覧所の設置）

第29条　法第23条の８の規定により法第23条の３第１項に規定する登録簿（以下「登録簿」という。）を一般の閲覧に供する場所（以下「閲覧所」という。）を、名古屋市中区三の丸三丁目１番２号愛知県建設部建築担当局建築指導課内に置く。

（閲覧時間及び休日）

第30条　登録簿の閲覧時間は、午前９時30分から午後４時30分までとする。

２　閲覧所の定期休日は、県の休日に関する条例（平成元年愛知県条例第４号）第１条第１項各号に掲げる日とする。

３　知事は、登録簿の整理その他必要がある場合は、臨時に休日を設け、又は閲覧時間の伸縮をするものとし、その旨を閲覧所に掲示する。

（閲覧手続）

第31条　登録簿を閲覧しようとする者は、閲覧簿に住所、氏名その他必要な事項を記入しなければならない。

（持出しの禁止）

第32条　登録簿は、これを閲覧所の外に持ち出してはならない。

（閲覧の停止等）

第33条　知事は、次の各号のいずれかに該当する者に対し、登録簿の閲覧を停止し、又は禁止することができる。

一　この規則又は係員の指示に従わない者

二　登録簿を汚損し、若しくは損傷し、又はそのおそれがあると認められる者

三　他人に迷惑を及ぼし、又はそのおそれがあると認められる者

附　則

１　この規則は、公布の日から施行する。

2　（略）

附　則（平成18年３月31日愛知県規則第50号）

この規則は、平成18年４月１日から施行する。

様式第１（第１条関係）

二級/木造 建築士免許申請書

〔記入上の注意〕 数字は、算用数字を用い、※欄は記入せず、☐のある欄は、該当する☐の中にレ印をつけてください。外国の建築士免許を受けた方は、「試験」の欄にその免許の名称、免許者名及び免許の年月日を記入してください。

※手数料欄

私は、二級/木造建築士の免許を受けたいので、戸籍抄本（戸籍事項記載証明書）を添え、申請します。私は、下記事項が真実かつ正確であることを誓います。

年　月　日

氏名＿＿＿＿＿＿（署名）

愛知県知事殿

氏名（ふりがな）		生年月日	年　月　日	性別 男☐ 女☐
本籍地の都道府県名				
現住所				
試験	二級/木造建築士試験に合格した時期　年			
	合格日付　年　月　日	合格番号	第　号	
欠格事由	1 後見開始又は保佐開始の審判を受けていますか　いる☐　いない☐ 2 一級建築士、二級建築士又は木造建築士の免許を取り消されたことがありますか　ある☐　ない☐ 取り消されたことがあれば、その年月日　年　月　日 3 禁錮以上の刑に処せられたこと又は建築に関し罪を犯し罰金以上の刑に処せられたことがありますか　ある☐　ない☐ あるときは、その罪及び刑………			
※審査				
※登録番号		※登録年月日	年　月　日	※受付番号

備考　用紙の大きさは、日本工業規格Ａ４とする。

様式第２（第２条関係）

二級/木造建築士免許証

本籍地

（氏　名）

年　月　日生

二級/木造建築士登録番号　第　号

建築士法（昭和25年法律第202号）により二級/木造建築士の免許を与えたことを証する。

年　月　日

愛知県知事（氏　名）㊞

備考　用紙の大きさは、日本工業規格Ａ４とする。

様式第3（第8条関係）

二級
木造 建築士住所等届

年　月　日

建築士法第5条の2 第1項／第3項 の規定により、下記のとおり届け出ます。

記

氏（ふり）名（がな）		生年月日	年　月　日	性別	
本　籍					
住　所					
登録番号	第　　　号	登録年月日	年　月　日		
業務の種別	1建築設計（2及び3を除く。） 2構造設計 3設備設計 4積算 5工事監理又は工事の指導監督 6現場管理 7調査又は鑑定 8手続代理 9敷地選定等の企画 10研究又は教育 11行政 12その他				
勤務先　名　称					
勤務先　所在地					

〔記入上の注意〕

1　業務の種別及び勤務先の欄は、建築に関する業務に従事しているときに記入してください。

2　業務種別欄は、該当する事項の数字を○で囲んでください。2種以上の業務に従事しているときは、主に従事しているもの1つを囲んでください。

3　建築士事務所に勤務しているときは、その事務所の開設者名を勤務先の名称の欄に併記してください。

備考　用紙の大きさは、通常葉書大とする。

様式第4（第8条関係）

二級
木造 建築士住所等変更届

届出年月日　　年　月　日

変更年月日　　年　月　日

建築士法第5条の2第2項の規定により、下記のとおり届け出ます。

記

登録番号	第　　　号	登録年月日	年　月　日	
氏（ふり）名（がな）		旧姓（　　）		
ア　本　籍	旧			
	新			
イ　住　所	旧			
	新			
ウ　勤務先　旧勤務先	名　称			
	所在地			
新勤務先	名　称			
	所在地			
エ　業務の種別	1建築設計（2及び3を除く。） 2構造設計 3設備設計 4積算 5工事監理又は工事の指導監督 6現場管理 7調査又は鑑定 8手続代理 9敷地選定等の企画 10研究又は教育 11行政 12その他 旧業務（　　　）　新業務（　　　）			

〔記入上の注意〕

1　アからエまでの欄は、変更のある部分のみ記入してください。

2　業務種別欄は、主に従事する業務に該当する事項の数字を1つ選んで記入してください。

3　建築士事務所に勤務していたとき、又は勤務しているときは、その事務所の開設者名を勤務先の名称の欄に併記してください。

備考　用紙の大きさは、通常葉書大とする。

様式第5（第26条関係）

承　諾　書

私は、下記建築士事務所において、建築士法第24条の規定による建築士事務所を管理する建築士に就任することを承諾します。

年　月　日

建築士　氏名　　　　印

記

建築士事務所	名　称	
	所在地	

備考1　用紙の大きさは、日本工業規格A4とする。
2　建築士の押印は、氏名を自署する場合にあつては、省略することができる。

様式第6（第27条関係）

建築士事務所登録事項変更届

年　月　日

愛知県知事　殿

届出者　住　所
氏　名　　　　印
〔名称及び代表者氏名〕

建築士法第23条の5第1項の規定により、下記のとおり届け出ます。

記

建築士事務所	一級建築士事務所、二級建築士事務所又は木造建築士事務所の別	建築士事務所
	登録年月日	
	登録番号	
	名　称	
変更年月日		年　月　日
変更事項	変更前	
	変更後	

備考1　用紙の大きさは、日本工業規格A4とする。
2　届出者の押印は、氏名を自署する場合にあつては、省略することができる。

様式第７（第28条関係）

建築士事務所廃業等届

年　　月　　日

愛知県知事　殿

届出者　住　所

氏　名　　　　　　印

〔名称及び代表者氏名〕

建築士法第23条の６の規定により、下記のとおり届け出ます。

記

建築士事務所	一級建築士事務所、二級建築士事務所又は木造建築士事務所の別	建築士事務所
	登録年月日	
	登録番号	
	名　称	
廃業等の年月日		年　月　日
廃業等の理由		1　業務の廃止 2　開設者の死亡 3　開設者についての破産手続開始の決定 4　合併による法人の解散 5　破産手続開始の決定又は合併以外の事由による法人の解散

〔記入上の注意〕

廃業等の理由欄は、該当する事項の数字を○で囲んでください。

備考１　用紙の大きさは、日本工業規格Ａ４とする。

２　届出者の押印は、氏名を自署する場合にあつては、省略することができる。

○浄化槽法施行細則

（昭和60年９月27日
愛知県規則第67号）

改正　平成元年　３月31日愛知県規則第22号
同　４年　７月24日同　第68号
同　５年　３月31日同　第30号
同　12年　３月31日同　第92号
同　14年　３月29日同　第43号
同　17年　３月22日同　第27号
同　18年　１月31日同　第２号
同　18年　３月31日同　第51号

（書類の提出部数等）

第１条　浄化槽法（昭和58年法律第43号。以下「法」という。）、浄化槽工事の技術上の基準及び浄化槽の設置等の届出に関する省令（昭和60年厚生省・建設省令第１号。以下「厚生省・建設省令」という。）、環境省関係浄化槽法施行規則（昭和59年厚生省令第17号）、浄化槽工事業に係る登録等に関する省令（昭和60年建設省令第６号。以下「建設省令」という。）及びこの規則の規定により知事に提出する書類（知事を経由して特定行政庁に届け出る書類を含む。）の提出部数は、次の表の中欄に掲げる区分に応じ、それぞれ同表の下欄に掲げるとおりとする。

	区　　分	部　　数
(1)	厚生省・建設省令第３条第１項に規定する届出書及び同条第２項に規定する書類並びに厚生省・建設省令第４条第１項に規定する届出書及び同条第２項に規定する書類	正本２部及び副本１部
(2)	法第10条の２第１項から第３項までに規定する報告書 環境省関係浄化槽法施行規則第９条の３に規定する届出書	正本１部及び副本１部
(3)	法第22条第１項に規定する申請書及び同条第２項に規定する書類 建設省令第８条第１項に規定する変更届出書、同項各号に掲げる書面及び同条第２項に規定する書類、建設省令第11条第１項に規定する届出書及び同条第２項各号に掲げる書面並びに建設省令第12条第１項に規定する変更届出書及び同条第２項各号に掲げる書面 第６条に規定する浄化槽工事業廃業等届出書	正本１部及び副本１部

２　前項の表(3)の項に掲げる書類は、名古屋市又は他の都道府県の区域内に主たる営業所を有する者にあつては直接、その他の地域に主たる営業所を有する者にあつては当該営業所の所在地を所管する建設事務所の長を経由して提出しなければならない。

（閲覧所の設置）

第２条　建設省令第７条第１項の規定による浄化槽工事業者登録簿閲覧所（以下「閲覧所」という。）を、別表の上欄に掲げる浄化槽工事業者の主たる営業所の所在する地域の区分に応じ、同表の下欄に掲げる場所に置く。

（閲覧時間及び休日）

第３条　法第23条第１項に規定する浄化槽工事業者登録簿（以下「登録簿」という。）の閲覧時間は、午前９時30分から午後４時30分までとする。

２　閲覧所の定期休日は、県の休日に関する条例（平成元年愛知県条例第４号）第１条第１項各号に掲げる日とする。

３　知事は、登録簿の整理その他必要がある場合は、臨時に休日を設け、又は閲覧時間の伸縮をするものとし、その旨を閲覧所に掲示する。

（持ち出しの禁止）

第４条　登録簿は、これを閲覧所の外に持ち出してはならない。

（閲覧の停止等）

第５条　知事は、次の各号のいずれかに該当する者に対し、登録簿の閲覧を停止し、又は禁止することができる。

一　係員の指示に従わない者

二　登録簿を汚損し、若しくはき損し、又はそのおそれがあると認められる者

三　他人に迷惑を及ぼし、又はそのおそれがあると認められる者

（浄化槽工事業の廃業等の届出）

第６条　法第26条又は第33条第３項後段の規定による廃業等の届出は、浄化槽工事業廃業等届出書（様式第１）によりしなければならない。

（浄化槽管理者の報告）

第７条　法第10条の２第１項の規定による報告は、浄化槽使用開始報告書（様式第２）によりしなければならない。

２　法第10条の２第２項の規定による報告は、技術管理者変更報告書（様式第３）によりしなければならない。

３　法第10条の２第３項の規定による報告は、浄化槽管理者変更報告書（様式第４）によりしなければならない。

附　則

（施行期日）

１　この規則は、昭和60年10月１日から施行する。

（愛知県聴聞規則の一部改正）

２　（略）

（愛知県事務委任規則の一部改正）

3　（略）

（建築基準法施行細則の一部改正）

4　（略）

（廃棄物の処理及び清掃に関する法律施行細則の一部改正）

5　（略）

附　則　（平成18年３月31日愛知県規則第51号）

この規則は、平成18年４月１日から施行する。

別表（第２条関係）

浄化槽工事業者の主たる営業所の所在する地域	場　所
名古屋市又は他の都道府県の区域	名古屋市中区三の丸三丁目１番２号　愛知県建設部建設業不動産業課内
瀬戸市、春日井市、小牧市、尾張旭市、豊明市、日進市、清須市、北名古屋市、愛知郡及び西春日井郡の区域	名古屋市中区三の丸二丁目６番１号　愛知県尾張建設事務所内
一宮市、犬山市、江南市、稲沢市、岩倉市及び丹羽郡の区域	一宮市今伊勢町本神戸字立切１番地４　愛知県一宮建設事務所内
津島市、愛西市、弥富市及び海部郡の区域	津島市西柳原町１丁目14番地　愛知県海部建設事務所内
半田市、常滑市、東海市、大府市、知多市及び知多郡の区域	半田市瑞穂町２丁目２番地の１　愛知県知多建設事務所内
岡崎市、西尾市、幡豆郡及び額田郡の区域	岡崎市明大寺本町１丁目４番地　愛知県西三河建設事務所内
碧南市、刈谷市、安城市、知立市及び高浜市の区域	知立市上重原町蔵福寺124番地　愛知県知立建設事務所内
豊田市及び西加茂郡の区域	豊田市常盤町三丁目28番地　愛知県豊田加茂建設事務所内
新城市及び北設楽郡の区域	新城市片山字西野畑532番地の１　愛知県新城設楽建設事務所内
豊橋市、豊川市、蒲郡市、田原市及び宝飯郡の区域	豊橋市今橋町６番地　愛知県東三河建設事務所内

様式第１（第６条関係）

浄化槽工事業廃業等届出書

年　月　日

愛知県知事　殿

届出者　住　所
氏　名　　　　印
（名称及び代表者氏名）

浄化槽法（第26条／第33条第３項後段）の規定により、次のとおり届け出ます。

浄化槽工事業者（特例浄化槽工事業者）	氏名又は名称（法人にあつては代表者の氏名）	
	住　所	郵便番号（　―　） 電話番号（　）　―
	登録（届出受理）年月日	年　月　日
	登録（届出受理）番号	愛知県知事（登―／届―）第　号
廃業等の年月日		年　月　日
※廃業等の理由（該当する番号を○で囲むこと。）		１ 死亡　２ 合併　３ 破産手続開始の決定 ４ 合併又は破産手続開始の決定以外の事由による解散 ５ 廃止
※ 届出者と浄化槽工事業者であつた者との関係		相続人・役員・破産管財人・清算人・本人

備考　１　用紙の大きさは、日本工業規格Ａ４とする。

２　※印欄には、浄化槽法第33条第３項後段の規定による届出の場合は、記入しないこと。

様式第２（第７条関係）

浄化槽使用開始報告書

年　月　日

事務所長　殿

管理者　住　所
氏　名　　　　印
（名称及び代表者氏名）

浄化槽の使用を開始したので、浄化槽法第10条の２第１項の規定により、次のとおり報告します。

浄化槽の規模及び処理方式	
設置場所	
設置届出年月日	年　月　日
使用開始年月日	年　月　日
技術管理者の氏名	

備考　用紙の大きさは、日本工業規格Ａ４とする。

様式第３（第７条関係）

技術管理者変更報告書

年　月　日

事務所長　殿

管理者　住　所
氏　名　印
（名称及び代表者氏名）

技術管理者を変更したので、浄化槽法第10条の２第２項の規定により、次のとおり報告します。

浄化槽の規模及び処理方式		
設置場所		
設置届出年月日		年　月　日
技術管理者の氏名	変更前	
	変更後	
変更年月日		年　月　日

備考　用紙の大きさは、日本工業規格Ａ４とする。

様式第４（第７条関係）

浄化槽管理者変更報告書

年　月　日

事務所長　殿

管理者　住　所
氏　名　印
（名称及び代表者氏名）

浄化槽管理者を変更したので、浄化槽法第10条の２第３項の規定により、次のとおり報告します。

浄化槽の規模及び処理方式		
設置場所		
設置届出年月日		年　月　日
浄化槽管理者の氏名（名称及び代表者氏名）	変更前	
	変更後	
変更年月日		年　月　日

備考　用紙の大きさは、日本工業規格Ａ４とする。

○建築協定認可地区一覧

（平成18年11月１日現在）

市町村名	地　　区　　名	
名古屋市	米野地区	長池町５丁目地区
	アーバニア千代田	大屋敷地区
	みどりケ丘・萩ケ丘	みどりケ丘南地域
	大曽根街づくり	南明町３丁目
	小幡稲荷前団地	名駅４丁目愛知県中小企業センター中経ビル地区
	鳴海町南荘	
	味鋺東地区	富士見台３丁目・御影町２丁目
	石田町南部町内会地区	小井堀町地域
	東井の元町	石田町１丁目
	千代田橋学区	見附第１町内
	高社１丁目北地区	極楽大針地区
	徳川１丁目前ノ町地区	グローブガーデン野並南
	なかのタウンハウス	西山元町１丁目地区
	藤里町西部	みどりヶ丘東地区
	丸屋町４丁目	洲山町３丁目町内会地区
	桜が丘東住宅地区	下志段味南荒田地区
	極楽３丁目地区	
豊橋市	三河湾明海地区産業基地	
岡崎市	シビック交流拠点地区	
春日井市	タウン岩成台	タウン中央台
	タウン石尾台	緑が丘団地
	美しが丘団地	玉野台
豊田市	エバーグリーン星ケ丘	ライフタウン中山
	栄，日南地区	藤岡・ふかみ台
	西区栄・日南18番地区	スカイタウン藤岡
	双美団地	グリーンタウン中山
瀬戸市	サンヒル上之山第１地区	グランパルク四季の杜
	名鉄東松山台	ガーデンヒルズ瀬戸東山

半田市	ジェイタウン半田のぞみが丘（ＩＣゾーン）	ジェイタウン半田のぞみが丘（南ゾーン）
豊川市	ファミリータウン国府東	
西尾市	第２期つくしが丘住宅団地	
犬山市	犬山善師野台	
常滑市	桧原団地常滑地区	
小牧市	光ケ丘２丁目第２地区	城山４丁目第１地区
	光ケ丘１丁目第１地区	城山５丁目第４地区
	光ケ丘３丁目第１地区	光ケ丘６丁目第１地区
	城山５丁目第２地区	城山５丁目第５地区
	光ケ丘３丁目第２地区	光ケ丘４丁目第１地区
	城山５丁目第３地区	古雅４丁目第５地区
	光ケ丘１丁目第２地区	城山５丁目第６地区
	光ケ丘３丁目第３地区	光ケ丘５丁目シータウン
大府市	大府つつじが丘団地	
豊明市	勅使台	
日進市	南山エピック住宅地区	日進グリーンハイツ
	三井和合台	
田原市	ほると台	夕陽が浜
北名古屋市	西春町パティオ	
東郷町	タウンみたけ	
阿久比町	高根台団地	白沢台団地
美浜町	美浜緑苑（その３）	
武豊町	桧原団地武豊地区	
音羽町	グリーンヒル音羽	サンヒル赤坂
三好町	三好ケ丘イーストサイド地区	

○地区計画一覧

1. 地区計画（一般型）

（平成18年11月１日現在）

市町村名	地　区　名	面積(ha)	当初決定年月日	最終変更年月日	建築条例
名古屋市	山中	7.7	S60.10. 1	－	無
	大清水	3.1	S62.12.16	H6.3.23	有
	武路	9.0	H 4. 3.30	－	有
	高針原	7.7	H 4. 3.30	－	有
	末盛通	5.4	H 5. 3.26	－	無
	東山通	11.0	H 5. 3.26	－	無
	田代第一	1.9	H 5. 3.26	－	有
	田代第二	3.4	H 5. 3.26	－	有
	御器所	11.8	H 5. 3.26	－	無
	笠寺駅西	14.9	H 5. 3.26	－	無
	諸ノ木北部	2.3	H 5. 3.26	－	有
	神ノ倉東部	4.9	H 5. 3.26	－	有
	野並	3.9	H 5. 3.26	－	無
	原駅周辺	6.5	H 5. 3.26	－	無
	滝ノ水	147.4	H 6.12. 6	－	有
	千種台霞ケ丘	0.2	H 7.12. 6	－	無
	志段味ヒューマンサイエンスパーク吉根	12.8	H 8. 5.31	－	有
	志段味ヒューマンサイエンスパーク研究開発センター	3.8	H 8. 5.31	－	有
	志段味ヒューマンサイエンスパーク穴ケ洞	11.0	H 8. 5.31	－	有
	梅森坂西	3.2	H 8. 5.31	－	有
	有松駅南	7.5	H10. 9.18	－	有
	相川南部	7.8	H10.11. 2	－	有
	定納山	32.2	H11.10. 1	H18.3.15	有
	千種台センター	2.1	H13. 5.15	－	無
	星ヶ丘	7.2	H14. 8.19	－	有
	虹ヶ丘西	3.2	H14. 8.19	－	有
	虹ヶ丘中	3.2	H14. 8.19	－	有
	虹ヶ丘東	2.1	H14.11.25	H17.1.25	有
	太閤	6.2	H15. 3.17	－	有

	ささしまライブ24	12.4	H16. 2.10	－	有
	千種二丁目	9.0	H16. 2.10	－	有
	名西二丁目	5.7	H16.11.15	－	有
	鳴海団地	14.7	H17. 1.25	H18. 2. 6	有
豊橋市	大岩町	8.3	H 9. 1.13	H10. 6. 2	有
	豊橋リサーチパーク	7.2	H10. 4. 1	－	有
	野依台グリーンビレッジ	6.9	H10. 9.26	H12.10.31	有
	野依台一丁目	14.9	H10. 9.26	－	有
	むつみね台	8.5	H11.12.22	－	有
	サンヒル若松	5.0	H11.12.22	－	有
	ふれあいガーデンタウン杉山	18.5	H11.12.22	－	有
	豊橋卸センター	23.9	H17.10.11	－	有
岡崎市	真伝	56.0	H 6. 2.16	H13. 4. 1	有
	小針	12.2	H 6. 2.16	－	有
	茅生台	4.5	H 8. 9. 5	－	有
	ライクタウン花園地区	4.4	H10. 2.20	H15. 1.31	有
	高根山	19.6	H14. 2. 7	－	有
	開元の里	5.7	H14.10.24	－	有
	香山の里	4.9	H14.10.24	－	有
	緑風台	4.4	H16. 1.23	－	有
	葵工業団地	19.6	H16. 1.23	－	有
	シビックヒルズ	2.9	H16. 5.13	－	有
	小呂ミタライ	1.9	H16. 5.13	－	有
	さくら台	9.0	H17. 2.14	H18. 6.30	有
瀬戸市	水野	68.0	H 6. 5.25	H 8. 5.31	有
	塩草	21.6	H11. 1.20	H12. 3.15	有
	山手	27.7	H12. 8. 8	－	有
	塩草西	43.3	H17.12.27	－	有
半田市	青山駅周辺	11.6	H 8. 2. 2	H17. 1.29	有
	半田乙川中部	46.9	H11.10. 1	－	有
	知多半田駅前	17.7	H12. 3. 1	－	有
	半田運河周辺	9.4	H17. 1.29	－	有
春日井市	高座台	6.6	S63. 1. 4	H 8. 2. 2	有
	高森台	43.3	S63. 2.22	H 8. 2. 2	有

	高蔵林	3.6	H 3. 9. 4	H 8. 2. 2	有
	高座台５丁目	6.0	H 4. 5.26	H 8. 2. 2	有
	松河戸	54.3	H 7. 2.28	H 8. 2. 2	有
	上田楽北条	2.0	H12.12.15	－	有
	坂下町５丁目	1.0	H17. 2.10	－	有
	牛山町石塚	2.6	H18. 2. 1	－	有
豊 川 市	（八幡町東赤土地区）※廃止	－	S61. 5. 2	H11. 3.26	無
	豊川駅東地区	53.7	H11. 3.26	－	有
	豊川西部地区	92.6	H11. 3.26	－	有
	大池	5.2	H15. 4. 1	－	有
刈 谷 市	小垣江子竿	0.8	H12.10.31	－	有
豊 田 市	五ケ丘	106.0	S60. 4. 1	H 7.12. 1	有
	岩倉東部	48.0	S61. 9.29	H 7.12. 1	有
	田中	16.0	S63. 8. 1	H 7.12. 1	有
	市木南	20.1	H 4. 3.30	H 7.12. 1	有
	乙部ケ丘	40.0	H 5. 4. 1	H 7.12. 1	有
	入沢	7.9	H 6.12.20	－	有
	鵜ケ瀬	4.7	H 7.12. 1	－	有
	幸穂台	18.3	H 7.12. 1	H15. 3.28	有
	大林	8.8	H 7.12. 1	－	有
	越戸平戸橋	23.4	H 8.11. 1	－	有
	梅坪	116.2	H10. 3.27	H15. 3.28	有
	広美工業団地	5.4	H10. 3.27	－	有
	浄水	155.8	H11. 3.31	H15. 3.28	有
	竹元	2.6	H11. 3.31	H15. 3.28	有
	中町	7.1	H11. 3.31	H15. 3.28	有
	七州城城下町	13.5	H12. 3.29	－	有
	百々の杜	6.2	H13. 3.30	－	有
	日南	2.1	H13. 3.30	H15. 3.28	有
	桜	3.9	H14. 3.29	－	有
	タウン田中	1.6	H14. 3.29	－	有
	土橋	38.7	H17. 3.29	－	有
	花本産業団地	30.1	H18. 3.30	－	有
	美和東	2.3	H18. 3.30	－	有

安城市	三河安城駅周辺	17.3	H 4. 4. 1	H 6.12.27	有
	桜井駅北	3.8	H14. 3.15	－	有
	安城明祥地区工業団地	15.8	H17. 4. 1	－	有
蒲郡市	春日浦	18.0	H 7.12. 1	－	有
	ラグーナ蒲郡	131.4	H14.12.27	H17.12.12	有
犬山市	丸山	21.4	H 3. 9. 4	H 8. 5.31	有
	四季の丘･もえぎヶ丘	43.9	H12. 9.21	H16. 8. 9	有
	つつじヶ丘	6.1	H13. 6.29	－	有
	桃山台	8.1	H13. 6.29	－	有
	犬山高根洞工業団地	22.5	H13. 6.29	H15. 7.14	有
	橋爪・五郎丸	33.3	H16.10. 1	－	有
常滑市	常滑	71.3	H18. 4. 1	－	有
江南市	高屋地区	52.5	H 3. 9. 4	H14. 9.30	有
	今市場地区	27.4	H 3. 9. 4	H 8. 5.31	有
	前飛保第一地区	4.0	H 3. 9. 4	H 8. 5.31	有
	前飛保第二地区	6.8	H 3. 9. 4	H 8. 5.31	有
	布袋下山地区	4.0	H 3. 9. 4	H 8. 5.31	有
	五明地区	26.7	H 6. 5.25	H 8. 5.31	有
	飛高第一地区	6.5	H 6. 5.25	H 8. 5.31	有
	飛高第二地区	2.3	H 6. 5.25	H 8. 5.31	有
	宮後地区	4.5	H 6. 5.25	H 8. 5.31	有
小牧市	桃花台	322.2	H 1. 9.19	H 8. 5.31	有
	岩崎	10.7	H 3. 9. 4	H 8. 5.31	有
	小木	68.4	H 3. 9. 4	H 8. 5.31	有
	中央一丁目	5.1	H 8. 5.31	－	有
	小牧三丁目	1.5	H 8. 5.31	－	有
	本庄	7.3	H17. 4. 8	－	有
	岩崎山北	3.7	H17.12.27	－	有
稲沢市	緑町	33.7	H 6.10. 3	－	有
	幸町	6.1	H 6.10. 3	－	有
	緑ニュータウン	3.9	H 6.10. 3	－	有
	国府宮	35.2	H 6.12.20	H13.10.12	有
	稲沢駅東	63.3	H11. 8.17	H16. 3. 9	有
	朝府	6.5	H11. 8.17	－	有

	陸田工業団地	7.2	H16.10.22	−	有
	須ケ脇北部	1.8	H 8. 5.31	H17.12.20	有
	杁上	0.5	H13. 5.15	H17.12.20	無
	古川新田	1.4	H13. 5.15	H17.12.20	無
新 城 市	八名井企業団地	8.4	H14.10. 4		有
東 海 市	中新田地区	18.7	H 4. 2.26	H10.12. 4	有
	新宝町地区	16.7	H 7. 3.29	−	有
	太田川駅周辺	17.7	H 9. 4.18	−	有
	荒尾第二	28.5	H10. 8. 7	−	有
	中ノ池	3.2	H12. 3.31	−	有
大 府 市	大府深廻間	35.7	H 6. 5.25	H16. 3.26	有
	いきいきタウン大府	5.6	H 8.11.15	H13. 6.22	有
	大府茶屋・上徳	2.0	H 9. 9.26	H13. 6.22	有
	半月	11.0	H 9.11.10	H14. 9.28	有
	大府羽根山	7.9	H10.12.24	−	有
	大府森岡	5.2	H13. 6.22	H14. 9.28	有
	大府狐山	3.9	H13. 6.22	−	有
	大府共和西	42.3	H15. 9.25	−	有
知 多 市	朝倉駅前	3.6	H 8. 2.14	H13.10. 1	有
	寺本駅東	20.4	H 8. 2.14	H15. 1. 6	有
	岡田美里町	9.8	H 8. 2.14	H13.10. 1	有
	旭桃台	3.1	H 8. 2.14	H13.10. 1	有
知 立 市	上重原	50.4	H 6. 5.25	−	有
	八橋	6.5	H11.12.22	−	有
尾張旭市	旭台地区	33.0	S58. 7.18	H 8. 5.31	有
	吉岡地区	18.9	S60. 8. 1	H 8. 5.31	有
	平子ケ丘	5.0	H 5. 4. 1	H 8. 5.31	有
	平池	15.9	H 8. 5.31	−	有
	晴丘東	5.6	H 8. 5.31	−	有
	向	23.1	H11. 1.20	−	有
	長坂	4.0	H15. 6.30	−	有
高 浜 市	三高駅周辺	3.9	H 8. 2. 2	−	有
岩 倉 市	旭町一丁目	7.0	H 8. 5.31	−	有
豊 明 市	前後駅南	13.8	H 8. 5.31	−	有

	中島	3.9	H13. 5. 1	—	有
	新左山工業団地	5.6	H15. 4. 1	H17. 7.15	有
日 進 市	日進竹の山南部	95.7	H11. 4.13	—	有
	日生東山園	20.7	H12. 3.28	—	有
	米野木駅前	57.0	H16.10.12	—	有
田 原 市	木綿畑	12.0	H 6. 5.25	H15.10.23	有
	田原片西	15.0	H10. 3. 6	H15.10.23	有
	シーサイド田原光崎	12.7	H10.10.30	H15.10.23	有
清 須 市	押花	2.8	H 8. 5.31	—	有
	西田中	17.3	H 5. 3.26	H 8. 5.31	有
	美鈴星の宮	11.8	H 5. 3.26	H 8. 5.31	有
	枇杷島駅東	2.8	H18.10.10	—	有
北名古屋市	中之郷	4.3	H 3. 9. 4	H 8. 5.31	有
	沖村	7.0	H 8. 5.31	—	有
	鍜治ケ一色	51.2	H11. 4.13	—	有
愛 西 市	渕高	10.0	H13. 7. 1	—	有
東 郷 町	三ツ池	4.1	H 9. 4.18	—	有
	牛廻間	11.1	H13. 5.15	—	有
	白土·涼松	42.7	H17.12.27	—	有
長久手町	さつきが丘	3.1	S60. 8. 1	H 8. 5.31	有
	丁子田	2.7	H 9. 4.18	—	有
	長湫南部	98.2	H17. 3. 1	—	有
七 宝 町	安松	22.7	H 3. 9. 4	H 8. 5.31	有
東 浦 町	東浦石浜西部	12.2	H 6. 5.25	—	有
	東浦藤江北部	13.9	H 6. 5.25	—	有
	東浦藤江樋	1.6	H 8. 2. 2	—	有
	上子新田	14.2	H 9. 4.18	—	有
	中子新田	7.5	H11. 3.31	—	有
	緒川駅東	29.8	H11.10. 1	—	有
南知多町	片名	11.0	H 1. 8.11	H 8. 2. 2	有
美 浜 町	河和西谷	3.6	H 8.11. 1	—	有
	美浜緑苑	31.4	H 8.11.25	H11.12.24	有
武 豊 町	北長宗	3.2	H 8. 2. 2	—	有
阿久比町	小廻間	1.3	H18. 8. 1	—	有

吉 良 町	吉良吉田駅南団地地区	6.1	Ｈ 4. 3.30	Ｈ 8. 2. 2	有
幡 豆 町	門内	7.8	Ｈ 6. 2.16	―	有
幸 田 町	ハッピネス・ヒル・幸田周辺	18.8	H12.10.31	―	有
三 好 町	三好中島	36.1	Ｈ 9. 4.18	H11. 7.30	無
	三好青木	9.5	Ｈ 9. 4.18	H11. 7. 7	無
	みなよし台	5.1	H12.10.31	―	無
	三好黒笹研究開発工業団地	16.7	H12.10.31	―	無
	三好莇生辰已山	28.3	H16. 4. 2	―	有
	三好根浦	79.0	H16. 4. 2	―	有
	三好石坂	7.4	H16. 8. 3	―	有
御 津 町	御幸浜地区	4.8	Ｈ 4. 3.30	Ｈ 7.12. 1	有

2．地区計画（再開発等促進区）

（平成18年４月１日現在）

市町村名	地 区 名	面積(ha)	当初決定年月日	最終変更年月日	建築条例
名古屋市	千種台南	10.3	Ｈ 6. 2. 9	H10.12. 4	無
	千種台北	9.3	Ｈ 7.12. 6	H13. 8.27	無
	木場	16.9	Ｈ 8. 8. 8	―	有
	千種台中央	5.5	H10.12. 4	―	無
	牛島南	2.1	H12.12. 5	―	有
	千種台東	5.7	H13. 8.27	―	無
	平田	9.9	H13.11.30	―	無
	虹ヶ丘南	4.7	H14.11.25	―	有
	鶴舞町	9.9	H16. 8.17	―	有
	高見二丁目	4.6	H16.11.15	―	有
	平針住宅	16.9	H17.11.30	―	有
豊 田 市	美和住宅	8.9	Ｈ 8.11.20	H15. 9.30	有
北名古屋市	西春駅東	3.4	Ｈ 4. 4. 1	―	有
長久手町	戸田谷	3.6	H11. 3.17	―	有

3．集落地区計画

（平成18年４月１日現在）

市町村名	地 区 名	面積(ha)	当初決定年月日	最終変更年月日	建築条例
豊 田 市	上郷配津地区	10.5	H11. 3.31	H10. 6. 2	有

○特別用途地区及び条例一覧

（平成18年４月１日現在）

市町村名	特別用途地区の名称	地区名	条例の名称
名古屋市	特別工業地区	第１種特別工業地区 第２種特別工業地区	名古屋市特別工業地区建築条例 （昭和47年10月７日名古屋市条例第70号）
	文教地区	（名古屋大学周辺の東部丘陵一帯）	名古屋市文教地区建築条例 （昭和43年12月17日名古屋市条例第48号）
	中高層階住居専用地区	（東区泉１丁目、中区千代田１～４丁目、大須４丁目、上前津２丁目、富士見町、大井町、平和１・２丁目、金山２～４丁目の各一部）	名古屋市中高層階住居専用地区建築条例 （平成７年10月23日名古屋市条例第40号）
	研究開発地区	①吉根地区 ②研究開発センター地区 ③穴ヶ洞地区	名古屋市研究開発地区建築条例 （平成７年10月23日名古屋市条例第43号）
豊田市	―	浄水国道沿道サービス特別用途地区	豊田市特別用途地区建築条例 （平成11年３月29日豊田市条例第３号）
		浄水学術研究特別用途地区	
瀬戸市	特別工業地区	山の田	瀬戸市特別工業地区（山の田）建築条例 （昭和47年12月25日瀬戸市条例第29号）
		日の出	瀬戸市特別工業地区（日の出）建築条例 （平成８年３月29日瀬戸市条例第12号）
		小田妻	瀬戸市特別工業地区（小田妻）建築条例 （昭和48年10月１日瀬戸市条例第36号）
刈谷市	特別工業地区	（小垣江町の一部）	刈谷市特別工業地区建築条例 （昭和58年12月23日刈谷市条例第21号）
江南市	特別工業地区	高屋地区、前野地区、和田地区	江南市特別工業地区建築条例 （平成８年３月27日江南市条例第１号）
蒲郡市	―	医療関連施設特別用途地区	蒲郡市特別用途地区建築条例 （平成12年９月27日蒲郡市条例第29号）
一宮市	特別工業地区	吉藤地区	一宮市特別工業地区建築条例 （平成17年３月24日一宮市条例第137号）
日進市	研究開発地区	米野木研究開発地区	日進市研究開発地区建築条例 （平成13年６月29日日進市条例第23号）
新城市	－	新城南部産業振興地区	新城市特別用途地区建築条例 （平成17年10月１日新城市条例第174号）
東郷町	特別工業地区	北山地区 尼ヶ根地区	東郷町特別工業地区建築条例 （昭和60年５月13日東郷町条例第16号）
豊山町	特別工業地区	東川地区	豊山町特別工業地区建築条例 （平成８年３月29日豊山町条例第２号）
蟹江町	観光地区	源助山地区	蟹江町観光地区建築条例 （平成８年３月22日蟹江町条例第１号）
	特別工業地区	今本町通地区	蟹江町特別工業地区建築条例 （平成８年３月22日蟹江町条例第２号）

南知多町	特別工業地区	（大字豊浜の一部）	南知多町特別工業地区建築条例 （昭和54年12月19日南知多町条例第24号）
三　好　町	特別工業地区	・工業専用地域（大字三好の一部） ・工業：半ノ木・河岸当地区、森蘇地区 ・準工業（三好ヶ丘６丁目の一部）	三好町特別工業地区建築条例 （昭和60年５月10日三好町条例第22号）

○市町村別建築基準法関係地域・地区等一覧（平成18年４月現在）

地域区域／市町村名	都市計画区域	用途地域	風致地区	公園緑地	墓園	防火地域	準防火地域	法第22条の指定区域	下水道処理区域	宅地造成工事規制区域	ホテル等建築規制条例・要綱	指導要綱等
名古屋市	○	○	○	○	○	○	○	○	●	○	○	○
豊橋市	○	○	○	○	○	○	○	○	●			○
岡崎市	◑	○	○	○	○	○	○	◑	●	○	◎	○
一宮市	○	○		○		○	○	○	●		◎	○
瀬戸市	○	○		○	○	○	○	○	●	○	◎	○
半田市	○	○		○		○	○	○	●		◎	○
春日井市	○	○		○	○	○	○	○	●	○	◎	○
豊川市	○	○		○		○	○	○	●		○	○
津島市	○	○	○	○				○	●		◎	○
碧南市	○	○		○			○	○	●			○
刈谷市	○	○	○	○		○	○	○	●		○	○
安城市	○	○		○		○	○	○	●		○	○
西尾市	○	○		○		○	○	○	●		○	○
常滑市	○	○		○	○	○	○	○	●		◎	○
犬山市	○	○		○		○	○	○	●		○	○
蒲郡市	○	○		○		○	○	○	●		○	○
江南市	○	○		○		○	○	○	●			○
小牧市	○	○		○		○	○	○	●		◎	○
稲沢市	○	○		○		○	○	○	●			○
新城市	◑	○		○			○	◑	●			○
豊田市	◑	○	○	○	○	○	○	◑	●	○	○	○
東海市	○	○	○	○		○	○	○	●	○	◎	○
知多市	○	○		○	○	○	○	○	●	○	○	○
大府市	○	○		○	○		○	○	●	○	◎	○
知立市	○	○		○		○	○	○	●		○	○
尾張旭市	○	○		○	○		○	○	●	○	○	○
高浜市	○	○		○		○	○	○	●		○	○
岩倉市	○	○		○		○	○	○	●		◎	○
豊明市	○	○		○	○	○	○	○	●	○	◎	○
日進市	○	○		○			○	○	●	○	◎	○
田原市	○	○		○		○	○	○	●			○
愛西市	○	○		○				○	○		◎	○
清須市	○	○		○			○	○	○		◎	○
北名古屋市	○	○		○		○	○	○	○		◎	○
弥富市	○	○		○				○	○			○
（西春日井郡）												

地域区域／市町村名	都市計画区域	用途地域	風致地区	公園緑地	墓園	防火地域	準防火地域	法第22条の指定区域	下水道処理区域	宅地造成工事規制区域	ホテル等建築規制条例・要綱	指導要綱等
豊山町	○	○		○			○	○	○		◎	○
春日町	○	○		○				○	○		◎	○
（西加茂郡）												
三好町	○	○		○			○	○	●		◎	○
（北設楽郡）												
東栄町									●			
設楽町												○
豊根村												○
（愛知郡）												
東郷町	○	○		○			○	○	●	○	◎	○
長久手町	○	○		○	○	○	○	○	●	○	◎	○
（丹羽郡）												
大口町	○	○		○				○	●			○
扶桑町	○	○		○			○	○	○		○	○
（海部郡）												
美和町	○	○		○			○	○	○		◎	
七宝町	○	○						○	○		○	
甚目寺町	○	○		○			○	○	○			○
蟹江町	○	○		○			○	○	○		◎	○
大治町	○	○						○	○		◎	
飛島村	○	○		○				○				
（知多郡）												
武豊町	○	○		○	○		○	○	●		◎	○
美浜町	○	○		○			○	○			○	○
南知多町	◑	○		○			○	◑				
阿久比町	○	○		○			○	○	●	○	◎	○
東浦町	○	○		○		○	○	○	●	○	◎	○
（幡豆郡）												
吉良町	○	○		○				○	●			
一色町	◑	○		○				◑	●			
幡豆町	○	○		○				○	●			
（額田郡）												
幸田町	○	○		○			○	○	●		○	○
（宝飯郡）												
音羽町	○	○		○			○	○	●		○	○
小坂井町	○	○		○			○	○	●		○	○
御津町	○	○		○			○	○	●		○	

凡例　都市計画区域　　　下水道処理区域　　　　　ホテル（旅館を含む）等　　　指導要綱

法第22条の指定区域

都市計画区域 法第22条の指定区域	下水道処理区域	ホテル（旅館を含む）等	指導要綱
○指定 ◑一部指定	○下水道計画区域 ●下水道処理区域	◎建築規制条例 ○建築規制要綱	建築行為に関する 中高層建築物指導要綱、 共同住宅等指導要綱、 宅地開発指導要綱など

○災害危険区域指定状況一覧

1　愛知県知事指定

種別　地すべり又は急傾斜地の崩壊による危険の著しい区域

現在　平成13年３月９日

名称　災害危険区域

No.	区　　域　　名	面積（㎡）
1	岡崎市丹坂町藪下区域	5,687
2	瀬戸市東権現町区域	5,698
3	春日井市内津町区域	4,231
4	新城市滝ノ上区域	1,837
5	知多市岡田区域	1,387
6	知多郡南知多町神戸浦区域	3,275
7	〃　　西の平井区域	22,494
8	〃　　初神区域	30,491
9	〃　　東端区域	15,383
10	〃　　内福寺区域	22,697
11	幡豆郡幡豆町西幡豆区域	4,674
12	渥美郡田原町区域	3,189
13	岡崎市川向区域	9,394
14	愛知郡東郷町北山区域	4,589
15	幡豆郡幡豆町田中区域	3,377
16	額田郡幸田町大草区域	18,783
17	北設楽郡豊根村古真立区域	415
18	渥美郡田原町野田区域	8,051
19	瀬戸市須原町区域	6,629
20	犬山市大字犬山字瑞泉寺区域	3,766
21	知多市岡田字釜谷区域	1,205
22	〃　佐布里区域	2,844
23	幡豆郡幡豆町大字東幡豆区域	1,695
24	北設楽郡津具村字下留区域	1,219

25	岡崎市明大寺町西郷中区域	12,935
26	〃　丹坂町東藪下区域	6,313
27	〃　明大寺町踊山区域	19,800
28	瀬戸市紺屋田町区域	6,313
29	知多郡南知多町師崎的場区域	11,000
30	幡豆郡幡豆町鳥羽崎山区域	44,818
31	東加茂郡下山村田平沢区域	1,618
32	〃　東大沼区域	8,134
33	渥美郡赤羽根町若見区域	4,128
34	岡崎市能見町区域	5,100
35	額田郡額田町桜形日面区域	38,940
36	幡豆郡幡豆町東幡豆字西前田区域	4,600
37	〃　東幡豆字肉門内区域	6,100
38	半田市亀崎区域	14,862
39	豊田市大字九久平区域	45,600
40	東加茂郡足助町足助区域	101,837
41	新城市豊栄字白子ナギ区域	6,800
42	北設楽郡設楽町大字清崎区域	5,800
43	新城市野田字権現区域	19,200
44	〃　字東沖野区域	4,060
45	〃　字西新町区域	4,332
46	〃　須長字藤沢区域等	10,424
47	〃　豊島字本城区域等	8,321
48	〃　徳定字水の口区域等	34,365
49	〃　豊島字馬渡り区域等	3,959
50	〃　須長字八幡区域	8,250
51	〃　上平井字大谷区域等	11,703
52	〃　字東入船区域	12,296
53	瀬戸市進陶町区域	2,126
54	〃　東吉田町区域	11,064
55	〃　仲切町区域	10,023

56	瀬戸市藤四郎町区域	6,025
57	〃　仲切町（Ⅱ）区域	455
58	〃　東郷町区域	3,270
59	豊川市三上町字勝山区域	7,283
60	〃　八幡町字太宝山区域	8,732
61	新城市稲木字吉水区域	6,560
62	〃　豊栄字大洞山区域	2,825
63	愛知郡長久手町大字熊張字岩廻間区域	6,949
64	東加茂郡足助町大字月原字宮ノ前区域	12,989
65	〃　大字御蔵字池鳥区域	6,977
66	〃　大字御蔵字於三屋敷区域	5,526
67	〃　大字大河原字辻畑区域	10,933
68	〃　大字足助字岩崎区域	7,132
69	〃　大字足助字真弓区域	1,730
70	〃　大字則定字本郷区域	9,045
71	〃　大字御蔵字畑中区域	6,524
72	〃　大字上佐切字坂区域	20,160
73	〃　大字上佐切字中切区域	22,470
74	〃　大字東大見字西貝戸区域	6,290
75	〃　大字中立字家ノ下区域	33,047
76	〃　大字中立字下ノ前区域	40,295
77	東加茂郡下山村大字東大沼字後庵区域	14,108
78	〃　大字栃立字西ノ沢区域	11,530
79	東加茂郡旭町大字小渡字寺ノ下区域	12,136
80	〃　大字小渡字宮前区域	8,410
81	〃　大字島崎字築和合区域	18,985
82	〃　大字下切字稲場区域	8,243
83	〃　大字小渡字藪下区域	8,228
84	〃　大字榊野字浮橋区域	12,142
85	〃　大字榊野字西ノ入区域	5,862
86	〃　大字東加塩字東区域	9,790

87	東加茂郡旭町大字杉本字堂貝戸区域	8,850
88	北設楽郡設楽町大字田口区域	4,621
89	〃　大字東納庫字大栗区域	3,915
90	〃　大字東納庫字竹の花区域	27,254
91	〃　大字三都橋字仲屋切区域	11,309
92	〃　大字田峯字鍛治沢区域	11,896
93	〃　大字田内字権化区域	5,503
94	〃　大字豊邦字日影区域	7,215
95	〃　大字田峯字福田区域	4,307
96	〃　大字田口字居立区域	3,345
97	〃　大字田峯字家ノ下区域	6,395
98	〃　大字大名倉字東地区域	6,960
99	〃　大字清崎字上原区域	8,860
100	〃　大字田口字杉平区域	4,950
101	〃　大字田口字玉ノ木区域	3,139
102	北設楽郡豊根村大字下黒川字下中区域	15,015
103	〃　大字坂宇場字西垣外区域	4,347
104	〃　大字坂宇場字須栃区域	1,839
105	〃　大字下黒川字溝畑区域	8,466
106	〃　大字上黒川字カキノタモ区域	3,534
107	〃　大字下黒川字東牧区域	6,122
108	〃　大字坂宇場字宮ノ嶋区域	27,041
109	〃　大字上黒川字中村区域	2,266
110	〃　大字上黒川字東宇連区域	6,492
111	〃　大字下黒川字小田区域	11,840
112	南設楽郡鳳来町乗本字榎下区域	8,779
113	〃　愛郷字中島区域	8,202
114	〃　愛郷字平沢区域	4,894
115	〃　愛郷字川端区域	26,725
116	〃　海老字丁塚区域	6,885
117	〃　大字乗本字榎下(Ⅱ)区域	6,660

118	南設楽郡鳳来町大字一色字小島区域	4,080
119	〃　　下吉田字紺屋平区域	13,570
120	宝飯郡一宮町大字松原字島川原区域	17,299
121	〃　　大字東上字柿木区域	5,094
122	〃　　東上字滝ノ入区域	5,225
123	半田市白山町区域	9,152
124	豊川市国府町字寒若寺区域	5,286
125	〃　市田町字宮田区域	1,794
126	常滑市樽水町（Ⅰ）区域	4,588
127	〃　大和町区域	10,386
128	〃　矢田字西根組区域	2,360
129	〃　榎戸町区域	5,449
130	〃　樽水町（Ⅱ）区域	13,462
131	〃　市場町区域	3,368
132	〃　北条区域	6,737
133	〃　栄町区域	5,452
134	知多市岡田字東島区域	3,895
135	〃　岡田字久平区域	1,780
136	〃　日長字浦畑区域	19,645
137	〃　岡田字高見区域	11,219
138	〃　日長字生出区域	7,803
139	〃　日長字中谷区域	7,559
140	知多郡南知多町大字篠島字照浜区域	4,823
141	〃　　大字豊浜字内田区域	8,204
142	〃　　大字篠島字東山区域	12,422
143	〃　　大字内海字内田区域	17,506
144	〃　　大字内海字東前田区域	13,734
145	〃　　大字豊丘字堂ノ上区域	4,474
146	〃　　大字豊丘字坊奥区域	7,948
147	〃　　大字片名字於更区域	18,559
148	〃　　大字山海字天神東区域	6,393

149	知多郡南知多町大字山海字間草区域	16,456
150	〃　大字豊浜字半月区域	6,482
151	〃　大字山海字荒井区域	25,095
152	〃　大字内海字前山区域	7,211
153	〃　大字内海字中根区域	9,266
154	〃　大字師崎字山ノ神区域	9,048
155	〃　大字大井字小浜(Ⅰ)区域	6,472
156	〃　大字大井字小浜(Ⅱ)区域	1,609
157	〃　大字片名字亀井戸区域	3,764
158	〃　大字内海字西御所奥区域	11,089
159	〃　大字師崎字丸山区域	6,836
160	〃　大字内海字楠本区域	8,812
161	〃　大字豊浜字小佐区域	11,814
162	〃　大字大井字塩屋区域	5,907
163	〃　大字大井字上ノ山区域	11,688
164	知多郡武豊町字壱町田区域	2,005
165	東加茂郡足助町大字千田字馬尺区域	9,240
166	〃　大字玉野字黒所区域	4,470
167	〃　大字川面字中切区域	20,012
168	〃　大字東大見字上切区域	24,517
169	東加茂郡旭町大字下切字宮ノ洞区域	28,730
170	北設楽郡設楽町大字田口字小西区域	3,593
171	北設楽郡豊根村大字下黒川字寺平区域	21,000
172	宝飯郡一宮町東上字滝平区域	2,378
173	東海市大田町字西ノ脇区域	3,327
174	〃　高横須賀町北人鎌区域	3,584
175	〃　大田町寺下区域	8,220
176	〃　大田町天神下ノ上	2,800
177	〃　大田町字樹木区域	3,105
178	知多市佐布里字井洞脇区域	9,660
179	〃　大字日長字地王谷区域	3,010

180	知多郡東浦町大字生路字弁財区域		2,681
181	〃	大字生路字坂下区域	10,398
182	〃	大字緒川字屋敷一区区域	1,096
183	知多郡阿久比町大字萩字坂南区域		6,828
184	西尾市室町字別曽区域		6,369
185	〃	家武町字札木区域	10,570
186	〃	貝吹町字油ノ木区域	2,597
187	〃	室町字上屋敷区域	6,760
188	幡豆郡吉良町大字乙川字西大山区域		21,044
189	〃	大字宮崎字丸山区域	5,541
190	〃	大字宮崎字西宮後区域	16,678
191	〃	大字宮崎字宮前区域	4,504
192	〃	大字宮迫字堂根区域	13,935
193	〃	大字乙川字藤兼区域	3,868
194	〃	大字小山田字西山(Ⅰ)区域	5,054
195	〃	大字小山田字西山(Ⅱ)区域	3,888
196	〃	大字宮崎字前留谷区域	6,708
197	〃	大字小山田字東山区域	4,723
198	〃	大字宮崎字馬道区域	3,087
199	〃	大字岡山字砦山区域	39,750
200	〃	大字駮馬字郷中区域	5,852
201	幡豆郡幡豆町大字東幡豆字日影区域		23,238
202	〃	大字西幡豆字入前区域	3,975
203	〃	大字東幡豆字三ツ塚区域	24,839
204	〃	大字東幡豆字迎区域	7,773
205	〃	大字東幡豆字郷中区域	4,852
206	〃	大字東幡豆字前山区域	5,420
207	〃	大字東幡豆字御堂前区域	7,940
208	額田郡幸田町大字深溝区域		5,488
209	〃	大字芦谷字後シロ区域	6,410
210	〃	大字桐山字鼓沢区域	4,177

211	額田郡幸田町大字深溝字時近区域	6,513
212	〃　大字須美字洗前区域	1,226
213	〃　大字永野字墓所山区域	11,632
214	〃　大字深溝字割石区域	5,432
215	〃　大字芦谷字蒲野区域	3,445
216	〃　大字永野字山川間区域	9,194
217	額田郡額田町大字桜形字小畑区域	6,776
218	〃　大字中伊区域	6,620
219	〃　大字鳥川字中貝津区域	8,413
220	〃　大字鳥川字犬迫区域	5,842
221	〃　大字鳥川字小貝津区域	2,632
222	〃　大字夏山字日面区域	10,683
223	蒲郡市形原町字東欠ノ上区域	5,340
224	〃　西浦町字宮東区域	2,429
225	〃　三谷町字鳶欠区域	8,729
226	〃　西浦町東蜊蛎区域	2,153
227	〃　三谷町字原山区域	1,575
228	知多郡南知多町大字内海字不老脇区域	7,925
229	〃　大字豊浜字長命寺区域	10,284
230	〃　大字豊浜字六面区域	7,573
231	〃　大字大井字山ノ手区域	17,453
232	幡豆郡吉良町大字宮崎字上ノ山区域	21,171
233	幡豆郡幡豆町大字東幡豆字裏山区域	10,673
234	額田郡額田町大字保久字中村区域	25,346
235	〃　大字石原字古城区域	7,873
236	〃　大字石原字石原区域	7,661
237	〃　大字保久字市場区域	4,907
238	〃　大字富尾字大切区域	6,148
239	〃　大字木下字堂ノ入区域	6,760
240	〃　大字桜形字前田区域	4,186
241	〃　大字桜形字市場区域	8,251

242	額田郡額田町大字河原字黒石区域	5,039
243	〃　大字石原字市場区域	8,042
244	東加茂郡旭町大字杉本字鳥居前区域	9,413
245	〃　大字東加塩字井藻地区域	7,584
246	北設楽郡豊根村大字坂宇場字横平（下中村）区域	9,714
247	南設楽郡作手村大字杉平字本郷区域	15,841
248	〃　大字田代字折地区域	6,738
249	〃　大字田原字長国区域	8,991
250	〃　大字保永字東当区域	4,627
251	〃　大字岩波字長筋区域	4,938
252	宝飯郡音羽町大字萩字下室区域	3,999
253	〃　大字萩字中屋敷区域	3,395
254	宝飯郡御津町大字広石字御津山区域	26,008
255	渥美郡田原町大字白谷字谷津第１区域	12,024
256	〃　大字白谷字谷津第２区域	1,593
257	〃　大字白谷字清水区域	14,060
258	渥美郡田原町大字仁崎字浜辺区域	9,637
259	〃　大字谷熊字太神区域	4,105
260	〃　大字田原字三軒屋区域	1,455
261	〃　大字谷熊字栗生区域	1,637
262	〃　大字野田字寺海道第１区域	4,674
263	〃　大字野田字寺海道第２区域	4,785
264	瀬戸市上半田川町前田区域	21,800
265	知多郡南知多町大字山海字土間区域	8,061
266	〃　大字大井字聖崎区域	15,529
267	知多郡美浜町大字河和字上前田区域	6,776
268	〃　大字河和字南屋敷区域	20,253
269	〃　大字河和字北屋敷区域	24,220
270	幡豆郡幡豆町大字東幡豆字大沢区域	19,657
271	〃　大字西幡豆（小野ケ谷）区域	16,581
272	〃　大字東幡豆字南大西・迎区域	22,390

273	額田郡幸田町大字深溝字恋沢区域	7,926
274	額田郡額田町大字保久字宮下区域	7,446
275	〃　大字中伊（Ⅱ）区域	10,954
276	西加茂郡藤岡町大字御作区域	35,132
277	〃　大字上川口字梨ノ木区域	20,158
278	〃　大字下川口字井戸入区域	26,232
279	〃　大字飯野字井ノ脇区域	6,690
280	〃　大字白川字宮脇区域	7,442
281	〃　大字三箇字内坪区域	23,882
282	東加茂郡足助町大字月原字中畑区域	25,206
283	〃　大字追分字小原区域	13,514
284	東加茂郡旭町大字榊野字京田区域	7,706
285	西加茂郡小原村大字平畑区域	76,670
286	北設楽郡設楽町大字八橋字道上区域	29,316
287	〃　大字田峯字竹桑田区域	7,616
288	〃　大字西薗目字平瀬区域	2,164
289	〃　大字御園字坂場区域	12,350
290	〃　大字足込字田村区域	6,250
291	〃　大字振草字古戸Ⅰ区域	19,539
292	〃　大字振草字古戸Ⅱ区域	6,975
293	北設楽郡稲武町大字大野瀬字上郷区域	9,203
294	〃　大字稲橋字竹ノ下区域	9,767
295	〃　大字川手字ハネ区域	22,246
296	〃　大字武節字入ハリ原区域	7,326
297	〃　大字桑原字下清泰地区域	12,519
298	北設楽郡津具村字麓区域	6,643
299	〃　大字下留字上下留区域	9,205
300	常滑市奥条区域	33,598
301	知多郡南知多町大字山海字城山区域	9,465
302	東加茂郡足助町大字中之御所字久井度区域	21,915
303	北設楽郡稲武町大字桑原（中村）区域	12,489

304	北設楽郡稲武町大字稲橋字寺下区域	9,654
305	北設楽郡東栄町大字本郷（万場）区域	34,358
306	北設楽郡津具村字売沢区域	11,204
307	南設楽郡鳳来町豊岡（柿平）区域	25,986
308	〃　門谷（田代）区域	15,119
309	常滑市大谷字浜條区域	16,627
310	東海市加木屋町字陀々法師区域	5,085
311	知多郡南知多町大字日間賀島字永峯区域	25,544
312	高浜市高浜町北山区域	3,676
313	西加茂郡小原村大字大平字更田前区域	15,639
314	東加茂郡下山村大字野原字西区域	28,163
315	南設楽郡鳳来町大字大野字小林区域	5,038
316	日進市岩崎市場（岩崎市場）区域	1,761
317	常滑市矢田字東根組区域	19,577
318	〃　字丸山区域	3,488
319	〃　字郷枝区域	4,106
320	〃　森西町3丁目区域	6,159
321	知多郡南知多町大字山海字蓮廻間区域	9,024
322	西尾市中畑町字南側区域	3,164
323	幡豆郡幡豆町大字鳥羽字西迫区域	10,449
324	西加茂郡小原村大字下仁木字蔵屋敷区域	13,975
325	〃　大字柏ケ洞字郷区域	28,969
326	東加茂郡足助町大字明川字鈴ケ田和区域	48,542
327	〃　大字栃本字日面区域	42,133
328	〃　大字豊岡字中根区域	18,155
329	〃　大字二タ宮字溝畑区域	15,293
330	東加茂郡旭町大字浅谷字上平区域	18,402
331	豊川市三上町字勝山2区域	2,489
332	蒲郡市西浦町字南ケ坪区域	5,082
333	宝飯郡音羽町大字萩字倉戸区域	4,313
334	北設楽郡稲武町大字川手字漆瀬区域	14,146

335	南設楽郡作手村大字保永字布路区域	4,192
336	〃　　　大字守義字儀光区域	4,719
337	〃　　　大字守義字小滝区域	5,460
338	〃　　　大字田原字根地区域	23,082
339	瀬戸市水無瀬町区域	1,282
340	〃　落合町区域	25,199
341	知多市八幡字田淵区域	1,850
342	豊川市御油町字東沢区域	4,459
343	東加茂郡足助町大字渡合字日向中区域	11,636
344	南設楽郡作手村大字高松字貝津区域	6,440
345	北設楽郡富山村字久原区域	9,827
346	知多郡南知多町大字豊浜字塩屋浦区域	14,104
347	蒲郡市形原町東根崎区域	2,483
348	南設楽郡作手村大字大和田字持篭区域	10,466
349	半田市亀崎北浦区域	39,415
350	知多郡美浜町大字河和字花廻間区域	5,903
351	額田郡額田町大字千万町字郷家区域	19,788
352	西加茂郡藤岡町大字上川口字空区域	37,921
353	北設楽郡設楽町大字田口字西貝津区域	8,830
354	北設楽郡東栄町大字三輪字横引区域	73,316
355	瀬戸市古瀬戸町区域	2,155
356	常滑市瀬木町３丁目区域	31,718
357	知多市にしの台区域	7,906
358	〃　佐布里字楝守区域	7,758
359	〃　新知字海廻間区域	5,469
360	知多郡阿久比町大字阿久比字北下川区域	6,209
361	〃　　　椋岡字長光寺区域	2,277
362	〃　　　萩字白山西区域	6,243
363	〃　　　植大字石坂区域	1,040
364	額田郡額田町大字片寄字下堺津区域	18,315
365	額田郡幸田町大字逆川字大坪区域	13,868

366	額田郡幸田町大字大草字直道区域	4,854
367	幡豆郡幡豆町大字東幡豆字大西区域	8,327
368	豊川市御油町膳ノ棚区域	18,464
369	北設楽郡豊根村大字坂宇場字中野区域	9,739
370	半田市亀崎相生町区域	4,268
371	〃　有脇町及び知多郡東浦町大字藤江（有脇区域）区域	7,376
372	知多郡阿久比町大字板山字向山区域	3,147
373	額田郡額田町大字外山字日向区域	11,725
374	西加茂郡小原村字東郷区域	32,981
375	東加茂郡足助町大字久木字槇林区域	32,875
376	蒲郡市西浦町小橋田区域	21,255
377	北設楽郡設楽町大字松戸区域	34,637
378	蒲郡市西浦町字黒山区域	2,083
379	〃　形原町東上野区域	4,298
380	知多郡阿久比町大字植大字西案留区域	2,507
381	額田郡幸田町大字深溝字西折ケ谷区域	18,422
382	北設楽郡豊根村大字三沢字久保貝津区域	39,845
383	〃　大字三沢字山内区域	13,860
384	北設楽郡津具村字見出原区域	9,010
385	南設楽郡作手村大字菅沼字大平区域	38,486
386	〃　大字守義字郷上区域	11,264
387	常滑市原松町６丁目区域	6,583
388	額田郡額田町大字鍛埜字中切区域	19,774
389	〃　大字宮崎字亀穴区域	14,497
390	瀬戸市水北町区域	8,634
391	常滑市樽水町４丁目（平井Ⅰ）区域	12,371
392	半田市有脇町10丁目区域	6,830
393	知多郡美浜町大字布土地内平井区域	4,233
394	北設楽郡稲武町大字大野瀬字ミヤノコシ区域	7,584
合計	394か所	4,461,151

○駐車場附置義務条例一覧（タイプによる分類）

都市名	条例タイプ	前標準駐車場条例からの主な改正点
豊橋市 岡崎市 豊明市	旧標準駐車場条例対応	
一宮市 安城市 小牧市	平成３年改訂対応	・非特定用途における附置義務の延べ面積の下限（3,000㎡→2,000㎡）
名古屋市 豊田市 春日井市 瀬戸市	平成６年改訂対応	・荷捌きのための駐車施設の設置（附置義務台数の規定、特定地区の基準値の設定） ・荷捌きのための駐車施設の規模（荷捌きのための駐車施設のうち自動車の駐車の用に供する部分［幅３ｍ、奥行き7.7ｍ、はり下３ｍ］）

○県下市町村の建築関係窓口一覧

（平成18年４月１日現在）

県・市町村	担当課	電　　話	郵便番号	住　　　所
愛知県	建築指導課	052-961-2111	460-8501	名古屋市中区三の丸3-1-2
名古屋市	建築指導課 建築審査課 監察課	052-972-2927 ～2932	460-8508	名古屋市中区三の丸3-1-1
尾張建設事務所	建築住宅課	052-961-7211	460-8512	名古屋市中区三の丸2-6-1
瀬戸市	都市計画課	0561-88-2686	489-8701	瀬戸市追分町64-1
春日井市	建築指導課	0568-81-5111	486-8686	春日井市鳥居松町5-44
小牧市	建築課	0568-72-2101	485-8650	小牧市堀の内1-1
尾張旭市	建築課	0561-53-2111	488-8666	尾張旭市東大道町原田2600-1
豊明市	都市計画課	0562-92-1114	470-1195	豊明市新田町子持松1-1
日進市	まちづくり推進課	0561-73-7111	470-0192	日進市蟹甲町池下268
清須市	都市計画課	052-400-2911	452-8569	清須市須ケ口1238
北名古屋市	施設管理グループ	0568-22-1111	481-8531	北名古屋市西之保清水田15
東郷町	都市計画課	0561-38-3111	470-0198	愛知郡東郷町大字春木字羽根穴１
長久手町	都市整備課	0561-63-1111	480-1196	愛知郡長久手町大字岩作字城の内60-1
豊山町	都市計画課	0568-28-0001	480-0292	西春日井郡豊山町大字豊場字新栄260
春日町	建設課	052-400-3861	452-8565	西春日井郡春日町大字落合字振形129
一宮建設事務所	建築住宅課	0586-72-1411	491-0053	一宮市今伊勢町本神戸字立切1-4
一宮市	建築指導課	0586-28-8100	491-8501	一宮市本町2-5-6
犬山市	建築課	0568-61-1800	484-8501	犬山市大字犬山字東畑36
江南市	建築課	0587-54-1111	483-8701	江南市赤童子町大堀90
稲沢市	建築課	0587-32-1111	492-8269	稲沢市稲府町1
岩倉市	土木課	0587-66-1111	482-8686	岩倉市栄町1-66
大口町	都市開発課	0587-95-1111	480-0144	丹羽郡大口町下小口7-155

扶桑町	都市計画課	0587-93-1111	480-0102	丹羽郡扶桑町大字高雄字畑尻155
海部建設事務所	建築住宅課	0567-24-2111	496-8533	津島市西柳原町1-14
津島市	建築課	0567-24-1111	496-8686	津島市立込町2-21
愛西市	都市計画課	0567-28-7278	496-8555	愛西市稲葉町米野308
弥富市	都市計画課	0567-65-1111	498-8501	弥富市前ケ須町南本田335
七宝町	建設課	052-441-7111	497-8522	海部郡七宝町大字桂字城之堀1
美和町	開発課	052-444-1001	490-1292	海部郡美和町大字木田字戌亥18-1
甚目寺町	土木課	052-444-3166	490-1198	海部郡甚目寺町大字甚目寺字二伴田76
大治町	都市整備課	052-444-2711	490-1192	海部郡大治町大字馬島字大門西1-1
蟹江町	都市計画課	0567-95-1111	497-8601	海部郡蟹江町学戸3-1
飛島村	建設課	0567-52-1231	490-1436	海部郡飛島村竹之郷3-1
知多建設事務所	建築住宅課	0569-32-1151	475-0862	半田市住吉町4-98
半田市	建築課	0569-21-3111	475-8666	半田市東洋町2-1
常滑市	建築課	0569-35-5111	479-8610	常滑市新開町4-1
東海市	都市整備課	052-603-2211	476-8601	東海市中央町1-1
大府市	都市計画課	0562-47-2111	474-8701	大府市中央町5-70
知多市	都市整備課	0562-33-3151	478-8601	知多市緑町1
阿久比町	都市計画課	0569-48-1111	470-2292	知多郡阿久比町大字卯坂字殿越50
東浦町	都市計画課	0562-83-3111	470-2192	知多郡東浦町大字緒川字政所20
南知多町	都市開発課	0569-65-0711	470-3495	知多郡南知多町大字豊浜字貝ヶ坪18
美浜町	都市計画課	0569-82-1111	470-2492	知多郡美浜町大字河和字北田面106
武豊町	都市計画課	0569-72-1111	470-2392	知多郡武豊町長屋山2
西三河建設事務所	建築住宅課	0564-27-2734	444-0860	岡崎市明大寺町本町1-4

岡崎市	建築指導課	0564-23-6488	444-8601	岡崎市十王町2-9
西尾市	建築課	0563-56-2111	445-8501	西尾市寄住町下田22
一色町	都市計画課	0563-72-9608	444-0492	幡豆郡一色町大字一色字伊那跨61
吉良町	都市計画課	0563-32-1111	444-0596	幡豆郡吉良町大字荻原字川畑20
幡豆町	都市開発課	0563-63-0123	444-0798	幡豆郡幡豆町大字西幡豆字仲田14-2
幸田町	都市計画課	0564-62-1111	444-0192	額田郡幸田町大字菱池字元林1-1
知立建設事務所	建築住宅課	0566-82-3111	472-0026	知立市上重原町蔵福寺124
安城市	建築課	0566-76-1111	446-8501	安城市桜町18-23
刈谷市	建築課	0566-23-1111	448-8501	刈谷市東陽町1-1
碧南市	建築課	0566-41-3311	447-8601	碧南市松本町28
知立市	建築課	0566-83-1111	472-8666	知立市広見3-1
高浜市	土木建築課	0566-52-1111	444-1398	高浜市青木町4-1-2
豊田加茂建設事務所	総務課	0565-35-1311	471-0867	豊田市常盤町3-28
豊田市	建築相談課	0565-34-6649	471-8501	豊田市西町3-60
三好町	営繕課	0561-32-8023	470-0295	西加茂郡三好町大字三好字小坂50
新城設楽建設事務所	総務課	0536-23-5111	441-1354	新城市片山字西野畑532-1
新城市	都市計画課	0536-23-7640	441-1392	新城市字東入船6-1
設楽町	道路建設課	0536-62-0511	441-2301	北設楽郡設楽町田口字居立2
東栄町	建設課	0536-76-0501	449-0292	北設楽郡東栄町大字本郷字上前畑25
豊根村	建設課	0536-85-1311	449-0403	北設楽郡豊根村下黒川字蕨平2
東三河建設事務所	建築住宅課	0532-52-1311	440-0801	豊橋市今橋町6
豊橋市	建築指導課	0532-51-2588	440-8501	豊橋市今橋町1
豊川市	建築課	0533-89-2117	442-8601	豊川市諏訪1-1

蒲郡市	建築住宅課	0533-66-1132	443-8601	蒲郡市旭町17-1
田原市	建築課	0531-22-1111	441-3421	田原市田原町南番場30－1
音羽町	土木課	0533-88-8006	441-0292	宝飯郡音羽町大字赤坂字松本250
小坂井町	都市建設課	0533-78-4572	441-0192	宝飯郡小坂井町大字小坂井字大堀10
御津町	建設課	0533-76-4708	441-0392	宝飯郡御津町大字西方字日暮30

○指定確認検査機関一覧

機関名	電話	郵便番号	所在地
㈶愛知県建築住宅センター	052-264-4032	460-0008	名古屋市中区栄4-3-26 昭和ビル１Ｆ
㈱第一建築確認検査機構	052-324-7531	460-0021	名古屋市中区平和1-9-13
中部住宅保証㈱	052-269-3255	460-0008	名古屋市中区栄4-14-2 久屋パークビル９Ｆ
㈱名古屋建築確認・検査システム	052-229-1080	460-0002	名古屋市中区丸の内2-2-19 シティコーポ東照１Ｆ
㈱愛知建築センター	0566-71-3567	446-0045	安城市横山町浜畔上26-1 MCビル２Ｆ
㈶日本建築センター	03-3434-8334	105-8438	東京都港区虎ノ門3-2-2 第30森ビル
㈱西日本住宅評価センター	052-218-8851	460-0008	名古屋市中区栄1-14-1 ＲＳビル８Ｆ
日本ＥＲＩ㈱	052-589-8771	450-0002	名古屋市中村区名駅３-25-9 堀内ビル
㈱確認サービス	052-238-7747	460-0008	名古屋市中区栄4-3-26 昭和ビル４Ｆ
ビューローベリタスジャパン㈱	052-238-6363	460-0008	名古屋市中区栄4-1-8 栄サンシティービル13Ｆ
㈶日本建築総合試験所	06-6966-7565	540-0024	大阪市中央区南新町1-2-10 フルサトビル
ユーイック　㈱都市居住評価センター	03-3504-2384	105-0001	東京都港区虎ノ門一丁目１番21号 新虎ノ門実業会館３Ｆ
㈱住宅性能評価センター	03-5367-8730	160-0022	東京都新宿区新宿2-3-11 ダヴィンチ御苑前311(５Ｆ)
日本建築検査協会㈱	03-6202-3277	103-0027	東京都中央区日本橋3-13-11 油脂工業会館ビル　７Ｆ
㈱国際確認検査センター	06-6222-6626	541-0041	大阪市中央区北浜3-7-12 東京建物大阪ビル

愛知県内特定行政庁
建築関係条例・規則集
〔愛知県・名古屋市・豊橋市・岡崎市・一宮市・春日井市・豊田市・瀬戸市・半田市・豊川市・刈谷市・安城市・西尾市・江南市・小牧市・稲沢市・東海市〕

1971年8月1日　第1版第1刷発行
2007年2月5日　第14版第1刷発行

編　集　愛知県特定行政庁等連絡会
発行者　松　林　久　行

発行所　株式会社大成出版社
本社
〒156－0042　東京都世田谷区羽根木1－7－11　電話03(3321)4131㈹
名古屋営業所
〒460－0002　名古屋市中区丸の内2－1－30　電話052（203）1737
丸の内オフィス・フォーラム

印刷　亜細亜印刷
落丁・乱丁はおとりかえいたします。
ISBN978－4－8028－9321－3